미드영어 MENTORS

표현사전

M-Z

E&C • 서성덕

MENTORS

멘토스
미드영어표현사전 M-Z

2019년 11월 18일 인쇄
2019년 11월 25일 (개정판포함) 7쇄 발행

지 은 이 E & C · 서성덕
발 행 인 Chris Suh
발 행 처 MENTORS
경기도 성남시 분당구 분당로 53번길 12 313-1
TEL 031-604-0025 FAX 031-696-5221
www.mentors.co.kr
blog.naver.com/mentorsbook

등록일자 2005년 7월 27일
등록번호 제 2009-000027호
I S B N 979-11-86656-90-7
979-11-86656-88-4(세트번호)
가 격 23,600원

잘못 인쇄된 책은 교환해 드립니다.

*이 책은 《(All New) 미드영어표현사전》의 개정증보판입니다.

Preface

미드 열풍 왜 안꺼지나?

폭풍처럼 몰아치던 대작위주의 미드 열풍은 이제는 춘추전국시대로 접어든 모습이다. 〈Friends〉를 시작으로 〈The Sex and the City〉, 〈Desperate Housewives〉 그리고 과학 수사물인 〈CSI〉 등의 다양한 미드들이 쓰나미처럼 우리에게 휘몰아쳤고, 이후 잠시 주춤하는듯 싶더니 〈Prison Break〉와 〈Spartacus〉가 다시 세간의 화제가 되었었다. 이후 〈The Big Bang Theory〉, 〈Good Wife〉, 〈Breaking Bad〉, 〈Modern Family〉, 〈Walking Dead〉 그리고 실망스런 마지막 시즌의 〈The Game Thrones〉 등의 수작들이 다시 미드의 맥을 이어가면서 여전히 미드족을 즐겁게 해주고 있다.

이런 미드 열풍의 밑에 깔려 있는 원인은 몇 가지 정도로 볼 수 있다. 첫째, Btv, 넷플릭스를 품은 LGU+TV, KT 올레TV 및 다양한 케이블채널 방송들이 더빙없이 '원음+자막'으로 많은 미드를 볼 수 있게 해주고 있기 때문이다. 또 시험 위주의 영어공부에서 실제적인 영어회화의 필요성이 강조되는 현 사회에서 영화보다 짧고, 드라마의 특성상 계속 이어지는 재미와 살아 있는 영어와 함께 미국의 문화를 가까이 접할 수 있다는 점이 우리를 미드 앞으로 강하게 끌어당겼다. 마지막으로 미드를 전문으로 하는 카페에서 많은 이들이 열정적으로 미드에 대한 소식과 영어 이야기를 상호교환하는 즐거운 장이 생겼기 때문이다. 물론 비록 어둠의 경로이지만 누구든 쉽게 미드를 접할 수 있는 다운로드의 덕과 미드의 높은 퀄리티도 무시하면 안 될 것이다.^^

미드로 왜, 어떻게 영어공부를 해야 하나?

미드로 영어를 공부하면 좋다는 것을 알면서도 현실은 쉽지가 않다. 한국인을 위한 영어 드라마가 아닌 이상 빠른 속도의 영어 대화와 미국 문화에 대한 무지는 자꾸만 한글 자막을 보게 하고, 결국 시간 투자에 비해 영어실력의 향상 속도 또한 더딘게 사실이다. 전작 『All NEW 미드영어 단숨에 따라잡기』에서 언급했듯이 많은 표현을 알아야 많이 들을 수 있고, 또 그런 상황을 반복해야만 미국에 가지 않고도 영어표현의 의미와 쓰임새의 감을 온몸으로 느낄 수 있다. 그래서 『멘토스 미드영어표현사전』에서는 가장 많이 쓰이는 표현을 위주로 가장 많은 미드문장을 담으려고 노력했다. 1, 2권 통틀어 무려 거의 1,100페이지에 걸쳐 최대한 많은 표현과 설명 그리고 예문을 담았다.

하지만 마냥 미드만 본다고 해서 영어실력이 향상되지는 않는다. 일단 미드에 나오는 표현들을 많이 숙지하는 것이 최선이다. 이런 점에서 이번에 미드전문 출판사 멘토스가 출간하는 『멘토스 미드영어표현사전』에 수록된 표현들을 최대한 숙지해야 한다. 이 책에 수록된 모든 표현과 예문은 미국 현지 Writers' Group이 미드 표현에 가장 근접하게 작성 · 변경한 것이며, 이 또한 모두 네이티브의 목소리로 녹음되어 있어 이 책을 여러 번 읽고, 듣다 보면 잘 들리지 않던 미드의 표현들이 조금씩 들리기 시작할 것이다.

물론 미드 표현에 근접하거나 일부 미드에서 나오는 문장들은 비문법적인 것이 많다. 주어도 빼먹고 혹은 be 동사도 빼먹고 발음도 각계각층의 사람들이 나오기 때문에 다양하고 또한 표현도 비일상적인 것도 나오고 그래서 미드는 반듯한 영어회화교재와 달리 미국 현장을 옮겨놓은 것이기 때문에 이 책 또한 그런 면들을 가능한 많이 반영하려고 노력하였다. 그렇기 때문에 문장이 좀 이상하고 발음이 좀 이상하다고 답답해 할 필요는 없다. 우선 들리는 것부터 하나 둘씩 늘려가면 된다. 그러면서 재미를 더 늘리면 서로 상호작용하면서 영어 리스닝과 스피킹이 팍팍 늘어날거라 확신한다. 원고를 다 쓰고 난 후의 소감은 '참 많이 담았지만, 참 많이 빠져있다'는 느낌이다. 미드는 그냥 미국 생활 자체로 봐야 하기 때문이다. 두꺼운 본 책이 나오기까지 E&C와 더불어 골수 미드족으로 함께 끝까지 밤을 새워가며 큰 도움이 되어준 서성덕 님께 감사하다는 말을 드린다.

미드, 무엇이 있고 무엇을 어떻게 봐야 할까?

'미드'란 말을 쓰게 된 시기는 대략 2006년 이후이다. 그전까지는 〈Friends〉가 대히트를 치면서 시트콤이란 말을 썼다. 하지만 situation comedy의 약어인 시트콤으로는 〈CSI〉, 〈24〉 등의 다른 미국드라마들을 포함할 수가 없었다. 그래서 줄여쓰기를 좋아하는 요즘 사람들이 모든 미국드라마를 통칭해서 줄여 '미드'라고 부르기 시작한 것이다. 사실 〈미션 임파서블(제 5전선)〉, 〈왈가닥 루시〉, 〈맥가이버〉, 〈보난자〉 그리고 〈X-file〉 등 그전부터 많은 미국 히트 드라마들은 항상 있어왔다. 그럼 이제부터 편의상 카테고리로 분류해 대표적으로 어떤 미드들이 있으며, 그 미드들이 어떤 이야기를 담고 있으며, 또한 영어공부에 어떤 도움이 되는지 정리해 보자.

드라마 & 시트콤 코메디

Friends

대표적인 건 뭐니뭐니 해도 〈프렌즈〉이다. 네이티브들과 대화를 나누다보면 처음엔 생김새도 참 다르고 사고방식도 많이 다르다 싶지만, 좀 더 대화하거나 생활하다 보면 '아~ 똑같은 사람이구나, 우리랑 생각이 다르지 않구나'라는 생각이 불쑥불쑥 들게 된다. 3명의 여성(모니카, 레이첼, 피비)과 3명의 남성(챈들러, 로스, 조이)이 펼치는 우정과 사랑의 이야기는 우리 정서와 딱 맞아 떨어질 뿐만 아니라 매우 코믹한 부분이 많아 지금까지도 많은 이들의 사랑을 받고 있다. 시즌 10까지 가면서도 지루하지 않고 재미있게 만들었다. 조크 때문에 다소 난해한 부분들이 있지만 영어공부하기에 아주 적합한 미드임은 부정할 수 없다.

The Sex & the City

상류층 뉴욕 여성 4명의 삶을 다룬 스타일리스트한 미드로 남자와 여자의 사랑과 결혼에 대한 내용을 아주 진지하고, 아주 재미있고, 또한 아주 야하게 그린 잊을 수 없는 미드이다. 특히 성에 대한 대담한 담론은 이 미드를 드라마 이상의 위치에 올려놓았다고 해도 과언이 아니다. 시즌 6으로 끝났지만 아쉬움과 미련 때문에 후속으로 영화판 1, 2를 만들어 역시 큰 성공을 거두었다.

Desperate Housewives

갑자기 혜성같이 〈위기의 주부들〉이 등장하면서 미드 열풍을 이어간다. 〈위기의 주부들〉은 미국 중산층 부부들의 결혼생활과 가족들을 때로는 상당히 노멀하게, 때로는 상당히 엽기적으로 그린, 뭔가 한마디로 정의하기 힘든 미드로 많은 미드족의 인기를 얻고 있다. 이 드라마를 처음 기획하게 된 계기가 참 재밌다. 한 엄마가 자식을 죽였다는 충격적인 기사를 보고 자기 엄마에게 이 이야기를 하게 된 기획자는 엄마한테 예상 외의 말을 듣는다. "나라고 그런 적이 없었겠냐!"라고. 제작자는 여기서 힌트를 얻어 주부들이 남편과 자식들과 얼마나 힘들게 싸우며 가정을 꾸려나가는지를 보여주려고 〈위기의 주부들〉을 만들었다고 한다. 학습의 관점에서 보면 〈프렌즈〉나 〈섹스 앤 더 시티〉보다 훨씬 일상적이고 사실적이기 때문에 영어 듣기 공부에 아주 적합한 미드로 강추한다.

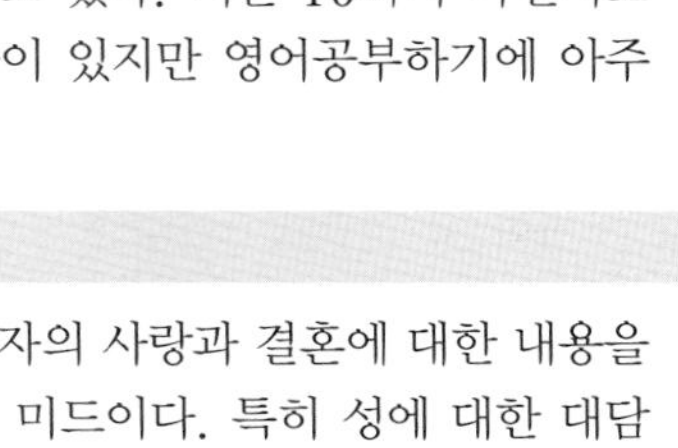

Big Bang Theory

영어공부하기에는 조금은 낙제점이지만 미드를 즐기기에는 최고의 작품이다. 주인공 괴짜 공학도 4명(레너드, 쉘든, 라지, 하워드)과 앞집의 페니, 버나넷, 에이미 등이 이야기를 끌고 가는, 인기 상한가의 시트콤이다. 신나게 웃을 수 있지만 어려운 단어나 대화가 좀 많이 나오는 게 단점이다. 하지만

즐겁게 웃으며 일부분의 영어만 익혀도 무리는 없다. 아무리 영어 배우기에 좋아도 재미가 없으면 '꽝'이기 때문이다.

Modern Family

〈빅뱅이론〉과 더불어 가장 인기있는 시트콤. 요즘 미국 가족들의 여러 일상들을 코믹하게 보여주며 장수하고 있는 드라마이다. 특히 일상회화를 다른 미드보다 많이 담고 있어 영어학습하는데 더할 나위없이 좋은 미드이다.

Shameless

오리지날은 영드로 미국에서 리메이크한 것. 탄탄한 구성과 세상에 적응하기 위해 노력하는 가난한 이들의 모습을 조금은 슬프게, 조금은 웃기게 그리고 조금은 야하게 볼 수 있는 수작이다. 대중적이지는 않지만 재미를 붙여볼 만하다.

Breaking Bad & Mad Men

이 시대 최고의 미드로 매니아들이 손꼽는 드라마. 바르게 살아온 한 화학선생님이 암에 걸린 후 남은 가족의 생계를 걱정한 끝에 한 제자와 최고급 마약을 제조하여 판매를 시작한다는 스토리. 하지만 그는 부를 축적하게 되면서 '가족을 위해서'라는 말은 한낱 변명으로 변하고 더 많은 부를 모으기 위해 점점 사악한 인간이 되어 간다. 인간의 탐욕과 희생 등을 심도있게 다룬 수작드라마이다. 또한 1960년대 미국 광고업계 종사자를 칭하는 〈Mad Men〉 또한 뛰어난 작품성과 연기로 많이 이들의 사랑을 받고 있다.

House of Cards

케빈 스페이스의 출연으로 화제를 모은 정치드라마. 부인의 도움을 받아 상원의원에서 대통령이 되고 다시 연임을 하기 위해 벌어지는 미국 정계의 권력과 야망, 암투 등을 흥미진진하게 다룬 미드이다.

Big Little Lies

리즈 위더스푼, 니콜 키드먼, 그리고 쉐일린 우들리 등 화려한 출연진으로 화제를 모았던 작품이다. 시즌 2에서는 메릴 스트립까지 나와 작품의 무게를 더하고 있다. 모든 사람은 바닷속처럼 다른 사람은 알지 못하는 자기만의 고통, 고뇌, 어둠이 있다는 무거운 사실을 보여주고 있다. 오프닝에 나오는 밀려오는 거친 파도는 그런 숨겨진 진실을 외치고 싶은 부르짖음을 상징하고 있는 것 같다.

Handmaid' Tale

매드맨에서도 열연한 엘리자베스 모스의 연기력이 만개한 작품. 출산율이 낮아진 가공의 나라에서 젊은 여성들은 잡아다 씨받이로 사용한다는 독특한 설정의 디스토피아 미드이다. 그밖에 미국에서 장수하는 〈How I Met Your Mother〉, 〈Two and a Half Men〉, 〈Scandal〉, 〈Orange is the New Black〉, 그리고 호러 스릴러 인기미드인 〈Stranger Things〉 등이 있다.

범죄 수사물 - 정통

Law & Order

범죄 수사물 하면 두 명의 제작자를 거론하지 않을 수 없다. 〈CSI〉의 제작자 Jerry Bruckheimer와 〈Law & Order〉의 제작자 Dick Wolf이다. 정말 많은 수작의 범죄물을 장기간 제작한 두 사람에게 경의를 표하지 않을 수 없다. 먼저 원조 〈Law & Order〉는 최장수 미드로 시즌 20까지 갔다. 우리나라에서는 〈범죄 수사대〉라는 제목으로 상영됐는데 상반부는 범인 체포, 후반부는 검사와 변호사의 치열한 공방 싸움으로 쏠쏠한 재미를 주었다. 스핀오프인 〈뉴욕 특수수사대〉는 〈CSI〉와는 전혀 다르게 인간의 심리를 역이용해 자백을 받거나 사건을 해결하는 긴장감 넘치는 수작 드라마이다.

Law & Order - Special Victims Units

〈성범죄 수사대, SVU〉란 제목으로 방영했던 것으로 〈Law & Order〉의 스핀오프 중 하나이다. 미국에서는 상당한 인기를 끌고 있는 작품으로 주로 성범죄 관련 범죄자를 체포하는 수사물이다. 특히 남자 수사관 엘리엇과 여자 수사관 벤슨의 연기가 돋보인다.

CSI

현직 범죄자들, 예비 범죄인들 그리고 평범하게 살려는 우리까지도 죄를 지으면 안 되겠다는 마음이 들게 하는 무시무시한 드라마다. 여기서 제리 브룩하이머의 천재성을 엿볼 수 있다. 〈CSI〉는 '모든 것은 증거가 말해준다(follow the evidence)'라는 명대사 등이 나오는 신세대 최고의 범죄 수사물이다. 원조격인 〈CSI Las Vegas〉는 그리썸이 연극에 대한 열정으로 물러나고 반장이 계속 바뀌는 상황 속에서도 장수하였다. 〈CSI Las Vegas〉가 철저히 이성적으로 증거에 따라 과학적인 분석을 통해 범인을 잡는 반면, 스핀오프로 탄생된 〈CSI Miami〉는 호라시오 반장의 감성적인 호소력으로 그를 호반장으로 부를 만큼 역시 큰 인기를 이어갔다. 다만 지나치게 감성과 액션에 의지하다 보니 점점 구성의 탄탄함이 떨어지는 것이 결점이다. 〈CSI〉의 세번째 스핀오프인 〈CSI New York〉은 아쉽게도 앞의 두 〈CSI〉와 별다른 차별화 없는 밋밋한 작품. 〈Medium〉에서 뛰어난 연기력을 보여줬던 패트리샤 아퀘트 주연의 〈CSI CYBER〉가 CSI의 명맥을 이어가고 있다.

Without A Trace & Cold Case

〈위드아웃 어 트레이스〉로 방영하는 제리 브룩하이머의 작품으로 멀론 반장을 중심으로 한 수사요원들의 탄탄한 연기력과 실종자를 역으로 찾는다는 발상이 특이한 범죄물이다. 실종된 이의 삶을 역추적하면서 주변 사람들조차 몰랐던 실종자의 고통과 고뇌가 밝혀지면서 우리의 삶이 얼마나 위장되

고 슬픈가를 느끼게 하는 감동 드라마이다. 브룩하이머의 또 다른 작품인 〈Cold Case〉 역시 여자 반장 릴리를 중심으로 곡소리 비슷한 오프닝의 시그널 음악처럼 과거에 해결되지 않은 사건을 현대의 새로운 과학수사기법을 통해 해결하는 좀 특이한 수사물이다. 범인을 찾는 과정에서 과거에는 알 수 없었던 사람들의 거짓과 진실이 드러나면서 애잔한 감동을 불러일으키는 드라마이다. 보너스로 20세기 초부터 중후반까지의 미국문화를 엿볼 수도 있는 작품이다.

Criminal Minds

범죄 수사물 중에서도 특이하게 연쇄살인범의 심리를 프로파일링해 범인을 찾는 FBI 수사물이다. 현재 최고의 인기 수사물로 〈CSI〉와는 정반대로 범인의 과거의 삶과 현재의 상황, 심리 등을 종합 · 분석하여 프로파일링해 범인을 좁혀 간다. 보통 범인을 잡으면 통쾌하고 권선징악이 떠오르게 마련이지만 〈Criminal Minds〉에서는 범인을 사살하거나 잡고 나면 오히려 마음이 더 무거워진다. 동정해서가 아니라 범인이 저렇게 행동할 수밖에 없는 상황이 너무 슬프기 때문이다. 부모 혹은 형제 등 주변 사람들과의 관계와 상황 때문에 자신도 어쩔 수 없이 저지른 범인의 행동에 맘이 무거워진다. 주변의 무관심 속에 외로움 때문에 목을 매 자살하는 우울증에 걸린 이들처럼, 범인들의 행동도 자신이 어쩔 수 없는 경우가 대부분이다. 다른 수사물의 동기가 치정, 돈, 질투 등인 반면 여기에 등장하는 범인들의 동기는 그렇게 태어난 죄와 그렇게 살려진 삶이기 때문에 더욱 더 슬프다. 하치너의 냉정한 리더쉽, 기디언에 이은 로시 그리고 모건, 프렌티스 또한 JJ와 가르시아의 연기가 볼만하다.

Flash Point

캐나다 경찰 특공대 SRU 팀의 활약을 그린 드라마. 수사보단 범죄, 테러, 자살시도 등 범죄자들의 범행현장에 투입돼 협상하고 제압하는데 초점이 맞춰져 있다. 긴박한 액션임에도 협상하면서 밝혀지는 범행동기, 숨겨진 진실 등이 눈물짓게 하는 휴머니즘을 갖춘 드라마.

Closer

브렌다의 넘치는 애교와 단것을 무척 좋아하는 모습에 웃음이 절로 나오지만 범인을 취조할 때는 두뇌회전이 압권인 〈Closer〉는 〈CSI〉류와는 또 다른 재미를 준다. 처음에는 〈실버수사대〉처럼 생각이 들 정도였지만 브렌다가 북치고 장구치고 하면서 극을 아주 재미있게 끌고 가는 미드이다.

Person of Interest

인터넷, 핸드폰, CCTV 등을 모두 모아서 AI를 만들어 테러방지를 하게 된다. 이 기계를 만든 사람 중의 한명인 해롤드 핀치와 전직 CIA요원 존 리스가 힘을 합쳐 강력범죄 등을 예측하여 사전에 예방하는 수사물. 첨단기술의 발달로 인간의 일거수일투족을 감시할 수 있게 빅브라더의 등장이 현실화되는 요즘 우리의 본능적인 관심을 끌 수밖에 없는 드라마이다.

그밖에 폭발적 인기를 끌다가 시즌 3부터 곤두박질 친 〈프리즌 브레이크〉, 시체에서 뼈만 남았을 경우 이를 토대로 범죄자를 찾는 〈Bones〉, 증인을 보호하는 US Marshall의 활약을 그린 〈In Plain Sight〉, 〈Stalker〉, 그리고 과거 액션 미드를 리메이크한 〈하와이 파이브 오〉, 〈전격 Z작전 나이트라이더〉 등이 있다. 또한 좀 특이한 범죄물로 살인 욕구를 채우기 위해 흉악범들을 연쇄살인하는 한 법의학 전문가의 이야기를 다룬 〈덱스터〉, 그리고 독특한 수사물 〈트루 디텍디브〉, 산드라 오가 골든 글러브 주연상을 받은 〈킬링이브〉도 있다.

범죄 수사물 + α

Mentalist

정통 범죄수사물이라기 보다는 정식 수사요원 외에 외부 인물 한 명이 가세하여 사건을 풀어 가는 반정통(?) 수사물로 가장 인기있는 건 뭐니뭐니해도 〈멘탈리스트〉이다. 금발 제인(남자)의 날카로운 분석력을 통해서 사건을 해결하는 드라마로 역시 과학적인 방법보다는 고도의 심리전을 사용하는 흥미로운 미드로 많은 사람들의 호응을 받았다.

Castle

추리소설작가 캐슬과 여수사관 베켓이 벌이는 묘한 감정과 예리하게 범죄자를 쫓는 반 코믹 수사물로 부담없이 즐기기에 아주 재미난 미드이지만 갈수록 초반의 흡인력을 상실하고 있는 아쉬운 드라마.

Perception

한 정신분열증 천재교수가 제자였던 FBI 케이트 요원을 도와 사건을 해결하는 심리 수사물. 또한 좀 지나간 미드이지만 꿈을 통해 사건의 해결실마리를 찾는 영매 앨리슨 드보아의 이야기인 Medium 역시 잘 만들어진 수사물이다. 앨리슨 드보아 역의 패트리샤 아퀘트는 〈CSI CYBER〉에 출연중이기도 하다.

Blacklist

특이하게도 범죄자를 통해 범죄인들을 잡는다는 기발한 소재의 드라마. 거물 범죄자인 레딩튼이 FBI에 자수하면서 자신이 정한 FBI요원 엘리자베스 킨과 함께 범죄를 하나씩 풀어나가는 기존 수사물과는 조금은 차원이 다른 수사물이다. 레딩튼의 역을 맡은 제임스 스페이드의 연기력에 빠지기만 해도 족한 미드이다.

Numbers

Ridley Scott 형제가 제작한 수사물로 모든 사건을 수(numbers)로 푸는 상당히 특이한 FBI 드라마이다. 역시 수사관의 동생인 천재가 협력한다.

Monk

강박증에 사로잡혀 정상적으로 경찰직을 수행하지 못해 사설탐정으로 활약하는, 뛰어난 기억력과 예리한 관찰력으로 남이 보지 못하는 것을 보는 능력으로 사건을 해결하는 해결사의 이야기다. 또한 가벼운 터치의 수사물로 제목대로 사이크(심령술사) 끼가 있는 주인공과 조수의 이야기인 〈사이크〉도 있다.

첩보물

24

드라마의 시간과 현실의 시간흐름이 동일하게 흘러가는 기발한 첩보물로, 〈CTU(Counter Terrorist Unit)〉의 주인공 잭 바우어가 테러범들과 펼치는 스릴만점의 미드. 아마 모든 미드 중에서 한 편을 보는 심리적인 시간이 가장 짧을 것이다. 그만큼 몰입하게 하는 강도가 무척 강렬하다. 잭 바우어의 명연기와 목소리의 긴박감 또한 명품이다.

Designated Survivor

잭 바우어의 최신작품. 이번에는 사상 초유의 워싱턴 테러로 대통령과 의원들이 몰살당한다. 이런 경우를 대비해서 대통령을 대신 수행할 지정생존자를 지정해두는데, 바로 주택도시개발장관이던 잭 바우어가 지정생존자로 얼떨결에 대통령 역을 수행하게 되면서 벌어지는 일을 다루고 있다. 〈24〉의 잭 바우어의 귀환이 반갑기는 하지만 테러 만을 집중적으로 다룬 〈24〉와는 달리 후반부로 갈수록 다양한 소재의 일들이 벌어지면서 집중력을 줄어들게 만드는 미드이다.

NCIS(Naval Criminal Investigative Service)

우리나라 뿐만 아니라 미국에서도 상종가를 치고 있는 해군첩보 수사대로, 해군 · 해병대와 관련한 살인사건과 첩보사건을 해결하는 스토리로 전세계적인 인기를 끌고 있다. 먼저 주인공 깁스의 카리스마, 토니와 지바의 끊임없는 티격태격, 매번 당하는 데 일가견이 있는 프로비, 맥기 그리고 괴짜 천재 에비의 독특한 의상 등 많은 이들의 인기를 한 몸에 받고 있는 미드이다. 그 인기에 힘입어 〈NCIS LA〉 및 〈NCIS: NEW ORLEANS〉라는 스핀오프가 나왔다.

Homeland

알카에다 등의 테러집단들로부터 미국내 테러를 막는 것을 주 테마로 한 드라마. 클레어 데인즈과 다니엘 루이스의 뛰어난 연기로 화제를 모은 Homeland, 놓치면 후회하는 드라마일 것이다. 특히 미국인들의 테러에 대한 강박증을 투영한 클레어 데인즈의 연기가 압권이다.

위의 두 작품 외에 제니퍼 가너를 내세운 〈엘리어스〉, 어설픈 척의 머리에 인터섹트가 내장되면서 예쁜 새라와 첩보활동을 하는, 이야기의 구성보다는 주인공 캐릭터로 장수했던 코믹첩보물 〈척〉, 또한 전직 CIA 요원의 좌충우돌을 그린 〈번노티스〉 등이 있다.

법정 드라마

The Good Wife

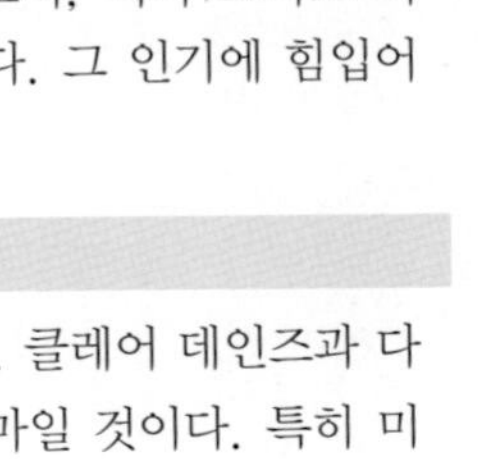

명감독 리들리 스콧의 작품으로 탄탄한 구성과 피터 플로릭, 알리샤 플로릭의 명연기 등으로 많은 각광을 받고 있는 미드이다. 파탄 직전의 가정과 일반 법정 사건들을 풀어가는 이중구조로, 역시 리들리 스콧이라는 말이 나올 만큼 수준 높은 드라마이다.

How to Get Away With Murder

신선한 형식, 속도감 그리고 반전에 반전을 거듭하는 수작 법정 스릴러. 로스쿨 교수이자 현직 변호사인 키팅 교수와 학생들이 사건을 해결하면서 벌어지는 일들을 그린 이야기로 한번 빠지면 못빠져나오는 중독성이 강한 드라마이다.

Boston Legal

법률회사 사람들과 그들을 둘러싼 사건들을 중심으로 펼쳐지는 약간은 코믹하고 약간은 야하고, 어떤 때는 웃기기도 하고 어떤 때는 인생의 애환이 느껴지는 수작이다.

Suits

대형로펌에서 가짜 하버드 출신의 변호사의 활약을 다룬 Suits, 그리고 연기파 글렌 클로즈가 주인공으로 나오는 법정 드라마 〈Damages〉도 빼놓을 수 없는 작품이다.

또한 존 그리샴 원작을 미드화한 법정 스릴러 〈야망의 함정: The Firm〉, 보스턴을 무대로 변호사들의 일과 사랑을 다룬 〈앨리맥빌〉, 아쉽게 시즌 2에서 끝난 〈클로즈투홈〉, 〈샤크〉, 그리고 〈일라이 스톤〉 등이 있다.

SF 혹은 미스터리

Westland

기술의 발달로 인간이 마치 신처럼 인간과 흡사한 인공지능 호스트를 만들어, 이를 관광상품으로 만든다. 하지만 이 호스트들은 기계적 오류로 인해서 자의식이 싹트면서 자신들이 인간들에게 착취당한다는 사실을 인지하고 결국 인간들에게 반란을 하게 된다는 신선한 작품이다. 인공지능 개념의 유행에 맞춰 나온 드라마로 사람들의 궁금증을 많이 불러 일으키고 있다.

Walking Dead

대표적인 좀비 드라마로 좀비의 잔인한 모습이나 흥미 위주의 액션이 아닌 좀비로 문명이 몰락한 디스토피아를 배경으로 살아남은 인간들을 통해 극한의 상황에서 생겨나는 갈등과 사랑, 우정, 일상에선 숨겨졌던 극단적인 모습 등을 그린 휴머니즘 드라마이다.

Orphan Black

현실에 근접한 SF라고 할 수 있는 복제인간에 대한 이야기로 참신한 아이디어와 흥미로운 드라마 전개로 많은 이들의 관심을 받고 있다. 특히 1인 7역을 소화하는 타티아나 마슬라니의 연기력이 돋보인다.

Fringe

우리가 도저히 이해할 수 없는 사건들을 전문으로 파헤치는 FBI 요원 올리비아 던햄의 활약을 그린 수사물로 많은 흥미를 끌지만 〈X-file〉보다는 좀 난해하고, 시리즈가 계속 되면서 줄거리가 복잡해져 매니아층만 즐기는 듯한 인상을 풍긴다.

Heroes

초능력을 갖게 된 인물들이 활약하는 모습을 그린 드라마로 많은 인기를 끌었다.

Supernatural

퇴마사인 두 형제가 악마를 물리치는 이야기로 허접한 귀신들로 시작해서 시즌이 갈수록 스케일이 커지고 천사와 악마가 등장하는 등 흥미진진한 대표적인 초자연적 드라마이다.

Ghost Whisperer

우리나라의 〈전설의 고향〉과 비슷하게 억울하게 죽은 원혼을 볼 수 있는 고든(제니퍼 러브 휴잇)이 구천을 헤매는 영혼의 원혼을 풀어주고 천국에 보내주는 선행드라마이다.

그밖에 〈배틀스타 갤럭티카〉, 〈트루 블러드〉, 〈뱀파이어 다이어리〉, 〈데드존〉 그리고 〈테라노바〉, 〈블랙미러〉 등 초자연적인 현상 및 SF을 다룬 미드는 꽤 많은 인기를 끌고 있다.

의학 드라마

House

원인 불명의 질병을 앓는 환자들을 진단하는 진단과 의사 닥터 하우스와 동료들의 이야기. 환자의 생명보단 병의 수수께끼를 푸는데 관심이 있고, 지독하게 이기적이며 신랄한 독설과 유머를 내뱉는 괴짜의사 하우스의 역을 맡은 Hugh Laurie의 연기가 압권이다. 최고의 의학 드라마로 꼭 챙겨봐야 하는 미드 중에 하나이다.

Grey Anatomy

한국계 산드라 오가 나와 우리의 관심을 끈 〈Grey Anatomy〉는 의료진의 활동 및 그들의 사랑과 열정을 그린 로맨스 드라마이다.

Nip/Tuck

의학드라마 중 성형외과 의사들의 이야기를 다룬 미드. 성형은 단순히 배경이고 가정의 갈등과 화해를 보여 주는 휴먼 드라마로 좀 야하다.

그밖에 의학드라마의 대명사인 〈ER〉이 있다.

고전물

Game of Thornes

판타지 소설 〈얼음과 불의 노래〉를 영상화한 미드. 〈왕좌의 게임〉은 7부까지 예정된 〈얼음과 불의 노래〉 1부의 제목. 시즌 1은 이름대로 판타지적 요소보다는 7왕국의 왕좌를 둘러싼 음모와 권력다툼의 정치물적 성격이 강하다. 입에서 불을 뿜어내는 용이 나오는 등 판타지성 드라마이지만 그보다는 인간들 사이의 갈등, 욕망, 배신 등이 잘 스며들어 있는 드라마의 성격이 강하다. 시즌 8을 대단원으로 막을 내렸지만 공감할 수 없는 스토리라인으로 많은 비난을 받았다.

Spartacus

로마시대에 노예 신분 탈출을 시도한 실존 인물 스파르타쿠스를 주인공으로 한 드라마로, 줄거리의 구성 뿐만 아니라 그래픽한 검투사들의 잔인한 싸움 장면과 거침없는 노출로 세간의 화제가 된 미드이다.

그외 가벼운 판타지물인 〈레전드 오브 시커〉, 영국왕 헨리 8세의 왕비 일대기를 그린 〈튜더스〉, 시저와 안토니우스 그리고 옥타비아누스까지의 로마시대를 그린 〈Rome〉, 그리고 르네상스 시대의 타락한 보르지아 가문에서 배출한 보르지아 교황의 타락과 부패를 그린, 제레미 아이언스의 명연기가 돋보이는 〈보르지아〉 등이 있다.

수퍼히어로

Daredevil

소재의 한계에 부딪힌 미국 미드산업계가 눈을 돌린 곳은 기존의 수퍼히어로들이다. 〈Daredevil〉은 그 중에서도 가장 돋보이는 작품으로 미국 마블코믹스 드라마. 앞이 보이지는 않지만 맨손으로 도시의 정의를 지키는 평범한 영웅 이야기로 많은 호평을 받고 있다. 특히 〈뉴욕특수수사대〉의 고렌형사 역을 한 빈센트 도노프리오가 연기한 Kingpin의 연기가 압권이다.

Agents of Shield

역시 마블코믹스의 드라마로 어벤저스 이후의 비밀기관 요원들의 활약상을 담은 작품이다. 그리고 스핀오프인 캡틴 아메리카의 짝사랑인 페기 카터가 단독으로 나와 쉴드에서 활약하는 내용의 드라마인 〈Agent of Carter〉 또한 볼만하다. 토니 스타크의 아버지였던 하워드 스타크의 발명품이 도난당하는데 이 도난당한 발명품을 찾는 이야기가 메인 스토리이다.

Gotham

이번에는 DC코믹스의 작품. 배트맨 프리퀄의 성격이 강한 드라마로 어린 시절의 브루스 이야기를 다루고 있다. 고든 형사와 악당들과의 싸움 속에서 브루스가 어떻게 성장하여 배트맨이 되는가를 보는 것도 흥미로운 감상법이다.

The Flash

연구소의 폭발사고로 초인간적인 수퍼히어로가 된 역시 DC코믹스의 작품으로 같은 회사의 작품을 미드로 만든 Arrow와 함께 많은 사람들의 주목을 끌고 있다.

그밖에 〈Lost〉, 〈Mistress〉 70년대 젊은이들의 모습을 코믹하게 그린 〈70's show〉, 정치 드라마 〈West Wing〉, 예전의 제 5전선과 유사한 〈레버리지〉, 〈X-file〉의 데이빗 듀코브니가 출연하는 캘리포니아와 fornication의 합성어인 〈캘리포니케이션〉 등 미드의 종류와 작품은 다양하다. 앞으로도 계속 대작도 나오고 중작, 소작도 많이 나올 것이다. 개인의 선호도에 따라 차이가 있겠지만 거부감 없이 생소한 미드를 접하다 보면 의외로 재미를 느끼는 경우가 많다. 그때를 대비해서 가능한 미드에 많이 나오는 영어표현들에 친숙해지면 미드 보는 재미도 느끼고 영어실력도 쑥쑥 올라가는 보람찬 결과를 얻을 수 있을 것이다.

멘토스 미드영어 표현사전 보는 법

미드영어는 너무 방대해서 모두 다 담기는 불가능하다. 일상생활뿐만 아니라 과거의 유행어, 영국식 영어 등 네이티브조차 생소한 표현이 마구 나오기 때문이다. 『멘토스 미드영어표현사전』에서는 가능한 한 많이 나오는 표현을 중심으로, 키워드별로 최대한 많은 표현을 중요 표현과 설명을 곁들여 정리하였다. 미드에 재미를 붙이고 싶고 그러면서 영어실력 또한 향상되길 바라는 사람들에게 큰 도움이 될 것이라 확신한다.

키워드 사전이기는 하지만 단어 자체가 중요하지는 않기 때문에 조그맣게 표시하였다.

미드 표현 미드에 자주 나오는 표현들이다.

놓치면 원통한 미드 표현들 메인으로 뽑기에는 좀 약하지만, 미드 냄새가 진동하는 표현들을 간단한 예문과 함께 모아 정리하였다.

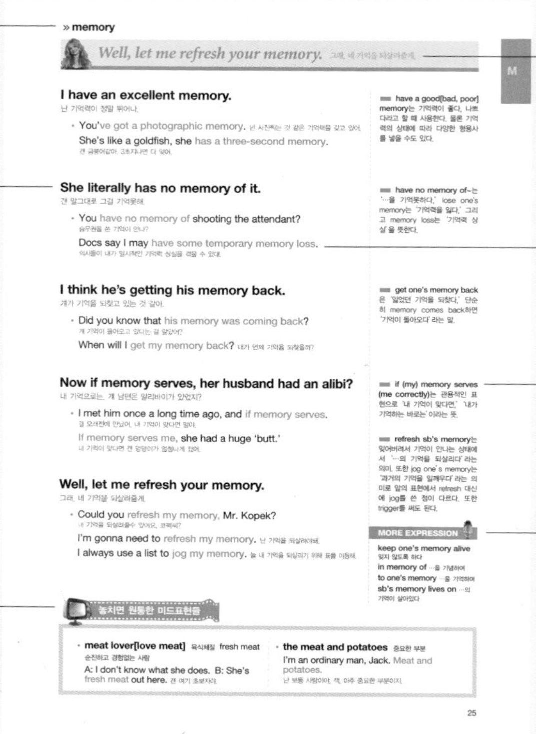

» memory

Well, let me refresh your memory. 그래, 네 기억을 되살려줄게.

M

I have an excellent memory.
난 기억력이 정말 뛰어나.
- You've got a photographic memory. 넌 사진찍는 것 같은 기억력을 갖고 있어.
  She's like a goldfish, she has a three-second memory.
  걘 금붕어같아. 3초지나면 다 잊어.

have a good[bad, poor] memory는 기억력이 좋다, 나쁘다라고 할 때 사용한다. 물론 기억력의 상태에 따라 다양한 형용사를 넣을 수도 있다.

She literally has no memory of it.
걘 말그대로 그걸 기억못해.
- You have no memory of shooting the attendant?
  승무원을 쏜 기억이 안나?
  Docs say I may have some temporary memory loss.
  의사들이 내가 일시적인 기억력 상실을 겪을 수 있대.

have no memory of~는 '…을 기억못하다,' lose one's memory는 '기억력을 잃다,' 그리고 memory loss는 '기억력 상실'을 뜻한다.

I think he's getting his memory back.
개가 기억을 되찾고 있는 것 같아.
- Did you know that his memory was coming back?
  개 기억이 돌아오고 있다는 걸 알았어?
  When will I get my memory back? 내가 언제 기억을 되찾을까?

get one's memory back은 '잃었던 기억을 되찾다,' 단순히 memory comes back하면 '기억이 돌아오다'라는 말.

Now if memory serves, her husband had an alibi?
내 기억으로는, 걔 남편은 알리바이가 있었지?
- I met him once a long time ago, and if memory serves.
  걸 오래전에 만났어, 내 기억이 맞다면 말야.
  If memory serves me, she had a huge 'butt.'
  내 기억이 맞다면 걘 엉덩이가 엄청나게 컸어.

if (my) memory serves (me correctly)는 관용적인 표현으로 '내 기억이 맞다면,' '내가 기억하는 바로는'이라는 뜻.

Well, let me refresh your memory.
그래, 네 기억을 되살려줄게.
- Could you refresh my memory, Mr. Kopek?
  내 기억을 되살려줄수 있어요, 코펙씨?
  I'm gonna need to refresh my memory. 난 기억을 되살려야돼.
  I always use a list to jog my memory. 늘 내 기억을 되살리기 위해 표를 이용해.

refresh sb's memory는 잊어버려서 기억이 안나는 상태에서 '…의 기억을 되살리다'라는 의미. 또한 jog one's memory는 '과거의 기억을 일깨우다'라는 의미로 앞의 표현에서 refresh 대신에 jog를 쓴 점이 다르다. 또한 trigger를 써도 된다.

MORE EXPRESSION
keep one's memory alive 잊지 않도록 하다
in memory of …을 기념하여
to one's memory …을 기억하여
sb's memory lives on …의 기억이 살아있다

놓치면 원통한 미드표현들
- **meat lover[love meat]** 육식체질 fresh meat 순진하고 경험없는 사람
  A: I don't know what she does. B: She's fresh meat out here. 걘 여기 초보자야.
- **the meat and potatoes** 중요한 부분
  I'm an ordinary man, Jack. Meat and potatoes.
  난 보통 사람이야, 잭. 아주 중요한 부분이지.

25

대표 표현 키워드를 중심으로 여러 중요 표현들 중에서 가장 많이 쓰이거나 미드적인 표현들이다.

미드 예문 가장 미드 냄새가 팍팍 나는 예문들을 수록하였다.

우리말 설명 공간이 부족했지만 가능한 왜 그런 의미를 갖게 되는지 그 이유를 논리적으로 설명해 이해를 도왔다.

More Expression 아쉽게 메인 표현에 들지 못한 표현들을 수록하였다.

*Supplements
〈멘토스 미드영어표현사전〉에 새롭게 수록된 표현들.

〈멘토스 미드영어표현사전〉에 새롭게 수록된 표현들.
미드 속 미드영어표현사전 새롭게 추가된 부분으로 실제 미드에서 미드영어표현사전에서 나온 표현들이 등장하는 장면을 캡처하여 장면설명과 대사를 수록하였다.

CONTENTS

멘토스 미드영어표현사전 M-Z

M

» **mad**

Don't be mad at me. 나한테 화내지 마요.

I'm so mad about you.

난 너를 열렬히 좋아해.

- Don't **be mad at** me. 나한테 화내지 마요.
  I can't **get mad at** you for ditching me. 날 차버렸다고 네게 화낼 수가 없어.

be[get] mad about[at]은 화를 내다이지만, ~mad about을 쓰면 '…에 사족을 못쓰다,' '열중하다'라는 뜻도 갖는다.

Have you gone mad?

너 제정신이야?

- If you lock me up, I'll **go mad**. 날 가두면 나 미칠거예요.
  Jack **went mad** when the baseball hit him.
  잭은 야구공에 맞았을 때 아파서 미칠 것 같았어.

go mad는 기본적으로 미치다라는 말로 정신적으로 문제가 있거나 그래서 이상한 행동을 하거나 혹은 너무 지루하거나 너무 좋아서 미쳐 날뛰는 것 등 다양하게 쓰인다.

This is mad.

이건 말도 안돼.

- Come in out of the heat. **This is madness.** 안으로 들어와 진정해. 미친짓야.
  This is mad to keep stealing things. 물건을 계속 훔치는 것은 미친 짓이야.
  We worked **like mad** on our project. 우린 미친 듯이 우리 프로젝트에 열중했어.

This is mad는 '말도 안되다,' '어리석은 짓이다'라는 뜻으로, This is madness라 해도 된다. 또한 like mad는 미친 듯이, 정신없이라는 표현.

What do you make of this? 뭐 알아낸 거 있어?

Do you want to make something of it?
그래서 싸우기라도 하겠다는 거냐?

- I'm fine. Why are you trying to make something of it?! 난 괜찮아. 왜 싸우려고 하는거야?

  When Dan was insulted, did he make something of it? 댄이 모욕을 당했을 때 갠 싸우려고 했었어?

make something of it은 어떤 일로 싸우거나 논쟁을 하겠냐고 하는 무례하고 시비거는 말투로 '그래서 나랑 한 판 붙자구?' 라는 의미.

What do you make of this?
뭐 알아낸 거 있어?

- So what do you make of this, Walter? 그래 월터, 어떻게 생각해?

  What do you make of this? We noted a similar type substance on the girl's wrists. 어떻게 생각해? 여자의 손목에서 유사한 물질을 봤잖아요.

What do you make of this?는 미드영어에 자주 나오는 표현으로 '이걸로 뭘 얻었냐?,' 즉 '넌 어떻게 생각하느냐?,' '뭐 알아낸 것 있어?' 라는 의미로 범죄현장을 조사할 때 자주 쓰인다.

You'll make a great hooker.
넌 대단한 창녀가 될거야.

- He will make a good husband. 그 사람은 좋은 아빠가 될거야.

  He thinks I'll make a bad witness on account of the eye. 갠 내가 눈 때문에 별로 도움안되는 증인이 될거라 생각해.

will make+사람하면 앞으로 커서 어떤 직종이나 성품의 사람이 될 것이다라는 의미.

You were so great. You made it!
너 대단했어. 네가 해냈어!

- I'm trying to make it in this big city. 난 이 도시에서 성공하려고 노력하고 있어.

  You'll never make it on your own. 넌 절대로 혼자 해내지 못할거야.

make it 해내다. 어떤 쉽지 않을 일을 성취하고 감격스러운 맘에 열심히 노력한 결과 목표를 달성했다고 하는 것. go places, pull off, get there와 같은 의미. 또한 make it on one's own하면 혼자 스스로 해내다라는 뜻. 보통 You made it(너 해냈구나), I made it(해냈어)의 문장이 많이 쓰인다.

Let's make it around four.
4시쯤 보기로 하자.

- When can you make it? 몇 시에 도착할 수 있니?

  Can you make it? 올 수 있어?

  I'm afraid you're not going to make it to trial. 재판시간에 맞춰 못올 것같아.

make it은 기본적으로 '(노력해서) 어떤 목적지에 도달하다,' '참석하다' 라는 의미로 '제 시간에 도달하다'(arrive in time)라는 뜻으로 쓰인다. 특히 만날 시간이나 장소를 정할 때 혹은 결혼식이나 파티 및 프리젠테이션에 올 수 있는지 여부를 말할 때 많이 쓰인다.

I want a boyfriend to make out with.
함께 애무할 남친을 원해.

- I wanna make out with my girlfriend. 여친하고 애무하고 싶어

  I also said I would never make out with a garbage man. 난 또한 청소부하고는 절대 애무하지 않을거라고 말했어.

make out (with)은 kiss나 touching 등 성적으로 남녀가 서로의 육체를 비체계적(?)으로 지지고 볶는 것을 말한다.

I want to try to make it up to you.
내가 다 보상해주고 싶어.

- I'll make it up to you, though, I promise. 그래도 내가 다 보상해줄게, 약속해.

  What can I do to make it up to you? 너한테 보상해주려면 어떻게 해야 돼?

make it up to sb는 상대방을 난처하게 하거나 실망시키고 난 후 자신이 저지른 과오나 실수를 벌충할 수 있게 앞으로 잘하겠노라고 약속할 때 사용하는 표현. '앞으로 잘할게,' '내가 다 보상해줄게' 라는 말. 참고로 make it up for the lost time하면 시간뺏으면 보충해줄게라는 표현.

Make it two.
같은 걸로 2개 주세요.

- Oh, that sounds great, make it two. 좋아, 그걸로 2개 줘요.
  Make mine the same. 같은 걸로 주세요
  Make mine well done. 내 것은 잘 익도록 해줘요.

make it two는 식당에서 먼저 주문한 사람과 동일한 것을 주문할 때 하는 말로 '같은 걸로 주세요'라는 표현. 또한 Make mine something 역시 음식주문 시 사용하는 말로 '난 …로 하겠어요,' '내껀 …해주세요'라는 말.

That makes two of us.
나도 그렇게 생각해.

- A: I just don't like seeing you like that. B: That makes two of us.
  A: 난 네가 그러는 걸 보기 싫어. B: 나도 그래.

that makes two of us는 상대방의 말에 찬성하는 것으로 '나도 그래,' '나도 마찬가지야,' '나도 그렇게 생각해'라는 의미이다.

They were made for each other.
걔들은 천생연분이야.

- We are not made of each other. 우리는 궁합이 안 맞아.
  It's like you were, uh, made for each other. 너희들은 천생연분인 것 같아.

be made for each other는 서로를 위해 만들어졌다는 말로 로미오와 줄리엣, 춘향과 이도령처럼 '천생연분이다'라는 의미.

We made up.
우린 화해했어.

- Lovers' quarrel... they usually kiss and make up.
  연인들의 싸움, 보통 용서하고 화해하지.
  They must put a lot of makeup on you. 화장을 너무 진하게 해줬나보네.

make up은 싸웠다 화해하다 그리고 화장하다라는 의미로 쓰인다. 특히 make up with sb 하면 '…와 화해하다' 그리고 kiss and make up은 용서하고 화해하다라는 의미이다.

Is that something you're making up?
이게 네가 꾸미고 있는 거야?

- I'm not making it up. 속이고 있는 게 아니야.
  She made up a story about being raped by Jack.
  걘 잭한테 강간을 당했다는 이야기를 꾸며냈어.

make up의 또 다른 의미는 어떤 핑계나 변명을 만들어내거나 가공으로 지어내는 것을 말한다. 그냥 make up 혹은 make up a story, make stuff up 등으로 쓰인다.

I want to make it right.
난 그것을 제대로 바로 잡고 싶어.

- Nina needs her mother. Make it right. 니나는 엄마가 필요해. 제대로 잡으라고.
  I've got a way to make it right. 바로 잡을 방법이 있어.

make it right은 뭔가 정상적으로 되어 있지 않은 것을 '제대로 바로잡다'라는 의미.

We'll make it through this.
우린 이걸 이겨낼거다.

- Did you make it through security? 너 경비원들을 잘 통과했어?
  There's only one way that we're gonna make it through this night.
  우리가 밤을 잘 넘기는 방법은 오직 하나야.

make it through는 어려운 상황을 잘 견뎌내다라는 의미. 노래가사로도 유명한 help me make it through the night은 가지 말고 이 밤 함께 섹스하자는 의미.

You'll have to make do with it.
이걸로라도 때워야 할거야.

- I'm afraid you'll have to make do with me. 넌 나로 때워야 할 것 같아.
  We'll make do with what we have here. 우리가 갖고 있는 것만으로 해야 될거야.

make do with~는 with 이하의 것이 부족하지만 '그것만으로 상황을 잘 넘기다,' '때우다'라는 의미.

You've got it made.

잘 풀리는구나.

- This guy's got it made. 이 친구는 잘 나가네.
  I came back here, I've got it made. 나 다시 돌아왔어. 나 일이 잘풀려.

get it made는 상황이 잘 돼서 살아가는 게 잘 풀리다라는 의미.

I don't know what to make of it.

어떻게 해야 할지 모르겠어.

- It may be a crime, but we don't know what to make of it.
  범죄일 수도 있지만, 어떻게 해야 할지 모르겠어.
  Is this letter for me? I don't know what to make of it.
  이게 내 편지야? 뭔지 잘 모르겠어.

don't know what to make of it은 어떻게 해야 할지 모르겠다, 어떻게 받아들여야 할지 모르겠다, 혹은 뭔지 잘 모르겠다라는 의미.

That's what made Fanny return to her hometown.

그렇게 해서 패니가 자기 고향으로 돌아오게 된거야.

- That's what made him hurt his best friend.
  그렇게 해서 걔가 자기 절친을 다치게 한거야.
  That's what made us move to California. 그렇게해서 캘리포니아로 이사가게 됐어.

That's what made sb+동사는 '그래서 …가 …했다'라는 의미로 sb의 행동의 원인을 설명해주는 표현.

What makes you say that?

왜 그렇게 말하는거야?

- What makes you say that I have? 왜 내가 갖고 있다고 말하는거야?
  What makes you think he's capable now? 걔가 왜 이제 할 수 있다고 생각해?

What makes you say~는 상대방이 한 말을 이해할 수 없을 때 하는 말로 왜 그렇게 말하는지 그 이유를 물어보는 표현이다. 또한 What makes you think~ 또한 같은 문형이지만 say 대신 think를 쓴 경우로 왜 상대방이 think 이하를 생각하는지 물어보는 문장.

She made me a cheese sandwich.

걘 나한테 치즈 샌드위치를 만들어줬어.

- Mom made us a large dinner. 엄마는 저녁을 푸짐하게 차려줬어.
  The cook made the group a pot of stew. 요리사는 한 냄비의 스튜를 만들어줬어.

make sb+음식하게 되면 sb에게 음식을 만들어주다라는 표현이 된다.

You just made my day.

덕분에 오늘 하루 좋았어.

- And thank you for the compliment. It made my day!
  칭찬해줘서 고마워. 정말 오늘 기분 좋아요.
  I really enjoyed talking to you. You made my day.
  함께 얘기나눠 기뻐요. 덕분에 오늘 참 좋았어요.

make my day는 직역하면 나의 날을 만들다라는 뜻. 상대방이나 어떤 상황으로 해서 일이 수월해지거나 도움을 받거나 등을 했을 경우 덕분에 오늘 하루 좋았어라고 감사하거나 기뻐할 때 사용한다.

I suggest that we make the most of it.

우리가 최선을 다해야 한다고 생각해.

- The most you can do is make the most of it.
  네가 할 수 있는 최선은 그걸 최대한 활용하는거야.
  I make too much of the stuff. 난 그 것을 아주 대단히 생각해.
  You shouldn't make much of her remarks. 걔의 말들을 너무 중시하지마.

make the most of~는 '…을 가급적 최대한 이용하다, 활용하다'라는 의미이고, make the best of~ 또한 '최대한 이용하다,' '최선을 다하다'라는 표현이다. 한편 make much of~는 '…을 중시하다,' make too much of~는 강조표현으로 '…을 너무 대단히 생각하다'라는 의미.

MORE EXPRESSION

be made of …으로 만들어지다
make like …인 척하다
make out like a bandit 한 밑천 챙기다
rain maker 실적우수자

It's every man for himself. 스스로 알아서 하는거야.

He's your man.
걔가 적격이야.

- That's my man. 넌 내 사람이야.
  Be a man, just stop calling. 남자답게 행동해, 그만 전화하고.
  Yes, our man killed Jamie. 응, 우리가 찾는 용의자가 제이미를 살해했어.

■ be one's man은 '…에게 적합한 사람이다,' '…의 편이다,' '친구이다'라는 의미. 한편 Be a man이라고 명령문형태로 쓰면 남자답게 행동해라라는 뜻이 된다. 또한 our man은 범죄수사미드에서 '우리가 찾고 있는 용의자'라는 의미로 많이 쓰이는 표현이다.

At least I'm still my own man.
적어도 난 여전히 내 맘대로 해.

- You're your own man. 넌 독립적으로 행동하잖아.
  Show your family that you're your own man. 독립할 수 있는 걸 가족에게 보여줘.

■ be one's own man은 다른 사람에 좌지우지되지 않고 독립적으로 판단하고 행동할 수 있는 사람을 말한다. '자기 마음대로 할 수 있다'라는 뜻.

Garcia? You're the man.
가르시아? 넌 최고야.

- Swifty, you're the man. 스위프티, 너 멋지다.
  It's your decision, you're the man. 네가 결정할 일이야. 네가 최고잖아.

■ You're the man는 상대방이 일을 잘했을 경우 칭찬하는 표현으로 '너무 멋지다,' '근사하다!' '넌 최고야'라는 의미로 You da man!이라고도 한다.

What's the matter, man?
이봐, 무슨 문제야?

- Look, man, I wasn't even doing nothing. 이것봐요, 난 아무짓도 안했어요.
  Oh, man! That guy is cool. 야! 저친구 멋지다.
  You're doin' great, my man. 이봐, 아주 잘하고 있어.

■ Oh, man은 '오 남자여'라는 뜻이 아니라 '어휴,' '맙소사'라는 의미. 이처럼 man은 꼭 남자가 아니라 허사 비슷하게 '자네,' '이봐' 등의 의미로 자주 쓰인다.

It's every man for himself.
스스로 알아서 하는거야.

- Every man for himself is not gonna work. 각자 알아서 하는 건 잘 안될거야.
  Forman, every man for himself! 포먼, 각자 일은 각자 알아서 해야지!

■ be every man for oneself는 남에게 의지하지 않고 도움을 구하지 않고 스스로 알아서 한다라는 아주 독립적인 표현.

You gotta man up and just go for it.
넌 남자답게 그냥 한번 해봐야지.

- If only Max had been strong enough just to man up...
  맥스가 남자답게 행동할 정도로 강하기만 했다면…
  If you want her, then man up and tell her. 걜 원하면 그럼 남자답게 말해라.

■ man up은 '남자답게 용기있게 행동하다'라는 의미.

Madam foreman, how do you find?
여성배심장님, 판결이 어떻게 나왔습니까?

- Mr. Foreman, have the members of the jury reached a verdict?
  배심장님, 배심원단이 판결을 내렸습니까?
  Mr. Foreman, you've been deliberating for two weeks.
  배심장님, 2주간 심사숙고하셨습니다.

■ Mr. Foreman은 역시 범죄수사물의 재판과정 마지막에 나오는 단어로 배심원단 대표, 즉 배심장을 뜻한다.

MORE EXPRESSION

a man of one's word 약속을 지키는 사람
man sb …을 배치하다
manly 남성다운

» manner

Where are your manners? 매너가 그게 뭐야?

M

He has a good bedside manner.
환자 다루는 솜씨가좋다.

- The doctor has a great **bedside manner.** 그 의사는 환자를 잘 다루어.
  Your **bedside manner** makes people upset.
  너 환자다루는 태도가 사람들을 화나게 해.

▬ bedside manner는 의사가 환자를 다루는 태도를 말한다.

Where are your manners?
매너가 그게 뭐야?

- Oh, for heaven's sake, Tyler, **where are your manners?**
  맙소사, 타일러, 왜 이렇게 버릇이 없어?
  Where's your manners? Aren't you gonna invite us in?
  예의를 지켜라. 우리 초대안할거야?

▬ Where're your manners? 우리도 너 버릇 어디다 두고 다니냐?라고 하듯 같은 맥락의 표현인데 '좀 점잖게 굴어라,' '왜 이렇게 버릇이 없니,' '예의를 지켜라'라는 말.

Watch your manners, young man!
젊은이, 예의를 지켜야지!

- **Remember your manners** at your grandmother's house.
  할머니 집에서는 예의를 지켜야지.

▬ remember one's manners는 버릇없이 굴지 말구 예의를 지키라는 말. 다른 사람에게 무례하지 않도록 아이들이 외출할 때 많이 사용하며 mind [watch] one's manners는 상대방이 인사 등을 잊어버렸을 경우에 인사해야지, 예의를 지켜야지라는 뜻.

» mark

Sometimes you miss the mark. 때때로 틀릴 수도 있어.

No tire treads or skid marks.
바퀴자국이나 스키드마크가 없어.

- Check out **the skid marks.** 스키드마크를 확인해봐.
  Did you check to make sure **these skid marks** match the other vehicle? 이 스키드마크가 다른 차량과 확실히 일치하는지 확인했어?

▬ skid mark는 범죄미드에 자주 나오는 용어로 자동차가 급브레이크를 걸었을 때 길에 표시된 것을 말한다.

He's fine, he's just slow off the mark.
갠 괜찮아, 갠 행동이 느려.

- Ned **is quick off the mark** and learns fast.
  네드는 행동이 빠르고 빨리 배워.

▬ slow[quick] off the mark는 주로 어떤 행동이나 상황에 대한 대처가 느리거나 빠르다는 것을 말할 때 사용하는 표현.

Sometimes you miss the mark.
때때로 틀릴 수도 있어.

- If I **miss the mark** by even a hair, your heart might explode.
  내가 아주 조금만 빗나가면 네 심장은 폭발할거야.
  Maybe I **was a little off the mark** in my design concept.
  아마 내 디자인 컨셉하고 또 틀렸던 것 같아.

▬ miss the mark는 목표에서 빗나가다라는 말로, 실패하다라는 뜻이고 반대는 hit the mark(적중하다). 또한 wide of the mark, be off the mark 또한 빗나간, 틀린이라는 표현이다.

Okay, how about, uh, on your mark, get set, go?
좋아, 제자리에 준비하고 출발하는게 어때?

- OK, on your mark... Get set... GO!!! 좋아, 제자리에, 준비하시고, 출발!!!

  Ladies and Gentlemen, on your marks. . .get set. . .and go!
  신사숙녀 여러분, 제자리에 서시고, 준비하고 그리고 출발!

on your mark(s), get set, go는 육상경기출발시에 심판이 하는 말로, '제자리에, 준비, 출발' 이라는 의미.

Mark my words. Where's your father?
내 말 잘들어. 네 아빠 어디계셔?

- Tomorrow, mark my words, you will see. 내일, 내말 잘 새겨들어, 알게 될거야.

  Mark my words. You'll thank me. 내 말 잘들어. 내게 고마워하게 될거야.

Mark my words는 내가 하는 말을 귀기울여 신중하게 잘 들으라는 표현. 주로 명령문형태로 쓰이면서 주의나 경고를 할 때 사용하는 표현이다. '내 말 잘들어,' '내 말 잘 새겨들어' 라는 뜻.

MORE EXPRESSION

make one's mark 성공하다

leave its mark on~ 안좋은 흔적을 남기다

» market

I'll be off the market. 난 품절남이야.

I'm bringing a date, so I'll be off the market.
애인데려오니까 난 품절남이야.

- Is it true? Are you finally off the market? 정말야? 임자생긴거야?

  Save yourself the misery, man. She's off the market.
  야, 절망은 그만해. 걘 품절녀잖아.

off the market는 원래 시장에서 이미 팔린 상태를 말하는 것으로 남녀관계에서 이성을 구할 필요가 없는, 임자가 생긴, 쉽게 말하면 품절된 사람을 지칭한다.

I'm always on the market.
난 언제나 혼자야.

- There's a drug on the market called Rytex. 라이텍스라는 약이 팔리고 있어.

  I just got back on the market. 난 이성을 다시 구하고 있어.

on the market은 반대로 매물로 나와있는, 시장에서 팔리는이라는 의미로 남녀관계에서는 이성을 구하고 있는 상태를 말한다.

So, what are you guys in the market for?
그래 너희들은 뭘 사려고 하는거야?

- You know anyone in the market for a wedding?
  결혼식을 하려는 사람 누구 알아?

  Are you in the market for some luggage? 가방 살거야?

be in the market for~는 주어가 for 이하를 사려고 하다라는 의미.

MORE EXPRESSION

flea market 벼룩시장

play the market 주식거래를 하다

놓치면 원통한 미드표현들

- **I think I can manage** 내가 할 수 있을거야

  I think I can manage.
  괜찮아질거야

- **manage to** 간신히 …하다

  We managed to escape. 우리는 간신히 탈출했어.

  Our guess is he managed to lure them.
  우리 추측은 걔가 걔네들을 유혹할 수 있을거라는거야.

» marry/ marriage

Not the marrying kind, I guess. 결혼할 사람이 아닌 것 같아.

I thought she'd never get married.
난 걔가 결혼한 적이 없는 줄 알았어.

- Son of a bitch was gonna get married. 개자식이 결혼을 할거였어.
  I'm married to an amazing girl. 난 멋진 여자와 결혼했어.

get married는 결혼하다, get married to sb는 …와 결혼하다라는 의미. 이미 결혼해 있다라는 의미를 갖는 be married보다는 동적인 표현이다.

Mrs. Solis, will you marry me?
솔리스 부인, 나랑 결혼해줄래요?

- A: Will you marry me? B: Wait, really? A: 나랑 결혼해줄래? B: 잠깐, 정말?
  A: Will you marry me? B: Are you serious? A: 나랑 결혼해줄래? B: 정말야?

Will you marry me?는 미드나 영화에서 보면 남자가 여자에게 무릎꿇고 청혼할 때 쓰는 정해진 표현. 물론 Will you be my wife?라고 해도 된다.

Not the marrying kind, I guess.
결혼할 사람이 아닌 것 같아.

- He told her he wasn't the marrying kind.
  갠 자기는 결혼할 타입이 아니라고 했어.
  Tom decided perhaps he was the marrying kind after all.
  톰은 결국 자기는 결혼할 타입이 아닐 수도 있다고 결정했어.

(be) not the marrying kind는 결혼할 사람이 아니다, 결혼할 타입이 아니다라는 의미. 독신주의이거나 혹은 바람둥이들에게 걸맞는 표현.

» match

DNA doesn't match. DNA가 일치하지 않아.

It's a match made in heaven.
천생연분이에요.

- A: A match made in heaven. B: Well, thanks a lot!
  A: 천생연분야. B: 정말 고마워.

be a match made in heaven은 앞에 나온 be made for each other와 같은 말로 남녀가 천생연분이다라는 말.

DNA doesn't match.
DNA가 일치하지 않아.

- Pattern doesn't match. 패턴은 일치하지 않아.
  The problem is, the package doesn't match the wrapping.
  문제는 소포가 포장과 맞지가 않아.

~match는 동사로 주어가 일치하다, 맞다라는 말로 '…와 일치하다'고 할 때는 전치사없이 바로 목적어를 붙이면 된다.

She will make a perfect match for you?
걔는 너와 완벽하게 어울릴까?

- Got a match on two hairs. 머리카락 2개에서 일치하는 것을 찾았어.
  You'll find it's a match to the DNA. DNA에 일치하는 것을 찾게 될거야.

a match는 일치라는 의미로 match가 명사로 쓰인 경우. 한편 make a (perfect) match하면 완벽하게 일치한다, 어울리다라는 의미.

It didn't match up with Melissa's account.

그건 멜리사의 설명과 맞지가 않아.

- My burn scenarios don't match up with your data.
  건물이 타서 무너질 때의 내 시나리오가 네 데이타와 맞지 않아.
  These socks match up with each other. 이 양말들은 서로 짝이 맞지 않아.

match up with~는 '…와 조화를 이루다,' '일치하다,' '맞다' 라는 의미.

You owe me a rematch.

넌 나랑 다시 한번 게임해야 돼.

- You go back last night for a rematch? 다시 경기하러 어젯밤에 돌아간거야?
  Do you want a rematch? 리매치하길 원해?

rematch는 재시합으로 주로 억울해서 다시 한번 붙자는 의미.

» mate

They mate for life. 걔네들은 천생연분이야

They mate for life.

걔네들은 천생연분이야.

- Swans are known to mate for life. 백조는 천생연분하는 것으로 알려져있어.
  It's romantic when people mate for life. 사람들이 천생연분일 때 낭만적이지.

mate for life는 '천생연분이다' 라는 표현으로 be made for each other, be a match made in heaven과 같은 의미.

You are my hero and my soul mate.

넌 나의 영웅이자 영혼의 동반자야.

- I mean, we're soul mates, so there's no rush.
  내말은 우리가 소울메이트인데 서두를 필요없다고.
  But how am I supposed to know if we're soul mates?
  하지만 어떻게 우리가 소울메이트인지 알 수 있는거야?
  I also get thousands of letters from prison inmates.
  난 수감자로부터 수많은 편지를 받았어.
  They have detailed photos of everyone on every inmate.
  걔네들은 수감자 모두에 대한 상세한 사진들을 보유하고 있다.

soul mate는 친구든 애인이든 감정과 생각 그리고 태도 등 모든 면에서 잘 통하는 친구나 애인을 말한다. 문맥에 따라서는 천생연분이다라고 할 수도 있다. 또한 inmate 역시 범죄미드에 나오는 단어로 수감자, 재소자라는 의미.

놓치면 원통한 미드표현들

- **be all over the map** 집중되지 않고(not focused) 분명하지 않다(be unclear)
  We said the kills were all over the map.
  우린 살인이 어느 한곳에 집중되지 않았다고 말했어.
  This guy's all over the map. How could you be so sure?
  이 놈은 이곳저곳 돌아다니는데 어떻게 확신할 수 있어?
- **~ material** …감
  He is not boyfriend material. 걔는 애인감이 아냐.
  She is not marriage material.
  걘 결혼상대는 아냐.
- **do the math** 계산해봐, 생각해봐, 뒷말은 안해도 되겠지
  You do the math. 네가 생각해봐.
  Do the math. It's so obvious. 생각해봐. 뻔하잖아.

What does it matter? 그게 뭐가 중요해?

That's all that matters.
그게 가장 중요한거야.

- The only thing that matters is finding that kid.
  유일하게 중요한건 저 아이를 찾는거야.

  Truth is all that matters. 진실은 가장 중요한 것이다.

~ that matters (to)에서 matter는 동사로 쓰인 경우로 '(…에게) 중요한 것은 …이다'라는 표현. All that matters is~, that's all that matters to~ 등의 표현이 자주 쓰인다.

It matters to me. I like to be prepared.
나한테는 중요해. 준비되어 있는 상태가 좋거든.

- Uh, it matters to me. I don't want ugly grandchildren.
  어, 내게 중요해. 못생긴 손자는 싫거든.

  I don't really think that it matters to Alexis.
  그게 알렉스에게 중요하다고 생각하지 않아.

It matters to sb는 it이 sb에게 중요하다는 의미.

Doesn't matter. I'm curious.
상관없어. 궁금해서.

- It doesn't matter to me. 난 아무래도 상관없어요.

  It doesn't matter to me who you marry. 네가 누구와 결혼하든 상관없어.

don't matter~ 중요하지 않다, 상관없다고 말하려면 ~don't matter로 쓰면 된다. 주로 It[That] doesn't matter~의 형태로 쓰인다. 상관없는 사람과 상관없는 내용을 표시하려면 to sb wh~절로 말하면 된다.

What does it matter?
그게 뭐가 중요해?

- What does it matter? You were right. 그게 뭐 중요해? 네가 맞았는데.

  Mom, what does it matter? It's just a little frosting.
  엄마, 그게 뭐 상관예요? 좀 서리낀 것 뿐인데.

What does it matter?는 별일 아닌 것 갖고 벌벌떨고 큰일 났다고 소란피는 사람에게 할 수 있는 말로 '그게 뭐가 중요해,' '그게 무슨 상관야'라는 의미. Why does it matter?하면 그게 왜 중요하냐고 이유를 물어보게 된다.

No matter what I say.
내가 무슨 말을 하든지 간에.

- No matter what Jones believes, I was never given that drug.
  존스가 무엇을 믿든지간에 난 절대로 그 약을 받지 않았어.

  No matter what happens, she'll be happy. 무슨 일이 일어나든, 걘 행복할거야.

No matter what S+V은 잘 알려진 표현으로 '무엇이 …한다 해도'라는 의미.

What's the matter with her? Is she sick?
걔 왜그래? 아파?

- A: What's the matter with you, man? B: I was just messing around. A: 야, 너 왜그래? B: 그냥 시간때우고 있는거야.

What's the matter with you?는 상대방에게 안좋은 일 있었냐 혹은 어디 아프냐고 물어보는 말로 '무슨 일이야?' '도대체 왜그래?' 혹은 상대방의 바보같은 행동이나 말에 화가 났을 때 '도대체 넌 뭐가 문제냐?'라는 의미.

The fact of the matter is, you're an ass.
문제의 요점은 네가 멍충이라는 거야.

- Well, it was only a matter of time. 저기, 그건 단지 시간문제야.

  You know it's only a matter of time before she spills.
  걔가 폭로하는건 시간문제일 뿐이야.

the truth[fact] of the matter is~는 사건의 진상은[문제의 핵심은] …이다, a matter of time은 (단지) 시간문제에라는 말로 It's just only a matter of time before~하게 되면 …는 그저 시간문제일 뿐이다가 된다. 또한 to make matters worse는 설상가상.

» max

We'll be here for 30 minutes, max. 우리는 기껏해야 30분 정도 여기 있을거야.

It's one day job, max.
그래봤자, 하루 일거리인데.

- You should only spend $100, max. 넌 최대로 100달러만 쓸 수 있어.
  We'll be here for 30 minutes, max. 우리는 기껏해야 30분 정도 여기 있을거야.

■ **, max.** max는 maximum의 약어로 명사 앞에서 최대라는 의미로 쓰이며 또한 여기서처럼 문장 끝에서 '기껏해야,' '많아봤자' 라는 의미로 많이 쓰인다.

That'll max out your credit card.
그렇게 되면 네 신용카드한도가 초과될거야.

- You've maxed out every credit card we own.
  우리가 갖고 있는 모든 신용카드의 한도를 초과시켰어.
  His credit cards are all maxed out. 걔 신용카드는 한도가 초과됐어.

■ **max out**은 최고에 다다르다, 최고를 넘어 한도를 초과하다라는 말로 주로 신용카드가 한도 초과됐을 때 자주 쓰인다.

You can still make sure he gets the max.
넌 걔가 최대형량을 받을 수 있도록 확실히 해.

- Both of your clients are gonna do the max.
  네 의뢰인 둘다 최선을 다할거야.
  No confession, no plea bargain. Which means you do the max.
  자백도 없고, 유죄협상도 없어. 이 말은 네가 최선을 다해야 한다는 거야.

■ **do the max**는 '최대한 하다,' '최선을 다하다,' 그리고 get the max는 '최대한 받다, 얻다' 라는 의미. 또한 '최대한도로' 라는 부사로 쓰려면 to the max라고 하면 된다.

» mean

If that's what you mean. 그게 네 진심이라면.

You mean to tell me you can't find one?
넌 하나도 찾을 수 없다는 말이야?

- You mean to tell me that Jerry is gay? 제리가 게이라는 말 진심야?
  You mean to tell me she didn't once slip out to the bathroom.
  걔가 한번도 화장실에 살짝 가지도 않았다는 거야?

■ **You mean to tell me ~?**에서 mean to는 '…할 셈이다' (intend to)라는 뜻으로 You mean to tell me~?라고 하면 너 그말 진심이니?라는 의미.

I didn't mean to do that.
그럴려고 그런게 아니었어.

- I didn't mean to offend you. 기분 나쁘게 하려고 한거 아니었어.
  I don't mean to cut you off. 말을 끊으려고 하는 건 아닌데.

■ **didn't mean to**는 '…하려고 한 건 아니었어' 라는 말로 남에게 해를 끼치거나 기분을 상하게 했지만(upset or hurt sb) 의도적으로 그런 것이 아니니까 헤아려 달라고 용서를 구할 때 쓸 수 있다. 현재시제로 don't mean to~라고 하면 '…할 생각은 없다,' '…하려는 의도는 아니다' 라는 뜻이 된다.

I didn't mean it.
일부러 그런게 아냐.

- I didn't mean it the way it sounded. 들리는 것처럼 그런게 아냐.
  I don't mean that in a bad way. 나쁜 의미로 말하는거 아냐.

■ **didn't[don't] mean it[that]**은 오해를 풀기 위한 표현으로 위에서처럼 to~이하로 자세히 설명없이 바로 it이나 that을 써서 '그런게 아냐' 라고 신속하게 말하는 법.

I really didn't mean any offense.
정말 기분상하게 하려는게 아니었어.

- Pardon me, I didn't mean any offense by that.
  미안해요, 그거 기분상하게 하려는게 아니었어요.
  She didn't mean any offense when she didn't talk to you.
  걔가 너와 얘기하지 않았을 때 기분상하게 하려는게 아니었어.

didn't mean any offense는 오해를 좀 더 노골적으로 풀고 자신을 방어하기 위해서 하는 말로 상대방에게 '기분상하게 하려는게 아니었어' 라고 하는 말.

That's not what I mean.
실은 그런 뜻이 아냐.

- A: Believe me, he is not gay. B: That's not what I meant.
  A: 내말 믿어, 걘 게이아냐. B: 내말은 그게 아냐.
  A: It's not going to fail. B: That's not what I meant.
  A: 실패하지 않을거야. B: 난 그런 뜻이 아니었어.

That's not what I mean(t) 역시 상대방이 자신의 말이나 행동에 오해할 경우 자신의 의도와는 상관없음을 말하며 그런 뜻이 아니었어라고 말하는 문장.

I mean, I've got divorced last month.
내말은 난 지난달에 이혼했다고.

- I mean, heck, I didn't pass my nurse's exam.
  내말은, 젠장, 간호사 시험에 떨어졌다고.
  I mean, no adoption agency is gonna touch us now.
  내말은, 이제 우리에게 연락하는 입양기관이 없을거라는거야.

I mean,~은 상대방이 내가 한 말을 못알아 들었을 때 혹은 내가 이건 다시 설명을 해주어야겠다고 생각들 때 필요한 표현. 일단 I mean, 이라고 한 다음에 좀 더 명확히 자기 말을 부연해주거나 아니면 I mean (that) S+V라고 하면 된다.

What I mean is it didn't surprise me.
내말은 난 놀라지 않았다는거야.

- What I meant to say was, my feelings for you, they keep growing.
  내가 말하고자 하는 건 너에 대한 감정이 점점 강해지고 있다는거야.
  What I mean to say is we're very sorry for your loss.
  내말은 삼가 조의를 표한다는거예요.

I'm sorry, I meant to say는 미안하지만 내 말은… 이라는 뜻. 자기 의사를 더욱 분명하게 말하려는 표현법으로 더 딱부러지게 정리해주려면 what I mean(t) to say~라 해도 된다. 또한 you don't mean to say~하면 '…라 말하는게 진심은 아니겠지' 라는 의미.

By "escort," you mean prostitute?
에스코트가 매춘이란 말야?

- You mean we're completely alone? 우리가 완전히 외톨이가 됐다는 말야?
  You mean she's getting worse? 걔 상태가 악화되고 있다는 말야?

You mean~은 '…라는 말인가요?,' '네 말은 …라는 거니?' 라는 뜻으로 내가 상대방의 말을 이해못했거나 헷갈릴 경우 상대방이 한 말을 확인하고자 할 때 쓰는 표현으로 Do you mean ~? 이라고 해도 된다.

I guess that means you turned down this.
네가 이걸 거절한 모양이구나.

- I guess that means I don't have to go to the wedding on Saturday.
  내가 토요일날 결혼식에 갈 필요가 없는 모양이구나.
  I guess that means you heard about John. 네가 존에 대해 얘길 들은 것 같아.

I guess that means는 그것이 의미하는 것은 …인 것 같다라는 의미로 그냥 단순히 '…인 것 같아,' '…한 모양이구나' 라고 이해하면 된다.

It doesn't mean she's bad in bed.
그렇다고 걔가 섹스가 형편없다는 얘기는 아냐.

- It doesn't mean that we can't enjoy it.
  그렇다고 우리가 그걸 즐길 수 없다는 얘기는 아냐.
  It doesn't mean that I don't love you. 그렇다고 내가 널 사랑하지 않는다는 말은 아냐.

It doesn't mean that~은 '…라는 의미가 아니다' 라는 뜻으로 뭔가 잘못 전달된 혹은 틀린 정보를 바로잡기 위해 할 수 있는 말. '그렇다고 …라는 의미는 아니다' 라고 생각하면 된다.

What does that mean?
이건 무슨 뜻이야?

- What does that mean? Are you guys getting back together?
  그게 무슨 말야? 너희들 다시 사귀는 거야?

  What does that mean in English? 이건 영어로 무슨 뜻이야?

■ What does that mean?은 이게 무슨 뜻이야?라는 말로 상대방의 말의 의미를 이해못해 풀어설명해달라는 표현. 문맥에 따라 놀라거나 혹은 좀 화가나 '그게 무슨 말야?' 라고 하면서 상대방의 진의를 캐물을 때도 쓴다.

What do you mean, back here?
이리로 다시 온다는 의미가 뭐야?

- What do you mean you can't shoot her? 걜 촬영못한다는 의미가 뭐야?

  What do you mean by weird? 이상하다는 말이 뭘 뜻하는거야?

  What do you mean by that? 그게 무슨 말이야?

■ What do you mean by ~ing?[S+V] '…는 무슨 뜻이죠?' 라는 말. 상대방이 말한 내용을 다시 한번 확인하거나 상대방 말의 진의를 파악하고자 할 때 쓰는 표현. 보통 What do you mean? 이라고 간단히 말하거나 What do you mean 다음에 주어+동사 혹은 by+명사[~ing]형태, 혹은 what do you mean, 다음에 이해안되는 어구만 넣어도 된다.

You know what I mean?
내말 이해했어?

- I need sex now. You know what I mean? 지금 나 섹스해야돼. 무슨말인지 알지?

  We need us time. You know what I mean?
  우리에겐 시간이 필요해. 무슨 말인지 알지?

■ You know what I mean?은 상대방이 내 말을 이해했는지 혹은 나와 같은 생각인지 물어볼 때 쓰는 말로 '무슨 말인지 알겠어?,' '너 내 말 이해했냐?' 라는 의미이다.

I'm primed and ready, if you know what I mean.
알겠지만, 난 준비완료됐어.

- He's the one who had a little problem, if you know what I mean.
  알고있겠지만, 문제가 좀 있는 사람은 걔야.

  I let him snake my drain, if you know what I mean.
  걔가 내 배수관을 뚫게 했어, 내가 무슨 말하는지 안다면 말야.(*snake a drain은 배관공이 배수구가 막혔을 때 긴 금속막대기로 뚫는다는 것으로 여기서는 성적인 의미)

■ If you know what I mean은 직역하면 내가 무슨 말 하는지 안다면 말야…, 좀만 의역하면 상대방에게 '알겠지만,' 혹은 '이해해준다면' 이라는 뜻이다.

See what I mean?
내 말 알겠지?

- See what I mean? Don't feel bad. 내말 알겠지? 기분나빠하지마.

  A: See what I mean? B: Your prints came back unknown, too?
  A: 내말 알겠지? B: 또 지문에 일치하는 사람이 없단말야?

■ (You) See what I mean?은 내가 의미하는 것을 알았지?라는 의미. 의역하면 '내말 알겠지?' '내말이 맞지?,' '그러면 그렇지' 등의 뜻으로 옮길 수 있다.

I know what you mean.
무슨 말인지 알아.

- A: I meant she was killed instantly. B: I know what you mean.
  A: 걔가 즉사했다는 말야. B: 무슨 말인지 알겠어.

  I see what you mean, that's quite nice. 무슨 말인지 알아, 그거 정말 좋은데.

  I don't know what you mean exactly. 네가 정확히 무슨 말을 하는지 모르겠어.

■ I know[see, understand] what you mean은 네 말을 이해했다는 의미로 '무슨 말인지 알겠어,' '나도 그렇게 생각해' 라는 표현. 반대는 I don't know what you mean.

If that's what you mean.
그게 네 진심이라면.

- Nobody suspicious, if that's what you mean.
  그게 사실이라면 의심스러운 사람은 아무도 없어.

  There was no rotting corpse in the living room if that's what you mean. 그게 사실이라면 거실에는 부패한 시체가 없었어.

■ if that's what you mean는 '그게 네 진심[사실]이라면,' '네 뜻이 그렇다면' 이라는 의미.

Not perfect. How do you mean?
완벽하지 않다니 그게 무슨 말이야?

- A: This place used to be different. B: How do you mean?
  A: 이 곳은 예전엔 달랐었는데. B: 그게 무슨 말이야?
  A: I didn't mean it that way. B: Well, how'd you mean it?
  A: 난 그런 뜻으로 말하게 아니었는데. B: 그럼, 그게 무슨 말이었어?

■ How do you mean?은 '무슨 말이야?'로 상대방의 말을 이해하지 못했을 때 하는 표현. How did you mean it?은 '그게 무슨 말이었어?'라는 뜻.

Guys, stop it! Stop it, I mean it.
얘들아, 그만해, 그만두라고, 정말야.

- This time I mean it. 이번엔 진심이야.
  Jim, I need you to call me back! I mean it! 짐, 전화해줘. 분명히 말했어!

■ mean it[that]은 자기가 한 말이 장난이나 거짓이 아니라 진심임을 말하는 표현으로 '정말야,' '진심이야,' '분명히 말했어'라는 뜻. I mean it(정말야) 정도는 외워둔다.

Do you mean that?
그말 진심이야?

- Really, honey? Do you mean that? 정말, 자기야? 진심이야?
  A: Do you mean that? B: No. A: 진심이야? B: 아니.
  Oh, you mean it? That would be so fun! 어, 정말야?정말 재미있겠다.

■ Do you mean that?은 반대로 상대방의 말에 놀라서 다시 확인하면서 하는 말로 '정말이야?,' '진심이야?'라는 표현. do는 빼고 그냥 You mean it[that]?이라고 많이 쓰인다.

You don't mean that.
농담이지.

- A: You don't mean that. B: Oh yes I do. A: 진짜 아니지. B: 어, 맞아. 정말야.
  Oh, come on, man, you don't mean that. 어, 이 사람, 정말 아니지.

■ You don't mean that 역시 상대방 말이 선뜻 믿어지지 않을 때 '그말 진짜 아니지,' '농담이지'라는 표현. You can't mean that 역시 같은 맥락의 의미.

I don't mean maybe!
대충 하는 말 아냐, 진심으로 하는 말이야.

- You clean up this room, and I don't mean maybe.
  너 이방 청소해, 장난아냐.
  I'm quitting smoking, and I don't mean maybe. 난 담배끊었어, 진심야.

■ I don't mean maybe는 그럴수도 있다고 말하는게 아니라 자기가 한 말이 농담이 아니라 진심이라는 것을 강조하는 표현.

It doesn't mean anything to me.
난 상관없어.

- Does the date July 4, 2005 mean anything to you?
  2005년 7월 4일이 너에게 무슨 의미가 있는 날이야?
  You're not so special. Men mean nothing to her.
  넌 특별한게 없어 걔한테 남자는 별 의미가 없을거야.

■ not mean anything to~나 mean nothing to는 같은 표현으로 to~이하의 사람과는 전혀 상관없다고 말하는 표현. to 대신에 with를 써도 된다.

They mean a lot to me.
그건 나한테는 의미가 많아.

- It would really mean a lot to me if you guys came.
  너희들이 오면 정말 큰 의미가 될거야.
  It would really mean a lot to me if you stayed.
  너희들이 머문다면 정말 고마울거야.

■ mean a lot to sb는 많은 것(a lot)을 의미한다는 말로 매우 중요한, 소중한이라는 표현. I'd really mean a lot to me if you+과거동사하면 가정법문장으로 '네가 …한다면 정말 고맙겠다'라는 말이 된다.

M

That mean something to you?
저게 너한테 무슨 의미가 있어?

- Does this song mean something to you?
  이 노래가 너한테 무슨 의미가 있어?

  Is that supposed to mean something to me?
  이게 내게 무슨 의미가 있어야 되는 거야?

mean something to sb는 상관이 전혀 없는 것도 아니고 의미가 많아 소중한 것도 아닌 그냥 무슨 상관이나 의미가 있는지 말하는 표현.

Meant for each other.
천생연분이다.

- Those two are meant for each other. 저 두사람은 천생연분이야.

  It was meant to be. 운명이었어, 하늘이 정해준거야.

  They are meant to be together. 천생연분이다.

be meant for each other는 be made for each other, be a match made in heaven, mate for life 그리고 be meant to be와 마찬가지로 '천생연분이다' 라는 표현이다.

I've been meaning to call you.
그렇지 않아도 전화하려고 했는데.

- Dr. Heller. I've been meaning to call you.
  헬러 박사님, 안그래도 전화하려고 했어요.

  Its been so long. I've been meaning to call you.
  오랜만야. 안그래도 전화할려고 했었는데.

have been meaning to call you는 전화를 하려다 계속 미루고 있었는데 마침 상대방이 먼저 전화했을 때 좀 미안해하면서 하는 말.

By all means.
물론이지.

- By all means, read it when you have a free moment.
  그럼, 시간있을 때 읽어봐.

  A: Shall I read it? B: By all means. A: 내가 읽을까요? B: 물론.

by all means는 오래전부터 배워온 기본숙어. 상대방의 부탁이나 요구에 '그러세요,' '물론 되지요' 라는 답변으로 미드에 종종 나온다.

I know you mean well.
날 생각해서 그러는거 알아.

- I know you mean well, but that's not gonna happen okay.
  날 위해 그러는건 알겠는데 절대 그럴 일 없을거야.

  I know you mean well, but I'm not gonna deal with my parents on this one, okay?
  날 위해 그러는건 알겠는데 이 건으로 부모님과 거래하지는 않을거야, 알았어?

mean well은 결과는 안좋더라도 선의에서 그랬다는 것을 어필하기 위한 표현.

You're so mean.
너 정말 야비하다.

- Yeah, let's take a break. You're so mean to him.
  그래, 좀 쉬자. 너 걔한테 너무 야비해.

  A: You're so mean. B: Put your clothes on right now.
  A: 너 정말 야비하다. B: 지금 당장 옷입어.

  That's a mean thing to say! 그건 야비한 말이다!

mean이 형용사로 쓰이면 야비한, 천박한이라는 의미가 된다. 또한 be a mean thing to say 하면 참 야비한 말이다라는 뜻.

MORE EXPRESSION

not know the meaning of sth …의 의미를 모르다

Well, let me refresh your memory. 그래, 네 기억을 되살려줄게.

I have an excellent memory.
난 기억력이 정말 뛰어나.

- You've got a photographic memory. 넌 사진찍는 것 같은 기억력을 갖고 있어.
  She's like a goldfish, she has a three-second memory.
  걘 금붕어같아. 3초지나면 다 잊어.

■ have a good[bad, poor] memory는 기억력이 좋다, 나쁘다라고 할 때 사용한다. 물론 기억력의 상태에 따라 다양한 형용사를 넣을 수도 있다.

She literally has no memory of it.
걘 말그대로 그걸 기억못해.

- You have no memory of shooting the attendant?
  승무원을 쏜 기억이 안나?
  Docs say I may have some temporary memory loss.
  의사들이 내가 일시적인 기억력 상실을 겪을 수 있대.

■ have no memory of~는 '…을 기억못하다,' lose one's memory는 '기억력을 잃다,' 그리고 memory loss는 '기억력 상실'을 뜻한다.

I think he's getting his memory back.
걔가 기억을 되찾고 있는 것 같아.

- Did you know that his memory was coming back?
  걔 기억이 돌아오고 있다는 걸 알았어?
  When will I get my memory back? 내가 언제 기억을 되찾을까?

■ get one's memory back은 '잃었던 기억을 되찾다,' 단순히 memory comes back하면 '기억이 돌아오다'라는 말.

Now if memory serves, her husband had an alibi?
내 기억으로는, 걔 남편은 알리바이가 있었지?

- I met him once a long time ago, and if memory serves.
  걜 오래전에 만났어, 내 기억이 맞다면 말야.
  If memory serves me, she had a huge 'butt.'
  내 기억이 맞다면 걘 엉덩이가 엄청나게 컸어.

■ if (my) memory serves (me correctly)는 관용적인 표현으로 '내 기억이 맞다면,' '내가 기억하는 바로는'이라는 뜻.

Well, let me refresh your memory.
그래, 네 기억을 되살려줄게.

- Could you refresh my memory, Mr. Kopek?
  내 기억을 되살려줄수 있어요, 코펙씨?
  I'm gonna need to refresh my memory. 난 기억을 되살려야돼.
  I always use a list to jog my memory. 늘 내 기억을 되살리기 위해 표를 이용해.

■ refresh sb's memory는 잊어버려서 기억이 안나는 상태에서 '…의 기억을 되살리다'라는 의미. 또한 jog one's memory는 '과거의 기억을 일깨우다'라는 의미로 앞의 표현에서 refresh 대신에 jog를 쓴 점이 다르다. 또한 trigger를 써도 된다.

MORE EXPRESSION

keep one's memory alive 잊지 않도록 하다
in memory of …을 기념하여
to one's memory …을 기억하며
sb's memory lives on …의 기억이 살아있다

놓치면 원통한 미드표현들

- **meat lover[love meat]** 육식체질 fresh meat 순진하고 경험없는 사람
  A: I don't know what she does. B: She's fresh meat out here. 걘 여기 초보자야.
- **the meat and potatoes** 중요한 부분
  I'm an ordinary man, Jack. Meat and potatoes.
  난 보통 사람이야, 잭. 아주 중요한 부분이지.

Now that you mention it. 말을 하니까 말인데.

As I mentioned before, this is very important.
전에 말했듯이, 이건 매우 중요해.

- As I mentioned before, the shop will be closing.
  내가 전에 말했듯이, 그 가게는 문을 닫을거야.

  As I mentioned yesterday, we'll be holding a debate next week. 내가 어제 말했듯이, 우리는 다음주에 토의를 할거야.

As I mentioned before는 '내가 전에 말했듯이'라는 의미로 자기 얘기를 다시 한번 하기에 앞서 써먹으면 좋은 표현. before 대신 earlier를 쓰거나 혹은 구체적인 시점을 말해도 된다.

Don't mention it.
천만에요.

- A: Thanks for doing it my way. B: Yeah, don't mention it.
  A: 내 방식대로 하게 해줘서 고마워. B: 어, 무슨 말을.

  A: I wanted to thank you. B: Don't mention it.
  A: 고맙다고 말하고 싶어. B: 천만에.

Don't mention it은 You're welcome, Not at all 등과 함께 상대방의 감사하다는 인사에 대한 3대 답변으로 배웠던 표현. '천만에요,' '그런말 마세요'라는 뜻이다.

Now that you mention it.
말을 하니까 말인데.

- Now that you mention it, he looked terrified.
  말이 나왔으니 말인데, 걘 두려움에 질린 표정이었어.

  Now that you mention it, I did find something odd.
  말이 나와서 말인데, 좀 이상한 거 발견했어.

Now that you mention it은 생각못하고 있다가 상대방의 말로 해서 기억이 나서 말한다는 뜻으로 '말씀을 하니까 말인데요,' '그 말이 나와서 말인데'라는 의미.

Not to mention the rumor about what he was involved with.
걔가 연루되었다는 것에 대한 소문은 말할 것도 없고.

- This is my bathroom! It's late, and not to mention disgusting.
  내 화장실이야! 늦었을 뿐만 아니라 네가 사용하는 게 싫어.

  He's totally old school, not to mention just plain old.
  그는 늙었을 뿐아니라 진짜 따분해.

not to mention sth은 '…은 말할 것도 없고'라는 의미. 뭔가 추가적으로 정보를 말하거나 혹은 자기가 말하려는 내용을 강조하기 위해 먼저 미끼로 던지는 말.

Your hard work deserves a mention.
너의 성실한 근무는 언급할 가치가 있어.

- The hero deserved a mention during the ceremony.
  그 영웅은 행사중 언급될 가치가 있었어.

  The house fire deserved a mention in the newspaper.
  그 집의 화재는 신문에 날 만했어.

deserve a mention은 언급할 만한 가치가 있다라는 말로 어떤 대상의 가치기준을 따질 때 사용하는 표현이다.

Fred didn't win, but he got an honorable mention.
프레드는 졌지만 감투상을 받았어.

- The last runner in the race got an honorable mention.
  경주의 마지막 주자는 감투상을 받았어.

  Did you get an honorable mention for your work?
  넌 네 일로 칭찬을 받은 적이 있어?

get a honorable mention에서 honorable mention은 경쟁대회에서 수상은 못했지만 못지 않은 실력이 있다는 의미로 주는 감투상, 아차상 등을 의미한다. 참고로 get a mention은 '상을 받다,' '칭찬받다'라는 의미.

Don't mess with me. 나 건드리지마.

Don't mess with me.
나 건드리지마.

- They're trying to **mess with** us. 우리를 속이려고 하고 있어.

  Nobody's gonna **mess with** us if we're in a group.
  우리가 함께 뭉치면 누구도 우리를 엿먹이지 못할거야.

mess with는 위험하고 문제있는 일이나 사람에 관여하다 혹은 누구를 속이거나 누구에게 문제나 말썽을 일으키는 것을 뜻한다.

You mess up.
네가 망쳐놨어.

- You **mess up**, and you're going to prison. 네가 잘못했고 감방에 갈거야.

  He can **mess up** our lives for a couple of weeks.
  걘 몇주안에 우리 삶을 망칠 수 있어.

  Are you kidding me? Where did I **mess up**? 정말? 내가 어디서 실수했는데?

sb mess up은 주어가 사람이 와서 목적어없이 혹은 목적어를 대동하고 '(계획) 망치다,' '더럽히다,' '실수하다,' '잘못하다'라는 의미로 쓰인다.

It was messed up?
그게 엉망이 됐어?, 뭐 문제있었어?

- He'**s pretty messed up** about the whole thing.
  걘 상황전체에 무척 속상해 하고 있어.

  Her hair **was messed up**. She smelled like sex.
  걔 머리는 엉망이었어. 섹스를 한 냄새가 났어.

sth[sb] be messed up은 수동태로 쓰인 경우로 뭔가 어지럽혀져있거나 일이 꼬인 상태를 말한다.

What did I tell you? I don't mess around.
내가 뭐랬어? 난 빈둥거리지는 않는다니까.

- We **were just messing around**. 우리 그냥 빈둥거렸어, 우리 그냥 섹스하고 있었어.

  Do you think I'**m messing around with** you? 내가 널 갖고 노는 것 같아?

  Am I your girlfriend? Am I somebody you **mess around with**?
  내가 네 여자야? 네가 갖고 놀아도 되는 사람인거야?

mess around는 기본적으로 '할 일없이 빈둥거리다,' 혹은 '키스, 애무, 섹스하다'라는 뜻으로도 사용된다. 또한 mess sb around하면 '거짓으로 맘을 바꿔 …을 곤란하게 하다,' 즉 '…을 갖고 놀다'라는 의미가 된다. 또한 mess around with는 '해서는 안될 사람과 성관계 맺다,' '가지고 장난치다,' '가지고 놀다'라는 의미.

You made a mess of things.
네가 이 일을 망쳤어.

- Tom tried to help, he **made a mess of** it. 탐은 도와줄려고 했지만 일을 망쳤어.

  I'm so sorry that I **made a mess of** everything. 다 엉망으로 만들어 미안해.

make a mess of~는 뭔가 '일을 망치다,' '실수하다'라는 의미. 하지만 make a mess of+장소가 나오면 '장소'를 더럽히다 그리고 그냥 a mess of sth하면 구어체로 a lot of sth과 같은 의미가 된다.

I'm so sorry, I'm such a mess.
미안하지만 내가 정말 엉망진창야.

- Well, I'm sorry this place **is such a mess**. 어, 너무 지저분해서 미안.

  He'**s in a mess**. 걘 아주 엉망야.

be (such) a mass는 하도 문제가 많아 정상적이지 않은 상태로 엉망진창이다, 엉망이다라는 뜻. be in a mess 또한 엉망이라는 의미이다.

So umm, sorry I got us into this mess.
어, 내가 우릴 곤란한 상황에 빠트렸네, 미안.

- My cousin **got us into this mess**. 내 사촌이 우릴 이 지경으로 만들었어.

  How did you **get yourself into this mess**? 어쩌다 이 지경에 빠지게 된거야?

get sb into a mess는 'sb를 곤란한 상황, 어려운 상황에 빠트리다'라는 표현. get oneself into a mess하면 '난처한 처지에 빠지다'라는 말.

Steven cleaned up the mess outside.
스티븐은 밖을 청소했어.

- You have to clean up the mess. 넌 어지럽혀진 걸 치워야돼.
  We can cool off and clean up the messes we've made.
  우리 좀 식히고 어지럽힌 걸 치우자.

■ clean (up) the mess는 어지러운 곳을 치우다라는 말로 청소하다, 치우다라는 뜻이다.

» middle

We're in the middle of nowhere. 우린 어딘지 모르는 외진 곳에 있어.

Don't you get in the middle of us!
우리 일에 끼어들지마!

- You didn't need to get in the middle of it. 넌 개입할 필요가 없었어.
  I hate to get calls in the middle of having sex.
  섹스하는 중간에 전화오는게 정말 싫어.

■ get in the middle of~는 '…에 끼어들다,' '개입하다'라는 뜻. 물론 get sth in the middle of sth하게 되면 '…하는 도중에 …을 받는 걸 싫어한다'라는 의미가 된다.

We're in the middle of an investigation.
우린 한참 조사중이야.

- I'm in the middle of a case, and I'm not real focused right now.
  사건을 조사중인데 지금은 집중을 정말 못하겠어.
  We're in the middle of an exam. 우리는 지금 시험보는 중이야.

■ be in the middle of~는 '한참 …하고 있다,' '…하느라 바쁘다'라는 의미.

We're in the middle of nowhere.
우린 어딘지 모르는 외진 곳에 있어.

- Okay guys, we're in the middle of nowhere. 그래, 우리들은 길을 잃었어.
  We're just gonna leave the truck in the middle of nowhere?
  어딘지도 모르는 곳에 트럭을 남겨둘거라고?

■ in the middle of nowhere는 어딘지 모르는 한가운데 있다는 말로 시내에서 떨어진 외곽인데 어딘지 모르겠다라는 말로 주로 운전하다 길을 잃어버렸을 경우에 사용한다.

The whole town split right down the middle.
마을 전체가 반반으로 양분됐어.

- We'll draw an imaginary line down the middle.
  우리는 한가운데에 상상의 선을 그을거야.

■ down the middle '한가운데에,' '반반으로'라는 뜻으로 down 앞에 straight, right 등의 단어를 붙여 쓰기도 한다.

놓치면 원통한 미드표현들

- **meddle** 간섭하다 meddler 쓸데 없이 참견하는 사람
  It's up to you dear, we don't want to meddle.
  네가 결정해, 우린 간섭하기 싫어.
- **meddle with[in]** 참견하다, 간섭하다
  This is all your fault! You meddled in our relationship! 다 네 잘못이야! 네가 우리관계에 끼어들었어!
- **mellow out** 긴장을 풀다, 진정해(Chill out!)
  I was just trying to mellow out.
  난 긴장을 풀려고 한거야.
- **mellow** 차분한, 스트레스를 풀게 해주는
  Guys, can we play something mellow?
  여러분 그윽한 노래 연주할까요?

I don't mind taking care of him. 난 기꺼이 걜 돌볼거야.

Are you out of your mind?

너 제정신이야?

- You've got to **be out of your mind!** 제정신이 아니구나!
  I'm **losing my mind.** 내가 제정신이 아냐.
  Don't leave me here. I'm **going out of my mind.**
  날 여기에 남겨두지마. 나 미쳐버릴거야.

▬ **be[go] out of one's mind**는 제정신이 아니다, 돌다, 미치다라는 뜻으로 lose one's mind (over~)와 같은 의미.

I was out of my mind with grief.

난 슬픔에 정신이 없어서.

- That woman is **out of her mind with worry.** 저 여자는 무척 걱정하고 있어.
  Her mom **was out of her mind with worry** last night.
  걔 엄마는 간밤에 무척 걱정했었어.

▬ **be out of one's mind with worry[grief]**는 위의 표현을 생각하면 쉽게 이해할 수 있다. with 이하로 제정신이 아니라는 말로 다시 말해 무척 걱정하다, 무척 슬프다라는 뜻이 된다.

I can't get that one moment out of my mind.

난 그 순간을 잊을 수가 없어.

- I've decided I'**m putting her out of my mind.** 걜 잊기로 결심했어.
  I want you to know how difficult it's been to **get you out of my mind.** 널 잊는게 얼마나 어려웠는지 네가 알았으면 해.

▬ **put[get] sb[sth] out of one's mind**은 맘속에서 …을 꺼낸다라는 뜻으로 비유적으로 '…을 머릿속에서 지우다,' '생각하지 않다'라는 의미. 한편 put ~ to the back of your mind하면 좀 더 강조하는 표현으로 …을 맘속 깊은 곳으로 밀어넣다라는 뜻. 부정형을 쓰면 당연히 잊지못하다라는 뜻이 된다.

I still haven't made up my mind!

난 아직 맘의 결정을 못했어!

- I **made up my mind** to tell my family. 난 가족에게 말하기로 결정했어.
  Looks like you'**ve made up your mind.** 너 맘의 결정을 한 것 같아 보인다.

▬ **make up one's mind (to do)**는 결심하다(make a decision)라는 의미.

What do you have in mind?

뭘 생각하고 있는 것 있어?

- Did you **have something else in mind?** 너 뭐 다른 거 생각하고 있는 거 있어?
  The thief **had the police in his mind** and ran away.
  도둑은 경찰을 염두에 두고 도망쳤어.

▬ **have[have get] ~ in mind**는 특정한 뭔가 혹은 사람을 맘속에 두고 있다는 말. 비슷한 표현으로 have sth in one's mind가 있다.

That's not what I had in mind.

내가 생각한 것은 그게 아냐.

- **It's not what I had in mind** but okay. 내 생각했던 것과는 다르지만 좋아.
  That's pretty much what I had in mind. 내가 생각했던 것과 거의 같아.

▬ **This[it]'s not what I have in mind**는 내가 생각하고 있던 것과 다르게 일이 진행되거나 결과가 나왔을 경우 '이건 원래 내가 생각했던 건 아니다'라고 말하는 표현법.

I'll keep that in mind.

그점 기억해둘게.

- **Bear in mind that.** 그점 명심해.
  Keep in mind, this is just a theory. 명심하라고, 이건 그냥 이론일 뿐이야.

▬ **keep[bear] ~ in mind (that)**는 …을 잊지 말고 마음에 담아두다, 즉 '명심하다'라는 말로 명령문 형태로도 많이 쓰인다.

Would you mind if I came home with you?
너와 함께 집에 가도 될까?

- You mind if I take a look in the back of your truck?
  트럭 뒤를 둘러봐도 될까요?
  Do you mind if we ask you a few questions? 질문 몇 개 해도 될까요?
  Would you mind coming in, sir? 들어오실래요, 선생님?
  Do you mind giving me a hand moving my couch?
  나 소파 옮기는거 좀 도와줄래?

■ **Would[Do] you mind +~ing[if절~]?**는 …해도 될까요?라는 말로 정중하게 상대방의 허락을 구하는 표현. 단 mind는 …하기를 꺼려하다라는 단어로 전체적으로 부정의문문이 된다. 영어는 철저히 개인중심으로 대답하기 때문에 오로지 자기의 대답내용에 따라 Yes, No를 선택한다. 그래서 "Do you mind if I come over to your place tonight?"이라는 남자직장동료의 추근거림에 여자가 Yes라고 대답한 걸 이를 승낙으로 생각했다가는 모진 빰을 맞는 수밖에. 풀어 쓰면 "Yes. I mind." 즉 나는 당신이 if 이하를 하면 방해가 되거나 싫다는 말이 되기 때문이다.

I don't mind if I do.
그럼 좋지.

- Hey hey hey! Don't mind if I do! 이봐요! 난 좋지요.
  A: Why don't you join us, Harry? B: Don't mind if I do.
  A: 해리, 우리랑 함께 하자. B: 그러면 좋지.

■ **I don't mind if I do**는 상대방 제의에 승낙하면서 '그러면 좋지,' '그거 좋지'라는 말.

Do you mind?
그만해줄래?

- Castle, do you mind? 캐슬, 그만해.
  I really need that espresso. Do you mind?
  저 에스프레소 정말 먹고 싶어. 괜찮겠어?

■ **Do you mind?**처럼 단독으로 쓰이면 두가지 의미로 쓰인다. 먼저 상대방의 말이나 행동에 짜증이나 '그만 좀 해줄래?'라는 뜻으로 쓰이고 또 한가지는 상대방에게 허락을 구하는 것으로 '그래도 괜찮겠어?'라는 의미이다.

Don't mind me.
난 신경쓰지마.

- Now don't mind me. I'm just putting some clothes in.
  난 없다고 생각해. 옷입고 있는 중이야.
  Keep going, don't mind me. 계속해, 난 신경쓰지말고.

■ **don't mind me**는 난 빠질테니 없는 것으로 생각하고 하고 싶은대로 하라는 표현이다. '난 신경쓰지마,' '맘대로 해라'는 의미.

Yes. It has crossed my mind.
맞아. 그게 생각이 났어.

- The thought had crossed my mind. 그 생각이 났었어.
  Yeah? Any names come to mind? 그래? 생각나는 이름이 하나도 없어?

■ **cross one's mind**는 come into one's mind와 같은 의미로 '…마음 속에 생각이 떠오르다, 났다'라는 의미. 또한 come to mind하면 '생각이 나다'라는 표현.

Can you just take my mind off of me?
그냥 날 잊어줄래?

- Well, it's the only thing that keeps my mind off Danielle.
  음, 그게 다니엘을 잊는 유일한 길이야.
  You just need to get your mind off it. Do you want to go to the comic book store? 그거 잊어야 돼. 만화가게에 갈까?

■ **take[keep, get] one's mind off**는 '걱정을 그만하게 하다,' '…을 잊다'라는 표현으로 off 다음에 of를 덧붙이기도 한다.

I have half a mind to tell the story.
얘기를 할까말까 망설이고 있어.

- I have half a mind to call her mother. 걔 엄마한테 전화할까말까 망설이고 있어.
  I've half a mind to storm out of here right this minute.
  당장 여길 뛰쳐나갈까말까 했어.

■ **have[get] a mind to~**는 '…할 맘이 있다'는 것으로 '…하고 싶다'라는 뜻이다. 강조하고 싶으면 a good mind, 할까말까 망설이는 상태라면 had half a mind to~라 하면 된다.

I'd like to ask you a few questions, if you don't mind.

괜찮다면 질문 좀 할게요.

- If you don't mind, I am off to prepare for tonight's main event.
  괜찮다면 오늘의 주이벤트를 준비할게요.

  If you don't mind, could we not share too much?
  괜찮다면 우리 너무 털어놓지말도록 해요.

■ **if you don't mind**는 상대방에게 뭔가 요청하면서 혹은 자기 행동에 미리 상대방의 허락을 받기 위해서 하는 말로, if you wouldn't mind라 해도 된다. '괜찮다면'이라는 뜻.

If you don't mind me asking, why're you interested in this?

실례되는 말이지만 왜 이거에 관심있어요?

- If you don't mind me saying so, when you left here, you kind of broke his heart.
  내가 이렇게 말해도 괜찮다면, 네가 떠났을 때 넌 걔맘에 상처를 좀 줬어.

  If I don't mind saying so, I have many of those qualities myself. 내가 이런 말해도 되는지 모르겠지만, 난 그런 재주가 많이 있어.

■ **if you don't mind me saying so~**는 앞의 표현과 의미는 같지만 뒤에 saying, asking이 붙어서 좀 더 구체적으로 좀 더 예의있게 허락이나 양해를 구하는 표현이다. '내가 이렇게 말해도[물어봐도] 괜찮다면,' '실례되는 말이지만'이라는 뜻이다.

I don't mind taking care of him.

난 기꺼이 걜 돌볼거야.

- I don't mind fighting over little things! 사소한 문제라도 기꺼이 싸울거야!

  I wouldn't mind having that ability right now.
  지금 당장 그 능력을 기꺼이 가질거야.

■ **I don't mind ~ing**는 '기꺼이 …하다'(be willing to)라는 의미로 don't 대신에 wouldn't로 써도 된다. 특히 I don't mind telling[admitting]~은 좀 말하기 힘든 말을 시작할 때 꺼내는 표현으로 '정말 이건 알아둬야 하는데,' '까놓고 말해서'라는 뜻으로 사용된다.

That is such a load off my mind!

정말 맘이 한결 가벼워진다!

- That is a load off my mind. Well, thank you. 맘이 가벼워졌어. 고마워.

  Ray got a job, and that is a load off his mind.
  레이는 취직했고 그래서 맘이 가벼워졌어.

■ **It[That] is a load off one's mind**는 맘속에서 짐(load)을 덜어놓다라는 뜻으로 걱정이나 근심에서 벗어나 한결 맘이 가벼워지다(that's a relief)와 같은 의미. take a load off와 같은 맥락의 표현.

Mind your P's and Q's!

행동거지 조심해!

- Mind your P's and Q's in this class. 이 수업에서는 행동바르게 해.

  Mind your P's and Q's during the interview. 면접중 예의바르게 행동해.

■ **mind your P's and Q's**는 비슷하게 생긴 p와 q를 구분하라는 말에서 출발해서 예의바르게 행동하고, 행동거지를 조심하라는 뜻으로 쓰이는 관용어구이다.

If you set your mind to the task.

네가 그 일에 전념한다면.

- I have to believe that if you put your mind to it.
  네가 그거에 전념하면 믿을게.

  If you really put your mind to it, I know you can.
  네가 정말 전념한다면 넌 할 수 있을거야.

■ **put[set] one's mind to it**은 it에 맘을 두다라는 것으로 '…을 잊지 않다,' '…에 마음먹다'라는 뜻이 된다.

I've had my mind on a lot of things.

신경 쓸 일이 많아요.

- Then stay here and keep your mind on your job, you hear me?
  그럼 여기 남아서 네 일에 집중해, 알았어?

  She seems to have her mind on something else.
  걘 다른 거에 맘이 가 있는 것 같아.

■ **keep[have, set] one's mind on~** 역시 비슷한 표현으로 맘을 on 이하에 두다라는 말로 '…에 전념하다,' '…에 마음에 두다'라는 의미.

Walt knows his own mind.
월트는 자기 소신이 분명해.

- Rory has her own mind. 로리는 자기 의지가 있어.
  Tony can't decide because he doesn't know his own mind.
  토니는 자기 맘을 알 수가 없어 결정을 못하고 있어.

know one's own mind는 자기 맘을 스스로 알고 있다는 말로 자아가 없는 것처럼 보이는 해파리와 달리 자기 소신을 굽히지 않다, 자기 의지가 있다라는 의미로 know 대신 have를 써도 된다.

I've got a mind of my own. This is my decision.
난 나름대로 생각이 있어. 이건 내 결정야.

- This old computer has a mind of its own. 이 낡은 컴퓨터는 제멋대로야.
  I can't control it. This thing has a mind of its own.
  통제할 수가 없어. 이게 제멋대로 작동해.

have (got) a mind of one's own 또한 비슷한 표현으로 '자기 주관이 뚜렷하다,' '독자적인 생각을 갖고 있다'라는 의미이다. 단 기계 등이 주어로 오면 기계를 조정하는 사람의 예상과 달리 멋대로 작동하는 것을 말한다.

Get your mind out of the gutter crack-whore.
정신 좀 차려라 이 갈보야.

- Get your mind out of the gutter. They're just nuts. 정신차려. 걔네 미쳤어.
  Get your mind out of the gutter and stop saying sexual things.
  정신 좀 차리고 섹스얘기는 그만 좀 해라.

get one's mind out of the gutter는 gutter(시궁창)에서 마음을 꺼내다라는 표현으로 비유적으로 문맥에 따라 '좋은 쪽으로 생각해라,' 혹은 '정신차리다'라는 뜻으로 쓰인다.

Never mind.
신경쓰지마.

- Never mind him. You and I need to have a talk.
  걘 신경꺼. 너와 내가 얘기 좀 해야돼.
  Never you mind about the cost of these things.
  이것들 비용은 신경쓰지마.

never mind는 주로 상대방이 감사하거나 미안해할 때 괜찮으니 신경쓰지 말라는 대답으로 많이 쓰이는 표현이다. '신경쓰지마,' '맘에 두지마'라는 뜻. 한편 never mind sb는 'sb는 신경쓰지 말라'는 뜻이고 Never you mind~는 '…은 신경쓸 거 없어, '…은 네 알 바 아니야'라는 뜻이지만 오래된 표현으로 요즘에는 잘 쓰이지 않는다.

Love is a state of mind, Shirley.
사랑은 맘의 한 상태야, 셜리.

- Dan was in a bad state of mind after the fight.
  댄은 싸우고 난후 정신상태가 좋지 않았어.
  We were all in a good state of mind this morning.
  우린 모두 오늘 아침 정신상태가 좋았었어.

state of mind는 정신상태를 말하는 것으로 frame of mind라고 해도 된다.

School is the last thing on their minds.
학교는 머릿속에 들어오지도 않아.

- Sex is the last thing on my mind right now.
  섹스는 지금 생각나지도 않아.

be the last thing on sb's mind는 …의 마음 속에 있는 가장 마지막 것이란 말로 의역하면 머릿속에 들어오지도 않다라는 뜻으로 be the furthest thing from sb's mind라고 해도 비슷한 표현이 된다.

I followed, giving him a piece of my mind.
난 따라와서 걔한테 불편한 심기를 드러냈어.

- I'm going to give that son of a bitch, a piece of my mind.
  난 그 개자식에게 따끔하게 한마디 해줄거야.
  I am going to give them a piece of my mind.
  내 생각을 거리낌없이 걔네들에게 말할거야.

give sb a piece of my mind는 주로 부정적인 의견이나 생각을 거리낌 없이 얘기하다, 따끔하게 한마디 해주다, 불편한 심기를 드러내다라는 의미이다.

Who in their right mind would ever want kids?

제 정신이 있는 사람이라면 누가 애를 원하겠어?

- Anybody in their right mind would have ratted me out.
  정신이 제대로 박힌 사람이라면 나를 밀고했을텐데.

I mean, in my mind he had never aged.

내말은, 내 맘속에 걘 절대 늙지 않았어.

- Now I have that memory burned in my mind.
  이제 난 그 기억을 맘속에서 없앴어.

  Is there any doubt in your mind that she wanted to end her life? 걔가 자살하고 싶어한다는 의혹이 맘속에 조금이라도 있었어?

Put your mind at rest, she appears not to have intentions.

맘 가라앉혀. 걘 의도가 없어 보여.

- Talking with his friends set Blake's mind at ease.
  친구들과 얘기하면 블레이크의 맘이 편해져.

  I'm going to put your mind at ease about these problems.
  난 이 문제에 대해 네 맘을 편하게 해줄게.

I'm trying to keep an open mind.

난 편견을 갖지 않으려고 해.

- Keep an open mind! 미리 판단하지마!

  I will try and keep an open mind on this.
  난 이거에 편견을 갖지 않으려고 노력해.

Jill's mind is not on cooking the meal.

질의 맘은 요리하는데 있지 않아.

- You will dishonor us, if your mind is not on the games.
  게임에 집중하지 않으면 넌 날 욕보이는거야.

  Your mind is not on winning the tennis match.
  네 맘은 테니스 시합에서 이기는데 있지 않아.

Don't be afraid to speak your mind.

속내이야기를 하는데 두려워하지마.

- I think it is time to speak our minds.
  지금이 우리의 심중을 털어놔야 될 때라 생각해.

  Frank was fired for speaking his mind at the meeting.
  프랭크는 회의에서 속내이야기를 해서 잘렸어.

Aren't we broad-minded?

우리는 맘이 넓지 않았나?

- Unfortunately, parents and donors aren't so open-minded.
  불행하게도, 학부모나 기증자들은 그렇게 마음이 열려있지 않았어.

  You are so closed-minded to new things. 넌 새로운 것에 정말 닫혀있어.

not one in their right mind는 제 정신인 사람은 아닌, Who in their right mind~?은 반어적으로 '제 정신인 사람이라면 …을 하겠나?'라는 의미로 결국 one이나 who는 정신이 제대로 박힌 정상적인 사람이라는 것을 뜻한다.

in one's mind는 '…의 생각으로는,' '…의 맘속에'라는 뜻.

set[put] sb's mind at rest[ease]는 '…의 맘을 편하게 해주다,' '맘을 가라앉히다,' '편히 하다'라는 의미.

open mind는 다른 사람의 말에 귀기울이고 편견(prejudice)을 갖지 않는 태도를 말한다. open-minded는 형용사가 된다.

sb's mind is not on sth은 무슨 일을 하지만 다른 생각 때문에 집중하지 못하는 경우로 '맘이 딴데 가 있다'라는 의미.

speak one's mind는 입술로 말하는게 아니라 맘을 말한다는 뜻에서 '심중을 털어놓다,' '서슴없이 속내를 이야기하다'라는 뜻이 된다.

-minded는 명사뒤에 붙여 다양한 의미의 단어를 만들어낸다. serious-minded는 '진지한 마음의,' evil-minded은 '사악한 마음의,' 그리고 broad-minded는 '넓은 마음의'이라는 뜻이다.

MORE EXPRESSION

- **with~in mind** …을 염두에 두고
- **Change your mind?** 마음을 돌리셨나요?
- **Mind you!** 주의해, 기억해!
- **bring[call] sth to mind** 떠올리다
- **be of one mind** 뜻이 서로 통하다

I'll be counting the minutes. 손꼽아 기다리고 있을거야.

Do you have a minute to chat?
잠깐 얘기할 시간돼?

- Can we have a minute, please? 우리 시간 좀 낼 수 있어, 제발?
  When you get a minute I'd like to talk about that.
  가능하다면 그에 대해 얘기하고 싶어.
  Boss, you got a minute? 사장님, 시간되세요?

■ **have[get] a minute**는 잠시 시간이 있다라는 것으로 주로 상대방에게 시간이 좀 있냐고 물어볼 때 쓰는 표현이다. 또한 (You) Got a minute?은 상대방에게 개인적으로 할 말이 있어 '시간돼?,' '(잠깐) 얘기 좀 할 수 있을까?' 라는 말로 진짜 많이 쓰이는 표현. you도 생략하고 그냥 Got a minute?라고도 쓰인다.

I'll be with you in a minute.
잠시만 기다리세요, 금방 올게.

- She'll be with you in a minute. 걔 곧 이리로 올거예요.
  Can I talk to you? It'll just take a minute. 얘기 좀 하자. 금방이면 돼.
  Will you wait here for me for a minute? 잠깐만 여기서 기다려줄래?

■ **in a minute**는 금방(very soon)이라는 표현. 또한 within minutes는 곧, 이내라는 의미이고 Just a minute 역시 잠시만이라는 의미. for a minute[moment] 역시 잠시만, 잠깐만이라는 표현. 한편 take a minute는 잠깐이란 시간이 걸리다라는 말로 오래 걸리지 않는다는 걸 강조할 때 사용한다. 또한 wait[hold on, hang on] a minute는 잠깐만이라는 뜻.

Give me a minute alone.
잠시 혼자 있고 싶어.

- Give me a minute, will you? 잠시만 시간줘, 그래줄래?
  Can you give us a minute? 우리한테 잠시 시간 좀 줘.

■ **give sb a minute**는 sb에게 잠깐 시간을 주다라는 뜻으로 시간을 내서 뭘할지는 give sb a minute to~라고 말하면 된다.

It's true. I get handsomer by the minute.
정말야, 난 시시각각 멋있어지고 있어.

- Hey, this day is getting weirder by the minute.
  야, 오늘은 시시각각 이상해지고 있어.
  He's becoming more attractive by the minute, isn't he?
  걘 시시각각 매력적으로 변하고 있어, 그지 않아?

■ **by the minute**는 '시시각각으로'란 뜻으로 minute by minute라 해도 된다.

And you've loved every minute of it.
그리고 넌 그걸 매우 좋아했어.

- And I'm enjoying every minute of it. 그리고 난 매순간순간을 즐겼어.
  Why are you doing this? You hated every minute of it.
  왜 이러는거야? 넌 정말 싫어했잖아.
  Wow. Every minute of every day is booked. 와, 언제나 예약이 차있네.
  Kent feels the pain every minute of every day.
  켄트는 끊이지 않는 고통을 느꼈어.

■ **love[enjoy, hate] every minute of~** …의 매 순간을 즐기다, 싫어하다라는 말로 즐겁거나 싫었던 것을 강조하는 표현. 한편 every minute of every day는 '늘,' '항상,' '언제나'라는 말로 all the time과 같은 말.

I'm sure the cops will be there any minute.
경찰이 확실히 곧 도착할거예요.

- What took you so long? People are gonna be here any minute. 왜 오래걸렸어? 사람들이 하시라도 도착할거야.
  Results will be faxed here any minute. 결과가 곧 팩스로 올거야.

■ **(at) any minute (now)**에서 any minute는 언제라도라는 뜻으로 '지금 당장이라도,' '하시라도,' '곧'이라고 생각하면 된다.

The minute people fall in love, they become liars.

사람들은 사랑에 빠지자마자 거짓말쟁이가 된다.

- The minute they stepped into that house, they were dead.
  걔네들이 저 집에 들어가자마자 죽었어.

  The minute my feet hit the ground, I knew right where to find her. 난 도착하자마자, 걜 어디서 찾아야 하는지 알았어.

■ the minute S+V는 특이하게 명사구가 부사절처럼 쓰이는 경우로 '…하자마자'(as soon as)라는 뜻. 비슷한 경우로 the moment S+V도 있다.

Right this minute, I'm hating being a lesbian.

지금은, 레즈비언이라는게 싫어.

- As of right this minute you are on vacation. 지금 이순간 넌 휴가야.

  You know what I realized this minute? 지금 내가 깨달은게 뭔지 알아?

■ this minute는 '바로 당장,' '지금 당장'(immediately)이라는 뜻.

For one minute, I'd like to not think about her.

한순간이라도 걔에 대해 생각하고 싶지 않아.

- I don't for one minute believe that man is your gigolo.
  저 남자가 남창이라는 걸 결코 믿고 싶지 않아.

  Can you just hold on for one minute? 잠깐만 기다려 줄테야?

■ not think[believe] for one minute은 1분이라도 생각[믿지]하지 않다라는 것으로 '결코 …라고 생각[믿지]하지 않다'라는 부정을 강조하는 표현. 참고로 그냥 긍정문에 for one minute하면 '잠깐만'이라는 뜻이다.

One minute he was holding a urine bag, the next minute he's kissing me.

한순간 소변백을 들고 있더니 다음 순간 내게 키스를 하고 있었어.

- One minute he's all over me, and the next minute he's pushing me away. 한순간 내게 달라붙어 애무하더니 바로 다음 날 밀쳐내는거야.

■ one minute ~~~ the next (minute)는 어떤 상황이 갑자기 바뀌는 것을 의미하는 것으로 '한순간 …하더니 바로 …해 버렸다'라는 표현이 된다.

I'll be counting the minutes.

손꼽아 기다리고 있을거야.

- All right. I'm counting the minutes. 좋아, 난 손꼽아 기다리고 있을거야.

  I know you count the minutes until you can escape from your humdrum lives. 네가 지루한 삶에서 벗어날 때를 손꼽아 기다리고 있다는 걸 알아.

■ count the minutes는 시간을 세다라는 말은 그만큼 '손꼽아 기다리다'라는 뜻이 된다. 주로 진행형으로 많이 쓰인다.

MORE EXPRESSION

take the minutes 의사록을 작성하다.
the next minute 금세, 바로
minute 대단히 작은, 상세한

놓치면 원통한 미드표현들

- **member** 구성원 member of society 시민
  He's a contributing member of society.
  걘 기여하는 시민이야.
- **dismember** 사지를 절단하다
  Not just dead. Dismembered.
  그냥 죽은게 아니라 사지가 절단됐어.

  He mutilated and dismembered Mary Kelly.
  걘 메리 켈리의 사지를 절단하고 토막냈어.
- **be miffed at sb[about sth]** 좀 화를 내다
  All right. Why are you still miffed at me?
  좋아. 왜 아직 내게 화나있어?

» miser/ misery

Just put me out of my misery. 날 비참하게 놔두지마.

Just put me out of my misery.
날 비참하게 놔두지마.

- Most hunters put animals out of their misery.
  대부분 사냥꾼들은 동물들을 안락사시킨다.

  I thought those are nurses who put people out of their misery.
  저 간호사들이 사람들을 안락사시켰다고 생각해.

put A out of one's misery는 기본적으로 불치병 걸린 사람이나 동물들을 안락사시키다라는 뜻으로 쓰이고 비유적으로 반가운 소식을 전해줘서 고통과 걱정에서 벗어나게 하다라는 의미로도 쓰인다.

He's made my life miserable for 3 years.
걘 내 삶을 지난 3년간 비참하게 만들었어.

- My son has had a miserable life. 내 아들이 비참한 삶을 살고 있어.

  He's a miserable human being. 걘 한심한 인간이야.

make one's life miserable는 '…의 삶을 비참하게 하다,' have a miserable life는 '비참한 삶을 살다'라는 의미이다.

MORE EXPRESSION

What a miser[tightwad]!
지독한 수전노군!

» miss

You really missed out! 넌 정말 좋은 기회를 놓친거야!

Am I missing something here?
내가 놓친 내용이 있어?

- It's impossible. We must be missing something.
  불가능해. 우리가 뭔가 놓친게 틀림없어.

  Sorry I'm late. Did I miss anything? 늦어서 미안. 내가 놓친게 있어?

be missing something은 뭔가 빠져있다, 뭔가를 놓쳤다라는 의미. 특히 늦게 도착해서 자기가 놓친 부분이 있는지 혹은 사람들 대화내용에서 이해가 안되는 부분이 있을 때 써먹을 수 있는 표현이다.

What did I miss?
내가 놓친게 뭔대?

- Sorry I'm late. What did I miss? 늦어서 미안. 내가 놓친게 뭔대?

  Is the show on? What did I miss? 쇼하는 중야? 내가 놓친게 뭐야?

What did I miss? 역시 같은 맥락에서 사용되는 표현으로 내가 놓친게 뭔지 물어보는 표현.

I wouldn't miss it for the world.
꼭 그렇게 할게.

- I'll never miss it. 꼭 갈게요.

  Hi, love your column, never miss it. 안녕, 네 칼럼 좋아해. 절대 놓치지 않고 봐.

I wouldn't miss it (for the world)는 주어의 강한 의지가 돋보이는 표현으로 세상이 두쪽나도, 즉 어떤 일이 있어도 '초대에 응하겠다,' '꼭가겠다,' 혹은 '꼭 그렇게 하겠다'라는 뜻이다. 그냥 never miss it이라고 해도 된다.

You can't miss it.
꼭 찾으실 거예요.

- You can't miss it. It's right off the main road.
  쉽게 찾을 수 있어요. 대로변 벗어나 오른쪽에 있어요.

  Our bedroom's right upstairs, you can't miss it.
  침실은 이층 오른쪽에 있어요, 바로 찾으실거예요.

You can't miss it은 길이나 장소를 안내할 때 꼭 쓰게 되는 표현. 설명을 상세히 잘 해준 다음에 마지막에 붙이는 표현으로 '쉽게 찾으실 수 있어요'라는 의미.

You really missed out!
넌 정말 좋은 기회를 놓친거야!

- I don't want to miss out on knowing you. 널 알게 되는 기회를 놓치고 싶지 않아.
  I missed out on the ultimate girl next door.
  옆집 죽여주는 여자를 알 수 있는 기회를 놓쳤어.

miss out on~은 …하는 기회를 놓치다. miss a chance [opportunity]와 같은 의미이고 또한 sth is not to be missed하면 '…하는 기회를 놓치면 안된다'라는 뜻이다.

I'm sorry I missed that.
미안해요 못 들었어요.

- Oh, yeah. I'm really sorry I missed that. 어, 그래. 미안하지만 못들었어.
  A comet passed over. I was sorry I missed that.
  혜성이 지나갔어. 못봐서 아쉽네.

sorry I missed that은 대화도중에 얘기를 못들었다고 하는 것으로 다시한번 이야기를 해달라고 할 때 쓰는 표현.

You missed the exit!
너 출구를 지나쳤잖아!

- You missed the deadline. 너 데드라인을 지나쳤어.
  Is that why you missed last year's anniversary?
  그래서 작년 기념일을 놓친거야?

miss sth[~ing]는 miss의 기본적 의미중 하나로 '…을 하지 못하다,' '(기차 등을) 놓치다'라는 의미.

I am going to miss you.
네가 보고 싶을 거야.

- I miss you so much. 네가 많이 보고 싶어
  I'm really gonna miss you guys. 너희들 정말 보고 싶을거야.

miss sb에서 miss의 의미는 '그리워하다,' '보고싶어하다'라는 의미로 헤어지면서 하는 공식표현인 I'm going to miss you, I already miss you 등은 외워둔다.

MORE EXPRESSION

missing in action 실종된(MIA)
hit-and-miss 마구잡이의
without missing a beat
주저없이
not miss a trick 빈틈이 없다

» mistake

Make no mistake about it! 실수하지마!

And make no mistake, we have more to talk about.
정말이지, 우린 얘기할 게 더 있어.

- And make no mistake, the problems will get worse.
  정말이지, 문제들이 더 악화될거야.
  And make no mistake, I'm going to marry her. 정말이지, 걔랑 결혼할거야.

and make no mistake는 자기가 한 말을 강조하는 것. 즉 자기가 말한게 실수가 없다라는 표현으로 '확실히,'(certainly) '정말'이라는 표현.

Make no mistake about it!
실수하지마!

- Make no mistake about it, your father is the love of my life.
  내 분명히 말해두는데, 네 아버지는 내 소중한 사랑이었어.
  But make no mistake, she definitely crossed the line.
  하지만 실수하지마, 걘 정말 선을 넘었어.

make no mistake (about it) 역시 자기가 하는 말을 강조하는 표현으로 이번에는 명령문형태로 문두에 쓰인다. '내 분명히 말해두는데,' '틀림없이 …해라' 등의 의미로 상대방에게 자신의 말이나 행동을 오해하지 말라고 경고하거나 주의 주는 표현.

It was my mistake.
내 잘못이야.

- That's my responsibility. My mistake. 내 책임이었는데, 내 잘못야.
  It was my fault. My mistake. 내 실수였어. 내 잘못야.

I made a mistake.
내가 잘못했어.

- Oh well, we all make mistakes. 그야 뭐, 사람은 누구나 다 실수하는거잖아.
  Did I make a mistake not calling the FBI? 내가 FBI 안부른게 실수한거야?
  I made the mistake of telling him that I was pregnant.
  걔한테 내가 임신했다는 말을 하는 실수를 했어.

Jason took my keys by mistake.
제이슨은 실수로 내 키를 가져갔어.

- He went into the father's room by mistake. 갠 실수로 아버지방에 들어갔어.
  Allison sent it to him by mistake. 앨리슨은 실수로 걔한테 보냈어.

There's no mistaking it.
그게 틀림없어.

- And there's no mistaking your signature. 네 사인이 틀림없어.
  There's no mistaking that people can be cruel.
  사람들이 잔인할 수 있다는 건 확실해.

I'm sorry, I mistook you for my father.
미안, 너를 네 아빠로 잘못봤어.

- She mistook salt for sugar while drinking coffee.
  갠 커피를 타다 소금과 설탕을 착각했어.
  I'm sorry, you must have me mistaken for someone else.
  미안, 날 다른 사람으로 잘못봤나봐요.

I tried to tell her she was mistaken.
난 걔한테 걔가 잘못했다고 말하려고 했어.

- My client was mistaken. 내 의뢰인은 잘못 생각했어.
  I told him he must be mistaken. 난 걔한테 걔의 실수라고 말했어.

If I'm not mistaken, it'll be hot today.
내가 알기로는 오늘 더울거래.

- If I'm not mistaken, we've met before. 내가 알기로는, 우린 전에 만났어.
  If I'm not mistaken, I'm fairly certain I said I'd kill you if I ever saw you again. 내가 알기로는 내가 널 다시 만나면 죽여버리겠다고 말한게 확실해.
  But it is clearly a case of mistaken identity.
  하지만 그건 분명히 사람을 혼동한 케이스야.

be my mistake는 솔직하게 자기 잘못임을 이실직고 고백하는 표현. 또한 My mistake는 더 간결하게 자기 잘못을 콜하는 표현.

make a mistake는 유명 표현으로 실수하다. 또한 make the mistake of ~ing는 실수의 구체적인 내용을 함께 말하는 경우로 '…하는 잘못을 저지르다'라는 의미.

by mistake는 '실수로, '잘못하여'라는 잘 알려진 표현이고, be a mistake to~하면 '…하는 것은 잘못이다'라는 의미.

There's no mistaking sb[sth]/that S+V는 …를 실수없이 쉽게 알아볼 수 있다는 말로 '…가 확실하다,' '틀림없다'라는 의미.

mistake A for B는 A를 B로 실수로 착각하다라는 뜻.

be mistaken은 '주어가 잘못했다,' '잘못 생각했다'라는 표현.

if I'm not mistaken은 '내가 틀리지 않았다면,' '내가 알기로는'이라는 뜻으로 조심스럽게 자기 생각을 표현할 때 사용한다. 또한 mistaken identity는 '사람을 잘못보다,' '신원을 오인하다'라는 의미.

MORE EXPRESSION

be full of mistakes
실수투성이다
You can't mistake sb[sth]~
…을 잘못 알아볼 리가 없다
catch out one's mistake
…의 실수를 지적하다
put one's mistake on
책임전가하다
cover one's mistake
실수를 숨기다

He's a good mixer. 걘 친구들을 잘 사귀어.

I'm all mixed up.
너무 혼란스러워.

- Couple of hundred years, races will be so mixed up.
  2,3백년전에 인종들이 엄청 뒤섞였어.

  You just know that idiot got all our orders mixed up.
  저 바보가 우리 주문을 다 뒤죽박죽해놨다는 걸 알고 있으라고요.

be[get] (all) mixed up은 뒤섞이다 그래서 혼란스럽다라는 의미. 강조하려면 all을 쓰면 된다.

He got mixed up in some crazy stuff.
걘 말도 안되는 일에 연루됐어.

- I didn't want to get mixed up in that. 난 거기에 관련되고 싶지 않았어.

  My daughter got mixed up with drugs. 내 딸은 마약에 빠졌어.

be[get] mixed up in[with]하면 나쁜 일에 연루되거나 혹은 나쁜 영향을 미치는 사람과 어울리다라는 의미로 쓰인다.

I got it mixed up.
내가 헷갈렸어.

- I always get them mixed up.난 항상 그것들이 헛갈려.

  You've got the pictures mixed up! 너 사진들을 섞어놨구나!

get ~ mixed up은 앞의 것과 달리 '…를 뒤섞다'라는 말로 주어가 '…를 혼동하다라는 뜻이 된다. 또한 mix sb up with하면 sb를 '…와 혼동하다'라는 의미가 된다.

I'm mixing business with pleasure.
난 공과사를 혼동하고 있어.

- I don't like to mix business with pleasure. 공과사를 혼동하는 걸 안좋아해.

  Didn't you once say you never mix business with pleasure?
  너 언젠가 공과사를 혼동한 적이 한번도 없다고 하지 않았어?

mix business with pleasure는 서로 반대되는 개념인 business와 pleasure를 이용한 표현으로 '공과사를 혼동하다'라는 표현이 된다.

I like to fight and mix it up and get all dirty.
난 싸우고 더러워지는걸 좋아해.

- We're going to mix it up with a rival team. 우리는 경쟁팀과 싸울거야.

  Dominicans and Mexicans ever mix it up in here?
  도미니카 사람들과 멕시코 사람들이 여기서 싸운적 있어?

mix it (up)은 '싸움에 말려들다,' mix it up with sb하면 '…와 싸우다,' '경쟁하다'라는 표현이 된다.

Money and friendship don't mix.
돈과 우정은 서로 섞이지 않아.

- Apparently babies and weddings don't mix. 정말 아이들과 결혼은 안 어울려.

  Drinking and driving don't mix. 운전과 음주는 어울리지 않아.

~ sth don't mix는 물과 기름처럼 서로 섞이지 않는 것을 말할 때 사용하는 표현. '…는 서로 어울리지 않는다,' '서로 섞이지 않는다'라고 해석하면 된다.

He's a good mixer.
걘 친구들을 잘 사귀어.

- I'm Peter, uh, we met at the mixer. 난 피터야, 모임에서 만난 적 있어.

  A: What kind of party was it? B: A mixer. A: 무슨 파티였어? B: 자선파티.

  Listen, bad news. There's been a horrible mix-up.
  들어봐, 안좋은 소식인데, 끔찍한 실수가 있었어.

be a good mixer는 사교성있게 잘 어울리는 사람을 말하며 또한 mixer는 자선파티나 행사를 말하기도 한다. 또한 mix-up은 혼동해서 발생하는 실수를 말한다.

MORE EXPRESSION

mixed feelings 착잡한 심정
mixed bag 잡동사니
mix and match 짜맞추다

» mock

He makes a mockery of the law. 걘 법을 비웃어.

You mocked me publicly.
넌 날 공개적으로 놀려댔어.

- Wait a second. Are you mocking me? 잠깐만. 날 놀리는 거야?
  I didn't come to help, I came to mock. 도우러 온게 아냐, 놀려먹으러 왔지.

■ mock는 상대방을 비웃거나 흉내내거나 심한 말을 하면서 놀리는 것을 말한다.

We've been examining eyewitness testimony in mock court.
모의법정에서 증인의 증언을 검토했어.

- The judge made her write a mock obituary for the child.
  판사가 아이의 거짓사망기사를 쓰게 했어.
  It's a mock-up. Don't be thrown. 실물같은 모형야. 버리지마.

■ mock interview에 서 mock은 형용사로 쓰였는데 이때는 실제가 아닌, 가짜의, 모의의라는 뜻이 된다. 그래서 mock interview하면 가상면접, mock surprise[horror]하면 가짜 두려움이란 뜻이 된다. 또한 mocks하면 '모의시험'을 뜻하고 mock-up하면 '실물크기의'라는 뜻.

He makes a mockery of the law.
걘 법을 비웃어.

- You're making a mockery of this court. 이 법정을 비웃는 겁니까!
  This dress is making a mockery of me. 이 드레스는 나를 바보로 만들고 있어.

■ make a mock [mockery] of~ 하면 역시 '비웃다,' '조소하다,' '놀리다'라는 의미.

MORE EXPRESSION

mockingly 조롱하듯이
mock up 실물크기의 모형을 만들다
mock-up 실물크기의 모형

» moment

It has its moments. 나름대로 다 때가 있는 법이야.

Not at the moment.
현재로서는 아니야.

- We're not friends at the moment. 우린 지금 친구가 아니야.
  The press are on her side at the moment. 언론은 지금현재는 그 여자 편야.

■ at the moment는 지금, 바로, 마침 그때라는 의미.

Let the issue rest for the moment.
그문제는 당분간 놔두자.

- For the moment, let's assume what you say is true.
  당분간, 네 말이 사실이라고 가정하자.
  I think that that's enough for the moment. 당장은 그걸로 충분하다고 생각해.
  From that moment on Marshall never worried about her.
  그때 이후로 마샬은 걜 걱정하지 않았어.
  Would you excuse me for a moment? 잠깐 실례할게요.

■ for the moment는 상황이 바뀔 때까지 잠시동안, 지금은이라는 말로 for now, for a while과 같은 의미. 단 for[in] a moment는 잠시, from that moment on은 그 때 이후로라는 의미이다. 그리고 after a moment는 잠시후.

One moment, please.
잠시만요.

- Excuse me one moment. 실례지만 잠시만요.

  If you could sit up for one moment. Thanks.
  잠깐만 앉아있으면 돼요. 고마워요.

It started the moment you got here?
네가 여기 오자마자 시작했어?

- I knew this dinner was a bad idea the moment you suggested it.
  난 네가 제안했을 때 바로 이 저녁식사가 좋은 생각이 아니라는 걸 알았어.

  Try to remember the moment when you felt someone's eyes on you. 다른 사람의 시선이 느껴지는 순간을 기억해보도록 해봐.

This is the moment I've been waiting for.
이게 바로 내가 기다리던 순간이야.

- This is the moment we'll want to remember.
  이게 바로 우리가 기억하고 싶어하는 순간이야.

I'm kind of waiting for my moment.
난 내 때를 기다리고 있는 중이야.

- I gotta pick my moment. It's kind of a big deal.
  내 때를 기다리고 있어. 좀 큰 일이거든.

  It definitely was a Kodak moment. 그건 정말 감동적인 순간였어.

It has its moments.
나름대로 다 때가 있는 법이야.

- California has its moments. 캘리포니아가 땡길 때도 있어.

  Honey, this is your moment, okay? 지금이 네 전성기야, 알겠어?

  Oh, my god. I won. This is my moment.
  어 맙소사. 내가 이겼어. 내 전성기야.

It was a spur of the moment.
그건 충동적인 행동였어.

- I didn't plan it that way. It was spur of the moment.
  난 그렇게 계획안세웠어. 충동적이었어.

  Oh well, it was just sort of a spur of the moment thing.
  오, 저기 그건 일종의 충동적인 것이었어.

one moment, please는 '잠시만 기다려 주세요'라는 말로 just a moment (please)와 같은 의미. 또한 for one moment '잠시만'이라는 의미.

the moment S+V는 앞서 나온 the minute S+V와 같은 문구로 minute가 moment로 바뀌었을 뿐이다. 의미는 '…하자마자'라는 뜻이고 the moment when~하면 '…하는 순간'이라는 의미.

This is the moment S+V는 '이 순간이 …가 …하는 순간이다'라는 응용표현.

choose[pick, wait for] one's moment에서 one's moment는 '…의 때'라는 말. 따라서 표현은 자기 때를 선택하다, 고르다, 기다리다라는 의미. 또한 Kodak moment는 감동적인 순간을 말한다.

have its[one's] moment는 역시 나름대로 때가 있다, 또한 this is my moment는 뭔가 특별하고 중요한 것을 할 수 있는 때, 즉 '나의 때이다,' '나의 전성기이다'라는 의미가 된다.

spur-of-the moment는 사전 준비없이 행해진다는 말로 '충동적인,' '즉석의'라는 의미이다.

MORE EXPRESSION

at the last moment
최후순간에

(at) any moment 하시라도

one moment~ the next
한순간은 …, 다음 순간에는 …

놓치면 원통한 미드표현들

- **come home with the milk** 외박하고 집에 오다
  He came home with the milk. 그 사람 외박하고 아침에 들어왔어
- **milk** 돈이나 이득을 부정한 방법으로 뽑아내다, 짜내다
  And you're milking me. But no more.
  그리고 넌 날 악용했어. 하지만 더 이상은 안돼.
- **molest** 성추행하다, 폭행하다 molestation 추행, 폭행
  Sean, convicted two counts child molestation.
  션은 2건의 아동성추행으로 기소됐어.

Put your money where your mouth is! 그 말 책임지라고!

You come from money.
부잣집 출신이군.

- You're saying maybe she came from money the whole time?
  네 말은 걔가 부잣집 출신일 수도 있다는거야?

  He came back, he'd have a lot of money to burn.
  걘 돌아왔고 돈이 남아돌 정도로 많이 갖고 있었어.

come from money는 돈 출신이다라는 말로 부유한 집안출신이라는 의미. come from money the whole time라고 해도 된다. 이런 사람들한테 money is no object가 된다. 참고로 have money to burn은 태워버릴 정도로 돈을 많이 갖고 있다는 말로 돈이 많아 남아돌다, 돈이 썩어나다라는 표현이 된다.

Is the money good?
돈벌이는 괜찮아요?

- You pay good money to that place. 넌 그곳에 많은 돈을 지불했어.

  Not anymore. Paid good money for it. 더는 안돼. 이미 많은 돈을 지불했어.

good money는 많은 돈이라는 뜻으로 pay good money for~하면 '…에 많은 돈을 들이다'라는 의미가 된다.

Was he tired of dumping money into this club?
걔 이 클럽에 돈을 뿌리는게 지겨워진거야?

- He hired a new attorney, poured all his money into the appeal.
  걘 새로운 변호사를 고용해서 항소에 모든 돈을 쏟아부었어.

  Put money into real estate and make a profit. 돈을 부동산에 투자해 수익내.

put money into~는 '…에 돈을 투자하다,' put 대신 pump, dump, pour를 쓰면 '돈을 쏟아붓는다'는 느낌을 준다.

Want to put money on who nails the queen?
누가 저 여왕하고 자는지 내기할까?

- You gave yourself twenty seconds, then put money on it.
  20초면 된다고 했으니 그때 돈을 걸어.

  A: The father's going to sue. B: Oh, I'd put money on that.
  A: 아버지는 소송할거야. B: 어, 확실히 그렇게 할거야.

put (one's) money on~은 내기나 도박에서 돈을 걸다라는 뜻이고 I'd put (one's) money on~하게 되면 가정법 문장으로 '돈이라도 걸만큼 확실하다'라는 의미의 표현이다.

My money's on the physical evidence.
난 신체적 증거에 걸게.

- Oh, my money's on bag number two. 어, 난 등번호 2번에 걸게.

  You're a good cop, my money's on you. 넌 좋은 경찰야, 너한테 걸게.

my money's on~ 역시 돈을 …에 걸다라는 말로 비유적으로 쓰이면 자기 생각을 강조하면서 '난 …에 걸게'라는 의미가 된다. 주로 범죄미드에서 자주 나오는 표현이다.

Put your money where your mouth is!
그 말 책임지라고!

- Let me see you put your money where your mouth is.
  네가 말한 대로 행동하는지 보자고.

  Would you put your money where your mouth is? 네가 말한거 책임질거야?

Put one's money where one's mouth is는 자기가 한 말대로 행동하다라는 말로 '자기 말에 책임을 진다'라는 의미가 된다.

I did not marry for money.
난 돈 때문에 결혼하지 않았어.

- Can't blame her for trying to marry for money.
  돈땜에 결혼한다고 걜 비난할 수 없어.

  She's after his money. 걔는 그 남자 돈 때문에 사귀는 거야.

marry for money는 살다보면 뻔한 결과가 나올 뿐인 '돈 때문에 결혼하다'라는 의미. be after one's money는 돈 때문에 사귀다.

I come from the big city where money talks.
돈이면 다되는 대도시 출신이야.

- He throws the money at the bar keep and looks fed up.
  걘 바텐더에게 돈을 뿌려대더니 지친 것 같아.
  Show me the money. 돈을 벌게 해줘.

■ throw money at sth은 돈이면 뭐든지 해결된다(Money talks)고 믿는 사람들의 행태로 '돈을 써서 …을 해결하려고 하다'라는 의미. 한편 show me the money는 돈을 보여달라, 즉 돈을 벌게해달라는 표현이다.

Money can't buy.
돈으로 다 되는 건 아냐.

- There are some things money can't buy. 돈으로 살 수 없는 것들도 있어.
  Exactly. Money can't buy happiness. 바로 그거야. 돈으로 행복을 살 수는 없어.

■ money can't buy~는 Money talks와 반대되는 표현으로 돈으로 뭐든지 다 살수 있는 것은 아니라는 아주 소중한 표현.

You are right on the money.
그래 바로 그거야.

- Doctor Huang is right on the money. 황박사가 바로 맞혔어요.
  The evaluation was right on the money. 그 평가가 바로 맞혔어.

■ be right on the money는 상대방이 옳은 이야기를 할 때 맞장구치면서 하는 말로 '바로 그거야,' '바로 맞혔어'라는 표현이다.

I'm making some money.
돈을 좀 벌고 있어.

- I'm making money hand over fist. 돈을 긁어모으고 있어.
  I didn't kill my wife! I lost this money at the tables.
  난 아내를 죽이지 않았어! 도박에서 이 돈을 잃은거야.

■ make money는 돈을 벌다, make some money는 돈을 좀 벌다, make good money는 돈을 많이 벌다 그리고 make money hand over fist는 돈을 쓸어모으다라는 뜻. 반대로 돈을 잃다라고 하려면 lose money라고 하면 된다.

It takes money to make money.
돈을 벌려면 돈이 든다.

- Yeah, you missed, 'Takes money to make money.'
  그래, 넌 놓쳤어, 돈벌려면 돈이 든다는 사실을.
  Fred knew you got to spend money to make money.
  프레드는 네가 돈을 벌려면 돈을 써야 한다는 것을 알고 있었어.

■ take money to make money는 돈놓고 돈먹기라는 말로 돈을 벌려면 돈이 필요하다는 말. spend money to make money라고 해도 같은 맥락의 표현이 된다.

I want my money back.
내 돈 돌려줘.

- All I want to do is get my money back. 내가 바라는 건 내 돈을 돌려받는거야.
  Give me my money back, bitch. 내게 내돈을 돌려줘 이년아.

■ want[get, give] one's money back은 빌려간 돈이든 훔쳐간 돈이든 돈을 돌려달라고 할 때 쓰는 표현들.

놓치면 원통한 미드표현들

- **have a monkey on one's back** 골칫거리, 골칫거리인 사람, 중독되다
  Jack has a monkey on his back because of the monthly payments. 잭은 할부금 때문에 골치야.
- **monkey business** 부정행위, 협잡
  I can make sure there's no monkey business. 부정행위는 없다고 확신해요.
- **make a monkey (out) of sb** 웃음거리로 만들다 be (like) a monkey 일을 제대로 못하는 사람
  He's a killer. He'll make a monkey of you.
  걘 킬러야. 널 웃음거리로 만들거야.
  I was like a monkey playing the trumpet.
  난 트럼펫을 부는 원숭이같았어.

I'm not made of money!

나 그렇게 돈이 많지 않아!

- I'm not made of money. Are you made of money?
  난 돈이 많지 않아. 넌 많아?

be not made of money는 돈으로 만들어지지 않았다는 말로 돈이 많지 않다는 표현.

Well, he finally came up with the money.

어, 걘 마침내 돈을 마련했어.

- You're gonna have to come up with the money by Friday.
  금요일까지는 돈을 구해야 돼.
  You're hemorrhaging money at lunch. 넌 점심때 돈을 너무 많이 쓴다.

come up with the money는 돈을 마련하다, 돈을 구하다, hemorrhage money는 많은 돈을 쓰다, 그리고 play for the money는 돈이 되는 일만, 돈버는 일만 하다.

He can't find his money stash.

걘 비상금을 찾을 수가 없어.

- He won't accept blood money. 걘 보상금을 받으려 하지 않았어.
  The tabloids will pay big money for the story.
  타블로이드 신문들은 그 이야기거리에 거액을 지급할거야.

money stash는 비상금, blood money 피살자에게 주는 보상금, seed money는 종자돈, 그리고 big money는 고액을 뜻하는 단어들.

MORE EXPRESSION

There's money to be made in sth …로 돈을 벌다
for my money 내 생각으로는
Not for my money. 나라면 그렇게 하지 않는다.
have a run for one's money 노력한 만큼 만족을 얻다
what little money I have 조금이나마 있는 돈

» mood

He's been in a mood all day. 걘 종일 기분이 안좋았어.

He's been in a mood all day.

걘 종일 기분이 안좋았어.

- I'm just in a mood. I don't know why. 기분이 안좋은데 이유를 모르겠어.
  The students seem to be in a good mood today.
  학생들이 오늘 기분이 좋은 것 같아.

be in a mood에서 mood는 자체적으로 기분이 안좋은 때라는 의미가 있어 그냥 be in a mood만으로도 기분이 안좋다라는 의미가 된다. 하지만 좀 더 분명히 기분의 좋고 나쁨을 말할 때는 be in a good[bad] mood라고 하면 된다

You in the mood for a night cap?

자기전에 술한잔 하고 싶어?

- Well, I was more in the mood for sex then than I am now.
  어, 지금보다 전에 섹스하고 싶었어.
  So what are you in the mood for, huh? 그래 뭐 하고 싶은데, 응?
  I'm in no mood for jokes. 농담할 기분이 아냐.

be[feel] in the mood for~는 '…할 기분이 나다,' '…하고 싶은 맘이 있다'라는 표현. 이번에는 반대로 be in no mood for[to do]는 '…할 기분이 아니다'라는 말로 상대방의 제안에 거절하는 표현법.

Any odd behavior or mood swings?

어떤 이상 행동이나 감정의 기복이 있나요?

- I hadn't had any mood swings in, like, a year.
  저기 일년간 어떤 감정기복도 없었어.
  I can't be held responsible for her mood swings.
  쟤 감정이 수시로 바뀌는 걸 내가 책임질 수 없잖아.

mood swings는 감정(mood)이 그네(swings)처럼 왔다 갔다한다는 말로 감정의 기복, 감정이 수시로 변하는 것을 말한다.

» moon

I am over the moon. 난 무척 기뻤어.

I am over the moon.

난 무척 기뻤어.

- He's coming straight from his new job, which he is over the moon about. 걘 매우 만족해하는 새로운 직장에서 바로 집으로 귀가해.
  A: That's great, Liz. It's great, right? B: Amazing. I am over the moon. A: 대단해, 리즈. 멋져, 그지? B: 훌륭해, 무척 기뻐.

■ be over the moon은 무척 기뻐하다(be very happy)라는 말로 I was over the moon for you하면 널 미치도록 좋아했어, 그리고 She was over the moon when~ '…하자 그 여자는 크게 기뻐했다'라는 말이 된다.

Oh my God, someone in the crowd is mooning!

맙소사, 군중속의 누가 엉덩이를 까내보이고 있어!

- I'm trying to break the tension by mooning you guys!
  너희들에게 엉덩이를 까보이며 긴장을 깨보려하고 있어.

■ moon은 동사로 장난삼아 엉덩이를 드러내보이다라는 민망한 뜻. mooning은 엉덩이 내보이기라는 의미이다.

MORE EXPRESSION

moonlight 부업하다
new moon 초승달
full moon 보름달
moonstruck 조금 이상한

» more

There's more to it than that. 다른 뭔가가 있어.

There's more to it than that.

다른 뭔가가 있어.

- I think there is more to it than that. 그것보다 다른 뜻이 있는 것 같아.
  There is more to the story than you heard. 네가 들은 이야기 외에 다른 게 있어.

■ be there more to~는 …에 더 첨가할게 있냐라고 물어보는 문장. '얘기할게 더 있으면 하라'라는 말씀.

I'd be more than happy to take off your clothes.

네 옷을 벗길 수 있다면 더없이 기쁘겠어.

- My client is more than happy to assist in the investigation.
  내 의뢰인은 이번 조사에 도움을 주게 되서 더없이 기뻐하고 있어.
  You're more than welcome to come with us, right?
  너는 언제든 우리와 함께 가는 거 환영야, 알았어?

■ more than happy는 형용사 앞에 more than이 나오는 경우로 '더없이,' '언제든'라고 강조하는 표현법이다. more than welcome도 자주 보이는 표현.

놓치면 원통한 미드표현들

- **mope around** 목적없이 침울하게 서성거리다
  You mope around this place like a dog that likes to get kicked. 넌 발로 차인 개처럼 처져서 돌아다니고 있잖아.
- **mopey** 울적한
  Julie dumped him, he's been depressed and mopey. 줄리가 걜 차서 우울하고 울적해.
  What am I getting so mopey about?
  내가 뭐 때문에 이렇게 울적할까?

And what's more, there was no break-in.

그리고 게다가 강제침입한 흔적도 없어.

- You know what's more important than winning or losing?
  승패보다 더 중요한게 뭔지 알아?

■ what's more는 게다가, 그뿐아니라라는 의미로 추가정보를 얘기할 때 서두에 하는 말.

No more questions.

질문은 더 이상 받지 않아요.

- No more police. No more investigating. It's over.
  경찰도 이제 그만, 조사도 그만. 다 끝났어.

  No more messing around. 더 이상 엉망으로 만들지 마요.

■ No more~는 반대하거나 거부할 때 명령형 형태로 쓰이는 것으로 '…은 이제 그만'이라는 뜻.

MORE EXPRESSION

more or less 거의, 다소간, 대강
one more time 한번 더(once more)
get[make] the most of 최대한 활용하다
more and more 더욱더
for the most part 대부분

» motion

He filed a motion to dismiss. 개는 기각신청을 냈어.

You're not paying me to just go through the motions.

시늉만하려고 돈낸거 아니잖아.

- You just go through the motions, you don't actually have to strip.
  그냥 하는 척만 해, 실제로 옷을 벗을 필요는 없어.

■ go through the motions (of~)는 실제로는 그러고 싶지 않지만 할 수 없는 상황하에서 '마지못해 …하는 척하다,' '…하는 시늉을 하다'라는 의미.

Mike's attorney filed a motion to dismiss.

마이크 변호사는 기각신청을 냈어.

- I'll file a motion to dismiss all charges on Monday.
  월요일날 모든 죄목을 기각하는 신청을 낼거야.

  I also intend to file a motion to exclude this evidence.
  난 또한 이 증거를 제외해달라는 신청을 낼 거야.

■ file a motion to~는 …하는 신청을 하다라는 뜻으로 법정 드라마에서 자주 들을 수 있는 표현이다. 특히 file a motion to dismiss하면 법정에서 기각신청을 하다라는 뜻.

I should bring a motion for sanctions!

처벌명령신청을 해야 될 것 같아!

- And the other attorney has brought a motion for sanctions?
  그런데 상대측 변호인이 처벌명령신청을 해온 건가?

■ bring a motion for sanctions에서 sanctions는 처벌, 제재라는 말로 motion for sanctions는 처벌명령신청이라는 말이 된다. 즉 처벌명령신청을 한다는 뜻으로 역시 법정드라에서 자주 들을 수 있다.

You have to make a motion to put it on agenda.

그걸 의제에 상정한다는 동의를 해야 돼.

- I'd like to make a motion to dismiss all charges based on lack of evidence. 증거부족으로 모든 기소를 기각하고 싶어.

  I'll make a motion, but you're not going to like it.
  내가 동의서를 제출하려는데 네가 안좋아할 것 같아.

■ make a motion to~는 '…하려는 동의(서)를 제출하다'라는 법적표현. '동의가 재청되었다'고 할 때는 the motion has been seconded, '동의가 가결되었다'라고 할 때는 the motion carried라고 한다.

He's got a motion for costs. For sanctions.
걘 비용 지불과 처벌명령신청을 했어.

- I've got a motion to amend our witness list. 난 증인리스트를 수정하는 신청서를 냈어.
  I'll grant a motion to have his grand jury testimony read to the jury. 난 대배심증언을 배심원에게 읽어주자는 거에 동의를 수락합니다.

■ have got a motion to [for~]는 '…할 동의나 신청서를 내다'라는 뜻이고 grant a motion하면 동의나 신청을 수락하다라는 뜻이 된다.

My team's already in motion.
내 팀은 벌써 가동되고 있어.

- Once she opted to speak, she set the ball in motion. 일단 걔가 말하기로 하자, 행동으로 옮겨졌어.
  New operations were put in motion. 새로운 시스템이 가동되었어.

■ set[put] sth in motion은 시동을 걸다라는 뜻으로 꼭 차뿐만이 아니라, 회의나 계획 등을 '시작하다,' '가동하다'라는 뜻으로 쓰인다.

MORE EXPRESSION

propose[put forward] a motion 제안[제의]하다

» **mouth**

You better watch your mouth. 말 좀 조심해라.

Good. Then try and keep your mouth shut.
좋아. 그럼 입 다물도록 해.

- You have the right to keep your mouth shut. 당신은 묵비권을 행사할 권한이 있습니다.
  Why don't you give your mouth vacation? 그만 입 좀 다물지.

■ keep one's mouth shut (about~)는 '(…에 대해) 누구한테도 말하면 안되다'라는 표현으로 shut one's mouth, 좀 더 재미난 표현을 쓰자면 give one's mouth vacation이라 해도 된다.

I said open your mouth.
입벌리라고 했어.

- You had better open your mouth and talk. 입열고 비밀을 말하는게 좋아.
  Did you open your mouth about our secrets? 너 우리 비밀에 대해 말했어?

■ open your mouth는 그냥 말 그대로 입을 벌리다라는 뜻과 비유적으로 참지못하고 지켜야 될 비밀을 말하다라는 의미로 쓰인다.

He has got a big mouth.
걔 입이 엄청 싸네.

- She has a big mouth. 걘 입만 살았어.
  I've got such a big mouth. 난 입만 살았어.

■ have a big mouth는 입이 크다라는 말로 비밀을 지키지 못하고 사사건건 다 말해버리는, 즉 '입이 싸다,' '입만 살다'라는 뜻이 된다. You and your big mouth하면 '너 왕이빨 또 시작이구나'라는 의미로 입싼 사람이 입싸게 굴리기 시작할 때 써먹을 수 있는 표현.

You better watch your mouth.
말 좀 조심해라.

- Maybe you should watch your mouth. 넌 입조심해야 할 걸.
  Hey, watch your mouth, pal. 야, 말 조심해, 친구야.

■ watch one's mouth는 부적절하고 예의없는 말을 하는 사람에게 말조심해서 하라는 표현으로 mouth 대신 tongue이나 language를 써도 된다.

You said a mouthful.
그 말 한번 잘했어.

- You really **said a mouthful.** 진짜 지당한 말이야.
  Honey, you **said a mouthful.** 자기야, 바로 그거야.

Because he had a smart mouth?
걔가 말을 함부로 해서?

- See, now that's a **smart mouth**. You're fired Mr. Smartmouth!
  봐요, 그건 듣기 거북한 말이네요. 당신 해고예요, 시건방 씨.
  Well **out of the mouths of babes,** huh?
  아이답지 않게 똑부러진 소리하네, 어?

Don't mouth off to the officers.
장교들에게 불평하지 마라.

- When you can top that, you can **mouth off**.
  능력이 더 뛰어나면 불평해도 돼.
  Mike spent half our date **bad-mouthing** Cora.
  마이크는 데이트하면서 반정도는 코라를 험담했어.
  She was so angry she **was foaming at the mouth**.
  걘 무척 화가나서 입에 게거품을 물고 말했어.

you said a mouthful은 상대방의 말에 공감할 때 쓰는 표현으로 '지당한 말이야,' '그 말 한번 잘했어,' '바로 그거야'라는 뜻이다.

smart mouth는 위아래구분도 못하고 버릇없이 말을 함부로 하는 사람 혹은 그렇게 말을 함부로 하다라는 동사로 쓰이는 표현. 또한 out of the mouths of babes하면 '아이같지않게 똑똑한 소리를 하는'이라는 의미이다.

mouth off는 '불평하다'(complain), bad-mouth는 '험담하다'라는 뜻이다. 또한 be foaming at the mouth는 '입에 게거품을 물고 말하다,' '엄청 화내다'라는 뜻.

MORE EXPRESSION

mouth to feed 부양가족
make one's mouth water 군침돌게 하다
down in the mouth 낙심한
by word of mouth 구전으로
get the word of mouth going 말을 퍼트리다

» move

Time to move on to other things. 이제 다른 일을 해야지

It's time I was moving.
일어설 때가 됐어.

- **It's time to move.** We got everything we need.
  이제 가봐야겠어. 필요한 건 다 얻었어.
  You'd better **get moving**. 너 그만 가보는게 좋겠어.

I'm just trying to help you, move on.
난 단지 널 도우려는 것뿐이야, 잊어버려.

- It's much easier for men to **move on**. 남자들을 잊고 넘어가는게 훨씬 쉬워.
  Karl, I want to **move on**. I don't want to go backwards.
  칼, 난 다음으로 넘어가고 싶어, 뒤로 돌아가고 싶지 않아.
  Time to move on to other things. 이제 다른 일을 해야지.
  Move on to the next chapter of our lives.
  우리 삶의 다음 단계로 넘어가자고.

(It's) Time to move는 자리에서 일어날 때 하는 말로 이제 그만 가봐야겠어(=I've got to go)라는 말로 move 대신에 push along을 써도 된다. 물론 문맥에 따라서는 이사갈 때라는 뜻이 되기도 한다. 또한 get[be] moving은 일어나 그만 가봐야겠다로 말하는 표현.

(It's time) to move on은 move on 앞에 it's time을 넣어 나쁜 기억은 빨리 털어버리고 다음 단계로 넘어가자고 서두르는 표현. 다음 단계는 to~이하에 적으면 된다.

Call it even and move on with our lives.
비겼다 생각하고 각자 삶을 살자고.

- I'm just trying to move on with my life. It is nothing to be ashamed of! 난 단지 내 삶을 살아가려는거야. 전혀 부끄러울게 없어!

move on with one's life는 과거의 삶과 다른 각자의 삶을 살아가다, 영위하다라는 의미.

Move it! Let's go, ladies!
어서! 가자고, 숙녀분들!

- Let's move. Hurry up, guys. Move it! 이동하자. 얘들아 서둘러. 떠나자!
  Move your ass! 서둘러!, 빨리와.

move it은 '떠나자,' '가자'라는 말로 move one's ass와 비슷한 표현. 하지만 문맥에 따라 단순히 '…을 이동하다'라는 뜻으로도 쓰인다.

We should get a move on.
우린 서둘러야 돼.

- I'd better get a move on it. 빨리 서둘러야겠어.
  Get a move! 빨리 움직여!

get a move on 역시 다른 사람에게 서두르게 하다라는 말로 명령형태로 쓰이는 경우가 많다.

He made a move on me.
걔가 내게 추근댔어.

- I didn't make a move on her. 난 걔한테 집적대지 않았어.
  I don't think he'll make a move on me again.
  걔가 다시 내게 집적댈거라고 생각안해.
  We don't make a move until after she's taken the money.
  걔가 돈을 받을때까지 우린 움직이지 않는다.

make a move on sb하면 '성적으로 집적대거나 추근대는 것'을 말한다. 하지만 그냥 make a move하면 '이동하다,' '…하기 시작하다,' '…자리를 떠나다'라는 의미가 되니 구분해야 한다.

Let's keep it moving here boys, huh?
얘들아, 그거 계속 움직여, 알았지?

- Keep the line moving so everyone gets on the bus.
  줄 좀 움직이자고 그래야 다들 버스에 타지.
  We tried but we couldn't keep it moving. 노력했지만 계속 돌아가게 할 수 없었어.

keep it moving은 계속 움직이게 하다, 혹은 비유적으로 진전하다, 발전하다라는 뜻.

I'll do it, even if I have to move heaven and earth.
온갖 노력을 해야 한다해도 난 할거야.

- She moved heaven and earth to help find her daughter's killer.
  걘 딸의 살인범을 찾는데 돕기 위해 온갖 노력을 했어.

move heaven and earth (to do)는 하늘과 지구를 움직인다는 아주 과장적인 표현으로 '온갖 노력을 하다'라는 의미.

놓치면 원통한 미드표현들

- **muscle in** …에 끼어들다
  He was trying to muscle in on my turf. 걘 내 영역에 끼어들려고 했어.
- **pull a muscle** 근육이 다치다
  I pulled a muscle waving at you. 너한테 손흔들다 근육이 다쳤어.
- **not move a muscle** 꼼짝도 하지 않다.
  Don't you move a muscle. I will grind you, you bitch. You hear me?
  가만히 있어. 널 갈아뭉겔테다, 이년아. 알았어?

Move over a little bit. Let me sit down.
옆으로 조금만 가. 나 좀 앉게.

- Move over, you're in the middle of the bed. 옆으로가, 너 침대 가운데잖아.

  Move over, Disney. 42nd street is building up steam.
  비켜라, 디즈니. 42번가가 이제 유행이다.

■ **move over**는 옆으로 공간적으로 이동하다라는 뜻이고 특히 move over+예전유행물 형태로 쓰이면 '…야 비켜라 새롭게 …가 유행이다'라는 의미의 문장을 만든다.

Don't move.
꼼짝 마.

- Don't move. Freeze! 거기 꼼짝마. 움직이지마!

  Don't move. Pick you up in ten. 꼼짝말고 있어. 10분 후에 픽업할게.

■ **Don't move** 미드범죄수사물에서 범인을 추격 끝에 잡기 직전에 하는 말. '꼼짝마'라는 뜻이다.

You can't move in with me.
나랑 동거는 아직 안돼.

- We decided to move in together. 우리는 함께 살기로 결정했어.

  We move into my dad's house in Staten Island.
  우리는 스테이튼 섬에 있는 아버지 집으로 이사해.

■ **move in** 혹은 move into하면 이사하다라는 의미이고 반대로 move out하면 이사나가다라는 의미이다. 하지만 move in with나 move in together하면 결혼 전에 동거하다라는 말이 된다.

MORE EXPRESSION

be on the move 이동하다, 움직이다, 활동하고 있다
move with the times 시류를 따르다
I have to be moving along. 슬슬 일어날 때가 됐어
be deeply moved 무척 감동받다

» much

That's not much of a case. 그건 사건이 성립되지 않는 편이야.

I'm not much of a sports fan.
난 열광적인 스포츠팬은 아냐.

- That's not much of a case. 그건 사건이 성립되지 않는 편이야.

  You're not much of a cop, are you? 넌 대단한 경찰은 아냐, 그지?

■ **I'm not much of**는 '…하는 편은 아니야,' '대단한 …는 아니야'라는 말로 미드에서 무척 많이 쓰이는 표현중 하나. 예로 들어 not be much of a drinker하면 술을 잘 못하다라는 뜻이 된다.

I think the burden was too much for her.
걔한테 짐이 너무 무거운 것 같아.

- It's too much for any man to take. 누구라도 받아들이기에는 버거워.

  Between you and me, that woman is too much for me.
  우리끼리 얘긴데, 걘 내게 벅차.

  This is too much. 이건 너무해.

  You're too much. 정말 너무해.

■ **be too much for sb**는 '…에게 지나치게 벅차다,' '상대하기에 버겁다'라는 의미. 또한 ~be too much는 주어가 '너무하다,' '너무 심하다'라는 의미.

Hmm, recently? Not much.
음, 최근에? 그럭저럭.

- A: Well, what do you know about them? B: Not much.
  A: 저기, 걔네들에 대해 아는게 뭐있어? B: 별로

  Nothing much. How about you? 그냥 그래. 넌 어때?

■ **Not (too) much**는 별일 없어, 그냥 그럭저럭이라는 의미로 주로 상대방의 인사에 답변하는 표현들이다. Nothing much 역시 별로 특별한 건 없어, 별일아냐라는 의미로 훌륭한 인사답변중 하나.

There's not much I can tell you.

네게 해줄 말이 별로 없어.

- Well, **there's not much** to see. 저기, 별로 볼게 없어.
  I know he's **not much to** look at but he's horny as hell.
  걘 볼품은 별로 없는데 성적매력이 죽여줘.

I like Ron as much as the next guy.

어느 누구 못지 않게 론을 좋아해.

- I love a sex scandal **as much as the next guy**.
  어느 누구 못지 않게 섹스 스캔들을 좋아해.

I didn't think much of it.

난 그걸 별로 대수롭지 않게 생각했어.

- He's not a big talker anyway, so I didn'**t think much of** it.
  어쨌든 걘 말을 잘하는 사람은 아니지만 별로라 생각해.

(There's) not much to~는 …할게 별로 없다라는 의미. not much to tell은 할말이 별로 없는, not much to look at는 별로 볼품없는, 그리고 not much to see는 별로 볼 것이 없는이라는 뜻이다.

as much as the next guy는 어느 누구 못지 않게라는 뜻으로 자기의 감정이나 의견을 강조해서 말할 때 사용하면 된다.

not think much of~는 …을 대수롭지 않게 생각하다라는 표현.

MORE EXPRESSION

That's not saying much. 별거 아니다.
I'm not up to much. 난 별볼일 없는 놈야, 건강이 안좋다.
be as much as sb could do~ 겨우 …하고 있다
not[without] so much as …하지도 않고
Well, so much for that. 끝이군, 그 문제는 더 이상 말 않겠다.
say this[that] much for sb …에 대해서는 이정도만 이야기하다
say much for sb 칭찬하다
as much again 그만큼 더

» mug

Oh, my God, you got mugged! 오 맙소사, 너 노상강도당했구나!

Seen this ugly mug around?

이 쌍판 주변에서 본 적 있어?

- Oh, don't remember this **ugly mug**? 오, 이 쌍판 기억못해?
  I thought I might see your **ugly mug** in here tonight.
  오늘밤 여기서 네 추한 낯짝 보게 될거라 생각했어.

ugly mug[face]는 상당히 무례한 표현으로 '쌍판,' '낯짝' 정도로 생각하면 된다.

Oh, my God, you got mugged?!

오 맙소사, 너 노상강도당했구나?!

- Well, I don't think you **were mugged**. 저기, 네가 노상강도 당한 것 같지 않아.
  Vicky was afraid of **getting mugged**. 비키는 노상강도 당하는 것을 두려워했어.

be[get] mugged는 노상강도를 당하다. 또한 mugging은 노상강도, mugger는 노상강도질을 하는 놈을 말한다.

놓치면 원통한 미드표현들

- **be music to one's ears** …에 듣기 좋은 소리이다
  That's nice. That'**s music to a mother's ears**. 좋아. 어머니라면 정말 반가운 소리야.
- **face the music** 자기 행동에 책임을 지다, 비난받다
  I think it's time for us to **face the music**.
  우리가 책임을 져야 할 시간인 것 같아.
- **elevator music** 엘리베이터에서 나오는 음악
  God, **this elevator music** really sucks!
  휴, 이 엘리베이터 음악 정말 꾸지다!

N

» **nag**

Something's been nagging me. 뭔가가 날 계속 괴롭히고 있어.

Something's been nagging me.
뭔가가 날 계속 괴롭히고 있어.

- But the question nagged me for days.
  하지만 그 문제 때문에 며칠 동안 힘들었어.

  Yeah, I'll get to it, don't nag me. 그래, 바로할게, 들볶지마.

nag sb는 sb에게 성가시게 계속 잔소리하는 것을 말한다. '들볶다,' '바가지를 긁다'라는 의미로 nag sb to는 '…을 들볶아서 …하게 하다'라는 표현이다.

I do hate a nagging woman, Duck.
난 정말 들볶는 여자는 싫어, 덕.

- I have had this nagging feeling that I've forgotten something.
  뭔가 잊어버렸다는 불안한 생각이 계속 들었어.

nagging feeling은 '뭔가 분명하지 않아 찜찜하고 불안한 느낌이나 생각'을 말한다. nagging하면 이처럼 '불안하게 하는,' '짜증나게 하는'이라는 의미로 쓰인다.

I guess that makes you such a nag.
그래서 네가 그렇게 잔소리꾼이 되었나보네.

- I figured that you were a nag or bad in bed.
  넌 잔소리꾼 아니면 침대에서 형편없다고 생각했어.

  I should have called, but I didn't want to be a nag.
  전화를 했어야 했는데 잔소리꾼이 되기 싫었어.

be such a nag처럼 명사로 a nag가 되면 늘상 불평하고 짜증내는 사람, 즉 '잔소리꾼,' '트집쟁이'을 말한다.

You have nailed her, haven't you? 너 걔랑 했지, 그치않아?

You've hit the nail right on the head!
정확히 바로 맞혔어!

- They were not on the nail. 걔네들은 틀렸어.
  You hit the nail on the head with your statement. 네 진술은 정곡을 찔렀어.

hit the nail on the head를 직역하면 못의 머리를 정확히 치다라는 뜻으로 비유적으로 '정곡을 찌르다,' '맞는 말을 하다,' '요점을 찌르다'라는 의미로 쓰인다. 한편 on the nail은 단독으로 completely correct라는 뜻으로 사용된다.

You have nailed her, haven't you?
너 걔랑 했지, 그치않아?

- You nailed me, Carlos. Maybe not the way that I wanted you to.
  카를로스 넌 나하고 했는데 내가 원하는 방식이 아니었지만 말야.
  You know that chick I took out last night? Nailed her.
  내가 지난밤에 데리고 간 여자 알지? 나 했어.

nail sb하면 사람 몸에 못을 박는게 아니라 못을 박는 모습에서 연상되듯 '남자가 여자를 범하다'라는 뜻의 속어가 된다.

We nailed Keppler and got a conviction.
우린 케플러를 체포해서 기소했어.

- The feds nailed me for sending Simon money.
  연방수사관은 사이몬에게 송금한 죄로 날 체포했어.
  She got nailed for gambling. 걘 도박하다 체포됐어.

nail sb for sth하면 역시 못질하는 걸 연상하면 되는데 '범인을 잡다,' '체포하다'라는 뜻이 된다. get nailed for~하면 '…로 체포되다.'

Someone just got nailed to the cross.
누군가 방금 호되게 혼났네.

- I could have still nailed Jane to the wall. 제인을 엄청 혼냈을 수도 있었는데.
  Do you want to vacate the charges against Greg while we try to nail him to the wall? 그렉을 장기복역시키려고 하는데 너 기소를 안하고 싶다는거야?

nail sb to the wall [cross]는 십자가나 벽에 못박힌다는 의미로 'sb를 화가 나서 심하게 벌하다,' '처벌하다'라는 뜻.

You really nailed it this time.
너 이번엔 정말 성공했어.

- Yes, I did it! I nailed it! 그래, 내가 해냈어! 내가 성공했어!
  I'm going to nail this account, Tom. 내가 이 건을 꼭 따낼 거에요, 탐.

nail it 혹은 nail sth하게 되면 '합격하다,' '성공하다,' '해내다'라는 뜻으로 쓰인다.

Garcia nailed down the geographic profile.
가르시아가 지리적프로파일을 해결했어.

- I think we may have nailed down the problem.
  그 문제에 대한 합의에 도달할 수도 있을 것 같다는 생각이 들어.
  We're gonna have to nail down all our furniture.
  우리 가구를 다 고정시켜야 될거야.

nail sth down은 '최종적인 결론에 도달하다,' '합의에 도달하다,' '해결하다'라는 뜻이고, nail sb down하게 되면 'sb가 어쩔 수 없이 …하게 만들다'라는 의미.

The problem he caused was the final nail in the coffin.
걔가 일으킨 문제는 완전 결정타였어.

- Karin's lateness was another nail in the coffin at her job.
  케이린의 지각은 직장에서 또 하나의 결정타였어.

(another) nail in the coffin은 관에 못을 박는다는 말로 돌이킬 수 없는 '결정타,' '망쳐놓는 것'을 말한다. 또한 put the nail in the one's (own) coffin하면 '자기무덤을 파다'라는 말.

I don't want to name names. 누구라고 딱히 밝히고 싶진 않아

Don't call me names!
내게 욕하지 마!

- She **called me names**. She laughed at me.
  걔가 내게 욕을 했어. 걘 나를 비웃었다고.

  And then he didn't **call me names** anymore.
  그리고나서 걘 더 이상 내게 욕을 하지 않았어.

call sb names는 call sb's name과 헛갈리면 안된다. call sb's name하면 단순히 '…의 이름을 부르다'라는 뜻이지만 call sb names하게 되면 '욕을 하다,' '험담하다'라는 의미가 된다.

That's the name of the game.
그건 매우 중요한 일이야.

- Getting rich quick is **the name of the game**.
  빨리 부자가 되는게 중요한거야.

  The name of the game is to find a beautiful wife.
  중요한 건 아름다운 아내를 얻는거야.

the name of the game은 '가장 중요한 것'이라는 말로 The name of the game is~하면 '핵심은 바로 …야'라는 표현이 된다.

I don't want to name names.
누구라고 딱히 밝히고 싶진 않아

- Make sure he didn't **name names**? 걔가 이름을 불지 않은게 확실해?

  I want him here 9 o'clock tomorrow morning ready to **name names**. 걔가 내일 9시까지 여기와서 이름을 불 준비가 되기를 바래.

name names에서 앞의 name은 동사 그리고 뒤의 names는 명사이다. 즉 이름을 대다라는 말로 주로 잘못된 일을 저지른 사람들의 '이름을 밝히다,' '불다'라는 의미로 쓰인다.

You name it.
말만 해, 누구든지[뭐든지] 말만 해.

- A: I need a favor. B: **You name it.** A: 좀 도와줘. B: 말만해.

  It's my contacts, email, internet, maps, **you name it.**
  그건 내 연락처, 이메일, 인터넷, 지도 그리고 기타 등등야.

you name it은 '뭐든지 다 있고 다 해줄테니 말만하라'는 상당히 적극적인 표현. 상대의 부탁에 대한 답변으로 혹은 뭔가 열거하고 나서 뭐든지 다 있다라는 식으로 쓰일 수도 있다. 이때는 to name a few(몇개 대자면)와 같은 의미.

Did Gale have a name for it?
게일이 그거에 명성이 있어?

- We **have a name for** it in Canada. 우린 캐나다에서 그 분야에 명성이 있어요.

  You'**ve made quite a name for yourself**. 꽤 이름을 날렸다며.

have a name for~는 우리말에도 '그거 이름있는거야, 이름있는 사람야'라고 하듯 name은 명성을 뜻하기도 한다. 또한 make a name (for oneself)은 '(…로) 유명해지다,' '이름을 떨치다'라는 의미.

Dr. Dangerous is his online screen name.
위험한 박사는 걔의 온라인 닉네임이야.

- She's a shipper who goes by the **screen name** FoxCanLover.
  걘 폭스캔러버라는 닉네임으로 통하는 운송업자야.

screen name은 실명이든 가명, 혹은 별명이든 '컴퓨터 온라인 등에서 사용하는 닉네임'을 뜻한다.

Stop it! It has my name on it!
그만해. 거기에 내 이름 적혀있잖아!

- See, it'**s got your name on** it. 봐, 그건에 네 이름이 적혀져 있어.

  That little sports car **has my name on it**. 저 소형스포츠카에 내 이름이 적혀져 있네.

sth has sb's name on it은 직역하면 sth에는 …의 이름이 적혀져 있다라는 말로 단순히 '…의 것이다'라는 의미로 쓰이기도 하고 비유적으로 sth는 …의 것으로 가야 한다, 즉 '…을 갖고 싶다'라는 소망을 말하기도 한다.

I got a stuffed drain with his name on it.
배수관이 막혀서 걔가 고쳐줘야 돼.

- Did UPS drop off a Nobel Prize with my name on it?
  UPS가 내이름이 적혀져있는 노벨상을 놓고 갔어?

  I gave him a studio ID badge with my name on it.
  걔한테 내이름이 적힌 스튜디오 신분증을 줬어.

■ with one's name on it은 '…의 이름이 적혀져 있는,' 혹은 비유적으로 '…의 것인,' '…가 해야하는' 이라는 의미로도 쓰인다.

I want into that auction, you name your price.
저 경매를 하고 싶은데, 가격을 말해봐.

- A: Name your price. B: I don't need your money, Chuck.
  A: 가격을 말해봐? B: 척, 난 네 돈 필요없어.

■ name one's price는 …가 생각하는 가격을 말하라는 말로 '가격을 제시하다' 라는 의미.

MORE EXPRESSION

by the name of …라는 이름으로
under the name of …의 명의로
Name your poison. 어떤 술 줄까.
Can I have your name? 이름이 뭐예요?
What was the name again? 이름이 뭔지 한번 더 말씀해 주세요.
be named for …의 이름을 따서 짓다
can't put a name to~ 기억못하다

» narrow

We'll need to narrow it down. 우리는 그걸 좁혀야 돼

I'm gonna narrow down that list.
그 리스트의 범위를 좁혀갈거야.

- We'll need to narrow it down. 우리는 그걸 좁혀야 돼.

  The profile's just a starting point for narrowing down the suspects. 프로파일은 용의자를 좁혀가는 시작점일 뿐이야.

■ narrow down은 역시 범죄물 미드에서 자주 나오는 표현으로 용의자나 어떤 가능성의 '범위를 좁히다' 라는 뜻이다.

Pathetic, narrow-minded people do.
한심하기는, 속좁은 인간들이 그래.

- That's not narrow-minded. 저건 속좁은게 아냐.

  Aw, that was a narrow escape. 아, 진짜 아슬아슬한 탈출이었어.

■ narrow-minded는 '맘이 좁은,' '속좁은,' narrow escape는 '아슬아슬한 탈출' 을 말한다.

» nature

She's a natural. 걘 타고났어.

I need to answer the call of nature.
화장실 다녀올게.

- I have to answer a call of nature. 화장실에 갔다올게.

  Nature calls. 화장실에 가야겠는데요.

■ answer the call of nature는 자연의 부름에 응하다 라는 뜻으로 '화장실에 가다' 라는 뜻의 완곡어법이다.

So just let nature take its course.
자연스럽게 흘러가도록 해.

- Should nature take its course, you are on your own.
  자연스럽게 일이 흘러간다면 너도 자연스럽게 너 스스로 살아봐.

  Pumping in a lethal dose of morphine is not letting nature take its course. 치사량의 모르핀을 주입하는 건 자연스러운 치유법이 아니야.

let nature take its course는 자연이 그냥 가는대로 놔두다라는 말로 '순리대로 하다,' '자연에 맡기다'라는 뜻.

Tomorrow it'll be second nature.
내일이면 자연스럽게 몸에 배일거야.

- I'm used to it now, so it's kind of second nature to me.
  이제 적응이 돼서, 내게 거의 식은죽먹기야.

  Because being irritating is second nature to you.
  성깔부리는게 너한테 몸에 배였기 때문이야.

be second nature (to sb)는 (…에게는) 오랫동안 생각없이 해오던 것이어서 그냥 자연스럽게 하게 되는 것을 말한다. '몸에 배다,' '식은죽 먹기다' 정도로 상황에 따라 이해하면 된다.

She's a natural.
걘 타고났어.

- I figure I'm a natural 'cause I root for you all the time.
  난 항상 널 지지하기 때문에 내가 적임자라고 생각해.

  Oh, my God, you're a natural. 오 맙소사, 넌 정말 타고 났어.

be a natural은 natural이 명사로 쓰인 경우로 '타고난 사람,' '적임자'를 의미한다.

MORE EXPRESSION

good-natured
성격이 좋은

» **neck**

Judge was afraid to stick her neck out. 판사는 위험을 무릅쓰는 걸 두려워했어.

I saw them neck in the street.
난 걔네들이 거리에서 애무하는 걸 봤어.

- I saw a couple necking at the back of the library.
  한 커플이 도서관 뒤쪽에서 애무하는 걸 봤어.

  They start necking in a darkened car. 걔네들은 어둔 차에서 애무하기 시작했어.

neck은 동사로 남녀들이 전희로 껴안으면서 키스하고 흡혈귀처럼 목을 빠는 행위를 말한다. 그냥 '애무하다'라고 해석하면 된다.

Tony and she are neck and neck.
토니와 걘 막상막하야.

- But he's neck and neck with the third one, though.
  하지만 걘 그래도 세 번째 남편과 우열을 가리기 힘들어.

neck and neck은 육상경기 등 경주나 경쟁에서 '막상막하,' '우열을 가리기 힘드는'이라는 의미로 쓰이는 표현.

Judge was afraid to stick her neck out.
판사는 위험을 무릅쓰는 걸 두려워했어.

- I know you're sticking your neck out on this thing for me.
  네가 이 일에 날 위해 무모한 짓을 한다는 걸 알아.

  Back at the tank, why'd you stick your neck out for me?
  아까 수조에서 왜 위험을 무릅쓰고 날 구해줬니?

stick one's neck out은 목을 길게 빼다라는 말로 위험한 정글같은 이 세상에서 '위험한 짓을 하다,' '위험을 자초하다,' '무모한 짓을 하다'라는 의미로 쓰인다.

MORE EXPRESSION

V-neck 삼각목둘레 옷
be up to one's neck in
…하느라 무척 바쁘다.
by a neck 근소한 차이로

That's all I need to know. 내가 알고 싶은 건 그게 다야.

Give me a call if you need me.
필요하면 전화해.

- If you need me, you know where I am. 도움이 필요하면 바로 불러.
  If you need me. This is my home number. 필요하면, 여기 내 집전화번호야.

if you need me는 어려운 표현이라기보다는 자주 두루두루 쓰이는 표현으로 알아두면 유용하다.

That's all I need to know.
내가 알고 싶은 건 그게 다야.

- That's all I needed to hear. 내가 듣고 싶은 건 그게 다야.
  5 minutes. That's all I need. 5분만. 내가 필요한 건 그게 다야.

That's all I need는 내가 필요한 건 다 갖고 있다, 즉 '내가 필요한 건 그게 다야'라는 의미로 필요한 걸 구체적으로 언급하려면 need 다음에 to~를 붙이면 된다.

A: Who needs it? B: You needs it.
A: 누가 저걸 필요로 하겠어? B: 네가 필요하잖아.

- I quit smoking. Who needs it? 나 담배 끊었어. 누가 저런걸 필요로 하겠어?
  This job is too stressful. Who needs it?
  이 일은 너무 스트레스가 많아. 누가 하겠어?

Who needs it[them]?는 반어적용법으로 '누가 저걸 필요로 하겠어?'라는 표현.

There's no need to get frustrated.
좌절할 필요가 없어.

- We have to relax. There's no need to panic.
  우린 진정해야돼. 공황상태에 빠질 필요가 없어.
  All right, there's no need to bark at me. 좋아, 나한테 뭐라고 할 필요는 없어.

There's no need (for sb) to~는 '…할 필요가 없다'는 말로 상대방에게 충고나 위로 혹은 항의할 때 사용하면 좋은 표현이다.

All I need to do is make one phone call.
내가 필요한 건 전화한통하는거야.

- All I needed was the money to pay for the test.
  내가 필요로 했던 건 테스트비 낼 돈이었어.
  All I needed was a genetic match for the stem cells.
  내가 필요로 했던 건 줄기세포에 유전적으로 일치하는 것이었어.

All I need (to do) is~ N[V]는 '내가 필요한 건 …뿐이야,' '그저 …가 필요해,' 동사가 이어질 경우에는 내가 필요한 것은 …하는 것밖에 없어로 내가 필요한 것을 강조해서 말하는 표현.

놓치면 원통한 미드표현들

- **naked** 벗은, 알몸인 half-naked 반라인, 반라로
  Naked. I'm naked in the shower.
  나 다 벗었어. 벗고 샤워중야.
  I was walking around half-naked.
  나는 반라로 걸어다니고 있었어.
- **get naked** 다벗다, 다 밝혀지다
  I'm going into the bathroom and getting naked. 난 화장실로 가서 다 벗었어.
  We're never ready for that moment when the truth gets naked.
  진실이 밝혀지는 순간에 전혀 준비가 되어있지 않아.
- **stark naked** 완전히 다 벗은
  My secretary walked in on me stark naked.
  내 비서가 홀딱 벗고 내게로 다가왔어.
- **take a nap** 낮잠자다
  I'm going to take a nap. 낮잠 좀 자려고.

It's a person in need of supervision.
감독이 필요한 사람이야.

- I'm in need of refuge. It's too hot. 쉴 곳이 필요해. 여긴 넘 더워.

  Chris Crawford's car is in need of maintenance.
  크리스 크러포드 차는 정비가 필요해.

be in need of는 '…를 필요로 하다'라는 표현.

Melissa, I need you to pull the file.
멜리사, 네가 파일을 꺼내와봐.

- You really need me to tell you? 정말로 내가 말하기를 바래?

  Just let me know when you need me to testify.
  내가 언제 증언해야 하는지 알려만줘.

I need you to~는 '네가 …해 줬으면 해' 그리고 반대로 You need me to~는 '내가 … 해주기를 네가 바라다'라는 뜻.

MORE EXPRESSION

need sth like a hole in the head …는 전혀 필요가 없다

if need be 필요하다면

I need some T.L.C. 다정한 보살핌이 필요해.(Tender Loving Care)

» nerve

You've got a nerve. 너 참 뻔뻔스럽다.

It's get on my nerves.
그거 땜에 신경이 거슬려.

- That's getting on my nerves. 그거 정말 짜증나게 하네.

  It doesn't mean you get on my nerves. 너 때문에 짜증난다는 말은 아냐.

get on one's nerve는 '…의 신경을 짜증나게 하다,' '거슬리게 하다,' '…을 화나게 하다'라는 표현.

You've got a nerve.
너 참 뻔뻔스럽다.

- You've got a hell of a nerve coming here. 여기 오다니 너 참 철면피다.

  I can't believe he had the nerve to kiss Jill. 와, 걔가 질에게 키스할 용기를 냈다니.

  What gave you the nerve to ask me out? 무슨 용기로 내게 데이트 신청한거야?

have got a nerve (to do)에서 nerve는 용기, 배짱 혹은 뻔뻔스러움이라는 뜻이어서 문맥에 따라 '…할 용기[배짱]가 있다,' 혹은 '뻔뻔스럽다'라는 의미로 쓰인다. 강조하려면 a lot of nerve, a hell of nerve라고 하면 된다.

The nerve of you!
참 뻔뻔스럽네!

- What a nerve! 정말 뻔뻔하군!

  The nerve of some people! 참 뻔스러운 사람들이네!

  The nerve of him bringing her into here. 걔가 그녀를 데려오다니 참 뻔스럽다.

The nerve of you!는 다른 사람의 뻔뻔스러움을 간단히 표현하는 것. the nerve of sb (~ing)라고 좀 더 응용해서 말할 수도 있다. What a nerve! 또한 같은 의미.

Did you work up the nerve to ask her out?
걔한테 데이트 신청할 용기를 냈어?

- I need to work up the nerve to ask for a raise.
  급여인상을 요구할 용기를 내야 돼.

  Lea couldn't get up the nerve to leave her husband.
  리아는 남편을 떠날 용기를 낼 수가 없었어.

work up the nerve (to~)는 '(…할) 용기를 내다'라는 뜻으로 get up the nerve와 같은 의미.

If I had waited, I might have lost my nerve.
내가 기다렸더라면, 기가 죽을 수도 있었을거야.

- I just sat in front of the house and I lost my nerve.
  난 집앞에 앉았고 겁이 났어.

  I lost my nerve when I wasn't trusting my instincts.
  내 본능을 믿지 못했을 때 난 기가 죽었어.

■ lose one's nerve는 반대 표현으로 용기나 배짱을 잃다라는 말로 '겁내다,' '기가죽다' 라는 의미.

N

Did I hit a nerve?
내가 아픈 곳을 건드렸어?

- Anne is obviously hitting a nerve with Denise.
  앤이 분명 데니스의 아픈 곳을 힘들게 하고 있어.

  It's obvious that you've touched a nerve. 네가 아픈 곳을 건드린 건 분명해.

■ hit a nerve는 '아픈 곳을 건드리다' 라는 표현으로 hit 대신에 touch나 strike를 써도 된다.

I get so nervous around celebrities.
유명인들 주변에 있으면 불안해.

- He's not exactly nervous about tying the knot. 갠 결혼 땜에 초조한 건 아냐.

  I'm kinda nervous. I have a confession to make. 좀 초조해. 고백할게 있어.

■ be nervous about~은 '…을 걱정하다,' '신경을 많이 쓰다,' '노심초사하다' 라는 말이다. feel[get] nervous라고 해도 된다.

Is he having a nervous breakdown?
걔 신경쇠약이야?

- I think I'm about to have a nervous breakdown.
  나 신경쇠약에 걸릴 것 같아.

  Mother had a nervous breakdown. 엄마는 신경쇠약에 걸렸어.

■ nervous breakdown은 '신경쇠약,' 그리고 신경쇠약한 사람은 nervous wreck이라 한다.

MORE EXPRESSION

be a bundle of nerves
신경이 예민하다

set one's nerves on edge
…의 신경을 날카롭게 하다

hold[keep] one's nerve
진정하다

nerve oneself to do[for]
용기내서 …하다

calm one's nerves 진정시키다

» never

That will never be repeated. 저건 절대로 되풀이 되지 않을거야.

Not anymore and never ever again.
더 이상도 아니고 절대 그럴 일도 없고.

- I promise I will never ever use charts again.
  다시는 절대로 그 챠트를 쓰지 않는다고 약속할게.

  I couldn't figure out why you never ever smile.
  왜 네가 전혀 웃지않는지 알수가 없어.

■ never ever는 부정을 강조하는 표현으로 '결코, 절대로 …아니라' 라는 뜻.

They will never again be absent.
걔네들은 다시는 결석을 하지 않을거야.

- Never again. No, it's not gonna happen again.
  두 번 다신 안돼. 응, 다시 그러지 않을거야.

  I can't believe I ever listen to you! Never again!
  나 참, 네 말을 듣다니! 두 번다시 그런일 없을거야!

■ never again은 '다시는 …하지 않았다' 라는 의미.

That will never be repeated.
저건 절대로 되풀이 되지 않을거야.

- That would never happen. 저건 절대 일어나지 않을거야.
  No, that'll never work. 아니, 저건 절대로 제대로 돌아가지 않을거야.

Well, my answer is usually "never say never."
음, 내 대답은 보통, '절대로 안되는 것은 없다'야.

- Never say never, I may have a plan in motion.
  절대 안된다라고 하지마. 내게 다른 계획이 진행중일 수도 있어.

■ That would[will] never~는 다음에 동사가 이어져서 '절대 그럴 일이 없을 거라는 것'을 말하는 굳어진 표현.

■ never say never는 무슨 일이 벌어질지 모르기 때문에 모든 가능성을 열어두어야 한다는 점에서 나온 표현으로 '절대 안된다는 말을 하지 않다'라는 의미이다.

MORE EXPRESSION

Well, I never! 어휴 그럴리가!
never-ending 영원히 끝나지 않는
never-never 환상의, 실재하지 않는

» new

That's news to me. 처음듣는 얘긴 걸.

What's new?
뭐 새로운 일 있어?

- A: So what's new? B: Nothing. A: 어떻게 지내? B: 별로.
  So, what's new in sex? 그래, 섹스생활에 뭐 새로운 거 있어?

■ What's new?는 그냥 인사말로 '잘지내?,' '어떻게 지내?'라는 의미로 이에 어울리는 맞장구표현으로는 What's new with you?로 '그러는 넌 별일 있니?'라는 의미. 한편 그냥 인사가 아니라 뭐 새로운 거 있냐고 물어볼 때도 사용된다.

What else is new?
뭐 더 새로운 소식은 없어?

- If it makes you angry, what else is new? 그 땜에 화났다면 뭐 새론 소식없어?
  A: Yes, I'm furious. B: Oh, what else is new? A: 어, 화났어. B: 어, 다른 소식은?

■ What else is new?는 상대방의 하는 말을 이미 들어서 (I've heard that before) 더 이상 새롭지 않으니 다른 건 없냐고 물어보는 말. '뭐 더 새로운 소식은 없어?'라는 의미이다.

I've got news for you.
소식 좀 전해줄 말이 있어.

- I got news for you. Life isn't fair. 해줄 말이 있어. 인생은 공평치 않아.
  I got news for you. Things are going to change around here.
  해줄 말이 있는데 여기 상황이 변할거야.

■ have got news for sb는 sb에게 뭔가 좀 좋지 않은 소식이나 이야기를 건넬 때 시작하는 말. '너한테 해줄 말이 있어,' '너한테 전해줄 말이 있어' 등의 의미.

I have good news and bad news. which do you want?
좋은 소식, 나쁜 소식있는데 뭐 들을래?

- As often is the case, has good news and bad news.
  흔히 그렇듯, 좋은 소식과 나쁜 소식이 있어.
  The good news is he really didn't do it. 좋은 소식은 걔가 정말 안그랬다는거야.

■ have good news and bad news는 '좋은 소식과 나쁜 소식을 갖고 있을 때 상대방에게 어떤 소식을 먼저 들을래'하는 장면을 많이 봤을 것이다. 또한 좋은 소식을 들었을 때는 That's good news라고 하고 좋은 소식을 말할 때는 The good news is~라고 하면 된다.

That's news to me
처음듣는 얘긴 걸.

- I already knew my daughter was into girls; that's not news to me.
  딸이 여자와 사귄다는 걸 이미 알고 있었어. 아는 얘기야.

■ be news to~는 …에게 뉴스, 즉 새로운 소식이라는 말로 '금시초문이다,' '처음듣는 이야기이다'라는 의미.

But this baby is brand-spanking new.
하지만 이 아이는 정말 신생아이잖아.

- I was dating someone brand-spanking new.
  난 아주 새로운 사람과 데이트하는 중이었어.
  Papa's got himself a brand new bag. 아버지는 신상가방을 사셨어.
  We're gonna get you fixed up as good as new.
  널 아주 새사람으로 만들어버릴거야.

He's like a new man.
걘 새로운 사람같아.

- You're gonna feel like a new man. 넌 새로 태어난 사람처럼 느껴질거야.
  I've been on them for ten days, and I feel like a new man.
  그걸 10일째 복용중인데 새로운 사람이 된 것 같아.

brand-new는 '새로운'이라는 뜻이고 brand-spanking new는 새로운 것을 아주 강조하는 표현으로 '정말 새로운'이라는 의미. 여기서 spanking은 좀 의외지만 new나 clean 앞에서 부사로 쓰여 매우, 아주라는 뜻이다. 또한 as good as new는 '새것 같은,' like new는 '새것과 같은'이라는 의미이다.

feel like a new man [woman]은 '새로 태어난 사람처럼 느끼다'라는 표현.

MORE EXPRESSION

That's a new one on me.
첨 들어본 이야기이다.

» next

What's next? Break up my marriage? 다음은 뭐지. 내 결혼을 깨는거?

Next up is an ultrasound and an x-ray.
다음 차례는 초음파와 엑스레이입니다.

- Next up, please welcome Edie. 다음은, 에디를 환영하죠.
  You're up for next, baby. 자기야, 네가 다음 차례야.
  We're up next, okay? So, so let me do the talking.
  우리가 다음 차례야, 알았어? 그러니 내가 말을 할게.

What's next? Break up my marriage?
다음은 뭐지. 내 결혼을 깨는거?

- So what's the next move? 그래, 다음 단계는 뭐야?
  Ah, let's see. What next? 어디보자. 다음엔 뭐지?

The next, she puts the brakes.
그리고 나서 걘 브레이크를 밟았어.

- And then the next, she's making out with a professor in a dark corner. 그리고 나서 어두운 코너에서 교수와 애무를 하고 있어.

The next thing I know, we're making out.
어느샌가, 우리는 애무를 하고 있었어.

- And then the next thing I know you hate my music.
  그리고 나서 어느샌가 네가 내 음악을 싫어한다는 걸 알았어.
  The next thing I know, I'm running for my life in the woods.
  나도 모르는 사이에 난 죽어라 숲속을 뛰고 있었어.

Next up!은 '다음 주제로 넘어가자,' Next up is~는 '다음 차례는 …이다,' 그리고 Next, please하면 '다음 손님요'라는 표현. 또한 be next in line (to)은 '주어가 다음으로 to~이하를 할 것이다'라는 의미. be up (for) next 또한 '주어가 다음 차례'라는 의미.

What's next?는 '그 다음 번에는 뭐야?,' What's the next(+명사)?는 '다음에 해야 할 일은 뭐야?,' 문맥상 확실하면 명사빼고 그냥 '다음은 뭐지?'라고 묻는 말. 하지만 What next?하면 '다음엔 뭐야?'라고 좀 비아냥 거리거나 혹은 좌절을 겪고 있는 사람이 자포자기 심정으로 '또 무슨 불행이 찾아오려나?'라는 자조적인 표현.

the next, S+V는 그리고 '다음에 …했다'라는 표현.

the next thing I knew는 '어느 틈엔가, 어느샌가,' '나도 모르는 사이에 어느덧'이라는 표현으로 before I knew it과 같은 맥락의 표현.

MORE EXPRESSION

the next best thing
그 다음으로 좋아하는 것
the best thing 최선책
the next to last 끝에서 두번째

Be nice to each other. 서로 착하게 지내라.

I had a nice time tonight with you.
오늘 밤 정말 즐거웠어요.

- I had a nice time. 즐거웠어.
  We had such a nice time with you two last night.
  너희 둘과 간밤에 정말 즐거웠어.

have a nice time은 '손님이 떠나면서 주인에게 작별인사 겸 감사인사로 하는 말.'

It'll be nice to have a partner.
파트너가 있으면 좋을거야.

- It'll be nice to get this off finally, won't it?
  마지막으로 그거 벗으면 멋질거야, 안그래?
  It would be nice if there weren't so many people.
  사람들이 많지 않으면 좋을텐데.
  It is nice to know that someone cares about justice.
  누군가 정의에 대해 신경쓴다는 것을 알게 돼 좋아.

It'll be nice to~는 '…하면 멋질거야, 좋을거야,' 그리고 It'd be nice if~하면 가정법 표현으로 '…한다면 좋을텐데' 라는 의미가 된다. 물론 it's nice to know (that~)는 '…알아서 기쁘다' 라는 의미.

It's very nice of you.
너무 고마워.

- Well, that was very nice of you. 저기, 정말 고마웠어.
  Well, that's very nice of you to say. 말해줘서 정말 고마워.

be (very) nice of sb (to~)는 '상대방의 친절에 고맙다고 말하는 표현'으로 고마운 내용을 말하려면 to~이하에 이어 말하면 된다.

That's nice.
좋아.

- Oh, a family dinner. That's nice. 어, 가족모임저녁식사야. 좋아.
  Ah. That's nice. So where were we? 아, 좋아. 어디까지 얘기했더라?
  That's nice. I've done that for friends.
  좋으네. 난 친구들을 위해 그렇게 한거야.

That's nice는 상대방의 말이나 제안에 좋다구 맞장구 칠 때 하는 표현으로 '좋아,' '좋네' 라는 말. That's nice to hear하면 '듣던 중 반가운 소리네요' 라는 의미가 된다.

Be nice to each other.
서로 착하게 지내라.

- It's not going to be that bad. Hey. Be nice.
  그렇게 나쁘지 않을거야. 야, 착하게 굴어.
  Be nice to have that finished by the time I get back.
  착실하게 그거 내가 돌아올 때까지 끝내.

Be nice는 상대방에게 '얌전하게 굴어라,' '착하게 굴어라' 라는 말로 Be nice to sb로도 쓰이며, Be nice to+동사 형태로 쓰면 '친절하게 …해라' 라는 의미가 된다.

Nice one. But I'm serious.
잘됐어. 하지만 난 심각해.

- And I'm not the nice one? 그리고 나는 좋은 사람이 아니지?
  Sally is the nice one in her family. 샐리는 걔 가족 중에서 성격이 좋아.

(That's a) nice one!은 '정말 좋아!,' '잘됐어' 라는 표현. sb be the nice one하면 'sb가 성격이 참 좋다' 고 칭찬하는 표현.

MORE EXPRESSION

be super-duper nice to sb
…에게 아주 잘해주다

Nice work if you can get it.
할 수 있으면 해라.(그 일이 좋거나 보수가 좋은 거야)

Yeah, I pulled an all-nighter. 그래, 난 철야했어.

We're going to get a good night's sleep.
우린 잠을 푹 잘 잘거야.

- The first good night's sleep I had was last night.
  지난밤에 처음으로 숙면했어.
  Okay. Good night, Castle. 좋아, 잘자요, 캐슬.
  A: I have to go to sleep. B: Nighty-night! A: 자러가야 돼. B: 잘자!

▬ a good night's sleep은 '숙면'을 말하는 것으로 Did you have a good night's sleep?하면 '잠 푹 잘잤어?'라는 말이 된다. 또한 Nighty-night은 어린이용 Good night으로 '잘 자거라'라는 말. 그냥 Night!라고만 해도 된다.

If all goes well, we'll have an early night.
모든게 잘 되면 우린 일찍 잘거야.

- Tomorrow, you are going to have an early night. 내일 넌 일찍 자야돼.
  Did you have a late night yesterday? 어제 늦게 잤어?

▬ have a late[early] night은 '잠을 일찍 자다,' '늦게 자다' 라는 표현.

Yeah, I pulled an all-nighter.
그래, 난 철야했어.

- What are you talking about? I pulled an all-nighter.
  무슨 말이야? 나 철야작업했어.
  Nothing's come up so far. I'm gonna pull an all-nighter.
  아무 것도 나온게 없어. 철야해야 겠어.

▬ pull an all-nighter에서 all-nighter는 밤새도록 하는 것을 말하는 명사로 pull an all-nighter하면 '밤을 새워 …하다,' '철야작업하다'라는 뜻이 된다.

I'm a single mother. I work nights.
난 싱글맘야. 야근해.

- I'm a waitress. Work nights. 난 웨이트리스야. 야근을 해.
  He usually doesn't work nights. 갠 보통 야근을 하지 않아.

▬ work nights는 규칙적으로 혹은 종종 회사에서 '야근하다'라는 표현으로 work at night 라고도 한다.

MORE EXPRESSION

last thing at night
자기 직전에

놓치면 원통한 미드표현들

- **be nasty to sb** 못되게 굴다, 악랄하게 굴다
  She was nasty to the customers.
  걘 고객들에게 못되게 굴어.
  I said something nasty to him. It's my fault.
  난 걔한테 야비한 말을 했어.
- **nasty~** 야비한 ~
  Her husband's got a nasty temper.
  걔 남편은 성질이 야비해.
  She got a lot of nasty calls. Hate mail, too.
  걘 많은 더러운 전화를 받아, 협박편지도.
  Nasty! 추잡해라!
- **be neat** 정돈되다, 근사하다
  It's neat. 근사해.
  For a single guy, you're so neat.
  혼자사는 셈치고는 너 깔끔하다.
- **neat** 정돈된, 뛰어난, 훌륭한
  Neat! 괜찮은데!
  Oh neat, what's the occasion?
  어, 깨끗하네, 무슨 일이야?
  Yeah, okay, neat, but I really got to get to work. 그래, 좋아, 멋진데 난 일하러 가야 돼.

I followed your boy night and day.
밤낮으로 네 애를 따라다녔어.

- If you need anything, day or night, just call me.
  언제라도 필요한게 있으면 전화해.

  Call me and I'll come, night or day. 언제라도 전화해, 내 갈테니.

night and day 혹은 day and night은 '밤낮으로 계속'(all the time)이라는 의미이고, night or day 혹은 day or night은 '언제라도,' '아무 때나'(at any time)라는 의미.

Did you spend the night with Edie? Oh, my god!
에디와 밤을 보냈어? 오, 맙소사!

- I wanted to spend the night with Monica. 모니카하고 밤을 보내고 싶었어.

  You're going to spend the night with Mike in a hotel.
  너 호텔에서 마이크하고 밤을 보낼거지?

spend the night with~는 '…와 함께 밤을 지내다'라는 말로 완곡하게 sex를 했다는 말이 된다. spend the night together라고 해도 된다.

» nose

I got a nose for the truth. 난 진실을 찾아내는데 일가견이 있어.

I'm really sorry for sticking my nose into that.
그 일에 간섭해서 정말 미안해.

- You just have to stick your nose into other people's business.
  넌 다른 사람들의 일에 신경을 써야 돼.

  Don't stick your nose into Jerry's problems.
  제리의 문제에 참견하지마.

stick[poke] one's nose into~는 코를 들이댄다는 말로 '남의 일에 간섭하다,' '참견하다'라는 의미.

Keep your nose out of my business.
내 일에 참견하지마.

- Well, maybe you need to keep your nose outta my business!
  저기, 아마도 넌 내 일에서 신경꺼야 될거야!

  Henry kept his nose out of the argument. 헨리는 논쟁에서 빠져나갔어.

keep one's nose out of~는 들이댄 코를 빼라는 말로 '남의 일에 쓸데없는 간섭을 하지 말라'는 의미.

I got a nose for the truth.
난 진실을 찾아내는데 일가견이 있어.

- He has a nose for who's telling the truth.
  걘 누가 진실을 말하는지 알아내는 능력이 있어.

  She may not have had a nose for coffee, but she sure could smell money. 걘 커피맛에 젬병일지 모르지만 돈냄새는 정말 잘 맡아.

have a (good) nose for~는 …을 찾는데, 알아보는데 일가견이 있다, 능력이 있다라는 표현으로 '…을 보는 눈이 있다'라는 have an eye for~와 같은 형태의 표현이다.

Keep your nose clean.
나쁜 일에 말려들지 마.

- I was in high school. Studying, keeping my nose clean, doing volunteer work for the community.
  난 고등학생였어. 공부하고, 얌전히 지내고, 지역사회에 봉사활동을 했어.

keep one's nose clean는 코를 항상 깨끗이 한다라는 의미로 '나쁜 일에 휘말리지 않다,' '말썽피지 않다,' '얌전히 지내다'라는 의미.

I didn't want to be nosy. She didn't like that.

난 캐고 다니고 싶지 않았어. 걘 그걸 싫어했어.

- I'll just head over there now and nose around and see if she has an alibi. 지금 그쪽으로 가서 걔한테 알리바이가 있는지 캐물을게.

I guessed Tina's weight on the nose.

난 티나의 몸무게를 정확히 추측했어.

- Isn't that a little on the nose, even for a psycho? 사이코라 할지라도 좀 너무 정확하지 않아?
  Good evening. 11 o'clock on the nose. 안녕, 정확히 11시네.

You got this whole other life right under my nose.

바로 눈앞에 너한테는 전혀 다른 삶이 있는거야.

- How else do you think I started sleeping with Chip right under your nose? 어떻게 바로 네 면전에서 내가 칩과 자기 시작했다고 생각해?
  Because your husband was having sex with Ilena right under your nose? 네 남편이 바로 면전에서 일레나와 섹스를 하고 있었기 때문에?

House was rubbing my nose in it.

하우스 박사는 내 잘못을 상기시켰어.

- Your nose is growing. 넌 지금 거짓말하고 있어.
  Before you get your nose out of joint and accuse me of interfering, hear me out. 화내고 간섭했다고 날 비난하기에 앞서 내말을 끝까지 들어봐.

■ nose around는 특히 '정보를 캐내다,' '조사하다,' '알아보다' 라는 말로 be nosy하면 '캐고 다니다' 라는 뜻이 된다.

■ on the nose는 '정확하게,' '정확한 시간에 맞춰,' 즉 exactly와 같은 표현.

■ right under one's nose는 바로 코앞에라는 말로 '뻔히 보이는 곳에,' '바로 면전에서,' '바로 눈앞에서 ' 라는 말로 It was right under my nose하면 '등잔 밑이 어둡다' 라는 말이다.

■ rub sb's nose in it은 '뭔가 좋지 않은 과거를 상기시켜 괴롭히다' 라는 관용어구. 또한 put sb's nose out of joint는 '화나게 하다,' put 대신 get을 쓰면 '화내다' 라는 뜻이 된다.

MORE EXPRESSION

bite one's nose off 난리치다, 못잡아먹어 안달이다
keep one's nose to the grindstone 뼈빠지게 일하다
by a nose 아슬아슬하게 이기다
lead sb by the nose …을 맘대로 쥐고 흔들다
brown-noser 아첨꾼
pick one's nose 코를 파다
pay through the nose 엄청 많은 돈을 치르다

» **not**

That's not for me. 그건 내게 안 어울려.

Not for me.

난 싫어

- That's not for me. 그건 내게 안 어울려
  A: It's over. B: Not for me. A: 다 끝났어. B: 난 아니야.
  Not me, but I know someone who would. 나 아니지만 누가 그랬을지는 알아.

Not that there's anything wrong with that.

그거에 잘못된게 없다는 것은 아냐.

- She's scared, not that she'll ever admit that. 걔가 겁먹었지만 절대로 그걸 인정하지는 않을거야.
  Not that I'm going to be much good after last night. 지난밤 이후에 내가 그렇게 잘하지는 않을거야.

■ Not for me는 거절할 때 사용하는 표현으로 '난 싫어,' '난 괜찮아,' '난 아니야' 라고 부정할 때 사용한다. 또한 Not me는 '나는 아니다,' '나는 그렇지 않다' 라고 부정하는 표현.

■ Not that S+V는 '…한 것은 아니다' 라고 역시 부정하는 표현.

MORE EXPRESSION

not the sharpest tool in the box 똑똑하지 않다

» notch

Please take it down a notch. 진정해요.

Okay, Dad, please take it down a notch.
좋아요, 아빠, 진정해요.

- Come on Ellen, take it down a notch. 엘렌, 진정해.
  You know what would bring it down a notch? Some Hawaiian Punch and a chocolate cigarette.
  뭔가 진정시켜줄지 알지? 하와이안 펀치와 초콜렛 담배.

■ take it down a notch는 '진정하다,' '흥분을 가라앉히다.'

You always gotta take me down a notch.
넌 늘 내 콧대를 꺾어놔야 돼.

- Chad's parents took him down a notch. 챠드의 부모님은 걔의 콧대를 꺾어놨어.
  Losing the race took Dina down a notch. 경주에서 져서 디나는 콧대가 꺾였어.

■ take sb down a notch는 'sb의 콧대를 꺾다,' '쓰러트리다' 라는 의미.

Bart's people are top-notch and very discreet.
바트의 사람들은 최고이고 매우 신중해.

- He's always done a top-notch job for us before.
  걘 늘 전에 우리를 위해 훌륭한 일을 해줬어.

■ top-notch는 '최고의,' '아주 훌륭한' 이라는 표현.

» note

I'd like it noted for the record. 그것을 기록해놓기를 바랍니다.

Duly noted. And I'll stay out of your business too.
잘 알아들었어. 네 일에서 빠질게.

- A: Business partner. B: Oh, clarification duly noted. Nice to meet you. A: 사업파트너입니다. B: 예, 잘 알았습니다. 만나서 반가워요.
  A: May I say how lovely you look today? B: Duly noted.
  A: 네가 오늘 얼마나 예쁜지 말할까? B: 잘 알겠어요.

■ Duly noted는 상대방의 말에 동의여부를 떠나서 '잘 알아들었어,' '확인해볼게' 라고 말하는 formal한 표현.

On that note, I'll say good night.
자 이제, 저녁인사 해야겠네.

- And on that note, I have to get to work. 자 이제, 일하러 가야겠어.

■ on that note는 우리말로 옮기기 어렵지만 보통 이제 난 다른 일을 해야겠어(OK, now I'm going to do something else)라고 말할 때 사용한다. '이말을 끝으로,' '자 이제' 정도로 생각하면 된다.

I'll make a note of it.
내가 그걸 적어놓을게.

- I'll make a note for the quiz on Friday. 금요일 퀴즈대비해서 필기해둘게.
  I saw you make a note on your pad two hours ago.
  2시간 전에 메모장에 노트하는거 봤어.

■ make a note of~는 '…을 기록해두다,' '필기하다' 라는 의미.

She was taking all sorts of notes.
걘 모든 종류의 노트를 하고 있었어.

- This is what happens when I don't take notes!
  내가 노트를 하지 않으면 이런다니까!

  How are you going to take notes without a notebook?
  노트북없이 어떻게 노트를 할거야?

take a note of 혹은 take notes of~하면 '받아적다,' '기록하다,' '적어두다'라는 표현으로 다음에 나오는 take note of와 구분해야 한다.

The gods rarely take note of fools.
신들은 바보들을 거의 주목하지 않아.

- Upon arrival, please take note of the emergency exits.
  도착하자마자, 비상구를 기억해둬.

  Take note. We are cooperating with your investigation.
  기억해둬. 우린 네 조사에 협조하고 있다고.

take note of~는 위와 달리 a note나 notes가 아닌 무관사 단수 명사인 note를 써서 take note하면 '주목하다,' '알아채리다,' '기억해두다'라는 표현이 된다.

I'd like it noted for the record.
그것을 기록해놓기를 바랍니다.

- Your objection is noted for the record, Mr Chase.
  체이스 씨, 당신의 이의는 기록해놓겠습니다.

be noted for the record는 청문회나 공청회나 면담할 때 '기록을 남기기 위해 적어놓다'라는 의미. …으로 유명하다라는 의미의 be noted for와 헛갈리지 말 것.

He keeps leaving me love notes on Post-Its.
걘 포스트잇에 사랑의 글을 적어 계속 내게 남겨놔.

- I can't believe you didn't tell me there was a suicide note!
  유서가 있다는 말도 내게 안하다니!

  I got about three grand here, all in C-notes.
  여기 3천달러 정도 있는데 모두 다 100달러 지폐야.

suicide note는 '유서,' thank you note는 '감사메모,' quick note는 '간단한 메모,' love note는 '연애편지'나 '메모,' 그리고 C-note는 '100 달러'를 뜻한다.

MORE EXPRESSION

hit[strike] the right[wrong] note 좋은[나쁜] 견해를 말하다

be noted for …로 유명하다(be famous for)

» nothing

There's nothing you can do about it. 그건 네가 도저히 어쩔 수 없는 거야.

So he's nothing like you.
그래 걘 너랑 전혀 달라.

- For the record, she's nothing like Nikki Heat.
  참고로 말해두는데, 그 여자는 니키 히트랑 전혀 달라.

  It was nothing like the others. 그건 다른 것들과는 아주 달라.

be nothing like~는 '…와 아주 다르다,' '전혀 다르다'라는 의미로 be 대신에 seem이나 look을 써도 된다.

Blair, it's nothing like that.
블레어, 전혀 그런게 아냐.

- Well, it's nothing like that. Come on. 어, 전혀 그런게 아냐. 어서.

  Besides, Gillian is nothing like that. 게다가, 질리언은 그런 사람이 아냐.

be nothing like that은 관용적으로 '그게 아냐,' '전혀 그런게 아냐,' '그런 사람이 아냐'라는 의미.

You must accept nothing less than perfection.
넌 완벽함을 절대적으로 인정해야 돼.

- The change in his behavior is nothing short of remarkable.
  걔 행동의 변화는 정말 대단해.

  It would take nothing short of a miracle.
  기적같은 걸 기다려야 될거야.

■ **be nothing less than~**은 '절대적으로'(absolutely)라는 말. be nothing short of~도 같은 의미.

There's nothing in the tax records either.
세금기록에도 아무 것도 없어.

- There's nothing in the juvenile offender records.
  청소년비행기록에도 아무 것도 없어.

  But there was nothing in his medical records.
  하지만 걔 의료기록에는 아무 것도 없었어.

■ **there's nothing in~**은 '…안에 아무 것도 없다,' there's nothing in sth that~은 '…안에 …하는 것은 아무 것도 없다'라는 뜻으로 문맥에 따라서는 비유적으로 '다 거짓이다,' '사실이 아니다'라는 의미로 쓰인다.

There's nothing for us to talk about.
우리가 얘기를 나누는 수밖에 없어.

- I mean, there's nothing for me to do but to leave.
  내 말은 내가 떠나는 수외에는 달리 할 방법이 없다는거야.

  I guess there's nothing for us to do but wait to be captured or killed. 체포나 살해되기를 기다리는 것외에는 우리가 달리 할게 없는 것 같아.

■ **there's nothing for sb (but) to~**는 sb가 to~이하를 하는 것외에는 달리 방법이 없다는 것으로 'sb가 …을 할 수밖에 없다'라는 표현.

There's nothing you can do about it.
그건 네가 도저히 어쩔 수 없다는 거야.

- Looks like there's nothing you can do. 네가 도저히 어쩔 수 없는 것 같아.

  There's nothing you can do to make me stop loving you.
  내가 널 사랑못하게 할 수 있는 것은 아무것도 없어.

■ **there's nothing you can~**은 네가 …을 할 수 있는 건 하나도 없다라는 말로 '도저히 어쩔 수 없다'라는 의미.

There's nothing to worry about.
걱정할 필요가 전혀 없어.

- There's nothing to help me with. 나를 전혀 도와줄 게 없어.

  There's nothing to say. 전혀 말할게 없어.

  There's nothing to it. 식은 죽먹기야.

■ **there's nothing to+동사**는 …할게 아무 것도 없다라는 말로 '전혀 …할 필요가 없다'라는 의미. 또한 there's nothing to it 하게 되면 관용표현으로 '식은 죽먹기야,' '해보면 아무 것도 아냐!'라는 뜻이다.

It was nothing.
아무 것도 아냐.

- It was nothing. He left a message. 별일 아냐. 걔가 메시지를 남겼어.

  I asked her about it. She told me it was nothing.
  걔한테 그게 뭔지 물어봤는데 걔는 별일 아니라고 했어.

■ **It was nothing**은 상대방의 질문에 답하고 싶지 않거나 문제를 확대시키지 않거나 혹은 특별히 해줄 말이 없을 때 '별일 아니야,' '아무 것도 아냐'라고 답하는 표현.

I am nothing if not sensitive.
난 무척 예민한 사람이야.

- These guys are nothing if not dedicated. 얘들은 아주 헌신적이야.

  She is nothing if not punctual. 걘 시간을 엄청 잘지켜.

■ **sb be nothing if not~**은 직역하면 …아니면 sb는 아무 것도 아니다, 다시 말하면 'sb는 무척 …하다'라는 의미가 된다.

Think nothing of it.

마음쓰지마.

- The boss thinks nothing of spending thousands of dollars.
  사장은 많은 돈을 쓰는 것을 별로 신경쓰지 않아.

  I can't make nothing of it. 그걸 전혀 이해 못하겠어.

  I made nothing of the clues you gave me.
  난 네가 준 단서를 대수롭지 않게 생각했어.

  The teacher can make nothing of the test results.
  선생님은 성적결과가 이해가 되지 않았어.

■ think nothing of~는 기본적으로 별로 신경안쓴다라는 말로 감사인사답변으로 도와줘서 오히려 기쁘다, 혹은 사과에 대한 답변으로 상대방의 행동으로 인한 불편함이나 피해가 없으니 신경쓰지 말라고 할 때 '괜찮습니다'라고 하는 말이다. 또한 make nothing of~는 '대수롭지 않게 생각하다,' '무시하다,' 그리고 can make nothing of~하면 '이해할 수 없다'는 말.

N

You've got nothing on me.

넌 나보다 나은게 별로 없어.

- I'm not going to jail, detective, you have nothing on me.
  형사님, 난 감옥에 안가요, 나에 대한 증거가 없잖아요.

  This bastards gonna escape, we got nothing on the rape.
  이 자식들이 빠져나갈거야, 강간에 대해 우린 아는게 아무 것도 없잖아.

■ have nothing on sb는 '…보다 조금도 나은게 없다,' '…에 비하면 아무 것도 아니다' 그리고 have nothing on sth하게 되면 '…에 아무 것도 없다'는 말로 이 경우에는 문맥에 따라 다양하게 해석될 수 있다.

It was all for nothing.

모든 일이 수포로 돌아갔어.

- Would it be better if it was all for nothing? 다 수포로 돌아가면 더 낫겠어?

  I've spent the last six years in this city, focusing on my career, all for nothing. 이 도시에서 지난 6년간 열심히 경력을 쌓았는데 다 수포로 돌아갔어.

■ be all for nothing은 노력을 했는데 아무 결과도 없이 시간만 낭비했다는 것으로 '다 수포로 돌아가다'라는 의미.

I want for nothing.

난 부족한 게 없어.

- A: Want a drink or anything? B: I want for nothing.
  A: 음료수나 뭐 할래? B: 됐어.

  This girl wanted for nothing. 이 여자는 아쉬운게 없었어.

■ want for nothing은 원하는 것이 없다는 말로 '부족한게 없다,' '아쉬운게 없다'라는 말이 된다.

Better than nothing.

없는 것 보다 낫지.

- Fifty grand's better than nothing. 5만 달러면 그게 어딘데?

  But something's better than nothing. 하지만 어떤 것은 없는 것보다 나아.

■ (It's) Better than nothing은 없는 것보다는 낫다라는 말로 긍정적인 사고방식에 기초한 표현. 의역하면 '그거라도 어딘데,' '그게 어딘데'라고 할 수 있다.

놓치면 원통한 미드표현들

- **be in the neighborhood** 주변[근처]에 있다

  I was in the neighborhood.
  지나가는 길이었어.

  She's a waitress in the neighborhood.
  갠 근처에서 웨이트리스 일을 해.

- **sth in the neighborhood of**+숫자 약, 대략

  I'd say somewhere in the neighborhood of fifteen thousand dollars. 약 만오천달러 가량일거야.

  Her family is worth somewhere in the neighborhood of 20 million dollars.
  걔의 가족은 대략 2천만 달러에 가까운 가치가 있어.

Nothing's more important than that.
그거 보다 더 중요한 건 없어.

- Nothing is more frightening than running into an ex.
  옛 아내를 우연히 마주치는 것보다 더 무서운 건 없어.

■ I think that nothing is more+형용사+than~은 '…보다 더 …한 것은 없는 것 같다'라는 의미로 비교급으로 최상의 표현을 하는 방법.

So I apologized for nothing?
그래 난 아무 이유도 없이 사과했단 말야?

- I will work for nothing. It can be like an internship.
  난 무보수로 일해. 인턴쉽같은거야.
  The employees did a lot of work for nothing.
  종업원들은 무보수로 많은 일을 했어.

■ for nothing은 be all for nothing이나 want for nothing과 구분해야 한다. for nothing은 기본적으로 '무료로' 혹은 '아무 이유도 없이'라는 뜻으로 쓰인다.

I did nothing of the sort.
난 그런 종류의 일을 하지 않았어.

- He will do nothing of the sort! And do you know why?
  걘 그런 종류의 하지 않을거야! 그리고 넌 그 이유를 알아?
  I asked him nothing of the sort!
  난 걔한테 그런 종류의 것을 묻지 않았어.

■ nothing of the sort [kind]는 강한 부정으로 '그런 종류의 것은 아니다'라는 의미로, 함께 쓰이는 동사와 어우려져 해석을 잘해야 한다.

You good for nothing little bastard.
넌 아무짝에도 쓸모없는 잡놈야.

- Get out of here, good for nothing. 꺼져, 이 아무짝에도 쓸모없는 놈아.
  He's nothing. 걘 정말 별볼일 없어.
  Sweetie, she's nothing to me. 자기야, 그 여잔 내게 아무 것도 아냐.

■ good-for-nothing은 '아무짝에도 쓸모없는 사람,' '건달'을 말하며 be good for nothing 하면 '아무짝에도 쓸모없다'가 된다. 또한 sb be nothing (to sb) 하면 '…는 …에게 별볼일 없는 사람이다, 의미없는 사람이다.'

Here's the thing. You got nothing coming.
요는 말야 넌 아무런 소득도 없어.

- The first commandment is you've got nothing coming.
  헌법 제 1수정조항으로 넌 아무런 보상도 받지 못해.

■ You got nothing coming은 어떤 보상(reward)나 수익(profit)이 없을거라는 의미를 담고 있는 표현이다.

MORE EXPRESSION

come to nothing 수포로 돌아가다
Nothing doing. (거절) 어림없다
Sweet nothings 달콤한 밀어
~like nothing on earth 이상하게 …하다
Nothing in particular. 별일없어.
Nothing special. 특별한 거 없어.

놓치면 원통한 미드표현들

- **nerd** 컴퓨터만 파고 드는 따분한 친구, 멍청한 친구
  I'm just a computer nerd. 난 컴퓨터광이야.
  I hate my name. It has nerd in it. Len nerd.
  난 내 이름이 싫어. 이름안에 nerd가 있잖아. Len nerd라고 말야.
  I'm just another lonely nerd, living with his mother.
  난 단지 또 한명의 외로운 얼간이야. 엄마랑 살고 있는.

- **nerdy** 범생이 같은, 얼간이 같은
  So, is this Bruce Lee's nerdy brother, Stan?
  그래 이게 브루스 리의 범생이, 스탠야?
  Come here, you crazy, nerdy guy. I could never be mad at you.
  이리와, 범생이 같은 미친놈아. 너한테 열받을대로 받았거든.

It's now or never. 지금 아니면 기회가 다시 오지 않을거야.

It's now or never.
지금 아니면 기회가 다시 오지 않을거야.

- Come on, man. It's now or never. 자 어서. 지금 아니면 안돼.
  No! I'm not waiting! It's now or never!
  안돼! 난 기다리지 않을거야! 지금 아니면 안돼!

▬ be now or never는 지금(now)아니면 절대로 오지 않는(never)이라는 것으로 상대방에게 이번 기회를 놓치지 말고 꼭 잡으라고 할 때 사용할 수 있는 표현. '지금 아니면 안돼,' '지금 아니면 기회가 없어,' '지금 아니면 기회가 다시 오지 않을거야'라는 의미.

No, I'm good for now.
아니, 지금은 좋아.

- That's all that happened for now. 지금으로서는 일어난게 그게 다야.
  It was okay to accept help every now and then.
  가끔 도움을 받는게 좋았어.

▬ for now는 '지금은,' '그만,' '당분간' 등의 의미. 또한 now and then은 '가끔,' '때때로,' '어쩌다' 그리고 now and again 역시 '이따금,' '때때로'라는 의미.

We're expecting him back any minute now.
우린 걔가 곧 돌아올거라 생각해.

- I figure I'll be recruited by the FBI any day now.
  난 곧 FBI에 채용될거라 생각해.
  I'm gonna get out of there any day now. 난 금방 거기서 나올거야.

▬ any time[day, minute] now는 '곧,' '금방'(very soon)이란 표현.

Oh, well now it's way less creepy.
오, 이제 좀 훨씬 덜 이상하네.

- I have just now returned from the meeting. 난 회의에서 바로 전에 돌아왔어.
  Now then, do they validate parking here? 근데 여기 주차증 찍어줘요?

▬ just now는 '지금,' '바로,' '바로 전에,' now then은 '근데' 그리고 well now는 자 이제.

And now for the great news.
자 이제 빅뉴스를 전해줄게.

- And now, who was it? 그런데, 누구였어?
  Now now. You wanted to wait. 진정해. 기다리고 싶다고 했잖아.

▬ and now for~는 '자 이제,' and now는 '그런데,' '그건 그렇고,' now now는 보통 '진정해'(calm down, be patient)라는 뜻으로 쓰인다.

Hello? What is it now? Alma did what?!
이봐? 또 무슨 일이야? 앨마가 뭘 했다고?!

- A: Now what? B: Just a few more questions.
  A: 또 뭐야? B: 질문 좀 몇 개하려고.
  A: Now what? B: You're under arrest. A: 또 뭐야? B: 넌 체포됐어.

▬ What is it now?는 좀 짜증을 내면서 '또 무슨 일이야?,' 그리고 Now what? 혹은 What now? 역시 짜증나 상대방 말을 끊고 '이번엔 또 뭐야?'라고 물어보거나 아니면 앞으로 어떻게 해야할지 걱정하면서 '이제 어떻게 하지?'라는 의미로 쓰인다.

If you've got a better idea, now's the time.
네가 더 좋은 생각이 있으면, 지금이 적기야.

- You have anything to tell us, now's the time.
  우리에게 말할게 뭐 있잖아, 지금이 그때야.
  If you got a confession, now's the time to give it.
  고백할게 있으면 지금이 기회야.

▬ Now's the time (for sb) to~ '지금이 …하기에 적기이다,' '이제 …할 때야'라는 말로 상대방에게 뭘 하기에 딱 좋은 시기라고 말해주는 표현.

Now you tell me how you escaped prison.

자 이제 네가 어떻게 감방을 탈출했는지 말해봐.

- Now you tell me what you saw in that room.
  자 이제 저 방에서 뭘 봤는지 말해봐.

  Now you tell me how I got the wrong guy.
  내게 어떻게 엉뚱한 사람을 소개시켜줬는지 말해봐.

Now you tell me에서 you tell me라고만 하면 말해봐가 되는데 now를 붙여 now you tell me하면 '자 이제 나한테 말해줘,' 혹은 '왜 이제야 말해주는거야'라는 약간 불만의 표현이 된다. 물론 now you tell me what[how~]처럼 뒤에 what~ 등의 절을 써서 붙여도 된다.

MORE EXPRESSION

from now on 지금부터
up to now 지금까지
until now 지금까지
by now 이제

» nowhere

I'm nowhere near it. 난 전혀 준비가 되어 있지 않아.

This is getting us nowhere!

이건 우리에게 아무런 도움도 되지 않아.

- Joining a gang will get you nowhere. 갱에 가입해서 남는 거 하나도 없어.

  I've tried playing fair, and I got nowhere.
  공정하게 경기하려고 했지만 그러지 못했어.

get[go] nowhere (with)는 아무데도 가지 못하거나 도착하지 못했다는 것으로 '아무런 성과나 진전을 보지 못하다,' '아무 소용없다'라는 뜻이 된다. 한편 sth get sb nowhere하게 되면 'sth은 sb가 하는 일에 아무런 도움이 되지 않는다'라는 의미.

I'm nowhere near it .

난 전혀 준비가 되어 있지 않아.

- I'm nowhere near ready to laugh about it, so please, no jokes.
  난 그거에 대해 웃을 기분이 전혀 아냐, 그러니 제발 농담하지마.

  It was nowhere near that nasty this morning.
  오늘 아침에 이렇게 형편없지 않았어.

be nowhere near sth은 …의 근처에도 가지 못했다라는 말로 '…할 준비가 전혀 안되어 있다'라는 뜻으로 쓰인다. 또한 be nowhere near ready는 '…와는 거리가 멀다'라는 의미.

He was furious that he was nowhere to be found.

걘 화가나 어디에서도 보이지 않았어.

- We tried to contact you for the wedding, but you were nowhere to be found. 결혼식 때문에 연락을 시도했는데 어디에도 찾을 수가 없었어.

be nowhere to be found는 글자그대로 '어디에서도 발견되지 않다,' '찾을 수 없다'라는 의미.

We have nowhere else to go.

우린 달리 다른 곳으로 갈 곳이 없어.

- There's nowhere to hide in Washington Square.
  워싱턴 광장에는 숨을 곳이 없어.

  I've got nowhere to go this morning. I'm unemployed!
  오늘 아침에 갈 곳이 없었어. 백수거든!

have nowhere to go [hide]는 '갈 곳이나 숨을 곳이 없다,' there's nowhere to hide 역시 '숨을 곳이 없다'라는 의미.

They came out of nowhere and jumped me.

걔네들은 느닷없이 와서 내게 덤벼들었어.

- I politely said good day and out of nowhere she just bit my head off. 난 정중하게 인사를 했는데 갑자기 그 여자는 퉁명스럽게 대했어.

  I got hit from nowhere. Next thing I know, I'm taped up.
  갑자기 맞았는데, 어느샌가 난 끈으로 묶여있었어.

out of nowhere는 '갑자기,' '느닷없이'라는 말로 from nowhere이라고 해도 된다.

You did a number on me. 내가 당했구만.

I got your number.
네 의중을 알았어.

- They got your number, Gloria. 걔네들이 네 의중을 알았어, 글로리아.
  You're probably wondering how I got your number.
  넌 아마도 어떻게 내가 네 전번을 아는지 궁금할거야.

His days are numbered.
걔도 얼마남지 않았어.

- Do you think that I don't know that my days are numbered?
  내가 조만간 잘릴 것을 모른다고 생각하니?
  The old man's days are numbered. 그 노인의 생명은 얼마 남지 않았어.

Hey! Take a number.
야! 순서를 지켜야지.

- A: Susan, can I come in? B: I'm with a client. Take a number.
  A: 수잔, 들어가도 돼? B: 의뢰인과 함께 있으니 좀 기다려.
  You want to crawl up my ass? You can take a number.
  나하고 한판하고 싶으면 순서를 기다려.

You did a number on me.
내가 당했구만.

- I know her. She did a number on me. 나 걔 알아. 걔한테 나 속았어.
  He really did a number on her. 걔 정말 그 여자를 속였어.

She's always looking after number one.
걘 늘 자기 생각만 해.

- Paula has always looked out for number one. 폴라는 늘 자기 생각만 해.
  Look out for number one or you'll be hurt. 너 조심해 그렇지 않으면 다쳐.

They were just about to do number two.
걔네들은 막 대변을 보려고 했었어.

- If it's only number one, go behind the tree. 소변이면 나무 뒤로 가.
  There was a bad smell after Art did a number two.
  아트가 대변을 본 후에 냄새가 지독했어.

get one's number는 단순히 '전화번호를 받다, 알다'라는 의미, 그리고 '…의 의중을 알아채다'라는 의미로도 쓰인다.

One's days are numbered는 어떤 임기나 생명의 남은 시간이 카운트다운 들어갔다는 말로 '얼마 안남았다,' 혹은 여자화장실 몰래 훔쳐보다 걸린 중년남자에게 재도 '이제 잘릴 일이 얼마 안남았네'라는 식으로 쓰일 수 있다.

take a number는 너만 그런게 아니다, 다 같은 처지이니 '순서를 기다려라'(You're not the only one)라는 의미.

do a number on sb는 'sb를 비난하거나 속이거나 구타하는 것'을 말하는 표현.

look after number one 누구에게나 number one은 자기 자신. 그래서 이 표현은 '자기 생각만 하다,' '자기 이익만 추구하다'라는 아주 이기적인 표현이 된다.

number one이 여기서는 속어로 '소변'을, number two는 '대변'을 뜻한다. 이 두표현이 헛갈리면 우리가 작은거, 큰거라고 말하듯 one은 작은거, two는 큰거로 생각하면 된다.

MORE EXPRESSION

give sb one's number
전번을 알려주다
Can I have[get] your number?
전번 좀 알려주실래요?
You have the wrong number
전화 잘못 거셨어요(Sorry, wrong number)
number cruncher 회계사
dial one's number 전화하다

놓치면 원통한 미드표현들

- **If I had a nickel for every+명사+S+V** 수없이 …했다
  If I had a nickel for every time I heard that.
  그런 소리 수백 번도 들었어.
- **be nifty** 멋지다, 훌륭하다
  That's nifty. I'd sure love a room like that.
  멋지네. 저런 방이면 좋지.

Are you off your nut? 너 미쳤어?

She's a nut job.
걔 아주 돌았어.

- You were so funny with that waiter! You're such a nut!
  너 저 웨이터랑 재밌어하더라! 미친놈!

  You want to treat her? She's a nut job. 걜 대접하려고? 걔 또라이야.

> **be such a nut**은 '아주 미친놈'(crazy person)이란 뜻으로 be a nut job이라고 해도 된다.

He's a nut bag.
걔 완전 미치광이야.

- I'm on the verge of becoming a nutcase. 미치기 일보 직전이야.

  Last week, a couple of nut bags egged Jessie's trailer.
  지난 주에 몇몇 미친놈들이 제시의 트레일러에 계란을 투척했어.

> **nug bag, nutcase** 모두 다 '미치광이'라는 뜻.

Are you off your nut?
너 미쳤어?

- Come on, you're off your nut. 이봐, 넌 미쳤어.

  He was off his nut when he went to jail. 걘 감옥에 갔을 때 미쳐버렸어.

> **be off one's nut**은 '미치다'라는 말로 to be crazy와 같은 표현.

She'll finally succeed in ripping my nuts off.
걘 마침내 날 열받게 하는데 성공했군.

- You do that again and I'll rip our nuts off.
  너 다시 그러면 가만두지 않을거야.

  Basically, a hundred different ways to rip a guy's nuts off.
  기본적으로 남자의 거시기를 찢어발기는 방법은 여러 가지야.

> **rip one's nuts off**는 남자의 거시기를 없애버리다는 말로 '매우 화가나서 폭력을 쓸 수도 있다'는 표현.

She is nuts, right?
걔 미쳤지, 맞지?

- Are you nuts? 너 미쳤니?

  Come on, this is nuts. 이봐, 이건 미친 짓이야.

  I'm not going nuts. Do you see me going nuts?
  난 화내지 않을거야. 내가 화내는 걸 보고 싶어?

  I must be nuts. 내가 정신나간 게 틀림없어.

  The noisy music is driving everyone nuts.
  시끄러운 음악 때문에 다들 열받고 있어.

> **go[be] nuts**는 '미치다,' 혹은 '무척 화나다'라는 의미이고 drive sb nuts하게 되면 'sb를 짜증나게 하다'라는 뜻이 된다.

I am nuts about you.
난 네게 미쳐있어.

- She's going to go nuts for it. 걔가 엄청 좋아할거야.

  That's why I'm completely nuts about it.
  그래서 내가 그거에 엄청 빠진거야.

> **be nuts about[over, for]**처럼 nuts 다음에 about 등의 전치사가 붙게 되면 '미치도록 좋아하다,' '몰입하다'라는 의미가 된다.

Sure you can plan the party. Go nuts.
물론 파티 계획은 세워도 돼. 어서 해봐.

- It's your decision. Go nuts. 그건 네가 결정할 일이야. 어서 해봐.
  I'm not going to steal. Nuts to you.
  난 도둑질하지 않을거야. 말도 안되는 소리마.

Go nuts!는 '실컷 놀아보라구!,' '어서 해봐'(go ahead)라는 뜻이고 Nuts to you!는 '말도 안되는 소리마!'라는 뜻인데 오래 전에 사용되던 표현으로 요즘 일상생활에서는 잘 쓰이지 않는 표현이다.

Honey, let me give it to you in a nutshell.
자기야, 간단히 요약해서 줄게.

- That's what she said, in a nutshell. 간단히 말해서 그게 걔가 말한거야.
  So there's a hotter girl. Isn't that the problem in a nutshell?
  더 섹시한 여자가 있는데, 간단히 말해서 문제가 되지 않겠어?

In a nutshell에서 nutshell은 견과류의 단단한 껍질로 그 안에 꽉 채웠다는 의미에서 비유적으로 '간단히 말하자면,' '요컨대'라는 뜻이 된다.

Whitey exercises because he's a health nut.
휘트니는 건강광이어서 운동을 해.

- Being a gold nut, Emily has a lot of jewelry.
  금이면 사족을 못써서 에밀리는 보석이 많아.
  The opera nuts are all at opening night.
  그 오페라광은 모든 첫날밤 공연에 가.

health nut은 '건강에 집착하는 사람,' golf nut은 '골프에 빠진 사람' 그리고 opera nut은 '오페라에 빠진 사람'을 뜻하는 것으로 여기서 nut은 '…에 빠진 사람'을 뜻한다.

MORE EXPRESSION

the nuts and bolts 핵심, 기본
tough[hard] nut 다루기 어려운 사람
He's a tough nut to crack.
걘 상대하기 어려운 상대이다.

N

놓치면 원통한 미드표현들

- **nip sth in the bud** 애초에 싹을 잘라버리다
  You'd better nip this in the bud.
  넌 이걸 애초에 싹을 잘라야 돼.
  If we nip it in the bud here, teenagers will never again have sex.
  이걸 애초에 싹을 자르면 십대들은 절대 다시 섹스를 할 수 없을거야.
- **nip and tuck** 막상막하의, 성형수술
  He just went in for a little nip and tuck.
  갠 성형수술 좀 받으러 갔어.
  It was nip and tuck there for a while.
  잠시동안 막상막하였어.
- **nobody home** 제정신이 아니다
  There's nobody home! 정신 어디다 두고 있는거야?
  Nobody home? 너 제정신이야?
  The lights are on but nobody's home.
  정신을 딴데 팔고 있구만.

O/P

» object

Objection. Leading the witness. 이의있습니다. 유도질문하고 있습니다.

Apparently, my son is the object of the slander.
명백히, 내 아들이 중상모략을 받고 있어.

- Hellos, Boys, it is me, the object of your desire.
  안녕, 얘들아, 나야, 너희들이 갈망하는거.
  I never saw Tanya as a sex object. 난 타냐를 절대로 성적대상으로 본 적 없어.

an object of pity는 '비참한 대상,' '동정의 대상,' an object of desire는 '욕망의 대상,' 그리고 친숙한 sex object은 '성적대상' 이란 말.

I object. Counsel doesn't wanna take this seriously.
난 반대해. 변호사는 이걸 진지하게 받아들이지 않으려고 해.

- Your Honor, I object. 재판장님, 반대합니다.
  I object. You're completely ignoring the law.
  반대합니다. 당신은 전적으로 법을 무시하고 있어요.

I object는 '나는 반대한다' 라는 말로 주로 법정 등에서 변호사나 검사들이 쓰는 말이다.

Objection.
이의있습니다.

- Objection. Leading the witness. 이의있습니다. 유도질문하고 있습니다.
  Objection. Irrelevant. 이의 있습니다. 이 사건과 무관합니다.
  Objection. This certainly has no relevance. 이의있습니다. 관련없는 것입니다.

Objection은 법정드라마에서 수없이 듣는 말로 검사나 변호사가 상대의 진행에 태클을 걸 때 재판장에게 하는 표현. '이의있습니다' 라는 뜻으로 이 말을 힘차게 한 다음 왜 반대하는지 이유를 대면 된다.

Objection. Speculation. 이의있습니다. 추측일 뿐입니다.
Objection. Badgering the witness. 이의있습니다. 증인을 괴롭히고 있습니다.
Objection. Hearsay. 이의있습니다. 전해들은 이야기입니다.
Objection. He's disparaging my client. 이의있습니다. 의뢰인을 폄하하고 있어요.
Objection. He's drifting off point. It's inappropriate.
이의있습니다. 논점을 흐리고 있습니다. 부적절합니다.

I have no objection to that.

난 그거에 반대하지 않아.

- We have no objection, your honor. 이의없습니다, 재판장님.
  No objections, Your Honor. 이의없습니다, 재판장님.

▬ have no objection (to)은 '…에 이의가 없다,' '…에 반대하지 않는다'라는 의미. 법정 등에서는 간단히 No objection(이의없습니다)이라고 한다.

MORE EXPRESSION

object lesson 구체적인 실례
without any objection 이론없이

O P

» occasion

What's the occasion? 오늘이 무슨 날이야?

What's the occasion?

오늘이 무슨 날이야?

- Thank you so much for inviting me to this special occasion.
  이 특별한 날에 초대해줘서 고마워.

▬ special occasion은 '결혼기념일,' '생일' 등 어떤 특별한 날이라는 뜻으로 special을 빼고 그냥 occasion만 써도 그런 뜻이 된다.

Maybe he couldn't rise to the occasion.

아마 걘 어려움에 잘 대처해나갈 수 없을거야.

- You'll just have to rise to the occasion? 너 곤경을 잘 헤쳐나가야 돼,
  Being a parent means rising to the occasion.
  부모가 된다는 건 어려움을 견디어낸다는 것을 뜻해.

▬ rise to the occasion은 어려움이 닥치면 그에 맞서 견디고 이겨낼 수 있다는 말로 '위기에 대처하다,' '곤경에 처해서도 잘 헤쳐나가다'라는 뜻.

» odd

What are the odds? 가능성이 어때?, 내 알바 아니지.

I'm odds and ends.

난 기인야.

- Could I store some odds and ends in your garage?
  네 차고에 잡동사니 좀 보관해도 돼?
  Odds and ends wound up out here over the years.
  자질구레한 것들이 오랫동안 여기에 쌓이게 됐어.

▬ odds and ends는 좀 이상하고 극단적이라는 말로 물건이면 '잡동사니,' '자질구레한 것들'을, 그리고 사람이면 '기이한 사람'을 뜻한다.

What are the odds?

가능성이 어때?, 내 알바 아니지.

- **What are the odds of** that? 그거의 가능성이 어때?
  What're the odds of getting out of this? 여기서 빠져나갈 가능성이 얼마나 돼?

What's[What are] the odds that~[of~ing]?은 '어떤 일이 일어날 가능성을 물어보거나 상대방의 의견을 물어보는 표현.' 단순히 What are the odds?라고 해도 가능성을 물어보지만 문맥에 따라 '내 알바가 아니다'라고 비아냥거릴 때도 쓰일 수 있다.

That's the odd thing.

이상한 일이네.

- Did he keep that gun in the safe? **That's the odd thing.**
  걔가 금고에 총을 보관했어? 이상하네.
  You didn't think **that was odd**? 이상하다고 생각하지 않았어?

the odd thing은 '이상한 일[것]'을 뜻하는 단어로 the odd thing is~하면 '이상한 것은[이상하게도] …이다'라는 뜻이고 그리고 that's the odd thing하면 '그거 참 이상하다'라는 의미. 또한 sth[sb] be odd는 '…가 이상하다'라고 생각하면 된다.

Teenagers are often at odds with their parents.

십대들은 종종 부모들과 사이가 나쁘다.

- The scientists **are at odds with** our government.
  과학자들이 우리 정부와 갈등을 빚고 있어.
  I haven't seen Mary **in 20-odd years.** 난 20여년 남짓 메리를 보지 못했어.

be at odds with~ '…와 뜻이 안맞다,' '…와 사이가 나빠지다'라는 표현. 한편 숫자 다음에 odd가 이어지면 의미는 대략, 약, …남짓의이라는 뜻을 갖게 된다.

MORE EXPRESSION

the odd man[one] out
동전을 던져서 제외된 한 사람

It makes no odds.
별 차이없다, 대수롭지 않다.

» off

Where're you off to? 어디로 가는거야?

Where're you off to?

어디로 가는거야?

- My husband'**s off to** his business dinner.
  내 남편은 사업상 저녁식사에 갔어.
  You're off when I say you'**re off.** 내가 쉬라고 하면 쉬어.
  Lisa **was off** after missing her nap. 리사는 낮잠을 놓치더니 좀 이상해졌어.

be off~는 간단히 말해서 leave라는 의미로 be off to+장소하면 '…로 떠나다,' '가다,' 그리고 be off to+동사하게 되면 '…하러 가다'라는 뜻이 된다. 또한 직장에서 하루쉬다'(have a day off) 그리고 또한 '기분이 좋지 않거나 행동이 좀 이상하다'(not feeling or action normal on a certain day)라는 의미로도 쓰인다.

You can't turn them on and off.

넌 그것들을 껐다 켰다하면 안돼.

- We dated **on and off** for the last six months.
  우리는 지난 6개월동안 가끔씩 데이트했어.
  It's been **on and off** for about a week. 한 일주일 동안 오락가락했어.

on and off는 붙었다 떨어졌다라는 말로 '가끔,' '때때로,' '오락가락'이라는 의미.

Her father killed her mother and then offed himself.

걔 아버지는 아내를 죽이고 자살했어.

- He attacked her, killed her, realized what he's done, **offed himself.** 걘 그녀를 공격해서 죽이고 자기가 무슨 짓을 했는지 깨닫고 자살했어.

off가 동사로 쓰이는 아주 특이한 경우로 의미는 '죽이다.' 따라서 off oneself하면 '자살하다'라는 뜻이 된다.

» offend

She's not offended. 걔는 기분나쁘지 않아.

See? She's not offended.

봤지? 걔는 기분나쁘지 않아.

- You guys get offended when I hug you? 너희들 내가 안을 때 기분나빴어?
  I'm almost offended by how much you underestimate me.
  네가 날 얼마나 평가절하했는지 기분이 상할려고해.

There's DNA proving he's the offender.

걔가 범죄자임을 증명하는 DNA가 있어.

- The offender in this new attempt is a black male.
  이 새로운 시도의 범죄자는 흑인 남성야.
  Let's just treat him like he's a new offender. 걔가 초범인 것처럼 대하자고.

No offense, lieutenant, but we're not wrong.

오해하지마, 경위. 하지만 우리는 틀리지 않았어.

- A: No offense. B: None taken. A: 기분나빠하지마. B: 어 그래.
  I mean, this is no offense to your dad, sweetie.
  자기야 내말은 이건 네 아빠를 비난하는게 아냐.

I take offense at that terminology.

저 용어들 때문에 화가 났어.

- Carney took offense at what her friend said. 카니는 친구말에 기분나빴어.
  Smoking in a hospital is a federal offense. 병원에서 흡연은 연방범죄야.

■ **feel offended**는 '감정이 상하다,' '기분이 나쁘다,' '불쾌하다'라는 의미로 feel 대신에 look, be, get을 써도 된다. 불쾌한 사람을 언급해주려면 be[feel] offended with~라고 써주면 된다.

■ **first offender**는 '초범자.' offender는 '나쁜 짓을 하는 사람,' 즉 범죄자를 말해, 성범죄자라고 하려면 sex offender라고 하면 된다.

■ **No offense**는 상대방이 오해할 수도 있는 상황에서 '악의는 없었어,' '기분 나빠하지마,' '오해하지마'라고 하는 말. 이럴 때 대답으로 오해하지 않았다고 하려면 none taken이라고 한다.

■ **take offense at sth**은 상대방이 한 말이나 행동 때문에 '기분이 나쁘다,' '화내다,' '성내다'라는 표현. at 다음에 사람이 아니라 사물이 온다는 점에 주의한다. 또한 federal offense는 '연방법 위반,' serious offense는 '중죄'(felony) 그리고 criminal offense는 '형사범죄'라고 한다.

OP

» okay

Okay by me. 난 괜찮으니 그렇게 해.

Would it be okay if I came in and waited?

내가 들어와서 기다려도 돼?

- Would it be okay if I just let him know I was waiting?
  내가 기다리고 있다는 걸 걔한테 알려줘도 괜찮겠어?
  Is it okay if I go out with your brother? 네 오빠랑 데이트해도 돼?
  I'm sure everything is gonna be okay. 모든 게 다 잘될거야.

I'm doing OK.

나 잘 지내고 있어.

- You're doing OK? 괜찮아?
  I'm glad to see you're doing okay. 네가 잘지내는 걸 보니 기뻐.
  Do you think she's doing okay? 걔가 잘 지내고 있다고 생각해?

■ **Would it be okay if~**는 '…해도 괜찮아'라는 의미로 상대방에 제안하거나 허락을 구하는 표현. 물론 Is it okay if~라고 해도 된다. 또한 be everything okay?는 안부를 비롯해 주위 여러가지 일들의 상태까지 잘 되어 가느냐고 물을 때 '잘 지내니?,' '일은 다 잘 되지?'라는 표현.

■ **do OK**는 '잘 지내고 있다'는 말로 안부인사시 물어볼 때 대답할 때 쓸 수 있는 표현. 또한 힘들고 어려운 상황에서 상대방이 잘 견뎌내어 무사한지 물을 때도 '괜찮니?,' '무사하니?'라는 문장을 만들 때도 사용된다.

It's going to be okay.

잘 될거야.

- Stay with me. You're gonna be okay. 정신차려. 넌 괜찮을거야.
  A: How's she doing? B: She's gonna be okay.
  A: 걔가 어떻게 지내? B: 괜찮을거야.

be going to be okay는 상대방이 어떤 문제로 고민하고 있을 때 다 잘될테니 걱정말라고 위로하는 표현. '괜찮을거야,' '잘 될테니 걱정마' 라는 의미.

If it's okay with you, I'd like to tag along.

괜찮다면 따라가고 싶어.

- If it's okay with you, I'd just like to go to my room.
  괜찮다면 내 방에 가고 싶어.
  What time is okay for you? 너 몇시가 좋아?.

If it's okay with you 역시 상대방의 허락을 구하거나 뭔가 제안할 때 사용하는 표현. '네가 괜찮다면' 이라는 뜻.

Okay by me.

난 괜찮으니 그렇게 해.

- Okay. I'm sorry. All right. 알았어. 미안해. 좋아.
  I wanted you to know, it's okay by me. 네가 알았으면 좋겠는데, 난 괜찮아.
  Okie-dokie, you can go into her office. 좋아, 걔 사무실에 들어가도 돼.

Okay는 다른 사람의 말에 동의하거나 찬성이나 승인할 때 '좋아,' '알았어,' 그리고 현재상황을 그대로 받아들이겠다는 말로 '좋아,' '자,' 그리고 현재상황을 받아들일건지 물어보는 말로 '알았지?' 라는 의미 등으로 쓰인다. 또한 Okie-dokie는 okay를 장난스럽게 사용한 구어체 표현.

I already okayed your nerve biopsy.

난 이미 네 신경조직검사를 승인했어.

- The assistant coroner okayed a live scan of her prints.
  검시관 조수가 걔 지문의 라이브스캔을 허락했어.
  Just hang tight till we give the okay. 우리가 승낙할 때까지 참고 견뎌.

okay도 동사로 쓰이는데 이때는 공식적으로 '허락하다,' '승인하다' 라는 뜻. 또한 give (sb) the OK는 '승낙하다,' get the OK하면 '승인받다' 라는 의미가 된다.

» one

You're not the only one. 너만 그런게 아니야.

Make yourself one.

너도 한잔 하지.

- If you want a scotch and soda, make yourself one.
  스카치하고 소다를 먹으려면 타서 먹어.
  Ok. One for the road? 좋아, 마지막으로 한잔 더?

make oneself one은 '한잔하다,' '섞어서 한잔하다,' have one too many는 '취하다'(get drunk) 그리고 have one for the road는 '마지막으로 한잔하다' 라는 의미.

That's a new one for me!

이런 일은 처음이에요!

- Some men wear make-up? That's a new one on me.
  일부 남자들이 메이크업을 했다고? 이런 일 처음이야.
  Rick has two girlfriends? That's a new one for him.
  릭 여친이 두명이라고? 걔 그런 적 없는데.

That's a new one for [on] sb는 자신이 전혀 모르고 있던 어떤 사실에 대해 놀라움을 나타낼 때 사용하는 것으로 '그런 말을 들어본 적이 없어,' '이런 일 처음이야' 라는 의미이다.

You're not the only one.
너만 그런게 아니야.

- You're not the only one who has a date tonight.
  너만 오늘 밤에 데이트있는 거 아냐.
  She's not the only one being interrogated. 걔만 조사받고 있는 것은 아냐.
  And I'm his one and only. 그리고 난 걔의 소중한 사람이야.

I'm the one who found it.
내가 바로 그걸 발견한 사람야.

- You're the one who's unethical, Will. 윌, 비윤리적인 사람은 바로 너야.
  I'm the one who got out of bed too early. 너무 일찍 일어나는 사람은 나야.
  I'm the one to come to for relationship advice.
  내가 관계에 대해 조언을 해주러 온 사람이야.

You're the one with undercover experience.
잠복근무 경험이 있는 사람은 너야.

- You're the one with the pictures of her, and the emails.
  걔의 편지와 이멜을 갖고 있는 사람은 너야.
  I will not be the first one to speak. 내가 제일 먼저 말하지는 않을거야.
  I want to be the one to tell his wife. 내가 제일 먼저 걔 부인에게 말해주고 싶어.

That's the one thing.
그게 하나의 가능성일 수 있지.

- That's the one thing I can't do. 그것도 내가 할 수 없는 부분이야.
  That's the one thing we won't think. 그것도 우리가 생각하지 않을 부분이야.

Mom has never been one for cooking.
엄마는 요리를 아주 좋아하던 사람은 절대 아니었어.

- Helen has never been a great one for studying.
  헬렌은 절대 공부를 좋아하지 않았어.
  My boyfriend is not one to insult. 내 남친은 모욕을 하는 사람이 아니야.

It's just one of those things.
그건 흔히 있는 일이에요.

- Savantism is just one of those things. It's inexplicable.
  천재적자폐증은 흔히 겪는 일이야. 설명할 길이 없어.
  This is one of those things you have to do before you turn 30.
  네가 30이 되기 전에 해야되는 것들중 하나야.

And I, for one, miss her.
그리고 개인적으로 난 걔가 보고 싶어.

- And I, for one, am happy to be that human.
  그리고 난 개인적으로 저런 사람이 되어 기뻐.
  Donna's got a new friend and I, for one, think it's time you met her. 도나에게 새친구가 생겼고, 개인적으로 난 네가 걔를 만날 때가 됐다고 생각해.

You're not the only one은 앞서 배운 take a number와 같은 말로 '너만 그런게 아니다'라는 의미. 참고로 one's one and only는 하나밖에 없는 유일한 것이라는 뜻에서 '매우 소중한, 사랑하는 사람'이라는 의미.

be the one who~는 강조어법으로 '나만이 …하다,' '…한 사람은 바로 …야'라는 표현. 한편 be the one to+동사는 '…하는 사람은 …이다'라는 표현.

You're the one with~ 이번에는 who~대신에 with를 쓴 경우로 '…한 사람은 너다'라는 의미. 또한 be the first one to+동사는 '…하는 최초의 사람이다,' 즉 제일 먼저 …하다라는 의미가 된다.

That's the one thing은 '그것도 하나의 가능성이다,' 그리고 구체적으로 That's the one thing S+V하게 되면 '…하게 되는 수도 있어'라는 말.

not be (a great) one for[~ing]는 부정형태로 어떤 행동이나 일을 즐기지 않다라는 뜻으로 '…을 (아주) 좋아하는 사람이 아니다'라는 표현. 비슷한 표현으로 not be one to+동사는 to 이하하는 건 원래 체질이나 성격에 맞지 않기 때문에 하지 않는다라는 뜻에서 '…는 …하는 사람이 아니다'라는 표현이 된다.

be (just) one of those things는 '많은 일들 중의 하나'라는 말. 즉 살다보면 겪는 흔한 일이다, 어쩔 수 없는 일이다라는 뜻이 된다. 다만 things 뒤에 수식어구가 붙으면 '…하는 것들 중의 하나이다'라는 평범한 의미가 되기도 한다.

I, for one, V~는 좀 특이한 표현법으로 '개인적인 의견을 나타낼 때' 쓴다.

O P

That's just one crazy bitch.
저건 아주 미친년이야.

- There is one crazy person no one wants to sit near.
  아무도 옆에 앉지 않으려는 한 미친놈이 있어.

  Working at the night club must be one interesting job.
  나이트클럽에서 일하는 건 흥미로운 일이야.

be one crazy woman은 '미친년이다,' be one interesting job은 '흥미로운 일이다' 라는 의미.

For one thing, they're pretty cute.
우선 첫째로, 걔네들은 무척 귀여워.

- I guess Tiny's mother can be proud of her son for one thing.
  난 타이니의 어머니가 한가지 이유만으로도 아들을 자랑스러워 할 수 있을 것 같아.

  Things were going great, except for one thing.
  상황이 하나만 빼놓고는 아주 좋았었어.

for one thing은 많은 이유중에서 '우선 한가지 이유는,' '우선 첫째로는,' '한가지 말하자면' 이라는 뜻이고 except for one thing은 '하나만 빼놓고는' 이라는 표현.

This one's on me.
이번엔 내가 낼게.

- This one's on me, Hotch. 하치, 이건 내가 낼게요.

  This one's on me, boss. 사장님 이건 제가 낼게요.

This one's on sb은 '이번에 내가 낼게,' '이건 내가 낼게' 라는 의미. It's on me와 같은 맥락의 표현.

One down, two to go.
하나 끝났고, 두개 더 남았네.

- We finished here. That's one down two to go.
  여기 일은 끝냈어. 하나 끝내고 두 개 남았네.

  When the report is done, it will be two down, three to go.
  그 보고서 다 되면 2개는 끝난거고 아직 3개 더 해야 돼.

one down, two to go는 '하나는 끝냈고 두 개는 더 해야 돼' 라는 의미로 상황에 따라 맞게 해석하면 된다.

Just be yourself.
평소대로 자연스럽게 해.

- You are not yourself. 넌 지금 제정신이 아냐.

  I'm not myself. 난 지금 제 정신이 아냐.

  I've already tried to do by myself. 난 이미 혼자 힘으로 해보려고 했어.

be oneself는 '평소의 자기 모습대로 행동하다' 라는 의미로 be not oneself하면 '제정신이 아니다,' '평소의 네 모습이 아니다,' 그리고 명령문으로 Be oneself!하면 '정신차려라' 라는 뜻. 또한 do by oneself는 '남의 도움없이 스스로 해내다' 라는 의미.

MORE EXPRESSION

little ones 어린 아이들

There's no one here by that name. 그런 사람 여기 없는데요.

one-on-one 일대일, 맨투맨

놓치면 원통한 미드표현들

- **once again** 다시 한번
  And once again, you are welcome.
  그리고 다시 한번 환영해요.

- **once and for all** 최종적으로, 완전히
  I'm gonna handle this once and for all.
  난 이걸 완전히 처리할거야.

- **never once** 한번도 …하지 않다
  Ask her why she never once visited her husband. 걔한테 왜 남편을 한번도 방문하지 않았는지 물어봐.

- **(just) for once** 이번에는 (just) this once 이번만은
  I want the truth. Just this once. What is it?
  진실을 원해. 이번만은. 뭐야?

- **standing ovation** 기립박수
  Karl gives her a standing ovation.
  칼은 걔한테 기립박수를 했어.

- **overdo it** 지나치게 하다
  Don't overdo it. 그건 너무 심한데.
  I really didn't mean to overdo it. 난 정말 무리하게 하려고 안했어.

» open

Get it out in the open! 속 시원히 터놓고 얘기해!

She's an open book.
걘 감추는게 없어.

- Dan never lies. He is an open book. 댄은 절대 거짓말 안해. 아주 솔직한 애야.
  From now on every aspect of my life is an open book to you.
  이제부터 넌 내 삶의 구석구석을 다 알게 될거야.

Get it out in the open!
속 시원히 터놓고 얘기해!

- Let's get this out in the open. 백일하에 드러내놓자.
  All right, let's just get this out in the open, okay?
  좋아, 이거 터놓고 이야기하자, 응?

The door is open for you to get hired.
네가 취직할 수 있는 기회가 열려있어.

- The door is open for us to take a vacation. 우리가 휴가갈 기회가 왔어.
  You should open the door to dating him. 넌 걔와 데이트할 기회를 만들어야 돼.

■ be an open book은 '솔직하고 누구나 다 이해하는 성격이라는' 말이고, sth be an open book to sb는 '…은 …에게 다 알려진 사실이다,' '…가 다 이해하고 잘 알고 있다'라는 의미.

■ get it[that] out in the open은 '솔직하게 다 털어놓다'라는 말이고, sth be an open book to sb는 '…은 …에게 다 알려진 사실이다,' '…가 다 이해하고 잘 알고 있다'라는 의미.

■ the door is open은 '문이 열려져 있다,' open the door하면 '문을 열다'이지만, 비유적 표현으로 '…가 …할 기회가 왔다, 있다'라는 의미가 된다.

MORE EXPRESSION

eye-opener 눈을 번쩍 뜨이게 하는 것, 눈이 휘둥그래질 만한 일
with one's eyes open 눈을 뜨고

» order

Order! Order in the court! 질서를 유지해주세요! 법정에서 질서를 요!

Hi, you guys ready to order?
안녕, 주문할거야?

- We're not ready to order yet. 조금 있다 주문할게요.
  Are you ready for order? 주문하실래요?

Could I take your order now?
주문할래요?

- Could you hurry the orders? 음식 아직 멀었어요?
  We'll bring your order right up. 주문하신 것 바로 갖다 드릴게요 .

You're getting ready to place an order.
이제 주문하실 수 있어요.

- Who did you order it from? 어떤 사람한테 주문했죠?
  I call a toll-free number to place an order. 주문하려고 수신자부담전화를 했어.

■ be ready to order는 '식당 등에서 주문할 준비가 되었다는 말'로 주로 웨이터가 손님에게 의문형태로 물어보는 경우가 많다.

■ take one's order는 '주문을 받다,' hurry the orders는 '주문한 것을 서두르다,' 그리고 bring one's order right up은 '주문한 것을 바로 가져오다'라는 뜻이 된다. 그리고 fill an order하면 '주문을 받아 응하는 것'을 말한다.

■ place an order는 일반적으로 '상품이나 제품을 주문할 때 쓰는 표현'으로 place an order with A for B하게 되면 'A에게 B를 주문하다'가 된다. 또한 order sth from은 order를 동사로 쓴 경우로 '…로부터 …을 주문하다'라는 표현.

He was slapped with a restraining order.

갠 접근금지명령서로 빰을 맞았어.

- I'm afraid I have no other choice but to grant the restraining order. 내가 접근금지명령을 허락할 수밖에 없네요.

I can keep order in my own town.

난 내 마을에서 질서를 유지할 수 있어.

- The police kept order at the trial. 경찰은 재판정에서 질서를 유지했어.
  Jill did the office filling in order. 질은 사무실 비품을 하나씩 정돈했어.

Yes, I believe everything is in order.

어, 모든 일이 제대로 되고 있어.

- I thought a celebration was in order. 난 축하행사가 제대로 되고 있다고 생각했어.
  Make sure everything's in working order. 다 잘 돌아가도록 확실히 해.

Sit down, sir. You're out of order.

앉으세요. 법 위반입니다.

- This entire trial is out of order. 이 재판은 전체가 다 엉망야.
  It's like someone got drunk and put everything out of order. 누가 취해서 다 엉망으로 해놓은 것 같아.

Order! Order in the court!

질서를 유지해주세요! 법정에서 질서를요!

- Order! Order! Everyone, quiet down. 질서유지! 질서유지! 다들 조용히 앉아주세요.
  Order! Get the jury out of here! 질서유지! 배심원단을 퇴장시켜주세요.

restraining order는 '접근금지명령'으로 file a restraining order하게 되면 '접근금지명령을 신청하다'라는 뜻으로 미드에 많이 나오는 표현. 또한 court order는 '법원명령.'

keep order 혹은 keep sb in order하게 되면 '질서를 유지하다,' '통제하다'라는 의미이고 do sth in order는 '계획에 따라 하나씩 해나가다,' put sth in order는 '…을 정리하다,' '정돈하다'라는 의미.

be in order는 '순서대로 되어있다,' '제대로 되어있다'라는 의미. 또한 be in (good) working [running] order 또한 '뭔가 좋은 상태이다,' '잘 작동되다,' '잘 돌아가다'라는 뜻.

be out of order는 '기계 등이 고장나다,' 그리고 '언행 등이 법의 규칙에 어긋나다'는 의미. 또한 사람이 주어로 오는 경우에는 out of line이란 뜻으로 '행동이 지나쳤다'라는 뜻.

Order! 특히 법정드라마 재판과정에서 재판장 혹은 질서유지 경찰들이 하는 말로 재판장의 질서를 유지하기 위해 하는 것으로 '질서를 지켜요!'라는 의미.

MORE EXPRESSION

law and order 법과 질서
be the order of the day 유행이다
in the order of sth …의 순으로
of the order of+수 대략, 대충
call ~ to order 회의시작하다

» organize

I'd say it's pretty organized. 참 잘 계획된 것 같아.

I'll organize a search and rescue.

내가 구조탐색대를 구성해볼게.

- You know, I really need to organize my thoughts. 저말이야, 난 정말 내 생각들을 정리해야겠어.
  This is a great party. Wait, are you one of the guys who organized this? 파티 멋지다. 잠깐, 너도 이 파티를 준비한 사람중 하나야?

organize sth은 '어떤 일을 준비하거나 조직하다' 혹은 '체계화하다'라는 의미.

I've decided that we need to get organized.

우리는 좀 정리를 좀 해야된다고 결정했어.

- I know. I just need to get organized. 알아. 난 좀 체계적으로 살아야 돼.
  He'll be able to keep his thinking organized. 갠 자기 생각을 체계적으로 할 수 있을 거야.

get organized는 '정돈하다,' '체계적으로 하다' 그리고 keep[get] ~ organized는 '…을 정리하다' 혹은 '체계적으로 할 수 있게 하다'

I'd say it's pretty organized.
참 잘 계획된 것 같아.

- Our unsub is male, intelligent, organized, and methodical.
  우리가 찾는 미확인용의자는 남성이고, 지적이고, 계획적이고 체계적이다.
  That's typical of disorganized behavior. 저건 전형적 정신분열 행동야.

well organized는 '잘 계획된,' 그리고 disorganized는 반대로 '체계적이지 못한,' '흐트러진' 이라는 말. 또한 organized crime는 '조직범죄,' organized killer는 '계획살인자' 를 뜻한다.

» **out**

It's good to see you out and about. 네가 다시 활동하는 거보니 좋으네.

Out, please.
저, 내려요, 저 좀 내릴게요

- Get rid of her! Out, please! 걜 제거해. 그만 나가주실까!
  Where should you take them? Out, please.
  걔네들 어디로 데려갈거야? 어, 나 좀 내릴게.

Out, please는 '저 내려요,' '저 좀 내릴게요' 라는 말로 엘리베이터 등에서 내리려고 할 때 사용하는 표현.

It's good to see you out and about.
네가 다시 활동하는 거보니 좋으네.

- We'll be out and about this afternoon. 오늘 오후에 밖에서 돌아다닐거야.
  Julie was out and about for a few hours. 줄리는 몇시간 밖에서 돌아다녔어.

be out and about은 직역하면 나가서 돌아다니다라는 말로 아픈 후에 '다시 활동하다,' '일을 다시 하다' 라는 의미.

I was out for dinner with some friends.
난 친구들과 저녁먹으러 나갔어.

- For some reason, Jones is out to get me.
  무슨 이유에서 인지, 존이 날 만나려고 했어.

be out for sth[to~]은 단순하게 '…하러 외출하다,' '나가다' 라는 뜻으로도 쓰이고 또한 문맥에 따라 특정한 목적을 갖고 '…을 하려고 애쓰다' 라는 의미로도 사용된다.

Well, he's always out of it.
저기, 걘 언제나 외톨이야.

- Herb has felt out of it since getting sick. 허브는 아픈 다음부터 소외감을 느꼈어.

feel[be] out of it은 모임이나 친구들 사이에서 '외톨이처럼 소외감느끼다' 라는 의미.

But outing your sister's boyfriend is dark.
하지만 네 누이의 남친을 일른 건 안좋았어.

- Sam outed her classmate as a cheater. 샘은 반친구의 부정행위를 폭로했어.
  What is it? Out with it. 왜 그래? 말해봐.

out이 동사로 쓰인 경우로 특히 게이, 레즈비언 혹은 안좋은 일을 '폭로하다,' '발설하다' 라는 뜻. 또한 Out with it은 주로 명령형태로 상대방이 숨기고 있거나 말할까말까 주저하고 있을 때 '어서 털어놓으라' 고 하는 표현.

I'm kind of on the outs with the boss right now.
지금 사장과 사이가 별로 안 좋아.

- She must know we're on the outs with him, right?
  갠 우리가 걔와 생각이 다르다는 걸 알고 있겠지, 그지?
  I guess I'm not the only one on the outs with the Doc.
  내가 선생님과 생각이 다른 유일한 사람은 아닐걸요.

be on the outs (with sb)는 sb와 싸우거나 동의하지 않는 상태를 말한다. '…와 다투다,' '사이가 좋지 않다,' '생각이 다르다' 등으로 생각하면 된다.

MORE EXPRESSION

family outing 가족나들이
go on an outing 외출하다, 나들이가다
leave sb out of it 제외하다

» outrageous

This is an outrage, Your Honor. 이건 불법입니다, 재판장님.

It's beyond surprising, it's outrageous.

이건 놀람을 넘어 충격적이야.

- This is outrageous. I am beyond offended. 말도 안돼. 화가난 정도가 아냐.
  This is outrageous! They've completely ruined it! 이럴수가! 걔들이 완전 망쳤네!

be outrageous는 뭔가 말도 안되는 쇼킹한 이야기를 들었을 때 '말도 안되다'라는 뜻으로 쓰인다. 특히 That's[It's] outrageous!의 형태로 잘 쓰인다.

That's an outrageous accusation.

그건 말도 안되는 비난야.

- There is no truth in these outrageous allegations.
  이 터무니없는 주장에는 아무런 진실도 없어.
  This is an outrage, Your Honor. 이건 불법입니다, 재판장님.
  I'm outraged by this. Why aren't you? 난 이 땜에 엄청 화났는데 넌 왜 안그래?

outrageous claims[lies, allegations]에서 outrageous는 별나고 특이하고 터무니 없다는 의미로 순서대로 '말도 안되는 주장,' '터무니없는 거짓말,' '말도 안되는 주장'이라는 뜻이다. 또한 be an outrage에서 outrage는 명사로 격분, 잔혹한 행위라는 말이고 또한 동사로도 쓰여 be outraged by하면 '…로 격분하다'라는 뜻이 된다.

» owe

Thanks, kid. I owe you one. 고마워, 꼬마야. 내 신세졌다.

We owe them an explanation.

걔네들에게 해명을 해야 돼.

- I owe you an apology. 네게 사과해야 돼.
  I owe you the truth. 네게 사실대로 말할게.
  I don't owe you no favors. 난 네게 신세진 것 없어.

owe sb a favor는 owe A B(추사명사) 형태의 표현으로 말하는 사람이 'A에게 B를 신세졌다'는 의미. B가 추상명사이기 때문에 그때그때 문맥에 맞게 이해를 해야 한다.

I owed a lot of money to some scary people.

무시무시한 사람들한테 돈을 많이 빌렸어.

- Go tell the manager he owes us an appetizer. 매니저보고 전식가져오라고해.
  You owe me 500 bucks. 너 나한테 500달러 갚아야돼.

owe sb+돈 이번에는 같은 구조이나 B의 자리에 돈이나 음식 등의 물질명사가 오는 경우이다. owe+물질명사+ to sb라고 해도 된다.

How much do I owe you?

얼마죠?

- Okay, so how much do I owe you? 좋아, 그럼 내가 얼마주면 돼?
  Three coffees would be great. What do I owe you? 커피 3잔요. 얼마죠?

How much[what] do I owe you?는 내가 얼마 빚졌냐라는 말로 주로 상대방에게 돈을 돌려줄 때 혹은 식당, 가게 등에서 '얼마예요?'라고 물어볼 때 사용되는 표현이다.

I owe you one, Penny!

너한테 신세졌어, 페니!

- Keep your mouth shut, I owe you one. 비밀로 해줘, 내 신세졌어.
  Thanks, kid. I owe you one. 고마워, 꼬마야. 내 신세졌다.

I owe you one은 굳어진 관용문장으로 여기서 one은 그냥 신세진 것을 말한다. 그래서 뭔가 도움을 받고 난 후에 '너한테 신세졌어,' '신세가 많구나'라고 하는 표현이다.

I owe it to my colleagues.

내 동료들 덕분이야.

- You owe it to the community to testify. 넌 지역사회 덕분에 증언하게 된거야.
  I owe it to him to find out the truth. 내가 진실을 알게 된 것은 걔덕분이야.

I owe it to myself to do this or that.

이걸 하든 저걸 하든 그건 내가 알아서 해야 해.

- I think we owe it to ourselves to talk about what happened.
  발생된 일에 대해 말하는 건 우리의 몫이라 생각돼.

owe it to sb는 '…의 덕택이다' 라는 의미로 구체적인 덕택의 내용은 다음에 ~to do, 혹은 ~that S+V를 연결해서 말하면 되는데 이때는 '…한 것은 …의 덕분이다' 가 된다.

owe it to oneself to~는 to 이하를 하는 건 자기 자신에게 빚졌다라는 말로 '…할 의무가 있다,' '…하는 것은 내몫이다' 라는 의미가 된다.

MORE EXPRESSION

To what do I owe the the pleasure
어쩐 일로 갑자기 오셨는지요?

» own

She has come into her own. 걘 자신의 진가를 드러냈어.

I want to do my own thing.

내가 좋아하는 일을 하고 싶어.

- It frees me up to do my own thing. 내가 하고 싶은 일을 하면 자유로와져.

I make good money and I'm on my own.

난 돈을 많이 벌어 자신의 힘으로 지내고 있어.

- You wanted me to live my own life, be on my own.
  넌 내가 혼자 힘으로 자립하기를 바랬어, 스스로 살아가는 걸 말야.
  I just wanted to do it on my own. 난 그냥 스스로 그것을 하고 싶었을 뿐이야.

She has come into her own.

걘 자신의 진가를 드러냈어.

- I know. I'm really coming into my own. 알아. 난 정말 성공했어.
  Andy came into his own as a businessman. 앤디는 사업가로 인정을 받았어.

Grace, this is for his own good.

그레이스, 이건 걔를 위한거야.

- This is for your own good. 이건 너 자신을 위한거야.
  I'm sorry, but it's for her own safety. 미안하지만 걔의 안전을 위해서야.

I could hold my own.

난 잘 할 수 있어.

- A: Were you any good? B: I could hold my own.
  A: 잘했어? B: 나 일가견이 있어.
  I guess I didn't feel I could hold my own with you.
  너하고 내가 잘 할 수 있으리라고 느낌이 안들었던 것 같아.

do one's own thing은 '자기가 가장 좋아하는 일을 하다' 라는 의미.

~on one's own '스스로 …하다,' '자신의 힘으로 해내다' 라는 의미로 by oneself와 같은 뜻. 강조하려면 all on one's own 라고 하면 된다.

come into one's own은 '인정받다,' '성공하다,' '진가를 발휘하다' 라는 의미로 인정받은 내용을 쓰려면 뒤에 ~as를 붙여서 이어쓰면 된다.

be for one's own good은 '…을 위한 것이다' 라는 의미. good 대신에 safety를 넣으면 '…의 안전을 위한 것이다,' 그리고 benefit를 쓰면 '…의 이익을 위한 것이다' 라는 표현이 된다.

hold one's own은 자기 것을 꽉 쥐고 있는 모습에서 '자기 입장을 고수하다,' '남에게 지지않고 버티다' 라는 의미로 쓰인다.

MORE EXPRESSION

get one's own back on
보복하다

» pace

Pick up the pace, shall we? 속도 좀 낼까, 응?

Brad Chase keeps pace with her.
브래드 체이스는 걔와 보조를 맞추었어.

- Jack tries to keep pace but hurts his ankle. 잭은 보조 맞추다가 발목을 다쳤어.
  Let's keep up the pace, Mr. Langan. 페이스를 유지하시죠, 랭건 씨.

Pick up the pace, shall we?
속도 좀 낼까, 응?

- That's it, good. Pick up the pace a little. 바로 그거야, 좋아. 속도 좀 만 더 내.
  It's a long holiday, you gotta pace yourself.
  연휴가 길잖아. 페이스 유지를 잘 해야 돼.

I'll let her set the pace.
걔가 선두로 가도록 할거야.

- I assure you, America will be setting the pace.
  미국은 선두를 달릴거래니까.
  Our boss sets the pace for the rest of us. 사장은 우리들 보다 앞서가고 있어.

Lane is pacing around in frustration.
레인은 좌절감에 왔다갔다하고 있어.

- He starts to nervously pace around the clinic.
  걘 클리닉 주변을 초조하게 왔다갔다하기 시작했어.

keep pace with는 '…와 보조를 맞추다,' '…에 뒤지지 않다' 라는 의미로 keep up the pace라 해도 된다.

pick up the pace는 반대로 '페이스를 올리다,' '속도를 내다' 라는 의미이다. 또한 pace oneself는 '자기 페이스를 유지한다' 는 말로 자기 능력이상으로 오버하거나 서두르지 않다라는 말이 된다. 술자리에선 당연히 정도껏 마시다라는 뜻이 된다.

set the pace는 페이스를 정하다라는 뜻으로 '선두로 달리다,' '첨단을 가다' 라는 표현.

pace around는 초조하고 불안하여 생각이 많을 때 주로 '뒷짐을 쥐고 왔다갔다하는 것' 을 말한다.

MORE EXPRESSION

go through one's paces 솜씨를 보여주다
show one's pace 수완을 발휘하다

» pack/ packet

Are you packing? 너 총 갖고 있어?

Are you packing?
너 총 갖고 있어?

- Are you packing? This is a legal gun? 너 총 갖고 있어? 허가받은 총이야?
  Most policemen pack a gun while on duty. 대다수 경관들은 근무중 총을 지녀.
  He was packing heat when he robbed the store.
  걘 가게를 털 때 총을 지니고 있었어.

I guess I'll have my stuff packed up.
내 물건들을 포장시켜야 될 것 같아.

- I packed up some of your things. 네 물건들 중 일부를 챙겼어.
  She packed up the kids and left. 걘 아이들을 챙긴 다음 떠나버렸어.
  Let's go. It's time to pack. 가자. 떠날 시간이야.

pack a gun에서 pack은 구어체에서 '총을 휴대하다' 라는 의미로 쓰이며 pack a gun으로 쓰기도 한다. 즉 pack (a gun) = carry a gun이 되는 셈이다. 많이 쓰이는 Are you packing?은 따라서 Are you carrying a gun?이라는 의미와 같게 된다. 또한 be packing heat도 같은 의미.

pack up은 '떠나기 위해 짐을 싸다,' '챙기다' 라는 의미. 그래서 time to pack하면 뭔가 끝내고 출발하거나 떠날 시간이 됐다는 표현.

Hey! I'm all packed and ready to go!
야, 나 짐 다 쌌고 떠날 준비됐어!

- Oh, good luck, the bar **is packed.** 어, 행운을 빌어. 바는 사람들로 꽉 찼어.
  He **keeps** your club **packed with** hotties? 걘 클럽을 핫걸로 계속 채우고 있어?

Pack it up.
그만해.

- How about you **pack it up**, John? 오늘은 그만하지, 존?
  Okay, **let's pack it up.** We're leaving. 좋아, 그만하자. 우리 간다.

He decided to pack it in.
걘 그만 두기로 했어.

- Hey, I think we're gonna **pack it in.** 야, 우린 그만 두어야 할 것 같아.
  This just might be a sign to **pack it in.** 이건 아마 관두라는 징조일 수도 있어.

She just packed her bags and left.
갠 짐을 싸서 가버렸어.

- **Pack your bags,** we're going to Mexico. 가방싸, 우리는 멕시코로 갈거야.
  Let's **pack our bags** and get out of this hotel. 짐싸 이 호텔에서 나가자.

You pack quite a wallop for a six-year-old.
너 6살치고는 펀치가 아주 강한데.

- Whoa, this whiskey **packs a punch.** 와, 이 위스키 정말 강하다.
  Hot peppers **pack a strong punch.** 고춧가루가 정말 맵다.

After she insulted me, I sent her packing.
걔가 날 모욕한 후에 난 걜 해고했어.

- Dan **was sent packing** from his teaching job. 댄은 교육직에서 쫓겨났어.

I just need one six-pack and 2 chicks.
난 6개들이 맥주세트하고 2명의 여자가 필요해.

- How much do you drink? **A six-pack** a day? 얼마나 마셔? 하루 맥주 여섯캔?
  I asked you for **a six-pack**. You brought me out a tall boy.
  근육남 소개시켜달라고 했더니 키 큰 남자를 데려왔네.

~be packed에서 pack은 어떤 장소에 사람이나 물건을 빽빽이 채우다라는 말로 수동태로 쓰이면 '…로 가득하다,' '북적거리다,' '만원이다,' '꽉차다,' 혹은 문맥에 따라 '짐을 싸다'라는 뜻이 된다. 또한 keep~packed with하게 되면 '…을 …로 계속 꽉 채우다'라는 표현.

pack it up은 '하던 일을 끝내다,' '하루 일과를 마무리하다'(wrap it up)라는 의미.

pack sth in은 '직장이나 좋아하던 일을 그만두다'라는 뜻이지만 영화, 연극제목 등이 주어로 와서 pack sb in하게 되면 '연극, 영화가 많은 사람을 모으다'라는 뜻이 된다.

pack one's bags는 '짐을 싸다'라는 단순한 의미에서부터, '불화로 짐싸서 가버리다,' '그만두다'라는 의미까지도 갖는다.

pack a (hard/hefty/strong) punch는 강한 펀치를 날리다라는 의미로 비유적으로 '강한 영향력을 끼치다'라는 뜻. pack a wallop이라고도 한다.

send sb packing은 짐싸서 보내다라는 뜻에서 '…을 쫓아내다,' '해고하다'라는 의미로 쓰인다.

six-pack은 원래 '맥주캔 6개'가 달린 한 세트(six-pack of beer)를 말하는 것으로 비유적으로 아주 '잘 달련된 복근'을 말한다.

MORE EXPRESSION

A pack is a pack.
약속은 약속야.

do one's own packing
자기 짐을 싸다

놓치면 원통한 미드표현들

- **paddle one's own canoe** 남 도움없이 자립하다
  Paddle your own canoe.
  네 일은 네가 알아서 해, 네 일이나 잘해.
- **paddle** 심장이 멎었을 때 다시 되살리기 위해 심장에 충격을 주는 것.
  Get the paddles. Charging to 200.
  패들가져오고 200으로 충전해.
- **be on the same page** 같은 생각이다
  We're on the same page. 우린 같은 생각이야.
- **get paged** 호출되다 **page sb** 호출하다
  Hey, Nicky, you **paged me?** 야, 니키, 나 호출했어?

» packet/ package

Let me see that little package. 귀여운 거시기부분 보자.

Cheryl will gather the money packets.

쉐릴은 돈다발을 모을거야.

- We couldn't get the packets via the usual method.
  우리는 평상시 방법으로 그 소포를 받을 수가 없었어.

■ packet는 '소포,' '포장용 통'을 말한다.

Good things come in small packages.

좋은 일은 한꺼번에 오지 않아.

- I guess good things don't always come in small packages.
  행운은 항상 조금씩 오는 것 같지도 않아.
  My mom always told me big things come in small packages.
  엄마는 항상 작은 일에 충실하면 좋은 일이 올거라 말씀하셨어.

■ **good things come in small packages**는 직역하면 좋은 일들은 조그만 소포들로 온다는 것으로 '좋은 일이나 행운은 조금씩 천천히 온다'는 격언. 대박만 노리지 말고 자그마한 일들에 충실하라는 깊은 뜻이 새겨져 있다.

Take off your clothes. Let me see that little package.

옷벗어봐. 귀여운 거시기부분 보게.

- We could see his package while he showered.
  걔 샤워할 때 걔의 그 부분을 볼 수 있었어.
  Go get dressed. We don't want to see your package.
  가서 옷입어. 네 거기는 보고싶지 않아.

■ **package**는 일괄적인 묶음이라는 데서 보통 사람의 신체나 성기를 포함한 sex organs, 특히 남성의 소시지와 알두개 등을 포함한 '거시기 지역'을 말할 때가 많다.

» paint

I painted myself into a corner. 내가 잘못해서 곤란한 상황에 처하게 됐어.

I painted myself into a corner.

내가 잘못해서 곤란한 상황에 처하게 됐어.

- I've painted myself into a corner with this deal.
  난 이번 거래로 자충수에 걸렸어.

■ **paint oneself into a corner**는 구석을 등지고 계속 바닥만 보고 칠하다가 결국 구석에 몰려 빼도박도 못하는 사람을 머릿속에 그려보면 된다. 결국 '곤란한 상황에 처하다'라는 뜻이지만 특히 '스스로 궁지에 몰리다'라는 의미가 내포되어 있다.

We'll get all dolled up and paint the town!

자 잘 차려입고 나가서 한바탕 신나게 놀자.

- Kick up the heels. Paint the town red. 나가 떠들어대면서 신나게 술마시고 놀자.
  The group painted the town red in Vegas. 그 그룹은 베거스에서 엄청 놀았어.

■ **paint the town red**는 '즐겁게 흥청망청 술마시고 놀다,' '한바탕 신나게 놀다'라는 의미.

Let me paint a picture of how it's gonna go.

그게 어떻게 될건지 설명 좀 해주라.

- Care to paint a picture? Does this party require clothes?
  설명 좀 해주라. 이 파티는 옷을 입기는 하는 거야?

■ **paint a picture of~**는 …을 그림을 그리다라는 말에서 '이해하다,' '기억하다,' 혹은 문맥에 따라서 '설명하다'라는 뜻으로 쓰인다.

» pan

My plan didn't exactly pan out. 내 계획은 뜻대로 안되었어.

My plan didn't exactly pan out.

내 계획은 뜻대로 안되었어.

- There's a lot of theories that didn't pan out. 실패한 이론은 엄청 많아.
  A: How was your trip? B: It didn't really pan out. A: 여행 어땠어? B: 안좋았어.

It wasn't just a flash in the pan, was it?

그냥 반짝하고 마는거 아니지, 맞지?

- The singer is no good. He's a flash in the pan.
  저 가수는 별로야. 반짝하고 말거야.
  Fry the eggs up in a pan for us. 달걀 후라이해서 우리 좀 줘.

pan out에서 pan은 19세기 중반 미국에서 gold rush 때 사람들이 금을 채취하기 위해 pan에 흙이나 모래를 올려놓고 흔들어 금을 찾는 모습에서 유래한 표현으로 '좋은 결과가 나타나다,' '성공하다,' '뜻대로 되다'라는 뜻이 된다.

a flash in the pan은 원래 총알이 총의 약실(pan)에 남아 있다가 방아쇠를 당기면 펑소리만 나고 발사되지 않는 현상을 말하는 문구로 '성공이나 인기가 반짝하는 것'을 말한다. 또한 fry it up in a pan은 '먹기 위해서 후라이팬에 튀기는 것'을 뜻한다.

MORE EXPRESSION

go down the pan 낭비되다
be panned out 기진맥진하다

» pant

Keep your pants on. We're coming. 진정해. 우리가 가고 있어.

I'm beating the pants off you.

난 너를 쉽게 이기고 있어.

- I can see why you scare the pants off of her. 왜 걜 겁내하는지 알겠어.
  The teacher bored the pants off the students.
  선생님은 학생들은 졸라 지루하게 했어.

The mayor was caught with his pants down.

시장은 나쁜 짓을 하다 걸렸어.

- They divorced after he was caught with his pants down.
  걔네들은 걔가 나쁜 짓하다 걸린 후 이혼했어.

Keep your pants on. We're coming.

진정해. 우리가 가고 있어.

- Hey, keep your pants on. I ain't going nowhere. 야, 진정해. 나 아무데도 안가.
  You gotta learn to keep it in your pants. 함부로 굴리지 않는 걸 배워야겠어.

I've been saying that all night just to get in your pants.

밤새 너와 섹스하고 싶다고 계속 말했어.

- He's just saying whatever it takes to get in your pants.
  걘 너랑 섹스하기 위해서 뭐라도 하겠다고 말하고 있어.

the pants off sb는 아주 지독히, 철저하게라는 부사로 생각하면 쉽게 이해할 수 있다. 동사자리에서 beat, scare 등이 올 수 있다.

catch sb with one's pants down은 바지 내리고 있다 들켰다라는 말로 '뭔가 해서는 안될 일을 하다' 혹은 '해야 될 일을 하지 않다가 들키는 경우'를 말한다. '…의 허를 찌르다,' '기습적으로 잡다'라는 뜻. 참고로 pull one's pants down하면 바지를 벗다, 내리다라는 말.

hold[keep] your pants on은 바지를 입고 있으라는 말로 기다리거나 '침착하다,' '진정하다'라는 의미. 하지만 keep it one's pants하면 종종 성적으로 다른 사람과 관련되다(sexually involved)라는 뜻으로도 쓰인다.

get in one's pants는 바지속에 들어가고 싶다니 '섹스하다'(have sex)라는 말이고, have one's ants in one's pants는 '안절부절못하다,' '걱정하다' 혹은 '섹스하고 싶어 근질근질하다'라는 뜻.

» paper

Good on paper, bad in bed. 겉보기엔 문제없지, 하지만 침대에선 꽝이야.

Good on paper, bad in bed.
겉보기엔 문제없지, 하지만 침대에선 꽝이야.

- I'm hot. You're hot. On paper, we should be having great sex.
  너도 나도 흥분했으니 이론상으로 우리들은 멋진 섹스를 해야하지.

This contract is not worth the paper it is printed on.
이 계약은 가치가 없어.

- This convoluted piece of legislation isn't worth the paper it's written on. 이 난해한 법률안은 전혀 가치가 없어.

Get the man's statement down on paper.
저 사람의 말을 기록하게 해.

- She got the marriage agreement down on paper. 갠 혼인서약서에 기록했어.
  It's time to sit down and put pen to paper. 앉아서 집필해야 될 시간야.

She just filed the divorce papers.
갠 이혼소송 서류를 제기했어.

- You gonna sign those divorce papers or not? 이혼서류에 사인할거야 말거야?

on paper는 '서류상으로,' '이론상으로'라는 뜻으로 서류상에는 진실인 듯 보이지만 실제로는 그렇지 않다는 뉘앙스가 있다.

not worth the paper it is written [printed] on은 '계약서나 서류 등이 전혀 의미가 없다, 가치가 없다'라는 뜻. 한마디로 종이에 적어놓기에 종이값이 아깝다는 말씀.

put[set] pen to paper는 펜을 잡고 종이에 '글을 쓰다,' '집필하다'라는 말. 또한 get[put] sth down on paper하면 '기록하다'라는 의미.

divorce papers는 '이혼서류,' 현실이 그렇듯 미드에서도 무지무지 나온다. file the divorce papers는 '이혼소송을 하다'라는 말.

MORE EXPRESSION

toilet paper 휴지폭탄 (휴지를 온통 발라 놓는 장난)
paper over the cracks 땜질하다
paper 에세이, 시험

» parade

Jack paraded his new girlfriend at school. 잭은 학교에서 새 여친을 자랑했어.

I hate to rain on your parade, but we got a problem.
찬물을 끼얹고 싶지 않지만, 우린 문제가 있어.

- Hate to rain on your parade, but looks like you're wrong about Sarah. 찬물을 끼얹고 싶지 않지만 넌 새라에 대해 잘못 알고 있는 것 같아.
  If I wanted my parade rained on, I would just step outside.
  내 기회를 망치길 원하다면 그냥 발만 빼겠지.

rain on one's parade 신나게 퍼레이드하고 있는데 비가 오면?? '찬물을 끼얹다,' '분위기 망치다,' '기회를 망치다'라는 표현으로 throw a wet blanket on과 같은 말.

You wouldn't parade your mistress in public.
공개자리에서 네 정부를 자랑하지 않겠지.

- Don't parade that diamond necklace around.
  저 다이아몬드 목걸이 공개적으로 자랑마.
  Jack paraded his new girlfriend at school. 잭은 학교에서 새 여친을 자랑했어.
  Why don't we just throw him a parade? 우리 걔 축하해주자.

parade sb[sth]는 '대중들 앞에 공개적으로 자랑하다'는 의미로 자기가 자랑하고 싶은 것을 내세우는 것을 말한다. 또한 throw sb a parade는 'sb에게 퍼레이드를 해준다'는 말로 축하해준다는 의미지만 경우에 따라서는 비아냥거리는 표현으로 쓰이기도 한다.

I am doing my part here. 난 여기서 내 도리를 다했어.

The hard part is still to come.
앞으로 더 힘든 상황이 올거야.

- The hard part is truly over. 힘든 상황은 정말 끝났어.
- You haven't heard the best part. 넌 아직 가장 멋진 부분은 못들었어.

hard part는 '어려운 일,' '힘든 부분,' 그리고 반대는 easy part라고 한다. 사는게 힘들다보니 자연 hard part란 표현이 더 많이 쓰인다. 또한 the good part는 '좋은 부분,' the best part는 '가장 좋은 부분,' 그리고 the worst part는 '최악의 부분'을 말한다.

Chuck is a part of me.
척은 내 일부야.

- Reading other people's scripts is a part of your job.
  다른 사람들의 대본을 읽는게 네가 하는 일이야.
  Who else was a part of the project? 다른 누가 또 이 프로젝트에 참가했어?

be a part of~는 …의 부분이라는 말로 '…의 일원이다,' '…의 일부이다' 혹은 '…에 참가하다'라는 표현.

He has won the part of dying man.
걘 죽어가는 사람의 배역을 따냈어.

- I get the part. 내가 그 역을 맡았어.
  You got the part of Detective Chuck Rafferty.
  네가 형사 척 라페르티의 역을 맡았어.

take[play] the part of~는 드라마나 영화에서 '…의 역을 하다,' 그리고 get[win] the part of~하면 '…의 역을 따내다,' '맡다'라는 표현이 된다.

You should take the company's part in this.
넌 이점에 있어 회사측 입장을 대변해야 돼.

- Don't take my husband's part in the argument! 이 싸움에서 남편편을 들지마!
  The politician took the president's part in the debate.
  그 정치가는 토론에서 대통령의 입장을 방어했어.

take sb's part는 논쟁 등에서 'sb를 도와주거나 방어해주다,' 즉 편들다라는 말.

I am doing my part here.
난 여기서 내 도리를 다했어.

- I'm the big drinker, doing my part for science.
  난 술을 많이 마시는 사람이고 과학에서 내 역할을 다하고 있어.
  Just trying to play my part cutting costs. 경비절감하는데 내 역할을 하려는 것뿐였어.

do one's part에서 part는 역할이라는 의미로 do[play] one's part하게 되면 '…의 역할이나 본분, 도리를 하다'라는 표현이 된다.

The alcohol played a part in Jim's death.
술이 짐의 죽음을 초래했어.

- Did the wound to the head play a part in the victim's death?
  머리상처가 피해자의 죽음을 가져온건가요?
  Took part in a gang rape in prison. 감옥에서 집단 강간을 같이 했어.
  Did you take part in the meeting? 너 회의에 참석했어?

a part in~은 …에 혹은 …을 하는데 역할을 하다라는 말. '…에 관여하다,' '개입하다,' '…의 결과를 가져오다'라는 말로 part 앞에는 동사 play, take, want, have 등이 온다.

Jack, it's not true. I had no part in it.
잭, 그건 사실이 아냐. 난 전혀 모르는 일이야.

- My son took no part in that crime! 내 아들은 이 범죄에 조금도 관련되어 있지 않아.

no part in~은 반대로 '…에 전혀 관련되어 있지 않다,' '…의 원인이 아니다'라는 의미. 마찬가지로 part 앞에는 play, take, want, have 등이 온다.

She'll play no part in our committee. 걘 우리위원회에 아무 관련도 되지 않을거야.

I want no part of this. 난 이거에 관여하고 싶지 않아.

There's a part of me that doesn't want to know.

내 맘속 일부는 그걸 알고 싶지 않아.

- There is a little part of me that really thought I was gonna win.
  내가 이길 것이라는 생각이 맘 한 구석에 조금 자리잡고 있어.
  No part of you wants a life of actual commitment?
  너는 실제적으로 서로 헌신하는 삶을 원치 않아.

there's a (little) part of sb that~는 좀 응용한 표현으로 'sb의 마음 한 구석에 that 이하가 있다'는 말. 또한 No part of you~는 '넌 조금도 …하지 않는다'라는 뜻이 된다.

She wasn't willing to part with.

걘 전혀 헤어지기 싫어했어.

- I'm fortunate enough to be able to part with it. 난 함께 나눌 정도로 부유해.
  The owners did not want to part with them.
  소유주들은 그것들과 떨어지는 걸 원치 않았어.

part with sb, part from sb는 '…와 헤어지다,' 그리고 part with sth하게 되면 원치 않지만 '다른 사람에게 …을 주다'라는 표현이 된다.

I'm partial to the novel by Stephen King.

난 특히 스티븐 킹의 소설을 좋아해.

- Really? I'm partial to the swab myself. 정말, 난 면봉이 더 좋던대.
  I'm rather partial to grape. 난 포도를 좋아하는 편이야.

be partial to에서 partial은 한쪽으로 치우친 편애하는 등의 의미로 상대적으로 '특별히 좋아하다'라는 의미가 된다.

MORE EXPRESSION

private parts 남녀의 생식기
a good[large] part of 대부분
in large part 아주 크게, 많이
for the most part 대개
have a part to play in 도울 수 있다
for one's part …에 관한 한
parting kiss 이별의 키스
parting shot 이별의 말

» partner

You don't work with any partner. 넌 동업은 하지 않잖아.

We're partners. What's the big deal?

우리 같이 사는데 뭐 문제 있어요?

- Is she the first sexual partner you ever had?
  걔가 네 첨 성적대상자야?
  They're not his sexual partners. They're his rape victims.
  걔네들은 섹스파트너가 아니라 강간희생자야.

(sexual) partner는 '같이 사는 사람,' '부부' 혹은 '그냥 잠자리는 같이 하는 사람'을 말한다.

You don't work with any partner.

넌 동업은 하지 않잖아.

- I'm gonna need a new partner. 난 새로운 동업자가 필요해.
  Between you and me, he will make partner this year.
  우리끼리 얘기지만 걔가 금년에 파트너가 될거래.

partner는 비즈니스상 같이 일을 하는 '동업자'를 말한다. 또한 make partner는 동업자가 되다라는 말로 '이사로 승진하다'라는 의미. 사장도 이사 중 한명으로 같이 주인의 입장에서 일을 하게 된다는 표현.

I'm not gonna be a party to your lie. 난 네 거짓말에 가담하지 않을거야.

Party's over. Let's move, people.
파티는 끝났어. 자 다들 움직이자.

- A: Are you leaving? B: Party's over. It is so over.
  A: 가는거야? B: 즐거운 시간은 끝났어. 다 끝나버렸어.

  Look up here! Mom's here. Party's over. 여기봐봐! 엄마왔어. 다 끝났어.

  That crazy party animal will be your brother-in-law.
  저 미친 파티광이 네 처남이 될거야.

■ Party's over는 그냥 단순히 '파티가 끝났다,' 비유적으로 '좋은 시절, 좋은 일은 다 끝났다,' 혹은 문맥에 따라 '이제 넌 죽었다'라는 의미로 쓰인다. 또한 party animal은 파티하면 사족을 못쓰는 '파티광'을 말하며, 반대로 party pooper하면 분위기나 흥을 깨는 사람'을 말한다. the life of the party와 반대되는 표현.

I'm gonna throw a party.
난 파티를 열거야.

- I have a party to throw. 파티를 한번 할게 있어.

  Come on. Let's go. Let's party. 이봐. 가자. 파티하자.

■ throw a party는 '파티를 열어주다'이며 throw 대신 give를 써도 된다. …에게 파티를 열어주다라고 할 때는 give sb a party, 또한 파티를 열다는 have[hold] a party라고 하면 된다. 또한 Let's party에서 party는 동사로 사람들과 함께 술마시고 춤추고 즐기는 것을 말한다. 한편 party out는 '지치게 놀다.'

He's setting up a search party.
걘 수색대를 짜고 있어.

- We're putting together a search party. 우리는 수색대를 구성하고 있어.

  We could send out a signal and help the rescue party find us.
  우리는 신호를 보내서 구조대가 우리를 찾는데 도움을 줄 수 있을거야.

■ search party에서 party는 group of people이라는 뜻으로 '수색대,' 그리고 rescue party는 '구조대'를 말한다. a party of~하면 '…하는 사람들'을 말한다.

Well, she's not exactly an innocent party.
저기, 걘 꼭 무고하다고 할 수는 없어.

- The guilty party is now in prison. 가해자는 이제 감옥에 있어.

  There's definitely a third party involved. 분명히 제 3자가 개입되어 있어.

■ guilty party는 법적용어로 '가해자(측),' innocent party는 '무고한 사람,' '무죄인'을 말한다. 또한 third party는 역시 법적관련 용어로 소송이나 계약 등에서 당사자가 아닌 '제 3자'라는 의미.

I'm not gonna be a party to your lie.
난 네 거짓말에 가담하지 않을거야.

- And Chris wasn't a party to this? 그리고 크리스는 이거에 관여하지 않았어?

  I won't be a party to your lies. 네 거짓말에 가담하지 않을거야.

■ be a party to~는 '…에 가담하다,' '관여하다'라는 뜻으로 be involved in, be a part to와 같은 뜻이다.

놓치면 원통한 미드표현들

- **paramedics** 응급구조대원, 구급대원
  The paramedics came and rushed him to the E.R.
  응급대원들이 와서 걔를 급히 응급실로 데려갔어.
- **PO** 가석방감찰관(parole officer)
  His PO has been out of contact with him for the past four days.
  걔의 가석방 감찰관은 지난 며칠간 걔와 연락이 두절됐었어.
- **on parole** 보호감찰중인
  He's on parole. You need to tell us where he is.
  걔는 보호감찰중야. 어디있는지 말해줘야 돼.
- **parole board** 가석방위원회
  Your act may have fooled the parole board, but not me.
  너의 행위는 가석방위원회를 속일 수 있어도 난 안돼.

» pass/ past

And you passed with flying colors. 그리고 넌 우수한 성적으로 합격했어.

He made a pass at me.
걔가 내게 추근거렸어.

- Did he make a pass at you? 걔가 너에게 집적됐어?
  Finn didn't make a pass at me. 핀은 내게 추근거리지 않았어.

make a pass at은 '작업 걸다,' '추근대다,' '껄떡대다' 등 원치않는 이성에게 집적대는 것을 말한다. make a move와 같으나 이때는 at이 아니라 on을 쓴다는 점이 다르다.

I'm pregnant. I think I'll pass.
나 임신했어. 그냥 빠질래.

- A: You're not even going to try it? B: I'll pass this time.
  A: 시도도 안할거지? B: 이번에 안할래.
  I'll pass. Hang on a second. 난 안할래. 잠깐 기다려봐.

I'll pass[I pass]는 상대방이 뭔가 제안이나 권유, 초대 등을 할 때 거절하는 표현으로 '난 됐어,' '난 안 먹을[할]래,' '난 빠질래'라는 의미이다.

She passed out behind the wheel.
걘 운전하다 기절했어.

- You choke them till they pass out, then you rape them.
  넌 걔네들이 기절할 때까지 목을 조르고나서 강간했어.
  Is he serious? Did your mom pass away? 걔말 정말야? 네 엄마 돌아가셨어?

pass out은 '기절하다,' '필름이 끊기다' 혹은 '여러사람에게 나눠주다'라는 뜻. 또한 pass away는 die의 완곡어법으로 우리말로 '돌아가셨다'라고 생각하면 된다. pass away 대신 pass on을 쓰기도 한다.

We'll pass on the cost to the customer.
우린 그 비용을 고객에게 넘길거야.

- I'm just gonna pass on the concert. 난 콘서트 안갈래.
  I'm gonna have to pass on dinner. It's getting so late. I've got a deadline. 난 저녁식사 안갈래. 너무 늦었고 마감맞춰야 되는게 있어.

pass on은 다양한 의미로 쓰이는데 '책임을 전가하다,' 혹은 '정중하게 거절하다'(say no)라는 의미로 쓰인다.

And you passed with flying colors.
그리고 넌 우수한 성적으로 합격했어.

- Not only that, they passed with flying colors.
  그것뿐이 아냐, 걔네들은 좋은 결과를 얻었어.
  I'm sure you'll come through with flying colors!
  난 네가 좋은 성적으로 통과할거라 확신해.

pass with flying colors는 '우수한 성적으로 합격하다,' '좋은 결과를 얻다'라는 말이다. pass with 대신 come through를 써도 된다.

I just can't get past it.
난 그걸 잊을 수가 없어.

- Can we please get past this? 제발 이건 좀 잊으면 안될까?
  Could you get past yourself for a second? 다른 사람 생각 좀 해줄 수 없어?

get past는 '지난간 일이나 사람을 잊어버리다'라는 의미이고 일반적인 의미로는 get past 다음에 물리적인 장소나 지점이 나오면 '…을 통과하다'라는 뜻이 된다. get past oneself는 get over yourself의 변형으로 그리 많이 쓰이지 않는 표현.

Dana, you can't live in the past.
데이나, 과거에 연연해 살면 안돼.

- Take some time to think back over the past. 시간을 내서 과거를 돌이켜봐봐.
  I thought back over the past after our reunion.
  우리가 다시 합친 다음 과거를 돌이켜봤어.

not live in the past는 '과거에 연연해 살지 않다,' 그리고 run[look, think] back over the past는 '과거를 돌이켜보다'라는 의미.

Well, I wouldn't put it past them.
그래, 걔네들 충분히 그럴 수 있어.

- A: Am I dating your friends? B: I wouldn't put it past you.
  A: 내가 네 친구들하고 데이트하고 있는거야? B: 너야 능히 그러고도 남지.

  I wouldn't put it past him to hurt his own family.
  걔는 능히 자기 가족에 상처를 주고도 남을 놈야.

The electric bill is a month past due.
전기세가 한달치 밀렸어.

- These reports will be past due on Monday.
  보고서는 월욜이면 마감을 못맞춰.

  Have you seen these? Five more past due notices.
  이거 봤어? 미납통지서가 5개나 더 있어.

I wouldn't put it past sb (to do)는 sb는 원래 이상한 짓을 하는 놈이어서 sb가 to 이하를 해도 전혀 놀랍지 않다라는 의미로 'sb는 능히 그러고도 남는다.'

be past due는 '지급기간이 지나 미납되다,' 해야 될 일을 다 못해서 늦은 것처럼 뭔가 마감기간을 넘겼다는 의미. 형용사 past due+명사로도 쓰인다.

MORE EXPRESSION

pass the time 뭔가 기다리면서 혹은 지루해서 시간을 보내다
let it pass 봐주다, 놔주다
pass sentence on 형을 선고하다
pass judgement on 비판적 의견을 말하다
pass sb's lips 무심코 말이 나오다
come to a pretty pass 난처한 지경에 이르다

O P

» path

Don't lead me down the garden path. 날 속이려 하지마.

Don't lead me down the garden path.
날 속이려 하지마.

- Will led his girlfriend down the garden path. 윌은 자기 여친을 속여먹었어.
  He was led down the garden path by the crook. 걘 사기꾼에게 당했어.

AJ went down the wrong path when he used drugs.
AJ는 마약을 했을 때 실수를 한거야.

- Take care not to go down the wrong career path.
  직장경력에서 실수하지 않도록 조심해.

He's on the warpath.
걘 화가 잔뜩 나 있어.

- You know when Ed's on the warpath. 넌 언제 에드가 화나있는지 알지.
  Bailey was on the warpath. I was trying to protect you.
  베일리가 엄청 화나있었어. 널 보호하려던 거였어.

lead sb down the garden path는 'sb를 의도적으로 속이다' 라는 뜻. 예전 저택정원의 미로를 떠올리면 쉽게 이해가 될 수 있다.

go down the wrong path는 틀린 길을 내려가다라는 말로 '실수하다,' '잘못된 결정을 하다' (make the wrong choices in life)라는 뜻이다.

be on the warpath는 '잔뜩 화가 나있거나 기분상태가 무척 안좋은' 이라는 말이다.

MORE EXPRESSION

stand in sb's path …가 …하는 것을 막다
off the beaten path 사람들이 안 가는 곳

놓치면 원통한 미드표현들

- **pee** 오줌싸다
  You peed into your boxers 2 minutes ago.
  넌 2분전에 사각팬티에 오줌을 쌌어.
  I can't pee in a mug with a picture of grandma on it.
  할머니 사진이 새겨진 머그컵에 오줌을 쌀 수 없어.
- **take a pee** 오줌싸다
  You took a pee behind a convenience store? 편의점 뒤에서 오줌쌌어?

» pathetic

You guys are so pathetic. 너희들 정말 한심하다.

Some guys are just pathetic.

어떤 애들은 그냥 딱해.

- I'm pathetic. Stop looking at me! 난 한심한 놈이라구. 그만 날 쳐다봐!
  You guys are so pathetic. 너희들 정말 한심하다.

be pathetic은 '비참하거나, 한심하거나 딱하다, 형편없다'라는 의미로 구어체에서 많이 쓰인다.

How pathetic!

정말 한심해!

- How pathetic is that? 저게 얼마나 한심해?
  How pathetic am I? 내가 얼마나 한심해?

how pathetic 이번에는 하도 한심해서 감탄문형태로 쓰는 것으로 '정말 한심하다,' '딱하다'라는 말.

» patience

I'm losing my patience with you, man. 야 난 너를 더 이상 참지 못하겠어.

You're trying my patience.

너 정말 짜증난다.

- My girlfriend really tried my patience tonight.
  내 여친은 오늘 밤 정말 날 열받게 했어.

try one's patience는 인내심을 테스트하다라는 말로 '…을 짜증나게 하다'라는 의미. 특히 Don't try my patience (날 열받게 하지마라)라는 문장이 많이 쓰인다.

I have tried to have patience with him.

난 걔를 참아보려고 노력했어.

- I don't have the patience to comfort you a fourth time.
  널 4번이나 위로할 인내심이 내겐 없어.

have the patience는 '인내심을 갖다'라는 의미로 have the impatience to+동사하면 '인내심을 갖고 …하다,' have the patience with sb하면 '…에 인내심을 갖다, 참다'라는 의미. 반대로 인내심이 적거나 없을 때는 have little[no] patience with sb[to+V]라고 하면 된다.

I'm losing my patience with you, man.

야, 난 너를 더 이상 참지 못하겠어.

- Kelly was fired after the manager ran out of patience with her.
  켈리는 매니저가 걔에 대해 인내심의 한계를 느껴 잘렸어.
  I am rapidly reaching the end of my patience with you.
  난 너한테 인내심의 한계를 무척 빨리 느끼고 있어.

lose one's patience with는 '…을 더 이상 참지 못하다'라는 의미. run out of patience with sb는 '…에게 인내심이 바닥나다,' 그리고 reach the end of one's patience with~는 '…에게 인내심의 한계를 느끼다'라는 표현.

Tony, be patient. It could still happen.

토니, 조급해하지마. 아직 가능성이 있어.

- A: You tell me now. B: Patience, Jack. Patience.
  A: 이제 말해봐. B: 참아, 잭, 참으라고.
  Be patient? You coppin' an attitude with me? 기다리라고? 너 거드름피우나?

(have) patience는 주로 Patience, 형태의 한 단어 문장으로 상대방에게 '참아봐,' '조바심내지마라'는 뜻으로 be patient라고 쓰기도 한다.

MORE EXPRESSION

a patient 환자

You get what you pay for. 땀을 흘린 만큼 얻는 거야.

Be sure to pay up front.
반드시 선불로 지급해.

- I love Americans, they pay up front. 난 미국사람들이 좋아. 선불로 지급하잖아.
  Everyone pays up front before going inside. 다들 입장전 선불로 지급해요.

■ pay up front는 '선불로 지급하다.'

I promise I'll pay you back.
정말 돈 갚을게.

- Can I borrow 20 bucks? I'll totally pay you back.
  20 달러 빌릴 수 있어? 꼭 갚을게.
  I am gonna pay back your investment. 네가 투자한 돈 갚을거야.

■ pay sb back은 기본적으로 '빌린 돈을 갚다,' '되돌려주다,' 또는 '환불하다'라는 뜻이고, 비유적으로 당한 것을 갚다, 즉 '복수하다'라는 의미로도 쓰인다.

We should be able to pay off our creditors.
채권자들에게 빚을 갚을 수 있을거야.

- How else are you gonna pay off that debt? 달리 어떤 방법으로 빚을 갚을거야?
  All your hard work must have paid off. 열심한 노력한 건 효과가 분명 있었을거야.

■ pay off는 다양한 의미로 쓰이는데 '빌린 돈을 갚다,' 즉 빚을 갚다가 그 첫 번째이고 다음으로는 '성과가 있다[성공하다],' '뇌물을 주다,' 그리고 '직원들의 급여를 주고 해고하다'라는 의미들로 쓰인다.

Pay up!
내 돈 갚아!

- Sam sent a message to Jim to pay up. 샘은 짐에게 돈갚으라고 메시지를 보냈어.
  You better pay up, Doc, or we're coming over. 선생, 돈줘야지, 아님 우리갑니다.

■ pay up은 갚을 맘이 별로 없는 도박빚 등의 '돈을 갚다'라고 할 때 쓰며, pay off보다 좀 더 캐주얼하게 쓰인다.

You couldn't pay me to do it.
내게 돈주고 이걸 하라고 하면 안되지요.

- Do you want to pay me to work for you? 당신 밑에서 일하면 돈줄래요?
  She paid me to arrest her. 걘 내게 돈을 주고 그 여자를 잡으라고 했어.

■ pay sb to+동사는 'sb에게 돈을 주고 …하라고 시키다.'

You get what you pay for.
땀을 흘린 만큼 얻는 거야.

- You'll pay for that! 넌 대가를 치러야 돼.
  Your buddy Mark's not talking. He's gonna pay for that.
  네 친구 마크는 말을 안하고 있는데 그에 대한 대가를 치룰거야.

■ pay for는 단순히 물건이나 서비스 등을 받은 대가로 '…의 비용을 지불하다,' '돈을 내다'라는 뜻으로 비유적으로 잘못한 것에 대한 '대가를 치르다'라는 뜻으로도 쓰인다.

A hybrid car can even pay for itself.
하이브리드 자동차는 본전을 뽑을 수 있어.

- Oh, honey, that dress just paid for itself. 어, 자기야, 저 옷은 제 값을 하네.
  The new heater paid for itself in a few years.
  그 새로운 히터는 몇 년안에 본전을 뽑았어.

■ pay for itself는 자체적으로 스스로 돈이 지불된다는 이야기는 들어간 비용이 없는 셈이다, 즉 '본전뽑다,' '제값을 하다'라는 의미가 된다.

I'm gonna make him pay for this.

걔가 이것에 대한 값을 치르게 하겠어.

- It's a wrongful lawsuit. We will make him pay.
  잘못된 소송이야. 걔한테 대가를 치르게 하겠어.

  I'll find you, and I'll make you pay. 널 발견하면 값을 치르게 하겠어.

make sb pay는 단순히 'sb에게 돈을 내게 하다'라는 의미로도 쓰이고 또한 낼 것을 안내서 강제적으로 내게 한다는 뜻에서 '대가를 치르게 하다'라는 의미로 사용된다.

Well, I didn't get paid, so I doubt it.

저기, 돈을 못 받아서 믿지 못하겠어.

- That's what you get paid for. 그게 네가 돈받고 하는 일이잖아.

  How much you get paid for the hit? 청부살인 한 건에 얼마 받아?

get[be] paid는 '돈을 받다,' '급여를 받다'라는 의미로 well paid하면 '급여보수가 좋은'이라는 표현이 된다.

It pays to have a pal.

친구란 참 소중해.

- It pays to have connections. 연줄이 많으면 도움이 돼.

  It would pay you to sell that old house. 저 낡은 집을 팔면 돈이 될거야.

It pays to+동사는 '…하는 것이 도움이 되다, 득이 되다'라는 표현이고 It (would) pay sb to + 동사하면 '…하는 것은 sb에게 도움이 될거야'라는 뜻이 된다.

My client paid his debt to society.

내 고객은 수감생활을 했습니다.

- Have we repaid my debt to society? 사회에 진 빚은 다 갚은 건가?

  Mr. Tolson paid his debt to society. 톨슨은 복역했어.

sb pay one's debt (to society)는 '사회에 진 빚을 갚다'라는 말로 특히 죄를 짓고 그 대가를 치르기 위해 '복역하다'라는 뜻으로 많이 쓰인다.

He pay your way through med school?

걔가 의과대학 등록금을 대주고 있어?

- She worked in the dining hall to pay her way through.
  걘 독학하기 위해 큰 구내식당에서 일을 했어.

  I told him I was only working as an escort to pay my way through law school. 난 걔한테 법대 등록금을 마련하기 위해서 에스코트로 일했었다고 말했어.

pay one's way는 자기가 가는 길에 돈을 대다, 즉 '자립하다,' '빚지지 않고 해내다'라는 뜻으로 pay one's way through +(학교)하면 '독학하다'라는 의미가 된다.

MORE EXPRESSION

pay a visit 방문하다
pay court to sb 비위를 맞추다
pay attention to 주의를 기울이다
put paid to sth 계획을 망치다

» peace

She may never rest in peace. 걘 절대로 편히 잠들지 못할거야.

Peace out, suckers.

나 간다, 찌질이들아.

- A: Always nice talking to you, Sheldon. B: Uh, peace out!
  A: 쉘든 얘기나눠서 항상 기뻐. B: 어, 나 갈게.

  I'm so tired. I have to go peace out. 너무 피곤해. 나 가야되겠어.

  I'm out of here. See you then, peace up. 나 간다. 그때봐, 안녕.

peace out은 슬랭으로 '그만 가봐야 돼,' 즉 good-bye라는 말로 주로 가슴을 두번 친 후 V자를 만든다. 또한 peace up 또한 친구들에게 헤어질 때하는 말인데 이는 미국가수 Usher의 "Yeah"라는 노래서 유행하게 되었다. 도시의 흑인 일부만이 쓰는 속어이다.

We come in peace.
우린 화해하러 왔어.

- One single event can just suddenly **bring peace to** a man.
  단 한번의 이벤트가 사람에게 평화를 문득 가져다 줄 수 있어.
  Robin eventually **made her peace with** kids. 로빈은 결국 아이들과 화해했어.

She may never rest in peace.
걘 절대로 편히 잠들지 못할거야.

- I hope your sister can **rest in peace** now. 네 누이가 이제 편히 잠들기를.
  What do you have to attain to **have peace of mind**?
  마음이 편안해지려면 뭘 얻어야 돼?

bring peace to~는 '평화를 가져오다,' come in peace는 '화해하러오다,' make peace with~는 '…와 화해하다,' 그리고 be at peace는 '평온하다,' '평화롭다'라는 말이다.

rest in peace는 보통 묘비명에 적히는 문구로 '편히 잠들다'라는 의미이다. 편히 잠들기를 기원할 때는 May sb rest in peace라고 하면 된다. 또한 peace of mind는 '마음의 평화'로 give sb peace of mind, have peace of mind의 형태로 쓰인다.

MORE EXPRESSION

keep the peace
치안을 유지하다
disturb one's peace
치안을 어지럽히다

O P

» peek/ peep/ peer

Can I take a peek? 살짝 봐도 돼?

You mind if we take a peek at it?
그거 빨리 좀 봐도 괜찮겠어요?

- A: Can I **take a peek**? B: Be my guest. A: 살짝 봐도 돼? B: 맘대로 해.
  I may need to **take a peek** again. 다시 살짝 좀 봐야 될지 모르겠는데.

take a peek은 '살짝 빨리 조금 보는 것'을 말한다.

Looking for a peep show or a hooker?
핍쇼를 볼래 아니면 창녀가 필요해?

- Year ago, **a peeping Tom** was hitting Chinatown.
  전에 관음증자가 차이나타운에 나타났었어.
  We've got ourselves a high-tech **peeping Tom**.
  첨단 장비를 사용하는 관음증자가 있어.

peep show peep 또한 peek처럼 훔쳐보다, 살짝보다라는 단어로 peep show하면 '남자들이 돈을 내고 여자들이 스트립 등의 성적행위를 하는 걸 훔쳐보는 것'을 말하며 peeping Tom하면 관음증이 있는 사람(voyeur)을 말한다.

Stella didn't make a peep.
스텔라는 소리를 내지 않았어.

- We don't have to **peep through** windows.
  우리는 창문을 통해 볼 필요가 없어.
  I'**ve peeped at** you in the girls' room, unofficially.
  난 비공식적으로 여학생방에 있는 너를 살짝 봤어.

peep into[at, through]는 '구멍이나 창문 등을 통해 살짝 빨리 보는 것'을 말한다. 한편 make a peep하면 '사람들이나 새들이 소리내는 것'을 말한다.

I think it should be a discussion among peers!
동료들끼리의 대화여야 된다고 생각해!

- Does the school have **a peer** counseling program?
  학교는 동료상담 프로그램이 있니?
  Carolyn will be judged by a jury of **her peers**.
  캐롤린은 동료들로 구성된 배심원들에 의해 판단될거야.

peer는 명사로는 '동료,' 그리고 peer into하게 되면 '잘 안보여서 세심하게 들여다보는 것'을 뜻한다.

» penny

A penny for your thoughts? 무슨 생각을 그렇게 해?

Now is not the time to pinch pennies.
이제 한푼이라도 아껴야 할 때가 아냐.

- I'd love to, but I'm really trying to cut back. You know, pinch a few pennies. 그러고 싶지만 지출을 줄이려고 하고 있어. 알잖아, 한푼이라도 아껴야지.

  A penny saved is a penny earned. 티끌모아 태산이다.

  Save your pennies because you'll need them someday.
  언젠가 필요할테니 돈을 저축해라.

A penny for your thoughts?
무슨 생각을 그렇게 해?

- You're quiet tonight. Penny for your thoughts. 오늘 밤 조용하네. 뭔 생각해?

  A penny for your thoughts on that situation. 저 상황 어떻게 생각해?

He's worth every penny you pay him.
걔한테 돈을 지불할 만한 가치가 있어.

- They need every penny for guns and ammo.
  걔네들은 총기와 탄약을 사기 위해 있는 돈 전체가 필요해.

  I spent every penny of it in six months. 난 6개월 만에 그 돈을 다썼어.

I don't regret a single penny.
난 돈 쓴 거 전혀 후회하지 않아.

- I don't regret a single penny I spent on my education.
  내 교육비에 쓴 돈은 하나도 아깝지 않아.

  Patty doesn't regret a single penny spent on the ceremony.
  패티는 기념식에 쓴 돈을 전혀 아까워하지 않아.

pinch pennies는 '경비절감을 위해 한푼이라도 아끼다,' '최대한 지출을 줄이다'라는 의미. 또한 save one's pennies는 '신중하게 돈을 쓰지 않고 돈을 저축하다.

A penny for your thoughts?는 생각에 골똘히 잠겨있는 사람에게 던지는 문장으로 '무슨 생각을 그렇게 해?'라는 의미.

every penny는 '동전 한 푼까지 다'라는 뜻. 그래서 be worth every penny하면 be worthwhile이란 의미로 '그럴만 한, 그만한 가치가 있다'라는 의미. 한편 every penny counts는 '한푼이라도 소홀히 하면 안된다'라는 문장

not a penny는 '동전한푼 없다'는 말로 no money와 같은 말.

MORE EXPRESSION

penny-wise and pound-foolish 소탐대실

In for a penny, in for a pound. 시작한 일은 끝내는게 좋다.

The penny (has) dropped.
이제 알겠어.

» penis

An erect penis doesn't have a conscience. 발기된 페니스는 양심이 없어.

She left deep bite marks on his penis.
그 여자는 걔 페니스를 심하게 물어 자국을 남겼어.

- I'd do almost anything to introduce my penis to the inner you.
  네 안에 내 페니스를 소개할 수 있다면 뭐라도 하겠어.

  He's a teenage boy. We could take away his penis. He'd still try to have sex. 걘 10대 소년야. 페니스를 없애도 여전히 섹스를 하고 싶어할 거라고.

  An erect penis doesn't have a conscience. 발기된 페니스는 양심이 없어.

  You think with your penis. 넌 거시기로 생각하잖아.

  With great penis comes great responsibility. 멋진 페니스엔 그만한 책임이 따른다.

  He has a tiny little penis, but he knows exactly how to use it.
  걘 페니스가 작지만 어떻게 사용할 줄 알고 있어.

penis는 '남자의 거시기'를 말하는 것으로 미드에 거시기를 지칭하는 단어중 그래도 점잖은 단어. 옆의 문장들은 실제 미드에서 나온 penis에 관한 명언(?)들이다.

» period

I'm having my period. 생리중야.

I ever see you around my daughter, you're going to be finished, period.
내 딸 주위에 얼씬 거리다 눈에 띄면 넌 끝장이야, 이상.

- Now that you can't be happy, you don't want anyone else to be, period. 네가 행복할 수 없으니 다른 사람도 그렇길 바라는거지, 그만 하자고.

period는 강조하는 표현으로 자기의 입장을 말한 뒤 맨 끝에, period하게 되면 자기는 이미 입장을 결정했고 더 이상 얘기하고 싶지 않다는 것을 강조하는 표현이다.

I'm having my period.
생리중야.

- She was supposed to go to Pilates, but she got her period. 갠 필라테스 가야되는데 생리 중이었어.

get[have] a period는 '생리하다'라는 말로 get[have] one's period, 혹은 I have the rag on이라고도 한다.

» person

It's just nothing personal. 개인적인 감정 때문이 아니야.

They asked me to participate in person.
걔네들은 내게 직접 참가하라고 했어.

- I'd rather talk to Gwen in person. 내가 직접 그웬을 만나 얘기하겠어.
  I'd prefer to say this to you in person. 난 직접 만나 네게 이걸 말하길 바래.

in person은 통신이나 3자를 통한 간접적인 방법이 아니라 직접 face to face하게 만나는 것을 말한다.

Terry's not really a people person.
테리는 그렇게 사교적인 사람은 아냐.

- I'm an excellent people person. 난 아주 사교성이 뛰어난 사람이야.
  Well, I'm a real people person. 어, 난 정말 사교적인 사람야.

people person은 사람들과 어울리기를 좋아하는, 즉 '사교성이 많은 사람'을 말한다.

Let's not make it personal.
사적인 것으로 만들지 맙시다.

- This isn't about revenge. Don't make it personal. 이건 복수에 관한 것이 아냐. 사적인 것으로 만들지 마.

make it personal은 '다른 사람의 감정을 건드리거나 분노나 화를 내게 할 뭔가를 하는 것'을 뜻하는 표현.

This is gonna get personal, isn't it?
이건 개인적인 문제로 될거야, 그렇지 않아?

- She let things get personal. 갠 상황을 사적으로 만들어버려.
  I don't get personal with the customers. 난 고객들과 사적으로 친해지지 않아.

get personal은 make it personal과 같은 말로 '분노나 화 등 사적인 감정이 생기는 것'을 말하며 경우에 따라서 '개인적으로 친해지는 것'을 말할 수도 있다.

It's just nothing personal.
개인적인 감정 때문이 아니야.

- I don't do virgins. It's nothing personal. 처녀는 (강간)안해. 개인적인 건 아니고.
  She'll hate you forever. It's just nothing personal. 갠 널 영원히 증오할거야. 개인적 감정이 있어서 하는 말은 아니고.

(it's) nothing personal은 '개인적인 감정 때문에 그러는 게 아냐,' '너를 비난하자는 게 아니야'라는 의미이다.

MORE EXPRESSION

missing person 실종자
feel like a new person 다시 태어난 기분이다

» pervert

Let go of me, you pervert! 놔줘, 이 변태야!

Wait! You can't lock me up with a pervert.
잠깐! 변태랑 날 가둬두면 안돼.

- Let go of me, you pervert! You're hurting me! 놔줘, 이 변태야! 아프다고!
  Jury's not gonna have a lot of sympathy for a perv.
  배심원은 변태에게 많은 동정심을 갖지는 않을거야.

■ pervert는 명사로 '변태,' '성도착자'라는 말로, 줄여서 perv라고도 한다.

He's perverting god to justify murder.
걘 신을 왜곡하면서 살인을 정당화하고 있어.

- It's been perverted beyond recognition. 그건 몰라보게 왜곡되었어.
  He flashed her, he perved her in ways she's not even aware of.
  걘 자기 몸을 그여자에게 노출하고, 걔도 모르는 방식으로 성적으로 타락시켰어.
  That perverted bitch is still chasing my little boy!
  저 변태같은 년이 아직도 내 아이를 뒤쫓고 있어!

■ pervert 이번에는 동사로 '나쁜 쪽으로 왜곡하다,' '성적으로 타락시키다' 또한 perverted 하면 '비정상적인,' '도착된'이라는 형용사.

» pet

It's a pet peeve. 그거라면 질색야.

It's a pet peeve.
그거라면 질색야.

- What is Monica's biggest pet peeve? 모니카가 제일 혐오하는게 뭐야?
  One of my biggest pet peeves is cell phones in court.
  제일 짜증나게 하는 것중 하나가 법정에서 핸드폰 쓰는거야.

I was just petting him.
난 단지 걜 애무하고 있었을 뿐이야.

- Dana is in bed. She's petting her cat. 데이너는 침대에서 고양이를 쓰다듬고 있어.

■ pet peeve에서 peeve는 약올림이라는 단어로 pet은 여기서 peeve를 더욱 강조해주는 역할을 해서 pet peeve하면 '정말 혐오하는 것,' '발끈하게 하는 것'을 말한다.

■ pet은 동사로 '애무하다,' '쓰다듬다'라는 단어로 petting은 명사로 거의 우리말화된 단어로 heaving petting하면 '농도짙은 애무'를 뜻한다.

MORE EXPRESSION

teacher's pet 선생님이 편애하는 학생
petting zoo 동물을 만질 수 있는 동물원

놓치면 원통한 미드표현들

- **perk sb up** 기운나게 하다
  I need some coffee to perk me up.
  기운 좀 나게 커피가 필요해.
- **perk** 특전
  I guess sleeping with your boss has it's perks. 사장하고 자는건 그 나름의 특전이 있을거야.
- **perky** 활기찬
  No, they said I was too perky.
  아니, 걔들이 내가 너무 활기찼다고 했어.
  Cindy is a naturally perky person.
  신디는 태생이 활기찬 사람야.

» phase

Maybe it's a phase. It'll pass. 잠시 그러는 거야. 지나갈거야.

It was a phase.
한 때 그러는 거였어.

- It was a phase. I got over it. 한 때 그랬지. 난 극복했어.
  Maybe it's a phase. It'll pass. 잠시 그러는 거야. 지나갈거야.
  Puberty is a phase. Fifteen years of rejection is a lifestyle.
  사춘기는 지나가는 단계야. 15년간의 반항은 삶의 한 방식야.
  You and Garron are in the honeymoon phase.
  너와 개론은 밀월단계에 있어.

be a phase에서 phase는 단계, 과정, 국면이라는 의미로 미드에서 be a phase하면 근심거리가 있는 사람에게 위로하는 표현으로 '지나가는 과정이다,' '한 때 저러는거다'라는 뜻으로 많이 쓰인다. It's just a phase S+V라고 해서 지나가는 과정이 뭔지 구체적으로 말할 수도 있다.

He got phased out!
갠 더 이상 쓸모가 없어졌어.

- You're not gonna be phased out! 넌 용도폐기처분되지 않을거야!
  Emily, dammit, I am being phased out. 에밀리, 젠장헐, 난 잘릴거야.

phase out은 '단계적으로 없어지다,' '중단하다'라는 의미.

MORE EXPRESSION

in phases 단계적으로

» physical

Did you and Chris ever get physical? 너 크리스하고 섹스해본 적 있어?

All new employees get a physical.
모든 신입직원은 건강검진을 받아야 한다.

- I'm supposed to give you a physical this evening.
  오늘 저녁에 널 검진하기로 되어 있어.
  You're going to do a physical? 건강검진 받을거야?

get a physical은 건강검진(physical examination)을 뜻해 get a physical 혹은 do a physical하면 '건강검진을 받다'라는 말이 된다.

Did you and Chris ever get physical?
너하고 크리스하고 섹스해본 적 있어?

- He walked me out to my car. Things got physical.
  갠 내 차까지 같이 걸어오더니 몸싸움이 일어났어.
  It's good that we got out and did something physical.
  나가서 활동적인 일을 하는게 좋아.
  He posted intimate details of their physical relationship on his blog. 갠 자기 블로그에 걔네들 육체관계를 은밀한 상세부분까지 올렸어.

get physical은 '육체적인 관계를 맺다(have a physical relationship)'라는 뜻. 하지만 문맥에 따라 '물리적 폭력을 쓰다,' '활동적이다'라는 뜻으로도 쓰인다. 그런점에서 do something physical하면 '활동적인 일을 하다'라는 뜻이 된다.

No physical evidence.
아무런 물적 증거가 없어.

- I don't rely solely on physical evidence. 난 단지 물적 증거에만 의존하지 않아.
  Do you have physical evidence confirming it's your guy?
  걔가 네가 찾던 범인이라고 확신하는 물적증거가 있어?

physical evidence는 '물적 증거,' 물리적 증거를 뜻한다.

MORE EXPRESSION

physical person 체력이 좋고 육체활동을 좋아하는 사람

I see you've picked up the pieces. 네가 다시 회복된 것을 알겠어.

I think things are picking up.
사정이 나아질거야.

- I needed things picked up in New York. 난 뉴욕에서 상황이 좋아져야 돼.
  Things pick up around the holidays. 휴일에는 상황이 좀 좋아져.

▬ (things) pick up 주어로 things 등 어떤 상황을 뜻하는 게 나오면 이때 pick up의 의미는 '좋아지다,' '나아지다'(get better)라는 의미이다.

I'll pick you up at eight.
8시에 차로 데리러갈게.

- I'd love to go with you. Pick me up at 10:00. 같이가면 좋아. 10시에 픽업해.
  You just picked up this girl and dropped her off downtown.
  네가 이 여자를 차로 태워서 시외에서 내려줬지.

▬ pick sb up은 거의 우리말화된 표현으로 '차로 데리러가다,' '픽업하다'라는 말.

The cops picked up one of the thieves.
경찰은 도둑들 중 하나를 잡았어.

- I'm hoping to pick up a hot babe. 핫걸을 하나 건지기를 바래.
  Doesn't want to get picked up. 체포되기는 원치 않아.
  He got picked up in the pouring rain by a New York cabbie.
  걘 비가 쏟아지는데 뉴욕택시운전사에 의해 납치됐어.

▬ pick up은 그 외 다양한 의미로 쓰이는데 '체포하다,' '납치하다' 혹은 속어로 '섹스하기 위해 이성을 고르는 것'을 말한다. 또한 get picked up하면 '선발되다,' '선택되다,' '체포되다,' '차출되다' 등 문맥에 따라 다양한 의미로 쓰인다.

I want you to pick it up, and we want you to talk to us.
전화받아, 우리에게 말하길 바래.

- Just keep it there. I'll pick it up right after school.
  그대로 갖고 있어. 방과후에 바로 가져갈게.
  I'm gonna pick up my clothes from the dry cleaners.
  세탁소에서 옷을 가져올거야.

▬ pick up이 사람이외의 것을 목적어로 받을 경우에도 다양한 의미로 쓰이는데 '뭔가를 사다,' '수집하다,' '병(disease)에 걸리다,' '청소하다,' '배우다,' '받다' 등으로 쓰인다.

I see you've picked up the pieces.
네가 다시 회복되었네.

- I hightailed it over here to pick up the pieces of your broken heart. 걘 빨리 이리로 와서 상심한 너를 추스렸어.
  But as always, her friends had come to help pick up the pieces.
  하지만 언제나 그렇듯, 걔 친구들이 와서 몸과 맘을 추스르는 것을 도와줬어.

▬ pick up the pieces는 조각조각난 piece를 주워모으는 모습을 연상해보면 된다. 어려운 시절, 힘든 경험을 한 다음 '다시 회복하다,' '몸과 맘을 추스르다,' '재기하다'라는 의미가 된다.

Stop picking on me.
날 못살게 굴지마.

- I don't understand why you people are picking on my friend.
  너희들이 왜 내 친구를 골리는지 모르겠어.
  Oh! I don't usually pick up on those things. Good for me.
  오! 보통 저런 것들 알아차리지 못해. 나한테 잘된 일이지.
  When did you pick up on that? 언제 알아차렸어?

▬ pick on sb는 부당하게 그리고 못되게 비난하면서 'sb를 괴롭히는 것'을 말한다. 비슷하게 생겼지만 pick up on은 '…을 이해하다,' '알아차리다' 라는 의미. 하지만 pick sb up on sth[it]은 '…에 대해 한마디 하다,' '혼내다'라는 뜻이 되니 주의해야 한다.

I couldn't pick and choose.
골라잡을 수가 없었어.

- This is a great store to pick and choose clothes from.
  여긴 옷을 고를 수 있는 멋진 가게야.
  You can't pick and choose your relatives. 넌 네 친척을 고를 수 없어.

pick and choose는 비슷한 동사 두 개가 and로 연결되어 한단어처럼 사용되는 경우로 '까다롭게 고르다'라는 의미.

It was difficult to pick my words.
말을 골라서 하기가 어려웠어.

- Pick your words carefully so you don't insult them.
  그 사람들을 모욕하지 않도록 말을 가려서 해.
  Pick your words carefully when you answer. 대답할 때 말을 가려서 해라.

pick one's words는 있는 말을 골라서 하다, 즉 '말을 신중히 하다,' '조심히 하다'라는 의미.

Take your pick.
맘대로 골라.

- You can take your pick. 맘대로 골라서 가져가.
  She's really picky about her patients. 걘 자기 환자들에게 정말 까다롭게 굴어.
  I realize why I'm still single. I'm picky. 내가 왜 싱글인지 난 알아. 까다롭거든.

take one's pick pick이 명사로 쓰인 것으로 '…가 맘에 드는 것을 고르다'라는 표현. 또한 be really picky는 '성깔이 까다롭다'라는 말로 choosy, finicky라고 해도 같은 계열의 단어들.

MORE EXPRESSION

pick holes in 허점잡아 비난하다
pick a winner 우승자를 고르다
the pick of sth 최고의
the pick of the bunch 최고
pick-up line 작업용 멘트
pick-up 섹스하려고 바나 파티에서 만난 사람

» picture

Ryan was out of the picture. 라이언은 더이상 관심의 대상이 아니었어.

I get the picture.
알겠어.

- I think you get the picture. 난 네가 알고 있다고 생각해.
  Now you're getting the picture. 이제 어떤 상황인지 이해하겠지.

get the picture는 그림을 보듯 '상황을 알고 이해하고 있다'는 표현.

Ryan was out of the picture.
라이언은 더이상 관심의 대상이 아니었어.

- She's nicer now that her parents are out of the picture.
  걘 부모님이 없으니 더 착해졌어.
  We started dating when Mike was out of the picture.
  우리는 마이크가 없자 데이트하기 시작했어.

be out of the picture는 그림 밖에 있다라는 뜻으로 '관련이 없다,' '중요하지 않다,' go out of the picture 역시 '주어가 지금 없거나 전혀 영향력이 없어 문제가 되지 않다'라는 뜻이 된다.

You wanted Jessica out of the picture.
넌 제시카를 고려하지 않길 원했지.

- She's not talking till we get Jack out of the picture.
  걘 잭을 제외시켜야 말을 하겠대.
  I could've forced you out of the picture altogether.
  난 너희들 모두를 빼버릴 수도 있었어.

put[want] sb out of the picture는 '…을 제외하다,' '배제하다,' 또한 get sb out of the picture 역시 'sb를 제외하다.' 하지만 get out of the picture는 '…에서 빠져나오다,' '관련되지 않다'가 된다. 한편 (now) with sb out of the picture는 out of the picture를 응용한 표현으로 'sb가 없는, 배제된 상황에서'라는 말.

You're just the way I pictured you.
생각했던 대로군.

- Yeah. It's just how I always pictured it. 그래. 그건 내가 항상 생각했던대로야.
  I mean, I never pictured it going down this way.
  내 말은 난 절대로 그게 이렇게 되리라고 생각해본 적이 없어.

picture는 동사로도 쓰여 '머리 속에 그리다,' '생각하다,' '예상하다'라는 뜻으로 쓰인다. 사람, 사물 다 목적어로 올 수 있다.

You're the picture of health.
넌 건강의 화신이야.

- He was the picture of health. 걘 무척 건강해.
  He may not be the picture of sanity. 걘 위생을 그리 신경쓰지는 않아.

the picture of health [despair] 물론 the picture of~하면 일반적으로 …의 사진이라는 뜻이지만 뒤에 health, despair, sanity, guilt, misery 등이 오면 '…의 화신,' 즉 '무척 …하다'라는 의미가 된다.

» piece

You're a piece of shit. 넌 뭐같은 새끼야.

I want a piece of the action.
한 몫 떼어줘.

- I guess he wanted a piece of the action. 걔가 한몫 원했던 것 같아.
  How about if I cut you in for a piece of the action?
  내가 한몫 챙겨주는건 어때?

a piece of the action은 '각자에게 떨어지는 할당,' '분담,' '몫'을 뜻한다.

You want a piece of me, boy?
야, 너 한번 내 맛 좀 볼래?

- You want a piece of me, sir? Is that what your saying?
  나랑 해보시겠다는 거예요? 그 말씀이세요?
  Ever since I got here he's wanted a piece of me!
  내가 여기 온 이후로 걘 나랑 붙어보려고 했어!
  It's a piece of cake. 그건 식은 죽 먹기야.

want a piece of sb하면 '…와 한번 붙어볼래'라는 싸움을 걸거나 협박할 때 사용하는 표현. 하지만 of 다음에 sth이 오면 위에서 봤듯이 '한몫을 챙기려하다,' 한조각을 원하다 등 '…을 원하다'라는 뜻이 된다.

He completely goes to pieces.
걘 완전히 망가지고 있어.

- Don't go to pieces. 절망하지마.
  It is sad to go to pieces like this. 이런 식으로 망가지다니 슬프다.
  Those men out there will tear you to pieces.
  저기 저사람들이 널 망가트릴거야.

go to pieces는 '산산조각나다,' '엉망이 되어버리다'라는 뜻으로 근심걱정 등으로 절망하거나 자포자기하다라는 뜻이다. 또한 smash[rip, tear] sth to pieces는 '산산조각으로 때려부수다,' '찢다'라는 의미로 완전히 망가트리다, 발기발기찢다라는 의미.

All right, we're all in one piece again.
좋아, 우린 다시 건강해졌네.

- Thanks for bringing her back in one piece. 걜 무사히 데려와줘서 고마워.
  I just want you to get there in one piece. 내가 거기까지 무사히 당도하길 바래.

be still in one piece에서 in one piece는 산산조각나지 않고 온전히라는 뜻으로 '여행이나 힘든 상황을 무사히 안전하게 넘겼다'는 뉘앙스. get here in one piece하면 '무사히 도착하다.'

You're a piece of shit.
넌 뭐같은 새끼야.

- Told you it **was a piece of crap**. 아주 엉망이라고 말했잖아.
  I don't know why I pulled strings to get an invite to **this piece of shit** party. 이런 개같은 파티에 올려고 힘써서 초대장을 받았는지 모르겠네.

be a piece of shit[crap]는 똥조각으로 안좋은 것들이란 말을 속어로 강조할 때 쓰는 말. '말도 안되는 거짓말이다,' '엉망이다,' '개떡같다'등 문맥에 맞게 아주 안좋은 쪽으로 해석하면 된다.

That guy's a piece of work.
이 친구는 정말 까다로워.

- But this guy is **a piece of work**. You gotta check this out.
  하지만 이 친구는 좀 특이해. 잘 주시해봐야 돼.
  I mean, you are **a piece of work**. 내 말은 너 정말 이상한 놈이야.

be a piece of work는 '주어놈의 성격이 좀 특이하고 까다롭다'(be unusual or difficult)라는 말.

MORE EXPRESSION

come to pieces 박살나다
be all of a piece 다 똑같다

» pin

You can't pin that on me. 나한테 뒤집어 씌우지마.

I was on pins and needles.
나 바늘방석에 앉아있는 기분이었어.

- Well, we'**re on pins and needles**. 저기, 우린 무척 초조해하고 있어.
  I'**m on pins and needles**. I wonder how you'll decide.
  난 좌불안석야. 네가 어떻게 결정할지 궁금해.

be on pins and needle 핀하고 바늘 위에 있으니 얼마나 초조하고 좌불안석일까… '바늘방석에 앉아있다,' '좌불안석이다,' '안절부절못하다'라는 의미이다.

You can't pin that on me.
나한테 뒤집어 씌우지마.

- Don't try to **pin it on** me! 내 잘못이라 돌리지마!
  You didn't give Forman a chance to **pin it on** me.
  내게 뒤집어씌울 수 있는 기회를 넌 포먼에게 주지 않았어.

pin it on sb 역시 범죄미드에서 많이 나오는 표현으로 자기 잘못을 다른 사람 잘못이라고 '죄를 전가시키다,' '뒤집어씌우다'라는 의미. pin sth in이라고 해도 된다.

Yeah, why don't we put a pin in that one?
그래, 그건 나중에 다시 얘기하자.

- Let's just **stick a pin in** it, OK? 그 결정은 좀 미루자, 응?
  They **put a pin in** his spine. 걔네들은 걔 척추에 핀을 꽂았어.

put[stick] a pin in+신체부위하면 핀이나 바늘로 신체를 찌르는 것을 말한다. 하지만 속어로 put a pin in sth하게 되면 수류탄에 핀을 꽂아둔다는 말로 '결정을 미루다,' '나중에 다시 얘기하자'라는 말로 점차 많이 쓰이는 표현.

Better than being a pinup boy.
핀업남되는 것보다 낫다.

- So you heard? And it's **pinup man**. 그래 들었어? 그리고 핀업남이야.
  Rita Hayword was **a famous pin up** 60 years ago.
  리타 헤이워드는 60년전 유명한 핀업걸였어.

pin-up 동사로 pin up하면 벽에 핀으로 고정시키다라는 말에서 pin-up하면 '벽에 보기 좋으라고(?) 걸어놓은 연예인 등의 노출사진'을 말한다.

MORE EXPRESSION

pin hopes on …에게 희망을 걸다, 기대를 걸다
pin money 소액의 번돈

I'm so pissed off. 난 진짜 열받아.

I pissed her off.
내가 걔를 열받게 했어.

- Don't piss off the people who handle the things you eat.
  네가 먹을 음식을 다루는 사람을 열받게 하지 마라.
  I'm sick of seeing you. Piss off! 네가 지겨워. 꺼져라!

I'm so pissed off.
난 진짜 열받아.

- I understand that you're pissed off. 네가 열받았다는 거 이해해.
  He isn't pissed at us. 걘 우리에게 열받지 않았어.

He took a piss in our pool.
걘 우리 풀장에서 오줌을 싸.

- I was taking a piss in the bushes when Cole spotted a girl.
  수풀 속에서 오줌을 싸고 있었는데 콜이 한 소녀를 발견했어.
  They took the piss out of me when I fell down.
  내가 넘어졌을 때 걔네들이 날 놀렸어.

You did a piss poor job on this one.
너 이 일을 진짜 형편없게 했어.

- You did a piss-poor job of protecting this one.
  넌 이것을 지키는데 일을 아주 형편없이 했어.
  Sounds like a piss-poor captain. 저질 선장같은데.

Our new cat is full of piss and vinegar.
우리 새 고양이는 아주 활력이 넘쳐.

- She was full of piss and vinegar when I met her.
  걘 내가 만났을 때 아주 활력이 넘쳤어.
  Those kids were full of piss and vinegar. 저 애들은 정말 매우 활동적이야.

piss off sb 혹은 piss sb off는 'sb를 엄청 열받게하다, 화나게하다, 짜증나게하다'라는 말이다. 또한 명령형태로 Piss off!하면 썩 꺼져라(Go away!)라는 뜻인데 영국영어로 미국영어에서는 그리 많이 쓰이지 않는다.

be pissed off는 수동형으로 '주어가 열받은 상태를 말하는 것'으로 pissed 앞에 so나 really 등을 붙여 더 강조할 수도 있다.

take[have] a piss는 '오줌싸다'라는 말로 별로 얌전치 못한 표현. 한편 take the piss (out of)하면 '놀리다'라는 뜻의 영국영어.

do a piss-poor job에서 piss-poor은 아주 형편없는, 저질의라는 의미로 do a piss-poor job하게 되면 '아주 일을 형편없게 하다'라는 의미가 된다.

be full of piss and vinegar는 '활력이 넘치다,' '활동적이다'라는 말이다.

MORE EXPRESSION

pissy 무척 짜증나고 화난
piss in the wind 바보짓을 하다
be a piece of piss 식은죽 먹기이다
be on the piss (술) 왕창 마셔대다

놓치면 원통한 미드표현들

- **perp** 범인
  Said he wants the perp arrested yesterday.
  범인이 어제 잡히길 원하다고 말했어.
  The perp must've really enjoyed watching this guy suffer.
  범인은 정말이지 이 사람이 고통받는 걸 즐긴 것 같아.
  What makes a perp a perp?
  무엇이 범인을 범인으로 만드는 걸까?
  Your perp is most likely well-educated, attractive.
  네가 찾는 범인은 교육을 많이 받고, 매력적인 것 같아.

» pitch

I have a pitch for you to listen to. 내가 제안할테니 잘 들어봐.

Let's pitch in.

조금씩 보태자.

- Why don't we all pitch in 50 bucks. 우리 모두 50달러씩 갹출하자.
  So you'll be in charge. I'm just gonna pitch in a little.
  그럼 네가 책임져. 난 그냥 조금 보탤테니.

I plan to make a pitch for the new job.

새로운 일을 구하기 위해 열을 올릴 계획야.

- The salesman came to make a pitch for his product.
  영업사원은 와서 자기 제품에 대해 열을 올렸어.
  I'm just gonna make a final pitch for the funding and then say good night. 자금을 펀딩하는데 마지막 피치를 올리고 작별인사를 할거야.

I have a pitch for you to listen to.

내가 제안할테니 잘 들어봐.

- Do you have a pitch for the staff meeting
  임원회의에서 어떤 제안을 제시할거야?

▬ pitch in은 '어떤 일을 하는 사람들을 도와 함께 하다,' '돈을 조금씩 내서 모으다,' 혹은 '대화 도중에 의견이나 아이디어를 내다' 라는 뜻이다. 어떤 뜻이든 남을 도와준다는 개념이 있는 표현으로 ~pitch in and help~형태로도 많이 쓰인다.

▬ make a[one's] pitch (for sth) '(…을 얻으려고) 설득해서 …하다,' '…하기 위해 열을 올리다,' '피치를 올리다,' '찬성하다' 라는 의미.

▬ have a pitch for sb 역시 같은 표현으로 '…에 대해 열을 올리다.' 다른 사람의 승인을 받기 위해 어떤 제안이나 아이디어를 내놓다라는 뜻.

MORE EXPRESSION

queer the pitch for sb …의 계획을 사전에 좌절시키다,' '몰래 망치다' (오래된 영국식 영어)
pitch sb a line 거짓말을 늘어놓다
on the pitch 야망에 넘쳐

O P

» pity

Do they often take pity on you? 걔네들이 종종 널 불쌍히 여기니?

I don't feel sorry for you. I pity you.

너한테 미안한 생각보다는 불쌍하다는 생각이 들어.

- I don't hate you, Maisy. I pity you. 널 싫어하지 않아. 메이지, 난 널 동정해.
  Don't you look at me like that. Don't you, pity me.
  날 그런식으로 보지마. 날 동정하지마.

It's a pity your friend isn't here to see this.

네 친구가 여기서 이걸 못보다니 안타까워.

- It's a pity you never got to know her. 네가 걔를 절대로 알 수 없다는 게 안타까워.
  That's a pity, then. He might still be alive. 안됐네, 그럼. 아직 살아있을 수도 있네.

Do they often take pity on you?

걔네들이 종종 널 불쌍히 여기니?

- I think they took pity on me. 난 걔네들이 날 불쌍히 여기는 것 같아.
  You begged to have dinner and I took pity on you.
  넌 저녁먹자고 애걸했고 난 널 가엾게 봤어.

▬ pity sb 보통 pity는 명사로만 알았지만 미드에서는 '동정하다,' '불쌍하게 생각하다' 라는 의미의 동사로도 많이 쓰인다. 특히 pity 다음에 바로 전치사 없이 sb가 온다는 점을 주목한다.

▬ (It's a) pity (that)[to~]는 '…하는 것은 유감이다,' '안타깝다,' 그리고 That's (great) a pity는 '참 안됐다,' 그리고 What a pity! 역시 강조표현으로 '참 안타까워!' 라는 의미.

▬ take[have] pity on sb는 'sb를 불쌍하게 여기다,' '가엾게 보다' 라는 의미.

MORE EXPRESSION

more's the pity 불행히도
for pity's sake 제발

It's not my place. 내가 나설 자리가 아냐.

He's really going places.
걘 정말 잘 나가고 있어.

- Lillie's going places. You know, she's on her way up.
  릴리는 성공적으로 살고 있어. 저기 말이야, 걘 잘나가고 있어.
  Jill was special. She was going places. 질은 특출났어. 잘 나가고 있었어.

be going places는 진행형으로 '성공적인 삶을 살아가다,' '잘나가다'라는 의미.

He couldn't place me.
걘 나를 알아볼 수가 없었어.

- I can't place you. 누구시더라.
  This is the only one I can't place. 이게 내가 유일하게 기억못하는거야.

can't place sb[sth]는 '…을 기억하지 못하다,' '알아차리지 못하다.'

I don't want to go back to that ugly place, really.
그 얘기 정말 또 하고 싶지 않아.

- If you came here sucking after forgiveness, you came to the wrong place. 용서를 구하러왔다면 잘못왔어.

go back to the ugly place는 비유적 표현으로 '그 얘기는 다시 하고 싶지 않다,' 그리고 go[come] back to the wrong place하면 '잘못 짚다'라는 말이 된다.

I think you may have come to the right place.
네가 제대로 찾아왔던 것 같아.

- Well, you came to the right place. Here's what we're gonna do.
  잘 찾아왔어. 이게 우리가 해야 될 일이야.
  Are we in the right place? 우리가 제대로 온거야?

come to the right place는 '잘 찾아오다,' '제대로 찾아오다'라는 표현. 반대는 come to the wrong place로 '잘못 찾아오다'라는 말. 또한 be in the right place는 '제대로 된 곳에 있다,' '적절한 장소이다,' '제자리에 있다'라는 의미.

They're looking for us in the wrong place.
걔네들은 엉뚱한 곳에서 우리를 찾고 있어.

- I think you're in the wrong place. 난 네가 잘못된 곳에 있다고 생각해.
  Maybe that's because you're looking in the wrong place.
  아마 그건 네가 엉뚱한 곳에서 찾고 있기 때문일거야.

look for sb in the wrong place는 '잘못된 곳을 찾아왔다'는 말로 다른 곳으로 가서 일을 마무리해야 한다는 의미가 내포되어 있다.

I think we left it in a good place.
우린 그것을 안전한 곳에 놓은 것 같아.

- I'm in a good place. 난 기분 편안해.
  I want you to know that Blair and I are in a good place.
  블레어와 나는 기분이 좋다는 걸 알아줘.

be in a good place는 '기분이 좋고 안전하다는 느낌을 받다'(to feel safe and happy)는 말로 반대는 good 대신에 bad를 쓰면 된다.

It's not my place.
내가 나설 자리가 아냐.

- It's not my place to tell him. 걔한테 말하는 것은 내가 할 일이 아니야.
  There's no place for truth on the internet. 인터넷에 진실이 있을 곳은 없어.
  This is no place for a man. 남자가 있을 곳은 아냐.

be not one's place (to do) (…하는 것은) …의 자리가 아니다, 즉 '…가 나설 자리가 아니다,' '…가 상관할 바가 아니다'라는 의미의 표현. 또한 be no place for sb는 'sb에게 적절하지 못하다,' '…가 나설 자리가 아니다,' '…가 있을 곳이 아니다'라는 뜻이다.

Your behavior is out of place.
네 행동은 상식에 어긋난 행동야.

- Nothing looks out of place at all. 다 잘 어울려보이는데.
  He wouldn't look out of place to you. 걘 너랑 어울릴거야.

be out of place는 제자리에 없다라는 말로 '이상하다,' '어색하다,' '상식에 어긋나다'라는 뜻. look out of place는 '어울리지 않다,' '어색하다,' 그리고 feel out of place 역시 '어색하다,' '자기 자리가 아니다'라는 의미이다.

There's no plan in place.
아무런 계획도 준비되어 있지 않아.

- He probably had an escape plan in place.
  걘 아마도 탈출계획을 준비해놓은 것 같아.
  Let me know as soon as they're in place. 그것들이 준비 되는대로 알려줘.

have sth in place 반대로 in place는 제자리에 있다라는 말로 have sth in place나 be in place하면 '…가 준비되어 있다,' '…를 이용할 수 있다'라는 뜻이 된다.

Your place or mine?
너희 집 아니면 내 집으로 할까?

- We got chocolate and wine. Your place or mine?
  초콜렛과 와인이 있는데 누구집에서?

your place or mine에서 place는 구어체에서 집을 뜻하는데 이때는 주로 앞에 소유격이 붙는다. 이 표현은 '우리집에서 아니면 네집에서'라는 말로 일반적 의미로도 쓰이지만 이성이 누구집에서 그걸 할까하면 물어보는 표현으로도 유명하다.

I will take his place there, too.
내가 거기서도 걔를 대신할거야.

- Someone else will take his place. 다른 누군가가 걔를 대신할거야.
  All right everyone, take your places. 좋아요 다들 착석해주세요.

take the place of~는 '…대신하다'라는 표현으로 take sb's place라고도 한다. sb 대신 sth이 나오면 '…대신에 사용되다'라는 의미. 참고로 in place of~ 혹은 in one's place라고 하면 …대신에라는 뜻. 단 take your places는 굳어진 표현으로 '…을 하기 위해 자리를 잡다,' '착석하다'라는 의미.

I took second place.
난 그 다음이야.

- The runner took second place in the race. 그 주자는 경주에서 2등했어.
  In your heart he will always be second place to Alex.
  네 맘속에 걘 항상 알렉스 다음일거야.

take second place (to~)는 '…에 비해 덜 중요하다,' '…다음에 오다'라는 뜻으로 쓰인다.

Your prints were found all over the place.
네 지문이 도처에서 발견됐어.

- These are from all over the place. 이것들은 도처에서 온 것들이야.
  It looks like this guy's all over the place. 이 친군 동에 번쩍 서에 번쩍해.

all over the place는 '여기저기에서,' '도처에서,' '사방으로'라는 부사표현.

An alarm system was put in place at the bank.
비상경보장치가 은행에 설치됐어.

- A new boss was put in place at the office. 신임사장이 사무실에 취임했어.
  The computers were put in place at the library. 컴퓨터가 도서관에 설치됐어.

put in place는 '…가 실시되다,' '…을 구축하다,' '설치하다'라는 의미.

You need to put the students in their place.
넌 학생들의 기를 좀 죽여놔야 돼.

- John was put in his place when he lost the fight.
  존은 싸움에 지고나서 기가 죽었어.
  I put the kids in their place after they behaved badly.
  난 아이들이 행동을 나쁘게 한 후에 콧대를 꺾어놨어.

put sb in one's place는 '…의 콧대를 꺽다,' '기죽이다'라는 말로 주로 거만한 사람을 초라하게 만들다(do sth that makes an arrogant person more humble)라는 뜻이다.

MORE EXPRESSION

Nice place you have here. 집이 참 좋네요.
in one's place …을 대신하여
in the first place 첫째로

OP

What's the plan B? 두 번째 안이 뭐야?

Here's the plan.
자, 이렇게 하자.

- Here's the plan. We do nothing. 자, 이렇게 하자. 우리 아무것도 하지 않는거야.
  Here's the plan. You go down to the hotel and find him.
  자 이렇게 하자. 넌 호텔에 내려가서 걔를 찾는거야.

■ Here's the plan은 상대방에게 뭔가 제안하면서, 앞으로 어떻게 하자고 할 때 사용하는 표현으로 '(우리) 이렇게 하자'라는 뜻.

So you have a plan right?
그럼 계획있는거지, 맞아?

- If you have a plan, you should stick to it. 계획이 있다면 그 계획에 충실해.
  Everybody thinks they have a plan till things start to go wrong.
  다들 상황이 나빠지기 전까진 자신에게 계획이 있다고 생각하지.
  Got any fun plan? 뭐 재밌는 계획있어?

■ have a plan (to~)은 기본 표현으로 'to 이하를 할 계획이 있다'(do something specific), have got a plan, get a plan이라고 해도 된다. 계획이 없다고 할 때는 have no plan이라고 한다.

I've got plans.
약속이 있어서 말야.

- If he's got plans, he'll change them. 걔가 약속이 있으면 바꿀거야.
  Yeah, I'm sorry. I've got plans tonight. 그래, 미안해. 오늘 약속이 있어.

■ have (got) plans는 앞의 것과 관사(a)와 복수(~s)의 차이지만 의미가 달라져 '데이트나 사교모임(social events) 등의 약속이 있다'라고 말할 때 사용한다.

You want to make plans for New Years.
넌 신년계획을 세워봐.

- Did you make plans to have dinner together?
  함께 저녁 먹을 계획세웠어?
  We'll make a plan. Could I have a minute in private with David?
  우리는 계획을 세울거야. 데이빗과 둘이만 잠시 있어도 돼?

■ make plans (for, to) 혹은 make a plan하면 '(…의) 계획을 세우다'라는 의미.

We planned to meet for drinks.
우린 만나서 술마시자고 했어.

- We're planning to have sex right on the salad bar.
  우린 샐러드바에서 섹스할 생각야.
  Excellent! What are you planning to wear? 훌륭해! 뭘 입을 생각야?

■ plan to+동사는 '…할 예정이다'라는 말로 be planning to+동사의 형태로 자주 쓰인다. 그래서 I'm planning to+동사하면 '…할 계획이다,' '…생각이다'라는 뜻이다.

■ (It, That) sounds like a plan은 '좋은 생각이다'라는 말로 Sounds like a good idea와 같은 말이다.

Sounds like a plan.
좋은 생각이야.

- A: Sounds like a plan. B: Count me in. A: 좋은 생각야. B: 나도 끼워줘.
  A: We're going to do something about it. B: Sounds like a plan.
  A: 그에 대해 뭔가 할려고. B: 좋은 생각이야.

■ plan A는 '첫 번째 세운 계획'을 말하고, plan B는 'plan A가 예상대로 되지 않을 때의 비상계획'을 plan B라고 한다.

What's the plan B?
두 번째 안이 뭐야?

- He's not going to be here, so let's go to plan B. 걘 안올테니 플랜B로 하자.

MORE EXPRESSION

be against[for] the plan
그 계획에 반대하다

I'm dead (set) against it.
그것에 절대 반대해.

Don't play dumb with us! 우리한테 바보인 척 하지마!

He made a play for her.
걔가 그 여자한테 대쉬했어.

- I can't believe she made a play for Orson. 걔가 올슨에게 작업을 걸다니.
  Jim made a play for his friend's girlfriend. 짐은 친구여친에게 작업걸었어.

make a play for~는 '…을 노리다,' '이성을 유혹하다,' '작업을 걸다' 등의 의미로 for 다음에는 사람이나 사물 다 올 수 있다.

Just play dead and cover your face.
그냥 죽은 척하고 얼굴을 가리고 있어.

- I'm not ready to roll over, and play dead just yet.
  내가 쉽게 물러나 죽은 척할 순 없어.
  I don't need your help. Stop trying to play the wife.
  네 도움 필요없어. 아내인 척 하지마.

play dead는 '죽은 척하다'로 여기서 play는 pretend(…하는 척하다). play 다음에 다양한 명사와 형용사가 올 수 있다. play God는 '신처럼 행동하다,' play the idiot는 '바보인 것처럼 행동하다,' play the teacher하면 '선생님인 것처럼 행동하다'라는 뜻이 된다.

Don't play dumb with us!
우리한테 바보인 척 하지마!

- Don't play innocent with me. 아무것도 모르는 척 하지마.
  You still haven't learned to play nice with others?
  다른 사람들에게 잘 대해주는 걸 아직 못배웠구나.

play dumb은 또한 '바보처럼 행동하다,' play innocent하면 '아무 것도 모르는 척하다'라는 의미. 또한 play nice with~는 '…에게 착하게 굴다,' '좋게 대하다'라는 표현. 거꾸로 nice play하면 스포츠에서 멋진 장면이 나올 경우에 하는 말.

You played me from the beginning.
넌 처음부터 날 갖고 놀았어.

- You've been playing me since day one. 넌 첫 날부터 날 갖고 놀았어.
  Jack played me some of his music later. 잭은 나중에 자신의 음악을 들려줬어.

play sb하면 우리말처럼 'sb를 갖고 놀다'라는 의미. 하지만 play sb라고 무조건 그렇게 해석하면 안된다. 뒤에 다른 단어가 이어져 옆의 예문처럼 다른 뜻이 될 수도 있기 때문이다.

You have to know the rules to play the game.
정당하게 행동하는 법을 넌 알아야돼.

- Nate and I don't need to play games. 네이트와 난 수작부릴 필요가 없어.
  Don't play games with me. 날 갖고 놀지마.

play the game은 '정정당당하게 행동하다,' '올바르게 행동하다,' play a game하면 '게임을 하다,' 그리고 play games (with)하면 문맥에 따라 게임하다라는 뜻도 되지만 자신의 속맘을 숨기고 뭔가 목적을 달성하기 위해 '수작부리다,' '갖고 놀다'라는 뜻이 된다.

놓치면 원통한 미드표현들

- **a pest** 귀찮은 사람, 아이
  He says "thank you" and apologizes for being such a pest.
  갠 고맙다고 말하고 귀찮게 굴어서 죄송하다고 했어.
- **pester sb for[to~]** …에게 …해달라고 성가시게 하다
  Everybody has been pestering me about my love life this week.
  다들 이번주 내 연애사에 대해 계속 성가시게 하고 있어.
- **be petulant** 심통부리다
  Come on, don't be petulant. Just pick up the stupid can!
  이봐, 심술 부리지마. 그냥 바보같은 캔하나 집어!
- **be pickled** 술에 절다
  Yeah, everyone at the party was pickled.
  그래, 파티의 많은 사람들이 술에 절었어.
- **be in a little bit of a pickle** 곤란하다
  That does put us in quite a pickle.
  그러면 우리가 꽤 어려움에 처하는데.

The thief played into the policeman's hands.
도둑은 경찰의 계략에 놀아났어.

- You're playing into the hands of your enemies. 넌 적의 술수에 놀아나고 있어.
  These events are playing into our hands. 이 사건들은 우리에게 유리하게 돌아가.

play into sb's hands는 '자신도 모르게 …의 손아귀에서 놀아나다,' '…의 계략에 빠지다,' 라는 슬픈 표현. 즉 sb가 다른 사람을 속이거나 함정에 빠트리려는 계획이 잘 돌아가고 있다는 말

Her brain plays tricks on her.
걔의 뇌가 걜 혼란스럽게 하고 있어.

- He asked me why I was playing tricks on him. 왜 자기를 골려댔는지 물었어.
  Divorce can play some very nasty tricks on your psyche.
  이혼은 네 정신에 아주 안좋은 영향을 끼칠 수 있어.

play tricks on은 '놀리다,' '장난치다,' '혼란스럽게하다' 라는 표현으로 특히 만우절에 사람들이 많이 하는 행동.

You don't get a good cop to play off of.
넌 너와 죽이 잘 맞는 좋은 경찰역을 할 사람이 없는거야.

- The two actors played off each other well in the movie.
  두 배우는 영화에서 궁합이 잘 맞았어.
  This will work better if you play off a partner.
  네가 파트너와 잘 조화를 이루면 이건 더 잘 될거야.

play off sb[sth]는 '연극 등의 공연에서 배우들끼리 소통을 원할히 잘하다' 혹은 '두 적을 서로 싸우게 만들어 득을 보는 이이제이에 가까운 공략법.'

Now she wants to play with us.
이제 걘 우리랑 놀고 싶어해.

- You shouldn't play with a hooker. 넌 창녀와 어울리면 안돼.
  I've been playing with myself and I feel much more confident.
  자위를 했더니 자신감이 붙네.

play with~는 '놀다,' '만지작거리다,' '가지고 놀다,' '가볍게 다루다.' 다만 play with oneself는 touch oneself라는 말로 '자위하다'(masturbate) 뜻이 되니 조심해서 써야 한다.

What are you playing at?
뭐하는 짓이야?

- I have been playing at this job. 난 이 일을 적당히 하고 있었어.
  My friend's band is playing at the Filibuster tonight in Georgetown. 내 친구의 밴드가 오늘밤 조지타운의 필리버스터에서 공연해.

play at은 '장난삼아 …하다' 이지만 play at+장소하면 문맥에 따라 '연주하다,' '놀다' 등의 단순한 의미가 될 수도 있다.

That rule is completely played out.
저 규칙은 아무 효력도 없어.

- Well, if that's how it played out, should we void his arrest?
  어, 그게 그렇게 되었다면, 걔 체포를 무효로 해야겠네?
  This cell phone is played out. I need a new one. 이 핸폰안돼. 새거가 필요해.

be played out은 '효력이 없는'(no longer useful), 또 다른 의미로는 '어떤 일이 진행되거나 일어나는 방식'을 뜻한다.

When the cat's away, the mice will play.
호랑이가 없으면 토끼가 날뛰지.

- When the cat's away, the mice will play. Have fun, little rodents. 고양이가 없으면 쥐들이 활개치겠지. 재밌게 놀아. 설치류들아.

when the cat's away, the mice will play는 고양이가 없으면 쥐들이 날뛴다라는 말로 우리말 속담으로는 호랑이 없는 곳에서 토끼가 날뛴다에 해당된다. '윗사람이나 지도하는 사람이 없으면 맘놓고 활개친다'라는 의미.

MORE EXPRESSION

sth be playing (영화 등)상영중이다
What's playing? 뭐가 상영중야?
play one's cards close to one's chest 속내를 들어내지 않다
play the second fiddle 단역을 맡다

» plead

We'll plead not guilty. 우리는 무죄를 주장할거야.

We'll plead not guilty.

우리는 무죄를 주장할거야.

- I'll plead guilty if that's what it takes. 치르어야 할 대가라면 유죄를 인정할거야.
  Pleading guilty? What kind of a strategy is that?
  유죄를 인정한다고? 무슨 속셈이야?

■ plead not guilty는 형사 사건에서 피고가 자신은 '무죄라고 답변하다' 라는 것으로 이 답변을 나오게 묻는 재판장의 질문은 How do you plead?(어떻게 답변하겠어요?)이다. plead innocent도 같은 말.

I plead the Fifth.

묵비권을 행사할게요.

- I plead the Fifth, Your Honor. 묵비권을 행사합니다, 재판장님.
  Then you can't plead the Fifth. Proceed. 넌 묵비권을 행사못해. 계속 진행해.

■ plead the Fifth는 법정에서 자신에게 불리할 수도 있는 사항은 말을 하지 않아도 된다는 것으로 '묵비권을 행사하다'란 말. 묵비권 조항이 있는 미수정헌법 제 5조에서 유래한 표현으로 take the fifth라고 해도 말을 하지 않다 라는 뜻이 된다.

She is hoping we'll plead for manslaughter.

걔는 우리가 과실치사로 간청하기를 바라고 있어.

- I beg and plead with him, he says he'll try and come.
  난 걔한테 간청을 했고 걘 와보겠다고 했어.
  I pleaded with my son to come home. 난 아들에게 집에 오라고 간청했어.

■ plead for~는 '무척 애타게 간청하다'라는 표현으로 plead with sb to~하면 'sb에게 to 이하를 해달라고 간청하다'가 된다. beg, ask for와 같은 맥락.

You cannot enter a plea of guilty.

넌 유죄를 인정하면 안돼.

- Your plea of guilty is accepted. Sentencing in two weeks.
  유죄인정은 받아졌고 2주후에 형이 선고돼.

■ enter a plea of guilty는 '유죄를 인정하다,' 유죄를 인정하지 않다라고 하면 enter a plea of not guilty라 한다.

O P

» please

You can't please everybody. 모든 사람에게 다 잘 할 수는 없어.

They'll be pleased to know you're looking out for them.

네가 걔네들을 찾는다는 걸 알면 기뻐할거야.

- You'll all be pleased to know that I have a date tomorrow night.
  내가 낼 저녁 데이트있는걸 알면 넌 기뻐할거야.
  I would be pleased to know what you've been doing.
  네가 무슨 일을 하는지 알면 기쁠거야.

■ You'll be pleased to know (that)~ '…을 알게 되면 기쁠텐데'라는 평범하지만 알아두면 듣기 좋고 써먹기 좋은 표현. would be pleased if~[to ~]로 '…하면 기쁠텐데'라는 의미.

A little truth, if you please.

조금이라도 진실을 제발 알려주세요.

- I'll take a coffee, if you please. 괜찮다면 커피한잔 마실게요.
  That will be five dollars, if you please. 괜찮으시다면 5달러되겠습니다.

■ if you please는 상대방에 정중히 부탁하면서 하는 말로 경우에 따라서는 굳이 해석하지 않아도 된다. 굳이 해석할 경우에는 '제발,' '죄송합니다만,' '괜찮다면'이라는 의미가 된다.

It's my pleasure.
도움이 됐다니 내가 기쁘네요.

- Believe me, it's been my pleasure. How's he doing?
  정말야, 내가 기뻤어. 걔 어떻게 지내?
  The pleasure was mine. 내가 오히려 기쁘죠.

Please god, I need this job.
하느님 제발, 난 이 일이 필요해요.

- Please yourself. 좋을 대로 해, 마음대로 해
  Please, give me another chance. 제발 기회 한번만 더줘요.
  Oh please, and you knew how much I liked her.
  제발 그러지마, 내가 걜 얼마나 좋아하는지 알잖아.

Would you please?
그래 줄래요?

- Take them for a moment, would you please?
  걔네들 잠시만 데려가줘, 제발?
  Step aside would you please? Next! 옆으로 비켜줄래요? 다음분!

You can't please everybody.
모든 사람에게 다 잘 할 수는 없어.

- Alan. Just can't please everybody. 앨런. 모든 사람에게 다 잘하려고 하지마.
  They're trying to please everybody, but ironically have ended up pleasing nobody.
  걔네들은 모두 다 만족시키려고 했지만 아이러니하게도 아무도 만족시키지 못하게 됐어.

You seem quite pleased with yourself.
넌 꽤 만족하는 것 같아.

- She gets up, pleased with herself. 걘 만족스러워하며 일어섰어.
  He is quite pleased with that statement. 걘 그 진술에 꽤 만족했어.

What's your pleasure?
뭘 드시겠습니까?

- Beer or wine, what's your pleasure? 맥주와 와인중 어떤 걸 먹을래?
  There are many different restaurants. What's your pleasure?
  많은 종류의 식당이 있어. 뭐 먹을테야?

I don't believe I've had the pleasure.
이제야 만나뵙다니.

- I'm Benjamin, I don't believe we've had the pleasure.
  벤자민이라고 합니다. 만나뵙게 되어 정말 반갑습니다.
  I might not have had the pleasure of meeting your girlfriend.
  난 네 여친을 만나는 기쁨을 누리지 못한 것 같아.
  He takes pleasure in watching his casualties die a slow death.
  이 놈은 자신이 해를 끼친 사람들이 서서히 죽어가는 것을 지켜보며 즐거움을 느껴.

be one's pleasure는 상대방의 감사인사에 대한 답변으로 '천만에요,' '도움을 드릴수 있어 다행입니다' 혹은 처음 소개받고 나서 혹은 아는 사람을 만나서 반갑다는 뜻으로 사용된다. 그냥 My pleasure 혹은 The pleasure is mine이라고 해도 된다.

please는 간단한 단어이지만 여러 가지 의미로 쓰인다. 먼저 상대방이 거절할 경우 '그러지말고 제발,' 그리고 순서나 차례를 양보할 때는 '당신먼저,' '기꺼이,' 마지막으로 자신에게 기분 나쁜 혹은 말도 안되는 행동이나 말을 하는 경우 상대방에게 '그만 좀 하란 말야,' '제발 좀 그만해요' 라는 의미로 쓰인다. 또한 please God은 하느님 제발, 간절히 바랍니다라는 표현.

Would you please?는 상대방에게 뭔가 요청을 한 후 맨 뒤에 would you please?라고 붙여 '그래 줄래요?' 라고 부탁하는 표현.

can't please everybody는 '모든 사람을 다 만족시켜줄 수는 없다' 라는 말로 착한 일을 못해 자책하고 있는 사람에게 위로의 말로 쓸 수 있는 표현. 꼭 반대는 아니지만 aim to please하면 '다른 사람들을 기쁘게 하는 것을 목표로 한다' 는 말.

be pleased with oneself는 스스로에게 만족하다라는 말로 '…에 기뻐하다,' '만족하다' 라는 의미.

What's your pleasure?는 '상대방에게 뭘 먹겠냐?' 고 물어보는 재미난 표현.

not believe I've had the pleasure (of meeting you)는 '…하는 즐거움을 갖게 될 줄을 믿지 않았다' 는 말로 누군가 만나서 아주 기쁜 맘을 표현하거나 혹은 '우린 초면이다' 라고 말하면서 자기소개를 할 때 쓰는 표현이다. 일반적으로 기쁘다고 할 때는 have the pleasure of ~ing, …을 즐기다라고 할 때 take pleasure in ~ing을 쓴다.

MORE EXPRESSION

for (more) pleasure 그냥 재미로
with pleasure 기꺼이
be less than pleased with 조금도 기쁘지 않다

» plug

I'm pulling the plug. 난 손뗄거야

I'm just plugging along.
잘해나가고 있어.

- John is slow, but he **keeps plugging along**.
  존은 느리지만 꾸준히 잘해나가고 있어.

  I'll **keep plugging away**. 꾸준히 노력할게.

■ be plugging along은 상대방의 안부나 일의 근황을 묻는 질문에 '잘 지낸다,' '하는 일이 잘된다' 라는 답변인사 표현이고 plug away는 꾸준히 열심히 일하는 것을 뜻한다.

I'm pulling the plug.
난 손뗄거야.

- I'll **pull the plug** on the settlement agreement.
  난 분쟁합의를 중단시킬거야.

  He's not going to **pull the plug** on his wife.
  갠 아내에게 손을 떼지는 않을거야.

■ pull the plug (on sth)는 전원 플러그를 잡아당겨 뽑는 장면을 생각해보면 된다. '어떤 계획이나 프로젝트를 중단시키거나, 손을 떼는 것'을 뜻한다. 보통 pull the plug on it 형태로 '중도에 그만 두다' 라는 뜻으로 쓰인다.

» plus

Jeff brought her as his plus one. 제프는 걸 동행인으로 데려왔어.

Jeff brought her as his plus one.
제프는 걸 동행인으로 데려왔어.

- She invited him to be **her plus one** at the book party.
  갠 책파티에 걔를 파트너로 초대했어.

  Don't worry, Penny. You're **my plus-one**. You'll bunk with me.
  걱정마, 페니. 넌 내 동행인이고 나랑 같이 자면 돼.

■ plus(-)one은 '어떤 행사에 같이 가는 동행인,' '데이트로 데려가는 사람'을 뜻한다.

That would bring the total up to 193 men. Plus or minus eight men.
그럼 전체적으로 총 193명에 이릅니다. 오차범위는 8명이구요.

- We can calculate roughly how long the body's been buried, **plus or minus** six months.
  시신이 묻힌 시간을 대강 시간계산을 해볼 수 있는데 오차범위는 6개월입니다.

■ plus or minus+숫자는 숫자의 안팎의라는 뜻으로 '대략 그 정도의 숫자,' '오차범위는 …숫자이다' 라는 표현.

Plus, he looks like a giant insect.
게다가, 걘 커다란 곤충같아.

- **Plus,** insects have six legs. 게다가 곤충은 다리가 6개야.

  I got 6 my own **plus** 11 grandkids.
  난 11명의 손자가 있고 내가 낳은 자식이 6명 있어.

■ plus는 접속사로 '게다가,' '더욱이,' 그리고 전치사로는 '…뿐만 아니라' 라는 의미로 쓰인다.

MORE EXPRESSION

put[get] in a plug for~
좋게 이야기하다

plug into sth …에 연결되다

» pocket

She has some deep pockets. 걘 주머니가 두둑해.

She has some deep pockets.
걘 주머니가 두둑해.

- Nick Pratt and Doug Waverly's parents have deep pockets.
  닉 프랫과 더그 웨이버리의 부모는 아주 부자야.

  I'm just saying, Mr. Peter, you've got deep pockets.
  난 그냥, 피터 씨, 당신이 부자라고 말하는 거예요.

■ **have (some) deep pockets**는 주머니가 깊다는 말로 '부자다,' '돈이 많다,' '주머니가 두둑하다'이며 be a moneybags와 같은 표현.

Now that she's got Caleb Nichol in her pocket.
이젠 걘 칼렙 니콜을 좌지우지해.

- Go ahead. Run. Noah's got the cops in his pocket.
  어서 해. 튀어. 노아가 경찰들을 주물럭거리고 있어.

  Do you have any coins in your pocket? 주머니에 동전있어?

■ **have sth in one's pocket**은 '주머니에 …을 갖고 있다,' '소유하다'라는 말로 경쟁이나 시합에서 따논 당상이라는 말이 되고, have sb in one's pocket하면 'sb를 손아귀에 쥐다,' 'sb를 맘대로 하다'라는 뜻이 된다.

Yeah, those cops are in the gangster's pocket.
그래, 저 경찰들은 갱의 조종을 받고 있어.

- Now you want my people thinking I'm in your pocket.
  이제 넌 내 사람들이 내가 네 조종을 받고 있다고 생각하길 바라는구나.

  Walter, the numbers are in your pocket. 월터, 숫자들은 네 주머니에 있어.

■ **be in sb's pocket**하면 같은 의미로 '…에 조종받다,' '통제되다,' '영향을 받다'라는 의미를 갖는다. 물론 글자 그대로 '…의 주머니에 있다'라는 뜻으로도 많이 쓰인다.

I don't keep my shame in my pocket.
난 수치스러운 짓을 한게 없어.

- You probably keep your wedding band in your pocket.
  너 혹시 결혼 밴드를 생각하고 있지.

  Put it back in your pocket, or I'll find some other place to put it.
  주머니에 넣지 않으면 다른 곳에다 넣을테니.

■ **keep sth in one's pocket**은 '…을 주머니에 넣어두다,' put sth in one's pocket은 '…의 주머니에 …을 넣다,' find sth in one's pocket은 '…을 …에서 발견하다'라는 의미.

MORE EXPRESSION

pick sb's pocket 소매치기하다(pickpocket)
pocket 돈을 착복하다
burn a hole in one's pocket 돈을 헤프게 낭비하다

» point

You take my point? 내 말 뜻 알겠어?

I'll come to the point.
요점만 이야기할게.

- Just come to the point and stop talking. 요점만 이야기하고 말하지마.

  When it comes to the point of violence, just leave. 폭력쓰게 되면, 자리떠.

■ **come to the point**는 다른 일반적인 이야기들은 피하고 가장 중요한 이야기를 단도직입적으로 말하다, '요점을 말하다'라는 표현. 또한 when[if] it comes to the point가 되면 막상 때가 되면이라는 표현.

Get to the point.
요점만 말해.

- I'm a busy woman so I'll just get to the point. 바쁜 여자라 본론만 이야기할게.

  I'm tired. Get to the point. 피곤해. 요점을 말해.

■ **get to the point**는 상대방이 이야기의 핵심에서 벗어나서 선뜻 본론을 이야기하지 않고 빙빙 에두를 때 쓸 수 있는 표현으로 의미는 '확실히 말해봐,' '본론을 이야기해.'

I get the point.
무슨 말인지 알았어.

- I'm sorry, I don't get the point. 미안하지만 무슨 말인지 모르겠어.
  I get your point. I'll be more careful with my tongue in the future.
  네말 알겠어. 앞으로는 더욱 말 조심할게.

get the point (of)는 '(…의) 설명을 알아듣다,' 즉 이해하다라는 의미로, get one's point 하면 '…의 말을 이해하다'가 된다.

You have a point there.
그점에서 네 말이 맞아.

- You've got a point. 네 말에 일리가 있어.
  You got a point there, my friend. 네 말이 맞아, 친구야.
  Well, he's got a point. 저기, 걔말이 맞아.

have (got) a point (there)는 '(그점에서) 네 말이 일리가 있다,' '네 말이 맞다'라는 표현.

I can see your point.
무슨 말인지 알겠어.

- I see your point. Wait, what's your point? 네 말을 알겠는데 요점이 뭐였지?
  I don't see the point of even trying. 난 그 시도 자체의 이유를 이해못하겠어.

see one's point는 '다른 사람의 의견을 이해하다,' 그리고 not see the point of ~ing하면 '…하는 이유나 목적을 모르겠다'라는 의미로 not see the point ~ing이라고 해도 된다.

You take my point?
내 말뜻 알겠어?

- Ms. Smith, we take your point. 스미스 씨, 당신 말을 잘 이해했습니다.
  I take your point. What's his night job? 그렇구만, 걔 밤일은 뭐야?

take one's point는 …의 포인트(요점)를 받아들이다라는 것으로 '…의 말을 이해하다'라는 뜻이 된다.

Point well-taken
무슨 말인지 잘 알아들었어.

- Point taken. I'll e-mail her later. 알았어. 나중에 걔한테 이메일보낼게.
  Point well taken. I'll call you tomorrow. 일리가 있어. 내일 너한테 전화할게.

point well-taken은 your point is well taken이라는 말을 줄여서 point well-taken이라고 한 것으로 '무슨 이야기인지 잘 알겠어,' '일리가 있다'라는 답변. well을 빼고 그냥 point taken이라고 해도 된다.

You've made your point.
네 뜻이 뭔지 알겠어.

- You've made your point, Miss Cabot. Move on.
  무슨 말인지 알겠어, 캐봇양, 다음으로 넘어갑시다.
  I'm grateful. Make your point. 감사해요. 설명을 자세히 해봐요.
  Stop with the rambling Joey. Make your point.
  그만 횡설수설해, 조이. 요점만 얘기해.

make one's point는 좀 이해하기 어려운 표현으로 '자기 주장을 밝히다,' '남들에게 자기 주장을 알아듣게 하다'라는 의미. 그래서 You've made your point하면 '무슨 말인지 알겠어,' '네 뜻을 알겠어'라는 말이 되고, Make your point하면 '자세히 너의 의견을 설명해봐라'는 뜻이 된다.

I made a point of turning the camera off.
난 카메라를 꺼놓는 것을 습관적으로 해.

- He made a point of saying there are no bodies, no physical evidence. 걘 시신도 물적증거도 없다고 애써 말했다.
  Larry made a point to visit his cousins. 래리는 으레 사촌들을 방문했어.

make a point of ~ing는 '습관적으로 …하다,' '반드시 …하다,' '…하는 것을 규칙으로 하다,' '애써 …을 강변하다'라는 의미이다.

No, you're missing my point.
아니, 넌 내 말을 이해못하고 있어.

- You're all missing my point. 그 얘기가 아냐.

  I'm angry because you always miss my point.
  넌 항상 내 요점을 이해못해 화가나.

miss one's point는 '…의 요점을 이해못하다' 라는 의미.

It got to the point where it couldn't work.
그게 작동할 수 없는 지경까지 이르렀어.

- You get to the point where you can just smell 'em.
  넌 냄새만 맡아도 알 수 있는 경지에 이르렀구만

  She had gotten to the point where she was forgetting, and she was losing control of her body.
  걔는 기억을 잃고 자기 몸도 가누지 못하는 지경에 이르렀었어.

get to the point where S+V는 …하는 정도 또는 지경에 이르다라는 말로 '어떤 상태가 좋던지 나쁜던지 상당히 극단적인 상황에까지 이르게 되었다' 는 것을 표현하는 문구이다.

I have loved to the point of madness.
난 미칠 정도로 사랑하게 됐어.

- You're stoic to the point of being cold. 너는 차가울 정도로 절제력이 있어.

  You're not worried you're being selfless to the point of self-denial?
  자기 자신을 부정할 정도로 자아가 없다고 걱정되지 않아?

to the point of~는 '…라고 할 정도로' 라는 말로 of 다음에는 명사나 ~ing가 오게 된다.

That brings me to the point I want to talk about.
그게 바로 내가 말하고자 하는 것을 말해주는거야.

- Which brings me to the point we were discussing.
  그게 바로 우리가 토의하고 있는 것을 말해주는거야.

  That brings me to the point of this speech. 그게 바로 이 연설의 요점야.

That[which] brings me to the (main) point는 좀 언뜻 이해가는 어렵지만 의미는 '그게 …을 말해주는거야.'

That's a good point.
맞는 말이야.

- That's a good point, let's try that. 바로 그거야, 그거 해보자.

  Good point. Let me write that down. 찬성이야. 내가 기록할게.

(That's a) Good point는 상대방의 말에 찬성하는 맞장구표현으로 '맞는 말이야,' '바로 그거야,' '나도 찬성야' 라는 의미.

That's my point.
내 말이 그거야.

- That's my point. I shouldn't have been fired.
  내말이 바로 그거야. 난 잘리지 말았어야 했는데.

  A: She's just a child. B: That's my point exactly.
  A: 걔는 애에 지나지 않아. B: 내말이 바로 그거야.

That's my point는 상대방이 자신의 설명을 마침내 이해했을 때 반가운 맘에 '내말이 바로 그거야' 라고 맞장구치는 표현.

That's the whole point.
바로 그게 중요한 거야

- Mom, the whole point of barbecuing is to eat outside.
  엄마, 바비큐의 진짜 핵심은 밖에서 먹는거야.

  You're supposed to speak through your music. That's the whole point. 넌 음악을 통해 말하기로 되어 있어. 그게 바로 중요한 핵심이야.

The whole point (of A) is to~에서 the whole point는 중요한 요점이라는 뜻으로 의미는 '…의 (진짜) 목적은 …하는 것이다' 라는 뜻이다.

That's not the point.
그게 아니라니까.

- No, I can't, but **that's not the point.** 아니, 못해 하지만 그게 요점은 아냐.
  Not so far, but **that's not the point!** 지금까지는 아니지만 그게 요점은 아냐.

▬ **That's not the point**는 열심히 설명했는데 상대방이 못알아듣고 딴소리할 경우에 답답한 맘에서 그게 아니야, '요점은 그게 아냐' 라고 하는 말이고, That's the point는 '바로 그게 요점이다' 라는 의미.

What's your point?
네가 말하는 요점이 뭔가?

- A: I've never seen anyone that lucky. B: **What's your point?**
  A: 그렇게 운좋은 사람은 첨봐. B: 무슨 말을 하고 싶은 거야?
  I had a gambling problem. **What's your point?**
  난 도박문제가 있었어. 너는 무슨 말 하려는거야?

▬ **What's your point?**는 '네가 무슨 말을 하려는 거냐?' 라는 말로 상대방의 진의를 파악하려는 말. 참고로 What's your point of view?하면 '너의 견해는 뭐야?' 라고 물어보는 문장.

So what's the point, then?
그래, 그럼 요점이 뭐야?

- You made it clear that you don't. **So what's the point?**
  네는 아니라고 분명히 했잖아. 근데 요점이 뭐야?
  I mean **what's the point?** We're all gonna die anyway right?
  내 말은 그게 무슨 소용야? 어차피 다 죽을 건데?

▬ **What's the point?**는 상대방이 나에게 무슨 말을 하는지 직접 물어보는 말로 '무슨 말을 하고 싶은 거야?,' '요점이 뭐야?' 혹은 힘들고 답답한 상황에서 비관적으로 '그런들 무슨 소용이 있냐,' '다 쓸모없다' 라는 의미로도 쓰인다.

What's the point in scaring her again?
걜 다시 무섭게 하는게 이유가 뭐야?

- **What's the point if** they're not available? 그것들을 이용못한다면 무슨 소용야?
  What's the point of talking about it right now?
  지금 당장 그거에 대해 이야기하는게 무슨 소용야?

▬ **What's the point in[of] ~ing/if S+V?**는 상대방의 의도나 행동의 목적에 대해 물어보는 것으로 단순히 물어보는 경우도 있고, '…하는 이유가 뭐냐?,' '…하는게 무슨 의미가 있냐?,' '…할 필요가 있냐?' 라는 뜻으로 쓰이는 경우도 많다.

The point is that she's one of the best singers ever.
핵심은 걔가 역대 최고 가수중 하나라는 거야.

- **The point is that** I'm an idiot and I'm a hypocrite and I really miss you. 요점은 난 바보고 위선자고 그리고 정말 너를 그리워한다는거야.

▬ **The point is that~**은 자신이 중요하다고 생각하는 요점이나 핵심을 정리해서 말해줄 때 사용하는 것으로 '요점은 …라는 것이다' 라는 표현.

O P

놓치면 원통한 미드표현들

- **pig out** 과식하다
  Don't **pig out** on ice cream or you'll get fat.
  아이스크림 많이 먹지마, 아니면 살쪄.
- **pig** 사람
  I would think twice before marrying him 'cause he's **a pig.**
  걔가 돼지같은 인간이어서 결혼을 재고해봐야 될 것 같아.
- **like a pig** 돼지처럼 sweat like a pig 땀을 많이 흘리다
  You grunt **like a pig** during sex?
  너 섹스중에 돼지처럼 킁킁해?
- **guinea pig** 실험대상
  More humans are being used as **guinea pigs.** 더 많은 사람들이 실험대상으로 이용되고 있어.
- **pigsty** 돼지우리
  The place is the biggest **pigsty** I have ever seen. 여기 정말 봐왔던 곳중 가장 더럽다.

I past the point of no return.
난 이미 돌아올 수 없는 지점을 넘었어.

- They reached the point of no return during the argument.
  걔네들은 논쟁 중에 돌아설 수 없는 단계에 이르렀어.
  Don't abuse drugs or you'll reach the point of no return.
  약을 남용하면 돌이킬 수 없을지도 몰라.

reach the point of no return은 '하던 일을 계속 밀고 나가서 더 이상은 뒤로 물러설 수 없는 단계에 이르렀다'는 의미로, 그 단계를 지났다고 말하려면 pass를 쓰면 된다.

We don't want to point a finger.
우리는 비난을 하고 싶지 않아.

- Hey, don't point the finger at me! 야, 내게 손가락질 하지마!
  Dave pointed a finger at his co-workers at the factory.
  데이브는 공장의 동료들을 비난했어.

point a[the] finger at~는 '…에게 손가락질을 하다,' '비난하다,' 그리고 finger-pointing 하면 고발, 비난이라는 단어가 된다.

So, just point the way to room three.
그래, 3호실로 가는 길만 가리켜.

- Listen, could you point the way to the bathroom?
  이봐, 화장실가는 길 좀 알려줄래?
  He helped point the way to the solution. 걘 해결책을 찾는데 도움을 줬어.

point the way to~는 단순히 '…로 가는 길을 가리키다,' 혹은 to 다음에 추상명사가 나오면 앞으로 상황이 어떻게 전개될지 가리키다라는 뜻이 된다.

MORE EXPRESSION

beside the point 요점을 벗어난, 예상을 빗나간
be on the point of …하려하다
raise a point 안건을 제안하다
brownie points 상사의 신임

» poke

Have him poke around. 걔보고 뒤져보라고 해.

Have him poke around.
걔보고 뒤져보라고 해.

- Why don't we just go poke around? 가서 캐묻자고.
  Do you mind if I poke around, open some drawers?
  뒤져봐도, 서랍도 열어봐도 괜찮겠어요?

poke around는 '꼬치꼬치 캐묻다,' 혹은 '이리저리 뭘 찾으러 뒤지다'라는 표현.

She poked a serious hole in that analogy.
걘 저 비유에서 심각한 허점을 발견했어.

- Why are you trying to poke holes in her story?
  왜 걔 이야기에서 허점을 찾으려는거야?
  It was easy to poke holes in that theory. 저 이론에 허점을 찾아내는 건 쉬웠어.

poke holes는 구멍들을 파다라는 뜻으로 비유적으로 '어떤 계획이나 상대방이 말한 내용에서 허점이나 실수를 찾아내는 것'을 말한다. 물론 poke a hole, poke hole하면 물리적으로 구멍을 파다라는 뜻으로도 쓰인다.

She poked her head out of hiding.
걘 숨은 장소에서 머리를 내밀었어.

- I poked my head out of the foxhole, it gets blown off!
  내가 참호 위로 머리를 내밀면 목이 날아갈거야!
  Should I at least poke my head in? I'm his wife.
  적어도 머리를 좀 넣어봐도 돼죠? 내가 그의 아내예요.

poke one's head는 '궁금해서 혹은 확인하기 위해 머리를 쑥 내밀다'라는 표현.

MORE EXPRESSION

take a poke at 비난하다
poke fun at 놀리다
poke one's nose into sth 짜증나게 남의 일에 관심을 보이거나 간섭하다

» poo/ poop

I'm pooped out. See you tomorrow. 나 너무 피곤해. 내일 봐.

I just think it smells like poo.

난 똥냄새가 나는 거 같은데.

- This coffee tastes like poopie shit! 이 커피는 응가 맛이야.
  Marcel, did you poo in the shoe? 마르셀, 너 신발에다 응가했어?

■ poo는 애들 말로 '응가'(poo-poo, poopie), 그리고 poop은 '똥(을 싸다),' 그래서 smell like poo하면 '똥냄새나다,' taste like poopie하면 '응가 냄새나다'라는 뜻이 된다.

And you didn't even get pooped on!

그리고 넌 포기하지도 않았잖아!

- Now don't poop out on me, we still have to go caroling.
  이제 날 포기하지마, 아직 우리는 가서 캐롤을 불러야 돼.
  I don't wanna hear another poop out of you. 말도 안되는 소리 듣고 싶지 않아.

■ poop out (on)은 '해야 될 일을 하지 않고 있거나 혹은 아예 포기해버리는 것'을 말한다.

I'm pooped out. See you tomorrow.

나 너무 피곤해. 내일 봐.

- But in my own defense, I must say I'm just pooped.
  하지만 내 변명을 하자면, 피곤하다고 해야지.
  Linda wants to go home because she was pooped out.
  린다는 피곤해서 집에 가고 싶어해.

■ be pooped (out)는 속어로 '매우 지치다'(be very tired)란 말.

MORE EXPRESSION

poopy cock 말도 안되는 소리(nonsense, bullshit),
poopy head (아이들이 화났을 때) 멍텅구리(shit head)

» pop

I just had time to pop in. 시간나서 잠깐 들렀어

I just had time to pop in.

시간나서 잠깐 들렀어.

- Sorry to just pop in, is it ok if I come in? 갑자기 들러 미안, 들어가도 돼?
  I have to pop in at least once a month to maintain my record.
  내 기록을 유지하기 위해 적어도 한달에 한번은 들러야 돼.

■ pop in은 '짧은 시간동안 방문하다, 들르다.'

She is going to pop the question.

걔는 청혼할거야.

- She thought you were gonna pop the question tonight.
  걘 네가 오늘밤 청혼할거라 생각하고 있어.

■ pop the question은 질문을 갑자기 불쑥한다는 의미에서 '청혼하다,' '구혼하다'라는 뜻이 된다. 뒤에 ~to sb가 오면 sb에게 청혼하다라는 말이 된다.

When we ran his finger prints, he popped up.

걔 지문을 돌리자, 걔가 불쑥 튀어나왔어.

- She just popped up in my window, and I fired.
  걔가 갑자기 내 창문에 불쑥 나타나, 내가 총을 쐈어.
  You ran a DNA profile and something very distinctive popped up?
  DNA 프로파일을 돌리니 뭔가 독특한게 나왔어?

■ pop up은 팝업창이라고 할 때의 pop up으로 '예상치 못하게 갑자기 불쑥 나타나다'라는 의미. Something popped up하면 갑자기 무슨 일이 생겼어라는 문장이 된다.

OP

If he wanted to, he could've taken a pop at me.
걔가 원했다면 나를 쳤을 수도 있었을거야.

- If he tries to make a move on my girlfriend again, I'm gonna take a pop at him. 내 여친에게 또 집적대면 패버릴거야.

■ take a pop at sb '공개적으로 비난하다,' '치려고 하다'라는 의미로 take a swing, try to hit과 비슷한 맥락의 표현으로 좀 오래된 영국식 표현.

I'd say about a million dollars a pop.
개당 100만 달러 정도일거야.

- If I can sell three of my paintings at 500 bucks a pop.
  내가 내 그림 3점을 개당 500 달러에 팔 수 있다면.

  Wow! Some of these books are a hundred bucks a pop.
  와우! 이 책들의 일부는 권당 100달러해.

■ 돈~ a pop은 낯설은 표현이지만 '개당 …이다'라고 개별적인 가격을 말할 때 사용된다.

I'm gonna pop your sister's cherry tonight.
오늘 밤에 네 누이의 순결을 뺐을거야.

- Thought you'd want to know, our stalker finally popped his cherry. 네가 알고 싶을거라 생각했어, 우리가 찾는 스토커가 마침내 걔의 동정을 빼앗았어.

  Marshall popped her cherry! 마샬이 걔의 순결을 빼앗았어!

■ pop one's cherry는 '동정을 빼앗다,' '순결을 빼았다'라는 말이고 그렇게해서 순결을 잃다가 되면 lose one's cherry, deflower라 한다.

MORE EXPRESSION

pop quiz 미니 퀴즈
pop-eyed 놀라 눈이 휘둥그레해진
soda pop 탄산음료
be popping pills 약을 많이 먹다
pop up all over the internet 인터넷 모든 곳에 나돌다
go pop 뻥하고 터지다

» **positive**

It is our job to think positive. 긍정적으로 생각하는게 우리 일이야.

You need to stay positive about your future.
네 미래에 대해 긍정적으로 생각해야 돼.

- You're gonna be fine. I'm positive about that. 너 괜찮을거야. 확신해.

  I'm trying to be really confident and positive about all this.
  난 정말 확신하고 이 모든 걸 긍정적으로 생각하려고 하고 있어.

■ be[stay] positive about~은 '…에 대해 찬성하다,' '확언하다,' '긍정적으로 받아들이다'라는 의미.

A: You're sure? B: Positive, yeah.
A: 확실해? B: 물론요, 예.

- A: Are you sure it's him? B: Positive. We did a tissue match.
  A: 걔인게 확실해? B: 확실해요. 조직세포가 일치해요.

  A: You're sure they were together Monday? B: Positive.
  A: 걔네들이 월요일 확실히 함께 있었어? B: 정말야.

■ Positive는 대답으로 상대방의 말에 전적으로 동의한다는 의미. '물론이죠,' '맞아요.'

Are you positive?
확신해?

- We're positive it's him! 걔라는 걸 우린 확신해.

  A: I've never seen her before. B: Are you positive?
  A: 걜 전에 본 적이 없어. B: 확신해?

■ I'm positive (that S+V)는 '…가 확신하다,' 그리고 상대방에 확신하냐고 물어볼 때는 Are you positive (that S+V)?라고 하면 된다.

It is our job to think positive.
긍정적으로 생각하는게 우리 일이야.

- I think positively. I visualize my destiny. 긍정적으로 생각하고 운명을 상상하고 있어.
  Power of positive thinking, huh? 긍정적 사고의 힘이야, 그지?

think positive는 '긍정적으로 생각하다,' 또한 positive thinking은 '긍정적인 생각,' '사고방식'을 뜻한다.

We'll need dental records for a positive ID.
신원확인을 위해 치과진료기록이 필요할거야.

- We're hoping you could help make a positive ID.
  우리는 네가 신원확인을 해줄 수 있을거라 희망해.

positive ID는 '신원확인'을 뜻하는 말로 make a positive ID하면 '신원확인을 하다'가 된다.

MORE EXPRESSION

positive+N 확실한 …
take positive step 적극적인 조치를 밟다
positive proof[evidence] 확증, 확고한 증거

» possible

Well, then make it possible. 음, 그럼 가능하게 해봐.

How is that possible?
어떻게 그럴 수가 있지?

- How is that possible? You barely know him!
  어떻게 그럴 수 있어? 넌 걔 거의 모르잖아!
  How is that possible? I mean, didn't he sleep?
  어떻게 그럴 수 있어? 내 말은 걘 잠을 안잤어?

How is that possible?은 놀라운 사실을 듣거나 믿기지 않는 일을 들었을 때 눈 동그랗게 뜨고 할 수 있는 말로, '어떻게 그럴 수가 있어?'라는 의미.

The man here made everything possible.
여기 있는 사람은 못하는 게 없었어.

- We're doing everything possible to keep this suspect behind bars.
  이 용의자를 감방에 넣기 위해 최선을 다하고 있어.
  That bastard screwed me over every way possible.
  이 잡놈이 가능한 모든 방식으로 날 골려먹었어.

do everything possible은 '가능한 모든 것을 해보다,' in every way possible은 '가능한 모든 방식으로'라는 말로 주의할 점은 possible이 everything 단어 뒤에 온다는 점이다.

Would it be possible for us to look around?
우리가 둘러봐도 될까요?

- Would it be possible for you to do this a little more quietly?
  네가 이걸 좀 더 조용히 할 수 있을까?
  Is it possible for her to dream in this state, yes or no?
  걔가 이 상태에서 꿈을 꿀 수 있을까, 돼 안돼?

Would it be possible (for sb) to~?는 '…하는 것이 가능할까요?'라는 의미로 Is it possible (for sb) to~?(…해도 될까?)보다 좀 더 정중하게 물어보는 표현.

Well, then make it possible.
음, 그럼 가능하게 해봐.

- You were trying to make it impossible to locate you.
  넌 널 찾는 걸 불가능하게 하려고 하고 있어.
  I would have made it impossible for them to let you go.
  난 걔네들이 널 놔누지 못하도록 할 수도 있었어.

make it impossible (to~)은 그것 혹은 'to 이하 하는 것을 불가능하게 하다,' 반대로 가능하게 하다라고 할 때는 make it possible (to~)라 한다.

MORE EXPRESSION

if possible 가능하다면
be impossible 불가능하다, 못말리다, 구제불능이다
have possibilities 잠재력 있다

» post

Keep me posted. 계속 알려줘.

Keep me posted.
계속 알려줘.

- I'll contact her. Keep me posted. 난 걔하고 연락할거야. 내게 연락줘.
  A: I'm following her. B: All right, keep me posted.
  A: 난 걜 뒤쫓고 있어. B: 좋아, 내게 계속 알려줘.

keep sb posted (on)는 CSI 마이애미 호반장이 자리를 뜨면서 단골로 쓰는 표현으로 친숙하다. '계속 알려줘'라는 의미로 알려달라는 내용을 말할 때는 on~이하에 연결해 쓰면 된다.

Chris went postal.
크리스가 격분했어.

- A paramedic told us an employee went postal.
  응급대원이 한 직원이 몹시 화냈다고 우리에게 말했어.
  He's a civil servant. He's a postal worker from Orlando.
  걘 공무원이야. 올랜도에서 우편공무원으로 일하고 있어.

go postal은 '격분하다,' '몹시 화내다'라는 표현. 물론 그냥 postal하면 postal worker(우체국직원)처럼 '우체부에 관련된'이라는 형용사이다.

The moderator will post the list tonight.
사회자가 오늘 밤에 리스트를 게시할거야.

- Can you post some details of the crime? 범죄 세부사항을 올려줄래요?
  Our school will post the grades tomorrow. 학교는 내일 성적을 게시할거야.

post는 원래 게시판에 게시한다는 의미에서 출발해서 '인터넷에 자기 의견 등의 댓글을 올리다'라는 말로도 쓰인다.

» power

More power to you! 성공하길 빌어!

More power to you!
성공하길 빌어!

- If you want to try, more power to you. 네가 해보겠다면 성공하길 빌어.
  If you can explain the behavior of teenagers, more power to you.
  10대들의 행동을 설명할 수 있다면, 잘 되기를 바래.

more power to you는 보통 사람들이 하지 않는 일을 하려는 사람에게 그리고 그 성공 가능성이 별로 없는 경우에 그냥 립서비스로 행운을 빈다고 하는 말. '성공하길 빌어'라는 말이다.

I did everything in my power to help him.
난 걜 도와주기 위해 최선을 다했어.

- I'm gonna do everything in my power to take you down.
  널 때려잡기 위해 무슨 짓이든 다 할거야.

do everything[all] in one's power는 '자기 힘껏 모든 것을 다하겠다'라는 의미로 젖먹던 힘까지 내서 최선을 다하겠다는 강조표현.

Shouldn't we call the powers that be?
당국에 전화해야 되지 않을까?

- I'm gonna go talk to the powers that be. 가서 당국자와 얘기해봐야겠어.
  Killing them was the ultimate power trip. 걔네들을 죽이는 건 극도의 권력 과시야.

the powers that be는 '힘과 권력이 있는 당국자'라는 의미. 또한 power trip은 '어리석은 인간들이 저지르는 권력 과시, 자랑'을 말한다.

» pray

The gods finally answer my prayers. 신들께서 마침내 내 기도를 들어주셨어.

That is what I pray for.
저거 때문에 내가 기도하는거야.

- I must go pray for you to get your client back.
  가서 네 의뢰인이 돌아오기를 기도해야겠어.
  I will pray for you, but I cannot grant you your request.
  널 위해 기도하겠지만 너의 요구를 승인할 수는 없어.

pray for~는 '…을 위해 기도하다'라는 말로 pray for sb to~의 형태로 응용해서 쓸 수 있다. 한편 pray to God은 '하느님께 기도하다.'

The gods finally answer my prayers.
신들께서 마침내 내 기도를 들어주셨어.

- Yeah. My prayers have been answered. 그래, 내 기도를 들어주셨어.
  You are the answer to Matt's prayers. 너는 맷트 기도의 답변이다.

answer to sb's prayers에서 prayer는 기도내용을 뜻해 전체적으로 'sb의 기도내용을 들어주다'라는 의미가 된다.

But I'll say a prayer.
하지만 난 기도를 할거야.

- I'll say a prayer for you guys. 너희들을 위해 기도를 할게.
  Let's all say a prayer this doesn't turn into a murder case.
  이게 살인사건이 되지 않도록 모두 기도하자.

say a prayer는 '기도하다,' '기도를 올리다'라는 의미.

I was ready to go. He didn't have a prayer.
난 갈 준비가 됐는데 걘 안 되어있었어.

- You don't have a prayer of becoming successful.
  넌 성공할 가능성이 전혀 없어.

not have a prayer of~ing는 '…할 가망이 전혀 없다'고 할 때 쓰는 표현.

MORE EXPRESSION

hope and pray 진심으로 바라다

O
P

» prep

I want you to help me prep for it. 네가 날 도와 그걸 준비하길 바래.

I want you to help me prep for it.
네가 날 도와 그걸 준비하길 바래.

- Sorry I'm late. I had three parties to prep for. 늦어 미안. 파티를 3개나 준비했어.
  Jessica's being prepped for surgery. 제시카는 수술 준비를 하고 있어.

prep은 구어체 단어로 '…을 준비하다,' '수술 준비를 시키다,' 그리고 prep for는 '…을 준비하다,' be prepped for는 '…할 준비가 되다'라는 의미.

They went to prep school together.
걔네들은 사립학교를 같이 다녔어.

- Many students from this prep school entered Harvard.
  이 사립학교의 많은 학생들은 하버드대에 진학했어.
  The prep school is too expensive for most people.
  사립학교는 대다수의 사람들에게는 너무 비싸.

prep school에서 prep은 preparatory의 줄인 말로 결국 preparatory school이란 말. '대학교 진학을 목적으로 만들어진 사립학교'를 말한다.

You're getting pressure from above? 위로부터 압력을 받아?

I'm a little pressed for time.
난 좀 시간에 쫓겨.

- I'll try, but I'm a little pressed for time. 난 시도했지만 시간에 좀 쫓겼어.

  Hank was pressed for payment but had no money.
  행크는 빚 독촉을 받았지만 돈이 없었어.

She was hard-pressed for money.
걔는 돈 때문에 애를 먹었어.

- You'd be hard pressed to find someone in this courtroom.
  넌 이 법정에서 누굴 찾기가 어려울거야.

  I'm hard-pressed to know how this copycat knew about those windows. 어떻게 모방범죄자가 저 창문들에 관해 알고 있었는지 알기가 힘들어.

She didn't wanna press charges against Zach.
걘 잭을 고발하길 원치 않았어.

- If she doesn't press charges, the police will probably just let it go.
  걔가 고소를 하지 않으면 경찰은 아마 신경쓰지 않을거야.

  We are lucky that security guard did not press charges.
  경비가 고소하지 않아 다행이야.

I'm under a lot of pressure.
난 압력을 많이 받고 있어.

- I understand the pressure you're under. 난 네가 받고 있는 압박을 이해해.

  The office is under pressure to finish early. 회사는 빨리 끝내라는 압박받고 있어.

You getting pressure from above?
위로부터 압력을 받아?

- I've got pressure on it. 그거 하라는 압박을 받아왔어.

  Yeah, it really takes the pressure off. 그래, 그거 정말 부담을 덜어준다.

Put some pressure on the partner?
파트너에게 압력을 좀 넣을까?

- There's a lot of blood. Put pressure on it. 피를 많이 흘렸네. 압박을 해.

  Please don't put that kind of pressure on me! It's too much!
  제발 내게 그런 압박은 하지마. 너무해!

I don't mean to pressure you.
난 널 압박하려는게 아니야.

- I'm not trying to pressure you one bit.
  자기야, 난 널 조금도 강요하려는게 아냐.

be pressed for time [cash]는 '시간이나 돈에 압박을 받다,' '쫓기다'라는 의미. be pressed for payment하면 '빚독촉을 받다'라는 말이 된다.

be hard pressed to+동사는 '…하기가 정말 힘들다,' '애를 먹다,' '…하기가 어렵다'라는 표현.

press charges는 '고발하다,' '기소하다'라는 말로 고발대상자를 쓰려면 press charges against sb라고 하면 된다.

be[come] under pressure to+동사는 '…하라는 압력을 많이 받고 있다'라는 의미.

get pressure from~은 '…로부터 압박이나 압력을 받다,' 반대로 take the pressure off~하면 '부담을 덜다,' '압박감을 덜다'라는 의미.

put pressure on~은 '압박이나 압력을 넣다'라는 말. …하라는 압력을 넣다라고 하려면 put pressure to+동사라고 하면 된다.

pressure sb to do [into~]는 'sb에게 …하도록 압력을 가하다'라는 말.

MORE EXPRESSION

press send 통화버튼을 누르다
press the flesh (선거운동) 악수하다
press into service 이용[동원]하다
press sth home 자기주장을 밀어붙이다

» price

Why should I pay the price? 왜 내가 대가를 치러야 돼?

Why should I pay the price?
왜 내가 대가를 치러야 돼?

- I always knew that one day I'd have to pay the price.
  언젠가 대가를 치러야 한다는 걸 알았어.
  She's the one who's going to pay the price. 걔는 대가를 치러야 될거야.

I can't really put a price on that Joe.
난 그 녀석에 값을 매길 수가 없어.

- You cannot put a price on integrity, right? 진정성에 값을 매길 수 없잖아, 그지?
  You can't put a price on freedom. 자유는 돈으로 환산할 수 없는 소중한 것이야.

I've got to have that house at any price.
어떻게 해서든지 저 집을 사야겠어.

- Her success came at a price. 걔의 성공은 많은 돈을 들여 이룬거야.
  That was a good investment at any price.
  어떤 대가를 치르더라도 그건 좋은 투자였어.

What price divorce if it destroys a family?
가정을 파괴한다면 이혼이 무슨 가치가 있겠어?

- What price fame when it makes you unhappy?
  널 불행하게 하는데 명성이 무슨 가치가 있어?

▬ pay the price (for~)는 가격을 치르다라는 말에서 '…에 대한 대가를 치르다'라는 의미로 쓰인다.

▬ put a price on~은 …에 가격을 매기다라는 말로 주로 부정형태로 '가격을 매길 수 없을 정도로 소중하다,' '돈으로 환산할 수 없다'라는 비유적 의미로 쓰인다.

▬ at any price는 '어떻게 해서든지,' '어떤 대가를 치르더라도'라는 의미이고, 참고로 at a price하면 '많은 돈을 들여'라는 전혀 다른 의미가 된다.

▬ What price~?는 '무슨 가치가 있겠냐?'라는 말로 별로 가치가 없다는 반어적 표현.

MORE EXPRESSION

What's the price? 가격이 얼마예요?
Everyone has their price. 돈만 있으면 다 된다.

» prick

You little prick, you did this to her. 이 한심한 놈아, 네가 걔한데 이짓을 했지.

Only crime here is that her father's a prick.
유일한 죄는 걔의 아버지가 머저리라는 거야.

- Nailing this prick is my only priority. 이런 한심한 놈 체포하는게 내 유일한 우선순위야.
  He's oversexed prick who only wants to get laid.
  오로지 섹스만을 원하는 미친 섹스광이야.

You little prick, you did this to her.
이 한심한 놈아, 네가 걔한데 이짓을 했지.

- Sit down, you little prick. 앉아, 이 한심한 놈아.
  Jessica is prickly. 제시카는 정말 까다로와.
  I spotted the tiny pinpricks on her face. 난 걔 얼굴에서 미세한 구멍을 발견했어.

▬ a prick은 속어로 '멍청하고 한심한 놈'이라는 단어.

▬ You prick 또는 You little prick이라는 형태의 호칭으로 많이 쓰인다. 또한 pinprick은 '미세한 작은 구멍,' prickly는 형용사로 '다루기 힘든,' '까다로운'이라는 말.

MORE EXPRESSION

prick sb's conscience
양심의 가책을 느끼게 하다
Prick up your ears!
귀를 쫑긋 세우고 들어!

We don't have to run this print. 이 지문을 돌릴 필요가 없어.

This boot print says you were.
이 신발자국이 네가 있었다고 하는데.

- I found some boot prints on the prayer room rug.
  기도실 러그에서 신발자국을 찾았어.

boot print CSI 등 범죄수사물을 들으려면 꼭 알아야 되는 단어가 바로 이 print. 지문이란 말로 boot print하면 '신발자국'을 말한다.

I pulled two sets of prints off those food trays.
난 저 식판에서 2세트의 지문을 채취했어.

- I pulled the prints off of this pill bottle but I didn't find a match.
  이 약병에서 지문을 떴는데 일치하는 걸 발견 못했어.
  We lifted her prints off a letter. 우리는 편지에서 걔의 지문을 채취했어.

pull some good prints off~는 …로부터 상태 좋은 지문을 떼어내다라는 것으로 '지문을 채취하다'라는 말이며 pull 대신에 lift를 써도 된다.

They dusted for prints. It's clean.
지문을 찾았으나 깨끗했어.

- I dusted for prints in that garage. 난 저 차고에서 지문을 찾아냈어.
  Thank you. So you think it should be dusted for prints?
  고마워. 그래서 지문을 찾아내야한다고 생각하니?

dust for prints는 지문을 찾기 위해 먼지를 털어내다라는 의미, 즉 '지문을 찾아내다'라는 말이다.

Did you get prints off the two suspects?
두 용의자의 지문을 채취했어?

- If he touched the camera, maybe I can get some prints off it.
  걔가 카메라를 만졌으면 거기서 지문을 채취할 수 있을거야.
  I'm not going to get any prints off of this. 여기에서 지문을 전혀 못찾을 것 같아.
  We have no prints from the crime scenes. 범죄현장에 지문이 없어.

get off the prints 혹은 get the prints off는 범죄미드에서 많이 나오는 것으로 '지문을 뜨다,' '채취하다'라는 의미. 또한 have no prints는 '지문을 발견하지 못했을 때하는 말'로 there were no prints로 지문이 없다고 말할 수도 있다.

We checked that smudge for prints.
우리는 지문을 찾기 위해서 자국을 확인했어.

- These smudges on the handle might be partial prints.
  핸들에 있는 이 자국들은 부분적인 지문들일거야.
  The prints on the magazines are smudged. 잡지에 있는 지문은 번졌어.

check that smudge for prints에서 smudge는 더러운 자국, 얼룩이라는 의미로 '지문을 찾기 위해 얼룩을 확인하다'라는 말. 또한 smudge는 더러운 자국을 남기다, 번지다라는 동사로도 쓰인다.

We don't have to run this print.
이 지문을 돌릴 필요가 없어.

- We need to roll the prints and run them. 우리는 지문을 떠서 돌려봐야 돼.
  The first thing we do on a Doe is run prints.
  미확인 시신에서 제일 먼저 해야 할 일은 지문을 돌려보는거야.

run the print 역시 CSI에 많이 나오는 표현으로 '채취한 지문을 지문검사 프로그램에 돌리는 것'을 뜻한다.

There's no hits on the prints.
지문들에서 맞는 사람이 없어.

- And we got no hit on the prints. 그리고 지문에 맞는 사람이 없어.
  I got a hit on your partial print from the hotel employee database.
  호텔종업원 데이터베이스에 있는 너의 부분 지문과 일치하는 것을 찾았어.

hit on the prints에서 hit은 명사로 일치하는 것을 뜻한다. 그래서 지문을 돌리다가 We got a hit!하면 '지문일치하는 사람이 나왔어!'라는 말이 된다.

We got a match on our victim's prints.
피해자의 지문과 일치하는게 나왔어.

- The second set of prints didn't match any of the victims.
  두 번째 세트의 지문은 피해자의 것과 전혀 일치하지 않아.
  And your shoe prints match the ones we took from the floor.
  그리고 신발 자국은 바닥에서 채취한 것과 일치해.

■ prints match sb는 '지문이 sb와 일치하다.'

CSU found a partial print.
CSU는 부분지문을 발견했어.

- We only found prints on the interior garage door.
  우린 안의 차고문에서 지문을 찾았어.
  Sara and I found prints off the rifle. 새라와 나는 라이플 총에서 지문을 발견했어.

■ find prints는 '지문을 찾다,' '발견하다' 라는 표현.

» prior

No priors. Good student. 전과기록도 없고, 착한 학생야.

No priors. Good student.
전과기록도 없고, 착한 학생야.

- He had no priors and a full time job as an engineer.
  걘 전과기록도 없었고 정규직 엔지니어였어.
  He's probably got violent priors. 걘 아마도 폭력전과가 있을거야.

■ have no priors에서 prior는 prior to란 숙어로 유명한 단어. 미드에서는 전과기록을 말하는 명사로 자주 쓰인다.

You need to get your priorities.
넌 우선순위를 정해야 돼.

- Maybe you need to get your priorities straight.
  아마도 넌 우선순위를 정해야 될거야.

■ get one's priorities straight는 우선순위를 바로잡다, 즉 '우선순위를 정하다' 라는 표현으로 get 대신에 set을 써도 된다.

MORE EXPRESSION

prior warning 사전경고
prior notice 사전고지

놓치면 원통한 미드표현들

- **sb is on another planet** 딴세상 사람같다
  I know, it's like he's on another planet.
  알아, 걘 딴 세상 사람같아.
- **what planet is sb on?** 너 정신이 어디 가 있어?
  What planet are you on?
  넌 도대체 정신을 어디에 두고 있는 거야?
  What planet are you from? 너 제정신이냐?
- **have a lot[enough] on one's plate**
  신경쓸게 많다
  I have a lot on my plate right now, I need to focus on. 지금 당장 할 일이 많아서 집중해야 돼.
- **pluck a nerve** 아픈 곳을 찌르다, 진짜 짜증나게 하다
  Did I pluck a nerve there?
  네가 거기 아픈 곳을 찔렀어?
- **go to pot** 관계가 망했다, 악화되다
  The relationship has gone to pot.
  관계가 엉망이 되었어.
- **(a case of) the pot calling the kettle black** 똥묻은 개가 겨묻은 개를 탓하는
  That's the pot calling the kettle black, isn't it?
  이건 똥묻는 개가 겨묻은 개를 탓하는 것과 같아?

I'll keep it private. 그거 비밀로 할게.

You, out of my private life.
너, 내 사생활에서 빠져.

- That's **private information**. 그건 개인정보인데요.
  We're **a private hospital**. 우린 사립병원야.

Ben was a very private person.
벤은 매우 개인적인 사람야.

- Should we **talk more privately**? 개인적으로 얘기할 수 있어?
  Now this is **a private matter**. 이제 이건 개인적인 문제야.
  You're on **private property**, and I must ask you to leave.
  개인 사유지예요, 나가주세요.

I'll keep it private.
그거 비밀로 할게.

- No one knows about this, so **keep it private**. 아무도 모르니, 비밀로 하자.
  They **kept it private** for years. 걔네들은 그걸 오랫동안 비밀로 지켰어.

I assume you just happened to see his privates.
네가 방금 우연히 걔의 중요부위를 본 것 같아.

- I found her moaning, half-naked, bleeding from her chest and **privates**. 걔가 신음하고, 반라로, 가슴과 중요부위에서 피를 흘리고 있는 것을 발견했어.

May I speak with you for a minute in private?
잠깐 둘이서 얘기할 수 있어요?

- Could I steal you for just a minute, **in private**?
  잠시만 따로 얘기할 수 있어요?
  Did your **private detective** find anything? 사립탐정이 뭐 찾아낸 것 있어?

private life는 '사생활,' private information은 '개인정보,' 그리고 private school은 '사립학교,' private hospital은 '사립병원'을 말한다.

private person은 '개인적인 사람,' private matter는 '개인적인 문제,' private conversation 역시 '사적인 대화.' 또한 private[personal] property는 사유지.' 개인의 공간을 매우 중요시하는 사유지에 들어오거나 집을 break-in하는 건 엄히 다스린다. 경찰이나 이웃간의 다툼장면에서 많이 나오는 단어이다.

keep it private은 그걸 개인적인 것으로 하자라는 말은 '우리 둘만 알고 다른 사람에게는 말하지 말자'는 의미. keep it private between you and me 라고 쓰기도 한다.

privates가 복수로 쓰여 앞서 나온 'private parts(생식기)'를 뜻하기도 한다. 또한 private는 장교(officer)에 반대되는 개념으로 '사병'을 의미하기도 한다.

in private은 '개인적으로,' '사적으로'라는 말로 둘만이 은밀히 얘기하려고 할 때 사용한다. 또한 private detective는 '사립탐정'을 말하는 단어. private investigator라고도 해서 줄여 PI 라 쓰기도 한다.

MORE EXPRESSION

go private 비공개회사로 회다, 사유화하다

놓치면 원통한 미드표현들

- **prom king[queen]** 졸업무도회 킹카 퀸카
  In high school, I was **the prom queen**.
  고등학교때, 난 프롬퀸이었어.
- **prom (party)** 프롬파티
  I can't believe my little girl's going to **prom**.
  내 어린 딸이 프롬에 가다니 믿기지 않아.

» pro

I took this case pro bono. 난 이 사건을 무료로 변호하기로 했어.

You're an old pro at this, huh?

넌 이거하는데 프로지, 어?

- A pro would've shot him in the heart. 프로라면 가슴에 쏘지 않았을텐데.
  The thief was an old pro at stealing cars.
  그 도둑은 자동차 절도에 프로였어.

■ old pro는 '베테랑,' '숙련된 사람,' '경험자,' '전문가'를 뜻하는 구어체 표현. pro는 professional의 줄인말로 우리말로도 프로라고 쓰인다. 문맥에 따라 프로선수, 프로킬러, 그리고 매춘부 등을 뜻한다.

We're movin' soon, after I go pro.

내가 프로에 뛰어든 다음에 우리는 곧 이사갈거야.

- If he's gonna go pro, you gotta start him young.
  걔를 프로에 입문시키려면 이른 나이에 시작하도록 해야 돼.
  Most of the good players go pro right out of high school.
  대부분의 훌륭한 선수들은 고등학교졸업직후에 프로로 전향한다.

■ turn[go] pro는 취미나 아마추어가 아니라 뭔가 '직업적으로 뛰어들다,' '프로에 입문하다'라는 뜻이 된다.

I took this case pro bono.

난 이 사건을 무료로 변호하기로 했어.

- I'm defending him pro bono. 난 걔를 무료로 변호하고 있어.
  They do a lot of pro bono work. 걔네들은 무료로 많은 일을 하고 있어.
  You offered a tenant free rent in exchange for sex? In America it's called quid pro quo. 임대료 대신 섹스를 요구했다고? 그런 걸 '주고받기'라고 해.

■ pro bono는 외래어로 특히 법률에 관련되어 '무료변론'이라는 의미로 법정드라마에 자주 쓰인다. quid pro quo 역시 라틴어에서 온 단어로 하나를 주면 하나를 내놓아야 한다는 것으로 '…에 대한 대가, 보상'이란 의미이다.

» probation

I got a record, and I was on probation. 난 전과가 있어서 보호관찰중이야.

What did you say, probie?

신참, 뭐라고 했어?

- Let's just say I don't like loose ends, probie. 끝마무리가 미진한 건 싫어, 신참.
  You've got a chance here, probie. 신참, 넌 여기서 기회가 있었어.

■ probie는 probationer의 줄인말로 '신참,' '초짜'라는 의미로 쓰인다. 한편 probationer는 수습생이라는 말 외에 '보호 감찰중인 사람'을 뜻하기도 한다.

I got a record, and I was on probation.

난 전과가 있어서 보호관찰중이야.

- You're on probation? What did you do? 너 보호관찰중이야? 뭔짓을 했는데?
  He's pleading guilty, he'll be on probation. 걘 유죄인정했고 보호관찰처분될거야.
  Probation officer says he works at a drug store on Broadway.
  보호관찰관은 걔가 브로드웨이의 약국에서 일한다고 했어.

■ be on probation은 '보호관찰중이다,' 그리고 put[place] sb on probation은 'sb에게 보호관찰처분을 내리다'라는 의미. 그리고 probation officer는 '보호관찰관'을 말하는 것으로 줄여서 보통 PO라고 한다.

I have no problem with that. 그거 난 괜찮아.

Do you have a problem with me?
나한테 뭐 불만있는거야?

- Does anybody have a problem with that? 저거에 불만있는 사람이 있어?
  Do you have a problem with that? 그게 뭐 문제있어?
  I think you have a problem. 너 불만 있나본데.

Do you have a problem with sb[sth]?는 상대방이 자신이 한 말에 납득못한다는 태도나 불만스런 태도를 보일 때 무슨 문제라도 있냐고 따지는 듯한 말로, '내 말에 뭐 문제라도 있나?,' '왜 불만야?' 라는 의미.

We've got a problem.
우린 문제가 있어.

- If she dies, then you've got a problem. 걔가 죽으면 그럼 넌 골치가 아플거야.
  He never had a problem with my work. 걘 내 일에 문제가 있었던 적이 없었어.

have (got) a problem은 '문제나 어려움이 있다' 라는 표현으로 문제가 있는 부분을 말하려면 have a problem with~라고 하면 된다.

I have no problem with that.
그거 난 괜찮아.

- I have no problem with you borrowing this. 네가 이거 빌려가도 나 괜찮아.
  He has no problem with how old you are. 걘 네 나이에 신경안써.
  Oh, I have no problem with you. 어, 난 너와 아무 문제없어.
  Has Jill had any problems at school lately?
  질이 최근에 학교에서 어떤 문제가 있었어?

have no problem with~는 '…에 문제가 없다' 라는 말로 상대방의 제안 등에 승인할 때 쓰는 표현. with sth, with sb (~ing) 혹은 with how 절 등이 연결될 수 있다. 그리고 Have you had any problems ~ing? 하면 '…하는 데 어떤 문제라도 있었니?' 라는 의미.

No problem.
문제없어.

- I'll take care of it. No problem. 내가 처리할게. 문제없어.
  A: Thank you so much. B: No problem. A: 너무 고마웠어. B: 뭘요.

No problem은 문제 없어 라는 말로 상대방이 미안하다고 할 때 혹은 뭔가 부탁을 할 때 혹은 고맙다고 할 때 '걱정하지마,' '괜찮아,' '그럼요' 등의 의미로 다양하게 사용된다. 구어체에서는 줄여서 no probs라 하기도 한다.

Not my problem.
난 상관없어.

- Well, that's not my problem. 저기, 그건 내 문제가 아니야.
  It's not my problem. It's yours. 내 문제가 아니라, 네 문제야.

(That's, It's) Not my problem는 내문제가 아니다, 즉 '내가 상관할 바가 아니다' 라는 다소 냉정한 표현. That's your problem하면 '네 문제다' 라는 말.

What's the problem?
무슨 일인데?

- I'm fine. What's your problem? 난 괜찮은데. 넌 왜그러는거야?
  What's your problem with him? 너 걔하고 왜그래?
  It seems serious. What seems to be the problem?
  심각해보여. 문제가 뭐인 것 같아?

What's the problem?은 '무슨 일이야?,' '왜그래?' 라는 말로 상대방이 뭔가 문제가 있어보일 때 혹은 병원에서라면 의사가 '어디 아프냐?,' 그리고 문제 될 것도 없는데 '뭐가 문제냐?' 라고 반문할 때도 쓰인다. 또한 What's your problem?은 특히 이해할 수 없는 상대방의 행동에 '너 왜 그러는 거야?' 라는 의미로 주로 쓰인다.

The problem is you don't trust me!
문제는 네가 날 믿지 않는다는 거지!

- My problem is I have to consider Jake's safety.
  내 문제는 제이크의 안전을 고려해야 한다는 거야.

I think the problem is (that)~ '내 생각에 문제는 …이다,' the only problem is that~은 '유일한 문제는 …이다,' 그리고 the real problem is that~는 '정말로 문제가 되는 것은 …이다' 라는 표현이 된다.

We profiled the unsub. 우리는 미확인 용의자를 프로파일링했어.

Your firm deals with a lot of high profile cases.
네 회사는 대중의 관심이 큰 사건들을 다루고 있어.

- Victims aren't equal. High profile cases get priority.
  피해자는 평등하지 않아. 관심을 끄는 사건이 우선권을 갖지.

▬ high profile은 '대중의 주목과 관심을 많이 받고 있는'(well-known), 반대로 low profile하면 '사람들이 별로 관심이 없는'이라는 의미.

So much for keeping this low profile.
죽어지내는 것도 할 만큼 했어.

- So stake out the shop, but keep a low profile.
  그래 그 가게를 잠복근무하는데 눈에 안띄게 해.
  You need to keep a low profile right now. 넌 지금은 좀 죽어지내야 돼.

▬ keep a low profile는 '저자세로 다른 사람들의 눈에 안띄게 행동하다,' '두드러지지 않게 처신하다,' '눈에 띄지 않게 조용히 칩거하다'라는 표현.

We're running profiles on all of them now.
우리는 이제 걔네들 모두의 프로파일을 확인하고 있어.

- We got a couple of suspects who fit the profile.
  프로파일에 들어맞는 용의자 몇 명이 있어.
  Garcia can't get a geographic profile without additional data.
  가르시아는 추가적인 데이터없이는 지리적 프로파일을 얻을 수가 없대.

▬ run profile은 '컴퓨터 인터넷을 이용해 개인 이력과 전과기록 등을 확인하는 것'을 말하며, fit the profile은 '그런 프로파일에 맞는 사람이 나왔을 때' 하는 말.

We profiled the unsub.
우리는 미확인 용의자를 프로파일링했어.

- Agent Hotch is a very experienced profiler.
  핫치요원은 매우 경험많은 프로파일러이다.
  Often times the best profilers are the unsub's themselves.
  때때로, 최고의 프로파일러는 미확인용의자 그들 자신이다.

▬ profile sb는 'sb의 정신상태, 행동패턴 등을 분석하여 과거 및 앞으로의 행동과 생각을 예측한다'는 단어로 크리미널 마인드의 유행으로 아주 대중화된 단어. 그렇게 분석하는 사람들은 profiler라고 한다.

They're gonna say that's racial profiling.
인종차별적 프로파일링이라고 말할거야.

- Profiling is not just about checking off the facts.
  프로파일링은 사실들을 단순히 확인하는게 아니다.
  Profiling indicates a perp with low intelligence.
  프로파일링에 의하면 범인의 지능은 낮다고 한다.

▬ profiling은 'profiler들이 분석하는 것'을 말한다. 한편 DNA profiling은 유전자를 통한 프로파일링으로 '유전자 지문분석'이라고 한다.

놓치면 원통한 미드표현들

- **Take a powder!** 꺼져 버려!(오래된 표현으로 일상영어에서는 자주 쓰이지 않음)
  Take a powder and come back when you calm down. 꺼지고 진정되면 다시와.
- **powder room** 화장실
  Where is your powder room?
  화장실 좀 써도 될까요?
- **be a prank** 장난이다 prank call 장난전화
  No. It was just a prank. 아니, 그건 장난이었어.
- **get (sb) pregnant** 임신하다, 임신시키다
  You got her pregnant. 넌 걔를 임신시켰어.
- **be pregnant with~** …을 임신하다
  I was pregnant with twins. 난 쌍둥이를 임신했어.

» promise

You have my promise. 내 약속 지킬게.

You have my promise.
내 약속 지킬게.

- I'm gonna keep my promise. 난 약속을 지킬게.
  I have every intention of keeping my promise. 난 꼭 내 약속을 지키고 싶어해.

■ keep one's promise는 '약속을 지키다,' break one's promise는 '약속을 깨다,' 그리고 have one's promise하면 have one's word처럼 '주어가 약속을 지키겠다'라는 의미가 된다.

I promise you!
정말이야!

- I promise you, we won't give up on you. 정말, 우린 널 포기하지 않을거야.
  I promise you, I didn't kill her. 정말이지, 난 걜 죽이지 않았어.

■ I promise you는 자신의 말이 사실임을 상대방에게 확신시킬 때 하는 말로 '정말이야'라는 의미.

You must promise to visit while I'm here.
내가 여기 있는 동안 방문하겠다고 약속해야 돼.

- I made a promise to reunite him with his wife.
  난 걜 걔 와이프랑 재결합시키겠다고 약속했어.
  I promise you you'll find out eventually, though.
  그래도 결국 틀림없이 네가 알아낼거야.

■ promise to+동사는 '꼭 …할게,' I promise you (that) S+V하면 '…을 꼭 약속할게'라는 표현. make a promise to~라고 해도 된다.

He made good on his promise to marry Gina.
걘 지나와 결혼하겠다는 약속을 잘 지켰어.

- I'll make good on my promise to repay the loan.
  난 빌린 돈을 갚겠다는 약속을 잘 지킬거야.
  This was the last chance we had to make good on that promise.
  이건 우리가 그 약속을 지켜야 되는 마지막 기회였어.

■ make good on one's promise에서 make good on은 …을 잘 지키다라는 말로 주로 promise와 합쳐서 '약속을 잘 지키다'라는 의미로 쓰인다.

MORE EXPRESSION

show a lot of promise
가능성이 많다

» proof/ prove

What does that prove? 그래서요, 그래서 그게 어쨌다는 거죠?

I used the video as proof of my innocence.
난 내 무죄의 증거로 비디오를 이용했어.

- This evidence is in proof of which person is guilty.
  그 증거는 어떤 사람이 유죄인지를 증명하고 있어.

■ as proof of~는 '…의 증거로,' '…의 증거물로'라는 표현. in proof of 또한 '…의 증거로'라는 뜻으로 같은 의미이다.

We have strong proof that he did.
우린 걔가 그랬다는 강력한 증거가 있어.

- We just got proof that he's not. 걔가 아니라는 증거를 막 받았어.
  I'm saying you have no proof. 내 말은 넌 증거가 없다는거야.
  I'm not considering a plea without proof. 증거없는 항변은 고려하지 않아.

■ have (strong) proof (that) S+V는 '…라는 증거가 있다,' '강력한 증거가 있다.' 반대로 have no proof (that~)하면 '증거가 없다,' '…라는 증거가 없다'라는 뜻이고, 한편 without proof하면 '증거없이'라는 표현.

I'm proof that one person can make a difference.
한 사람이 차이를 만들 수 있다는 걸 내가 증명했어.

- That's tragic, really, but it's hardly proof that he raped her.
  정말 비극적이지만 걔가 그녀를 강간했다는 증거가 되지 않아.

I can't drink anything over 50 proof.
난 25도 이상 되는 술은 못마셔.

- That kid is clearly under 18, that bottle is clearly over 80 proof.
  저 아이는 분명 18살이하 이고, 저 술은 분명 40도는 넘어.

The drug trade is recession-proof.
마약거래는 경기가 나빠지는 법이 없어.

- My program is idiot-proof. 내 프로그램은 아주 다루기 쉬워.
  My lawyer said he was judgment-proof. 내 변호사가 자긴 질 수가 없대.

What does that prove?
그래서요, 그래서 그게 어쨌다는 거죠?

- So she took a dry sauna. What does that prove?
  걔가 찜질방에서 사우나를 했는데 그게 뭐 어쨌다는거야?
  What does that prove? The real killer's smart.
  그래서 어떻다는거야? 진범은 영리하다고.

What are you trying to prove?
도대체 뭐하자는거야?

- What the hell are you trying to prove? 이런 젠장, 도대체 뭐하자는거야?
  What is Scott trying to prove by fighting me?
  스캇이 나랑 싸워서 뭘 증명하려는거야?

DNA proves that sex took place, not rape.
DNA를 보면 섹스는 했지만 강간은 아니라는 걸 알 수 있어.

- It'll prove she didn't do it. 걔가 그걸 하지 않았다는 것을 증명해줄거야.
  That doesn't prove anything. 저건 아무런 것도 증명해주지 못해.

You can't prove that I did.
넌 내가 그랬다는 걸 증명할 수 없어.

- You can't prove I killed her. 내가 그녀를 죽였다는 걸 증명할 수 없어.
  You can't prove anything that you're saying. 넌 네가 말하는 걸 증명못할거야.

He's obviously trying to prove a point.
걘 정말 자기 주장이 옳음을 증명하려고 했어.

- What I need is for you to help me to prove a point to my husband.
  내가 원하는 건 내가 남편에게 내말이 맞다는 걸 증명하는데 네가 날 도와주는거야.
  The yellow liquid proved to be poison. 그 노란액체는 독약으로 판명됐어.

be proof of~[that S+V] 는 '…을 증명하다,' '보여주다'라는 의미.

숫자+**proof**처럼 proof 앞에 숫자가 나오면 '술의 알콜 함유량'을 나타내는 것으로 80 proof하면 40% 정도의 알콜도수가 된다.

bullet-proof는 '방탄(의)'라는 의미로 proof의 중요한 의미 중 하나가 …을 막아준다는 의미이다. 그래서 방수는 waterproof라고 하면 된다.

What does that prove?는 어떤 일에 대해 상대방 말의 의도를 모르겠다고 따지듯이 말하거나 혹은 상대방 말이 무의미하다고 반문할 경우로 '그래서 어떻다는거야?'라는 의미.

What is sb trying to prove?는 뭘 증명하려고 하는 것이냐라는 말로 상대방이 이해할 수 없는 행동을 할 때 화가 난 상태로 '도대체 뭐하자는 거야?'라고 하는 말.

DNA[It] proves that~은 주어가 that 이하를 증명하다라는 말로 '주어는 …의 증거이다,' 혹은 '주어에 의하면 …을 알 수 있다'라고 이해하면 된다.

You can't prove that~ 역시 범죄미드에서 자주 듣는 표현으로 '넌 …을 증명할 수 없다'라는 의미.

prove a point는 '자신의 주장이 옳음을 증명하다'라는 뜻으로 prove one's point라고 해도 된다. 또한 prove oneself [sth] (to sb)는 '자신의 능력이 어떤지 보여주다.' 그리고 prove to be~는 '…로 드러[판명]나다.'

MORE EXPRESSION

proven 입증된, 증명된
proven case 사실로 증명된 사건
prove sb's guilt …의 유죄를 입증하다
the proof of the pudding 백문이 불여일견

» pry

I'm really sorry I pried this out of you. 이걸 너로부터 얻어내 정말 미안해.

Oh, my god. I totally didn't mean to pry.

맙소사. 꼬치꼬치 캐물으려는 건 전혀 아니었어.

- Why would you think you're prying? 왜 네가 캐묻는다고 생각해?
  I don't want to pry into your personal business.
  네 개인적인 일들은 캐묻고 싶지 않아.

■ pry는 특히 '남의 사생활을 무례하게 캐고 다니다,' pry into 또한 같은 맥락으로 '비밀이나, 정보를 사생활을 들쑤시다,' '캐내다' 라는 표현이다.

Alex is trying to pry it open.

알렉스는 그걸 강제적으로 열려고 했어.

- She tries pushing it but is not strong enough to pry it open.
  갠 밀려고 했지만 강제적으로 열어제치기에는 힘이 부족했어.

■ pry sth open은 '억지로 강제적으로 비틀어 열다' 라는 의미.

I'm really sorry I pried this out of you.

이걸 너로부터 얻어내 정말 미안해.

- Jill had to pry the secret out of her daughter.
  질은 딸에게서 비밀을 겨우 얻어내야 했어.
  Police pried a confession out of the suspect.
  경찰은 용의자에게서 어렵게 자백을 받아냈어.

■ pry sth out of~는 '어렵게 …로부터 정보나 돈을 얻는다' 는 표현.

MORE EXPRESSION

away from prying eyes
사람들 시선을 피해서

» psych

You're psyching me out. 겁난다 야.

I'm so psyched.

정말 신난다.

- I got to get myself psyched up. 나 정말 들떠있어.
  I'm so psyched to hear you're back with my brother!
  네가 내 오빠랑 다시 합쳤다니 너무 기뻐!

■ be psyched (to~/that~) psych는 흥분시키다, 들뜨게 하다라는 동사로 be psyched하면 be thrilled에 가까운 표현으로 '무척 들뜨다' 에 해당된다. get oneself psyched up도 같은 의미.

Don't tell me any more. You're psyching me out.

더 이상 말하지마. 겁난다 야.

- You didn't let those reporter bitches psych you out, did you?
  저 기자년들이 널 불안하게 만들게 놔두지 않았지, 그지?

■ psych sb out는 'sb가 겁먹거나 불안 초조하게 말이나 행동을 하다.'

I was so psyched up to move to Hawaii.

난 하와이로 이사가는데 준비를 완전히 해놨어.

- The students got psyched up on their first day.
  학생들은 첫날 다들 마음의 준비하고 있었어.
  Try to get psyched up before the interview. 인터뷰전에 맘준비를 단단히 해.

■ psych sb up하면 'sb를 정신적으로 …할 준비시켜 자신감을 갖게 하다' 라는 뜻이고, psych oneself up하면 '스스로 마음의 준비를 하다' 라는 뜻이 된다.

You twisted, manipulative psychopath.

이 뒤틀리고 교활한 사이코패스야.

- Prison records show that Jack is a sexual psychopath.
  전과기록에 의하면 잭은 성적인 사이코패스야.

  A psychic has never solved a case. 심령술사가 사건을 해결한 적이 없어.

We psychoanalyze crime scenes

우린 범죄현장을 정신적으로 분석해.

- You're being pursued by a psychotic killer. 넌 사이코 킬러에게 쫓기고 있어.

  The little psycho had a gun. 저 쬐그만 사이코가 총을 갖고 있었어.

psychopath는 sociopath라고도 하는데 크리미널 마인드로 유명해진 단어. '반사회적 성격장애자'로 잘못을 저지르고도 죄의식을 못갖는 경우가 많다. 또한 psychic은 미드제목으로도 그리고 초자연적인 것을 다루는 미드에서 많이 나오는 단어로 '심령술사'를 말한다.

psycho는 거의 우리말화 된 '정신병자,' psychoanalyze는 '정신분석하다,' psychotic은 '심한 정신병환자'를 말한다.

» public

When can I go public with you? 언제 쯤 사귄다고 말해도 돼?

Kate wanted him to go public with it.

케이트는 걔가 그것을 공개하기를 바랬어.

- Jen and Mike went public with their romance.
  젠과 마이크는 자신들의 교제사실을 공개했어.

  The city will go public with its development plans.
  시는 개발계획을 공개할 예정야.

When can I go public with you?

언제쯤 사귄다고 말해도 돼?

- Karen went public with her new boyfriend.
  캐런은 새 남친과의 교제사실을 공개했어.

  We went public with our new partners.
  우리는 우리의 새 파트너들을 공개했어.

go public with sth은 대중에게 비밀이었던 것을 '공개하다'(let everyone know something that was secret), '…을 알리다'라는 표현. 하지만 비즈니스 세계에서는 go private의 반대표현으로 go public하면 '주식상장하다'라는 말이 된다.

go public with sb하게 되면 같은 의미이지만 특히 '비밀로 하던 애인을 사람들에게 오픈하는 것'을 말한다.

놓치면 원통한 미드표현들

- **prostitute** 매춘부
  Guess who's got a date with a prostitute.
  누가 매춘부와 데이트하게?
- **prostitution** 매춘
  She got busted for prostitution.
  걘 매춘하다 걸렸어.
- **prowl** 배회하다, 범행대상을 찾아 돌아다니다(be on the prowl)
  He'd be on the prowl for his next victim.
  걘 다음 피해자를 찾아 배회하고 있을거야.
- **pubic hair** 음모
  A: Get anything from the victim? B: Semen and pubic hair.
  A: 피해자에게서 나온 건? B: 정액과 음모요.

Those details were never made public.
세부적 사항들은 전혀 발표되지 않았어.

- If made public, would cause mass panic.
대중에게 알려지면 엄청난 패닉이 일어날지도 몰라.

  And then you threatened to make it public.
  그리고 넌 그걸 언론에 알리겠다고 협박했고?

■ make (sth) public은 '신문이나 TV 등 미디어를 통해서 대중들에게 알리다,' '발표하다,' '공표하다' 라는 의미.

Public display of affection coming up.
공공장소에서의 애정표시가 이제 나온다.

- Public display of affection coming up. You can avert your eyes. 공공장소에서의 애정표시가 시작되니까 얼굴 돌려.

■ public display of affection은 보통 PDA란 약어로 사용하는데 이는 한물간 PDA가 아니라, '공공장소에서 연인끼리 애정표시를 하는 것' 을 말한다.

Was it purely a publicity stunt?
그게 순전히 광고용이었어?

- She's head of publicity for my company. 걘 우리 회사 홍보팀장이야.

  What better way to get publicity than a series of murders?
  연쇄살인보다 더 얼굴이 알려지는 좋은 방법이 뭐야?

■ publicity stunt는 '홍보용, 선전용 깜짝쇼나 이벤트' 를 말하며, get publicity는 '알려지다,' '얼굴이 알려지다' 라는 뜻이 된다.

So am I like public enemy #1 with you?
그래 너한테는 내가 가장 흉악범같다는거야?

- We're public enemy number three, right after Osama and Kim Jung Il. 우리는 오사마, 김정일 다음으로 가장 흉악한 공공의 적이야.

■ public enemy number one은 FBI의 흉악범 리스트에 오른 공공의 적 1호를 말하는 것으로 '가장 흉악한 범죄인' 을 말한다.

MORE EXPRESSION

in public 사람들 앞에서
public school 공립학교
public transportation 대중교통수단

» pull

Let's pull it together. 우리 정신차리자.

You can't pull the wool over my eyes.
넌 날 속일 수 없어.

- She can pull the wool over everyone's eyes.
걘 모든 사람들을 속일 수 있어.

  You'll have better luck pulling the wool over their eyes.
  다음엔 운이 더 좋아서 넌 걔네들 눈을 속일 수 있을거야.

■ pull the wool over one's eyes는 울(양모)을 눈앞으로 잡아당긴다는 의미로 '…을 속이다,' '…의 눈을 속이다' 라는 의미.

You're pulling my leg.
나 놀리는 거지, 농담이지?

- Are you pulling my leg? 너 나 놀리는 거야?

  Don't pull my leg about serious things. 중요한 문제로 날 놀리지마.

■ pull one's leg는 '골탕먹이다,' '놀리다,' '장난치다' 라는 유명한 표현. 장난치는 내용은 pull one's leg about sth이라고 해서 말하면 된다.

He pulled the rug out from under me.
갠 날 곤란하게 만들었어.

- Nobody is gonna be able to pull the rug out from under my life.
  아무도 내 인생을 무력하게 만들 수는 없을거야.
  Mr. Peters pulled the rug out from under the project.
  피터네는 그 프로젝트를 망쳐놨어.

pull the rug out from under sb[sth]는 sb 밑에 있는 러그를 잡아당기다라는 말로 그렇게 되면 러그에 있는 사람은 쓰러지게 된다. 그래서 비유적으로 '…의 입장을 곤란하게 하다,' '계획을 망치다,' '뒤통수를 치다,' '…을 무력하게 하다,' '도중에 도움을 그만두다' 라는 의미.

Let's pull it together.
우리 정신차리자.

- Would you pull it together? 정신 좀 차려라.
  The organizers pulled the conference together quickly.
  주최측은 회의준비를 빨리 끝냈어.

pull it together는 '함께 뭉쳐서 뭔가 목표를 달성하다,' '진지해지다'(get serious) 혹은 사물주어가 오면 '…을 취합하여 하나로 만들다' 라는 의미.

Pull yourself together.
기운내, 똑바로 잘해.

- I'm begging you, pull yourself together, okay? 제발, 정신 좀 차려, 응?
  You've got to pull yourself together! She can't see you like this!
  넌 기운 좀 내! 걔가 이런 네 모습을 볼 수는 없잖아!

pull oneself together는 혼란스럽고 어려운 시기를 보내는 사람에게 정상을 찾고 강해지라고 하는 말로, '정신차리다,' '기운차리다' 라는 의미.

Who pulls the strings in the government?
누가 정부의 막후세력야?

- I've had a lot of people trying to pull strings behind the scenes.
  난 뒤에서 힘을 써줄려고 하는 사람들이 많아.

pull (some) strings는 연줄을 이용해 영향력을 행사하다라는 의미지만, pull the[one's] strings하면 인형극에서 뒤에서 한 사람이 줄을 이용해 인형들을 조종하는 것처럼 '배후에서 조종하다' 라는 뜻이 된다.

How could she pull a stunt like this?
어떻게 걔가 이런 바보 같은 짓을 할 수 있을까?

- Don't ever pull a stunt like that again! 다신 그런 바보짓을 하지마라!
  Two of the students pulled a joke on her. 학생 2명이 걔에게 장난쳤어.

pull a stunt는 '바보같은 짓을 하다,' '어리석은 계략을 쓰다,' pull a trick[joke]하면 '장난치다' 라는 뜻.

Pull over at this corner over here.
여기 코너에 세워줘요.

- A couple across the street heard a truck pull up.
  길건너 커플이 트럭이 서는 소리를 들었어.
  Pull up the website and let's check the chatter.
  사이트 찾아서 사람들이 뭐라고 하는지 보자.
  I was once pulled over by police officers. 난 한번 단속에 걸린 적 있어.

pull over는 '사람을 내려주기 위해 혹은 단속에 걸려 차를 길 옆에 세우다,' pull up은 '신호에 걸려서 아니면 정차나 주차목적으로 일정 지역에 차를 세우는 것' 을 뜻한다. pull up the website하면 사이트를 찾는 것을 말한다. 한편 get pulled over는 '특히 경찰에 의해 강제적으로 길 옆에 차를 대는 것' 을 말한다.

He's gonna pull it off.
갠 잘 해낼거야.

- You'll never pull it off. 넌 절대로 성공하지 못할거야.
  When I pull it off, you're going to make me a partner.
  내가 잘해내면 날 파트너로 만들어 줘야 해.

pull it off는 '잘해내다,' '성공적으로 해내다,' '소화해내다' 등 긍정적인 표현.

O P

You're the one who pulled that guy out of the fire.

네가 바로 걔를 어려움에서 구해낸 사람야.

- I pulled the book out of the fire before it burned.
  난 책이 타기 전에 책을 화재에서 꺼냈어.
  What did she pull out of the fire? 걘 화재에서 뭘 건진거야?

■ pull ~ out of the fire는 불에서 …을 빼낸다라는 말로 '…을 곤경에서 구해내다,' 그리고 pull out of the fire하면 스스로 나오는 것으로 '어려움이나 난관을 극복하고 성공하다'라는 뜻이 된다.

Just because he didn't pull the trigger.

걔가 방아쇠를 당기지 않았기 때문이야.

- She didn't have to pull the trigger. 걘 방아쇠를 당길 필요가 없었어.
  If you want me dead, then pull the trigger. 내가 죽길 바라면 방아쇠를 당겨.

■ pull the trigger는 '방아쇠를 당기다,' 즉 총을 쏘다라는 말. 또한 pull up a chair는 '의자를 가지고 다가와 앉다'는 말로 chair 대신에 seat을 쓸 수 있다.

MORE EXPRESSION

pull in sth 많은 돈을 벌다
have a lot of pull 연줄이 많다
pull-out 책속의 책, 철수

» punch

Let's not pull any punches. 사정봐주지 말자고.

Punch it! My wife's having a baby!

서둘러요! 아내가 출산중이야!

- The police are coming! Punch it! 경찰이 오고 있어! 빨리해!
  We are very late. Punch it! 우리 너무 늦었어. 서둘러!

■ punch it은 '관용적으로 서두르다,' '빨리하다'라는 말로 주로 명령형태인 Punch it!의 형태로 많이 쓰인다.

We have to punch in at five am.

우리는 오전 5시에 출근해야 돼.

- I'm so tired. I can't wait to punch out. 난 너무 피곤해. 빨리 퇴근하고 싶어.
  Every day we punch the clock before starting.
  매일 우리는 시작하기 전에 출근표를 찍어야돼.

■ punch in 예전에 punch를 이용해 출퇴근 확인을 했던 것에서 유래하여 punch in하면 '출근하다,' 반대로 punch out하면 '퇴근하다'가 된다. punch the clock하면 '출퇴근시간을 입력하다'라는 말.

Sorry to interrupt. I missed the punch line?

방해해서 미안한데. 내가 펀치라인을 놓친거야?

- Well, how's this for a punch line? 저기, 이거 펀치라인으로 어때?
  I'm a nobody, nobody is perfect, and therefore I'm perfect.
  난 아무도 아니다, 아무도 완벽한 사람은 없다, 고로 나는 완벽하다.

■ punch line은 '상대방에 펀치를 때리듯 강한 인상을 주는 급소를 찌르는 듯한 결정적인 표현'(funny part of the joke)을 말한다. 펀치라인의 범위는 다양한데 두번째 예문도 그 한 예이다.

Let's not pull any punches.

사정봐주지 말자고.

- Don't pull any punches now, Erin. 에린 이젠 사정봐주지마.
  Let's not pull any punches. Be totally honest. 속이지 말자고. 정직해져봐.

■ not pull any[your] punches는 '펀치를 잡아당기지 않다,' '자제하지 않다,' 즉 다시 말해서 전혀 숨김없이 노골적으로 비난하고 반대하거나 정직하고 진지하다는 것을 뜻한다.

Stop beating me to the punch!

그만 좀 선수치라고!

- Your son already beat you to the punch. 네 아들이 이미 너보다 선수쳤어.

■ beat sb[sth] to the punch는 '먼저 선수를 치다,' '기선을 잡다'라는 표현.

MORE EXPRESSION

punch sb's lights out 기절시키다
as pleased as punch 아주 기쁜
pack a punch 강펀치를 날릴 수 있다

I think I just pushed myself too hard. 내가 너무 무리한 것 같아.

It's a pushover.
그거야 식은죽 먹기지.

- This guy's a pushover compared to my ex-husbands.
이 사람은 옛 남편에 비하면 쉽게 다룰 수 있어.
Wait a minute. What are you saying, that I'm a pushover?
잠깐. 내가 호구라고 말하는거야?

be a pushover는 '아주 쉬운 일이다'라는 말로 pushover는 a piece of cake, a cinch와 같은 말. 사람인 경우에는 '조르면 쉽게 넘어가는 사람,' 즉 호구를 뜻한다.

Don't push me!
몰아 붙이지마!

- So I'm going to tell you again, don't push it. 그래 다시 말하는데, 밀어붙이지마.
Remember, he's weak. Don't push him. 기억해둬, 걘 약해. 몰아 붙이지마.

push sb는 push의 가장 기본적인 의미로 '밀어붙이다,' '독촉하다'라는 의미로 push it이라고 해도 된다.

I think I just pushed myself too hard.
내가 너무 무리한 것 같아.

- I think you're pushing yourself too hard. 내 생각에 네가 너무 무리했어.
You push yourself too hard, dad. 아버지, 너무 무리하세요.

push oneself too hard는 스스로를 너무 심하게 몰아붙이다라는 말로 '무리하다,' '강행하다'라는 표현.

This will push him over the edge.
이렇게 되면 걔가 열받을거야.

- It could've been enough to push him over the edge.
걔를 강하게 몰아붙이는데 충분했을거야.
You take risks and you push the limits. 모험을 해보며 한계에 도전해봐.

push ~ too hard 역시 몰아붙이다이지만 '상당히 강하게 몰아붙여 열받게 하는 것'으로 push~over the edge, push~ to brink 그리고 push~to the limit라고 해도 같은 뜻이 된다.

I should've pushed her to study something else.
다른 것을 공부하라고 밀어붙였어야 했는데.

- You were pushing him into taking that high-paying corporate job. 넌 걔가 고연봉의 기업일자리를 잡도록 몰아붙였어.
I should never have pushed you to do this whole thing.
난 이 모든 것을 네가 하도록 몰아붙이지 말았어야 했는데.

push sb into ~ing는 'sb를 몰아붙여 …하게 하다'로 push sb to do~라고 해도 된다.

놓치면 원통한 미드표현들

- **pump up** 볼륨을 높이다, 운동을 더하다, 혈압을 높이다
Alright, pump up the blood pressure.
좋아, 혈압을 더 높여.
- **pump sb for sth** 빼내다, 졸라대다, 얻어내다
Many college students pump their parents for money. 많은 대학생들은 돈을 달라고 부모님을 졸라대.
- **pump sb full of sth** …에게 …을 많이 넣다(특히 약)
Sara pumped me full of compliments.
새라는 내게 칭찬을 잔뜩 해주었어.
Come on, don't pump me full of painkillers.
이봐, 진통제 좀 그만 내 몸에 넣어.
- **pure and simple** 간단히 말해서
It's prostitution, pure and simple.
간단히 말해서, 매춘야.
- **purity ring** 순결반지
It's a purity ring. By wearing it, you promise to save yourself for marriage.
이건 순결반지야. 이걸 끼면 결혼까지 정조를 지키겠다는 약속야.

I like pushing you around.
난 너한테 이래라저래라 하는게 좋아.

- And was she okay about **pushing it back**? 그리고 걔가 미루어도 괜찮대?
  You **were pushing on** me like you were trying to sack me.
  날 바닥에 쓰러트릴려고 하듯 떠밀었어.

push sb around는 '…을 기분나쁘게 이래라저래라 하다,' '괴롭히다,' push back은 '미루다,' 그리고 push on은 '떠밀다.' 참고로 sack은 미식축구에서 쿼터백을 쓰러트리다라는 동사.

I think we're gonna need a little push.
우린 좀 더 분발이 필요할거야.

- Can you **give me a little push**? 나 좀 밀어줄래?
  I **gave her a push** and she rolled off the couch.
  걔를 밀었더니 소파에서 떨어졌어.

give ~ a push는 '…을 밀어주다,' need a push는 '분발이 필요하다,' 그리고 make a big push는 '세게 밀고 나가다'라는 뜻.

When push comes to shove, you aren't safe.
사태가 나빠지면 넌 안전하지 못할거야.

- Some people think they're reliable, but **when push comes to shove,** they prove themselves to be unreliable.
  어떤 사람들은 자신들이 믿을만하다고 생각하지만 사태가 악화되면 아님을 스스로 입증한다.

when[if] push comes to shove는 '사태가 나빠지면, 악화되면 …할 것이다'라는 말로 그런 상황에서 일어나는 기본적인 사실들을 말해줄 때 사용한다.

A pushup bra? Just to look good for a man, right?
푸시업 브라? 남자한테 잘 보일려고, 맞지?

- So probably a stranger, maybe **a push-in** rapist?
  그럼 낯선 사람, 아마 강제적으로 하는 강간범일수도.
  Start with 100 **push-ups**.
  푸시업 100번부터 시작해라.

push-in은 '강제적으로 밀고 들어오는'이라는 뜻으로 push-in robbery는 '문을 강제적으로 밀고 들어오는 강도짓'을, push-in rapist 역시 '강제적으로 들어오는 강간범'을 뜻한다. 또한 pushup은 훈련의 일종으로 하는 '푸시업' 혹은 가슴을 쳐지지 않게 올려주는 'bra'를 말할 때도 쓴다.

MORE EXPRESSION

pushy 저돌적인, 강압적인
push the envelope 한계를 넘다
be pushed for …에 쫓기다
be pushing up the daisies 죽어서 묻히다
be pushing 40/50 거의 4, 50이 다 되어가다

» **put**

Why do you put me through this? 왜 날 이렇게 힘들게 하는거야?

Let events to be put aside.
행사들은 다 제쳐두자고.

- But let us **put aside** such matters. 하지만 우리 그런 문제들은 무시하자고.
  We were just trying to **put aside** some cash. 그냥 돈을 좀 저축하려고 했어.

put aside는 옆에 놓다라는 말에서 '잊어버리다,' '무시하다,' '제쳐놓다,' 그리고 돈에 관련되면 '저축하다'라는 뜻이 된다.

I don't quite know how to put this.
이걸 어떻게 말해야 될지 모르겠지만.

- **How should I put it?** 뭐랄까?
  I wouldn't **put it** exactly that way. 나라면 꼭 저런 식으로 표현하지는 않을거야.

put it 여기서 put은 '표현하다'라는 의미로 '뭐라고 말해야 할까?,' '글쎄, 이걸 어떻게 말하죠?'라는 뜻으로 쓰이며, How can I say this?도 비슷한 표현이다.

Let's put it this way.

이렇게 표현해보자.

- To put it simply. 간단히 말하자면.
  Let me put it another way. 달리 말해볼게.

If only I could put into words how I feel.

내 느낌을 말로 표현할 수 있다면 얼마나 좋을까.

- It's really hard to put into words. 이거 정말 말로 표현하기 어려워.

I hate to put a damper on your night.

너희 밤에 찬물을 끼얹기 싫어.

- Let's not put a damper on the upcoming festivities.
  다가오는 축제에 흥을 깨트리지 말자.

Put him on.

걔 바꿔.

- Hold on a minute, I'll put you on speaker.
  잠깐만, 스피커폰으로 연결시켜줄게.
  Will you just put her on the phone please, Mom.
  걔 좀 바꿔줄래요, 엄마.

Why do you put me through this?

왜 날 이렇게 힘들게 하는거야?

- I never wanted to put you through this. I just can't do it anymore.
  난 네가 이걸 겪게하려고 한 적 없어. 그냥 더 이상은 못하겠어.
  His wife worked to put him through medical school.
  걔 엄마는 걔 의대학비를 대려고 일을 했어.

put it this way와 put it another way는 put it을 응용한 표현으로 바로 직전에 언급한 말을 무슨 뜻인지 상대방이 이해할 수 있도록 다시 쉬운 말로 말해줄 때 서두에 사용할 수 있는 것으로 '달리 표현하자면'이라는 의미. 또한 put it simply하면 '간단히 말해서.'

put into words는 '말로 표현하다'라는 말로 한단어로 하면 express.

put a damper on '찬물을 끼얹다,' '…의 기세를 꺾다,' '흥을 깨트리다'

put sb on은 전화영어로 'sb를 연결해주다'라는 뜻으로 put sb through라 하기도 한다.

put sb through는 전화에서 '…을 바꿔주다'라는 의미외에도 '어려움을 겪게하다' '학비를 대다,' '공부를 시키다'라는 의미로 쓰인다.

OP

놓치면 원통한 미드표현들

- **pussycat** 야옹이, 다정다감한 사람
  I'm really not interested in pussy cats.
  난 고양이에게 정말 관심없어.
  If you'll excuse me, I'm off to buy a pussycat. 괜찮다면 가서 고양이 살거야.
- **pussy** 성기 a pussy 약한 남자(coward)
  Don't start crying. He's such a pussy.
  울지마, 걘 정말 나약한 놈야.
  Baby, I just love the way your pussy feels.
  자기야 네 거기 느낌이 넘 좋아.
  He's a legend. He's just amazing at eating pussy. 걘 전설적인 사람야. 거기빠는데 끝내줘.
  I caught him eating another woman's pussy. 난 걔가 다른 여자의 거기를 빠는 걸 잡았어.

Put yourself out there.
당당하고 자신있게 나서봐.

- I put myself out there and act on my instincts.
  난 당당히 나서서 내 본능대로 행동했어.
  I mean I really put myself out there. 내 말은 정말 내가 당당히 나섰대니까.

put oneself out there는 자신을 밖으로 내민다라는 뜻으로 '당당하고 자신있게 나서다' 혹은 '자신은 충분히 취직될 자격이 있다고 믿다' 라는 등의 의미로 쓰인다.

Put down your weapon!
무기를 내려놔!

- Why didn't he put down the gun? 왜 걔가 총을 내려놓지 않은거야?
  Don't put yourself down. You're a very attractive man.
  자존감을 가져. 넌 정말 매력적이야.

put down은 '들고 있는 것을 내려놓다,' 그리고 put oneself down은 '자신을 낮추다' 라는 의미.

You put in for the promotion, huh.
넌 승진을 공식적으로 요청했어, 어.

- We're ready to put in for overtime. 우린 야근신청을 할 준비가 됐어.
  Don't tell me you quit or I put in for a transfer.
  네가 그만두거나 내가 전근간다는 말은 하지마.

put in for~는 '공식적으로, 정식으로 신청하다,' '요청하다' 라는 의미.

Yeah, let's put out a broadcast.
그래 이제 방송을 내보내자.

- I'll put out a broadcast. Thanks. 방송에 내보낼게. 고마워.
  Let's put out a broadcast. 방송에 내보내자.

put out a broadcast는 '방송에 내보내다' 라는 의미.

I argued he should be put away.
난 걔를 감방에 쳐넣어야 한다고 주장했어.

- This is a lot of food to put away that quickly.
  이건 그렇게 빨리 먹어치우기엔 음식이 넘많아.
  This is a bad guy who needs to be put away.
  얘는 나쁜 놈으로 감방에 쳐넣어야 돼.

put sth away는 멀리 치우다라는 뜻으로 '병원이나 감방에 넣다,' '치우다,' 혹은 '음식이나 술로 배를 채우는 것' 을 말한다.

You're putting me on!
농담하는구나!

- You're putting me on. This is some kind of bluff, right?
  뻥치는구나. 뭐 허풍떠는거야, 맞아?
  You're rich? You're putting me on! 네가 부자라고? 뻥치지마!

You're putting me on은 '날 놀리는구나,' '갖고 노는구나,' '뻥치는구나' 라는 말. put sb on은 '…을 갖고 장난치다' 라는 의미.

And it's time to start to put things right.
상황을 좀 나아지게 해야 될 때야.

- It will take years to put things right.
  상황을 바로잡는데 몇 년 걸릴거야.
  Do you want to put things right between us?
  우리 사이의 실수를 바로 잡고 싶다고?

put things right은 '어려운 상황을 나아지게 하거나 실수를 바로잡다' 라는 말.

Her father put me to work after I arrived.

걔 아버지는 내가 도착한 후 일을 시키셨어.

- Go put the shovel to use in the garden. 가서 정원에서 삽을 사용해.

  The driver put his car to the test on the highway.
  운전자는 고속도로에서 자동차를 테스트했어.

put ~ to work는 '일을 시키다,' put ~ to use '…을 이용하다,' '사용하다,' 그리고 put ~ to the test하면 '테스트하다'라는 표현.

I'm a doctor. I put my faith in facts.

난 의사야. 난 사실들을 믿어.

- Jill put her trust in her mom's advice. 질은 엄마의 충고를 믿었어.

  You can put your confidence in this bank. 넌 이 은행을 신뢰해도 돼.

put one's faith in~은 '…에 신념을 두다,' '…을 믿다'라는 말로 faith 대신 trust, confidence 등 다양한 단어들을 넣어 비슷한 표현들을 만들 수 있다.

O P

Anne, nice of you to put in an appearance.

앤, 와줘서 고마워.

- We need to put in an appearance at the party.
  우린 파티에 잠깐 얼굴을 내밀어야 돼.

  Everyone put in an appearance at the festival.
  다들 축제에 모습을 드러냈어.

put in an appearance는 '잠깐 얼굴을 내밀다,' '잠깐 들르다'라는 말로 show up, turn up과 같은 말이다.

MORE EXPRESSION

put up or shut up 행동하든지 입다물다
Put them up! 손들어!
put it down to experience 경험으로 삼다
put up a proposal[case] 제안[진술]을 내놓다
put one[it] over on sb 속이다

Q/R

» **queer**

Are you calling me queer? 나보고 동성애자라는 거야?

You make me sound so queer.

넌 참 이상하게 들리게 한다.

- You wanna know how **queer** I am?
  내가 얼마나 이상한지 말해줄까?
  I have **a queer feeling** in my stomach these days.
  요즘 배가 정말 이상해.
  This is **a queer looking** painting.
  이건 이상하게 보이는 그림이네.

queer는 '기묘한,' '이상한'이라는 뜻. 또한 '동성애의'라는 뜻으로도 쓰이는데 상당히 동성애에 대한 모욕적인 표현이라 실제로는 잘 안쓰이고 또한 이상한이라는 의미의 queer 역시 현대영어에서는 자제하는 중이다. 참고로 queer as a 3 dollar bill이라는 표현도 있는데 이는 3달러 지폐는 없다는 점에서 역시 이상한이라는 의미.

Are you calling me queer?

나보고 동성애자라는 거야?

- And he called me **a queer**.
  그리고 걘 날 동성애자라고 불렀어.
  It might hurt, but it'll cure you from being **a queer**.
  아프겠지만 이게 네가 동성애자에서 벗어나게 해줄거야.

a queer는 명사로 특히 '남자 동성애자'를 가리키는 말로 Queer As Folk라는 제목의 미드도 있다. 하지만 역시 동성애자에 대한 강한 모멸감을 갖는 단어로 사용하는 것은 가급적 피해야 한다.

Oh, there's no question about that. 어, 전혀 의문의 여지가 없어.

Her character's beyond question.
걔의 성격은 의심할 여지가 없어.

- His genius is **beyond question.** 걔의 천재성은 의심할 여지가 없어.
  That's **beside the question.** 그건 주제에서 벗어난거야.
  This is **without question** the best Christmas ever. 가장 최고의 성탄절야.

beside the question은 '문제나 주제에서 벗어난,' 그리고 beyond question은 '질문자체가 성립되지 않는'이라는 의미에서 '확실히,' '물론,' '의심할 여지가 없는'이라는 뜻. 또한 without questions는 '이의없이,' '말할 것도 없이,' '의심할 여지없이'라는 의미.

It's out of the question.
그건 불가능해.

- But a blow job **is out of the question**, right? 오럴섹스는 절대 안돼, 알았어?
  Believe me, eloping **was not out of the question**.
  정말야, 연인과 눈맞아 도망치는 건 절대 불가능한 거였어.

out of the question은 '말도 안되는,' '절대 불가능한'이라는 뜻으로 뭔가 절대로 불가능하거나 받아들일 수 없는 일이라는 걸 강조할 때 사용한다. 참고로 out of question은 쓰이지 않는 표현.

Oh, there's no question about that.
어, 전혀 의문의 여지가 없어.

- **No question about it.** The COD is drowning. 명백해. 사인은 익사야.
  There's no question your daughter was molested.
  따님이 성추행당한 것 확실해요.

There's no question about it은 '의문의 여지가 없다,' '확실하다,' '명백하다'라는 의미. 줄여서 No question about it이라고도 한다. 또한 There is no question that~ 이라고 해도 '…을 의심할 여지가 없다'라는 뜻이다.

Yes. Well, that is a good question.
어. 저기, 그거 좋은 질문이야.

- **Good question.** if it was a female prostitute. 글쎄, 그게 여자 매춘부라면…
  Good question. I don't see any bullet holes. 맞아. 총알구멍이 안보이는데.

good question은 좋은 질문이다라는 말로 정말 좋은 질문을 했을 때 쓸 수도 있지만 보통 자기도 빠트렸거나 생각못했던 질문을 상대방이 했을 때 '좋은 질문야,' '그러게나 말야'라는 의미로 쓰인다.

I got a question for ya. Just a little thing, no pressure.
물어볼 게 있어. 간단한 거야, 스트레스 받지말고.

- Do you **have a question for** me? 나한테 물어볼 게 있어?

have a question for~ '…에게 질문이 있다,' '…에 물어볼게 있다'고 하는 아주 기본적인 표현. I have a question for you는 질문할 게 하나 있어.

That's a question for the jury. Not the judge.
배심원에게 문제가 되는거지, 판사한테는 아냐.

- A: Richard, what is this about? B: See, **that's a question.**
  A: 리차드, 이게 무슨 일이야? B: 봤지, 저게 문제라고.
  Well, **that's a question** you'll have to ask the DA.
  저기, 그게 네가 검사한테 물어야 할 문제야.

That's a question하면 '그게 문제다,' that's a question for~는 '문제가 되는 건 …한테이다' 그리고 that's a question that~하면 '그게 …하는 문제이다'라는 의미이다.

Her entire motivation called into question.
걔의 동기전체가 문제가 됐어.

- I've got to **call** Major Nelson's sexuality **into question** here.
  넬슨 시장의 성생활을 문제삼아야 돼.
  We did a test that **called into question** our initial diagnosis, so we changed our mind. 테스트를 했는데 초기진단에 문제가 되어 우리는 마음을 바꿨어.

call[bring, throw] sth into question은 '…을 문제삼다,' '…에 의문을 제기하다'라는 표현.

It's just a question of opportunity and preference.
그건 단지 기회와 선호의 문제야.

- What's this? A question of sexual orientation?
  이게 뭐야? 성적취향의 문제?

  It was just a question of putting together the team.
  그건 단지 임무완수를 위해 탁월한 팀을 구성시키냐 하는 문제였어.

■ **be a question of sth**은 '…의 문제이다,' 보통 it's a just[only, simply] a question of ~ing라는 형태로 '그건 그냥[단지, 단순히] …의 문제이다'라는 형태로 많이 쓰인다.

MORE EXPRESSION

be open to question
확실하지 않은

» **quick**

I'm a quick learner. 난 아주 빨리 배우는 타입이야.

You're quick.
넌 눈치 하난 빠르다.

- I got here as quick as I could. 가능한 빨리 여기 왔어.

  But he has to be quick about it. 하지만 걘 빨리 해야 해.

■ **be quick**은 '행동이나 눈치 등이 빠르다'라는 뜻이고 be quick about it하게 되면 문맥에 따라 '…을 빨리 하다'라는 표현이 된다.

I'm a quick thinker.
난 빨리 생각하는 사람이야.

- I'm a quick healer. I'm breathing better since the surgery.
  난 빨리 치료되는 사람야. 수술후 숨쉬는게 나아졌어.

  I've actually never attempted something so complex before, but I'm a quick learner.
  난 실제 전에 이렇게 복잡한 것을 시도해본 적이 없지만 난 아주 빨리 배우는 타입이야.

■ **be a quick ~ er**는 영어가 선호하는 표현법. learn quick보다는 quick learner를 더 좋아한다. '빨리 …하는 사람이다'라고 해석하면 된다.

Can I ask you a quick question?
빨리 질문하나 해도 될까?

- We're just gonna grab a quick beer. 우리 잠깐 맥주 좀 마실거야.

  Just gonna make a quick call. 빨리 전화한통만 할게.

  Some wounds are deeper than they first appear and require more than just a quick fix. 어떤 상처는 보기보다 심해 응급처치이상의 치료가 필요해.

■ **~quick+N**은 '빨리,' '잠깐'이라는 의미를 부여하는 것으로 주로 상대방에게 시간을 많이 뺏지 않겠다는 의미를 주려는 표현법이다. 또한 quick fix는 '응급조치,' 비유적으로 '단기적인 해결책,' '미봉책' 등을 뜻한다.

Let's check your hair real quick, sweetie.
자기야, 네 머리 빨리 확인해보자.

- I just gotta run home real quick and change into my ninja outfit. 정말 빨리 집에 달려가서 내 닌자옷 바꿔입어야 돼.

  I've got good news I wanna tell you real quick. Come here.
  네게 빨리 말하고 싶은 소식이 있어. 이리와봐.

■ **real quick**은 보통 really가 잘못 쓰인거라고 생각하기 쉽지만 여기서 real은 부사로 very라는 의미. 참고로 It sure is~의 경우도 마찬가지인데 이때 surely의 오자가 아니라 sure가 부사로 쓰인 경우이다.

How about a quickie?
가볍게 한판 어때?

- You took her out for a pizza and a quickie outside in the open? 피자사준다고 걜 데리고가서 공공장소에서 한판했단말야?

■ **a quickie**는 뭔가 빨리 한다는 뜻으로 주로 '전희, 후희없이 후다닥 일사천리로 본론으로 바로 들어가는 그런 섹스'를 말한다.

MORE EXPRESSION

the quick and the dead
산자와 죽은자

quick as a flash 재빠르게

» quiet

It's kinda on the Q.T. 그것은 좀 비밀로 되어있어.

We'll just be real quiet about it.
우린 정말로 입다물고 있을게.

- That's why you have to keep quiet about our affair.
  그래서 넌 우리 관계에 대해 함구해야 돼.

keep[be] quiet about~ 혹은 keep sth quiet은 '…에 대해 입을 다물다,' '비밀로 하다' 라는 의미.

We just want a quiet word with JJ.
우린 단지 제이제이와 조용히 얘기를 나누고 싶어.

- Mr. Clark wants a quiet word with some of you.
  클락씨는 너희들 중 몇몇과 조용히 얘기나누고 싶어하셔.

have a quiet word with~는 have a word with에서 quiet만 추가된 것으로 '…와 조용히 이야기를 나누다' 라는 뜻.

The thing is it's kinda on the Q.T.
실은 그것은 좀 비밀로 되어있어.

- Someone was murdered, but that's on the QT.
  누가 살해당했는데, 하지만 그건 비밀야.

on the QT는 on the quiet라는 말로 '은밀하게,' '몰래' 라는 의미.

» quit

I can't let you quit on me. 네가 나를 버리도록 하지는 않을거야

Don't quit trying.
계속 시도해봐.

- Dude, quit asking me that. 이봐, 나한테 그거 물어보지마.
  Don't even start. I quit. 말 꺼내지도마. 나 그만둬.

quit+N[~ing] quit은 '스스로 그만둔다' 는 말로 뒤에는 명사나 ~ing를 붙여쓰면 된다. 보통 미드를 보다보면 직장을 그만둘 때 속시원히 내뱉는 말이 바로 I quit이다.

You've got an ass that won't quit.
너 정말 엉덩이가 멋지구나.

- Carol has an ass that won't quit. 캐롤은 정말 엉덩이가 끝내주네.
  She has long legs that won't quit. 걘 긴 다리가 죽여준다.

~ that won't quit은 '…가 좀처럼 가시지 않는다,' '멈추지 않는다' 라는 의미지만 주로 아주 무례하고 상스러운 표현으로 주로 that 앞에는 엉덩이나 다리 등이 오게 된다. 그래서 ~an ass that won't quit하면 매우 무례한 표현으로 '아주 멋지다' 라는 뜻을 갖는다.

Stanford was ready to call it quits.
스탠포드는 그만두려고 했었어.

- Mr. and Mrs. Smith, after two weeks of marriage decided to call it quits. 스미스 부부는 결혼 2주만에 끝내기로 결정했어.

call it quits는 '끝내다,' '포기하다,' '그만두다' 라는 의미로 call it a day[night]의 동의표현으로 알려져 있다.

Look, I can't let you quit on me.
이봐, 네가 나를 버리도록 하지는 않을거야.

- You can't quit on me, I quit on you. Bossy little midget!
  넌 날 버릴 수 없어, 내가 널 버린다. 이 으스대는 난쟁이녀석아!

quit on sb는 좀 비열한 표현으로 sb가 힘들어지고 곤란해지자 sb가 필요로 하는데도 도와주지도 않는 것을 말한다.

» quirky

Sheldon is a bit quirky, isn't he? 쉘든은 좀 특이하지, 그렇지 않아?

Right. It's a genetic quirk.
맞아. 그건 유전적으로 기이한거야.

- It's simply a quirk of nature, man. 야, 그건 그냥 운명의 장난이야.
  Some judges have their quirks, Jerry. 일부 판사들은 나름대로 성격이 기이해, 제리.

quirk는 명사로 '사람 성격이 특이하고 기이한 점' 혹은 '기이한 일이나 운명'을 뜻한다.

Sheldon is a bit quirky, isn't he?
쉘든은 좀 특이하지, 그렇지 않아?

- I prefer to think of myself as quirky. 난 나 자신을 좀 특이하다고 생각하는 편야.
  It's a little quirky to masturbate to pictures of your mother.
  네 엄마 사진을 보고 자위하는 건 좀 이상하지.

quirky는 특히 흥미롭게 '아주 특이하고 기이한 것'을 말한다.

» quite

I'm not quite sure what to say. 무슨 말을 해야할지 그렇게까지 확실하지는 않아.

There's quite a lot wrong, Ziva.
정말 틀린게 너무 많아, 지바.

- Jack has been traveling quite a lot lately.
  잭은 최근 아주 많은 여행을 했어.
  You've lost quite a lot of money since your husband passed away.
  넌 네 남편이 죽은 후에 많은 돈을 잃었어.

quite a lot (of~)은 '상당히 많은,' '꽤 많은'이라는 뜻으로 여기서 quite는 강조어이다. 단독으로 부사처럼 쓰이기도 하고 아니면 뒤에 of+명사가 붙여 형용사처럼 쓰이기도 한다.

That was quite a mess you made.
네가 아주 엉망진창을 만들어놨구나.

- I've been alone for quite a while now. 난 한동안 홀로 지냈어.
  It's quite a bit more complicated than that. 그거보다 훨씬 더 복잡해.

quite a bit은 '꽤,' '상당히,' quite a mess는 '상당히 엉망인,' '엉망진창인,' 그리고 quite a while은 시간상 '꽤,' '상당기간'을 뜻한다.

I'm not quite sure what to say.
무슨 말을 해야할지 그렇게까지 확실하지는 않아.

- I'm afraid I'm not quite finished with it yet. 아직 완전히 끝내지는 않았어.
  Not quite, Gabrielle. Not quite. 꼭 그렇지는 않아, 개비, 그런게 아냐.

not quite는 '완전히 그렇지 않다,' '그다지 …하지는 않다'라는 의미를 부여하며, 단독으로 쓰여 Not quite하면 '그렇지도 않아'라는 의미가 된다.

She's quite a girl.
걘 대단한 여자야.

- Yes, it was quite a day, wasn't it? 맞아, 정말 대단한 날이었어, 그렇지 않아?
  He's quite a catch, isn't he? You like him don't you?
  걘 정말 멋져, 그지않아? 넌 걔 좋아하지, 그지않아?

be quite a~는 a 다음에 나오는 사람이나 사물을 강조하기 위해 표현으로 '대단히 …하다,' '근사한 …이다'라는 뜻.

» **rack/ wrack**

Audits can be nerve-racking. 회계감사는 신경이 무척 쓰이잖아.

You know, audits can be nerve-racking.
알잖아, 회계감사는 신경이 무척 쓰이잖아.

- The noise from the builders is nerve-racking.
  건축회사들의 소음이 신경을 무척 쓰게 해.

  It was nerve wracking to see a ghost. 유령을 보는 것은 피말리게 하는 것이었어.

nerve-racking은 '신경을 무척 쓰게 하는' 혹은 '안절부절 못하게 하는'이라는 의미로 racking 대신에 wracking으로 쓰기도 한다.

By then this Prada item may be off the rack!
그때까지는 이 프라다 상품은 기성복으로 팔릴지도 몰라.

- Did you buy that suit off the rack? 그옷 기성복으로 산거야?

  It's cheaper to buy clothes off the rack. 기성복을 사는게 더 싸.

off the rack에서 rack은 백화점 등 의류판매점에서 옷을 걸어놓는 것으로 buy sth off the rack하면 이미 가게에 있는 옷, 즉 '기성복을 샀다'는 뜻이 된다. rack 대신 peg을 쓰기도 한다.

We spent the night racking our brains for ideas.
우리는 밤을 지새며 아이디어를 쥐어짜냈어.

- She racked her brain to find a way into her own house.
  갠 자기 집으로 가는 길을 찾으려 기억해내려 애썼어.

  You'll have to rack your brains for the solution.
  넌 해결책을 찾기 위해 머리를 쥐어짜야돼.

rack one's brains에서 rack은 동사로 머리를 쥐어 짜내다라는 의미로 '…을 기억해내려고 애쓰다,' '지혜를 짜내다,' '궁리하다'라는 뜻이다.

MORE EXPRESSION

be racked by[with] …에 시달리다

» **rag**

You're obviously on the rag. 넌 분명히 화나 있구나.

I hang out in the basement, you rag on me.
난 지하실에서 시간을 보내고 넌 날 놀려대지.

- Simon's friends liked to rag on him for always being late.
  사이몬의 친구들은 항상 늦는다고 걜 놀려대는 걸 좋아했어.

  They were all ragging on the new student. 걔네들은 모두 신입학생들을 놀려댔어.

rag on sb는 'sb를 장난으로 놀리다,' 혹은 '진짜 화가 나서 비난하다'라는 말로 쓰인다.

be on the rag은 '화가 나다,' '기분이 잡치다'라는 의미.

You're obviously on the rag.
넌 분명히 화나 있구나.

- Why are you so grumpy? Are you on the rag? 왜 그리 불평해? 화났어?

  She stayed home because she was on the rag. 갠 화나 집에 머물렀어.

ragged는 '몹시 지친,' '나쁜 상태인,' '지친'이라는 의미이고, ragged edge는 '가장자리,' '극단' 그래서 be on the ragged edge하면 '사업 등이 망하기 직전이다'라는 뜻이다.

We're at the ragged edge here.
우리는 지금 위기에 처해있어.

- She sits on the sofa looking very ragged and exhausted.
  갠 소파에 앉아있는데 매우 지쳐보였어.

MORE EXPRESSION

from rags to riches 무일푼에서 부자가 되다

lose one's rag 화내다

like red rag to a bull 흥분케하는 것

Q R

I killed her in a jealous rage. 질투심으로 격노하여 걜 죽였어.

It's all the rage. Everybody's doing it.
엄청난 인기야. 다들 그걸 하고 있어.

- She's all the rage in New York. 걔가 뉴욕에서는 엄청 인기야.
  Yes, diners are apparently all the rage nowadays.
  어, 작고 싼 식당들이 요즘에는 엄청 유행하는 것 같아.

■ be all the rage는 '뭔가 급속히 유행하며 매우 인기가 있는 것'을 말한다. 같은 말로는 be the craze, be the fad, be hip 등이 있다.

I got a raging nose bleed.
난 코피가 엄청나게 나.

- This is nothing. My father is a raging alcoholic.
  이건 아무것도 아냐. 아버진 지독한 알콜중독자요.
  I think your hormones are raging out of control.
  너의 호르몬이 걷잡을 수 없게 된 것 같아.

■ raging이 명사앞에서 형용사처럼 쓰이면 '격렬한,' '극심한'이라는 의미이고 동사로 rage out of control하면 '걷잡을 수 없이 번지다'라는 뜻이다.

I killed her in a jealous rage.
질투심으로 격노하여 걜 죽였어.

- I could see how you could lose control and go into a jealous rage. 네가 어떻게 통제력을 잃고 질투심에 격노하게 되었는지 알 것 같아.
  It was like I was blind with rage. 분노에 눈이 멀었던 것 같아.
  He's in a rage that you left the office in a time of crisis.
  걘 네가 위기 때에 사무실을 나갔다고 격노해있어.

■ jealous rage에서 rage는 명사로 격렬한 분노, 격노를 뜻하는 단어로 여기에 jealous라는 형용사가 붙어서 '아주 격한 질투심으로 화가난 상태'를 뜻하게 된다. 또한 in a rage 또는 with rage는 '화를 내며,' '격노하여'라는 표현.

She flew into a rage and threw a chair.
걘 화를 버럭내고 의자를 집어 던졌어.

- Flew into a rage, and killed the parents? 버럭 화를 내고 부모를 죽였다고?
  So what if she flew off the handle a little?
  그래서 걔가 화를 좀 내면 어떻하지?

■ fly into a rage는 '버럭 화를 내다,' '발끈하다'라는 의미의 표현. rage 대신 temper를 써도 된다. 같은 표현으로는 fly off the handle이 있다.

How does a fried liver put him into a rage?
어떻게 튀긴 간 때문에 걔가 화를 낸거야?

- Her choice droves you into rage? 걔의 선택이 널 격노하게 만드는구나?
  So the drug is tapping into the rage but didn't cause it.
  약 때문에 격노한 것은 맞지만 그것을 초래한 것은 아냐.

■ put sb into a rage는 'sb를 격노하게 만들다'라는 것으로 put 대신에 drive를 써도 된다.

놓치면 원통한 미드표현들

- **quarters** 숙소, 지역, 구역
  Still have four suspects who all worked in close quarters with the victim.
  피해자와 가까운 구역에서 일을 하는 4명의 용의자가 아직 있어.
- **headquarters** 본부
  Guess where their regional headquarters is located.
  걔네들의 지역본부가 어디 있는지 알아맞춰봐.

I pulled those rap sheets. 난 저들의 전과기록을 뒤져봤어.

She has herself quite a rap sheet.
걘 전과기록이 화려해.

- Leon's rap sheet starts when he was seven years old.
  레온의 전과기록은 7살 때부터 시작됐어.
  No alibi, a rap sheet with a knife assault. 알리바이는 없고 칼쓴 폭행전과는 있어.

rap sheet은 '경찰에 기록되어 있는 한 사람의 전과기록'을 뜻한다.

Pull up James Baker's rap sheet.
제임스 베이커의 전과기록을 뒤져봐.

- I pulled those rap sheets. 난 저들의 전과기록을 뒤져봤어.
  Aaron is running a rap sheet on him now.
  애론이 지금 걔의 전과기록을 뒤져보고 있어.

run a rap sheet는 '컴퓨터 등을 통해 전과기록을 찾아보는 것'을 말하며, pull one's rap sheet 역시 '전과기록을 찾아보다'(get a written record of arrests from files or a computer)라는 말.

It's gonna save you from a murder rap.
그렇게 되면 네 살인혐의가 벗겨질거야.

- How could you let the man that you love take a murder rap for you? 네가 사랑하는 사람이 어떻게 너대신 살인혐의를 받게 할 수 있어?
  So in order to beat a murder rap, he used someone else's blood. 살인혐의를 피하려고 걘 다른 사람의 피를 썼어.

beat the rap에서 rap은 앞의 표현들에서처럼 범죄혐의로 beat the rap하면 beat the traffic처럼 '자기가 한 짓에 대해 벌을 안받다'라는 표현. murder rap은 살인혐의, robbery rap은 강도혐의.

I won't take the rap for your crimes.
난 네 죄를 뒤집어쓰지 않을거야.

- He was gonna make you take the rap all by yourself.
  걘 너혼자 다 죄를 뒤집어씌우게 할거야.
  I hear you bought him a car to shut him up and take the rap.
  네가 걔한테 입다물고 죄를 뒤집어쓰게끔 하려고 차를 사줬다고 들었어.

take the rap (for~)은 자기가 저지르지는 않은 잘못으로 벌을 받다라는 말로 '죄를 뒤집어쓰다'라는 뜻이 된다. for sb하면 …대신에, for sth하면 …의 죄로라는 의미.

Some guys just get a bum rap.
일부 사람들은 부당한 대우를 받고 있어.

- Herman got a bum rap after being arrested.
  허만은 체포된 후 부당한 대우를 받았어.

a bum[bad] rap은 '부당하게 대우를 받거나 부당한 평판을 얻게 되는 것'을 뜻한다.

놓치면 원통한 미드표현들

- **throw a rager** 대규모 파티를 열다
  It's not gonna be too much of a rager.
  지나치게 요란한 파티는 되지 않을거야.
- **raid one's fridge** 자유롭게 냉장고에서 꺼내 먹다
  I just came to raid your fridge.
  네 냉장고에서 자유롭게 꺼내먹으러 왔어.
- **raid on** 급습하다
  Join the raid on that warehouse in Austin.
  오스틴에 있는 창고 급습에 합세해.
- **recess** 쉬는 시간
  Prosecution requests a ten-minute recess.
  검찰측은 10분간 휴회를 요청합니다.

» rape

She's 16. That's statutory rape. 걘 16살이야. 미성년자 강간야.

She's a pill head. She's still a rape victim.
걘 마약중독자지만 성폭행피해자야.

- You guys know how to deal with rape victims.
  너희들은 성폭행피해자들을 어떻게 다루는지 알지.

▬ **rape victim**은 '성폭행 피해자.' CSI 및 Law & Order 그리고 Law & Order의 spin off 중 하나인 Special Victims Unit에 정말 자주 나오는 단어.

He was involved in date rapes?
걔가 데이트 강간에 연루됐었어?

- You know, a date rape drug isn't taken voluntarily.
  알잖아, 데이트 강간약은 자발적으로 먹지 않잖아.
  You're thinking "acquaintance rape?" 너 지금 데이트 강간 생각하는거야?
  It's commonly known as a Ruphie or a date rape drug.
  루피, 혹은 데이트 강간약으로 일반적으로 알려져 있어.

▬ **date rape**은 '모르는 사람이 아니라 데이트 상대에게 강간당하는 것'을 말하며, 간혹 그럴 목적으로 약을 먹이는 경우가 있는데 date rape drug이라 한다. 물에 탄 물뽕으로 잘 알려진 GHB도 그중 하나. 참고로 date rape은 acquaintance rape이라고도 한다.

I didn't gang raped her in the bathroom.
난 욕실에서 걜 윤간하지 않았어.

- Did he mention witnessing his sister being gang raped?
  걔 누이가 윤간당하는 것을 목격했다고 말했어?

▬ **gang rape**은 '윤간'을 말하며 동사로도 쓰인다. 참고로 gang bang은 '집단섹스'를 뜻한다.

She's 16. That's statutory rape.
걘 16살이야. 미성년자 강간야.

- We got him on statutory rape and incest. 걜 미성년 강간 및 근친상간으로 잡았어.
  He's 21. She's 15. That's statutory rape. I know the law.
  걘 21살이고 그여자는 15살이야. 그건 미성년자 강간야. 내가 법 좀 안다고.

▬ **statutory rape**은 좀 어려운 단어가 들어있는 표현. statutory는 법률에 정한이라는 의미로 statutory rape하면 '법률로 정한 강간'이란 뜻. 즉 둘이 합의하였다해도 미성년자와 섹스는 법적으로 처벌한다는 뜻이다.

» rat

She tried to rat on us. 걘 우리들을 밀고하려고 했어.

I don't believe this, you rats!
말도 안돼, 이 배신자야!

- He's a rat! He's been cheating on me! 걘 배신자야! 걘 날 계속 속이고 있었어!
  Oh, you rat! You rat! 어, 이 배신자! 배반자!

▬ **Rats!**는 속어로 '젠장!,' '제기랄' 그리고 You rat!하게 되면 '배신자!'라는 말이 된다. 또한 be a rat해도 '배신자[배반자]이다'라는 표현.

I smell a rat.
뭔가 구린데.

- A: What's the matter? B: I smell a rat. A: 무슨 일이야? B: 뭔가 수상해.
  Well, I smell a rat in the Fram family. 저기, 프램 가족이 뭔가 수상해.

▬ **smell a rat**은 '뭔가 수상한 낌새를 채다,' '눈치채다'라는 표현.

She tried to rat on us.
걘 우리들을 밀고하려고 했어.

- Look, you don't rat on your friends. 저기, 네 친구들을 고자질하지마.
  She's not gonna rat on House. 걘 하우스 박사를 고자질하지 않을거야.

It forced him to rat out his friends.
그거 때문에 걔는 친구들을 배신할 수 밖에 없었어.

- It's where you call to rat out your coworkers.
  네 동료들을 밀고하려면 전화를 걸어야 할 곳이야.
  Why did you rat me out to the DA? 왜 나를 검사에게 일러바친거야?

rat on sb하게 되면 '배반하다,' '고자질하다,' '밀고하다,' '일러바치다' 라는 안좋은 의미의 표현.

rat out 역시 '남을 배신하다 밀고하다,' rat sb out to~하면 '…에게 sb를 일러바치다' 라는 말이 된다.

MORE EXPRESSION

rat race 치열한, 혹독한 경쟁
look like a drowned rat 풀이 죽어보이다
like rats leaving the sinking ship 침몰하는 배를 빠져나가는 생쥐들처럼
We're trapped like rats! 우린 독안에 든 쥐야!
a rat in a trap 독안에 든 쥐

Q R

» rather

I'd rather you didn't. 네가 안그랬으면 좋겠어.

I would rather die now than in prison.
감옥에 가느니 지금 죽겠어.

- I'd rather die than stop hormone therapy. 호르몬치료 그만두느니 차라리 죽겠어.
  I'd rather you took your time. 네가 천천히 좀 했으면 좋겠어.

I'd rather+동사하면 '차라리 …할거야' 라는 말로 I'd rather sb+동사 혹은 I'd rather S+V의 형태로 쓰이는데 의미는 '…했으면 좋겠어' 라는 의미.

I'd rather not.
안하는게 낫겠어.

- I'd rather not talk about that. 그거에 대해 말하지 않는게 낫겠어.
  I'd really rather you not do that. I'll tell you why.
  네가 그렇게 안했으면 정말 좋겠어. 이유를 말해줄게.

I'd rather not+동사는 '…하지 않는게 낫겠어,' I'd rather sb not+동사는 'sb가 …하지 않으면 좋겠어' 라는 의미. 또한 단독으로 I'd rather not(안하는게 낫겠어)라는 의미로도 많이 쓰인다.

Oh, no, Lucy. I'd rather you didn't.
오, 아니야, 루시. 네가 안그랬으면 좋겠어.

- A: I'm just gonna go get some water. B: I'd rather you didn't.
  A: 가서 물 좀 먹을게. B: 안그러는게 낫겠어.
  A: Hey, can I ask you something? B: I'd rather you didn't.
  A: 저기, 뭐 좀 물어봐도 돼요? B: 안그랬으면 해요.

I'd rather you didn't는 상대방을 만류하는 문장으로 '네가 그렇게 하지 않았으면 좋겠어,' '그러지 않는 게 낫겠어' 라는 표현.

My guess is sooner rather than later.
가급적 빨리하는게 좋을거야.

- We were supposed to call you folks sooner rather than later.
  우린 조속히 너희들에게 전화하기로 되어 있었어.
  Or rather, he found me. Sent me an email.
  더 정확히 말하면 걘 날 발견했고 내게 이멜을 보냈어.
  I found in that moment, it wasn't who loved me, but rather who I loved. 그 순간에 난 나를 사랑했던 사람이 아니라 내가 사랑했던 사람이 누구인지 알게됐어.

sooner rather than later는 '조속히,' '더 늦기전에,' '조만간' 등의 의미. 또한 or rather는 앞문장과 약간 반대되거나 다른 상황을 부연설명하거나 구체적인 추가정보를 줄 때 사용하는 것으로, '…라기 보다는,' '더 정확히 말하면' 이라는 표현이다. 한편 not ~ but rather는 '…하지말고 차라리 …을 해라' 라고 상대방에게 충고를 할 때 사용하는 표현.

» ravish

You look ravishing in your new dress. 새로운 드레스를 입으니 너무 아름다워보여.

He's hoping he'd wake up and ravish you again.

걘 잠에서 깨서 널 다시 강간하려고 해.

- Your obvious plan to take me home and ravish me will not work. 날 집에 데려가서 섹스하려는 너의 계획은 먹히지 않을거야.
  I'm seriously considering asking that busboy to ravish me in the alleyway. 저 종업원보고 골목길에서 날 강간해달라고 부탁할까 심각히 고려하고 있어.

▬ **ravish sb**는 기본적으로 여자를 강제적으로 섹스하게 하다, 즉 '강간하다'라는 말로, rape과 동의어로 보면 된다.

You are looking particularly ravishing today.

너 오늘 특별히 황홀해보여.

- You look ravishing in your new dress. 새로운 드레스를 입으니 너무 아름다워보여.
  The new fashions from Gucci are ravishing. 구찌의 새로운 패션은 황홀해.

▬ **ravishing**은 '황홀해,' '매우 아름다운'이라는 의미로 very beautiful, stunning이라는 의미.

» reach

Where can I reach him? 걔하고 통화하려면 어디로 전화해야 돼요?

Hi, you've reached Bill Sanford.

(자동응답기) 여보세요, 빌 샌포드네 집입니다.

- You've reached Garcia in the FBI's office of supreme genius. FBI의 최고천재인 가르시아입니다.
  Where can I reach him? 걔하고 통화하려면 어디로 전화해야 돼요?

▬ **reach sb**하면 전화로 '…와 연결이 되다'라는 의미로 연락처를 물을 때의 Where can I reach him?과 자동응답기에 '…네 집입니다' 혹은 '…에 연결되었습니다'라는 의미의 You've reached~라는 표현을 알아두면 된다.

I'm going to put her right out of reach.

난 걜 아무도 찾지 못하는 곳에 둘거야.

- They're completely out of reach of the children. 그것들은 완전히 아이들 손이 닿지 않아.
  It also reads: "Keep out of reach of children." 거기엔 또한 이렇게 쓰여 있어, "아이들 손이 닿지 않게 하세요."

▬ **out of reach**는 '손이 닿지 않는 곳'이라는 뜻으로 앞에 put, keep 등의 동사와 어울린다.

I think if you reach out to him, he'll talk to you.

네가 걔한테 다가가면 너한테 얘길할거야.

- She's just trying to reach out to the less fortunate. 걘 가난한 이들에게 도움을 주려고 해.
  Maybe we could reach out to him on your behalf? 아마 우리가 너를 대신해서 걔하고 접촉할 수도 있을거야.

▬ **reach out to~**는 손을 …로 뻗는다라는 의미로 '접근하다,' '다가가다,' '접촉하다,' 그리고 비유적으로 '도움을 청하다' 혹은 '도움을 제공하다'라는 의미로도 쓰인다.

MORE EXPRESSION

within reach of …의 손이 닿은 곳에
beyond the reach of …의 힘이 닿지 않는

» read

I read you loud and clear. 아주 잘 들립니다.

Do you read me?
내 말 들려?, 무슨 말인지 알겠어?

- This is a radio check. Do you read me? 무선통신입니다. 내 말 들려요?
  Number 11, do you still read me? 11번, 아직도 내 말이 들립니까?

I read you loud and clear.
아주 잘 들립니다.

- Oh sure, we read you loud and clear. 어 물론, 우린 잘 이해했어.
  I read you loud and clear. I'm leaving now. 잘 알아들었어. 나 이제 간다.

read sb는 무선통신에서 …의 말이 들리다, 듣다라는 말로 비유적으로 '무슨 말인지 알다' '…의 말을 이해하다' 라는 의미로 쓰인다.

read sb loud and clear 역시 무선통신용어로 상대방의 말이 잘 들린다라는 의미. 비유적으로는 '상대방의 말을 분명히 이해하다,' '알아들었다' 라는 뜻.

MORE EXPRESSION

read one's mind …의 마음 속을 읽다
read one's face 상대방의 의중을 파악하다
read between the lines 진의를 읽다
take it as read 있는 그대로 받아들이다
Read this tweet. 이 트위트 글을 읽어봐.

» ready

We're ready when you are. 너만 준비되면 돼.

All right, you ready?
좋아, 준비됐어?

- Anytime you're ready. 너만 준비되면 언제든지.
  We're ready to go there now. 우리 이제 거기갈 준비 됐어.
  Are you ready for this? 이거 준비 다 됐어?

I'll stop it when I'm good and ready.
내가 완전히 준비될 때까지 멈출거야.

- He rarely says anything until he's good and ready.
  갠 완전히 준비될 때까지 거의 아무말도 안해.

We're ready when you are.
너만 준비되면 돼.

- I'm ready when you are. 너만 준비되면 돼.
  Vactor's in place. Ready when you are. 백터는 준비됐어. 너만 준비하면 돼.

I'll have it ready by the time you get here.
네가 여기 올 때까지 준비해놓을게.

- Uh-huh. Still have them at the ready.
  어어, 아직 그것들을 준비상태로 대기시켜놨어.
  A: Garcia, I got you? B: Fingers at the ready.
  A: 가르시아, 너야? B: 손가락 대기상태야.

Are you ready?는 '상대방에게 준비되었냐?' 고 물어보는 젤 간단한 표현으로 그냥 거두절미하고 Ready?라고 해도 된다. 또한 be ready for[to]는 준비하는 내용이 뭔지 추가하여 말하는 것으로 for+명사, to+동사를 덧붙이면 된다.

be good and ready는 be와 ready 사이에 good and가 붙은 표현으로 여기서 good and는 부사로 '완전히' 라는 뜻이다. 함께 until you're good and ready(완전히 준비될 때까지)도 함께 알아둔다

ready when you are는 '난 준비끝냈으니 너만 준비되면 된다' 라는 의미.

have sth ready는 'sth을 준비시키다,' 그리고 ready가 명사로 쓰인 at the ready는 '준비가 완료된' 이라는 의미의 표현.

MORE EXPRESSION

when you're ready 준비되면
when it's ready to+V …할 준비가 되면
make ready for …을 준비하다

I'm trying to keep it real! 난 있는 그대로 행동하는거라고!

Get real!
정신 좀 차려!

- Grace, get real! Come on. 그레이스, 정신차려! 자 어서.
  Well, uh, can we get real for a second, honey.
  저기, 자기야, 잠시라도 우리 좀 깨몽하자.

■ get real은 한심하고 어리석게 사는 사람에게 '정신 좀 차리라고' 따끔하게 야단칠 때 할 수 있는 말. 허구헌날 컴퓨터만 하면서 재수없게 재수하는 사람에게, 또 정치하는 사람들을 믿는다고 하는 사람에게 던질 수 있는 말.

Thanks for inviting me. It's been real.
초대해줘서 고마워. 정말 좋았어.

- It's been real. Let's do this again. 정말 좋았어. 다시 모이자.
  I had a good time here. It's been real. 즐건 시간보냈어. 정말 좋았어.

■ It's been real '참으로 즐거웠다,' '흥미로웠다'라며 헤어지면서 하는 말. 문맥에 따라 반어적으로 형편없었다고 할 때도 쓰인다.

Garcia, this is for real?
가르시아, 이거 진짜야?

- This time it's for real. 이번엔 진짜야.
  Are you for real? 진심이야?

■ for real은 '진짜의,' '진심의'라는 표현으로 상대방의 말에 놀라거나 충격을 받았을 때 곧잘 사용되는 Are you for real?이 유명하다.

She was a real estate agent.
걘 부동산 중개인이야.

- How was your date with the real estate guy?
  부동산업에 있는 사람과의 데이트 어땠어?
  I'm Edie Britt. The realtor that helped you buy this house?
  에디 브리트예요. 이 집을 구입하는데 도움을 줬던 부동산중개인요.

■ real estate는 '부동산(의),' realtor는 '부동산중개인'으로 달리 말하면 real estate agent라 한다.

I am trying to show her the real world.
걔한테 실제세계를 보여주려고 해.

- A: What do you do the real world? B: I run a business.
  A: 직업이 뭐예요? B: 사업해요.
  Go out in the real world, meet a woman your own age.
  실제 세계에 나가서 네 나이또래의 여자를 만나.

■ the real world는 '꿈과 이상이 배제된 모든 사항을 고려한 험악하고 냉엄한 현실세계,' '실제세계'를 말한다.

I'm trying to keep it real! Damn it!
난 있는 그대로 행동하는거라고! 젠장헐!

- Well, thanks for keeping it real. 진실되게 행동해줘서 고마워.
  My family helps me keep it real. 내 가족이 내가 자만하지 않도록 도와줬어.

■ keep it real은 '자연스럽게 행동하다,' '진실되게 행동하다,' 또는 '겸손하게 행동하다'라는 의미.

You're real cute with that gun, too.
너도 그 총들고 있으니까 정말 귀여워.

- I mean real nice, real cheerful. 내 말은 정말로 좋고, 정말로 기뻐.
  This is gonna feel real nice. 이건 정말 기분이 좋을거야.

■ real cute에서 real은 부사. 앞의 real quick에서 한번 나왔던 표현으로 real cute는 '정말로 귀여운,' 그리고 real nice는 '정말 좋은'이라는 의미.

MORE EXPRESSION

Really. 정말 그래.
Really? (놀람) 정말이야?
Really! (충격, 분노) 정말야!
Not really. 실제 그렇지는 않아, 꼭 그렇지도 않아.

I have every reason to be angry. 난 화낼만한 충분한 이유가 있어.

I have reason to believe that you were the source.

네가 정보원이었다는 믿을만한 근거가 있어.

- We have reason to believe it's been tampered with.
  그게 조작되었다는 믿을만한 근거가 있어.
  We have reason to believe his attacker was a woman.
  걜 공격한 사람이 여성이라는 믿을만한 근거가 있어.

have reason to believe~는 '…라고 믿을 말한 근거가 있다'라는 의미.

I have every reason to be angry.

난 화낼만한 충분한 이유가 있어.

- We have every reason to believe she's still alive.
  우리는 걔가 아직 살아있다고 믿을만한 충분한 이유가 있어.
  He had every reason to be pissed at me. 걔가 나한테 화를 내는 건 당연해.

have every reason to+동사는 '…할 만한 충분한 근거가 있다,' '…하는 건 당연하다'라는 표현.

They have no reason to suspect you.

걔네들이 너를 의심할 이유가 전혀없어.

- I had no reason to want her dead. 걔가 죽기를 바랄 이유가 전혀 없어.
  I had no reason to see him again. 걜 다시볼 이유가 없어.

have no reason to+동사는 반대로 '…할 이유가 전혀 없다'라는 의미.

Well, all the more reason to send her one.

그러니까 걔한테 하나를 보내야 해.

- Well, all the more reason to take extra care.
  그러니까 더 추가적으로 돌봐야지.
  Then that is all the more reason for us to find him ourselves.
  그럼 우리가 스스로 걜 찾는게 당연하지.

all the more reason for [to~]는 '그러니까 더 …해야지,' '…하는 것은 당연하다'라는 의미로 all the more reason why S+V라 써도 된다.

They won't listen to reason.

걔네들은 이성에 귀를 기울이지 않으려고 할거야.

- Since you won't listen to reason I've come to a decision.
  네가 이성에 귀기울이지 않아서 내가 결정을 내렸어.
  The manager's such a jerk. He wouldn't listen to reason.
  매니저는 진짜 멍청한 놈야. 사리에 맞게 행동하려 하지 않아.

listen to reason은 '이성에 따르다,' '사리에 맞게 행동하다'라는 뜻.

It stands to reason.

그건 당연해.

- It stands to reason that they don't have your child's best interest at heart. 걔네들이 맘속에 너희 아이가 잘되기만을 바라지 않는다는 건 당연하지.

stand to reason은 '당연하다,' '사리에 맞다,' '이치에 맞다'라는 의미로 그 내용을 구체적으로 말하려면 It stands to reason that~이라고 하면 된다.

They're beyond reason.

그것들은 전혀 이치에 안맞아.

- Your actions have gone beyond all reason. 네 행동들은 전혀 이치에 맞지 않아.
  The facts in the report go beyond all reason. 보고서사항은 전혀 사리에 안맞아.

go[be] beyond (all) reason은 이성과 합리에 벗어났다는 말로 '전혀 이치나 사리에 맞지 않다'라는 말이 된다.

He's guilty beyond all reasonable doubt.

걘 조금도 의심할 여지도 없이 유죄야.

- This trial is about proving guilt beyond all reasonable doubt.
  이 재판은 합리적 의심이 들지 않도록 유죄를 입증하는거야.

  The burden is on the prosecution to prove this element beyond all reasonable doubt. 검찰은 이 점을 의심할 여지없이 입증해야할 책임이 있어.

beyond (all) reasonable doubt는 합리적 의심을 넘어서, 합리적 의심이 들지 않는이라는 법정표현으로 쉽게 말하면 '조금도 의심할 여지가 없이' 라는 뜻이 된다.

There's no reason to talk to a patient.

환자에게 이야기할 이유가 없어.

- There's no reason to feel guilty, you know. 죄의식 느낄 이유가 없어, 알지.

  No reason. I keep private things in there.
  이유없어. 거기에 사적인 것들을 보관해.

(There's) No reason (to) 하지만 no reason 다음에 to나 for가 오고 또 앞에 생략도 가능한 there's가 오면 '…할 이유가 없어' 라는 문장이 된다. 또한 No reason은 상대방이 자기 행동의 이유를 물어봤지만 대답하고 싶지 않을 때 사용하는 표현.

I think there must be a reason.

뭔가 이유가 있겠지.

- I mean, there has to be a reason, right? 내말은 이유가 반드시 있을거야, 맞지?

  You believe in reason above all else. There must be a reason.
  넌 무엇보다도 이유를 믿어야돼. 반드시 이유가 있을거야.

There must[have to] be a reason은 반대로 '뭔가 이유가 있을거라' 는 강한 추측을 말할 때 사용하면 된다.

Tell her she's the reason that I'm alive.

내가 살아있는 이유가 걔 때문이라고 말해줘.

- The only reason that you are still alive is because I won't let them kill you.
  네가 아직 살아있는 유일한 이유는 내가 살해명령을 내리지 않을 것이기 때문이야.

  The only reason that was funny is because everyone thinks you're handsome. 재미있었던 유일한 이유는 네가 잘 생겼다고 다들 생각하기 때문이야.

There's a reason that~은 '…에는 이유가 있다,' the (only) reason that~은 '…하는 (유일한) 이유는,' 그리고 사람이 주어로 나와서 sb be the reason that~하면 'sb는 …하는 이유이다' 라는 말이 된다.

But for some reason he was here.

하지만 어떤 이유에서인지 걘 여기 있었어.

- But for some reason, the motor just kept going.
  무슨 이유에서인지, 모터가 계속 돌아갔어.

  For some reason you didn't want that guy calling the cops.
  무슨 이유에선이지, 그 친구가 경찰부르는 것을 원치 않았어.

for some reason (or other)은 '정확히는 모르겠지만 어떤 이유에서인지,' '무슨 이유에서인지' 라는 의미.

I tried to reason with him.

난 걔를 논리적으로 설득하려고 했어.

- I thought you said not to reason with her.
  난 네가 걔를 설득하지 않는다고 말한 것으로 생각하는데.

reason that~은 '판단하다,' '추론하다,' reason sth out은 '논리적으로 …을 추론해내다,' 그리고 reason with sb는 '논리적으로 설명하다,' '설득하다' 라는 의미.

Did he give a reason for hitting you?

걔가 너를 때린 이유를 설명했어?

- Did Will give a reason for going to the doctor?
  윌이 병원에 가는 이유를 말해줬어?

  He was arrested, which gave a reason to search his house.
  걘 체포됐고, 그래서 걔의 집은 수색을 하게 됐어.

give a reason은 뭔가 설명하다(explain sth)라는 뜻이며, which gives reasons to~는 그렇게 일반적으로 쓰이지는 않지만 어떤 이유를 부가적으로 설명할 때 사용된다.

» rebound

I'm still on the rebound. 난 아직 실연을 극복하지 못했어.

This is not some rebound thing.
허전한 마음 때문에 만나는 건 아니야.

- This is not a rebound thing. I really got to love you.
  땜빵용으로 사귀는 거 아냐. 난 정말 널 사랑해.

  I wouldn't be the rebound guy. 난 땜빵용 애인은 되지 않을거야.

I'm still on the rebound.
난 아직 실연을 극복하지 못했어.

- She married another guy on the rebound. 걘 실연극복중인 남자와 결혼했어.

  Jackie's on the rebound right now. Why don't you just give her a break. 재키는 완전히 실연에서 극복하지 못했어. 걔한데 시간 좀 줘.

▬ **rebound**는 공이 다시 되튀다는 뜻에서 '사귀던 사람에 대한 분노나 복수심으로 다른 사람을 사귀는 걸' 말한다. 그래서 rebound guy하면 실연의 아픔을 달래기 위해 사귀는 임시용 땜빵 애인, rebound thing하면 그렇게 사귀는 것을 뜻한다.

▬ **be on the rebound**는 실연해서 아직 반발중인 것으로 '실연을 완전히 극복하지 못했다'는 의미로 쓰인다.

Q
R

» record

For the record, she came on to me. 분명히 말해두는데, 걔가 날 유혹했어.

You've got a record, you've been to jail.
넌 전과기록이 있어, 감방갔다 왔잖아.

- A prison record doesn't terminate parental rights.
  전과기록이 있다고 친권이 박탈당하지는 않아.

For the record, she came on to me.
분명히 말해두는데, 걔가 날 유혹했어.

- Just for the record, I'm not like that. 분명히 말해두겠는데, 난 그렇지 않아.

  For the record, I have not yet charged you with a crime.
  분명히 말해두는데, 난 아직 널 범죄로 기소하지 않았어.

I have a question. Off the record.
질문이 하나 있어. 비공식적으로.

- Is anything off the record with you? 너한테 비공식적인 뭐가 있어?

  So this will be off the record. 그럼 이건 비공식적으로 될거야.

They keep a record of all activity.
걔네들은 모든 행동들을 기록하고 있어.

- I'm required to keep a record of everything the team does.
  난 팀이 하는 모든 일들을 기록해야 돼.

  I just want to go on record as saying it is wrong to lie.
  난 거짓말하는 건 나쁘다고 공식적으로 말하고 싶어.

▬ **record**는 '전과기록'(criminal record)이란 뜻이 있어, No previous record하면 '전과가 없다'(no priors), prison record하면 '전과기록,' 그리고 get a record하면 '전과기록이 있다'라는 말이 된다.

▬ **for the record**는 기억해 둔다는 말로 비유적으로 '확실히 말해두는데,' '분명히 말해서'라는 의미.

▬ **off the record**는 기록을 하지 않는다는 말로 뭔가 이면 협상 등을 하면서 쓰는 말로. '비공식적으로'라는 표현.

▬ **keep a record**는 '기록을 남기다, 하다'라는 뜻으로 기록하는 내용은 of~이하로 연결해주면 된다. 또한 be[go] on (the) record as saying~은 '공식적인 표명을 하다,' '공식적으로 …라고 말하다'라는 뜻.

MORE EXPRESSION

set a record 기록을 세우다
tie a record 타이기록을 세우다

» regard

What's this regarding? 이게 무슨 관련이 있는거야?

Please give her my regards.

걔한테 안부 좀 전해줘.

- Give my regards to the widow. 미망인에게 안부를 전해줘.
  I told her to give Cindy my regards. 난 신디에게 내 안부전해달라고 했어.

give sb one's regards는 'sb에게 안부인사를 전해주다'라는 뜻으로 give one's (best) regards to sb라고 해도 된다.

Regarding what? This case is over.

뭐에 관해서? 이 사건은 끝났어.

- I'm not going to explain to you all the laws regarding sexual harassment. 성희롱에 관한 모든 법률에 대해 너한테 설명하지 않을거야.
  I just wanna say with regard to this Stacy thing.
  난 단지 이 스테이시 문제에 대해 얘기하고 싶어.
  I need to ask you a couple questions in regard to an investigation. 조사에 관해 몇 개 질문할게 있어요.

regarding은 기본표현으로 including, considering과 더불어 ~ing형이 전치사처럼 쓰이는 경우로 '…에 관해서'라는 의미. 또한 with[in] regard to~는 '…에 관해서,' in this[that] regard는 '이점에 대하여[관하여]'라는 말.

What's this regarding?

이게 무슨 관련이 있는거야?

- It's regarding my future husband. 이건 내 미래의 남편에 관련된거야.
  This is regarding the robbery at the store.
  이건 가게의 도둑질과 관련된거야.

regard sth[sb]은 동사로 '…에 관련이 되어 있다'(be related to)라는 의미.

MORE EXPRESSION

have high regard for
존경하다
hold sb in high regard
존경하다
as regards sth …에 관하여
be regarded as …로 여겨지다
be highly regarded as
높이 평가되다

» register

I'm registered at Barney's. 신랑신부가 필요한 물건을 골라 백화점에 등록해뒀어.

I'm registered at Barney's.

신랑신부가 필요한 물건을 골라 백화점에 등록해뒀어.

- This is a list of registered sex-offenders. 이건 등록된 성범죄자 리스트야.
  Tom was never even registered at the university.
  탐은 대학교에 등록된 적이 전혀 없어.

be registered는 '공식적으로 등록되어 있다'라는 말로 사망, 출생, 혼인신고, 혹은 호텔투숙, 대학교 등록 등 공식적인 등록을 언급할 때 사용되는 필수어. 특히 결혼식관련해서도 많이 쓰이는데 부부가 결혼선물로 원하는 걸 살 수 있는 목록을 등록하다(have a list of items that can be bought there that the couple wants as wedding gifts)라는 의미로도 쓰인다.

Gardner never registered a car here.

가드너는 여기서 차량등록을 한 적이 없어.

- She registered a vehicle to the DMV four years ago.
  걘 4년전에 DMV에 차량을 등록했어.
  It took two hours to register Chad's new car.
  채드의 새로운 차를 등록하는데 두시간이 걸렸어.

register a car는 '자동차를 등록하다.'

» regret

I don't want to live with regrets. 난 후회하면서 살고 싶지 않아.

Let's not say things we'll live to regret.

나중에 후회할 말은 하지 말자.

- I know you'll live to regret this decision.
  네가 이 결정을 나중에 후회할거라 알고 있어.
  I don't want to live with regrets. 난 후회하면서 살고 싶지 않아.

■ sb will live to regret은 살아서 후회할 것이다라는 말로 '앞으로 후회하다,' '큰 코 다칠거다' 라는 의미로 쓰인다.

If you leave you'll regret it.

네가 떠나면 후회하게 될거야.

- You're gonna regret this. I'm not gonna go quietly.
  넌 이거 후회하게 될거야. 조용히 있지 않을거야.
  If you don't tell Donna how you feel, then you will regret it.
  도나에게 네 감정을 말하지 않으면 넌 앞으로 후회할거야.

■ be going to regret~은 좀 더 노골적으로 '앞으로 후회하게 될거다' 라고 말하는 법.

MORE EXPRESSION

with regret 후회하며(to one's regret)
send one's regrets 초대거절 편지를 보내다

» regular

He keeps regular hours.? 갠 규칙적인 생활을 해?

You're a regular guy.

넌 썩 괜찮은 친구야.

- I know you're just a regular guy. I'll totally go out with you!
  난 네가 괜찮은 친구인 걸 알아. 너와 함께 데이트할거야.!
  You'll like Ed. He's a regular guy. 넌 에드를 좋아할거야. 갠 특이하지 않아.

■ a regular guy는 '평범하고 정상적인 사람'(being average or normal)을 뜻한다.

He keeps regular hours.?

갠 규칙적인 생활을 해?

- Can't seem to keep regular hours. 규칙생활을 하는 걸로 보이지 않아.
  Well, hey, look, it's regular hours. 저기, 여기요, 봐요, 영업시간이잖아요.

■ keep regular hours는 '규칙생활을 하다,' '시간을 정확히 지키다' 라는 의미이다. 그냥 regular hours하면 '정상근무' 혹은 '정상영업시간' 을 말하기도 한다.

Most of us eat there on a regular basis.

우리들 대부분은 거기서 정기적으로 식사해.

- Here's a woman who's been beaten on a regular basis.
  여기 이 여성은 정기적으로 맞아왔어.
  That only means I'm getting laid. On a regular basis.
  그건 내가 섹스를 한다는 의미일뿐이야. 규칙적으로.

■ on a regular basis는 '정기적으로,' '규칙적으로' 라는 말로 한 단어로 말하자면 regularly라 한다.

MORE EXPRESSION

be[keep] regular hours
규칙적으로 생활하다
regular as clockwork
시계로 잰 것처럼 정확하게

I'm out of the woods! 힘든 상황에서 벗어났어!

I'm out of the woods! What a relief!
힘든 상황에서 벗어났어! 정말 다행야!

- Well, I guess that's a relief in a way. 저기, 어떤 면에서는 다행인 것 같아.
  To tell you the truth, it was kind of a relief. 사실대로 말하면, 다행이었어.

What a relief 혹은 That's a relief하면 걱정했던 일들이 잘 해결돼서 한숨 놓으면서 하는 말로 '다행이다,' '안심이다'라는 뜻.

It's a relief to hear it.
그 말을 들으니 안심이 되네.

- It's such a relief to know I don't have feelings for Michael.
  마이클에 대한 감정이 없다는 걸 알게되니 정말 맘이 놓여.
  It is such a relief to finally know everything.
  마침내 모든 걸 알게 되어 정말 안심야.

It's a relief to know [hear]~는 '…를 들으니, 알게되니 안심이 된다'는 의미로 위 표현과 달리 안심이 되는 이유를 구체적으로 말할 수 있다.

I'm relieved.
정말 다행야.

- I'm relieved to hear that. 그 얘기를 들으니 맘이 놓여.
  I'm so relieved to hear you say that. 네가 그렇게 말하는 걸 들으니 맘이 놓여.

be relieved (to do)는 relief의 동사형인 relieve가 수동형으로 쓰인 경우로 be relieved to~하게 되면 '…를 하게 되어 다행이다, 맘이 놓인다'라는 의미.

Tom recommended massage to relieve her stress.
톰은 걔의 스트레스를 줄이기 위해 마사지를 권했어.

- We've done everything we can to relieve the pressure on this man. 이 남자에 대한 압력을 완화시키기 위해 우린 모든 방법을 해봤어.
  It's a procedure to relieve the pain from his urinary tract infection.
  그건 걔의 요로감염증 통증을 줄이기 위한 과정야.

relieve the pressure relieve는 원래 타동사로 …를 줄여주다, 완화시키다라는 말로 여기서는 '압력이나 스트레스를 줄여주다'라는 말이 된다. the pressure 대신에 stress, pain 등이 올 수도 있다.

It relieves him of an awful lot of responsibility.
그건 걔로부터 엄청난 책임감을 덜어주는거야.

- I had to relieve her of her mentor duties.
  난 걔의 멘토역할을 면해줘야 했어.
  I needed to get home and relieve the babysitter.
  집에 가서 베이비시터 교대해줘야 돼.
  He hasn't relieved himself since he arrived. 걘 도착한 후로 볼일을 못봤어.

relieve sb of~는 'sb에게서 of~이하의 것을 덜어주다, 면해주다'라는 뜻이 된다. 또한 relieve sb하면 같은 맥락으로 '교대해주다'라는 의미. 한편 relieve oneself는 정중한 표현으로 '볼일,' '대소변을 보다'라는 뜻으로도 쓰인다.

MORE EXPRESSION

to one's relief …가 안심하게

놓치면 원통한 미드표현들

- **refined** 정제된, 세련된
  She has very refined tastes.
  걘 매우 세련된 취미가 있어.
  That's quite a refined palate you got there.
  정말 세련된 미각능력을 갖고 있네.

- **give a refund** 환불해주다 get a refund 환불받다
  I'd like to get a refund, please.
  환불해주세요.
  Take it back. You can call Tony and set up a refund.
  도로 가져가. 토니에게 전화해서 환불 처리해.

I remember you liking that. 네가 그걸 좋아했다는 걸 기억해.

Now I remember.
이제 생각이 나네.

- Right now I remember I didn't say I love you.
  이제 생각이 나는데 난 널 사랑한다고 말한 적 없어.
  Now I remember. He bought a whole outfit.
  이제 생각이 나는데 걔가 복장일체를 사줬어.

■ Now I remember는 뭔가 새로 생각이 났을 때 하는 말로 '이제 생각이 나네'라는 뜻. come to think of it, now that you mention it과 같은 맥락의 표현이다.

Do you remember what happened?
무슨 일이 일어났는지 기억나?

- You remember what he was like after that? 그후 걔가 어땠는지 기억나?
  You remember what he looked like? 걔 어떻게 생겼는지 기억나?

■ (Do) You remember what~?은 상대방에게 뭔가 기억이 나는지 물어보는 표현으로 '그게 뭔지 기억나?'라는 말.

If I remember it right, you made out with him.
내 기억이 맞는다면 넌 걔와 애무했어.

- And you did a dance with somebody, if I remember correctly.
  그리고 넌 내 기억이 맞다면 누군가와 춤을 췄어.
  She doesn't want to be remembered as dull.
  갠 지루한 사람으로 기억되기를 원치 않아.

■ if I remember correctly는 '내 기억이 맞는다면,' '내 기억이 확실하다면'이라는 뜻으로 if I remember it right도 같은 의미. 또한 be remembered for [as]는 '…로(서) 기억되다,' '…로 유명하다'라는 의미.

That's the last thing I remember.
그게 바로 내가 마지막으로 기억하는거야.

- The last thing I remember is the fight we had.
  내가 마지막으로 기억하는 건 우리가 한 싸움이야.
  One thing we have to remember is that Farah is a criminal.
  우리가 한가지 기억해두어야 할 것은 패러가 범죄자라는거야.

■ one thing that we have to remember is that~은 뭔가 중요한 것을 말하는 표현법으로 '우리가 한가지 기억해 두어야 할 것은 …이다,' 그리고 the last thing I remember is~하면 '우리가 마지막으로 기억해두어야 할 것은 …이다'라는 뜻이다.

Remember we're gonna take it easy.
우리는 천천히 할거라는거 기억해둬.

- Remember, Daddy is quite protective. 기억해둬, 아빠는 상당히 과잉보호하는 편야.
  Remember what I told you. 내가 말한 거 기억해둬.

■ Remember S+V는 '상대방에게 뭔가 잊지 말고 꼭 기억해 두라'고 말할 때 쓰면 된다.

I remember you had fun too.
난 너 역시 즐거웠다고 기억해.

- I remember you kinda begged me not to come.
  난 네가 나보고 오지 말라고 했던 기억이 나.
  I don't remember where I ate them. 내가 그것들을 어디서 먹었는지 기억안나.

■ I (don't) remember S+V는 '…을 기억하다, 못하다'라는 것으로 과거행동을 기억하거나 기억이 안난다고 말할 때 사용한다.

You gotta remember.
기억을 되살려봐.

- You gotta remember somethin', all right? 뭔가 기억을 떠올려봐, 알았어?
  You gotta remember this is a game. 이게 게임이라는 걸 명심해둬.

■ You gotta remember (sb, sth, S+V)는 넌 기억을 해야 돼, 즉 '잊지 말고 명심하라'는 말로 뒤에 sb[sth] 혹은 S+V를 이어써도 된다.

I remember you liking that.
네가 그걸 좋아했다는 걸 기억해.

- I don't remember you being this tall. 네가 이렇게 키가 컸다는게 기억이 안나.
  I do remember you kissing me back. 네가 나에게 키스를 해준게 기억이 나.
  Remember to write. 잊지말고 편지해.

remember sb ~ing는 'sb가 과거에 …했던 것을 기억하다'라는 의미. 물론 자기가 과거에 했던 것을 기억한다고 할 때는 remember ~ing를 쓰면 된다. 또한 앞으로 잊지말고 …을 하라고 할 때는 remember to+동사라 하면 된다.

Maybe I don't remember. So what?
아마도 기억이 안나. 그래서 어쨌다는거야?

- Tell me the truth. Do you remember? 사실대로 말해. 기억나?
  You probably don't remember. You were little.
  넌 아마 기억안날거야. 넌 어렸거든.
  You're expecting a visitor, remember? 손님이 오기로 했잖아, 기억나?

You remember that?은 '너 그거 기억나?,' 또한 Do you remember?는 '너 기억해?'라는 말로 다말하고 ~, remember?라 고해도 된다. 그리고 You don't remember?와 Don't you remember?는 '기억안나?,' I don't remember는 '기억이 안나'라는 말로 긴요하게 써먹을 수 있는 표현들이다.

You remembered wrong.
넌 잘못 기억하는 거야

- Remember me to your father. 네 아빠한테 안부전해줘
  No, I think you remember that wrong. 아니, 그거 잘못 기억하고 있어.

remember wrong하면 '잘못기억하는거야,' 그리고 remember me to sb하면 안부인사로 'sb에게 내 안부를 전해달라'는 말.

» remind

That reminds me. 그러고 보니 생각나네.

Let me remind you of the rules.
규칙을 네게 알려줄게.

- Let me remind you of your grand jury testimony.
  네 대배심 증언을 알려줄게.
  Let me remind you, young lady, that you're under oath.
  젊은 아가씨, 선서했다는 걸 상기켜줄게.

Let me remind you (of, that~)는 you가 모르고 있거나 기억이 안나는 것을 상기시켜준다는 것으로 '내가 상기시켜줄게,' '내가 알려줄게 있어'라는 의미. May I remind you (that)~ 이라고도 한다.

Do I have to remind you it's potluck week?
음식갖고오는 파티인 거 알지?

- Do I have to remind you how serious this situation is?
  이 상황이 얼마나 심각한지 기억나게 해줘야겠어?
  Need I remind you of my mother? 내 엄마를 꼭 기억나게 해줘야 돼?

Do I have to remind you (that) S+V?는 답답한 상대방에게 어떤 사실을 상기시켜줄 때 다소 거만하고 훈계조의 말투. '내가 …을 기억나게 해줘야 되겠어?'라고 짜증내면서 하는 말. Need I remind you that~[of~]라고 해도 된다.

That reminds me.
그러고 보니 생각나네.

- That reminds me. I mustn't go home without him.
  그러고보니 생각나네. 난 걔없이 집에 가면 안돼.
  That reminds me of you so much. 그러고보니 네 생각이 많이 나네.

That reminds me는 '그러고보니 생각이 난다,' '저걸 보니 …가 생각난다'라는 말로 생각이 나는 것을 말하려면 That reminds of~라고 쓰면 된다.

God, don't remind me.

맙소사, 그 얘기 꺼내지마.

- Don't remind me. This bitch boosted my wallet.
  생각나게 하지마. 이년이 내 지갑을 훔쳤어.

  Don't remind me. I spend every minute with her.
  그 얘기 하지마. 난 걔랑 모든 시간을 보낸다구.

Don't remind me는 나한테 기억나게 하지 말아 달라는 것으로 생각하기 싫으니까 '그 얘기 꺼내지마,' '생각나게 하지마,' '상기시키지마'라는 의미.

Thanks for reminding me about it.

내게 그걸 생각나게 해줘서 고마워.

- I just wanted to remind you about the photo shoot tomorrow.
  난 단지 네게 내일 사진촬영이 있다는 걸 알려주고 싶었어.

remind sb about은 'sb에게 about 이하를 생각나게 해주다'라는 의미.

This is a reminder.

주목해 주세요.

- It's a reminder to cut back on fatty fried foods.
  그것은 지방이 많은 튀김음식을 줄이자고 알려주는 것이다.

  Thanks for the reminder. 생각나게 해줘 고마워.

a reminder는 잊고 싶은 것을 생각나게 하는 것 혹은 독촉장, 메모장을 말하는 것으로 serve as a reminder of[that~]는 '…을 기억나게 해주다'라는 표현.

Q
R

» rent

I rent my van out. 난 내 밴을 임대해줬어.

If you have a rent-controlled apartment, stay there.

월세인상제한 아파트에 있다면 그냥 거기 살아.

- Rent-controlled. $250 a month, you believe that?
  월세인상제한이구, 월 250달러야, 믿겨져?

  I can live in New York because of my rent controlled apartment.
  월세가 통제되는 아파트 때문에 뉴욕에 살 수가 있어.

rent-controlled apartment는 '집을 옮기기 전까지 집세를 맘대로 못올리는 집'을 뜻한다.

I rent my van out.

난 내 밴을 임대해줬어.

- No, that's rented out to a nice young couple.
  아뇨, 저건 젊고 좋은 커플에게 임대됐어.

  I think she rented a room over on Pine Avenue.
  난 걔가 파인 애비뉴에 방을 렌트했던 것 같아.

rent (sth) out은 '세를 주다[놓다],' '임대하다'라는 의미.

You can't arrest me for rentin' a car.

넌 차를 렌트했다고 날 체포할 수 없어.

- He's too young to rent this place on his own.
  갠 너무 젊어서 자기 힘으로 이 집의 세를 얻을 수 없어.

  We're here about the Jaguar you rented. 네가 빌린 재규어땜에 여기 왔어.

rent sth (from~)은 '…를 사용료를 내고 빌리다,' '임차하다'라는 말.

And he pays his rent on time.
그리고 걘 제때에 임대료를 내고 있어.

- She lost her job, got behind in the rent. 걘 직장을 잃어서 임대료가 밀렸어.

  We had to borrow money from his folks to pay the rent.
  우린 임대료를 내기 위해 걔 가족으로부터 돈을 빌려야만 했어.

the rent는 명사로 '임대료,' '집세'라는 의미로, pay the rent하면 '임대료를 내다'가 된다.

Quiet down. The rent-a-cops are outside.
조용히 해. 청원경찰이 밖에 있어.

- Don't worry about them. They are just rent-a-cops.
  걔들 걱정마. 걔네들 청원경찰야.

  I don't want to work as a rent-a-cop. 난 청원경찰로 일하고 싶지 않아.

rent-a-cops는 '청원경찰,' 즉 security guard를 말하는데 다소 경멸적인 뉘앙스가 풍기는 표현.

It was a rental.
그건 렌터카였어.

- No one touch the chair. It's a rental. 아무도 저 의자 만지지마. 렌트한거야.

  Most rentals do have a locator system in them.
  대부분의 렌트카는 차안에 위치추적 시스템을 장착하고 있어.

rental은 명사로 '임대료(물),' '렌터카,' rental agency는 '렌탈회사,' 그리고 rental car는 '렌터카'로 rent-a-car라고도 한다.

MORE EXPRESSION

for rent 임대
car rental agency 차량 임대사무소

» respect

All due respect, I don't need opinions 죄송하지만 당신 의견은 필요없어요.

I feel like I had to pay my respects.
내가 경의를 표했어야 한다는 생각이 들었어.

- So I think I'll go and pay my respects there.
  그래서 난 가서 거기서 조의를 표할까봐.

  We are gathered here today to pay our last respects to Caleb Nichol. 우리는 칼렙 니콜에게 마지막 조의를 표하기 위해 오늘 이 자리에 모였습니다.

pay[give, send] my respects는 '인사를 하다,' '경의를 표하다'라는 의미. 문맥에 따라 pay my respects는 '조의를 표하다'라는 말로도 쓰이며, pay one's last respects하면 '장례식에 가다'라는 뜻이 된다.

All due respect, I don't need opinions.
미안한 말씀이지만 난 당신 의견은 필요없어요.

- Warden, all due respect, this is ridiculous!
  워든, 아무리 그래도, 이건 말도 안돼!

  All due respect, but brothers are incarcerated together all over the country. 그렇기는 하지만, 형제들은 전국에 걸쳐 함께 투옥됐었어.

with (all) due respect (to~)는 '(…에게) 죄송하지만,' '그렇기는 하지만'이라는 의미로 상대방과 다른 의견을 공손하게 말할 때 사용하면 된다. 한편 기본 표현인 with (the greatest) respect to는 '…에 관해서'라는 말이다.

They have no respect for our laws.
걔네들은 우리 법에 대한 존경심이 없어.

- I have nothing but respect for Finn. 난 핀을 존경할 뿐이야.

  Do you have no respect for me? 넌 나에 대해 존경심도 없어?

  I really respect you for coming out. 난 너의 커밍아웃에 대해 정말 존경해.

have respect for~는 '…을 존경하다,' have 대신 win이나 earn, gain을 쓰면 '존경심을 얻다'라는 뜻이 된다. 반면 respect sb for~는 'for 이하에 대해 존경, 존중한다'는 말로 for 다음에는 명사나 ~ing을 넣으면 된다.

MORE EXPRESSION

in respect of …에 대한
with respect to …에 대하여
respectively 각각

Go get some rest. 가서 좀 쉬어.

Give it a rest.
그만 좀 해라.

- For crying out loud, give it a rest! 맙소사, 그만 좀 해라!
  Maybe you want to give it a rest and try again tomorrow.
  그만 하고 내일 다시 해봐라.
  Give me a rest! 나 좀 그만 내버려둬!

give ~ a rest는 '…을 가만히 놔두다'는 의미로, Give it a rest하면 좀 짜증섞인 말투로 '그만 좀 해라,' Give me a rest는 '나 좀 내버려둬라'라는 뜻이다.

My concerns have been laid to rest.
내 걱정거리는 가라앉혔어.

- Well this gives reason to put conscience to rest.
  이건 양심을 잠재울 이유가 되네.
  We put those rumors to rest once and for all.
  저 소문들을 완전히 잠재웠어.

lay[put] sth to rest는 '…을 잠재우다,' '가라앉히다,' 또한 '소문 등이 사실이 아님을 증명하여 잠재우다'라는 의미로 쓰인다. 원래 이 의미는 매장하다라는 의미의 lay[put] sb to rest에서 나온 것.

Go get some rest.
가서 좀 쉬어.

- Try to get some rest. 좀 쉬도록 해.
  Why don't you get some rest? 좀 쉬지 그래?
  I need some rest. 좀 쉬어야겠어.

get some rest는 아주 많이 쓰이는 미드기본표현. '피곤해 보이는 사람에게 좀 쉬라고 할 때' 사용한다.

Rest assured.
안심하고 있어.

- Rest assured we will be right back. 우리 바로 돌아올테니 걱정마.
  Rest assured that Jill will do a good job. 질은 일을 잘할테니 걱정마.

Rest assured는 상대방을 안심시키기 위한 표현으로 '걱정마,' '맘푹놔'라는 의미. 단독으로 쓰이기도 하고 Rest assured that~의 형태로 쓰이기도 한다.

It's ancient history. Just let it rest.
다 옛날 얘기인데 그만 얘기하자.

- Just forget it. Go home. Let it rest. 그냥 잊어. 집에 가서 잊어버려.
  The horse is dead. His ashes have been sprinkled over the land. Let it rest. 말이 죽었어. 걔의 재가 땅에 흩뿌려졌어. 잊어버려.

let it rest 혹은 let the matter rest는 '더 이상 신경쓰지 말고 얘기하지 말자'라는 의미.

놓치면 원통한 미드표현들

- **rehearsal dinner** 결혼 예행 연습후 먹는 저녁
  dress rehearsal 총연습
  He was with Sophie at the rehearsal dinner.
  결혼예행연습후 저녁식사에서 걘 소피와 함께 있었어.
  Gram's got a dress rehearsal. I thought I'd go watch.
  그램이 총연습이 있어. 가서 보려고 생각했었어.

- **bear a resemblance** 닮다
  Apparently, I bore a striking resemblance to an ex-boyfriend.
  분명히 난 전 남친과 무척 닮았어.
  He would bear a striking resemblance to our unsubs' victims.
  걘 미확인용의자의 피해자와 무척 닮았어.

Peter will not rest until you are satisfied.
피터는 네가 만족할 때까지 계속 노력할거야.

- I won't rest until every question is answered.
  모든 문제가 해결될 때까지 쉬지 않을거야.
  We'll not rest until the killer is found. 살인자가 발견될 때까지 맘놓지 않을거야.

■ sb will not rest until~은 '…할 때까지는 쉬지 않겠다,' '계속 노력하겠다,' '맘을 놓지않겠다' 라는 의미이다.

The prosecution rests, Your Honor.
검찰 측 심문마칩니다, 재판장님.

- My opening statement would be "Prosecution rests."
  나의 모두 진술은 "검찰측 심문마칩니다"일거야.
  The defense rests, Your Honor. 변호인측 심문마칩니다, 재판장님.

■ ~ rest는 법적용어로 주로 앞에 나오는 단어로는 defense, prosecution 등이 오게 된다.

I rest my case.
변론을 마칩니다.

- Creepy. I rest my case. 오싹하다. 난 더 할 말이 없어.
  I rest my case. Amy, don't you agree we should leave now and get in line? 난 할말 다했어. 에이미, 지금 나가서 줄서야 된다고 생각안돼?

■ I rest my case는 원래 법정에서 검사나 변호인이 증인에게 '더 이상 질문이 없습니다,' '변론을 마칩니다' 라고 할 때 사용하는 것으로 법정밖에서는 '나 할 말 다했어,' '더 할말이 없다,' '그만 할래' 라는 뜻으로 쓰인다.

MORE EXPRESSION

rest on 의지하다, 기대다
take[have] a rest 쉬다
rest room (공공건물) 화장실
come to rest 멈추다
and all the rest of it 그리고 나머지 모든 사항
and the rest 기타등등

» ride

He had a pretty rough ride. 갠 꽤 어려움을 겪었어.

I can ride it out.
난 견뎌 낼 수 있어.

- He only left Chicago to ride out the scandal.
  갠 스캔들을 이겨내기 위해 시카고를 떠났어.
  Pain. You just have to ride it out. 아픔. 그냥 잘 참고 견디어내야돼.

■ ride sth out은 '어려운 상황을 이겨내다,' '잘 참고 견디다' 라는 말로 ride it out의 형태로 많이 쓰이며, 예로 ride the storm out하면 '어려운 사태에 용감히 맞서다' 라는 말이 된다.

Jim was riding high after his promotion.
짐은 승진 후 잘 나가고 있었어.

- I'm riding high and have lots of money. 난 잘 나가고 있고 돈도 많아.
  Mark was riding high after winning the race.
  마크는 경주에 이긴 다음 잘 나가고 있어.

■ be riding high는 '잘나가고 있다' (to be experiencing some kind of success)는 좋은 표현.

We decided to just let things ride as they are.
우리는 그냥 그대로 내버려두기로 결정했어.

- You can bet more money, or let it ride.
  넌 더 많은 돈을 걸거나 아니면 그냥 내버려둬.
  Karen and Bruce let their relationship ride as it was.
  캐런과 브루스는 자신들의 관계를 예전처럼 그대로 유지하기로 했어.

■ let sth ride는 '흘러가는대로 내버려두다' (don't change it) 라는 의미.

I'll give you a ride.
내가 태워다 줄게.

- Thanks for the ride. 태워다 줘서 고마워.
  Is there any way I can get a ride? 내가 차를 얻어탈 가능성이 있어?
  I could take you for a ride if you want. 네가 원한다면 드라이브 시켜줄게.

give sb a ride는 'sb에게 차를 태워주다,' get a ride하면 '차를 얻어타다'가 된다. 또한 go for a ride는 '드라이브하다,' take sb for a ride는 'sb를 드라이브시켜주다'라는 뜻이 된다.

That salesman took you for a ride.
저 영업사원이 널 사기쳤어.

- Ralph took her for a ride with his constant lies.
  랠프는 계속적으로 거짓말을 해서 걜 속이려했어.
  Research carefully. I don't want to get taken for a ride.
  신중히 조사해. 난 사기당하고 싶지 않으니.

take sb for a ride는 문맥에 따라 '사기치다,' '속이다'라는 뜻으로 be taken for a ride하게 되면 '속다,' '사기당하다'라는 말이 된다.

He had a pretty rough ride.
갠 꽤 어려움을 겪었어.

- It's certainly not an easy ride. 그건 그렇게 쉬운 일이 아니야.
  I was on a wild ride. 너무 황홀했어 .
  Look, this has been a wild ride. 이봐, 이건 정말 흥미진진했어.

have a easy ride는 '일이 잘 풀리다,' have a rough[bumpy] ride는 '어려움을 겪다'라는 뜻이 된다. wild ride는 '뭔가 특이한,' '조금은 미친듯한' 혹은 '관심을 끄는 것' 등 다양한 의미.

You're just along for the ride, okay?
그냥 함께 노는거지, 맞아?

- She's just a friend of them. Came along for the ride.
  갠 걔네들 친구야. 함께 같이 가자.
  I never had to force you. You like coming along for the ride.
  너한테 강요한 적 없어. 네가 같이 오길 좋아했잖아.

come[go] along for the ride는 '사람들과 함께 재미있게 어울리다'라는 의미지만 주동은 아니고 얹혀서 같이 노는 경우.

MORE EXPRESSION

guilt-ridden 죄의식에 사로잡힌
ride for a fall 무모한 짓[말]하다
It's about ten minutes' ride.
차로 약 10분 거리야.

» right

I can't get it right. 난 제대로 할 수가 없어.

You got that right.
네 말이 맞아.

- You got that right. Nineteen years young. 맞아요. 19살예요.
  You got that right. Patrol picked him up already.
  네 말이 맞아. 순찰대가 벌써 걔를 잡았어.

You got that right은 '네 말이 맞아'라는 말로 You're right과 같은 의미. 또한 I got that right는 '내가 이해를 제대로 했다'라는 뜻.

Right you are.
옳은 말씀입니다

- I mean, um...Yeah, damn right you are. 내 말은, 음, 옳은 얘기야.
  Right you are, Will. You've always had a special place in your heart! 알았어, 윌. 네 맘속엔 항상 특별한 장소를 염두에 두고 있지.

Right you are는 상대방의 제안, 명령, 요청에 Yes라고 대답하는 것으로 '좋아,' '알았어'라는 표현.

Right. I forget.
맞아. 내가 잊었어.

- A: Maybe now's not the time. B: Right. A: 짐은 때가 아닌 것 같아. B: 맞아.
  Right. So we need a timeline. 맞아. 그래서 우리는 타임라인이 필요해.

■ Right은 상대방의 말이 맞다고 혹은 상대방의 의견이나 제안에 동의한다고 할 때 그 말이 '맞아,' '그래'라고 간단히 맞장구치는 표현.

Yeah. it was worth a try. That's right.
그래, 해볼가치가 있었어. 맞아.

- Oh, that's right. I momentarily forgot your job.
  어, 맞아. 순간적으로 네가 하는 일을 잊었어.
  You see how he shuts up? That's not right.
  걔가 어떻게 입다무는지 봤지? 그거 옳지 않아.
  Wait. That's not quite right. 기다려봐. 그건 아냐.

■ That's right은 상대방이 어떤 일의 진위를 물어봤을 경우 '맞아,' '그래'라는 뜻이고, That's not (quite) right은 반대표현으로 '틀리다,' '맞지 않다,' '옳지 않다'라는 의미. 강조하려면 right 앞에 quite를 넣으면 된다.

You're right about that.
그거에 대해 네가 맞아.

- I think you're right about that. 네 말이 맞는 것 같아.
  You're right. You're not the killer. 네 말이 맞아. 넌 살인자가 아니야.

■ be right about은 'about 이하의 것이나 사람에 대한 생각이나 판단이 맞다고 할 때,' You're right하면 '네 말이 맞아'라는 표현으로 상대방의 말이나 의견이 맞다는 것을 재빨리 직접적으로 인정할 때 사용한다.

I can't get it right.
난 제대로 할 수가 없어.

- You gonna be here till you get it right.
  네가 일을 똑바로 할 때까지 여기 있어.
  It takes me a while but I usually get it right.
  시간이 좀 걸리지만 난 보통 제대로 일을 해.

■ get it right은 '제대로 하다,' '똑바로 일처리하다'라는 말로 다음에 나오는 do it right과 비슷한 표현.

You have it right.
네 말이 맞아.

- Yes! I have it right here. 그래! 여기서는 내가 맞았어.
  Correct me if I don't have it right. 내가 틀리면 고쳐줘.

■ have it right은 '맞다'(be correct)라는 표현.

Do it right.
일을 제대로 해.

- We can do it right! 우리는 그걸 제대로 할 수 있어!
  He said that he knew how to do it right.
  걘 자기가 제대로 하는 법을 안다고 말했어.

■ do it right은 get it right과 마찬가지로 '일을 제대로 하라'는 의미. 다만 do it right away나 do it right now하게 되면 '당장 그 일을 하다'라는 의미가 된다.

I'll get right on it.
당장 시작할게.

- I'll have someone get right on that. 다른 사람이 바로 시작하도록 할게.
  Yeah, I'm gonna get right on that. 그래, 바로 시작할게.

■ get right on~은 '뭔가 바로 시작하다,' '착수하다,' '바로 진행하다'라는 표현으로 I'll get right on it의 문장으로 많이 쓰인다.

Am I right?

내 말이 맞지?

- You need to speak the truth. **Am I right?** 넌 진실을 말해야 돼. 내말 맞지?
  You know that's going to continue. **Am I right?**
  그게 계속될거라는거 알지. 내말 맞지?

■ **Am I right?**은 자기가 한 말이 맞는지(Is that correct?) 확인하는 표현. '내말이 맞지?,' '그렇지?' 라는 의미.

He is Mr. Right.

걘 내 이상형이야.

- I'm looking for **Mr. Right.** 난 이상형을 찾고 있어.
  She doesn't want to wait around for **Mr. Right.**
  걘 막연하게 이상형을 기다리는 것을 원치 않아.

■ **Mr. Right**은 '이상형' 또는 '운명의 남자'를 말한다.

I just don't think I'm the right person to try it.

난 그걸 시도하기에 적합한 인물은 아닌 것 같아.

- We don't think that we found **the right person.**
  우리가 적합한 사람을 발견 못한 것 같아.
  I'm not sure if I'm **the right person** for you to talk to about this.
  이거에 관해 나와 이야기하기에 내가 적합한 사람인지 모르겠어.

■ **right person to[for~]**는 '…에, …하기에 적격인 사람,' '적합한 사람,' '…에 어울리는 사람'이라는 뜻.

I'll be right down.

금방 내려갈게

- I'll **be right with** you. 금방 돌아올게.
  Got it. We'll **be right down.** 알았어. 금방 내려갈게.

■ **be right down**과 be right with sb는 be down과 be with sb에 right가 붙어 동작이 바로 됨을 강조하는 표현이 된다.

I need an ambulance. Right away!

앰블런스가 필요해, 당장!

- A: Wrap them up. B: **Right away.** A: 포장해줘요. B. 알겠어요.
  Sure, I'll get those books for you **right away.**
  그래, 그 책들을 바로 가져다드릴게요.

■ **right away**는 '어떤 일을 당장 하겠다는 말'로 상대방의 지시에 따라 바로 따르거나 혹은 상하관계에서 혹은 장난으로 지금 당장 할게'라는 의미이다.

You're right on!

네 말이 맞아!

- **You are right on with** your description. 네가 묘사한게 맞아.
  Her predictions of the future **were right on.**
  미래에 대한 걔의 예견은 맞았어.
  You can't be right on all the time. 네가 항상 맞을 수 없어.

■ **be right on**은 '상대방의 의견이나 안건에 찬성이나 지지를 나타낼 때' You're on은 상대방의 내기를 받아들이며 '그래 좋았어,' You're right on the money는 '바로 맞혔어,' '바로 그거야'라는 말. 중요한 것은 비슷해 보이지만 You're on은 내기할 때, You're right on은 상대방 의견이 맞다고 할 때 쓴다는 점이다.

What gives you the right?

네가 무슨 권리로?

- **What gives you the right to** do that? 네가 무슨 권리로 그러는거야?
  What gives you the right? Look at me! 네가 무슨 권리로? 날 보라고!

■ **What gives you the right (to do)?**는 상대방에게 따지는 문장으로 '당신이 무슨 권리가 있느냐?' 혹은 to do가 붙으면 '당신이 무슨 권리로 to do를 할 수 있느냐?' 라는 말.

He's my son and I have every right to see him.
걘 내 아들이고 난 걸 당연히 만날 수 있지.

- No, you have every right to be jealous.
  아니, 네가 질투심을 느끼는 것도 당연해.
  I mean, you have every right to be upset. 내 말은, 넌 화낼만해.

■ have every right to+동사는 '…할 만하다,' '…하는 게 당연하다' 라는 의미. every reason 과 같은 맥락의 표현.

You need to put things right with your family.
넌 네 가족과의 관계를 바로 잡아야 돼.

- The president set everything right with his speech.
  대통령은 연설문의 모든 부분을 바로 잡았었어.
  How will you put things right with Helen?
  넌 헬렌과의 관계를 어떻게 바로 잡을거니?

■ put[set] sth right은 '…을 바로 잡다'(correct)라는 말로 put 대신에 set을 써도 된다.

I ended up in the right place at the right time.
난 시기적절하게 적합한 장소에 있게 되었어.

- It is important to be in the right place at the right time.
  적절한 장소, 적절한 시간에 있는게 중요해.
  I was hired because I was in the right place at the right time.
  난 딱 맞는 시간 및 장소에 있어서 취직됐어.

■ be in the right place at the right time은 적절한 시간에 적절한 장소에 있다라는 말로 '때와 장소가 적절할 때에 있다' 라는 뜻. 미드에 자주 나오는 be in the wrong place at the wrong time의 반대되는 표현.

I live right up there, the loft within earshot.
난 말하면 들릴 정도의 가까운 아파트에 살고 있어.

- I thought you were just the panty police, but you're right up there. 난 네가 성범죄자나 쫓는 경찰이라고 생각했는데 말도 안되는 비약을 하는군.
  I swear that is right up there with not wearing a bra in public.
  정말이지 그건 노브라로 밖에 나가는 것과 같은 상태로 발전한거야.

■ be right up there는 기본적으로 '근처에, 가까운데 있다' 라는 뜻. 또한 어떤 상황이 '…로 올라가다,' '비약하다,' '발전하다' 라는 뜻으로 쓰인다.

All right, I'll see you inside.
좋아, 안에서 보자고.

- All right, you guys are in danger. 알았어, 너희들은 위험에 빠졌어.
  Look, it was a job, all right? 이봐, 그건 일이었다고, 알겠어?

■ All right은 상대방의 의견이나 제안에 동의할 때 '좋아,' '알았어' 혹은 다른 사람을 격려할 때 '좋아!,' '잘한다!' 라는 의미로 쓰이고, All right?하게 되면 상대방에게 내 말을 알았들었는지 확인할 때 사용한다.

All right then. Relax. Everything will be fine.
좋아 그럼. 진정해. 다 괜찮아질거야.

- All right then. If you're sure, where do we start?
  좋아 그럼. 네가 확실하다면, 우리는 어디서 시작하지?
  All right, buddy, you proved my point. 좋아, 친구야, 넌 내 주장을 증명했어.

■ All right then은 '좋아 그럼,' All right buddy는 '알았어 친구,' 그리고 All right, already!는 '좋아 알았다구!' 라는 의미.

Are you all right?
괜찮아?

- I'm glad to hear you're all right. 네가 괜찮다고 하니 기뻐.
  You all right? Go get dressed. 괜찮아? 가서 옷입어라.

■ be all right은 be right과 달리 all 하나 들어갔을 뿐인데 의미는 전혀 다르다. be right은 '…가 맞다,' '옳다' 이지만 be all right하게 되면 '괜찮다,' '무사하다' 라는 뜻이 된다.

She's gonna be all right.
걘 괜찮아질거야.

- Are she and Grandpa gonna be all right? 걔하고 할아버지가 괜찮을까?
  You're gonna be all right now. 넌 이제 좋아질거야.
  Don't worry, Ash. Everything's gonna be okay.
  걱정마, 애쉬. 만사가 다 잘될거야.
  Is everything all right with that? 저 상태는 괜찮은거야?

I'm all right with that.
난 그거 괜찮아.

- I see your point, I'm all right with it. 네 요지를 알았고 난 그거에 괜찮아.
  You're all right with that, 500 bucks, cash?
  넌 그거, 500 달러 현금으로 괜찮아?

That's all right.
괜찮아, 됐어.

- Look, it's all right here. 이봐, 여기는 괜찮아.
  Oh, that's all right. Here's your 20 cents. 어, 됐어. 여기 20센트.

Is it all right if I go with you?
너랑 함께 가도 돼?

- Is it all right if we take a look in your backpack?
  네 배낭을 봐도 되겠어?
  If it's all right with you, I'd like to issue a press release.
  괜찮다면 언론보도자료를 배포할게.

sb be gonna be all right은 앞표현과 다른게 be going to가 쓰인 것. 주로 상대방을 위로하거나 격려할 때 많이 사용된다. 또한 everything be gonna be all right도 역시 be going to를 써서 '앞으로 좋아질거라고' 상대방을 위로하거나 안심시키는 표현. all right 대신에 fine이나 great, okay를 써도 된다.

sb all right with sth은 괜찮지만 뭐에 괜찮은지, 받아들일 만한지를 구체적으로 말하는 표현법으로 be all right with 다음에 sth를 붙여주면 된다.

That's all right은 '괜찮아,' '됐어'라는 말로 상대방이 감사하다고 하거나 혹은 미안하다고 할 때 사용하는 표현. 결국 That's fine이라는 말씀. 중요한 건 '난 괜찮다'라는 (I'm) All right과 헛갈리지 말아야 한다.

Is it all right if S+V?하면 상대방의 허가를 구하는 것으로 '…해도 괜찮을까요?,' We'll be all right if~는 '…한다면 우린 괜찮을거다,' 그리고 It's all right (for sb) to~하게 되면 '(…가) …하는 것은 괜찮을거야'라는 표현이다. 한편 if it's all right with you는 상대방에게 뭔가 부탁하거나 양해를 구할 때 사용하는 표현. '괜찮다면'이라는 의미.

MORE EXPRESSION

right a wrong 잘못을 바로잡다
be right behind sb …의 바로 뒤에 있다

» ring

Does that ring a bell? 뭐 기억나는거 있어?

That rings a bell.
얼핏 기억이 나.

- Does the name Michael Jensen ring a bell?
  마이클 젠센이라는 이름이 뭐 기억나는게 있어?
  Does that ring a bell? 뭐 기억나는거 있어?

Give me a ring.
전화해줘.

- Aren't you gonna give me a ring? 나한테 전화해주지 않을거야?
  Well then why did you give me a ring? 그럼 왜 내게 전화한거야?

ring a bell은 예전에 봤던 혹은 들었던 것이 '문득 떠오르다'라는 말로 Does that ring a bell?(뭐 기억나는거 없어?)라는 문장이 용의자 심문에서 많이 쓰인다.

give sb a ring에서 ring은 call과 같은 의미로 '…에게 전화하다'라는 의미. give sb a call과 같은 뜻이다.

George took his ring off before going out.
조지는 외출하기전 반지를 뺐어.

- You can take the ring off and leave it with me.
  반지빼서 내게 줘도 돼.

  Did you take the ring off before going swimming?
  수영하기 전에 반지를 뺐어?

take the ring off는 단순한 표현으로 '반지를 빼다,' '풀르다' 라는 표현.

That's why the bad guys are running rings around us.
그래서 나쁜놈들이 우리보다 일을 잘하는거구나.

- Doug can run rings around the other students in class.
  더그는 반의 다른 학생들보다 능력이 뛰어나.

  My sports car will run rings around your car.
  내 스포츠카는 네 차보다 능력이 좋아.

run rings around sb는 'sb보다 어떤 일을 하는데 훨씬 잘 할 수 있다' 라는 표현.

MORE EXPRESSION

drug ring 마약조직
spy ring 스파이망
ringtone 전화벨소리
have a familiar ring 들은 적이 있는 것 같다
not ring true 진실되게 들리지 않는다

» rip

Don't try to rip me off. 나한테 바가지 씌우지 마요.

Don't try to rip me off.
나한테 바가지 씌우지 마요.

- I got ripped off. 난 속았어.

  It's not like you're going to rip me off.
  네가 나한테 바가지 씌우려는 것 같지는 않은데요.

rip off는 두가지 의미가 있다. sth이 목적어로 오면 '훔치다,' sb가 목적어로 오면 '바가지를 씌우다' 뜻이다. get ripped off 역시 사람주어면 '사기당하다(특히 바가지),' 사물주어면 '도둑맞다' 가 된다.

That's a rip-off.
완전 바가지네.(You're ripped off)

- They're such a rip-off there. 거기 있는 그것들은 정말 바가지야.

  Those are fake necklaces and you're a rip-off artist.
  저것들은 가짜 목걸이이고 너는 아류예술가야.

rip-off는 '바가지 씌워서 산 제품,' 혹은 '영화나 예술 등에서의 모작, 아류작' 을 말한다.

The spleen is ripped to shreds.
비장이 갈기갈기 찢어졌어.

- His carotid artery is ripped to shreds. 걔의 경동맥이 갈가리 찢어졌어.

  The wind ripped the flag to shreds. 바람에 기가 완전히 찢어졌어.

rip ~ to shreds는 '갈가리 찢다,' '완전히 망가트리다,' '신랄하게 비난하다' 라는 뜻이다.

A: Okay, we're all set. B: Let her rip.
A: 좋아 준비 다 됐어. B: 전속력으로 돌려보자.

- It's time to start the music. Let her rip.
  음악을 틀 시간이야. 어서 틀어봐.

  Let her rip. I want to see this machine work.
  최대로 돌려봐. 이 기계가 잘 돌아가는지 보고 싶어.

let it[her] rip은 기계나 자동차 등을 '전속력으로 몰다,' '돌리다' 라는 의미.

All rise. 모두 기립하십시오.

All rise.
모두 기립하십시오.

- Officer of the court: All rise! Be seated.
  법정직원: 모두 일어서주세요. 착석해주세요.
  All rise. Judge Clark Brown presiding.
  모두 기립해주세요. 클라크 판사님이 주재하십니다.

All rise는 법정미드의 재판장에서 꼭 나오는 표현으로 재판장이 들어오니 '다들 기립하라'는 말이다.

Stella rose to the top of her class.
스텔라는 자기 반에서 탑에 올랐어.

- My uncle rose to the rank of general in the army.
  내 삼촌은 군대에서 장군의 반열에 올랐어.
  This is the beginning of my rise to the top of the real estate industry. 이건 내가 부동산업계의 최고반열에 오르는 시작이야.

rise to the top은 '정상에 오르다,' '최고가 되다'라는 뜻이며, rise to the rank of~는 '…의 반열에 오르다'라는 의미.

Rise and shine, girls.
일어나라, 애들아.

- A: What's going on? B: Rise and shine.
  A: 무슨 일이야? B: 정신차리고 일어나.
  Rise and shine, jackasses. 정신차리고 일어나, 이 멍청아.

rise and shine은 '잠자리에서 일어나 정신차리다'라는 의미로 간단히 말해서 wake up이다.

The argument gave rise to more problems.
논쟁은 더 많은 문제를 야기했어.

- The cold weather gave rise to illnesses. 찬공기 때문에 병에 걸렸어.
  Just like the fact that you can't get a rise out of me.
  네가 날 약을 올릴 수 없는 사실과 같아.

give rise to~는 to 이하의 '결과를 낳다,' '일으키다,' '야기하다,' '초래하다'라는 의미. 한편 get a rise out of~는 '…의 약을 올리다'라는 엉뚱한 의미가 된다.

놓치면 원통한 미드표현들

- **residue** 잔여물
  CSU did find gun residue on his coat.
  CSU는 걔의 코트에서 총기발사잔여물을 찾았어.
  And her hair sample was negative for residue drugs.
  걔의 머리샘플에는 마약흔적이 없었어.

- **be ridiculous** 말도 안되다
  Don't be ridiculous
  바보같이 굴지마.
  This is ridiculous.
  황당하구만.
  Don't be ridiculous. We're neighbors.
  바보같이 굴지마. 우린 이웃야.

QR

» risk

I'm willing to take that risk! 기꺼이 위험을 떠맡을거야!

Your life is at great risk.
네 신변이 매우 위태로와.

- That's noble, but you can't put your life at risk.
  고상하지만 네 목숨을 위태롭게 하지마.
  We're putting our lives at risk. 우린 우리 목숨을 위태롭게 하고 있어.

▬ be at (great) risk는 주어가 '(매우) 위태롭다'는 뜻이고, put~at risk는 '…을 위태롭게 하다.'

I'm willing to take that risk!
기꺼이 위험을 떠맡을거야!

- If you're ever gonna take a risk, start now. 위험을 감수하려면 지금이 기회야.
  But if I'm willing to take the risk? 하지만 내가 기꺼이 위험을 감수한다면?

▬ take a risk는 위험이 있을 수 있다는 걸 알면서도 '감수하다,' '위험을 떠맡다,' 그리고 감수하는 내용을 말하려면 take a risk of~ing라 한다. risk taking은 '위험부담.'

Lynn ran the risk of losing her passport.
린은 자기 여권을 잃어버릴 위험을 무릅썼어.

- You run the risk of getting a disease. 넌 병에 걸릴 위험을 무릅썼어.
  I ran the risk of losing my money in the casino.
  난 카지노에서 돈을 잃을 위험을 무릅썼어.

▬ run the[a] risk (of ~ing)라고 해도 같은 의미로 '위험을 무릅쓰다'가 된다.

It'll be at your own risk, Mr. Shore. Let's go.
그건 당신 위험을 걸어야 해여, 쇼어 씨. 갑시다.

- Take this medicine at your own risk. 조심히 이 약을 먹어요.
  I climbed the hill, at the risk of falling down. 떨어질 각오하고 언덕을 올라갔어.

▬ at your own risk는 '위험할 수 있는,' '조심해야 하는,' at the risk of ~ing는 '…할 위험을 무릅쓰고,' '…을 걸고'라는 의미.

MORE EXPRESSION

risk life and limb
위험을 무릅쓰다

» road

Let's get the show on the road. 자, 이제 본격적으로 시작해보자.

See? You're on the road to recovery.
봤지? 넌 회복중이야.

- We feel certain they are on the road to happiness.
  걔네들이 행복해지고 있다고 확신해.
  You have taken the most important step on the road to success. 넌 성공으로 가는 가장 중요한 단계를 밟고 있어.

▬ on the road to~ …로 가는 길인이라는 의미도 있지만 비유적으로 '(행복, 회복, 성공으로) …하는 중인'이라는 의미로 많이 쓰인다.

Let's get the show on the road.
자, 이제 본격적으로 시작해보자.

- Hurry up, let's get the show on the road. 서둘러, 자 이제 시작해보자.
  We got the show on the road when Dina arrived.
  디나가 도착하고나서 시작했어.

▬ get the show on the road는 '뭔가 시작하거나 런칭하는 것'을 말할 때 사용한다. 좀 더 구체적으로 말하려면 get this show on the road라고도 쓴다.

You're off the road.
너 너무 심했어.

- She was off the road before she crashed.
  걘 사고나기 전에 비포장도로에 있었어.
  Be careful driving. You're off the road. 운전조심해. 비포장도로를 달리고 있어.
  You know? And I just went off the road. I crashed.
  알아? 그리고 난 도로를 벗어나서 충돌했어.

be off the road는 '포장도로를 벗어난 들판이나 산악같은 험악한 도로를 가다'는 의미로 비유적으로는 '좀 심하다'라는 의미로 쓰인다. 또한 drive[run] off the road는 길밖으로 운전하다, 즉 '도로밖으로 탈선하다'라는 의미. go off the road 역시 '도로에서 벗어나다.'

This is way down the road.
앞으로 뭔가 있어.

- So she headed down the road. 그래서 걘 떠났어.
  Well the Johnson's live right down the road.
  존슨네는 바로 근처에 살고 있어.
  We plan to get married down the road. 우리는 앞으로 결혼할 계획이야.

along[down] the road는 물리적으로는 '길따라,' 비유적으로 '미래에'라는 뜻.

I'm not going down this road.
난 이길로 가지 않을거야.

- That is the reason that I don't wanna go down this road.
  이게 내가 이 길을 선택하기 싫어하는 이유야.
  I'm driving down this road and I stop and I get hit by a deer.
  난 이길을 따라가다 섰는데 사슴에 치였어.

go down a[this] road는 '단순히 길을 따라가다'라는 의미도 있지만 비유적으로 '어떤 길, 방향을 선택하다'라는 뜻으로 사용되는 표현.

MORE EXPRESSION

one for the road
마지막으로 한잔 더하다
One more for the road?
마지막으로 한잔 더?

» rock

This party rocks! 이 파티 끝내준다!

I wanna rock and roll all night!
밤새 신나게 놀거야!

- Time to rock and roll. 자 신나게 놀아보자.
  Let's rock and roll. 자 이제 시작해보자.

rock and roll은 우리말처럼 쓰이는 '로큰롤'을 말하는 것으로 동사로 '본격적으로[신나게] 한번 해보자!' rock 'n' roll이라고 쓰기도 한다.

A: Great. I'll see ya then. B: All right, rock on.
A: 멋져. 그때 보자. B: 좋아, 맘껏 놀아.

- A: He is setting up a shaman healing ritual. B: Rock on!
  A: 걘 치유 의식을 할 무당을 알아보고 있어. B: 멋지군!

rock on은 '파티나 클럽에서 신나게 맘껏 놀다'라는 표현으로 rock out이라고도 한다. '재밌게 놀다,' '멋지다'라는 의미.

This party rocks!
이 파티 끝내준다!

- Thanks man, it rocked! 고마워, 아주 멋졌어!
  This place is really rocking. 여기 끝내준다.

sb[sth] rocks는 '주어가 아주 멋지다, 최고다'라는 의미. kick을 써서 That place kicks! (거기 물 좋다!)라고 해도 된다.

Oh, my God, you really did just rock my world.

맙소사, 넌 정말 날 완전히 흔들어놨네.

- I'm gonna do something so awful, it is going to rock her world. 난 정말 끔찍한 일을 할거야, 그건 걔를 완전히 망쳐놓을거야.

  I'm about to rock your world. The semen inside your victim. I got a DNA match through CODIS.
  널 완전히 망쳐놓을거야. 네가 죽인 희생자안에 정자가 있어. 난 CODIS(Combined DNA Index System)에서 네 DNA와 일치하는 걸 찾았어.

rock sb's world는 '…의 세계를 요동치게 흔들다'라는 뜻으로 비유적으로 '아주 중요하고 심각한 일이 벌어져 sb에게 큰 영향을 끼치다'라는 의미.

Is this how you get your rocks off?

이게 네가 네 성욕을 푸는 방식야?

- How would I get my rocks off? 내가 어떻게 여자랑 잘 수 있을까?

  I could get my rocks off anytime I want.
  난 내가 원하는 아무 때나 섹스를 할 수 있어.

get one's rocks off는 속어로 '성교하다,' '오르가즘을 느끼다'라는 의미. 섹스처럼 뭔가 아주 즐긴다고 할 때는 get one's rocks off on sth이라고 쓰면 된다.

His marriage was on the rocks.

걔의 결혼생활은 위태로왔어.

- I hear your marriage is on the rocks, and you're shopping for hookers? 네 결혼이 위태롭다고 들었는데 넌 매춘부들하고 놀고 다니고 있어?

be on the rocks는 뭔가가 바위 위에 있다는 것으로 관계, 사업이 어려운 상태로 '이혼위기에 있다,' '파산위기에 있다'라는 말이다.

Another scotch on the rocks for my friend.

내 친구에게 얼음탄 스카치 한 잔 더요.

- Would you like that straight up or on the rocks?
  스트레이트로 마실래요 아니면 얼음타서 드릴까요?

  I'll have her on the rocks please. 내건 얼음타서요.

scotch[vodka] on the rocks는 앞의 표현과 같은 on the rocks이긴 하지만 술을 주문할 때 '물없이 얼음타서 달라'는 뜻으로 보통 '술+on the rocks'라 주문한다.

It's so retro. I've got a rock on my finger.

진짜 복고풍이야. 손가락에 다이아 반지를 꼈어.

- Turn over a rock on this guy, company records, IRS, bank details. 회사기록, 국세청, 은행거래세부사항 등 이 친구 다 뒤져봐.

  DNA is the rock on which the people built their case.
  DNA는 사람들이 소송을 하는데 가장 중요한 부분이야.

rock은 그밖에 다양한 의미로 쓰인다. 예문들을 보고 rock의 쓰임새를 알아보자.

So we got off to a rocky start.

그럼 우린 불안정한 출발을 시작한거네.

- I know that my coming back has been rocky.
  내가 돌아와서 편안한 날이 없었다는 걸 나도 알아.

  When you left, there were some rocky moments.
  네가 떠났을 때, 힘든 순간들도 좀 있었어.

  Things have been a little rocky with us lately.
  사정이 최근에 우리에게 약간 힘들었어.

have a rocky day 앞서 be on the rocks에서 보듯 바위는 흔들리기 때문에 불안정하고 위태롭다는 뜻을 갖는다. 따라서 형용사형인 rocky 또한 위태로운, 험난한이라는 뜻으로 쓰이는데 have a rocky day하면 '힘든 하루를 보내다,' rocky patch는 '힘든 시간,' rocky start는 '불안정한 출발,' rocky moment는 '힘든 순간'이라는 뜻이 된다.

She is on a roll. 걔 한창 잘나가고 있어.

It was like her birthday and Christmas rolled into one.
걔 생일과 성탄절이 하나로 합쳐진 것 같았어.

- You're like a cop and big brother **all rolled into one.**
  넌 경찰과 큰 형이 하나로 합쳐진 것 같아.

Things change, roll with the punches.
상황이 바뀌었어. 변화에 맞춰서 살아.

- Come on, you gotta **roll with the punches.**
  그러지말고, 상황에 맞게 적응해야지.

Good work Starsky! Let's roll!
스타스키, 잘했어! 시작하자고!

- We got him. **Let's roll.** 걜 잡았어. 시작하자고.
  Ready to roll, boss. 시작준비됐습니다, 사장님.

She is on a roll.
걔 한창 잘나가고 있어.

- Jim, I could tell I **was on a roll.** 짐, 내가 잘 나가고 있었던 거 알고 있었어.
  I'm getting a free pizza. I'**m on a roll.** 피자 한판 공짜로 먹어. 운이 좋아.
  Since mom got her new job, we'**re rolling** in money.
  엄마가 직업을 새로 구한 이래 돈이 풍족해.

(all) rolled into one은 '여러 개가 하나로 합쳐진'이라는 의미로 이처럼 수동태형이나 pp형으로 쓰인다.

roll with the punches는 '상황이 달라져 힘들지만 너도 거기에 맞춰서 편하게 생각하고 여유를 갖으라'는 의미.

Let's roll에서 roll은 둘둘 말아져있는 것을 푼다는 뜻으로 비유적으로 뭔가 시작한다는 의미를 갖는다. '자 시작하자'라는 의미. 또한 be ready to roll하면 '시작할 준비가 되다'라는 표현이 된다.

be on a roll은 둘둘말린 종이나 카펫이 스무드하게 펼쳐지듯 하는 일이 잘 풀리는 경우로 '잘 나가다,' '승승장구하다'라는 의미. 또한 be rolling in money는 '돈이 넘쳐난다'는 의미로 money를 대신해 women을 쓰면 '여자들 속에 파묻혀산다'라는 뜻이 된다.

MORE EXPRESSION

roll one's sleeve up
소매를 걷어올리다
high rollers 도박판의 큰손들
roll over the loans
빚으로 빚을 갚다

Q R

Let's raise the roof. 흥겹게 놀아보자.

Let's raise the roof.
흥겹게 놀아보자.

- Let's roll. Alright, it's time to **raise the roof.**
  신나게 놀자. 좋아, 지붕이 떠나갈 정도로 놀자.
  Fresh air! Let's **raise the roof.** 아 공기 좋다! 신나게 놀자.

The record's gone through the roof.
기록이 최고에 달했어.

- His interpersonal skills **are through the roof.** 걔의 대인관계기술은 최고야.
  His blood pressure **is through the roof.** 걔의 혈압이 급등했어.

raise the roof는 소리를 지르거나 노래를 부르거나 등으로 해서 지붕이 떠나갈 것 같다는 것으로 문맥에 따라 '신나게 놀다' 혹은 '화를 벌컥 내다,' '불평하다'라는 뜻으로 쓰인다.

go[be] through the roof는 '지붕을 뚫고 가듯 급등하다,' '최고에 달하다'라는 의미.

» room

Come on, guys, get a room. 야, 얘들아, 방잡아라.

Hey, Serena. Why don't you get a room?
야, 세레나, 방잡아.

- Why don't you guys get a room? 너희들 방잡아라.
  Come on, guys, get a room. 야, 얘들아, 방잡아라.

■ get a room 이 표현은 우리가 영어를 쓰는 사람들과 강한 공감대를 형성할 수 있는 표현으로 남녀가 사람들 보는데서 지나치게 스킨십을 할 때 주위 사람들이 보다 못해 '방잡아라'라고 할 때 Get a room!이라고 한다.

Go to your room.
방으로 들어가.

- Tina, you better go to your room. 티나, 방으로 들어가라.
  Go to your room and I will come get you when it's over.
  방에 가있어, 끝나면 와서 널 데려갈게.

■ go to your room은 그냥 '네 방으로 가 있어라'라는 평범한 표현도 되지만 흔히 명령형태인 Go to your room!하게 되면 어린애들 혼낼 때 쓰는 것으로 '방으로 들어가!' 라는 표현.

My sister needs to shower. Make room.
누나가 샤워해야되니 자리 좀 내줘.

- Step aside, make room here. 옆으로 비켜봐, 여기 자리를 마련해.
  I make room for a completely different scenario.
  전혀 다른 시나리오도 가능해.

■ make room for~는 '…에게 자리를 마련하다,' '양보하다,' 그래서 '…할 여지를 만들다'라는 뜻으로도 사용된다.

You know there's always room for you here.
네 자리는 항상 비워둔다는 걸 알잖아.

- There's always room for one more. 좀 들어갑시다.
  There's room for improvement. 나아질 여지가 있어.

■ There's always room for~는 항상 '…할 여지는 있다,' 언제든지 '…할 가능성은 있다'라는 인생의 소박한 진리를 언급하는 표현. always를 빼면 그냥 단순히 …여지가 있다는 뜻.

It's not enough room to get her BP.
혈압(blood pressure)을 잴 충분한 공간이 없어.

- There's not enough room, and there's no blood present.
  충분한 공간도 없고 현재 혈액도 없어.

■ There's not enough room to~는 '…할 충분한 공간이 없다'

MORE EXPRESSION

room 방을 얻거나 혹은 얻은 방을 함께 쓰다
roomie 룸메이트
elbow-room 편히 몸움직일 공간
room to maneuver 움직일 공간
There's no room to breathe. 숨쉴 수 있는 공간도 없어.

» rope

I hear you're learning the ropes. 네가 요령을 익히고 있다며.

Police personnel are already there, the area roped off.
경찰은 벌써 도착했고 지역은 차단됐어.

- Rope off a 10-foot circumference around the carousel.
  수화물 컨테이너 주변 10피트에 차단줄을 쳐.

■ rope off는 rope를 이용하여 '출입을 차단하다,' '격리하다'라는 뜻. 역시 범죄미드에서 나오는 표현.

I'm on the ropes.
나 죽을 맛이야.

- Hold out, kid, you've got him on the ropes now.
  잠깐, 애들아. 너희들이 걔를 아주 위험하게 만들었어.
  Don't do this. I am at the end of my rope. 이러지마. 난 속수무책이야.

Did you get roped into collecting money?
넌 어떻게 돈을 모으는데 얽히게 된거야?

- I got roped into helping some friends' move.
  난 어떤 친구들의 이사를 도와주게 되었어.

I hear you're learning the ropes.
네가 요령을 익히고 있다며.

- I would be happy to show you the ropes. 네가 요령을 기꺼이 알려줄게.
  All he needs is a little more time to learn the ropes.
  걔는 요령을 배울 시간이 좀 더 필요한게 다야.

We need some rope, I'll take responsibility.
로프가 좀 필요해, 내가 책임질게.

- Give me some rope to tie down this load. 이 짐들을 묶게 로프 좀 줘봐.
  Give her some rope for the horse. 말에게 쓴 로프를 걔한테 줘.

be on the ropes는 줄위에 있다는 것으로 불안하고 위태롭다는 뜻. 따라서 문맥에 따라 '적자이다,' '죽을 지경이다' 등 다양하게 해석할 수 있다. 또한 be at[near] the end of one's rope는 로프끝에 있다는 말로 벼랑 끝에 몰린 상황을 말한다. '더 이상 못참겠어,' '속수무책이다,' '더 이상 방법이 없다'라는 의미.

get roped는 하고 싶지는 않지만 꼭 해야 하는 것을 해달라고 부탁하는 것을 말한다. 간단히 말하면 '휘말리다,' '얽히다'라는 말.

know the ropes는 '…에 대해 잘 알다,' '요령을 알다,' '터득하다'라는 말로 know 대신 learn을 써도 된다. 한편 show sb the ropes는 'sb에게 …하는 법을 알려주다'라는 말.

give sb some[enough] rope는 글자그대로 '로프를 주다'라는 의미이지만, give sb enough rope (and he'll hang himself)라는 많이 쓰이는 표현이 있다. …에게 로프를 많이 주면 자멸할 것이다, 즉 '하고 싶은대로 하게 놔두면 실패할 것이다'라는 표현이다.

» **rough**

Rough day for you? 힘든 하루였지?

I had a rough day.
정말 힘든 하루였어.

- Rough day for you? 힘든 하루였지?
  I am glad to be here. I have had a rough day.
  여기 있어서 너무 좋아. 정말 힘든 하루였어.

She tends to be a littler rough on Mom.
걘 엄마한테 좀 거칠게 구는 경향이 있어.

- She was very rough on them and they totally hated her.
  걘 걔네들에게 무척 심하게 대했고 걔네들은 정말 걔를 싫어했어.

He can be a little rough around the edges.
걘 말이 좀 조잡할 수 있어.

- Charming, ambitious, rough around the edges, but I felt I could mentor her. 매력적이고, 야망있고 그리고 좀 어눌하지만 걜 지도할 수 있을 것 같아.

have a rough day는 '힘든 하루를 보내다'라는 의미.

be rough on sb는 'sb에게 심하게 거칠게 난폭하게 구는걸' 말한다. 단 주어가 사람이 아닌 경우에는 그냥 힘들다는 뜻으로 쓰인다.

have rough edges는 '다듬어지지 않다,' '조잡하다' 그리고 be rough around the edges는 '말이나 문장 등이 어눌하다,' '다듬어지지 않다'라는 뜻이다.

MORE EXPRESSION

take the rough with the smooth 태평하게 지내다
rough going 고전중, 난항중
rough and ready 급조한, 임시변통의

» round

I'll get the next round. 다음 잔은 내가 살게.

This is my round.
이번에는 내가 살게.

- The next round is on me. 다음 잔은 내가 돌릴게
  Another round for me and my home girl! 나와 고향 여친에게 한잔 더!

I'll get the next round.
다음 잔은 내가 살게.

- We're still working on getting the next round.
  우리는 여전히 다음 단계일을 준비하고 있어.
  How long do we have until the next round of test results?
  다음 단계의 테스트 결과가 나오는데 얼마나 기다려야돼.

We need to make the rounds of the holiday parties.
우리는 휴일파티를 여러군데 가야 돼.

- The video made the rounds of the Internet.
  그 비디오파일이 인터넷의 이곳저곳을 돌아다녔어.
  The rumor made the rounds of the courtroom.
  소문이 법정 전체에 퍼졌어.
  It took three hours for Dr. Wilson to do his rounds.
  윌슨 선생이 회진하는데 3시간이 걸렸어.
  The security guard does rounds at 9pm. 경비는 오전 9시에 순찰해.

This is my round는 술꾼들이 술취하면 하는 말로 '이번건 내가 살게'라는 말이고 One more round하면 한잔 더하자고 권할 때 쓰는 말로 another round for도 같은 맥락의 표현이다.

get the next round도 역시 술집에서 쓰는 말로 '다음 잔은 내가 살게,' 혹은 '다음 단계의 일을 하다'라는 의미도 갖는다.

make the rounds of~는 '여기저기 돌아다니다'(got to or around certain places)라는 표현이고, 또한 의학미드에서는 의사들의 회진, 혹은 순찰하다라는 의미로 round가 많이 쓰인다. '회진하다'라고 하려면 do rounds 혹은 do one's rounds라고 한다.

MORE EXPRESSION

get round the problem
해결하다
Let's round that up to 23.
반올림에서 23이라고 하자.

» ruin

You ruined the surprise party. 넌 서프라이즈 파티를 망쳤어.

You ruined my weekend.
너 때문에 내 주말이 망쳤어.

- I hate you. You've ruined my life. 난 네가 싫어. 내 인생을 네가 망쳤어.
  You ruined the surprise party. 넌 서프라이즈 파티를 망쳤어.

I found it in the ruins of Edie's home.
난 이걸 에디 집의 잔해에서 발견했어.

- I wanted to walk the ruins of Pompeii. 난 폼페이의 유적지를 걷고 싶었어.
  We are standing among the ruins of her last relationship.
  우리는 걔의 마지막 관계의 잔해속에 서있는거야.
  Our family reputation's already in ruins. 우리 집안 명성은 이미 다 엉망 됐어.

ruin을 거창하게 파멸시키다, 멸망시키다라고만 알고 있으면 어색할 수도 있다. ruin은 일상생활에서 '엉망으로 만들다,' '망치다' 등의 의미로 아주 많이 쓰이는 단어.

the ruins of~에서 ruins는 명사로 '잔해,' '유적'라는 의미. 또한 in ruins는 '폐허가 된,' '엉망이 된'이라는 뜻으로 be in ruins, leave sth in ruins 등의 형태로 쓰인다.

MORE EXPRESSION

go to rack and ruin 망가지다
fall into ruin 파멸에 빠지다
go to ruin 폐허가 되다

You've gotta play by their rules. 넌 원칙대로 행동해야 돼.

I don't care. Rules are rules.

상관없어. 규칙은 규칙이니까.

- I totally wanted to hit that. But rules are rules.
  난 정말 시도해보고 싶었지만 규칙은 지켜야잖아.

  I can't help you. See? Rules are rules. 널 도울 수 없어. 봤지? 규칙은 규칙이야.

■ **Rules are rules**는 잘 알려진 표현으로 규칙은 규칙이다라는 말로 '규칙은 잘 지키자는 말씀.'

Can't make a ruling?

판결을 내지 못하겠어?

- Judge is back with a ruling. Let's go. 판사는 판결을 갖고 다시 왔어. 가자.

  I will sign, if you will give us a ruling. 우리에게 결정권을 준다면 사인할게.

■ **make a ruling**에서 ruling은 명사로 재판에서의 판결 또는 결정(권)을 뜻하는 단어로 make a ruling하면 '판결을 내리다'라는 뜻으로 쓰인다.

Judge already ruled on it.

판사는 벌써 판결을 내렸어.

- The judge ruled she was competent to stand trial.
  판사는 그 여자가 판결을 받을 수 있다고 판결했어.

  The judge ruled him unfit, so we can't touch him.
  판사가 그 남자는 부적격하다고 해서 우린 그 사람을 만날 수 없어.

■ **The judge ruled that~**는 판사가 '…라고 판결을 내리다'라는 뜻. rule on~이라해도 '판결을 내리다,' rule in favor of the plaintiff는 '원고 승소판결을 내리다,' rule against the plaintiff는 '원고패소판결을 내리다'가 된다.

A: I object! B: Overruled!

A: 이의있습니다! B: 기각합니다!

- Overruled. We have covered this. 기각합니다. 이미 다룬 문제입니다.

■ **Overruled**는 검사나 변호사가 이의신청을 하는 경우 판사가 이를 거부할 때 하는 말로 '기각합니다'라는 말. Denied라 하기도 한다.

I'm very tired, so I'm going to break the rules.

너무 피곤해서 규칙을 깰거야.

- So we grow up, and still we break the rules.
  그래 우리는 성장하고 여전히 규칙을 어기고 있어.

  You're the one who's been pushing her to break the rules.
  걔보고 규칙을 깨라고 밀어붙였던 사람이 바로 너야.

  I thought it was against the rules. 규칙에 어긋나는 것으로 생각했어.

■ **break the rules**는 규칙을 지키지 않고 '깨다,' '어기다'라는 표현. be against the rules는 '규칙에 어긋나다,' '위배되다'라는 뜻으로 be 대신에 go를 써도 된다.

You've gotta play by their rules.

넌 원칙대로 행동해야 돼.

- You worked hard, played by the rules your whole life.
  넌 열심히 일했고, 평생 원칙대로 행동했어.

  She was just following the rules. 걘 단지 규칙을 따랐을 뿐이야.

  Absolutely not. I know the rules. 전혀 아니야. 난 규칙을 알아.

  I don't make the rules. He's telling the truth.
  난 규칙을 만들지 않아. 걘 진실을 말하고 있어.

■ **play by the rules**는 '규칙 또는 원칙대로 하다'라는 의미. 또한 know the rule은 '규칙을 알고 있다,' make the rule는 '규칙을 만들다,' follow the rules는 '규칙을 따르다,' 그리고 bend the rule하면 '규칙을 왜곡하다,' '악용하다'라는 뜻이 된다.

MORE EXPRESSION

under the rule of 지배를 받는
rule the roost 가장 힘있는 사람
ruling on (법) …의 판결

We heard a rumor you were here. 네가 여기 있다는 소문을 들었어.

Your Honor, there's a rumor about you.
재판장님, 재판장님에 대한 소문이 있습니다.

- Was there **a rumor of** a sexual relationship between them?
  그들간의 성적관계에 대한 소문이 있었어?

  I know you **posted the rumor** about me.
  네가 나에 대한 소문을 달았다는 걸 알아.

▬ **rumor about~**은 '…에 관한 소문'이라는 뜻으로 about 대신 of를 써서 rumor of라고 해도 된다.

We heard a rumor you were here.
네가 여기 있다는 소문을 들었어.

- Emily **started the rumor** that my mom left us.
  에밀리는 내 엄마가 우리를 떠났다는 소문을 냈어.

  According to the rumor mill, a priest abused some boys.
  소문의 출처에 의하면 한 신부님이 일부 소년들을 학대했대.

▬ **hear the rumor**는 '소문을 듣다,' start the rumor는 '소문을 내다,' 그리고 rumor spreads[goes around]하면 '소문을 퍼트리다'가 된다. 또한 the rumor mill은 '소문의 출처'라는 뜻이다.

There's a rumor going around that he's gay.
걔가 게이라는 소문이 돌고 있어.

- **There's some crazy rumor going around** that Mike moved.
  마이크가 이사갔다는 말도 안되는 소문이 돌고 있어.

  There's a rumor going around that you don't wanna press charges against Zach.
  네가 잭을 기소하지 않는다는 소문이 돌고 있어.

▬ **There was a rumor going around (that~)**는 이미 소문이 돌고 있다는 점을 강조해서 표현하는 방법으로 소문의 내용은 that 이하에 적어주면 된다.

He's rumored to be bidding on a stolen Navy weapons system.
걔는 도난당한 해군무기체계에 입찰할거라는 소문이 있어.

- Richard Castle **is rumored to** be romantically involved with NYPD Detective Kate Beckett.
  리차드 캐슬은 뉴욕경찰 형사인 케이트 베켓과 이성적으로 연루되어 있다는 소문이 있어.

▬ **sb be rumored to~**는 'sb가 …할 거라는 소문이 있다'라고 rumor를 동사로 사용한 표현법.

MORE EXPRESSION

There's something to that rumor. 그 소문에는 무언가가 있어.

놓치면 원통한 미드표현들

- **Roger (wilco)** 알았다 오바

  Roger that. Hold your position.
  알았다 오바. 현위치를 지키고 있어라.

  Roger that. This is number 11, all clear.
  알았다 오바. 11번이다, 다 이상없다.

- **rookie** 신참, 신입(new comer, newbie, probie)

  Yeah, it's **a rookie** mistake.
  그래, 그건 신참 잘못야.

  Don't feel bad, Penny, it's **a classic rookie mistake.**
  기분나빠 하지마, 페니. 예전부터 신참들이 하는 실수야.

- **root for** 응원하다, 성원하다

  I'**m really rooting for** this one.
  이번엔 나도 정말 응원해줄게.

  And why would you **root for** me?
  왜 나를 응원해주는거야?

- **be[stuck] in a rut** 권태기에 빠지다, 틀에 박히다

  Do you think I'**m in a rut**?
  내가 권태기에 빠진 것 같아?

  You keep going to the same bar, you'**re in a rut.** 넌 계속 같은 술집만 가, 틀에 박혔어.

It's your wife! Run for it! 네 아내야! 도망쳐!

(I've) got to run.
서둘러 가야겠어.

- Well, I got to run, okay? I'll see you. 저기, 나 빨리 가야돼, 괜찮지? 또 보자.
  It's great seeing you, but we got to run.
  너 만나서 기뻐, 하지만 우린 빨리 가야 돼.

I have to run은 빨리 자리를 뜰 때 하는 표현으로 I've got to go[fly]와 같은 말. '서둘러 가야 돼,' '빨리 가야 돼'라는 의미.

Good running into you.
만나서 반가웠어.

- I ran into her. 난 걔와 우연히 마주쳤어.
  Did anyone run into him? 누구 걔와 마주친 사람 있어?

run into sb는 '우연히 만나다,' '마주치다'라는 뜻으로 유명한 동의 표현으로는 come across, bump into 등이 있다.

He was running around naked.
걘 다벗고 뛰어다니고 있었어.

- I will not have you running around with other women.
  네가 다른 여자들하고 바람피지 못하게 할거야.
  Apparently he's running around looking for some kind of a hot girl. 분명히 걘 섹시한 여자를 찾아 바삐 돌아다니고 있을거야.

run around는 '바삐 뛰어다니다,' '돌아다니다' 그리고 run around with sb하면 주로 어울리지 말라는 사람과 어울리는 것으로 문맥에 따라 '바람피다'라는 뜻이 된다.

I ran out of gas.
기름이 모자라.

- I've run out of Kleenex. 난 크리넥스가 떨어졌어.
  They ran out of the apartment. 걔네들은 아파트에서 뛰어나갔어.

run out of~는 '부족하다,' '모자르다'라는 의미로 run[fall] short of와 같은 말이며, 또한 그냥 '…에서 달려나가다'라는 의미로도 쓰인다.

Let's make a run for it.
도망가자, 빨리 피하자.

- I'll distract them, and you make a run for it.
  내가 걔네들의 시선을 돌릴테니 죽어라 도망쳐.
  When I tried to make a run for it, I twisted my foot in a gopher hole. 죽어라 도망치려다 쥐구멍에 발을 삐었어.

make a run for it은 '나 살려라 하면서 죽어라 뛰다'라는 의미. 탈출하기 위해 필사적으로 달려 도망가다라는 의미.

It's your wife! Run for it!
네 아내야! 도망쳐!

- Run for your life. 도망쳐.
  What, you're gonna run for it? 뭐라고, 도망칠거라고?

run for it은 마찬가지로 '죽어라 도망치다'이지만 여기서 run은 동사로 쓰였으며 주로 명령형문장으로 쓰인다. 비슷한 의미로는 run like hell, run for one's life 등이 있다.

Now, where did he run off to?
그래 걔가 어디로 도망쳤어?

- Did he run off to see his daddy? 걔가 아버지를 보러 도망간거야?
  I just have to run off to the bathroom. 난 화장실로 뛰어가야 했어.

run off to~는 '…로 달아나다,' '도망치다' 및 그냥 '단순히 …로 뛰어가다'라는 의미.

The air conditioner kept running on the hot day.
에어컨은 더운날에는 계속 돌아가.

- It takes a lot of money to keep the shop running.
  가게를 계속 운영하는데 많은 돈이 들어.

  Keep the car running while I go inside. 내가 안에 있는 동안 차를 계속 굴려.

keep running은 '…가 계속 돌아가는 것을,' keep ~ running은 '…을 계속 돌아가게 하다' 라는 의미.

Run it[that] by (me) again.
다시 한번 설명해줘.

- You'd better run it by me. 나한테 먼저 상의해.

  Great! You wanna run it by me? 좋아! 나한테 물어볼거야?

  Let me just run it by the general. 장군님께 상의드릴게.

run it[that] by (me) again는 '내게 자문을 구하라' 고 하는 말로 의견이나 허락을 얻기 위해 '말을 하다,' '상담하다.' 또한 그것이 좋은 생각인지 상대방이 이해해줄건지 등을 '확인해보다' 라는 의미이다.

I've run out of things to say.
난 더 이상 할말이 없어.

- I am out of things to say to you. 난 너한테 더 이상 할말이 없어.

  Mike ran out of things to say during the interview.
  마이크는 인터뷰 도중에 할 말이 떨어졌어.

run out of things to say는 할 말이 다 떨어져서 '더 이상 할 말이 없다,' '더 이상 변명의 여지가 없다' 라는 표현.

Your security cams up and running?
네 보안 카메라 제대로 작동해?

- Will they be up and running? 그것들이 제대로 돌아가고 있어?

  Mom is up and around again today. 엄마는 오늘 다시 정상적으로 활동하셔.

  It takes a while to get up and around after being sick.
  아픈 다음에 다시 정상적으로 활동하기까지는 좀 시간이 걸려.

up and running은 '제대로 작동하다,' '효과적으로 돌아가다' 그리고 up and about [around]하면 '병에서 나아서 다시 정상적으로 활동하다'(get back to normal life)라는 뜻.

I'm not gonna let her run my life anymore.
난 걔가 내 인생을 더 이상 좌지우지 못하게 할거야.

- Jake is 28 but his mom still runs his life.
  제이크는 28살이지만 걔 엄마는 아직도 걔의 인생을 통제하고 있어.

  Her husband completely runs her life.
  걔 남편은 걔의 인생을 완전히 쥐락펴락하고 있어.

run sb's life는 '주어가 sb의 삶을 통제하고 조정한다'는 의미.

She must have come in to run a test.
걘 테스트를 하기 위해 들어왔음에 틀림없어.

- Got no priors. Running a check with Interpol.
  전과없어. 인터폴에 확인해볼게.

  Anyway, the police are running a check. 어찌됐건, 경찰이 확인중이야.

run a check하면 '확인하다,' run a test하면 '테스트하다,' 그리고 run an experiment 하면 '실험하다' 라는 뜻이 된다.

These are police running drugs.
이건 경찰들이 마약을 거래하는거야.

- Running drugs? Are you kidding me? 마약을 판매하냐고? 장난해요?

  They forced my boys to run drugs.
  걔네들이 내 아이들에게 마약을 팔게 했어요.

run drugs[guns]는 '돈을 벌기 위해 불법적으로 마약이랑 총기류를 갖고 다니거나 파는 것'을 말한다.

They are running scared.
걔네들은 패닉상태에 빠졌어.

- Are you sure that you're not just running scared?
  네가 패닉상태에 빠지지 않았다는게 확실해?

  She's running scared of any political fall-out.
  걘 어떤 정치적인 부정적 여파가 올까 패닉상태에 빠졌어.

be running scared는 '패닉상태에 빠지다' 라는 표현.

You must walk before you run in this business.
넌 이 사업에서 기본부터 다시해.

- Start at the bottom, walk before you run.
  기초부터 다시해, 뛰기 전에 걸어야지.

  Gotta crawl before you can walk. 걷기 전에 기어야지.

run before you can walk '걷기도 전에 뛰다'는 말로 기본도 모르면서 그 이상을 하려는 어리석음을 비웃는 표현. 어리석지 않으려면 walk before you run이 되어야 한다.

We think he ran away with a girl.
우린 걔가 여자와 달아난 것 같아.

- He told me he would run away with me, and he didn't.
  걘 나와 달아난다고 해놓고 그러지 않았어.

  She's not going to divorce Chris and run away with you.
  걘 크리스하고 이혼하고 너랑 달아나지 않을 거야.

run away with sb하면 '서로 눈이 맞아 도망치다,' run away with sth하면 '…을 압도적으로 이기다' 라는 뜻이 된다.

I divorced him because he always ran me down.
걘 날 항상 비난해서 이혼했어.

- Don't run down that food until you try it. 음식은 먹기전까지는 폄하하지마.

  Some people run down things they can't understand.
  일부 사람들은 이해할 수 없는 건 폄하해.

run ~down은 '비난하다(criticize),' '폄하하다' 라는 의미.

That woman was run over, raped, beaten.
저 여성은 차에 치이고 강간당하고 얻어맞았어.

- I'm gonna have to run over there and beg him to love me.
  난 그리로 달려가서 걔한테 날 사랑해달라고 애원할거야.

  She got run over. She's dead. 걘 차에 치여서 죽었어.

  Should we run after him? 우리가 걜 쫓아가야돼?

run over는 '…로 달려가다,' be[get] run over 형태로 '차에 치이다' 라는 뜻으로 많이 쓰인다. 또한 run after '…을 쫓아다니다,' '뒤쫓다' 라는 말.

I shouldn't have run out on you.
난 널 그렇게 두고 달아나지 말아야 했는데.

- For the record she did not run out on Barry.
  분명히 말해두지만 걘 배리를 두고 달아나지 않았어.

  And also, I ran out on a wedding. 그리고 또한 난 결혼식에서 도망치지 않았어.

run out on sb는 애인이 임신하자 도망치는 찌질남처럼 'sb를 방치하고 달아나는 것'을 말한다.

I'm currently on the run from the FBI, NCIS.
난 현재 FBI와 NCIS로부터 도주중이야.

- Working girls use this place when they're on the run.
  매춘부들은 도주중일 때 이곳을 이용해.

  A: What're you talking about? B: Tammy's on the run.
  A: 무슨 말이야? B: 태미가 도주중이야.

be on the run (from)은 '(…로부터) 도주중인,' '도망중인' 이라는 의미.

QR

The team has lost two years running.
팀은 2년 연속 졌어.

- I was employee of the year three years running.
  난 3년 연속 올해의 직원으로 뽑혔어.

three years running은 숫자+running의 형태로 '…동안 연속해서 계속'이라는 의미이다.

MORE EXPRESSION

run an errand 심부름하다
run for office 출마하다
have the runs 설사하다
in the long[short] run 긴 안목에서 보면[단기적 관점에서 보면]
run a fever 열이 나다
run a temperature 열나다
be in the running 승산이 있다

» rush

Don't rush me! 재촉하지마!

The blood rushed to his face when he got mad.
걘 화가 났을 때 얼굴이 붉어졌어.

- Blood rushed to my face when I tripped.
  내가 넘어졌을 때 얼굴이 빨개졌어.
  I dream about eating so much deliciousness that all the blood rushes to my stomach. 너무 맛난 것을 많이 먹어 피가 배로 온통 쏠리는 꿈을 꿔.

blood rushes to sb's face[cheeks]는 '신체의 일부가 빨개지는 것'을 말한다.

I left in such a rush.
난 허겁지겁 떠났어.

- Why do you think he's in such a rush to divorce me?
  왜 걔가 그렇게 서둘러 나와 이혼하려는 것 같아?
  You're in such a rush to make the patient feel better.
  넌 환자를 빨리 치료하기 위해 너무 서둘러.

in a rush는 아주 빠른 행동으로라는 뜻으로 '허겁지겁,' '아주 서둘러서'라는 의미.

Gibbs, what's the rush?
깁스, 왜 이리 급해요?

- What's the rush? Really, it's not like this sucks.
  서두르지마. 이것도 그렇게 나쁘지 않은 것 같아.
  Got two gunshot victims. Send rescue. There's no rush.
  2명이 총상을 입었어. 응급대원보내는데 천천히 해도 돼.

What the [one's] rush?는 '왜 그리 서두르냐,' '천천히 해라'라고 하는 말이고, There's no rush 역시 서두르지 말라고 상대방을 진정시키는 표현이다.

What a rush!
정말 흥분되는 걸!

- Boy, what a rush! Right? 휴, 정말 흥분되는데! 맞지!
  I hear it's just bones? What a rush. 그냥 뼈라며? 흥미진진하구만.

What a rush!는 보통 '뭔가 흥분되고 들뜰 때 하는 말.

Don't rush me!
재촉하지마!

- Don't rush me, Bree! I'm an old woman!
  재촉하지마, 브리! 난 늙은 여자라고.
  Don't rush me man, this decision is gonna effect the rest of my life. 몰아붙이지마, 이 결정은 내 평생 영향을 줄거야.

Don't rush me는 '빨리 재촉하는 상대방에게 몰아붙이지 말라고' 하는 표현.

People rush out last night in the middle of dinner.

사람들이 간밤에 저녁식사중에 뛰쳐나왔어.

- I expect kids all over town will rush out tomorrow and buy a spatula. 마을의 모든 아이들이 내일 뛰어나와 스파출라를 살거라 생각해.

  Even if I'm half-naked in a changing room, I'll just grab everything and rush out.
  탈의실에서 반라이더라도 그냥 아무거나 다잡고 뛰어나올거야.

■ rush out (to)은 역시 '서둘러 …로 급히 뛰쳐 나가다' 라는 의미.

They rushed him to the prison hospital.

걔네들은 걔를 교도소병원으로 빨리 옮겼어.

- We need some butts rushed to the lab for DNA analysis.
  우린 일부 사람들을 연구실로 보내서 DNA 검사를 해야 돼.

  He rushed her into surgery and she almost lost the baby.
  걘 그여자를 서둘러 수술했고 거의 애를 잃을 뻔했어.

■ rush는 기본적으로 '보채다,' '서두르다,' rush sb to+동사[into+명사]는 'sb에게 …하라고 몰아붙이다' 라는 뜻.

Jack rushed the frat last semester.

잭은 지난 학기에 사교클럽에 가입했어.

- Relax, man. There's always fires during rush week.
  진정해, 야. 사교클럽 선발기간엔 항상 난리야.

  The campus is crazy during rush week.
  대학교는 사교클럽 선발기간엔 정신없어.

  Did you decide which fraternity to rush?
  넌 어떤 사교클럽에 가입할지 결정했어?

■ rush는 미대학의 '남학생 사교클럽'(campus fraternities) '신입생 선발하는 거' 혹은 '선발하다,' 그리고 rush week는 '클럽 가입기간'을 말한다.

MORE EXPRESSION

rush of anger 치밀어 오르는 분노

S

» **sack**

How is he in the sack? 걔하고 잠자리는 어때?.

I got the sack.

나 짤렸어.

- I was supposed to give him the sack. 난 걔를 자르기로 되어 있었어.
  Do you think he'll get the sack? 걔가 잘릴 것 같아?

get the sack은 나가라고 가방을 받은 것을 말하는 것으로 '잘리다,' 반대로 '해고하다'는 give sb the sack이라고 하면 된다. sack 대신에 boot나 ax를 대체해서 써도 된다.

Can I just sack out on your couch?

네 소파에서 자도 될까?

- I was just getting ready to sack out on the couch.
  난 소파에서 잘 준비가 돼있었어.
  Let's hit the sack. 자러 가자.

sack out는 '잠자리에 들다'(go to sleep)라는 뜻으로 hit the sack[hay]이라고 해도 된다.

How is he in the sack?

걔하고 잠자리는 어때?

- You know what women call guys who are lame in the sack? Just friends. 잠자리가 변변찮은 남자들을 여자들이 뭐라고 부르는지 알아? 그냥 친구라고.
  It took me months to get Hellen in the sack.
  헬렌하고 섹스하는데 여러달이 걸렸어.

in the sack은 '잠자리에'라는 표현으로 in bed라는 뜻인데 주로 성적인 의미로 쓰인다. great in the sack은 '잠자리를 잘하는', lame in the sack은 '잠자리가 변변치않은,' 그리고 get sb in the sack하면 get sb into the bed처럼 '…와 잠자리를 하다'라는 뜻이 된다.

» saddle

He's right, guys. Let's saddle up. 걔가 맞아, 애들아. 자 나갈 준비하자.

That's right. I'm back in the saddle.

맞아. 나 다시 일하기 시작했어.

- They want you back in the saddle. You ready?
  네가 다시 일하기를 원해. 준비됐어?

  It was time to get back in the saddle again. 다시 활동할 때가 됐어.

be back in the saddle은 말을 타고, '활동중이다' 라는 뜻으로 be back in the saddle 하게 되면 몸이 안좋다가 혹은 나쁜 상황을 이겨내고 '다시 복귀하다,' '다시 활동하다,' '일하다' 라는 의미가 된다.

He's right, guys. Let's saddle up.

걔가 맞아, 애들아. 자 나갈 준비하자.

- A: Saddle up. B: Where're we going? A: 나갈 준비해. B: 어디 가는데?

  Tell me, why saddle up on this issue? 말해봐, 왜 이 토픽을 선택한거야?

saddle up은 말에 안장을 채우다(saddle up on a horse) 라는 의미로 비유적으로 '나갈 준비를 하다' 라는 의미로 쓰인다.

And he wasn't saddled with a kid.

그리고 걘 아이를 책임진 적이 없어.

- I don't want to be saddled with these problems.
  난 이런 문제들에 책임지고 싶지 않아.

be saddled with~는 주로 debt, responsibility 등 원치 않는 '문제를 갖게 되다,' '짊어지다' 라는 의미. 특히 be saddled with debt가 많이 쓰이는데 '빚이 엄청 많다' 라는 뜻.

» safe

It's better safe than sorry. 나중에 후회하는 것보다는 낫지.

It's better safe than sorry.

나중에 후회하는 것보다는 낫지.

- I just thought better safe than sorry. 나중에 후회하는 것보다 낫다고 생각했어.

  She can never work with kids. Better safe than sorry.
  걔는 애들하고 결코 같이 일 못해. 나중에 후회하는 것보단 안하는 게 나아.

  I just want to be on the safe side. 난 그냥 안정을 기하고 싶어. .

be better safe than sorry는 '나중에 후회하는 것보다 낫다' 라는 말로 '후회하느니 신중한 게 낫다' 라는 의미. be on the safe side도 예상치못한 일이 일어날 것에 철저히 준비하고 안전하게하다라는 의미. 즉 만약의 사태에 대비하여 '안전을 기하다,' '안전에 만반의 준비를 하다' 라는 표현.

I guess it's better to play it safe though.

그래도 안전하게 하는게 나을 것 같아.

- Might be better to play it safe to start. 시작은 안전하게 가는게 좋을거야.

  We know to play it safe. 우리는 안전하게 하는 방법을 알고 있어.

play it safe는 '조심하다,' '신중을 기하다' 라는 말로 위험한 짓이나 모험을 하지 말라는 표현.

Your secret's safe with me.

네 비밀은 지킬게.

- A: My secrets are safe with her. B: How can you be sure?
  A: 걔 내 비밀을 지킬거야. B: 어떻게 그렇게 확신해?

be safe with sb는 주어로 secret 등의 단어들이 나와 그것들이 나한테는 안전하다, 즉 '비밀을 꼭 지키겠다' 라는 뜻.

MORE EXPRESSION

feel safe with sb …와 함께 있어 안심이다, 안전하다

safe in the knowledge that~ …을 자신하며

keep[put] sth in a safe place 안전한 곳에 보관하다

» sake

I saw her naked for God's sake! 맙소사, 난 걔의 벗은 몸을 봤어!

For my sake and yours, don't talk to anybody.
너와 나를 위해 아무한테도 말하지말자.

- We tried to get back together for the sake of the business.
  우리는 사업 때문에 다시 합치려고 했어.

I saw her naked for God's sake!
맙소사, 난 걔의 벗은 몸을 봤어!

- For God's sake, Tim, you're driving me crazy. 제발, 팀, 너땜에 미치겠어.
  Tom, for God's sakes, don't make me beg. 탐, 제발, 내가 애걸하도록 하지마.

■ **for the sake of~**는 '…을 위해서,' '…때문에'라는 기본표현으로 for one's sake라 써도 된다. 또한 for all our sakes하면 '우리 모두를 위하여,' for old time's sake하면 '옛정을 생각해서'라는 말이 된다

■ **For God's sake**는 '제발,' '부디,' '도대체,' '맙소사'라는 말로 God 대신에 Christ, heaven, goodness를 넣어도 된다.

MORE EXPRESSION

for the sake of it 대충
for its own sake 그 자체를 위해서

» same

I'd thank you to do the same. 너도 그렇게 해줬으면 좋겠다.

I feel the same way.
나도 그렇게 생각해.

- I think you feel the same way about your mother.
  너도 네 엄마에 대해 같은 생각일거라 생각돼.

A: Don't screw it up. B: Same to you, Nikolai.
A: 망치지마. B: 너도, 니콜라이.

- A: Okay, Mom. Have a nice day. B: Same to you.
  A: 좋아요, 엄마, 잘 보내요. B: 너도 그래라.

Same as always.
맨날 똑같지 뭐.

- Good? This is the same old crap. 좋다구? 허구헌날 맨날 똑같은 쓰레기같아.
  Mostly it was the same old stuff. 거의 늘상 하던 이야기였어.

I'll have the same.
같은 걸로 주세요.

- Bring her both, and I'll have the same. 애한테 두 개 그리고 나도 같은 걸로요.
  The same for me. 나도 같은 걸로요.

I'd thank you to do the same.
너도 그렇게 해줬으면 좋겠다.

- I'll call campus security and have them do the same.
  학교경비에게 전화해서 똑같이 하라고 할거야.

■ **feel the same way**는 상대방이든 다른 사람이든 주어도 같은 생각, 즉 '의견이 같다'라는 말로 의견의 대상은 about~이하에 이어주면 된다.

■ **(The) Same to you**는 상대방이 내게 기원해주었을 때 상대방에게 똑같은 좋은 일이 있기를 바란다면서 '너도,' '당신도요'(You too)라는 말이고 또한 이번엔 반대로 악담을 되받아치며, '사돈이 남말하네'라는 뜻으로 쓰인다.

■ **same as always**는 '여전하다,' '예전과 똑같다'라는 말로 상대방의 안부인사나 물음에 큰 변화없이 맨날 그렇다라는 약간 부정적인 뉘앙스를 풍기는 경우가 많다. Same old story 또한 마찬가지. story 대신에 stuff, excuse를 써도 된다. 늘상하는 이야기라는 뜻.

■ **have the same**은 특히 식당에서 자기보다 앞서 고른 사람과 동일한 것을 선택하다라는 말로 '나도 같은 걸로 할게요'라는 표현.

■ **do the same**에서 same은 명사. 즉 '똑같이 하다'라는 의미. do the same thing이라고 해도 된다.

They sound almost the same.
걔네들 목소리는 거의 똑같아.

- Yeah. With much the same success. 그래. 거의 똑같은 성공이야.
  Well, I'm pretty much the same. 저기, 난 거의 똑같아.
  It's the same as it ever was. 예전 때와 같아.

The recent ones are all the same.
최근의 것들은 다 뻔해.

- They're not all the same. You don't even know them.
  걔네들은 다 똑같지 않아. 넌 걔네들 알지도 못하잖아.
  Magazines, toilet paper, women. It's all the same to him.
  잡지, 화장지, 여자들. 걔한테 별 상관없어.

Well, it's the same difference, really.
저기, 그거 정말로 별 다를게 없어.

- We have just confirmed that the blackmailer and the wife are one and the same. 협박꾼과 부인이 동일인물인게 방금 확인됐어요.

almost the same은 '거의 똑같다'라는 표현으로 much the same과 같은 의미. same 뒤에 명사를 붙여 쓰기도 한다. 또한 응용하여 the same as~하면 '…와 같은'이라는 의미로 as 다음에는 비교되는 명사나 문장이 올 수가 있다.

be all the same은 '다 똑같다'라는 말이고, be all the same to sb하면 sb에게 '다 똑같은 것이니 별로 상관없다'라는 뜻이 된다.

same difference는 외관상 보기에 두 개의 상반된 단어가 결합된 표현으로 직역하면 '다르면서 같은'이고 의역하면 '별로 다르게 없는,' '그게 그거인,' '별 차이 없는'이라는 뜻이 된다. 또한 one and the same은 다른게 아니라 '동일한 것이나 사람'을 말한다.

MORE EXPRESSION

Same here. 나도 그래, 나도 똑같은 걸로.
by the same token 같은 이유로
Same again, please! (술 주문시) 같은 걸로 한잔 더!
The same goes for~ …도 마찬가지야
more of the same 그냥 그대로

S

» **save**

Save it. Just get out. 그만해. 나가.

You saved the day for us.
네가 우리를 가까스로 구했어.

- Does this mean you're off to save the day?
  네가 가서 어려움에서 벗어나게 하겠다는거야?
  You saved the day. I'm a loser. 네 덕에 겨우 벗어났어. 난 머저리야.

Save it for a rainy day.
어려울 때 대비해 저축해.

- Save it for after the trial, Mr. Waverly. 웨이버리 씨, 재판 후를 대비해 아끼세요.
  Save it for your blog, Howard. 블러그에 쓰기 위해 말을 아껴, 하워드.

Save it. Just get out.
그만해. 나가.

- I don't know what you're talking about. Save it, Billy.
  네가 무슨 말을 하는지 모르겠어. 말하지마, 빌리.
  A: I'm not lying. B: Save it, John. A: 거짓말아냐. B: 그만해, 존.

save the day는 가까스로 어려움이나 '실패에서 벗어나다'라는 뜻으로 불행에서 벗어난 행운아를 쓰려면 save the day for sb라고 하면 된다.

save it for~는 '…한 때를 위해 저축하다,' '쓰지않고 아껴두다'라는 의미.

Save it은 '그만해,' '말할 필요가 없어'라는 말로 Save your breath와 같은 의미.

MORE EXPRESSION

save (sb) a seat (…에게) 자리를 맡아두다
take[get] a seat 자리를 잡다
hold a seat 자리를 잡아두다
life's savings '평생 모아 갖고 있는 돈'(total amount of money that someone has)

I wouldn't say that. 나라면 그렇게 말하지 않을텐데.

I know what you're saying.
무슨 말인지 알아.

- I know what you're saying. You want my sex.
  무슨 말인지 알겠어. 넌 나와의 섹스를 원하잖아.

I know what you're saying은 상대방이 하는 말이 무슨 말인지 알아, '나도 그렇게 생각해,' '나도 다 아니까 걱정 말아' 등의 의미.

Is that what you're saying?
네가 말하는게 이거야?

- Jamie was raped and won't talk? Is that what you're saying?
  제이미는 강간당했는데 말을 안한다고? 말하려는게 그거야?
  Maybe I did it. Is that what you're saying?
  내가 그랬을 수도 있다. 네 말이 바로 그거야?

Is that what you're saying?은 상대방이 한 말을 확인하는 표현으로 '네가 말하는게 이거야?' 라는 의미의 문장. 상대방의 말에 좀 놀라 재차 확인할 때 사용하면 된다.

You know what I'm saying?
무슨 말인지 알겠어?

- See what I'm saying? 무슨 말인지 알지?
  You understand what I'm saying? 내가 무슨 말하는지 알지?

(Do) You know what I'm saying? 이번에는 상대방이 내가 한 말을 제대로 알아들었는지 확인하는 말. '무슨 말인지 알아?,' '뭔 말인지 알겠어?' 라는 의미. know 대신에 understand를 써도 된다.

That's awful close to serious if you know what I'm saying.
무슨 말인지 안다면 그건 정말 중요한거야.

- Although the photographer was the real animal, if you know what I'm saying... which I hope you don't.
  무슨 말인지 아신다면, 그 사진사가 정말 짐승같았더라도 당신은 그렇지 않기를 바래요.

if you know what I'm saying은 '내가 하는 말을 안다면' 이라는 의미로 상대방이 모를 수도 있는 말을 하면서 혹은 상대방이 기분나쁠 수도 있는 말을 하면서 조심스럽게 던지는 말.

Don't worry, I know what I'm saying.
걱정마, 내가 알아서 말할게.

- Oh my God, I'm sorry. I don't know what I'm saying.
  맙소사, 미안. 내가 무슨 말을 하고 있대.
  I don't think you know what you're saying.
  너 네가 무슨 말 하는지 모르는 것 같아.

I know what I'm saying은 내가 말하는 것을 내가 알고 있다는 말로 I know what I'm doing(내가 알아서 할게)과 같은 형식의 문장으로 '내가 알아서 말할게' 라는 의미.

That's not what I said.
내 말은 그게 아냐.

- That's not what I said. None of this is what I said.
  내 말은 그게 아냐. 이것 중 어떤 것도 내가 한 말이 아냐.

That's not what I said는 내 말을 상대방이 오해하고 있을 때 사실과 다름을 말하며 '내 말은 그런게 아냐,' 그리고 That's not how I mean it하면 '그런 뜻이 아니야' 라는 의미.

You see? That's what I'm saying.
봤지? 내 말이 바로 그거야.

- A: Are you saying this is my fault? B: That's what I'm saying.
  A: 이게 내 잘못이라는거야? B: 내 말이 바로 그말이야.

That's what I'm saying은 상대방이 한 말이 자기의견과 똑같다는 의미로 상대방 말에 동의하는 것. '내 말이 바로 그거야,' '내말이 그말이라니까' 라는 뜻이다. 또한 That's what I say라 하면 '내가 바로 그 말을 하려던거였어' 라는 말.

I can't say that I do.
내가 한다고 할 수는 없지.

- I'm sorry, I can't say. 미안. 잘 모르겠어.
  Well, I can't say for certain. 저기, 확실히는 모르겠어.
  I can't say I'm not disappointed, though. 그래도 좀 아쉽기는 하지.

I can't say S+V는 상대방의 질문에 확실하게는 대답해주지 못한다는 뜻으로 '…할 수는 없지,' '…아니지'라고 이해하면 된다. 그냥 I can't say하면 '확실히는 몰라,' '잘 모르겠어'라는 말.

How can you say that?
어떻게 그렇게 말할 수 있어?

- How could you say such a thing? 네가 어떻게 그런 말을 할 수 있어?
  I'm sorry but how can you say he's not in love with you.
  미안하지만 어떻게 걔가 널 사랑하지 않는다고 말할 수 있어?

How can[could] you say~?는 상대방이 무례하거나 도리에 어긋나는 말[행동]을 했을 때 질책하는 표현으로 say 다음에 단순히 that 혹은 such a thing 혹은 (that) S+V의 절 등이 올 수도 있다.

You can say that again, Mike!
마이크, 정말 딱 맞는 말이야!

- A: It's like we're living in hell! B: You can say that again.
  A: 사는게 지옥같아! B: 두말하면 잔소리지.
  A: Quite a party last night. B: You can say that again.
  A: 간밤에 파티 멋졌어. B: 정말 그래.

You can say that again은 직역하면 그리고 감정을 넣어서 발음하지 않으면 이해가 안되는 표현. 상대방의 말에 전적으로 동의한다는 걸 강조하는 표현으로 that을 강하게 발음해야 한다. '두말하면 잔소리지,' '정말 그렇다니까,' '딱 맞는 말이다'라는 의미.

You said it. It's over for me.
내 말이 그말야. 나한테는 끝났어.

- Thank God you said it. 맙소사 네 말이 맞아.
  It's too late. You said it. 너무 늦었어. 네가 말했잖아.
  Well said. I totally agree with you. 맞아. 나도 전적으로 너에게 동의해.

You said it은 역시 직역하면 말이 안된다. You can say that again처럼 상대방의 말에 전적으로 동감한다는 말로, '네 말이 맞아,' '내말이 그말이야'라는 뜻. 문맥에 따라 '당신이 말했어'라는 단순한 의미가 되기도 한다. Well said 역시 상대방 말이 맞다고 동의할 때 쓰는 말로, '맞아,' '바로 그거야,' '말 한번 잘했다,' '나도 동감이야'라는 의미.

But I'll say this for sure: I didn't kill him.
하지만 이건 분명히 말할게. 난 걜 안죽였어.

- I'll say I want a big wedding. 성대한 결혼식을 원한다고 할거야.
  A: This guy came prepared. B: Yeah, I'll say.
  A: 이 친구가 준비된 상태로 왔어. B: 그래, 정말이야.

I'll say+N[S+V]는 '…을 말할 수 있다'라는 것으로 '…라고 해야지,' '…라고 말할게'라는 의미. 하지만 그냥 I'll say하면 상대방 말에 동감하면서 '정말이야,' '그럼,' '맞아'라는 의미.

Suffice it to say that no one got hurt.
아무도 다치지 않았다고만 말해두자.

- Suffice it to say, Jade, the world just got really small.
  제이드, 세상은 정말 좁다는 것만 말해두자.
  Suffice it to say that he won't come back.
  걔가 돌아오지 않을거라는 것만 말해두자.

suffice it to say (that~)는 다들 알고 있거나 뻔한 이야기이기 때문에 '…라고 말하는 것으로 지금은 충분하다'라는 뜻으로 '…라고만 말해두자'라는 의미.

I should say, you are too old for her.
넌 걔한테는 너무 나이가 들었다고 말해야 되겠지.

- I feel like I should say something. 뭔가 얘기해야 될 것 같아.
  I should say something to him. 걔한테 뭔가 얘기해야겠어.

I should say (+N, adj)는 단독으로 혹은 뒤에 명사나 절을 받아서 '…이겠지,' '…라고 말해야 되겠지'라는 의미. 한편 I mean to say는 '더 정확하게 말하면'이라는 뜻이다.

S

I would have to say that it's tragic love story.
아주 비극적인 사랑이야기라고 말해야 되겠지.

- At this age, I'd have to say I'm crush-proof.
  이 나이되면 누구한테 푹빠지진 않게 된다고 할 수밖에.
  I'd say that gives us a whole different kind of motive.
  그건 우리에게 완전히 새로운 종류의 동기부여를 해줄거야.
  Speaking for my people, I'd have to say no.
  내 사람들 대신해 말하는데, 거절해야겠어.

I would have to say that~은 조심스럽게 '…라고 말할 수밖에 없겠네,' 그리고 I'd say that~은 '아마 …일걸'라는 말로 각각 I have to say that~이나 I say that~보다 would를 넣어서 부드럽게 문장을 만든 것이다. 또한 I'd have to say no하면 '안되겠는데'라고 정중히 거절하는 표현.

I wouldn't say that.
나라면 그렇게 말하지 않을텐데.

- I wouldn't say amazing. 멋지다고 말할 수는 없지.
  I wouldn't say that she will succeed. 걔가 성공할거라고는 말할 수 없지요.
  I wouldn't say I want to help you. 내가 널 도와주고 싶다고는 말 못하지.

I wouldn't say that은 '나라면 그렇게 말하지 않을텐데,' '그렇지도 않던데'라는 의미로 단독으로 쓰이거나 혹은 뒤에 명사가 올 수 있다. 뒤에 절이 이어지면 '…라고는 말하지 않을게,' '…라고 말할 수는 없지'라는 의미.

I wouldn't say no to a cup of coffee.
커피라면 기꺼이 좋지.

- I wouldn't say no to a ride to the airport. 공항까지 태워다주면 아주 좋지.
  I wouldn't say no to some chocolate ice cream.
  초콜릿 아이스크림이라면 아주 좋아.

I wouldn't say no는 아니라고 말하는 건 아냐, 즉 '기꺼이 승낙한다'라는 의미. I wouldn't say no to sth 하게 되면 '…라면 마다하지 않겠다,' '…라면 아주 좋아'라는 표현이 된다.

I thought you might say that.
난 네가 그렇게 말할 수도 있다고 생각했어.

- I guess you could say that. 네가 그렇게 말할 수도 있을 것 같아.
  A: Is he in trouble? B: You could say that.
  A: 걔가 어려움에 처했어? B: 그렇다고 할 수 있지.

You could[might] say that은 상대방의 말에 그럴 수도 있다고 공감하는 표현으로 '그렇게 말할 수도 있겠지요,' '그렇다고 할 수 있지'라는 의미.

A: I'm not really an alcoholic. B: You don't say.
A: 난 알콜 중독자가 아냐. B: 설마.

- A: She's Yale undergrad, Harvard medical school. B: You don't say. A: 걘 예일대 학부생이고 하버드 의대다녀. B: 정말?

You don't say는 상대방의 말에 가벼운 놀라움이나 흥미를 나타내며 '설마!,' '아무려면!,' '정말?' 혹은 누구나 다 알고 있는 사실을 상대방이 말할 때 '다 아는 얘기야,' '뻔한 거 아냐'라는 의미를 갖는다.

You don't say no to that.
넌 그거 거절하지마.

- I couldn't. You don't say no to her. 난 못해. 넌 걔한테 못한다고 하지마.
  You don't say no to Alexis. If you want to keep your job.
  계속 직장 다니고 싶으면 알렉스에게 거절하지마.

You don't say no to~는 '…에 아뇨라고 말하지 마라'는 표현. 상대방에게 충고나 경고를 할 때 사용하면 된다.

Will you say that again?
다시 말해 줄래?

- Could you just say it again? 다시 한번 말해 줄래요?
  Can you say that again? The signal's really bad.
  다시 한번 말해줘. 신호가 너무 안좋아.

Say it again?은 '뭐라구요?,' '다시한번 말해줄래요?'라는 말로 it 대신에 that을 써도 된다.

You're just saying that.

그냥 해보는 말이지.

- You're just saying that 'cause you've never been scorned.
  한번도 혼난 적이 없어서 그렇게 말하는거지.

  You're just saying that to see if I'm high.
  내가 마약을 했는지 보려고 해보는 말이지.

You're just saying that (to~ because~)은 상대방이 다른 목적으로 사실과 다르거나 맘에 없는 말을 한다고 생각됐을 때 하는 말로 '너 그냥 해보는 소리지,' '괜한 소리지'라는 의미.

I'm just saying we should have sex, it could be fun.

내말은 우리가 섹스를 해야 한다는 말이고 재미있을 것 같아.

- It's very rude to wear a hat indoors. I'm just saying.
  실내에서 모자를 쓰는 것은 실례야. 그냥 그렇다는거야.

  I'm just saying that it's time to take a break.
  쉴 시간이 되었다는 거지.

I'm just saying (that~)은 '내 말은 단지 …라는 거야'라는 말로 자기가 말하고자 하는 중요한 핵심을 정리할 때 혹은 별 생각없이 한 말이라는 점을 부각하여 상대방에 부담을 주지 않기 위해 '그냥 그렇다는거지'라는 의미로 쓰일 때도 있다.

Wait, what are you saying?

잠깐, 그게 무슨 말이야?

- What are you saying? That I'm using my body to get dinner?
  무슨 말이야? 저녁 얻어먹으려고 내가 내 몸을 이용하고 있다고?

  What are you trying to say? 무슨 말을 하려는 거야?

What are you saying?은 상대방의 의도나 목적을 확인할 때 혹은 상대방의 말도 안되는 소리에 황당해할 때 사용하는 표현으로 '무슨 말을 하고 싶은 거야?,' '그게 무슨 말이야?라는 말로 What are you trying to say?라고 해도 된다.

What can I say? I know what women want.

뭐랄까? 난 여자들이 원하는 걸 알아.

- What can I say? Some weeks are just like that.
  할 말이 없어. 어떤 주들은 그냥 그래.

  What can I say? I need a big dick. 나더러 어쩌라고. 난 큰 거시기가 필요해.

What can I say?는 상대방의 비난에 변명의 여지가 없을 때, '난 할 말이 없네,' 그리고 자신도 어쩔 수 없는 상황에서 상대방이 원하는 대답이 뭐냐고 물을 때는 '나더러 어쩌라는 거야?,' 마지막으로 어떤 말을 해야 할지 모를 때 혹은 무슨 말을 할까 잠시 생각할 때 '뭐랄까?'라는 의미로 쓰이는 표현.

That's nothing! What did you say?

아무것도 아냐! 뭐라고 했지?

- A: What did you say? B: You heard me, Julie.
  A: 뭐라고? B: 들었잖아, 줄리.

What did you say?는 상대방의 말을 못알아들었을 때 사용하는 말로 '뭐라고 했는데?,' '뭐라고?'라는 의미로 친한 격의 없는 사이에 쓰며 혹은 문맥에 따라 시비조의 문장이 될 수도 있다.

놓치면 원통한 미드표현들

- **DNA sample** DNA 샘플, blood sample 혈액샘플
  Why don't you volunteer a DNA sample?
  자발적으로 DNA 샘플주시죠.

- **sandwich sb in** 억지로 끼워놓다, 사이에 집어넣다
  He is on the couch sandwiched between two girls. 걘 두 여자사이에 끼인채 긴의자에 앉아 있어.

- **make oneself scarce** 힘든 상황을 피하다
  You wouldn't have to make yourself scarce.
  너 힘든 상황을 피해서는 안돼.

- **scarf down[up]** 음식을 빨리 먹다
  She quickly scarfed down the food.
  걔는 음식을 빨리 먹어치웠어.
  We actually just scarfed, like, four pizzas.
  우린 피자 네 판이나 해치웠어.

What do you say to that?
그거 어때?

- What do you say, my place, three o'clock? 내 집에서 3시 어때?

  What do you say like, we officially start dating other people?
  우리 공식적으로 다른 사람들과 데이트하면 어떨까?

  What do you say to going for a drink tonight?
  오늘 밤 한잔 하러 가면 어때?

What do you say?는 상대방의 동의나 의견을 물어보는 것으로 '어때?'라는 의미. 그거 어때라고 하려면 What do you say to that?이라고 한다. 좀 더 구체적으로 물어보려면 What do you say to+동사[~ing]? 혹은 What do you say S+V?, What do you say if S+V를 쓰면 된다.

What would you say if Trey stayed with us?
트레이가 우리와 함께 있으면 어떨까?

- What would you say if I offered you a job right now?
  지금 당장 일자리를 제의한다면 뭐라고 할거야?

  A: So what are you gonna tell them? B: What would you say?
  A: 그래 걔네들한테 뭐라고 할거야? B: 넌 뭐라고 할건대?

What would you say?는 상대방의 의견을 물어보는 것으로 '그렇게 하면 넌 어떻게 할 거야?,' '넌 뭐라고 할래?'라는 말이고, 역시 What would you say if~하면 if 이하의 조건을 달았을 뿐 의미는 똑같아서 '…한다면 어떨까,' '뭐라고 할거야'라는 표현.

Where does it say that?
왜 그런 말을 하는거야?

- Where does it say that we can't eat cake for breakfast?
  아침으로 케익을 왜 못먹는다는 말이야?

  Where does it say that we need to get married?
  우리가 결혼을 해야된다는게 무슨 말이야? .

Where does it say that?은 '무슨 근거로 그런 말을 하는거야?'라는 말로 보통 상대방이 어떤 규칙이나 상식에 어긋나는 말을 할 때 쓰는 표현.

Why would you say that?
왜 그런 말을 하는 거야?

- Why do you say that? 왜 그런 말을 하는거야?

  A: She knows me. B: Why do you say that?
  A: 걘 날 잘 알아. B: 왜 그런 말을 하는거야?

Why would[do] you say that?은 의문사가 what에서 why로 바뀐 경우로 상대방이 이해할 수 없는 말을 할 때 '왜 그런 말을 하냐?'라고 답답해서 혹은 비난하면서 그 말의 진의나 이유를 묻는 표현.

Are you saying that you're still pregnant?
너 아직 임신이라는거야?

- Are you saying that this has actually happened?
  이게 실제로 일어났다는 말이야?

  Are you saying that she was the source? 걔가 정보원이라는 말이야?

Are you saying that~?은 '…라는 말이야?'라는 뜻으로 상대방이 놀라운 이야기를 하거나 잘 이해가 되지 않는 말을 했을 때 되묻거나 확인하기 위해서 사용하면 된다.

What I'm trying to say is, you did the right thing.
내가 말하려는 건 네가 올바른 일을 했다는거야.

- What I'm saying is anytime, anyplace. 내 말은 장소나 시간은 상관없다는거야.

  What I'm saying is, we probably shouldn't see each other anymore. 내가 말하는 것은 우리가 더 이상 서로 만나지 말아야 한다는거야.

What I'm saying~ 혹은 What I'm trying to say is (that~)는 내가 말하는 요지를 다시 한번 정리해줄 때 사용하는 표현으로 '내가 말하려는 것은 …이다.'

Let's just say I'm happy to be back.
돌아오게 돼서 기쁘다고 말해두자.

- Let's just say he's a married woman. 걔가 유부녀라고 가정해보자.

  Let's just say she's not been herself lately. 걔가 최근 제정신이 아니라고 해두자.

Let's just say S+V는 실제는 그렇지 않지만 '…라고 치자,' '…라고 가정해보자' 혹은 상대방의 질문이나 설명요구에 간략하게 정리해서 말할 때 사용한다. 이때는 '…라고 해두자'라는 의미.

Let me just say, they are a sad lot.
말하자면, 걔네들 딱한 신세더라고.

- Let me say, I'm a great lover of the dramas. 말하자면 난 드라마광이야.
  Let me just say again: I love your dick. 다시 말하자면 난 네 거시기가 좋아.

■ Let me (just) say는 간단히 말을 요약하여 말할 때 쓰는 표현으로 '말하자면'이라는 의미.

Whatever you say, boss.
말씀만 하십시오, 사장님.

- I'll do whatever you say. 원하는 거 뭐든지 할게.
  Whatever you say will be confidential. 네가 말하는 건 모두 비밀이 될거야.

■ Whatever you say는 상대방에게 선의를 표시하는 표현으로 네가 뭘 원하든 다 하겠다, 즉 '뭐든지 말만해'라는 의미. 상대방의 부탁에 기꺼이 도와주겠다는 표현이다. 하지만 단독으로 쓰이지 않고 주어나 다른 단어가 붙게 되면 다른 뜻이 되니 주의해야 한다.

Please don't say it.
말 안해도 알아.

- Don't say it, Gibbs. I know. 그만해요, 깁스. 알고 있어요.
  Don't say it. You'll jinx it. 그만해. 징크스에 걸릴거야.
  Well, don't say it like that. 저기, 그런 식으로 말하지마.

■ Don't say it은 나도 알고 있으니까 '말 안해도 돼,' '그만해'라는 말. 한편 미드에 자주 나오는 Don't say like that은 '그런 식으로 말하지 마라'라는 뜻이다.

Say no more. We won't show up.
알았어. 우린 참석하지 않을게.

- Say no more. We'll meet you out front. 알겠어. 정문에서 보자고.
  Say no more, it'll be our little secret. 더 말하지마, 우리들의 작은 비밀이 될거야.

■ Say no more는 '더 말 안해도 돼,' '알았어,' '무슨 말인지 말 안해도 알겠어'라는 말로 상대방의 말에 동의하고 따르겠다는 표현. 혹은 글자 그대로 '더 말하지 마라'라는 의미로도 쓰인다.

Need I say more?
더 말해야 해?

- He offered me a job. Need I say more? 걔가 직장을 제의했어. 더 말해야 돼?
  I need to borrow money. Need I say more? 돈 빌려야돼. 더 말 안해도 되지?

■ Need I say more?는 '더 말하지 않아도 알지?'라는 말. 설명을 다했고 혹은 이해하기 뻔한 거니까 더 얘기 안하겠다는 말로 친한 사이에서 쓸 수 있는 말이다.

You're not gonna say hello?
인사 안할거야?

- I just dropped by to say hello. 인사나 하려고 들렀어.
  I just wanted to say hello. How've you been?
  그냥 인사나 하려고 했어. 어떻게 지냈어?

■ say hello[hi] to sb는 헤어지면서 다른 사람에게 안부 전해 주라고 부탁할 때 사용하는 표현으로 안부를 전하는 사람을 표시하려면 for sb를 붙이면 된다. 물론 그냥 say hello[hi]하면 '안녕이라고 인사하다'라는 뜻이다.

He'd never say no to anything.
걘 절대로 어떤 것에도 안된다고 말하지 않을거야.

- You asked her to help him study, you knew she'd never say no.
  넌 걔한데 그가 공부하는 걸 도와주라고 했는데, 넌 걔가 절대 거절하지 않을거라는 걸 알고 있었어.
  I won't say a word. 한마디도 하지 않을게.

■ never say no는 '절대로 안된다고 말하지마라,' '절대로 못한다는 말은 하지마라'라는 뜻으로 도전의식을 불러일으키는 표현. 앞서 나온 never say never와는 다른 말. 한편 never say a word는 '비밀로 하다'라는 뜻이다.

Better left unsaid.
말 안하는 게 좋겠어.

- I think some things are better left unsaid. 때론 입다물고 있는게 도움이 더 돼.

■ better left unsaid는 '입다물고 있는 게 도움이 될 때가 있다'라는 말로 주로 앞에 It is, That is, The details are, Somethings are 등이 생략된 것으로 보면 된다.

S

As I was saying, we're confounded.
내가 말했듯이 우린 혼란에 빠졌어.

- My remark was, as you say, completely inappropriate.
  네 말처럼 내 말은 부적절했어.

  Like you say, we need to respond. Let's call a news conference.
  네가 말한 것처럼 우리는 반응을 해야 돼. 기자회견을 열자고.

as I was saying은 '내가 말했듯이,' 그리고 like I was saying 또한 같은 의미이나 주로 가까운 사이에서 사용한다. 반대로 as you say는 '당신 말대로 하겠다' 혹은 '네말처럼' 이란 뜻으로 쓰이는데 이때는 like you say라고 해도 된다.

Stop saying that!
닥치라고!

- Stop saying that! Why do you keep saying that?
  그만 좀 얘기해! 왜 계속 그 얘기를 하는거야?

  A: It will happen many times. B: Stop saying that!
  A: 여러번 그럴거야. B: 그만 좀 해!

Stop saying that!은 상대방이 좋은 말을 하든 나쁜 말을 하든 더 이상 말을 듣고 싶지 않을 때 신경질적으로 혹은 경고성 어조로 할 수 있는 말로 '닥치라고,' '그만 좀 해라' 는 의미. Stop talking!이라고 해도 된다.

Sorry, Simon. So, what was I saying?
미안, 사이몬. 그래, 내가 어디까지 얘기하고 있었지?

- Anyway, what was I saying? 어쨌든, 내가 무슨 얘기하고 있었어?

  What was I saying? I just forgot. 내가 무슨 말하고 있었지? 깜박 잊었어.

What was I saying?은 '내가 뭘 얘기하고 있었지?' 라는 말로 노화되면서 깜박깜박(forgetful)하는 사람들이 즐겨쓰는 표현. '내가 무슨 얘기하고 있었지?,' '내가 어디까지 말했지?' 라는 뜻으로 Where were I?와 같은 의미.

When all is said and done.
모든 것을 고려해볼 때.

- When all is said and done, you need a new car.
  모든 걸 고려할 때, 넌 새차가 필요해.

  When all is said and done, you must tell the truth.
  모든 걸 고려해볼 때, 넌 진실을 말해야돼.

when all is said and done은 '모든 일을 종합해볼 때,' '모든 것을 고려해볼 때,' '혹은 모든 일이 끝났을 때' 라는 다소 긴 표현.

I couldn't have said it better.
더 이상 어떻게 말을 해.

- Couldn't have said it better myself. 바로 그거지.

  Exactly right. I couldn't have said it better.
  바로 맞았어. 더 이상 좋게 말할 수는 없을거야.

I couldn't have said it better는 더 이상 더 잘 말할 수는 없을거야라는 말. 부정+비교급은 강한 긍정으로 '정말야,' '더 이상 좋게 말할 수 없어' 라는 의미.

I don't know what to say.
뭐라 해야 할지 모르겠어.

- A: I don't know what to say. B: Well, don't thank me. It was your idea. A: 뭐라고 해야 될지. B: 고맙다고 하지마. 네 생각이었잖아.

I don't know what to say는 상대방에게 감사할 때 혹은 미안할 때 어떻게 말해야 할지 모르겠다는 뜻. '뭐라고 말해야 할지 모르겠네' 라고 생각하면 된다.

놓치면 원통한 미드표현들

- **skanky** 불쾌한, 천박한, 헤픈
  You banged that skanky chick once, right?
  너 저 걸레랑 한번 했지?
- **strike up a friendship with** …와 친해지다
  I struck up a friendship with him. 난 걔와 친해졌어.
- **school(s) of thought** 신조, 학설
  Two schools of thought in battle.
  두 개의 학설이 싸우고 있어.

Say when, I'll try to get you some help.
됐으면 말해, 도와주도록 할게.

- My aunt would say, "Say when," and of course we never did.
  이모는 "됐으면 그만"하라 했지만 물론 우린 그렇게 안했어.

You want to break up with me? Say what?
나랑 헤어지고 싶다고? 뭐라고?

- A: You're out too, by the way. B: Say what?
  A: 그나저나, 너도 나가. B: 뭐라고?
  A: Can you talk to him? B: And say what?
  A: 걔한테 말할 수 있어? B: 뭘 말하라고?
  A: My client wants to testify. B: And say what?
  A: 내 의뢰인이 증언을 원합니다. B: 뭐라고 하려고?

Madam Foreperson, what say you?
배심원장님 판결 말씀하세요.

- A: We have. Your Honor. B: What say you?
  A: 네 나왔습니다, 재판장님. B: 말씀하세요.
  We'd like to have pizza tonight. What say you? 올밤 피자먹고 싶어. 넌 어때?

A: She had to be better. B: Says who?
A: 걘 좀 더 나아져야돼. B: 누가 그래?

- A: This is impossible. B: Says you! A: 이건 불가능해. B: 너나 그렇지.
  I'm an idiot? Says who? 내가 바보라고? 누가 그래?
  Who says it's cold? Says me! 누가 춥다고 그러냐고? 내가 그랬다!

Don't make me say it again!
두 번 말하게 하지마!

- Don't make me say that again. 다시 말하게 하지마!
  Don't make me say, "I told you so." 내가 '거봐'라고 말하게 하지마.

That being said, Edie, please continue.
그말이 나왔으니, 에디, 계속해.

- That being said, can we please move on?
  그렇다고 해도, 우리 다음 것으로 넘어가자.
  Having said that, I'm really glad that my racist father isn't here to see us together.
  그래도 나의 인종차별주의 아버지가 우리가 함께 있는 걸 보러 오시지 않아 너무 기뻐.

He doesn't say much about it.
걘 그것에 대해 별로 말을 하지 않아.

- He doesn't say much. Keeps to himself. 걘 말을 많이 안해. 혼자 담고 있어.
  The look on Tom's face says it all. 탐의 얼굴 표정이 많은 걸 말해주고 있어.
  The mood she's in says everything. 걔 기분이 많은 걸 말해주고 있어.

Say when은 특히 술자리에서 술을 따라주면서 상대방이 원하는 충분한 양이 되었을 경우 말해달라는 것으로 대답할 때는 when이라고 하면 된다.

Say what?은 상대방 말에 다소 놀라서 말하는 것으로 '뭐라고?,' '다시 말해줄래?'라는 의미. 혹은 글자 그대로 '뭘 말하라고?'라는 뜻으로도 쓰인다. What say?라고 해도 된다.

What say you?는 법정미드에서 많이 볼 수 있는 표현으로 특히 배심원 판결이 나와 배심원장이 '판결나왔습니다, 재판장님' 하면 재판장이 하는 말이 바로 이 What say you? 즉 '판결이 어떻게 나왔습니까?,' 일반문맥이라면 '의견이 어때?'라는 말이다.

Says who?는 '누가 그래?,' '누가 (머) 어쨌다구?,' '너 방금 누구라고 그랬니?' 등의 의미로 상대방이 신경거슬리는 말을 했을 때 그말이 누구들으라고 한 말이냐고 따져 물을 때 혹은 누굴 말하는 거냐고 물어볼 때도 사용된다. 또한 Says me!는 '나한테 한 소리야!,' '내 얘기다!'라는 말로 Says who에 대한 답으로 다분히 싸움날 대꾸. 그리고 Says you!하면 '그건 바로 너라고,' '바로 네 얘기라니까!'라는 말.

Don't make me say it again!은 뻔한 이야기를 다시 반복해서 할 때 사용하는 표현으로 '두 번 말하게 하지말라구,' '두번 말 안한다'라는 문장.

That being said나 Having said that은 '그 말이 나왔으니 말인데,' '그래도,' '그렇다고 해도'라는 뜻으로 앞의 말과 반대되거나 화제를 바꿀 때 사용한다.

sb not say much는 '별로 말을 많이 하지 않다,' sth doesn't say much for는 '…를 중요하게 여기지 않다,' 그리고 sth says everything이나 sth says it all은 '많은 걸 시사하다,' '말해주다'가 된다. 반대로 say much for하면 '…에 대해 좋게 말하다'라는 의미가 된다.

S

Yeah, well, that's not saying much.
그래, 저기, 그건 그렇게 대단한 게 아냐.

- Jerry passed, but that's not saying much. 제리가 합격했는데, 그건 별거 아냐.

  He got a job at McDonald's, but that's not saying much.
  걘 맥도날드에 취직했는데 별거아니지.

It's damned cold out, wouldn't you say?
정말 밖이 춥다, 그렇지 않아?

- Arthur needs some new clothes, wouldn't you say?
  아더는 새옷이 필요해, 그렇지 않아?

  Odd behavior for a guy who just committed a rape, wouldn't you say? 방금 강간한 친구치고는 행동이 좀 이상해, 그렇지 않아?

Who's to say it wasn't?
그게 아니었다는 걸 누가 알겠어?

- Who can say why people do what they do?
  사람들이 무엇을 왜 하는지 누가 알겠어?

  And who's to say that catching killers cannot be fun?
  살인범을 잡는게 장난이 아니라는 것을 누가 알겠어?

What have you got to say for yourself, Randy?
랜디, 뭐라고 변명할거야?

- You stole my TV. What have you got to say for yourself?
  넌 내 TV를 훔쳤어. 뭐라고 변명할거야?

  These grades are terrible. What have you got to say for yourself? 이 점수 끔찍하네. 뭐라고 변명댈거야?

I got nothing but bad things to say about our sex life.
우리 성생활에 대해서 나쁜 것 밖에 할말이 없어.

- I think she might have a few words to say about that.
  걔가 그거에 대해 몇마디 할 말이 있을 것 같아.

  I suppose you have something snarky to say about that.
  그거에 대해 짜증나는 일들을 말할게 있을거야.

  What have you to say about her? 걔에 대해서 뭐라고 할거야?

That's not saying much는 '그건 별로 특별하지 않아,' '대단한 게 아냐'라는 의미. 이유는 비교기본 자체가 대단하지 않기 때문에 그보다 좀 낫다고 해서 별 대수는 아니라는 말씀.

~ wouldn't you say?는 부가의문문으로 자기 말을 확인하려는 표현으로 '안 그래요?' '그렇지 않아요?'라는 뜻.

Who's to say that~?은 '…을 누가 알겠어?,' 즉 아무도 모른다라는 말이고 Who can say~? 역시 '누가 알겠냐?'라는 의미로 역시 아무도 모를 것이다라는 표현이다.

What have you got to say for yourself? 좀 길지만 '널 위해서 뭐라고 말해야 되는거야'라는 것으로 결국 '너 뭐라고 변명할거야?'라는 의미.

have sth to say about~은 '…에 대해서 할 말로 …을 갖고 있다'라는 것으로 '…대해서 할 말이 …가 있다'라는 뜻으로 쓰인다. 의역하면 '…에 대해서 …한 것을 말할게 있다'가 된다.

MORE EXPRESSION

Say, 이봐, 여기요,
have one's say 하고 싶은 말을 하다
I won't say any more, but 한마디만 할게
I was just about to say that. 막 그 얘기를 하려던 참이었어.
Saved by the bell. 가까스로 위기를 면했어.

놓치면 원통한 미드표현들

- **scold sb for~** …로 혼내다 give A a good scolding 꾸짖다

  He scolded his wife flirting with her residents. 걘 아내가 주민들과 노닥거렸다고 혼냈어.

- **scoot over** 옆으로 자리를 살짝 비켜주다 scoot sth over 옆으로 좀 이동시키다

  Sit here. Rufus, scoot over, please.
  여기 앉아. 루퍼스, 옆으로 좀 와.

  Would you scoot a little? 조금만 옆으로 가줄래?

- **scoot off** 달아나다

  So Ted, where did those chums of yours scoot off to? 그럼 테드, 네 저 친구들 어디로 달아난거야?

» scam

What's the scam? 웬 일이야?

What's the scam?
웬 일이야?

- You want to give me a free car? **What's the scam?**
  나한테 공짜차를 준다고? 무슨 속셈이야?

What's the scam?에서 scam은 사기라는 뜻이지만 속어에서는 '무슨 일이야,' '웬일이야,' 혹은 '무슨 속셈이야'라는 의미로 쓰인다.

Looks like Mr. Wheeler was in on the scam.
휠러 씨는 사기에 가담한 것처럼 보여.

- My entire childhood was spent **running scams on** people.
  내 어린시절엔 온통 사람들 사기쳐먹으면서 보냈어.
  He says he'**s pulling out of the scam.** 걘 이제 사기치지 않겠다고 말했어.

run the scam (on)은 '사기치다,' 그리고 pull out of the scam이나 be out of the scam은 '사기치는거에서 벗어나다'라는 의미.

I'm getting scammed here that's a problem.
난 여기서 사기를 당했어, 그게 문제야.

- You're telling me you **were totally scamming** me?
  네가 날 완전히 날 사기치고 있다는 말이야?
  He **was scamming** little kids, and you were his accomplice.
  걘 어린애들 한테 사기치고 있었고 넌 걔의 공모자잖아.

get scammed는 '사기를 당하다,' 그리고 scam sb는 'sb에게 사기치다'라는 말.

MORE EXPRESSION

scam artist 사기꾼(con artist)
a history of scams 사기이력

» scare

Ok, you're scaring me a little bit. 좋아, 니가 점점 무서워진다.

God, you scared the shit out of me.
맙소사, 나 간떨어지는 줄 알았어.

- You **scare the hell out of** me, baby. 야, 정말 놀랐잖아.
  You **scared the pants off** me. 너무 놀라서 오줌을 쌀 뻔 했잖아.

scare the shit[hell] out of sb는 scare sb라고 생각하면 되고 다만 강조어 the shit[hell] out of가 삽입된 것으로 보면 된다. '아주 무섭게, 겁나게 하다'라는 말. scare the pants off sb도 같은 맥락의 표현.

You scared me!
놀랐잖아!

- What're you doing? **You scared me** half to death. 뭐해? 정말 놀랐잖아.
  Did I **scare you?** 나 때문에 놀랐어?

You scared me!는 '깜짝이야!,' '놀랐잖아!'라는 뜻으로 네가 나를 놀라게 했다라는 표현법. 강조하려면 You scared me to death라고 하면 된다.

Ok, you're scaring me a little bit.
좋아, 니가 점점 무서워진다.

- Okay, **you are scaring me.** What the hell is going on?
  좋아, 네가 무서워지는데, 도대체 무슨일이야?
  You're scaring my patients. 네가 내 환자들을 겁나게 하고 있잖아.

You're scaring me는 You scared me와 달리 현재진행형을 쓴 것으로 지금 현재 상대방의 말이나 행동이 조금씩 무서워질려는 기미가 있을 때 사용하는 것으로 '너 무서워진다'라는 말.

Are you scared I might be right?

내가 맞을까봐 무서워?

- I'm scared I'll see him die. 내가 걔 죽는 걸 보게 될까봐 무서워.

  She wasn't scared of having sex with people that she didn't know? 걘 모르는 사람들과 섹스하는게 무섭지 않았대?

  I am scared to death about this. 난 이거 때문에 무서워 죽겠어.

■ be scared of[that~]는 '…을 무서워하다,' '겁내하다'라는 표현으로 무서워떠는 사람이 주어자리에 오면 된다. 한편 be scared to death하면 강조표현으로 '무서워 죽겠다'라는 의미.

MORE EXPRESSION

be scary 무시무시한

» scene

Don't make a scene. 소란 피우지마.

I didn't want you to make a scene.

네가 소란 피우지 않기를 바랬어.

- Don't make a scene. 소란 피우지마.

  You made a scene in my bar. 넌 내 바를 난장판으로 만들었어.

■ make a scene은 특히 공공장소에서 '큰 소란을 피우다,' '난리피우다,' '추태를 부리다'라는 의미.

No weapon was found at the scene.

현장에서 아무 무기도 발견되지 않았어.

- Suspect's DNA is inconsistent with the semen found at the scene. 용의자의 DNA가 현장에서 발견된 정액과 일치하지 않아.

  You the first officer on the scene? 현장에 제일 먼저 도착한 경찰예요?

■ be found at the scene은 범죄미드에서 자주 나오는 표현으로 한꺼번에 외워두면 좋다. '현장에서 발견되다'라는 의미. 또한 be[come] on the scene은 '현장에 오다, 있다'라는 의미로 비유적으로 '연루되다'라는 뜻으로도 쓰인다.

I love you, but this is not my scene.

널 사랑하지만 이건 내 취향이 아냐.

- Babies are not my scene. 아이들은 내 취향이 아냐.

  She's kind of hot, but schoolgirls aren't my scene.
  걘 좀 섹시하지만 학생들은 내 취향이 아냐.

■ not be one's scene은 좀 생소해보이지만 많이 쓰이는 표현으로 부정형으로 써서 '…의 취미, 취향, 즉 좋아하는 게 아니다'라는 의미.

Behind the scenes there's deceit, mistrust, and hate.

물밑에선 사기와 불신 그리고 증오가 있어.

- Carol does a lot of work behind the scenes.
  캐롤은 비밀리에 일을 많이 해.

  I work behind the scenes at a TV program.
  난 TV 프로그램 뒤에서 일을 해.

■ behind the scenes는 무대 뒤에서라는 말로 '은밀히,' '비밀히,' '물밑에서,' '막후에서'라는 의미.

Okay, you know, let me set the scene.

좋았어, 너 알잖아, 내가 분위기 만들어볼게.

- Very well. I'll set the scene. 아주 좋아. 내가 분위기를 만들게.

  We get it. You set the scene. 알겠어. 네가 분위기를 만들어봐.

■ set the scene은 '분위기를 조성하다,' '어떤 상황을 만들어주다,' '예비정보를 주다' 등의 의미.

» scoop

What's the scoop? 뭐 새로운 소식 없어?

She was just about to give us the inside scoop.
걘 우리에게 내부최신정보를 줄 참이야.

- I'll help you with your article. Get you the inside scoop.
  네가 글쓰는거 도와줄게. 내부정보를 구해봐.
  I realized exactly how to get the real scoop on them.
  난 걔네들에 관한 특종을 어떻게 얻는지 깨달았어.

■ **inside scoop**에서 scoop은 특종, 최신정보라는 의미로 inside scoop하면 '내부최신정보'를 뜻한다. 또한 get the scoop (on)은 '(…에 관한) 특종을 잡다,' '정보를 캐다'라는 의미.

What's the scoop?
뭐 새로운 소식 없어?

- I heard you're divorcing. What's the scoop? 이혼한다며. 어떻게 돼가?
  What's the scoop on the double murder? 이중살인사건 뭐 새로운 거 있어?

■ **What's the scoop?**은 scoop가 특종이라는 점을 생각하면 된다. 뭔가 지루하고 변화가 없는 상황에서 '뭐 좀 새로운 소식이 없냐?,' '아무 일도 없냐?'고 물어보는 속어.

You got to scoop him up before someone else does.
다른 사람이 그러기 전에 빨리 걜 잡아야돼.

- They scooped up a new teacher for the school. 학교는 선생님을 새로 채용했어.
  Just scoop up the food that spilled. 흘린 음식 빨리 주워모아.

■ **scoop sth up**은 두 손으로 빨리 들어올리다라는 의미에서 비유적으로 '다른 사람이 채가기 전에 빨리 손에 넣다,' '모으다,' 혹은 문맥에 따라 '사람을 채용하다'라는 뜻으로 쓰인다.

» score

This isn't the point? To settle a score? 핵심은 그게 아니라 보복하는 거겠지?

You have no chance of scoring with me.
넌 나하고 섹스할 가능성은 전혀 없어.

- Let me tell you about this chick I scored with last night!
  내가 간밤에 건수올린 계집애 얘기해줄게.
  I have never, ever scored a hot bartender. 섹시한 바텐더하고 절대 자본 적 없어.

■ **score with**는 한마디로 '여자와 섹스하다'라는 의미. 동서고금을 막론하고 여자와의 섹스는 차를 타는 것, 나사를 돌려박는 것 등 여러 가지에 비유되는데 여기서는 골을 집어넣는거에 비유해 score with a girl하면 '새로운 여자와 한건하다'라는 뜻이 된다. with를 빼고 score sb라고 해도 된다.

I just scored a few of my favorite things.
난 방금 네가 좋아하는 것들 몇 개 샀어.

- I scored a great deal on an Smart TV. 스마트 TV를 아주 좋은 가격에 샀어.
  He scored a little something to help get him some sleep.
  걘 수면에 도움되게 약을 좀 샀어.

■ **score sth**은 '뭔가 사거나 얻다'라는 표현으로 주로 가게에서 희귀하게 찾을 수 있는 물건이나 불법적인 마약과 같은 것을 사는 것을 뜻한다.

This is about some score between you and the old man.
이건 너와 노친네와의 불화에 관한거야.

- We just scored New York's top plastic surgeon.
  우리는 뉴욕의 최고 성형외과의사를 구했어.

■ **score**는 그밖에도 다양한 의미로 쓰이는데 명사로 '불화,' '음악악보,' 그리고 동사로는 구하다, 얻다라는 의미로 쓰인다.

Score! Where're the disposable cameras?
우리가 해냈어! 일회용카메라 어디있어?

- I scored big. You know what, hide in the bathroom.
  우리가 아주 잘해냈어. 저기 말야, 화장실에 숨어.

▬ Score!는 해내다!(We did very well)라는 의미.

Why'd you use him to settle an old score?
왜 앙갚음을 하는데 걔를 이용한거야?

- This isn't the point? To settle a score? 보복하는게 핵심이 아녔어?
  This is a prisoner who has a score to settle against a guard.
  간수에게 보복해야 할게 있는 죄수야.

▬ settle a score (with)는 과거에 당한 것으로 '앙갚음하다,' '보복하다'라는 뜻. have a score to settle이라고 쓰기도 한다.

Raping those women couldn't even the score.
저 여자들 강간한다고 복수가 되지 않을거야.

- But I guess a part of me wanted to even the score.
  하지만 내 맘속 일부는 복수를 하고 싶었어.
  We're having sex. Hey, it's the only way to even the score with them. 우린 섹스를 하고 있어. 야, 이게 걔네들에게 복수하는 유일한 길이야.

▬ even the score (with)는 점수를 동일하게 맞춘다라는 뜻으로 자기에게 피해를 끼친 사람들에게 '복수하다,' '보복하다'라는 의미.

I scored heroin from a NARC.
마약 단속반으로부터 헤로인을 구했어.

- Jeff scored some cocaine from his dealer. 제프는 딜러한테 코카인을 구했어.

▬ score (off)+불법약물은 '마약과 같은 불법 약물을 구하다'라는 의미.

MORE EXPRESSION

clear a score with 해결하다
know the score 사정을 알고 있다
on the score of …의 이유로
scores of 많은 …
keep score 점수를 기록하다

» scrape

I'm going to scrape his nails. 난 걔의 손톱에 붙은 걸 털어낼거야.

My brother had a few scrapes with the law.
내 형은 법적으로 곤란한 문제가 있었어.

- I've had a few scrapes with danger while hiking.
  난 하이킹하다 위험에 빠진 적이 있어.
  Jim got into a serious scrape in college. 짐은 대학에서 곤란한 상황에 빠졌어.

▬ get into~scrapes에서 scrapes는 힘든 상황, 곤란한 상황이라는 뜻으로, get into~scrapes하게 되면 '곤란한 상황에 빠지다,' have a few scrapes with~는 '…에 좀 곤란한 문제가 있다'라는 의미가 된다.

I'm going to scrape his nails.
난 걔의 손톱에 붙은 걸 털어낼거야.

- I stained the skin cells scraped off the metal.
  난 금속에서 털어낸 피부세포를 착색했어.

▬ scrape sth off는 표면에 붙어있는 것을 긁어내서 '털어내다,' '깨끗이 하다'라는 의미이고, (be) scraped off하면 '…에서 벗겨진'이라는 의미.

He couldn't scrape together the money.
걘 돈을 모을 수가 없었어.

- Can you scrape together the money for rent? 임대료를 구할 수 있어?

▬ scrape together[up]는 '긁어서 모으듯이 어렵게 간신히 모으다'(gather sth that is difficult to get), 특히 '돈을 어렵게 구하다'(gather money)라는 뜻으로 쓰인다.

MORE EXPRESSION

scrape 상처, 긁힌 자국, 찰과상을 입다

» scratch

I'm gonna be starting a career from scratch. 직장 경력을 첨부터 시작할거야.

Scratch my back and I'll scratch yours.
오는 정이 있으면 가는 정도 있지.

- You scratch my back, I scratch yours. 네가 도우면 나도 도와줄게.
  He had an itch, he got it scratched. Good for him.
  갠 간지러운데가 있어 긁어달라고 했어. 걔한테 잘됐지.

■ You scratch my back, I'll scratch yours는 꽤 유명한 표현으로 '내 등을 긁어주면 나도 네 등을 긁어주겠다'는, 즉 give and take 정신이 가득 담긴 표현. 서로 상부상조, 서로 돕자는 말씀. scratch는 기본적으로 가려운데를 긁다라는 의미.

We heard you scratched his face.
네가 걔얼굴을 할퀴었다며.

- Didn't the first victim have scratch marks on his chest?
  첫 번째 희생자가 가슴에 긁힌 자국이 있지 않았어?
  How'd you get that scratch on your face? 얼굴에 긁힌 상처가 왜 있어?

■ scratch~는 가려운 데를 긁을 뿐만 아니라 상처가 나도록 긁는 것도 말한다. 그래서 scratch mark하면 '긁힌 자국,' 또한 명사로 scratch는 '긁힌 상처'를 뜻한다.

We're making a cake from scratch.
우리는 기초재료를 갖고 케이크를 만들고 있어.

- I'm gonna be starting a career from scratch.
  직장 경력을 처음부터 시작해야 될거야.

■ from scratch는 '아무런 준비없이'라는 표현으로 make sth from scratch는 '처음부터 시작하다,' start from scratch하면 '아무것도 없는 상태에서 새로 출발하다'라는 뜻이 된다.

MORE EXPRESSION

scratch one's head
곤혹스러워하다

S

» screw

Don't screw with me. 나한테 장난치지마.

You screwed me!
날 속였군!

- You gonna screw us over on this? 이것 때문에 우리를 엿먹일려고 했어?
  That is screwing us. 그것 때문에 우리가 힘들어.

■ screw sb는 sb를 '속이다,' '엿먹이다'라는 뜻. screw sb over하면 '…을 속여넘기다'라는 표현.

I got screwed.
난 골탕먹었어.

- We're screwed. Ok, this will not work. 우리 새됐네. 그래 이건 안될거야.
  I'm screwed. I'll never get into dental school. 망했어. 치대에 절대 못갈거야.

■ be[get] screwed는 부당하게 대접받다, 엿먹이다, 속아넘어가다라는 뜻의 수동태형으로 '망했다,' '엿먹었다,' '골탕먹었다'라는 의미.

I screwed myself when I quit my job.
내가 직장을 그만뒀을 때 문제가 됐어.

- Did you screw yourself by drinking too much?
  과음에서 문제일으킨 적 있어?
  Jill may have screwed herself on the exam. 질은 시험 망쳤을 수도 있어.

■ screw oneself는 '스스로를 망치다'라는 의미. 즉 뭔가 자신이 실수를 해서 문제들을 야기시켰다는 이야기.

I screwed up!
난 완전히 망했어!

- You screwed up. 네가 일을 망쳤어.
  I didn't screw it up. 내가 그걸 망치지 않았어.
  You're the one who screwed up a major deal. 네가 중요한 거래를 망쳤어.
  I really don't want to screw up our friendship. 정말 우리 우정을 망치고 싶지 않아.

sb screw up은 '실수하다,' '망치다'라는 의미로 mess up과 같은 의미. 그냥 screw up이라고 써도 되고 아니면 목적어를 넣어서 screw up sth, screw it up 등으로 많이 쓰인다. 물론 목적어로 사람이 올 수도 있다. sth screw sb up하게 되면 '불행하고 화나게 해서 오랫동안 심란하다'라는 의미.

We're all screwed up by our parents.
우린 모두 부모님 때문에 엉망이 됐어.

- This thing is really screwed up! 이건 완전히 망쳤어!
  I have my whole life ahead of me, and now it might be screwed up!
  아직 내 앞에 살 인생이 창창한데, 이제 다 망친 것 같아.

be screwed up은 앞의 screw up의 수동태형으로 주어가 '망쳤다,' '엉망이 되다'라는 의미.

Screw him, he was weak.
걘 집어쳐, 약골야.

- Screw you, you ungrateful bitch! 엿먹어, 이 은혜도 모르는 년아!
  Aw, screw the roommate agreement! 어, 룸메이트 계약서는 집어쳐!

Screw you[him, her]는 엄청 열받고 화났을 때 내뱉는 말로 '엿먹으라고 해,' '꺼져'라고 하는 말. 그리고 screw sth이 오면 역시 같은 맥락으로 '…은 집어쳐'라는 뜻이 된다.

Go screw yourself.
꺼지라고.

- Go screw yourself, Jim! 짐, 꺼져!
  So tell your boss to go screw himself. 그럼 사장보고 꺼지라고 해.

go screw oneself는 역시 속어로 '가서 망치다'라는 말로 주로 명령문 형태로 뒤에 oneself를 붙이는 경우가 많다.

Don't screw with me.
나한테 장난치지마.

- You have no right to screw with my future. 내 미래를 네가 장난칠 권한이 없어.
  You're saying that just to screw with me. 날 그냥 골리려고 한 말이지.

screw with sb[sth]는 속어로 '놀리다,' '화나게하다'라는 슬랭.

So are we gonna screw soon?
우리 곧 섹스를 하는 거야?

- We screwed in the back of his car. 우리는 걔차 뒷좌석에서 섹스했어.
  Are you trying to screw on the first date? 첫데이트에서 섹스하려고 했어?
  I haven't had a good screw in years. 난 오랫동안 멋진 섹스를 해보지 못했어.

screw는 못을 박는다는 동사 nail이 그런 것처럼 screw 또한 'have sex'라는 의미로 쓰인다. 명사로도 쓰여 a good screw하면 'a good sex'가 된다.

I screwed around with a nurse.
난 간호사랑 했어.

- You still went out and screwed around behind my back.
  너 아직도 나가서 내 뒤에서 딴짓하는거야.
  This is important. You can't screw around.
  이건 중요한 문제니, 빈둥거리지 말라고.

screw around는 '바보같은 짓을 해 문제를 일으키거나 (mess around),' 일편단심하기 보다는 다다익선을 신조로 '많은 사람들과 섹스하다'라는 의미를 갖는다.

MORE EXPRESSION

have a screw loose
약간 미치다

put the screws on sb
강요하다

have one's head screwed on
빈틈없다, 분별력이 있다

screw up one's eyes
눈을 가늘게 뜨다

» scrub

I'm not going to scrub in for surgery. 수술하지 않을거야.

Our perp used it to scrub his penis.
우리가 찾는 범인은 그것을 이용해 페니스를 깨끗이 했어.

- We know the shooter tried to **scrub the crime scene**.
  총을 발사한 사람이 범행현장을 박박 문질러 세척하려고 했던 걸 알고 있어.

  She **scrubbed her face raw** to get the make-up off.
  걘 화장을 지우려고 얼굴을 박박 문질러 댔어.

■ scrub은 비눗물과 솔 등으로 문질러 깨끗이 하다라는 말로 '세척하다,' '문질러 없애다,' '의사들이 손을 씻다' 라는 의미. 또한 scrub sb raw는 신체부위를 박박 문질러대서 살갗이 벗겨지거나 피가 날정도로 깨끗이하는 것을 말한다.

I'm not going to scrub in for surgery.
수술하지 않을거야.

- You'll **scrub in** for an adipectomy this afternoon.
  오후에 지방조직 제거수술을 하게 될거야.

  You were her **scrub nurse**. 네가 수술 간호사였군.

■ scrub in에서 scrub은 수술전에 의사나 간호사가 손을 아주 깨끗이 씻는다라는 의미에서 scrub in하면 '수술에 참여하다,' '수술실에 들어가다,' 그리고 scrub nurse하면 '수술간호사,' scrub room하면 '수술실'을 뜻한다.

MORE EXPRESSION

scrub the idea 취소하다
scrub out 안을 깨끗이 하다

» seal

You haven't sealed the deal. 넌 아직 계약을 마무리하지 못했어.

I want this floor sealed.
이 층을 봉쇄해.

- The emergency exits **are sealed**. 비상구는 봉쇄됐어.

  I guess it's a good thing I **sealed off** that crime scene.
  범행현장을 봉쇄한 것은 잘한 일인 것 같아.

  I'll **be sealed in**. There's no way out. 난 안에 갇혔어. 나갈 길이 없어.

■ seal은 원래 봉투를 봉인하다, 밀봉하다라는 의미에서 경찰 등이 '특정 장소나 지역을 봉쇄하다' 라는 의미로 쓰인다. seal off 역시 '봉쇄하다' 라는 의미로 사람들을 못들어오게 하는 것을 말하고, seal in은 '내부에 있는게 반출못되게 하는 걸' 말한다.

You haven't sealed the deal.
넌 아직 계약을 마무리하지 못했어.

- Signed, **sealed** and delivered. 정식으로 서명후 봉해서 발송했음.

  We got evidence. Signed, **sealed** and delivered.
  우린 증거가 있어. 정식으로 작성되고 봉해져 있고 발송했어.

■ seal the deal 또한 마찬가지로 계약이나 협의 등을 '마무리하다,' '확정짓다' 라는 의미로 쓰인다. 한편 signed, sealed and delivered란 표현도 많이 나오는데 이는 '정식으로 서명된,' '정식으로 작성된' 이라는 의미.

Her fate was pretty much sealed.
걔 운명은 거의 결정되었어.

- The headmistress told me **my fate at Yale is sealed**.
  여교장선생님은 예일대에 갈 내 운명은 결정됐대.

  As soon as he accepts his new role, **his fate is sealed**.
  걔가 새로운 역할을 받아들이는 순간 걔의 운명이 결정됐어.

■ seal sb's fate는 '운명을 결정짓다,' '확정짓다' 라는 말로 seal 대신에 decide나 fix가 올 수 있다.

» search

We did a search on his business partner. 우린 걔 사업 파트너에 대해 조사를 했어.

Search me. I haven't heard from him.
난 몰라. 걔한테 아무 소식도 못들었어.

- Search me. This doesn't make any sense. 난 몰라. 이건 말도 안돼.
  Search me. This is the first time I heard it. 난 몰라. 이거 처음 들어봐.

Search me는 You can search me에서 You can을 뺀 표현. '나를 뒤져봐라,' 뭐가 나오나라는 뉘앙스로 '나도 모른다'라는 의미이다. Beats me와 같은 표현.

The guards find drugs during the strip search.
경비들이 알몸수색중 마약을 찾았어.

- He strip searches them and takes them all downtown.
  걘 걔네들을 알몸수색하고 전부 서로 연행했어.

strip search는 명사 및 동사로 쓰이는 것으로 마약이나 무기 등을 소지하고 있는지 확인하기 위해서 하는 '알몸수색'을 뜻하는 말.

We did a search on his business partner.
우린 걔 비즈니스 파트너에 대해 조사를 했어.

- I need you to run a search on the other Jane's data file.
  네가 제인의 다른 파일들을 조사해봐.
  I'm going to have her do a search of it. 걔보고 그걸 조사해보도록 할거야.

run a search하면 '조사를 하다'라는 말로 run 대신에 do나 perform을 써도 된다.

MORE EXPRESSION

house-to-house search 집집마다 수색하다
searching look 뭔가 찾는 듯한 얼굴

» second

I second that motion. 그 제안에 동의합니다.

Martha was second only to Todd in her class.
마사는 자기 반에서 토드빼면 일등이었어.

- Motives do matter. Lives can't come second.
  살인동기도 중요하지만 생명이 최우선이야.

second only to sth은 '…을 빼면 첫째이다,' 즉 '…에 버금가다'라는 표현. 또한 come second는 둘째이다라는 말로 '첫째만큼 중요하지는 않다'라는 의미.

I'm getting a second wind.
난 다시 활력을 찾았어.

- I got a second wind and I am ready for more naked ladies.
  기력이 회복되어 더 많이 벗은 여인들을 맞을 준비가 됐어.

get a second wind는 일이나 운동을 과하게 한 후 '새로운 활력을 찾다,' '기력을 회복하다'라는 뜻으로 get one's second wind라 해도 된다.

We don't spend every second together.
우리는 늘 함께 시간을 보내지 않았어.

- I don't plan out every second of my life like you do.
  난 너처럼 인생의 매 순간을 계획하지 않아.
  He's been with me every second all week. 걘 매주 늘 나와 함께 있었어.

every second는 '매순간,' '늘'이라는 의미이고, every second year[day]하면 '격년,' '격일로'라는 뜻이 된다. 또한 every second S+V하게 되면 '…할 때마다 매번'이라는 의미.

Hey, mom. Got a sec?
엄마, 시간있어요?

- Captain, you got a second? 캡틴, 시간돼요?

This will take a second.
이건 금방이면 돼.

- Come on in, this will only take a second. 어서 들어와, 이거 잠깐이면 돼.
  Can you give me just a second? 잠깐 시간 좀 내줄래?
  She should be here any second. 걘 금방 올거야.

I second that motion.
그 제안에 동의합니다.

- A: Okay, I need a break. B: I second that. A: 좋아, 쉬어야겠어. B: 찬성.
  You have a good proposal. I second that. 좋은 제안입니다. 동의합니다.

Got a sec?은 You got a second?란 말로 상대방에게 '시간있냐?'고 물어볼 때 쓰는 표현.

take a second는 주로 사물주어를 써서 '잠깐이면 된다'라는 뜻. 또한 just a second는 '잠깐만요'로 just a moment [minute]와 같은 의미. 또한 (at) any second는 '하시라도,' '언제라도,' '금방'이라는 뜻.

I second는 회의 등에서 다른 사람이 좋은 의견을 냈을 때 혹은 사회자의 찬반의사를 물어보는 말에 '동의하다,' '재청하다'라는 의미로 쓰인다. second that 혹은 second a motion[proposal]이라고 쓰기도 한다.

MORE EXPRESSION

not give sth a second thought 잊어버리다
without a second thought 더 생각할 것도 없이
in a split second 눈 깜짝할 사이에
hear sth second hand 전해 듣다
This is second to none. 비견할 수 없을 정도로 좋아요.

S

» secret

Can I tell you a secret? 비밀 말해줄까?

You know me, I can't keep a secret.
나 알잖아. 난 비밀 못지켜.

- Could you keep a secret? 비밀지킬 수 있어?
  I'm keeping it secret from my mother. 난 그걸 엄마한테 비밀로 하고 있어.

Can I tell you a secret?
비밀 말해줄까?

- I'm about to tell you a secret. 너한테 비밀얘기해줄게.
  Don't let the cops in on our secret. 경찰에게 우리 비밀을 폭로하지마.

It's an open secret.
그건 공공연한 비밀이야.

- A: Who taught you that? B: It's a secret. A: 누구한테 배웠어? B: 비밀이야.
  I can't tell you. It's a secret. 말못해. 비밀야.

keep a secret은 '비밀로 하다,' '비밀을 지키다,' keep sth secret from~하게 되면 '…에게 …을 비밀로 하다'라는 의미.

tell sb a secret은 입싼사람(big mouth)이 좋아하는 표현으로 '…에게 비밀을 말하다,' 또한 let sb in on a secret은 reveal a secret란 말로 '비밀을 폭로하다'라는 뜻.

It's a secret은 '비밀이니까 말못한다'라는 의미이고, 반대로 It's no secret하면 '비밀이 아니다,' 그리고 It's an open secret은 '다 알고있는 공공연한 비밀'을 뜻한다.

MORE EXPRESSION

secret agent 비밀요원, 첩보원
top secret 일급비밀
swear sb to secrecy 비밀 지킬 걸 맹세하다

놓치면 원통한 미드표현들

- **scrap** 취소하다
  You'll have to scrap your vacation plans.
  너는 네 휴가계획은 취소해야 돼.
- **a scrap of** 조금의(scraps of) scraps는 남은 음식
  Just put the food scraps in the fridge.
  냉장고에 남은 음식 넣어놔.
- **be at sea** 어찌할 바를 모르다
  I'm a little at sea. 난 뭐가 뭔지 몰라 어리둥절해.

I'll see what I can do. 내가 어떻게 해볼게.

Are you seeing someone?
누구 사귀는 사람있어?

- How about you? Are you seeing anyone? 넌 어때? 누구 만나는 사람있어?
  How long were you seeing him? 걔 사귄지 얼마됐어?

be seeing sb는 'sb와 사귀고 있다'는 의미. 문맥에 따라 그냥 단순히 만나다라는 것을 의미할 수도 있다.

What do you see in her?
걔가 뭐가 좋아?

- What do you see in Lucas anyway? 어쨌든, 루카스가 뭐가 좋다는거야?
  What do you see in that guy? 그 놈이 뭐가 좋아?

What do you see in sb?는 'sb에서 뭘 보냐'는 말로, 말하는 사람은 좀 이해가 안되고 화가 나서 하는 말로 '걔가 뭐가 좋다고 그러는 거야?,' '걔 어디가 좋은거야?'라는 볼멘 문장.

Will I see you again?
다시 만날까요?

- Could I see you again? 담에 다시 만날 수 있을까요?
  Got it. So, can I see you again? 알았어요. 그럼 다시 만날 수 있을까요?

Will I see you again?은 데이트가 끝나고 더 진지한 데이트를 할 생각이 있는지 물어보는 말로 '다시 만날까요?'에 해당되는 말.

I'll see if I can lift a print off the body.
내가 시신에서 지문을 채취할 수 있는지 볼게.

- I'm gonna see if I can teach him. 내가 걜 가르칠 수 있는지 볼게.
  Let me see if I can get myself out of this. 여기서 빠져나올 수 있는지 한번 볼게.

see if I can~은 '…을 할 수 있는지 보자'라는 말로 주로 I'll see if I can~ 혹은 Let me see if I can~의 형태로 '내가 …할 수 있는지 확인해볼게'라는 표현.

I'll see what I can do.
내가 어떻게 해볼게.

- I'll see what I can do to help. 어떻게든 한번 도와볼게.
  Give me an hour or so, I'll see what I can do.
  한 시간 정도만 줘봐, 내가 어떻게 해볼게.

I'll see what I can do (about)는 상대방이 뭔가 부탁할 때 하는 말. 내가 뭘 할 수 있는지 보겠다로 생각해서 무성의한 대답이 아니라 상당히 적극적으로 도와주겠다는 말로 '내가 어떻게 해볼게'라는 말이 된다.

I see what's about to happen here
여기서 무슨 일이 일어날지 알겠어.

- Let's see what's about to happen in class. 반에서 무슨 일이 일어나는지 보자고.
  Your mom would want you to see what's about to happen.
  네 엄마가 앞으로 어떻게 될건지 네가 알기를 원할거야.

see what's about to happen은 '앞으로 무엇이 일어날지 알다'라는 의미. see 대신에 know를 써도 된다.

I've seen better.
난 별로던데.

- I've seen better days. 난 별로 좋은 건 아냐.
  I told her I'd seen better. 난 걔한테 그저 그렇다고 말했어.
  I'm a criminal lawyer. I've seen worse. 난 형사변호사야. 이건 양호한 편이지.

(I've) Seen better [worse]는 상상력을 발휘해야 하는 표현. Seen better는 더 좋은 것을 봤었다라는 말로 역으로 말하면 '그렇게 썩 좋은 건 아니다,' '그저 그래,' 그리고 Seen worse하면 '더 나쁜 것도 봤다,' 다시 말해 '그렇게 썩 나쁜 건 아니다,' '괜찮다,' '호들갑떨지마라'는 뜻이 된다.

You ain't seen nothing yet.
이 정도는 아무 것도 아냐.

- You haven't seen anything yet. 이 정도는 약과예요.
  The spies have not seen anything yet.
  스파이들은 아직 아무것도 보지 못했어.

■ have not seen anything yet은 본 게 아무 것도 없다는 말로 '지금까지는 아무것도 아니었다,' '이 정도는 약과다' 라면서 더 놀라운 소식을 전할 때 쓰는 표현. 물론 글자 그대로 '아무것도 못봤다' 라는 말로도 쓰인다.

I'd never seen him like that before.
난 걔의 저런 모습을 본 적이 없어.

- I've never seen him this happy. 난 걔가 이렇게 행복해 하는 것을 본 적이 없어.
  I've never seen you push a superior like that before.
  네가 상사를 몰아붙이는 것을 전에 본 적이 없어.
  I've never seen him like this before. 난 걔가 이러는 걸 전에 본 적이 없어.
  Have you ever seen anything like this? 이런 거 본 적 있어?

■ I haven't seen sb는 두 가지 의미로 쓰일 수 있는데 '평생 본 적이 한 번도 없다' 혹은 뒤에 sb의 상태를 나타내는 단어들을 넣어 '평생 그런 모습의 sb를 본 적이 없다' 라는 의미. 주로 like that before, this happy 등이 붙을 수 있다. 앞서 나온 놀람을 나타내는 have never seen anything like that도 한번 더 기억해둔다.

I haven't seen you in a month of Sundays.
이게 얼마만인가.

- We don't see you much around here anymore.
  통 얼굴을 볼 수가 없더군.
  Hey. I haven't seen you all day. 야 오늘 하루 종일 안보이데.

■ I haven't seen you in years!는 누군가 오래간만에 만났을 때 하는 말로 in years 대신에 in ages를 써도 된다. 참고로 I haven't seen you라고 무조건 오래간만은 아니라 뒤에 오는 부사에 따라 달라진다.

Uh, hold, let me see, I don't know.
어, 잠깐만, 뭐랄까, 나도 모르겠어.

- Let's see, what else did he mention? 그러니까, 걔가 또 무슨 말을 한거야?
  Let me see if I understand this. 내가 이해했는지 보자.
  Well what is it? Let me see. 뭔데 그래? 어디 좀 봐.

■ let me see는 뭔가 말하기 전에 잠깐 생각할 시간을 만드는 것으로, '뭐랄까,' '그러니까' 라는 말로 let's see와 같은 표현. 물론 글자그대로 '뭔가 봐야겠다고 할 때' 도 사용되는데 이때는 단독으로 쓰이기도 하고 아니면 let me see+N 혹은 let me see if S+V 라고 쓴다.

It had to be stopped, don't you see?
그만 멈추어야 했다구, 모르겠어?

- Don't you see? We won't remember anything.
  그거 몰라? 우리는 아무것도 기억못할거야.
  Don't you see how gross that is? 그게 얼마나 징그러운지 모르겠어?
  Don't you see what they're doing? 걔네들이 뭘 하는지 모르겠어?

■ Don't you see?하면 상대방에게 '그것도 모르느냐?' 라는 핀잔성 표현. '모르겠어?' 로 Don't you see that?이라고 해도 된다. 또한 상대방이 모르는 내용을 뒤에 붙이려면 Don't you see how[when~] S+V?이라고 쓰면 된다. 물론 단순히 '…을 몰랐어?' 라는 말로도 쓰인다.

You see that?
봤지?, 내 말이 맞지?

- You see that?! He totally checked you out! 봤지! 걘 널 완전히 조사했어.
  See? It works both ways. 봤지. 어느 쪽으로도 작동한다고.

■ You see that?은 앞에 Did you, Don't 등이 생략된 것으로 '내 말이 맞지,' '내가 말했잖아' 라는 의미 혹은 방금 일어난 일을 보라는 것으로 '이거봐봐' 라는 뜻으로도 쓰인다. 또한 See?도 많이 쓰이는데 이는 '거봐?,' '봤지?,' '알겠지?' 라는 의미.

I'll see how it goes.
일이 어떻게 돌아가는지 볼거야.

- Just talk to him and see how it goes. 걔한테 얘기하고 어떻게 돌아가는지 봐봐.
  I'm not gonna wait around to see how things go.
  상황이 어떻게 돌아가는지 가만히 기다리고 있지는 않을거야.

■ see how it goes는 좀 더 구체적인 표현으로 '어떻게 되어가는지 보다' 라는 말로, see how things go라고 해도 된다.

S

But right now, I've got to see about my son.

하지만 당장은, 내 아들을 지켜봐야겠어.

- Let's see about Jill before we ask her to join.
  질보고 동참하라고 하기 전에 먼저 걔에 대해 알아보자.
  I'll see about giving you the day off. 널 하루 휴가줄까 생각중야.

see about sb는 '시간을 두고 사람을 평가하다,' '알아보다,' 그리고 see about sth하게 되면 '결정하기 전에 고려해본다'는 말.

Yeah, well, we'll see about that.

그래, 음, 그렇게 될까.

- We'll see about that. Can I use your phone? 두고봐야지. 전화기 써도 돼?
  We'll see about that. I'm calling her right now. 그럴까? 걔한테 짐 전화해볼게.

We'll see about that은 굳어진 표현으로 '두고봐야 알지'라는 말. '어디 그렇게 되는지 두고보자,' '그래봤자 별일 없을 것이다. 두고봐라' 정도로 생각하면 된다.

This is all a mistake. You'll see.

이건 정말이지 실수야. 두고보면 알아.

- He will call at midnight. You'll see. 걔가 자정에 전화할거야. 두고 봐.
  Now you'll see we're just friends. 이제 우리가 그냥 친구라는 걸 알게 될거야.
  I don't know. We'll see. 모르겠어. 두고 봐야지

You'll see는 '곧 알게 될거야,' '두고 보면 알아.' 앞으로 일어날 일에 대한 자기의 말을 상대방이 믿지 않을 때 자신의 말이 사실임을 확신하면서 하는 말. 또한 We'll see는 앞으로의 일은 모르는 일이니 좀 기다리면서 지켜보자는 말. '좀 보자고,' '두고 봐야지'라는 뜻이다

I can see that.

알겠어.

- I can see that you care about him. 네가 걔를 신경쓰는 걸 알겠어.
  I think you can see that we're trying to cooperate here.
  우리가 여기서 협조하려고 한다는 걸 네가 알았을거라 생각해.

I can see that 단독으로 '알겠어,' 그리고 뒤에 절을 받아 I can see that S+V하면 '…임을 알겠다,' '…이구나'라는 뜻.

I don't see that.

난 그런 것 같지 않아.

- I don't see that you have anything to prove. 네가 뭐 증명할 필요는 없을거야.
  I don't see that he's really been there for you.
  걔가 정말 널 위해 거기 갔다고 생각하지 않아.

I don't see that[it]은 물리적으로 뭔가 안보일 때 그리고 비유적으로는 '그렇게 생각하지 않아,' '그렇지 않은 것 같아'라고 조심스럽게 부정하는 의미로 이때는 뒤에 절을 붙여 자기 생각을 나타낼 수 있다.

I'm sure you don't see it that way.

네가 그런식으로 생각하지 않는다고 확신해.

- You say she's mean, but I don't see it that way.
  걔가 비열하다고 하지만 난 그렇지 않은 것 같아.
  You think we should leave? I don't see it that way.
  우리가 떠나야 한다고? 그렇지 않은데.

I don't see it that way는 that way(그런 식)를 붙여 좀 더 구체적으로 반대의견을 나타내는 표현법. 전체를 그대로 외우면 된다. '나 그렇게 안봐,' '그렇지 않아'라는 의미.

I don't see why.

난 이유를 모르겠어.

- I don't see why not. 그래. 그렇게 해요.
  I don't see why this bugs you. 왜 이것 때문에 네가 괴로워하지는 모르겠어.
  I don't see how you do it. 어떻게 네가 그걸 하는지 모르겠어.

I don't see why는 '이유를 모르겠다,' I don't see why not은 반어적 표현으로 '그래'라는 의미 그리고 I don't see why[how~] (S+V)하면 '왜[어떻게] …할지 모르겠어'라는 의미.

I hope you can see this for what it is.
네가 이걸 있는 그대로 제대로 보기를 바래.

- I loved Harry, but now I see him for what he is.
  해리를 사랑했지만 이제 걔의 진짜 모습을 봤어.
  She left after she saw her husband for what he is.
  걘 남편의 실상을 보고는 떠났어.

I'll see to it that you're given full immunity.
네가 완전히 면책되도록 할게.

- See to it that my lunch is prepared. 반드시 내 점심 준비하도록 해.
  See to it that no one leaves this building. 아무도 이 빌딩을 나가지 않도록 해.

So you see yourself as a dancer, is that it?
그래, 넌 네가 댄서라고 생각하고 있다는거야?

- Do you see yourself as a great hero? 네가 위대한 영웅으로 생각하는거야?
  Science is seen as magic by primitives. 과학은 원시인들에겐 마술로 생각됐어.

You guys should come see this.
너희들 와서 이거봐야 돼.

- Can I come see you? 찾아가도 될까?
  When did he come see you? 언제 걔가 널 찾아갔었어?

Seeing as you two are so much alike.
너희 둘이 너무 많이 닮아서 그래.

- Seeing as you're intent on breaking my balls, let me ask you a question. 네가 날 괴롭히려는 것 같으니, 내가 질문하나 할게.
  Seeing as your name is written on a note threatening to kill her.
  네 이름이 걜 살해하겠다는 노트에 적혀있기 때문이야.

Not if I see you first.
그래 나중에 보자.

- Maybe we'll meet again, but not if I see you first.
  우리 다시 볼지 모르겠지만 내가 먼저 보면 피해야지.
  You may see me, but not if I see you first.
  날 볼 수 있지만 내가 먼저 보면 피해야지롱.

I'll see you then.
그럼 그때 보자.

- I'll see you there. 거기서 보자.
  I'll see you real soon. 조만간에 한번 보자.
  I'll be seeing you! 잘 가!, 또 보자!

see sth for what it is나 see sb for what they are는 '첨에는 잘못봤다가 나중에 제대로 된 있는 그대로의 모습을 분명히 보다'라는 의미.

see to it (that~)은 '반드시, 확실히 that 이하가 되도록 하겠다'라는 의미.

be seen as는 '…로 생각되다,' see oneself as~는 '스스로를 …로 생각하다,' 그리고 I don't see A as B하게 되면 'A를 B라고 생각하지 않아'라는 표현이 된다.

come see는 원래 come and see 혹은 come to see가 맞지만 구어체에서는 and나 to를 빼버리고 come 다음에 바로 동사를 붙여쓴다. 동사 두 개가 바로 이어져 잘못된 문장으로 보지 말 것. 'go+동사'와 같은 경우이다.

seeing as S+V는 뭔가 이유를 설명하는 표현으로 'because S+V'와 같다고 생각하면 된다. Seeing that S+V이라고 해도 된다.

not if I see you first는 '정말로 나중에 보자구'라는 의미로 나중도 아닌데 우연히 만나게 되면 내가 모른 척하겠어라는 의미. I'll see you later의 답으로 상대방이 later에 보자고 했기 때문에 그이전에(sooner) 만나게 되면 모른 척하겠다는 장난스런 말.

See you then[there]은 '그때[거기서] 보자,' See you later는 '나중에 봐,' See you later, alligator는 말장난하는 표현으로 의미는 똑같이 '잘가,' See you[See ya], Be seeing you는 '또 보자,' 그리고 See you around는 '다시 보자'라는 뜻이 된다.

MORE EXPRESSION

see the need of …할 필요가 있다
Haven't I seen you somewhere before? 예전에 어디선가 한번 만난 적이 있던가요?
I hope to see you again sometime. 조만간 다시 한번 보자.

» seem

I know it seems that way. 나도 그런 것 같아.

Doesn't seem very fair.
매우 불공평하게 보여.

- Doesn't **he seem** a little angry? 걔가 약간 화난 것 같지 않아?
  You **seem to** be pretty sure about that. 넌 그거 꽤 확실히 알고 있는 것 같아.

■ You seem+형용사[to+동사]는 'you가 …하게 보인다'라는 의미. 물론 you 대신 다른 사람들이 와도 된다.

Wow, it seems like a great trip.
야, 정말 멋진 여행같아.

- **It seems like** you're about to say something.
  네가 무슨 말을 하려는 것 같아.
  There seems to be such a resolve. 꽤 의지가 있는 것 같아.
  I can't seem to get Ron out of my head. 론이 잊혀지지가 않는 것 같아.

■ It seems (like) that~은 '…인 것 같다,' '…하는 것 같이 생각된다'라는 표현으로 It seems like 다음에는 명사가 올 수도 있다. 또한 There seems to be~는 '…이 있는 것 같다'라는 뜻. 또한 can't[couldn't] seem to~는 '…을 할 수 없는 것 같아'라는 말로 seem to 앞에 can't [couldn't]가 붙었을 뿐이다.

I know it seems that way.
나도 그런 것 같아.

- A: He was being starved? B: **It seems that way.**
  A: 걔가 굶겨진거야? B: 그런 것 같아.

■ It seems that way는 상대방의 말에 '그런 것 같아'라고 동조하면서 하는 표현.

MORE EXPRESSION

It seems reasonable, but ~
일리가 있어 보이지만…
seem as if[as though]
마치 …인 것처럼 보인다

» sell

You sold me out! 너 날 배신했어!

It'll take skill to sell Ken on your idea.
켄에게 네 생각을 설득하는 것은 기교가 필요해.

- I wasn't able to **sell my wife on the idea of** buying it.
  난 그것을 사자고 아내를 설득할 수가 없었어.

■ sell sb on the idea (of~)는 'sb에게 …하자는 설득을 하다.'

You sold me out!
너 날 배신했어!

- I can't believe he **sold out** his daughter to protect his partner.
  걔가 파트너를 보호하기 위해 딸을 배신하다니 믿기지 않아.
  Sorry, **we're sold out** tonight. 미안합니다만, 오늘 밤에 다 팔렸습니다.

■ sell sb out은 인간들의 특징인 '배신하다,' '배반하다'라는 뜻이 된다. 물론 sell out하면 '매진되다' be sold out하면 다 팔렸다,' '매진이다'라는 뜻. 중요한 건 주어로는 매진된 상품 뿐만 아니라 We를 써도 된다는 점이다.

He sold us down the river.
걔가 우릴 배신했어.

- Julie **sold me down the river**. Screw her. 줄리가 날 배신했어. 엿먹으라고해.
  I am telling you, the company **is selling you down the river**.
  정말야, 회사가 널 배신할거야.

■ sell sb down the river는 자신을 믿는 사람의 뒤통수를 치는, 즉 '배신하다,' '속이다,' '사기치다'라는 뜻이다.

You sold yourself out like a common streetwalker!

넌 거리창녀들처럼 네 몸을 팔았어!

- Terri **sold herself** on the streets of London.
  테리는 런던거리에서 몸을 팔았어.

  Don't **sell yourself** to that law firm. 저 법률회사에 억지로 다니지마.

▬ **sell oneself**는 기본적으로 sell one's body to have sex라는 말로 '몸을 팔다,' 비유적으로 '자기 선전을 하다' 혹은 '자기가 하기 싫은 일을 억지로 하다'라는 의미도 갖는다.

Sofia sold me a lie and I bought it.

소피아는 내게 거짓말을 믿게 하였고 난 그걸 믿었어.

- My wife could not **sell that lie to** me. 아내의 그 거짓말은 내게 통하지 않았어.

▬ **sell a lie**도 역시 '사람들을 설득하여 거짓말을 믿도록 하다'라는 표현.

My partner was always selling me short.

내 파트너는 내 재능을 언제나 폄하했어.

- Don't **sell her short**. She's very intelligent. 걔 무시하지마. 매우 지능이 뛰어나.

  Never **sell your enemies short**. You'll regret it. 적은 깔보지마. 후회할거야.

▬ **sell sb short**는 'sb의 능력이나 재능을 인정하지 않다' (not give sb credit for their talent or ability)라는 의미.

MORE EXPRESSION

sell sb …을 확신시키다

I'm sold again. 감쪽같이 속아넘어갔다.

» sense

It doesn't make any sense. 무슨 소리야, 말도 안돼.

Now that makes a lot of sense.

이제 이해가 아주 잘되네.

- I was just thinking that maybe it might **make sense**.
  그게 일리가 있을 수도 있다라고 생각하고 있었어.

  There has to be an explanation that **makes this all make sense**. 이 모든 것을 말이 되게 하는 설명이 있어야 돼.

▬ **make sense**는 상대방이 전하는 얘기나 의견이 (논리적으로) 이해가 되거나 도리와 이치에 맞다고 생각할 때 쓸 수 있는 표현으로 우리말로는 '일리가 있다,' '말이 된다' 정도에 해당된다.

It doesn't make any sense.

무슨 소리야, 말도 안돼.

- Does that **make any sense**? 그게 말이 돼?

  Some of it didn't even **make any sense**. 일부는 말도 안돼.

  It **makes no sense**. 말이 안돼.

  That doesn't **make sense**. Why run? 말도 안돼. 왜 달아난거야?

  You'**re not making sense**. 말도 안돼.

▬ **(not) make any sense**는 반대로 '상대방 말이 얼토당토 말이 안되는 경우'에 하는 말. 또한 make no sense 역시 같은 의미의 말.

I just tried to help her make sense of it.

난 걔가 그걸 이해하도록 도와주려고 했어.

- Nobody can **make sense of** that. 아무도 그걸 이해할 수 없어.

  How am I supposed to **make sense of** any of this?
  이걸 내가 어떻게 이해할 수 있겠어?

▬ **make (some) sense of~**는 make sense에 of가 붙은 것으로 의미는 '이해하기 어려운 것을 이해하다,' '알다'라는 뜻이 된다.

You've come to your senses.

제 정신이 돌아왔구나.

- I thought you'd come to your senses. 네가 의식을 찾을거라 생각했어.
  Well, thank god you came to your senses. 어, 다행이야, 의식을 찾았구나.

None of you had the sense to stop him.

너희들 누구도 분별력있게 걜 막지 않았어.

- I hope you have the sense to follow his advice.
  난 네가 걔의 충고를 따르는 지각이 있길 바래.
  I sensed that you didn't want me to do that.
  너는 내가 그걸 안하기를 바랬던 것 같아.

come to one's senses는 '의식이 돌아오다,' '제정신을 찾다,' bring sb to one's senses는 '제정신이 들게 하다,' 그리고 반대로 be out of one's senses 하면 '제정신이 아니다' 라는 말.

have the sense to~는 '…할 만한 양식이 있다' 라는 것으로 '…할 만한 지각이나 분별력이 있다' 라는 의미. 또한 I sense that S+V는 '…을 느꼈다,' '알아차렸다' 라는 표현.

MORE EXPRESSION

talk sense
이치나 사리에 맞는 이야기를 하다
talk nonsense
말도 안되는 황당한 이야기를 하다
have a sixth sense
직감이 있다, 육감이 있다
take leave of one's senses
미치다
There is no sense in ~ing
…하는 것은 무분별한 일이다

» sentence

He served his full prison sentence. 갠 형기를 다 마쳤어.

AIDS isn't a death sentence anymore.

AIDS는 더 이상 사형선고가 아냐.

- Prosecutors will seek a life sentence without the possibility of parole. 검찰측은 가석방없는 무기징역으로 하려고 해.

life sentence는 '무기징역(참고로 무기징역수는 lifer),' 그리고 death sentence는 '사형선고.'

I'm already serving eight life sentences.

난 이미 8년 징역살이를 했어.

- He served his full prison sentence. 갠 형기를 다 마쳤어.
  We'll figure out a way to get your sentence reduced.
  우리는 네 형기를 줄일 방법을 찾아낼거야.

serve a sentence는 '징역살이를 하다,' serve a life sentence는 '무기징역을 살다' 라는 의미. 참고로 serve time 또한 '징역살이를 하다' 라는 말.

The state's already sentenced this man to die.

그 주는 이미 이 남자에게 사형선고를 내렸어.

- You confessed to murder. You're getting sentenced tomorrow.
  넌 살인을 자백했어. 낼 선고받을거야.
  He was sentenced to 14 years. He only served seven.
  갠 14년 형을 받았고 겨우 7년 복역했어.

sentence sb to~는 '…에게 …형을 선고하다' 라는 의미로 sentence가 동사로 쓰인 경우. be sentenced to~하면 '…형을 받다.' to 다음에는 징역살이 종류, 아니면 수감형기 등이 나온다. 또한 sentencing은 판결(문),' '선고' 를 말한다.

놓치면 원통한 미드표현들

- **be in one's seat** …의 자리이다
  You're in my seat. 그건 내 자리인데요
- **Please be seated** 앉아요 have a seat 앉다
  Oh, sure, my pleasure. Have a seat.
  물론요, 저도 기뻐요. 자리에 앉으세요.
- **on the edge of one's seat** 긴장해 있는, 완전히 매료된
  I'm on the edge of my seat. 난 긴장해 있어.
  I'll be right over there on the edge of my seat. 난 저 쪽 끝에 앉아있을게.

» serious

I'm getting serious about Chris. 크리스를 좋아하고 있어.

Don't be so serious.
그렇게 심각해할 거 없다.

- Are you serious? 정말이야?
  I am serious about this. I want you all to make an effort.
  난 이거 장난아냐. 난 너희들 모두가 노력하기를 바래.

■ be serious (about sth)는 '(…에 대해) 심각하다,' '장난이 아니다' 라는 의미.

I am dead serious.
난 정말 장난 아냐.

- I'm serious. I'm going after him. 정말야. 난 걔를 뒤쫓고 있어.
  I'm serious. No matter how awful you think it is.
  정말야. 네가 그게 얼마나 끔찍하다고 생각해도 말야.

■ I'm serious는 내가 하는 말이 '정말야' 라는 말로 강조하려면 serious 앞에 dead 등의 강조어를 붙이면 된다.

I'm getting serious about Chris.
크리스를 좋아하고 있어.

- Are you serious about her? 너 걔랑 진지하게 만나는거야?
  We're thrilled you're serious about this. 네가 이 일에 진지한 것 같아 기뻐.

■ be[get] serious about sb의 특징은 about 다음에 사람이 온 경우로 이때는 '…와 감정이 진지하다,' 즉 '좋아하다' 라는 뜻이 된다.

You can't be serious.
너 진짜 아니지.

- You are not serious, are you? 너 농담이지, 그렇지?
  Let's get serious for a moment. 잠시라도 진지해지자.

■ be not serious는 반대로 '진지하지 않다,' '농담이다' 라는 표현.

» serve/ service

It serves you right! 넌 그런 일 당해도 싸!

It serves you right!
넌 그런 일 당해도 싸!

- Serves you right. Oh God, I'm so exhausted.
  꼴 좋다. 오 맙소사, 나 너무 지쳤어.
  It serves me right for buying that twelve pack of condoms.
  콘돔을 12팩이나 사다니 난 당해도 싸.

■ serve sb right은 인과응보라는 말. 즉 말이나 행동을 잘못해서 그렇게 당한다는 말로 '꼴 좋다,' '고소하다,' '샘통이다' 라는 의미가 된다. 잘못한 행동을 말하려면 serve sb right for~로 사용하면 된다.

Dinner is served.
식사가 준비되었습니다.

- If everybody would please take your seats. Dinner is served.
  다들 착석해주십시오. 저녁이 준비되었습니다.

■ Dinner is served는 집사가 말하듯 공식적인 어투로 '저녁 준비되었습니다' 라는 표현.

I don't want to serve as a guinea pig.
난 실험대상이 되고 싶진 않아.

- Her parents would serve as guardians. 걔 부모님들이 후견인 역할을 하게 될거야.

  This is what served as her stress room. 이건 걔 스트레스방으로 이용되는거야.

■ serve as~는 '…로 사용되다,' '이용되다' 혹은 '…의 역할을 하다' 라는 의미.

She didn't want to serve time.
걘 감방에 들어가길 원치 않았어.

- He has to serve time for the murder he committed.
  걘 살인죄로 징역살이를 해야 돼.

  Did she serve time in the military? 걔가 군복무했어?

■ serve time은 '징역살이하다' 혹은 '군복무하다' 라는 의미로 앞서 serve~sentence할 때 한번 언급된 표현.

Ladies and gentlemen of the jury, thank you for your jury service.
배심원 여러분, 배심원의 의무를 다해주셔서 감사드립니다.

- I have already performed six hundred hours of community service. 난 지역봉사활동을 6백시간 했단말야.

  Three months in prison and twelve hundred hours of community service. 징역 3개월 및 사회봉사활동 200시간 선고.

■ military service는 '군복무,' jury service는 '배심원 의무,' 그리고 community service는 '지역사회봉사활동'을 말한다. 그리고 join[go into] the services하면 '입대하다' 라는 뜻.

MORE EXPRESSION

serving 일인분

How can I serve you?
뭘 도와 드릴까요?

be of service (to)
(…에게) 도움이 되다

May I be of service?
뭘 도와드릴까요?

» set

You set me up! 네가 날 모함한거지!

All set.
준비 다 됐어.

- Well, I guess you're all set then. 그럼, 너 준비다 되겠네.

  We're all set to go. 우린 모두 갈 준비가 됐어.

  I was all set to tell her how I feel. 걔한테 내 감정을 말할 준비가 다 되어 있었어.

■ be[get] set은 '준비가 다 되다' 라는 뜻으로 get[be] ready와 같은 말. 보통 (We're) All set처럼 생략해서 All set만으로도 많이 쓰인다. '…할 준비가 다 되었다' 라고 할 때는 be set to[for~] 형태로 쓰면 된다.

You set me up!
네가 날 모함한거지!

- You set me up? Why? 네가 날 함정에 빠트렸지? 왜?

  He set me up to sleep with Jack. 걔가 내가 잭과 자도록 꾸몄어.

■ set sb up은 'sb를 함정에 빠트리다,' '모함하다,' '꾸미다' 라는 말로 특히 You set me up의 문장이 미드에 무척 많이 나온다. be set up은 '함정에 빠지다' 라는 의미.

I didn't ask you to set me up with Jessica.
난 너한테 제시카를 내게 소개시켜달라고 한 적 없었어.

- There's a guy I've been dying to set you up with.
  너한테 꼭 소개시켜주고 싶은 애가 있어.

  I can't believe I set you up with such a monster!
  내가 너한테 그런 괴물같은 놈을 소개시켜주다니!

■ set sb up with 위의 set sb up에 with sb가 붙은 경우로 이때는 '사람을 소개시켜주다' 라는 뜻으로 fix sb up with~와 같은 의미로 쓰인다.

How did she set up the murder?
어떻게 이 살인을 준비한거야?

- Set up video cameras and monitors in both rooms.
  양쪽 방에 비디오 카메라하고 모니터를 설치해.

  Gonna take long to set up the X-ray? 엑스레이 준비하는데 시간이 많이 걸려?

■ set up sth은 컴퓨터 셋업 등 거의 우리말화된 표현으로 '준비하다,' '설치하다'라는 의미.

You set yourself up as bait.
넌 널 미끼로 해놨구나.

- You're trying to set yourself up as our leader.
  넌 우리들의 리더로 자리잡으려고 해.

  Sal set himself up as a hotel owner. 샐은 호텔을 운영하겠다고 맘을 잡았어.

■ set oneself up as는 '…로써 자신을 세웠다'라는 말로 어떤 상황이나 위치에 자신의 자리를 잡다라는 의미.

That was never set in stone.
저건 절대로 결정되지 않았어.

- Nothing is set in stone. 아무 것도 결정된 것은 없어.

  Yeah. I mean, it's not set in stone. 그래, 내 말은 그건 확정되지 않았어.

■ set in stone은 조정이나 변경이 불가능하게 '뭔가를 확정되다,' '확실히 결정하다'라는 의미.

I set eyes on you.
난 널 보고 있어.

- I wanted to marry you the first time I set eyes on you.
  널 첨 본 순간 너와 결혼하고 싶었어.

  I saw it the moment I set eyes on you. 내가 널 보자마자 그걸 봤어.

■ set eyes on sb는 'sb를 쳐다보다,' '바라다보다,' get one's eyes set on은 '찍어두다,' '…을 찜해두다'라는 의미.

S

Kevin set us straight about the rumors.
케빈은 소문에 대해 잘못된 것을 바로 잡아줬어.

- Can you set me straight about what happened?
  일어난 일에 대해 제대로 알려줄래.

  Ask the lawyer to set everyone straight.
  변호사에게 다들 제대로 인식시키라고 부탁해.

■ set sb straight[right]는 'sb의 틀린 사고를 바로 잡아주다'(correct sb's incorrect ideas about sth)라는 의미.

The timer didn't set it off.
타이머가 작동하지 않았어.

- You just set off my internal defense alarm.
  넌 지금 내부방어경보를 울렸어.

  Where were you when you set it off? 네가 그걸 울렸을 때 어디였어?

■ set off는 '폭탄을 터트리거나 알람시계 등의 경보가 울리다'라는 의미.

She would never set out to intentionally hurt us.
걔 절대로 우리를 의도적으로 해치려 하지 않을거야.

- I'm going to set out for far-off places and try to find myself.
  멀리 가서 내 자신을 찾을려고.

  No, you won't accomplish anything you set out to.
  아니, 넌 네가 시작한 것을 완수하지 못할거야.

■ set out for는 '…를 하기 시작하다'라는 의미로 약간의 뉘앙스 차이는 있지만 set out on이나 set out to와 같은 맥락의 의미이다.

MORE EXPRESSION

the set of sb's shoulder
어깨모양

set up home[house]
가정을 꾸미다

set up housekeeping
살림꾸리다

set oneself against
…에 반대하다

» settle

That settles it, then. 그럼 해결된 거야.

It's okay. Settle down.
괜찮아. 진정해.

- I think it's time for you to settle down. 네가 이제 자리 잡아야 할 때라고 생각해.
  I wanna get married, I wanna settle down. 결혼해서 정착하고 싶어.

settle down은 '마음을 가라앉히고 진정하다,' 혹은 '유목민 생활을 정리하고 어느 한곳에 정착하여 자리잡다'라는 의미.

That settles it, then.
그럼 해결된 거야.

- Oh that settles it. I'm taking you shopping for a new coat.
  어 그럼 해결된거야. 너 새코트 사러가는데 데려가줄게.
  That settles it. When this baby's born, I'll be in charge of putting on the socks.
  그럼 결정된거야. 이 아이가 태어나면, 양말신겨주는 건 내가 책임질게.

That settle it은 굳어진 표현으로 그럼 '그것으로 결정된 것이다,' '그것으로 해결된 것이다'라는 의미. 뭔가 갈등이나 분쟁을 봉합하고 마무리하면서 하는 말.

Can you settle a dispute between my wife and I?
내 아내와 나와의 논쟁을 해결할 수 있어?

- It took three years for the company to settle the dispute.
  회사가 그 분쟁을 해결하는데 3년 걸렸어.

settle a dispute는 해결할 것을 직접 목적어로 받아서 '…을 해결하다'라는 표현으로 dispute외에 lawsuit, conflict, argument 등이 올 수 있다.

» sex

There are sex offenders in the area. 그 지역에 성범죄자가 있어.

I wanna have sex with you.
너하고 섹스하고 싶어.

- He probably just ran out of girls to have sex with.
  걘 아마도 섹스할 여자들이 떨어졌나봐.
  Jill and I are having unprotected sex. 질과 나는 콘돔 안끼고 섹스해.

What about registered sex offenders?
등록된 성범죄자는 어때?

- There are sex offenders in the area. 그 지역에 성범죄자가 있어.
  She performs oral sex on her husband every day.
  걘 매일 남편에게 오럴섹스를 해줬어.
  Keep your hands off me, you sex maniac.
  내게서 손을 떼, 이 색마야.
  What if she fabricated the rape to cover up sexual activity?
  걔가 성행위를 은폐하기 위해 강간을 날조했다면?

have sex with는 조금 적나라한 표현. 친한 친구들 사이에서 허물없이 쓰는 표현. 아니면 다른 sleep with 등과 같은 완곡한 표현들을 쓰게 된다. 또한 safe sex는 콘돔을 사용하는 섹스를 말하며 반대로 unprotected sex는 '콘돔없이 하는 섹스'를 말한다.

sexual activity는 '성행위'로 engage in sexual activity하면 '성행위하다'라는 뜻. sex offender는 '성범죄자,' perform oral sex는 '오럴섹스를 하다,' 즉 blow job을 하다라는 말. sex maniac은 '색마,' sex kitten은 '성적 매력이 있는 젊은 여자.'

Let's shake on it. 이제 악수만 하면 되네요.

I was shaking in my shoes.
난 무서워서 떨고 있었어.

- I'm shaking in fear. 난 무서워서 몸이 떨리고 있었어.
  The ghost left us shaking in our boots. 유령땜에 우리는 부들부들 떨고 있었어.

be shaking in one's shoes는 '무서워 떨다,' '매우 초조해하다'라는 뜻으로 shoes 대신에 boots를 써도 된다.

Shake your head if you understand.
이해했으면 머리를 끄덕여.

- Don't shake your head until I explain the problem.
  그 문제를 설명할 때까지 머리를 끄덕이지마.
  Jane shook her head after leaving the pool. 제인은 풀에서나와 머리를 털었어.

shake one's head는 '머리를 흔들다'라는 말로 뭔가 이해하거나 혹은 이해하지 못했을 때 하는 바디랭귀지. 하지만 수영장에서 나와 물기를 털기 위해 머리를 흔든다라는 의미로도 쓰인다.

Let's shake on it.
이제 악수만 하면 되네요.

- Come on let's shake on it. 이봐, 악수하자고.
  We're still friends, right? Come on. Let's shake on it.
  우리 아직 친구지, 맞아? 자, 이제 악수하자.

Let's shake on it은 '합의를 끝냈고 그 표시로 악수를 하자'는 표현.

Shake a leg!
서둘러!

- Hey dame, wanna shake a leg? 마님, 좀 서두를래요?
  Shake the lead out! 서둘러!

shake a leg는 '빨리 시작하다,' '서두르다,' 그리고 shake the lead out 또한 '서두르다'라는 뜻으로 주로 명령형태로 많이 쓰인다.

What's shaking?
무슨 일이야?

- How's it shakin'? 어떻게 돼가?
  Go ahead. Hey, kid. What's shaking? 어서해. 야, 꼬마야, 무슨 일이야?

What's shaking? 또는 How's it shaking?은 옛날 표현으로 자연스런 일상생활에서는 잘 안쓰이고 다만 익살과 풍자 등의 재미를 가득 담은 미드에서는 가끔 들을 수 있는 표현. '무슨 일이야?,' '어떻게 돼가?'라는 의미.

The cops tried to shake the drug dealer down.
경찰은 마약딜러로부터 돈을 갈취하려고 했어.

- Louie drew a gun to shake the restaurant owner down.
  루이는 식당주인에게서 갈취하려고 총을 꺼냈어.

shake (sb/sth) down은 '갈취하다.' 동네깡패들이 장사하는 사람에게 지켜주겠다고 하고 돈을 갈취하는 것을 말한다.

S

놓치면 원통한 미드표현들

- **get sentimental** 감상적이 되다
  Don't go getting sentimental on me.
  나한테 감상적으로 되지마.
  I think I'm getting sentimental.
  내가 감상적으로 되는 것 같아.
  This has great sentimental value to me.
  이건 내게 정서적으로 아주 가치가 커.
- **My sentiments exactly** 내 말이 그 말이야
  You are absolutely right. My sentiments exactly. 네 말이 딱 맞아. 나도 동의해.

Jessie shook his fist at the taxi driver.
제시는 택시 운전사에게 주먹을 휘둘렀어.

- Don't **shake your fist** at my brother! 내 형에게 주먹을 휘두르지마.
  He **shook his fist** at the people in the crowd.
  갠 군중들 속에서 사람들에게 주먹을 휘둘렀어.

■ **shake one's fist (at sb)**는 글자그대로 '주먹을 쥐고서 폭행을 하려고 휘두르는 것'을 말한다.

I didn't give Myra a fair shake.
마이라에게 공정한 기회를 주지 않았어.

- Ma'am, he surrenders himself, he **gets a fair shake**.
  부인, 갠 투항했으니 공정한 조치를 받을거예요.

■ **give sb a fair shake**는 'sb에게 공정한 기회를 주다,' get a fair shake하면 '공정한 기회를 받다'라는 뜻이 된다.

MORE EXPRESSION

be shook up 동요되다, 화가나다
in a couple of shakes 당장

» shame

There's nothing to be ashamed of. 창피하게 생각할게 하나도 없어.

We're broke. The shame of it all!
우리 빈털터리야. 아이고 부끄러워라!

- You're all so lazy. **The shame of it all!** 너희 모두 정말 게으르다. 창피해라!
  The shame of it is Helen still failed the test.
  헬렌이 또 시험에 떨어진 건 부끄러운 일이야.

■ **The shame of it (all)!**은 '아이고 창피해라,' '부끄러워라'라는 말로 The shame of it is (that) S+V의 형태로 '부끄러운 일은 …이야'라고 표현할 수 있다.

For shame! What would your mom say?
창피해라! 엄마가 뭐라고 하시겠니?

- You stole the money? **For shame!** 내 돈을 훔쳤다고? 창피해라!
  A: I was not flirting. B: And on your anniversary, **for shame!**
  A: 난 집적대지 않았어. B: 그것도 기념일에, 창피한 줄 알아라!

■ **For shame**은 떳떳하지 못하거나 당당하지 못한 일을 저지름으로써 스스로를 욕되게 한 사람을 비난할 때하는 말로 '부끄러운 줄 알아야지,' '창피한 일이야'라는 의미.

Shame on you!
창피한 줄 알아!, 안됐구만!

- **Shame on you** for what you do. 네가 한 일에 대해 창피한 줄 알아.
  Shame on you, Tom. How could you do that?
  창피한 줄 알아, 탐. 어떻게 그럴 수 있어?

■ **Shame on you (for~)**는 주로 아이들이나 어린애같은 행동을 하는 어른들에게 잘못을 꾸짖을 때 하는 말로 '부끄러운 줄 알아야지!,' '창피한 일이야!'라는 의미.

I'm ashamed of you.
부끄러운 줄 알아라.

- You think **I'm ashamed of** where I come from?
  내가 출신지 때문에 부끄러워하는 줄 알았어?
  Now, listen to me! **I'm ashamed of** both of you.
  이제, 내 말 들어봐! 너희 둘 때문에 부끄러워.

■ **I'm ashamed of you**는 옳지 못한 행동이나 태도에 대해서 너무 부끄러운 일이라고 비꼬거나 어떤 상황에서 당황했을 때 사용한다. '부끄러운 일야' '부끄러워 혼났네.' I'm ashamed of myself하면 '내 자신이 너무 부끄럽다'라는 말.

That's a shame. Such a nice young man.

안됐네. 젊고 착한 친구였는데.

- It'd be a shame to let it end a friendship. 그 땜에 우정이 끝난다면 안된 일야.
  A: We can't stay long. B: What a shame! A: 금방 가야 돼. B: 안됐네!
  What a shame if I never got to fire it. 총을 쏴보지 못했다면 얼마나 아쉬울까?

■ That's[It's] a shame은 '안타깝다,' '안됐다,' '유감이다' 아니면 '실망스럽다'라는 뜻이고 It's[That's] a shame to[that~]는 '역시 …하다니 안타까운 일이다,' '실망스럽다'라는 의미. 또한 What a shame은 '안됐구나,' '실망스럽다'라는 말로 That's too bad, What a pity와 같은 의미. 뒤에 안된 내용을 말하려면 What a shame S+V이라고 하면 된다.

There's nothing to be ashamed of.

창피하게 생각할게 하나도 없어.

- I don't mind. I've got nothing to be ashamed of.
  상관없어. 난 캥기는게 아무 것도 없어.
  I'm saying that there's no shame in taking a little more time off.
  좀 더 쉰다고 부끄러운 일은 아냐.

■ nothing to be ashamed of~는 '창피하게 생각할게 아무 것도 없다,' '양심에 찔리는게 없다'라는 의미. 또한 There's no shame in~은 '…하는 것을 부끄러워 할 필요가 없다'고 상대방에게 자신감을 불러일으키는 표현.

She brought shame and dishonor to her family.

걘 자기 집안에 망신과 불명예를 가져다 줬어.

- She puts the rest of us to shame. 걘 나머지 우리들을 욕보였어.
  Your actions brought shame onto your family.
  너희 행동들은 네 가문에 수치였다.

■ bring shame on~은 '…에게 창피[망신]를 주다,' '욕보이다'라는 의미이며, put~to shame이라 해도 된다.

S

Have you no shame?

창피한 줄도 모르냐?

- Anyone who would do that has no shame. 이런 짓 하는 사람은 누구든 염치없어.
  Have you no shame? I'm embarrassed for you. 안창피해? 너 땜에 당황했어.

■ have no shame은 '염치가 없다,' '뻔뻔하다'라는 뜻이다.

He shamed you into being a better human being.

걘 네가 더 나은 사람이 되게 만들려고 창피를 준거야.

- I'll probably get shamed into buying some art. 창피해서 미술품을 살 것 같아.
  We're not here to shame anyone. 우리는 누굴 망신주려고 여기 온게 아냐.

■ shame sb into ~ing는 'sb를 창피하게 만들어서 …하게 하다'라는 아주 야비한 표현. 이처럼 shame은 동사로 '망신주다,' '창피하게 하다'라는 의미.

놓치면 원통한 미드표현들

- **5 o'clock shadow** 오후 5시쯤 나는 수염
  You should go shave your 5 o'clock shadow.
  가서 5시에 나는 수염 깎아.
  Don always seems to have a 5 o'clock shadow. 돈은 항상 5시에 수염이 나는 것 같아.
- **shadow** 미행하다
  Someone is shadowing me.
  누군가 내 뒤를 밟고 있어.
  We're looking for cell signals that were shadowing him.
  걔를 쫓고 있는 핸드폰의 신호를 찾고 있어.
- **cast a shadow over[on]** 그림자를 드리우다, 나쁜 영향을 미치다
  Jack's crimes cast a shadow over his department.
  잭의 범죄는 걔 부서에 나쁜 영향을 미쳤어.
  Don't let it cast a shadow over your day.
  그것 때문에 네 하루를 어둡게 보내지마.

Did she work out, stay in shape? 걔 운동한거야, 몸매유지하려고?

You're out of shape, cheerleader.
넌 몸매가 영 아니야, 치어리더.

- I'm in good shape. 난 컨디션이 좋아.
  Fingers are in really bad shape. 손가락이 정말 컨디션이 안좋아.
  You look like you're in pretty good shape. 너 정말 건강해 보여.

be in good shape에서 shape은 두가지로 생각하면 된다. 건강과 몸매. 그래서 be in good shape하면 '건강이 좋다,' '몸매가 좋다,' 반대로 안좋다고 하려면 be in bad[poor] shape라 하면 된다. 또한 be out of shape 역시 '건강이 안좋다,' '몸매가 엉망이다'란 말이다.

Did she work out, stay in shape?
걔 운동한거야, 몸매유지하려고?

- It's just normal women who want to get in shape.
  몸매를 유지하려는 정상적인 여자들이야.
  Good for you, keeping in shape. 잘됐네, 건강을 유지하고.

get in shape 역시 '건강을 유지하다,' '몸매를 유지하다'라는 말로 get 대신에 keep이나 stay를 써도 된다.

You're in no shape to move.
넌 몸이 움직일 상태가 아냐.

- The drunk man was in no shape to drive. 만취꾼은 운전할 상태가 아니었어.
  He may not have been in any shape to think straight.
  걘 생각을 제대로 할 상태가 전혀 아니었는지도 몰라.

in no shape to~는 '몸이 아프거나 피곤하거나 술취해서 뭔가 제대로 할 수 없는 상태'를 말한다.

Kick them into shape.
그것들을 정돈하라고.

- The sergeant knocked the young soldiers into shape.
  하사는 젊은 군인들의 상태를 제대로 만들어 놓았어.
  Rumor has it, Anne called her back to get things into shape.
  소문에 의하며, 앤은 일들을 제대로 만들려고 걜 불렀다고 해.

knock ~ into shape은 형체로 만들다라는 뜻으로 '제대로 나아지게 하다,' '어떤 상태나 능력을 향상시키다,' '정돈하다'라는 의미. knock 대신에 kick, get을 써도 된다.

You better shape up.
제대로 잘 해

- You know what. Kitty, you gotta shape up! 그거 알아. 키티, 열심히 해.
  You need to shape up or ship out. 열심히 하지 않으려면 그만둬.
  You can't buy it in any shape or form. 넌 그걸 절대로 살 수 없어.

shape up은 '좋은 쪽으로 나아지다,' '향상시키다' 그리고 Shape up or ship out은 '제대로 하지 않으려면 나가라,' '열심히 하지 않으면 나가라'라는 의미. 또한 not in any shape of form은 '어떤 형태로든 아니다,' not in any way, shape, or form은 '절대 안그렇다(no way)'는 부정 강조어이다.

MORE EXPRESSION

take shape 형태갖추다, 구체화되다

놓치면 원통한 미드표현들

- **shag** 성교(하다), 섹스(하다)
  He still won't shag the old lady, huh?
  걘 그 노부인과 섹스하지 않을거지?
- **card shark** 카드꾼, 카드선수
  When did you guys become card sharks?
  너희들 언제 카드선수가 된거야?
- **be sharp** 예리하다 look sharp 예리하게 보이다
  Oh, my gosh, Jim. Don't you look sharp today? 오 맙소사. 짐, 너 오늘 좀 샤프하게 보이지 않아?
- **sharp dresser** 옷을 잘 입는 사람
  He's a sharp dresser. 걘 정말 옷을 잘 입어.

I've had my share of threats. 나도 협박이란 걸 받아봤어.

We share the same tastes and interests.
우리는 취미와 관심사가 같아.

- We share the same tastes in art. 우리는 예술에 대한 취미가 같아.
  Let's share the responsibility for this report. 이 보고서 책임 함께 지자.

share the same tastes는 '취향이 같다,' share the responsibility[blame]는 '책임을 공유하다'라는 뜻이 된다.

Oh Red and I share everything too.
어, 레드와 난 모든 걸 함께해.

- You share a toothbrush? 너 칫솔을 같이 쓴다고?
  How many men are we going to share? 얼마나 많은 남자를 공유할거야?
  There's nothing I can't share with you. 너랑 함께하지 못할 게 아무것도 없어.

share sth은 '…을 공유하다,' '함께 하다,' 그리고 share with sb하면 '…와 함께 공유하다'라는 뜻이 된다.

Do they share things with you?
걔네들이 물건들을 너와 같이 써?

- Hellen decided to share the good news with others.
  헬렌은 다른 사람들과 좋은 뉴스를 함께하기로 했어.
  You share a butt with somebody, you got a real bond.
  다른 사람과 엉덩이를 공유한다고, 넌 정말 유대관계가 좋구나.

share sth with sb는 'sth을 sb와 공유하다,' '함께 쓰다'라는 표현으로 share one's life with sb하게 되면 '…와 평생을 같이 하다'라는 의미.

S

I got my share of sob stories.
나도 다른 사람들의 눈물나는 이야기를 많이 들었어.

- I'd still get my share of that two million, right?
  난 내 몫의 그 2백만 달러를 아직 받을 수 있는거지, 맞아?
  I went to collect my share, but the money was gone.
  내 몫을 받으러 갔는데 돈이 없어졌어.

get one's share of~는 '자기몫의 …를 받다,' collect one's share는 역시 '자기 몫을 챙기다,' '받다'라는 의미.

I've had my share of threats.
나도 협박이란 걸 받아봤어.

- I've had my share of manly encounters. 남자다운 사람들과 우연히 만난 적 있어.
  I paid two hundred dollars for my share. 내몫으로 2백 달러 냈어.
  I've been with my share of women. 나도 여자 겪을 만큼 겪어 봤어.
  Okay, now, I've busted my share of child abusers.
  좋아, 이제, 아동학대하는 놈들 내가 잡을 만큼 잡았어.
  Hey, what's my share? 야, 내가 낼 돈은 얼마야?.

have one's share of~는 '내몫의 …가 있다'라는 말로 나도 'of 이하의 경험을 겪어봤다'라는 의미. 이처럼 one's share의 형태로 쓰이는 다양한 의미의 문장들을 살펴보면서 one's share를 감각적으로 익혀본다.

Yeah, I do my share.
그래, 난 내 몫을 해.

- You've done more than your share. 넌 네 몫 이상의 일을 해줬어.
  Do your share of this project. 이 프로젝트에서 네 몫을 해라.

do one's share에서 share는 자기가 해야 할 부담, 책임이란 뜻으로 '자기 몫을 하다,' '자기가 맡은 몫을 하다'라는 의미.

MORE EXPRESSION

share and share alike 똑같이 분배하다
the lion's share 가장 큰 몫
one's fair share …의 공평한 몫

» shell

It got me out of my shell. 그 때문에 더 자신감을 갖게 됐어.

I'd shell out 35 bucks.
난 35 달러를 쓸거야.

- They're willing to shell out a lot of money just to have kids.
  아이들을 갖기 위해 많은 돈을 기꺼이 쓰려고 해.

  He wasn't gonna shell out 25 grand a year for a drama degree.
  걘 연극학위로 연 2만 5천달러를 쓰지 않을거였어.

shell out은 '거금, 큰돈을 쓰다,' '지불하다'라는 의미.

It got me out of my shell.
그 때문에 더 자신감을 갖게 됐어.

- But ever since he joined the soccer team, he's really come out of his shell. 하지만 축구팀에 들어온 이후 걘 정말 자신감이 생겼어.

  Bill went into his shell after being criticized. 빌은 비난받은 후 찌그러들었어.

  The class discussion brought us out of our shells.
  집단토론은 우리를 자신감있게 행동하게 했어.

come out of one's shell은 '조개밖으로 나오다,' 즉 '마음을 터놓고 이야기하다,' go into one's shell하면 반대로 '대화를 그만두고 입을 다물다,' 그리고 bring sb out of one's shell은 '수줍음에서 벗어나게 하다,' '자신감있게 행동하게 하다'라는 뜻이 된다.

MORE EXPRESSION

shell casing 탄피

» shit

You're full of shit. 넌 정말 허풍쟁이야.

I don't give a shit.
내 알바아냐.

- Who gives a shit? 누가 신경이나 쓴대?

  No one's going to give a shit. 아무도 관심없을거야.

  I give no shit about these men. 이 남자들에게 신경안써.

not give a shit은 I don't care를 아주 직설적으로 표현한 것. a shit 대신에 a damn, a fuck을 써도 된다. Who~로 시작해서 반어적으로 표현할 수도 있고, 신경안쓰는 것을 말하려면 about~을 붙이면 된다. '알바아냐,' '신경안써'라는 의미.

No shit? Where is he?
진짜? 걔 어디 있는데?

- No shit. Everyone knows about that. 당근이지. 다들 그거 알고 있어.

  The sky is blue? No shit! 하늘이 푸르냐고? 그걸 말이라고 해!

No shit은 상대방 말에 놀라서 '진짜?'라고 물을 때 혹은 상대방의 말이 맞다고 혹은 내말을 강조하면서 하는 말로 '젠장,' '제기랄'이라고 한다. 그것도 '몰랐냐,' '당근이지,' '웃기지마라'라는 말.

Shit! You want me to go over there.
젠장! 나보고 거기 가보라고.

- Fucking men. Men are bullshit. 엿같은 남자놈들. 남자들은 다 구라야.

  You do not want to get sucked into my fucking bullshit.
  내 엿같은 헛소리에 말려들지마.

  Don't bullshit me, Shane. 나한테 구라치지마, 쉐인.

Shit!은 '젠장!,' '제기럴!,' Oh, shit!도 마찬가지로 '젠장,' '이런,' 그리고 Bullshit!은 '거짓말!,' '허튼소리마!'라는 뜻. 또한 bullshit은 '허튼소리(하다),' '구라(치다)'라는 뜻으로도 쓰인다.

Get your shit together. We're leaving.
정신 좀 차려. 우리 갈거야.

- Your brother will never get his shit together. 네 형은 늘 안절부절하고 살거야.
  Stop thinking about your ex. Get your shit together.
  네 옛애인은 잊고 기운차려.

get your shit together는 '체계적으로 행동하다(get organized),' '침착하다,' '놀라지 않다(don't freak out)'라는 표현으로 여기서 shit은 가지고 있는 것들을 뜻한다.

Everybody's giving me shit about the poster.
다들 그 포스터에 대해 날 비난해.

- The new teacher always gives us shit. 새로운 선생은 늘상 우리를 야단쳐.
  Look, don't give me any shit tonight. 이봐, 오늘 밤에는 내게 비난 좀 하지마.

give sb shit은 sb에게 shit를 준다는 말로 '비난하다,' '모욕하다' 혹은 '귀찮게하다(bother)'라는 말.

She's pretty much losing her shit.
걘 정말 뚜껑 열렸어.

- Don't lose your shit over this argument. 이 논쟁하면서 화를 내지마.
  I lost my shit when he hit me. 걔가 날 쳤을 때 내가 엄청 화났어.

lose one's shit은 '화를 엄청내다'라는 말로 lose one's temper와 같은 말.

The chair broke, but shit happens.
의자가 부러졌어. 하지만 그런 일도 있는거지.

- Shit happens, blah blah blah. 재수없는 일도 생기는 법야, 어쩌구 저쩌구.
  Oh, accidents will happen. 어, 사고는 생기게 마련이야.

Shit happen은 티셔츠에서도 볼 수 있으며 미국 사람들의 낙천주의(?)의 모습을 엿볼 수 있는 표현. '살다보면 재수없는 일도 생기는 법이야,' '별별일 다 생기게 마련이야'라며 상대방을 위로하는 표현이다.

I hate all that shit.
난 저 허접한 것들이 다 싫어.

- Look at all that shit Sean has in here. 션이 여기 갖고 있는 저 허접한 것들 좀 봐.
  Fuck that shit! 저런 쓰레기 같은 것 엿이나 먹아라!
  Why do you even buy into that shit? 왜 그 따위 것들을 믿는거야?

(all) that shit에서 shit은 뭔가 shit처럼 별로 필요없고 쓸모도 없는거 또는 그런 상황을 말한다. 그래서 eat that shit하면 '그런 허접한 것을 먹다,' 그리고 buy into that shit하면 '그런 걸 믿다'라는 뜻이 된다.

Cut the shit, it's me. You're using that Yankee.
헛소리 그만해, 내가 누군데. 넌 지금 그 양키선수를 이용하고 있는거야.

- He just shoots the shit. 걘 그냥 헛소리 하는거야.
  You don't know shit. 네가 알긴 뭘 알아!

cut the shit은 the shit를 잘라내라는 말로 '쓸데없는 소리 그만해,' '본론으로 들어가,' shoot the shit하면 '말같지 않은 소리를 하다,' '헛소리하다,' 그리고 not know the shit은 '아무것도 모르다'라는 속어.

You're full of shit.
넌 정말 허풍쟁이야.

- Those high school students are full of shit. 저 고딩들 허풍쟁이들이야.
  Billy sounds like he's full of shit. 빌리는 허풍쟁이처럼 들려.

be full of shit에서 shit은 '말도 안되는 거짓말'이라는 뜻으로 be full of shit하면 '거짓말만 일삼는 허풍쟁이'라는 뜻이 된다. be full of it이라고 해도 된다. 또한 believe that shit하면 그런 허풍을 믿다.

She treats you like shit.
걘 널 아주 불쾌하게 대해.

- My hair looks like shit. 내 머리가 아주 볼품없어.
  It taste like shit. 맛이 형편없어.

treat sb like shit하면 'sb를 아주 불쾌하게 대하다,' look[feel] like shit하면 '기분이 엉망이다,' 그리고 taste like shit하면 '맛이 아주 더럽다'라는 뜻이 된다.

S

You think you're such hot shit.
넌 네가 아주 멋지다고 생각하는 것 같은데.

- Hot shit! We're going to LA! 잘됐다! 우린 LA에 갈거야.
  Tough shit! You can't do anything about it. 안됐네! 어떻게 할 수가 없겠네.

I shit on you.
난 널 경멸해.

- You shit on honorable agreements. 넌 지켜야 될 협의를 엿같이 생각해.
  I let you in, and you shit on my face. 도와줬더니 내게 해를 끼치는구나.

That was a shitty, shitty thing you did.
그것은 네가 한 아주 저질스런 일이었어.

- I'm thinking it's much more shitty chic. 그게 좀 더럽게 멋있다고 생각해.
  It was a shitty thing. I'm a shitty person. 그건 더러운 짓이었고 난 저질인간이고.

be hot shit 덩도 뜨거워야 제맛(?). hot shit하면 '잘했어,' '대단한 사람,' '거물'이라는 속어. 또한 shit hot하면 '기똥찬,' 또는 '기똥차다'라는 동사로도 쓰인다. 하지만 Tough shit!하면 좀 고소해하면서 하는 말로 '참 안됐다!(하지만 난 상관안해)'라는 뜻.

shit on sb[sth]는 사람이면 '경멸하다,' '비난하다,' 사물이 오면 '상관도 안하다'라는 의미.

shitty things는 '아주 형편없고 저질스러운 것'이라는 표현. shitty 다음에 다른 단어를 넣어서 하고 싶은 말을 해도 된다.

MORE EXPRESSION

shit-scared 매우 놀란
shit hole 매우 더러운 곳
shit job 거지같은 일
shit head 그지같은 놈, 멍청한 놈
I'm drunk as shit. 난 고주망태로 취했어.

» shoe

I wouldn't be in your shoes. 네 처지는 되고 싶지 않아.

Now the shoe's on the other foot.
이제는 입장이 바뀌었군.

- The shoe is on the other foot now. 이제 입장이 바뀌었구만.
  Ben had the power, but the shoe is on the other foot.
  벤이 주도권을 잡았는데 입장이 바뀌었어.

I wouldn't be in your shoes.
네 처지는 되고 싶지 않아.

- Put yourself in my shoes. 내 입장이 돼서 생각을 해봐.
  When you're in my shoes, you'll do the same thing.
  너도 내 처지가 되면 너도 똑같이 했을거야.

The shoe is on the other foot은 '입장이 바뀌었다,' '상황이 역전되다'라는 뜻으로 shoe 대신에 boot를 써도 된다.

be in one's shoes는 '…의 신발을 신다,' 즉 '…의 입장이 되어보다'라는 뜻으로 Put yourself in my shoes하면 '너도 내 입장이 되어 봐라'는 표현이 된다.

MORE EXPRESSION

fill one's shoes 자리를 대신하다

놓치면 원통한 미드표현들

- **crib sheet** 컨닝 페이퍼
  He takes out a crib sheet, reads it and puts it away. 걘 컨닝페이퍼를 꺼내서 읽고 버렸어.
- **take a shine[liking] to~** 좋아하다
  Anyway, I took a shine to her.
  어찌됐건, 난 걸 좋아해.
- **have[take] a sip** 한 모금 마시다
  You want a sip of my coffee? 내 커피 마실래?
  Might I have a sip of water? 물 한모금만 줄래요?

So shoot me? 그래서 어찌라고?

Shoot! Sorry, Mother. Long day at work.
빌어먹을! 미안, 엄마. 직장에서 힘들었어요.

- Shoot! I can't go, I have to work! 젠장! 난 갈 수가 없어, 일해야 돼!
  Shoot! We're out of soda. 빌어먹을! 탄산음료가 부족하잖아.

■ Shoot! 혹은 Oh, shoot!은 감탄사로 열받고 짜증날 때하는 말로 '빌어먹을,' '젠장,' '맙소사' 라는 뜻. Shit!보다 완화된 표현.

So shoot me?
그래서 어찌라고?

- What're you going to do? Shoot me? 어떻게 할건대? 날 쏘기라도 할거야?
  You going to shoot me? Shoot me. 날 쏠거면 쏴.

■ Shoot me?는 상대방의 반대나 만류 그리고 비난에도 상관없다는 의미로 '뭐가 문제라는 거지?' '그래서 어쩌라구?' '날 쏘겠다는 거야?' 라는 말로 다소 무례한 표현이다. 물론 진짜 '총을 쏘다' 라는 의미로도 쓰인다.

Well, he was shot dead this morning.
저기, 걘 오늘 아침에 총맞아 죽었어.

- Lisa was found shot to death in the park.
  리사는 공원에서 총맞아 죽은채로 발견됐어.

■ be shot dead는 '총에 맞아 죽다' 라는 표현으로 범죄미드에서 나올 수 밖에 없는 표현. be[found] shot to death라고도 한다.

You shot yourself in the foot during the meeting.
넌 회의중에 네 무덤을 팠어.

- He accidentally shot himself in the foot. 걘 실수로 자기 발에 총을 쐈어.
  I shot myself in the foot on my date. 데이트하다 내 무덤을 팠어.

■ shoot oneself in the foot은 자기발에 총을 쏘다라는 것으로 비유적으로 '자기 잇속을 챙기려다가 자기에게 해가 되는 행동을 하다,' '제 발등을 찍다,' '자기 무덤을 파다' 라는 뜻.

S

Don't shoot the messenger.
엉뚱한 사람한테 화풀이 하지마.

- I know, do not shoot the messenger. 알아, 엉뚱한 사람한테 화풀이 하지마.

■ shoot the messenger는 메신저, 즉 소식을 전해주는 사람을 쏘거나 비난하다는 말로 '엉뚱한 사람에게 화풀이하다' 라는 의미로 쓰인다. shoot 대신 blame을 써도 된다.

I'm gonna get shot down. Any advice?
나 거절당할거야. 뭐 충고없어?

- I didn't get shot down. Trust me, I'll get the yes.
  난 거절당하지 않을거야. 승낙을 받아올거야.
  I got shot down at fat camp! 난 비만탈출캠프에서 거절당했어.

■ shoot down '격추시키다,' '죽이다,' 그리고 get shot down하면 '거절당하다' 라는 뜻이 된다.

I don't shoot up drugs.
난 주사로 마약을 하지 않아.

- I'll shoot up the whole room. 방안에 있는 사람들에게 총을 쏴버릴거야.
  A: Do you mind if I smoke? B: I don't care if you shoot up.
  A: 펴도 돼? B: 펴도 상관안해.

■ shoot up은 영화 Shoot 'em up에서 보듯 '마구총질을 하다' 라는게 기본의미이며 2차적으로 '상승하다,' 혹은 '마약주사를 놓다' 라는 의미로 쓰인다.

MORE EXPRESSION

shoot (some) hoops 농구공을 골망안으로 던져 넣다
shoot one's cookies [breakfast] 먹은 거 다 토하다
shoot it out (with sb) 총으로 싸우다
shoot at 총을 쏘다(shoot bullets, shoot a gun)
shoot questions at sb 빨리 많은 질문을 하다

» **short**

So far, you're coming up short. 지금까지 넌 부족해.

He stopped just short of calling me by name.
걘 내게 욕까지는 하지 않았어.

- Glenn **stopped short of** inviting us. 글렌은 우리를 초대하지는 않았어.
  The truck **stopped short of** going over the cliff.
  트럭은 절벽으로 떨어지기 전에 멈췄어.

■ **stop short of ~ing[N]**는 '…까지 못가고 멈추다'라는 뜻으로 '…까지는 하지 않다'라는 의미가 된다. 한편 stop short하게 되면 '갑자기 멈추다'라는 다른 의미가 되니 조심해야 한다.

I'm getting short of breath.
나 숨이차.

- She'**s short of breath,** she's got fever. 걘 호흡이 가빠지고 열도 나.
  Suddenly, the idea of losing her left me **short of breath**.
  갑자기 걔를 잃을 수도 있다는 생각에 숨이 차기 시작했어.
  G.G., **short for** Georgia. GG는 Georgia의 약자야.

■ **be[get] short of breath**는 숨이 부족하다라는 말로 '숨이 가쁘다,' '헐떡거리다,' '숨이차다'라는 의미. 또한 be short of[on]~는 '…이 부족하다'라는 의미로 be running short of[on]이라고 해도 된다. 또한 be short for~는 '…의 약자이다'라는 의미로 쓰이기도 하니 문맥을 잘 봐야 한다.

You've been a little short with me lately.
넌 최근에 나한테 까칠하게 대했어.

- I wanted to apologize for **being short with** you before.
  전에 네게 퉁명스럽게 대한거 사과하고 싶었어.
  The government worker **was short with** us. 공무원은 퉁명스러웠어.

■ **be short with sb**는 '별 말도없이 퉁명스럽게 sb를 대하다,' '까칠하게 대하다'라는 의미.

Your visits had been cut short before.
네 방문은 전에 갑자기 끝나버렸었어.

- Her business trip to Fresno **got cut short**, and she came home early. 걔의 프레스노 출장이 중도에 끝나 집에 일찍 왔어.
  I got here first. I know **a short cut**. 내가 여기 제일 먼저 왔어. 난 지름길을 알아.

■ **be[get] cut short**는 '갑자기 끝나다.' 원래는 cut sth short으로 '원래 예정보다 일찍 끝내다'라는 의미. 또한 cut sb short하면 '말을 중단시키다'라는 뜻이 된다. 한편 short cut하면 '지름길'이라는 의미.

So far, you're coming up short.
지금까지 넌 부족해.

- I **came up short** at the cash register. 난 금전등록기에 돈이 부족해.
  The subway train **pulled up short** at the station.
  지하철 열차가 정거장에서 멈춰섰어.

■ **come up short**은 '부족하다' pull[bring] sb up short은 'sb가 하던 일을 갑자기 중단시키다,' sb를 빼고 pull up short하면 '갑자기 그만두다'라는 뜻이 된다.

Thank you for coming on such short notice.
촉박하게 얘기했는데도 와주셔서 감사해요.

- You can't make the trip **on such short notice**. 갑작스럽게 얘기하면 여행은 못가.

■ **on short notice**는 예고를 얼마주지 않았다는 말. '충분한 예고없이,' '갑작스럽게'라는 의미로 강조하려면 on such short notice라고 하면 된다.

She's got a short fuse.
걘 걸핏하면 불같이 화를 내.

- You **got a short fuse.** 너 성깔 한번 급하네.
  She'**s got a bit of a short fuse,** hasn't she? 걘 정말 성깔 급해, 그렇지 않아?

■ **have (got) a short temper**는 '성깔이 급하다,' '불같이 화를 내다'라는 의미. short-tempered는 역시 '성질이 불같은'이라는 표현. temper 대신에 fuse를 써도 된다.

MORE EXPRESSION

be taken short 화장실이 급하다(영국식영어)
in the short term[run] 단기적으로
shortchange 무시하다
short of~ 실제로는 …하지 않은

Let me have a shot at it. 내가 한번 해볼게.

I'm calling the shots.
내가 결정할게.

- It's my life. I call the shots. 내 인생이니 내가 결정할게.
  It's your shot. 네가 결정할 일이야.

call the shots는 '내가 책임자이니까 내가 결정한다'라는 표현. 또한 be one's shot하면 '…가 결정해야 할 일이다'라는 뜻.

It was a cheap shot.
비열한 짓이었어.

- I know it was a cheap shot, but I feel so much better now.
  치사했던 건 알지만 기분은 훨씬 좋네.
  Honey, you're such a big shot. 자기야, 너 정말 대단해.

be a cheap shot은 비열한 플레이이다라는 뜻에서 '비열하다,' '치사하다,' '부당하다'라는 의미로 쓰인다. 또한 be a hotshot은 '영향력있는 중요한 인물'이라는 뜻으로 hotshot 대신에 big shot을 써도 된다.

It gives me a shot in the arm.
그게 생활에 활력을 줘.

- A real shot in the arm for my sexual self esteem.
  성적 자존감에 정말 도움이 되는 거였어.
  I take a shot in the dark. 막연히 어림짐작한거야.
  Even a shot in the dark hits sometimes. 대강 해봐도 가끔은 맞게 되어 있어.

a shot in the arm은 몸아플 때 주사한대면 도움이 되듯 '힘들고 어려울 때 힘이 되는 거,' '도움이 되는 것'을 뜻한다. 또한 a shot in the dark는 어둠속에서 쏜다는 것으로 '가망없는 시도,' '어림짐작으로 하는 일,' '억측'이라는 뜻이다.

S

Give it a shot!
한번 해봐!

- Let's give it a shot. 한번 최선을 다해보자.
  It doesn't hurt to try, I'm giving it a shot. 손해볼 것 없는데 한번 해볼거야.
  I'm going to give you a shot now. 지금 하도록 허락할게.
  We're gonna give it our best shot. 우리는 최선을 다할거야.

give it a shot은 '한번 해보다,' '시도해보다,' '최선을 다하다'라는 의미. 또한 give sb a shot은 'sb에게 뭔가 해보라고 시도해보라고 충고나 격려하는 표현.' 또한 give sth one's best shot은 '어렵고 힘든 목적달성을 위해 최선을 다하다(do one's best)'라는 의미.

Let me have a shot at it.
내가 한번 해볼게.

- I think I have a shot at a medal. 메달을 노려볼까 생각중야.
  Take a shot at it, will you? 그거 한 번 해봐, 어?
  I really like her and I think I have a shot. 걜 정말 좋아하고 가능성이 있을 것 같아.

have a shot at ~ing[N]는 역시 '시도해보다'라는 뜻으로 shot 대신에 try 또는 stab를 써도 된다. 또한 I have a shot of whisky하면 스트레이트로 위스키 한잔을 달라는 말. have a shot은 '가능성이 있다는 의미.' 그리고 take a shot at sth하면 '성공적으로 …을 시도하다'라는 뜻이 된다.

It was a long shot.
승산이 희박했어.

- I know this is a long shot, but how about tomorrow night?
  이게 가능성이 적다는 걸 알지만 내일 저녁은 어때?
  Not by a long shot, buddy. 친구야, 절대로 안돼.

It's[that's] a long shot하면 해보기는 하지만 '승산이 희박하다,' '가능성이 적다'라는 말. 단 사람이 주어로 오는 경우는 '..가 경쟁, 취직, 선거에서 승산이 없다'라는 말이다. not by a long shot은 '어떠한 일이 있어도 아니야,' '절대로 싫어,' '절대로 안돼'라는 말로 사람이나 사물의 평가를 내릴 때 부정적으로 강하게 단정지어 대답할 때 사용한다.

Who's gonna take the first shot?
누가 젤 먼저 해볼테야?

- I'll even let you take the first shot. 너보고 먼저 하라고 허락조차 않했어.
  I can't remember who fired the first shot. 누가 먼저 쐈는지 기억이 안나.

■ take the first shot은 '뭔가 제일 먼저 시도하다'라는 의미로 여러 사람들 중에서 누가 먼저 할 것인지를 물어보는 Who's going to take the first shot?이라는 문장이 자주 쓰인다.

Actually, I'm riding shotgun.
실은 나 조수석에 탈거야.

- Jack is driving. Jim is riding shotgun. 잭이 운전하고 짐이 조수석에 탈거야.
  Check it for drugs. I call shotgun on the bedroom.
  마약 확인해봐. 침실은 내가 뒤져볼게.

■ shotgun은 '자동차 앞자리'란 의미로 call shotgun하면 '차에 타면서 조수석을 찜하다,' ride shotgun하면 '조수석에 타다'라는 뜻. 또한 shotgun wedding하면 '속도위반결혼'을 말한다.

That's the same guy as the mug shot.
용의자 수배사진과 똑같은 사람이네.

- His mug shot's coming up. 그 용의자 수배사진이 곧 올겁니다.
  I'd be outta here like a shot! 쏜살같이 사라질게요.

■ mug shot은 원래 얼굴을 클로즈업한 사진으로 '용의자 사진'이란 뜻으로 사용된다. 또한 like a shot은 '주저없이 바로,' '즉시로,' '쏜살같이'라는 의미.

MORE EXPRESSION

be shot through the chest 관통상입다
shot (주사) 한 대

» shove

It's time to shove off. 떠날 시간이야.

I've got to be shoving off.
출발해야겠어, 가야겠어.

- It's time to shove off. 떠날 시간이야.
  We're just about ready to shove off. 우리는 떠날 시간이 됐어.

■ shove off는 기본적으로 '떠나다,' '출발하다'라는 뜻이고 또한 '화가 나서 혼자 있고 싶으니 상대방보고 꺼지라'고 할 때 사용한다.

She shoved her tongue right down my throat.
걘 내 목안에 혀를 쑤셔넣었어.

- He shoved his fingers down my throat so that I couldn't scream.
  걔가 내 목안에 손가락을 쑤셔넣어서 비명을 지를 수가 없었어.
  You always shove your ideas down my throat.
  넌 언제나 네 생각들을 강요하더라.

■ shove sth down one's throat는 sth을 목속에 쑤셔넣다라는 뜻으로 비유적으로 쓰일 때는 '…을 강요하다'라는 뜻으로 쓰인다.

Some rioters shoved the reporter around.
일부 폭도들은 기자들을 거칠게 밀어붙였어.

- I shoved Hank around after he insulted me.
  난 행크가 날 모욕한 뒤 걜 거칠게 밀어붙였어.
  Passengers shoved her around on the subway.
  승객들은 전철에서 걔를 거칠게 밀어붙였어.

■ shove sb around는 '물리적으로 거칠게 밀치다'라는 의미.

MORE EXPRESSION

push and shove 엎치락뒤치락

All right. Show time. 좋아, 이제 한번 해보자.

Show your colors.
네 본 모습을 보여줘.

- In a crisis, people show their true colors.
  위기에서 사람들은 본색을 드러낸다.

  Brad showed his true colors when he was drunk.
  브래드는 술취하자 본색을 드러냈어.

■ show one's (true) colors는 '자기 본래의 모습을 보여주다,' '본색을 보여주다,' 혹은 '태도를 분명히하다' 라는 뜻이다.

Good show, detective.
훌륭했어, 형사.

- That was such a good show. (TV) 프로그램이 아주 좋았어.

  The actors put on a good show tonight. 배우들은 오늘밤 좋은 연기를 했어.

  Put on a good show during your presentation. 발표회때 잘 하라고.

■ Good show는 감탄사로 Good job처럼 '잘했어,' 일반명사로는 'TV의 프로그램'을 뜻하기도 한다. 또한 put on a good show는 '뭔가 잘해내다' 라는 의미.

Well, I got nothing to show for it.
저기, 난 그것으로부터 얻는게 아무것도 없어.

- If Joe did attack Ben, he may have injuries to show for it.
  조가 벤을 공격했다면 보여줄 상처가 있을지 몰라.

  She's got the bruises to show for it. 걔한테 상처가 있을거야.

■ have nothing to show for it은 '일이나 노력을 해서 얻는게 없다(get nothing from work or effort),' 그리고 have sth to show for sth하면 '…로부터 이득을 얻다(profit from sth)' 라는 뜻이 된다.

S

I hope he doesn't show up.
난 걔가 오지 않았으면 해.

- She better not show up at brunch today. 걔가 오늘 브런치에 오지 않는게 나아.

  We thought you were a no show. 우리는 네가 안나오리라고 생각했어.

■ show up은 약속된 장소, 회의장소 등 '예정된 장소에 나타나다,' '오다' 라는 말로 미드에서 아주아주 많이 나오는 표현으로 turn up과 같은 의미. 하지만 이렇게 약속해놓고 나오지 않는 것 혹은 그런 사람은 no show라 한다.

I almost didn't show my face.
난 얼굴을 들고 다니지 못했어.

- How dare you show your face at an event you know my wife is at.
  내 아내가 참석하는 줄 알고 있는 행사에 어떻게 감히 얼굴을 들이대냐?

  They'll kill me as soon as I show my face. 얼굴 버젓이 들이대면 날 죽일거야.

■ show one's face는 나타나다라는 말로 언뜻보면 show up과 비슷해보이지만 '뻔뻔하게 버젓이 얼굴을 내밀다,' '얼굴을 들고 다니다' 라는 뉘앙스를 갖는다.

Show your hands! Now!
두손을 보이게 해! 당장!

- Cal didn't ever show his hand. 칼은 속셈을 보여준 적이 없어.

  You really want to show your hand at the arraignment?
  넌 정말 법원심리에서 속내를 털어놓고 싶어?

■ show one's hand는 비밀로 숨기고 있던 것을 보여주다 라는 말로 '손에 든 패를 보여주다,' '속셈을 드러내다,' '솔직히 들어내다,' '계획을 드러내다' 라는 의미. 물론 '경찰이 범인을 검거하면서 두손이 보이게 하라' 는 말로도 쓰인다.

All right. Show time.
좋아, 이제 한번 해보자.

- Okay, it's, uh, show time, people. 그래, 여러분, 이제 맘껏 즐기세요.

■ Show time은 '이제 어디 한번 해보자,' '이제 한번 즐겨보자' 등 문맥에 따라 진짜 즐기거나 혹은 어려운 상황에 맞설 때 쓰는 말.

I'll have security show you out.

경비보고 배웅하게 할게.

- I should go. No need to show me out. 나 가야돼. 배웅까지 할 필요없어.
  I will show myself out. 내가 알아서 갈게, 나오지 마.
  Leslie showed me to the door of the house. 레슬리는 집문까지 날 배웅했어.
  I showed Jill the door when she got drunk. 질이 취했을 때 나가라고 했어.

show sb out은 '방문했던 사람이 갈 때 밖에까지 나와 배웅하는 것'을 말하는 것으로 see sb out, show sb to the door와 같은 표현. 단, show sb the door하면 배웅하는 것이 아니라 문을 가리키며 나가라고 내쫓거나, 해고하는 것을 말한다.

I get to bring a guest. We'll show him.

손님을 데려올거야. 우리가 더 낫다는 걸 증명할거야.

- I'll show them. My body can outrun any motorized vehicle.
  걔네들에게 보여줄거야. 내 몸이 어떤 차량보다 빨리 달릴 수있다는 걸.
  I'll show her that I think this is great. 걔한테 이게 대단하다고 보여줄거야.

I'll show sb (that~)은 '…에게 내가 그들이 생각하는 것보다 더 낫다는 것을 증명하다'라는 의미. 물론 문맥에 따라 '단순히 자기 생각을 보여준다'는 의미로도 쓰인다.

Well, Ok. If you want to show off about it.

그래, 좋아. 네가 그걸 자랑하고 싶다면.

- She wanted to show off his new boyfriend. 걘 새 남친을 자랑하고 싶었어.
  Why not show off my latest wares? 내 신제품들을 과시하는게 어때?

show off (about)는 유명한 숙어로 '자랑하다,' '으스대다,' '과시하다'라는 의미. show-off하면 '잘난 척하는 이'라는 뜻이 된다.

You get to show him who's boss.

걔한데 누가 책임자인지 보여줘야 돼.

- Go on, show your wife who's boss. 자, 아내한테가서 누가 짱인지 보여줘.
  Can you show me who's boss around here? 여기서 누가 보스인지 알려줄래?

show (sb) who's boss는 그대로 해석하면 된다. '…에게 누가 책임자인지 보여주다,' 즉 누가 실질적인 결정권자인지를 보여주다라는 의미.

We're making a show of force in a high profile matter.

주목받는 사건에서 우리는 힘을 과시하고 있어.

- Don't make a show of your talents. 네 재능을 과시하지마.
  What would possibly possess you to put on a show and tell like that? 뭐가 널 그렇게 행동하고 말하게 사로잡을 수 있는거야?

make a show of는 '…과시하다,' '자랑하다'라는 뜻으로 put on a show of 또한 …의 연기를 하다라는 말로 상황에 따라 '속이려고 …인 척하다'라는 뜻으로 사용된다.

You run the show, and I'm along for the ride.

네가 꾸려나가고, 난 얹혀갈거야.

- Looks like my pal agent Trask is running the show.
  내 친구 트래스크 에이전트가 운영하는 것 같아.
  Looked to me like Catherine was running the show.
  나한테는 캐서린이 이끌고 있는 것으로 보였어.

run the show는 '앞장서 꾸려나가다,' '책임지고 이끌다'라는 말로 be in charge와 같은 맥락의 표현.

Am I gonna have something for show and tell today?

오늘 제가 뭐 발표하나요?

- I let my kids take the pepper spray to school for show and tell. 난 학교에서 발표하기 위해 후추스프레이를 아이들보고 가져오게 했어.

show and tell은 명사로 '학교나 회사에서의 발표회'를 뜻한다.

MORE EXPRESSION

put up a good show 잘해내다
steal the show 인기를 독차지하다
for show 남에게 보여주기 위해
It goes to show~ …임을 증명하다
show the way 예를 보이다, 길을 안내하다

» shut

Please don't shut me out. 날 거절하지마.

Shut up about it.
누구에게도 말하면 안돼.

- The both of you just have to **shut up** right now.
  너희 둘 당장 입다물어.

  I just wanted to **shut her up**. 난 단지 걔 입을 다물게 하고 싶었어.

■ shut up (about~)은 잘 알려진 표현으로 '입을 다물다,' '조용히 하다'라는 뜻. 다른 사람을 입다물게 하라고 할 때는 shut sb up이라고 하면 된다.

Shut your eyes, and go with your first instinct.
두눈을 감고 처음 느낀 본능에 따라.

- Don't **shut your eyes** to the poor people. 가난한 사람들을 외면하지마.

  You can **shut your eyes**, have sex with your wife, and pretend it all feels right. 두 눈을 감고, 아내와 섹스를 하고 그리고 기분이 아주 좋은 척해봐.

■ shut one's eyes[ears] to~는 …에 두눈[두귀]을 닫다라는 말로 보지도 않고 듣지도 않다, 즉 '보고도 들어도 모른 척하다'라는 의미. 물론 '그냥 물리적으로 두눈을 감거나 두귀를 막다'라는 뜻으로도 쓰인다.

Please don't shut me out.
날 거절하지마.

- I know you're upset, but don't **shut me out**. 너 화났지만 날 버리지는마.

  Ron has completely **shut me out of his life**. 론은 걔 인생에서 날 완전히 내쳤어.

■ shut sb out은 '못들어오게 차단하다,' '거절하다,' '떨쳐버리다,' '박대하다'라는 의미. 뒤에 of~를 붙이면 '…로부터 차단하다,' '막다'라는 의미가 된다.

MORE EXPRESSION

shut the door on …의 가능성을 없애다
be shut off from …로부터 고립되다
shut out 차단하다, 완승하다
Shut your ass! 거짓말!

» shy

Peter shies away from attending parties. 피터는 파티에 참석하는걸 피해.

I don't know why I'm so shy with men.
내가 왜 남자들한테 부끄럼을 타는지 모르겠어.

- He would **be shy with** women, specially you.
  걘 여자들, 특히 너한테 부끄럼을 많이 탈거야.

  You'**re just too shy** to say that. 넌 너무 부끄러워서 그 얘기를 못하는 거야.

■ be shy with~는 '…에 수줍어하다,' '부끄러워하다,' be shy to+동사는 '부끄러워 …하지 못하다'라는 의미.

Well, he's not shy about his pornography.
어, 걘 자기가 찍은 포르노를 전혀 부끄러워하지 않아.

- She'**s not too shy about** indicating who was sending it.
  걘 기꺼이 누가 그걸 보냈는지 지목했어.

  You **were never exactly shy about** letting us know.
  넌 정말 전혀 꺼리지 않고 우리에게 말해줬어.

■ be not shy about ~ing[N]는 …하는 것에 부끄러워하지 않다라는 말로 '꺼리지 않고 …하다,' '기꺼이 …하다'라는 강조표현.

Don't be shy, though. Give her a call.
그래도 부끄러워하지마. 걔한테 전화해.

- You want to ask me something? **Don't be shy.**
  내게 뭐 물어보고 싶다고? 부끄러워하지마.

■ Don't be shy 역시 같은 맥락의 표현으로 '수줍어 하지마라,' 혹은 말을 머뭇거리는 사람에게 '어서 말해봐'라고 독촉할 때 사용한다.

Allan died one day shy of his wedding.
앨런이 결혼식 하루 전날 죽었어.

- These skid marks are about seven feet shy of the gate.
  이 스키드마크는 정문에서 약 7피트 떨어져있어.

Peter shies away from attending parties.
피터는 파티에 참석하는걸 피해.

- I don't shy away from dating different women.
  나는 다른 여자들하고 데이트하는 걸 피하지 않아.

  She shied away from all social contact because she wanted to be alone with her grief.
  갠 슬픔속에 혼자 있고 싶어 사람들과 만나는 것을 모두 피했어.

숫자명사+shy of~에서 shy는 더 이상 수줍다가 아니라 short의 의미로 수량이 모자라다라는 뜻으로 쓰인 경우. 즉 '…에서 …가 모자라는,' '빠지는' 등으로 해석하면 된다. 그래서 be shy of[about] ~ing하게 되면 '…까지는 하지 않다'라는 뜻이 된다.

shy away from ~ing[N]는 '…을 회피하다,' '피하다'라는 말.

MORE EXPRESSION

fight shy of …을 꺼리다
camera-shy 카메라 찍히기 싫어하는
work-shy 게으른

» **sick**

You make me sick! 너한테 질렸어!

I have to call in sick.
오늘 아파서 결근한다고 전화해야겠어.

- I'm calling in sick. 전화해서 병가낼거야.

  Why don't we both call in sick and spend the day in bed naked together? 우리 둘이 아프다고 전화해 결근하고 침대에서 다 벗은채로 하루를 보내자.

call in sick은 '아파서 결근하겠다고 전화를 하다'라는 의미로 be out sick이라고 해도 된다.

Did Jesse get sick? Was there an accident?
제시가 아팠어? 사고가 있었어?

- People get old. Get sick. Happens to everybody.
  사람들은 나이들면 병들어. 다들 그렇지.

  She got sick. She died a couple of weeks ago. 갠 아파서 몇주전에 죽었어.

get[fall] sick은 '아프다,' '병에 걸리다'라는 의미. 뒤에 나오는 get sick of와 구분해야 한다.

I feel awful. I feel sick. I miss him already.
끔찍해. 기분이 그래. 벌써 걔가 그리워.

- Anything at all? You don't feel sick, do you? 다 괜찮아? 기분 괜찮은거지?

  I'm going to be sick. 나 토할 거 같아.

feel[be] sick (with)은 기본적으로 '토할 것 같다'라는 의미로 be[feel] sick to one's stomach와 같은 의미. 하지만 모두 다 비유적으로 '기분이 나쁘다'라고 쓰기도 한다. 참고로 '차멀미'는 carsick, '배멀미'는 seasick이라고 한다.

Her mother is worried sick.
걔 엄마는 속이 다 타들어가.

- We were worried sick about you. 우리는 너 때문에 걱정이 태산이었어.

  I'm worried sick about him. 난 걔문제로 정말 걱정야.

be worried sick (about~)은 아주 걱정을 많이 하다라는 뜻으로 '걱정이 태산이다,' '속이 다 타들어가다'에 해당된다. be sick with worry라 해도 된다.

I am sick of this.
나 이거 정말 진절머리가 나.

- I'm sick of being the only one you don't talk to about it.
  왜 내게만 말을 안해주는지 질린다.
  It's been twenty years, and I'm still not sick of you.
  20년이 지났지만 여전히 너한테 질리지 않아.

be sick of~는 주로 I'm sick of ~ing[N] 형태로 '질리다,' '진절머리나다,' '지긋지긋하다'라는 말로 I'm really fed up with~와 같은 의미.

I'm sick and tired of being lonely!
혼자 있는게 정말 지긋지긋해!

- I'm sick and tired of everyone blaming this thing on me.
  모두들 날 이걸로 비난하는데 신물이 나.
  I'm sick to death of putting myself on the line for this family.
  이 가족 때문에 내가 위험에 빠지는게 정말 싫어.

get sick of~ 혹은 진행형 be getting sick of~ 또한 마찬가지로 '신물이 난다,' '지긋지긋하다'라는 뜻이고 강조하려면 be getting sick and tired of~ 혹은 be sick to death of~라 하면 된다.

That's so sick.
이건 말도 안돼.

- This is sick, it's disgusting. 이건 말도 안돼, 진짜 역겹다.
  Yeah... I mean, how sick is that? 그래, 내 말은, 얼마나 역겨운대?

sth be sick은 주어로 sth이 왔다는 점을 눈여겨 봐야 한다. 주로 that, it이 와서 놀라거나 경악하여, '말도 안돼,' '골때린다,' '역겹다' 등의 의미로 쓰인다.

You make me sick!
너한테 질렸어!

- This makes me sick. 진짜 역겹다.
  I can't listen any more. It makes me sick. 더 이상 못듣겠어. 정말 역겨워.
  So any of those things could have made him sick?
  그럼 저것들 중 어떤게 걘 화나게 했었을까?

make sb sick은 'sb를 열받게 하다,' '화나게 하다,' '역겹게 하다'라는 의미로 많이 쓰이는 표현.

S

Well you had morning sickness.
음, 너 입덧하는 거였구나.

- I'm okay. It's just morning sickness. 난 괜찮아. 입덧하는거야.
  If your wife has sleeping sickness and we don't treat her, she'll die. 만일 네 아내가 수면병이고 우리가 치료하지 않는다면 걘 죽을거야.

have morning sickness는 '입덧하다,' travel sickness는 '배멀미,' sleeping sickness는 '수면병'을 뜻한다.

MORE EXPRESSION

take sick 아프다, 병에 걸리다
sick as a dog 기분이 매우 안좋은

놓치면 원통한 미드표현들

- **skid mark** 차가 급정거시 생기는 자국, 팬티의 똥묻은 얼룩
  He left skid marks. I can show you.
  스키드 마크를 남겼어. 내가 보여줄게.
  I don't get it. Why do men get skid marks?
  이해가 안돼. 왜 남자들은 팬티에 얼국자국을 남기는 거야?
- **on the skids** 나쁜 상황
  Is business here still on the skids?
  여기 사업이 여전히 안좋아?
- **be slated for[to do]** 예정되어 있다
  He's slated for execution next week.
  걘 다음주에 사형집행이 예정되어 있어.
- **clean slate** 새로운 출발(clean sheet) clean sweep(압승)
  She was excited. This job was a new start, a clean slate.
  걘 들떴어. 이 일은 새로운 시작, 새로운 출발야.
  We scored a clean sweep. 우린 압승을 했어.

Aren't you on the wrong side? 너 눈밖에 난거 아냐?

What do you do on the side?
부업으로 뭘 해?

- So I do a little work on the side. 그래서 난 부업으로 일을 조금 해.
  We just have sex on the side. Like married people do.
  비밀로 섹스하면 돼. 부부들이 그렇게 하듯이 말야.

I'm on your side.
난 네 편이야.

- I need your help. Please be on my side. 네 도움이 필요해. 내 편 되어줘.
  Do you have a lawyer on your side? 네 입장을 대변할 변호사있어?
  Time is on his side in the court case. 이 소송건에서 시간은 걔의 편이야.

He says a jury will take my side.
걘 배심원이 내 편을 들어줄거라 말했어.

- You can't take sides! Police officers aren't allowed to take sides.
  넌 편들면 안돼! 경찰관은 편드는게 아냐.
  The point is, in a situation like this you got to pick sides.
  이런 상황에서 요점은 네가 어느 쪽이든 편을 들어야 한다는거야.

I got to side with Mike.
마이크 편을 들어야했어.

- Who do you think the court's gonna side with?
  법정이 누구 편을 들거라 생각해?

Aren't you on the wrong side?
너 눈밖에 난거 아냐?

- I'm on the wrong side of 40. 난 40이 넘었어.
  They fought when he got on the wrong side of the gangster.
  걔네들은 그가 갱들의 노여움을 샀을 때 싸웠어.
  You can't stay on the right side of Ms. Thomas.
  넌 토마스 씨 마음에 계속 들 수가 없어.

I am on the wrong side of the law.
난 법을 어겼어.

- I try to stay on the right side of the law. 난 항상 법을 지키려고 하고 있어.
  Ned Kelly was always on the wrong side of the law.
  네드 켈리는 항상 법을 어겼어.
  The contract was agreed to on all sides. 이 계약은 모든 면에서 합의됐어.

do sth on the side에서 on the side는 비밀로라는 뜻으로 '부업하다,' 즉 moonlight와 같은 의미.

be on sb's side는 '…의 편이다'로 논쟁이나 다툼에서 상대방의 의견이나 생각을 지지한다는 의미. be at sb's side, stay by sb's side라고도 한다. 또한 어느 편인지 물어볼 때는 Whose side are you on?라 한다. 또한 have sth on one's side하면 sth가 …의 편이다, sth를 이점이나 강점으로 갖고 있다.

take one's side는 '어느 한 쪽편을 들다'라는 의미로 take sides라고도 한다. 또한 pick sides는 '편을 들다'라는 의미.

side with sb하면 '…의 편을 들다'로 side가 동사로 쓰인 경우.

get on the wrong side of sb는 '…의 눈밖에 벗어나다,' '노여움을 사다'라는 뜻이고, keep on the right side of sb하면 '…의 마음에 들게 행동하다'라는 의미. 특히 get on the wrong side of the bed하면 '기분이 좋지 않다'라는 의미고 on the right of+나이하면 '…가 되지 않은,' 반대로 on the wrong side of+나이하면 '…을 넘은'이라는 뜻.

on the wrong side of the law는 '법을 어긴,' 반대로 right side를 쓰면 '법을 지킨'이라는 의미. 또한 on all sides, on every side하면 '모든면에서,' '사방에서'라는 표현.

MORE EXPRESSION

on the other side of~ …의 건너편에
on[from] all[every] sides 도처에서
sidekick 보조, 조수, 짝꿍
on the other side of the coin 이와는 달리
let the side down 같은 편 사람들을 실망시키다
side effect 부작용

Get him out of my sight. 걔 끌고 가.

You mean I could lose my sight?
내가 시력을 잃을 수도 있다는 거야?

- I already **got my sight back**. 난 이미 내 시력을 되찾았어.
  When I **lost my sight**, those people were there for me.
  내가 실명했을 때, 저 사람들이 내게 힘이 되어줬어.

lose one's sight는 '시력을 잃다,' '실명하다,' 그리고 '다시 시력을 되찾는다'고 할 땐 get one's sight back 혹은 gain one's sight라 한다.

Get him out of my sight.
걔 끌고가.

- **Get** this jerk **out of my sight**! 이 머저리 내 눈앞에서 꺼지게해!
  Get the criminal **out of the judge's sight**.
  그 범죄자를 판사가 보지 않도록 끌고나가.

get sb out of one's sight는 화가나서 …의 눈에서 sb를 치우라는 말로 'sb를 내눈에 보이게 하지마,' 'sb를 데려가다,' '끌고 가다'라는 표현.

And don't let it out of your sight.
그리고 그거 눈 떼지마.

- **Don't let** him **out of your sight** for a minute. 한순간도 걔한테서 눈떼지마.
  I'll never **let** you **out of my sight** again. 너한테서 한순간도 눈떼지 않을게.

not let sb[sth] out of one's sight하면 '…에게서 눈을 떼지 않고 계속 지켜보다'라는 뜻.

I know you have your sight set on Yale.
난 네가 예일대를 목표로 하고 있다는 거 알아.

- I **had** her **in my sights**! 난 걜 목표로 했었어!
  I **have** that perfect attendance certificate **in my sights**.
  난 개근상을 목표로 하고 있어.

have one's sight set on ~ing[N]는 '…을 목표로 삼다,' '…가 되기로 다짐하다,' '몹시 원하다' 또한 have~in one's sights라해도 '역시 …을 목표로 하다'라는 의미.

I couldn't stand the sight of him.
난 걔의 모습을 참을 수가 없었어.

- I **can't stand the sight of** all this homosexual dancing!
  이 게이 댄스하는 꼴들 더는 못봐주겠어!
  You **can't stand the sight of** your own work?
  네가 만든 작품인데 못봐주겠다는거야?

can't stand the sight of~는 '…의 모습[꼴]을 참지 못하다,' '…의 모습을 견디지 못하다'라는 의미로 can't stand 대신 hate를 써도 된다.

MORE EXPRESSION

be not a pretty sight 그리 보기 좋은 모습이 아니다
sorry sight 비참한 모습
a sight for sore eyes 보기만 해도 좋은 사람
short-sighted 근시안의
clear-sighted 명석한
come into sight 모습을 드러내다

S

놓치면 원통한 미드표현들

- **let it slide** 넘어가주다, 개선하지 않고 그냥 넘어가다
  I'll **let it slide** this time. 이번에는 그냥 넘어가지.
  You can **let it slide**, officer. We're even.
  그냥 넘어가죠, 경찰관님. 우린 셈셈예요.
- **a slob** 지저분하고 게으른 사람.
  For such **a slob**, he certainly is careful when it counts. 그렇게 게을러도, 중요할 때 신중해.
- **like a slob** 너저분하게, 역겨운 사람처럼
  You run like a health nut and eat **like a slob**.
  넌 건강에 집착하는 사람처럼 달리지만 너저분하게 먹네.
- **slob around[about]** 할 일없이 빈둥거리다
  My husband **is slobbing around** the house every weekends.
  남편은 매 주말마다 집에서 뒹글거리고 있어.

» sign

I'm not getting a signal here. 난 여기서 신호가 잡히지 않아.

It's not a good sign.
좋은 징조가 아니야.

- She never heard of me. That isn't a good sign.
  걘 널 들어본 적이 없대. 좋은 징조가 아냐.

■ be not a good sign은 '좋은 징조가 아니다,' '조짐이 안 좋다,' '조짐이 불길하다'라는 의미.

There's no sign of struggle.
몸싸움한 흔적이 없어.

- There's no sign of the girl here. 여기에 그 여자가 있을 것 같지 않아.
  There was no sign of viruses or fleas on any of the rats.
  그 쥐들한테는 바이러스나, 벼룩이 있었다는 흔적이 한 마리에게도 없었어.

■ There is no sign of~는 '…의 징조가 보이지 않다,' '…할 것 같지 않다,' '…할 조짐이 보이지 않다,' 혹은 '…의 흔적이 없다'라는 단순한 표현.

She says, "I didn't sign up for this."
걘 "난 그거 등록하지 않았어"라고 말했어.

- I'm gonna sign up for more lessons. 난 수업을 더 들으려고 신청할거야.
  You got Penny to sign up for online dating?
  페니가 온라인 데이트사이트에 회원가입하도록 했어?

■ sign up for~는 '강의 등을 신청하다,' '등록하다,' 정기구독이나 인터넷사이트에 신청등록하는 것을 뜻한다.

I'm not getting a signal here.
난 여기서 신호가 잡히지 않아.

- He left a distress signal on the roof of one of the buildings.
  저 빌딩들 중 한 옥상에서 조난신호를 남겼어.
  We just drove around for two hours tracking down that cell signal. 우린 그 핸드폰 신호를 추적하기 위해 2시간동안이나 운전을 했어.
  Any other way for him to signal his location?
  걔가 자기 위치를 신호를 보낼 방법이 있어?

■ distress signal은 '조난신호,' cell signal은 '핸드폰 신호,' get a signal은 '신호를 받다[잡히다]' 그리고 signal은 동사로 '신호를 보내다,' '암시하다'라는 단어이다.

MORE EXPRESSION

signed and sealed 완전히 확정된
sign on the dotted line 정식서명하다
sign of life 활기, 인기척

» silent

You have the right to remain silent. 당신은 묵비권을 행사할 권리가 있다.

You have the right to remain silent.
당신은 묵비권을 행사할 권리가 있다.

- You're under arrest for rape. You have the right to remain silent, anything you say can and will be used against you in a court of law. You have the right to an attorney. If you cannot afford an attorney, one will be appointed for you.
  당신을 강간혐의로 체포합니다. 묵비권을 행사할 권리가 있으며 당신이 말하는 모든 것은 법정에서 당신에게 불리하게 사용될 수도 있습니다. 변호사를 선임할 권리가 있습니다. 변호사를 선임할 여유가 없을 경우 국선 변호인을 선임해줄 것입니다.

■ remain silent는 '입을 다물고 있다,' '함구하다'라는 뜻. 특히 the right to remain silent 하면 경찰들이 용의자를 체포할 때 자주 쓰는 표현으로 '묵비권'이라는 의미. 앞서 나온 the right to plead the Fifth와 같은 말로 이렇게 범인에게 체포하면서 하는 말은 '미란다 원칙'이라고 한다.

She threatened her victims into silence.

걘 자기 피해자를 위협해서 입다물게 했어.

- One of his old friends is trying to scare Betty into silence.
  걔 오래된 친구들 중 하나가 베티를 겁줘서 입다물게 하려고 해.
  The two lapse into silence staring at each other.
  그 둘은 서로를 쳐다보며 입을 다물었어.

■ scare sb into silence는 'sb를 겁줘서 말을 못하게 하다'라는 말로, scare 대신에 threaten이라고 해도 된다. 또한 lapse into silence하면 '침묵하다'라는 말.

So they had to silence him, too.

그럼 걔네들은 걔도 역시 침묵시켜야 했어.

- They want to silence him, but we're not going to let that happen. 걔네들은 걔를 침묵시키려고 하지만 우리가 그렇게 되도록 놔두지 않을거야.
  What's a gun with a silencer doing out on the bed?
  소음기총으로 침대에서 뭐할려고?

■ silence는 동사로 '침묵시키다,' '조용히시키다'라는 뜻으로 사용되고, 또한 silencer하면 '총의 소음기'라는 뜻.

» silly

And I made a silly joke about him. 그리고 난 걔한테 바보같은 농담을 했어.

Don't be silly.

바보처럼 굴지마.

- Oh, don't be silly. It's late. 어, 어리석게 굴지마. 늦었어.
  Oh, don't be silly. I just didn't realize how early it was.
  어, 바보처럼 굴지마. 그게 얼마나 빨리 그랬는지 몰랐어.

■ Don't be silly는 '바보처럼 굴지마라'라는 뜻.

But silly me, it never occurred to me to check.

하지만 내가 한심하게도, 확인할 생각이 전혀들지 않았어.

- Silly me, here I actually thought you wanted to go.
  바보같이, 실은 난 네가 가길 원한다고 생각했어.
  Oh, silly me. How could I make that mistake twice?
  내가 멍청했지. 내가 어떻게 그런 실수를 두 번이나 했을까?

■ Silly me는 구어체표현으로 자신이 바보같고 한심한 짓을 저지르고 나서 자조적으로 하는 말로 '난 정말 멍청하지,' '한심해라'라는 의미.

And I made a silly joke about him.

그리고 난 걔한테 바보같은 농담을 했어.

- The silly bastard opened up his own pizza place.
  저 어리석은 자식이 피자가게를 열었어.
  I'm not a child. I don't hold silly grudges. 난 애 아냐. 유치한 유감같은거 없어.

■ silly 다음에 명사가 오는 경우로 '어리석은,' '바보같은,' '유치한' 등의 의미.

No, silly. I told everybody you were a whore.

아냐, 이 바보야. 모두에게 네가 창녀라고 말했어.

- No, silly, we'd like for you to address the class.
  아냐, 바보야. 우린 네가 수업시간에 연설해주기를 바래.

■ no, silly는 명사로 '아냐, 이 바보야'라는 말로 문장 끝에서 ~silly라고 쓰기도 한다.

MORE EXPRESSION

bore sb silly 정말 지루하게 하다
drink[laugh] oneself silly 미치도록 마시다[웃다]

» single

You singled me out. 넌 날 골랐어.

You singled me out.
넌 날 골랐어.

- Why **am I being singled out**? 왜 내가 선택된거야?
  Abusive parents frequently **single out** one child.
  학대하는 부모들은 종종 한 아이만 고른다.

single out은 '선발하다,' '선정하다,' '추려내다' 라는 의미로, pick, choose라는 의미.

She called me every single day.
걘 하루도 빠짐없이 매일 전화해.

- That man beat the crap out of her **every single day**.
  저 남자가 매일 걜 죽도록 팼어.
  New Year's Eve is the single biggest letdown of a night **every single year**. 한 해도 빠짐없이 한 해의 마지막 날은 가장 실망스런 저녁이야.

every single은 '단 하나의 …도' 라는 뜻으로 일종의 강조 표현법. every single day는 '하루도 빠짐없이 매일같이,' every single word는 '한마디도 빠짐없이 모든 말' 이라는 뜻. 또한 the single biggest [greatest]~는 가장 큰 것이라는 의미로 '뭔가 강조하고 싶은 이야기가 있을 때' 쓰면 된다.

Oh, really, not a single person?
어, 정말, 한 사람도 없었어?

- 74 sexual positions and **not a single** fatty.
  74개 종류의 섹스체위 그리고 단 한명도 뚱뚱한 사람이 없어.
  And **not a single** passenger would listen to me.
  그리고 단 한 명의 승객도 내 말을 들으려 하지 않을거야.

not a single은 반대로 '하나도 …가 없는' 이라는 의미.

He was a single parent, 2 daughters.
걘 한부모였으며 딸이 2명 있었어.

- I don't know! I did my best as **a single parent**.
  몰라! 한부모로서 난 최선을 다했어.
  I know what it's like to be raised by **a single parent**.
  한부모한테서 양육되는게 어떤 것인지 알아.

single parent는 한부모라는 말로 '사별, 이혼, 혹은 미혼 등의 이유로 엄마 혹은 아빠 혼자서 애를 키우는 부모' 를 뜻하며, single parent family하면 '한부모가정' 을 말한다.

MORE EXPRESSION

single-minded 외골수의

» sit

Why don't you sit on her? 걔를 지켜보자.

Sit tight.
꼼짝말고 있어.

- That gives him a big incentive to **sit tight**.
  그건 잠자코 있었던 거에 대한 커다란 인센티브가 될거야.
  You'll get your phone call. Just **sit tight**.
  전화가 올거야. 그냥 가만히 앉아있어.

sit tight는 움직이지 않고 그대로 앉아있다는 말로 비유적으로 '잠자코있다,' '고수하다' 라는 의미로 쓰인다.

Sit back and relax. Enjoy the show.

편히 앉아 쉬어. 즐겁게 쇼를 보고.

- Just sit back and let him take everything we've got?
  그냥 가만히 우리의 모든 것을 걔가 다 가져가도록 할거야?

  There's nothing left for us to do except sit back and grow old together. 우리가 그냥 가만히 함께 나이드는 것 외에는 우리에게 남은 것이 아무 것도 없어.

■ sit back and~는 '편히 앉아서 …하다'라는 말로 sit back and relax하면 '앉아서 편히 쉬다'는 말. 그밖에 sit back and+동사로 쓰이면 '가만히 노력하지 않고 방관만 하다'라는 뜻이 된다.

If you were, you'd be sitting pretty.

네가 그렇다면 넌 여유있게 살텐데.

- She makes some extra cash, and she's sitting pretty.
  걔가 추가로 돈을 벌어서 여유있게 살고 있어.

  You'll be sitting pretty when you get the raise. 급여오르면 넉넉해질거야.

■ be sitting pretty는 '넉넉하게 유복하게 살다,' '유리한 입장에 있다'라는 의미.

Why don't you sit on her?

걔를 지켜보자.

- Then we sit on him to make sure he doesn't kill again.
  그럼 다시 살인하지 못하도록 걜 가둬두자.

  We have been instructed to sit on the baby.
  우리는 아이를 지켜보도록 지시받았어.

  Which is why I wanted him to sit on the committee.
  그게 내가 걜 위원회 위원이 되기를 바라는거야.

■ sit on은 기본적으로 …위에 앉아있다, 비유적으로 '일처리를 미루고 있다'라는 뜻. 하지만 sit on sb하게 되면 '지켜보다,' '감시하다'라는 뜻이 된다. 또한 sit on the committee하면 '위원회 위원이 되다,' sit on the fence 하면 '중립적인 태도를 취하다'라는 의미.

S

Listen, it's easy for you to sit in judgment now.

이봐, 네가 이제 재판을 하는 건 쉬워.

- That didn't sit well with me, so that's why I turned him down.
  그건 나랑 어울리지 않아서 걜 거절한거야.

  The planned development doesn't sit well with us.
  개발계획은 우리에게 맞지 않아.

■ sit in judgment (on/over)는 '(…을) 재판하다,' not sit well with~는 '…에 받아들여지지 않다,' '어울리지 않다'라는 의미.

We bring Nikki in here for a sit-down.

우리는 니키를 이리로 데려와서 앉아 쉬었어.

- I think it's time we all had a sit-down, don't you?
  우리 모두 모여 문제를 해결해야 된다고 생각하지 않아?

  We're gonna have to have a sit-down with Peter.
  우리는 피터와 대화를 해야 할거야.

■ sit-down은 앉아서 하는 데모인 '연좌농성' 혹은 '앉아서 쉬는 것'을 뜻한다.

MORE EXPRESSION

Do sit down. 그만 앉으세요.
sit up and take notice
앉아서 사태를 주목하다
Sit! (개나 사람에게) 앉아!

놓치면 원통한 미드표현들

- **smack sb** 때리다, 치다, (속어) 헤로인
  I know you want to smack her in the mouth.
  네가 걔 아구통을 치고 싶어하는 거 알아.
  Even you can swallow a condom of smack and crap it out. 심지어 너는 콘돔에 헤로인을 넣고 삼키고 나중에 배설할 수도 있어.

- **smack sb around** …을 때리다
  Wonder if he smacks her around.
  걔가 그녀를 때릴까?
  Think I'm kidding? I will smack you around.
  내가 장난하는 것 같아? 널 패버릴거야.

» **situation**

This is a totally different situation. 이건 전혀 다른 상황야.

I've got a situation.

좀 상황이 생겼어.

- I had a little situation, so I called Lily. 좀 상황이 생겨서, 릴리에게 전화했어.
  I have a situation here. 내가 상황이 좀 그래.

■ have (got) a situation은 '뭔가 안좋은 문제가 발생했다'는 표현.

Those were situations where I had to make decisions.

내가 결정을 해야 되는 상황들이었어.

- I think I figured out a way to end this situation where everybody wins. 모두 승자가 되며 상황을 끝낼 방법을 찾은 것 같아.
  There's only two situations where you say that to someone. 네가 그걸 누군가에게 말하는 경우는 딱 2가지가 있어.

■ a situation where~ '이번에는 어떤 상황인지 where 절을 붙여서 구체적으로 말하는 표현.'

This is a totally different situation.

이건 전혀 다른 상황야.

- We're in slightly different situations. 우린 좀 다른 상황하에 놓여 있어.
  You saw the trial, but this is a different situation. 너 재판 봤잖아, 하지만 이건 상황이 달라.

■ different situation은 '예전과 혹은 예상과 전혀 다른 상황에 직면했을 때 사용하는 표현.'

MORE EXPRESSION

difficult situation 곤란한 상황
Situation goes from bad to worse. 상황이 갈수록 나빠지다.

» **six**

So, you haven't read "Page Six? 그럼, 너 가십란 안읽었어?

Check your six, Mike.

마이크, 뒤를 조심하게.

- On your six, boss. 네 사장님, 바로 뒤쫓아갑니다.
  You have no idea what it's like to be raped by some bastard that's supposed to be watching your six. 네 뒤를 지켜주기로 했던 개자식에게 강간당하는게 어떤 건지 넌 뭔지 몰라.

■ six는 6시 방향으로 '사람의 뒤'를 의미한다. 그래서 check [watch] one's six는 '뒤를 조심해라,' 그리고 on your six라고 하면 상사에게 하는 말로 '바로 뒤쫓아 갑니다'라는 표현이 된다.

So, you haven't read "Page Six?"

그럼, 너 가십란 안읽었어?

- She was totally turning into the new Page Six. 갠 완전히 새로운 가십란처럼 변해가고 있었어.

■ Page Six는 *The New York Post* 신문의 가십란이 6페이지에 있는 것에서 출발하여 Page Six하면 '가십(란)'을 뜻한다.

Dock workers rake in over six figures a year.

부두 근로자들은 연간 많은 돈을 긁어모아.

- Both houses mortgaged to the hilt. Credit card debt in the six figures. 두 집 다 최대한 담보대출되어 있고 신용카드 사용액도 엄청많아.
  Case values out in the low six figures. 이 소송의 가치는 1, 2십만 달러 짜리야.

■ six figures는 '여섯자리 숫자'라는 말로. six digits 역시 '숫자 여섯 개'라는 의미.

MORE EXPRESSION

at sixes and sevens 혼란스러운
knock[hit] sb for six 큰 타격을 주다
deep six 수장하다, 폐기하다

That's no skin off my nose. 그건 내가 상관할 바가 아냐.

You are all skin and bones.
넌 피골이 상접하구나.

- We're not just skin and bones. We have flesh.
  우린 그렇게 마르지 않았어. 살도 있다고.
  So what's the skinny? Is he an ex? 그래 저 마른 사람 뭐야? 전 남편야?

He's getting under my skin.
걔 때문에 짜증나.

- Why is Tim under your skin, El? 왜 팀이 널 괴롭히는 거야, 엘?
  That girl has gotten under your skin. 저 여자가 널 괴롭히고 있어.

I'm so wired I'm jumping out of my skin!
너무 신나서 기뻐서 펄쩍 뛰었어!

- I almost jumped out of my skin. 난 진짜 놀라 넘어가는 줄 알았어.
  I almost jumped out of my skin when I saw him.
  난 걜 봤을 때 정말 까무라치는 줄 알았어.

But this will really make your skin crawl.
너무하지만 이건 정말 널 불편하게 할거야.

- I'm crawling out of my skin. 난 불안하고 초조해.
  The old house on the hill makes my skin crawl.
  언덕위의 고가는 소름끼치게 해.

That's no skin off my nose.
그건 내가 상관할 바가 아냐.

- It's no skin off my nose if you stay home. 네가 집에 있어도 난 상관없어.
  It's no skin off John's nose if you refuse the money.
  네가 돈을 거절해도 존이 신경쓰지 않아.

Julia's beauty is only skin deep.
줄리아의 미모는 한꺼풀에 지나지않아.

- This is the perfect opportunity to teach her that beauty's only skin deep. 미모는 거죽 한꺼풀에 불과한 것이라고 걔한테 알려줄 완벽한 기회야.

You lie to save your own skin, right?
넌 너만 살려고 거짓말했지, 맞지?

- She'll let us talk to Tom to save her own skin.
  걘 자기 목숨만 건질려고 우리가 탐에게 얘기하도록 할거야.
  The food saved the family's skin. 음식으로 그 가족이 어려움을 면했어.

be skin and bones는 뼈와 가죽만 남았다는 말로 '빼빼 마르다' 라는 뜻. 그렇게 마른 사람은 a bag of bones 혹은 the skinny라고 한다.

get[be] under sb's skin은 '짜증나게 하다,' '괴롭히다,' '성가시게 하다' 라는 의미.

jump out of one's skin은 '놀라거나 기뻐서 펄쩍 뛰다' 라는 말. '다른 사람을 까무라치게 놀라게 하다' 는 startle sb out of one's skin이라고 하면 된다.

make sb's skin crawl은 '…을 불편하게 하고 초조하게 하고 소름끼치게 하는' 혹은 '좀 두렵게 하는 것' 을 뜻한다. crawl out of one's skin은 '불안 초조하다' 는 말.

It's no skin off one's nose는 다른 사람의 생각이나 행동에 대해 '…가 신경쓰지 않는다,' '상관하지 않는다' 라는 표현이다.

sth be only skin deep은 피부두께가 얇다는 점에 착안한 표현으로 특히 미모나 외모를 얘기할 때 사용하는 것으로 '…은 한꺼풀에 불과하다' 는 것을 뜻한다.

save sb's skin은 곤란하고 어려운 상황에 놓인 사람이 빠져나올 수 있도록 도와주다라는 말. '…가 무사히 빠져나가다,' '화를 면하게 해주다.' 다만 save sb's own skin하면 '혼자만 살려고 하다' 라는 뜻이 된다.

MORE EXPRESSION

by the skin of one's teeth
간신히
skin sb alive 무척 혼내다

S

» skip

He skipped town to get married? 갠 결혼하려고 야반도주했어?

You skipped school?

너 오늘 학교 안갔어?

- Listen, Lisa **skipped school.** 이봐, 리사가 학교에 안갔어.
  He **skipped a grade**. But he's so cute, dad. 갠 월반했지만 귀여워요, 아빠.

■ **skip school**은 '학교를 빼먹다,' skip class는 '수업을 빼먹다,' 하지만 skip a grade하면 '월반하다'라는 좋은 의미.

He skipped town to get married?

갠 결혼하려고 야반도주했어?

- She **could have skipped town.** 갠 마을을 몰래 떠날 수도 있었어.
  We figured she **skipped town**, wanting to disappear.
  우리는 걔가 잠수타고 싶어 야반도주했다고 생각했어.

■ **skip town**은 '야반도주하듯, 비밀스럽고 갑작스럽게 있던 곳을 떠나는 것'으로 주로 채무나 벌을 피하려는 행위. skip the country, skip off on이라고 해도 된다.

Skip it!

그건 넘어가자!

- **Skip it,** John, steal you a second? 그건 건너뛰고, 존, 잠깐 보자.
  You know what. Maybe I should **skip it.** 저 말야. 난 그냥 넘어가야겠어.

■ **skip it**은 건너뛰다라는 말로 '다음으로 넘어가다'라는 의미. 주로 화가 나서 다음주제로 넘어가자고 퉁명스럽게 그냥 넘어가라고 말하는 표현.

I skipped out on the internship.

난 인턴쉽을 거절했어.

- Is that why you **skipped out on** Brown? 그게 네가 브라운을 저버린 이유야?

■ **skip out on**은 자신을 필요로 하는데 '…을 저버리다,' '어려움이나 곤경을 피하다'라는 뜻.

» skull

She's out of her skull. 갠 술에 취했어.

She's out of her skull.

갠 술에 취했어.

- **Are you out of your skull?** 너 정신있냐?
  This beautiful chick shows up, drunk **out of her skull**, wants to get in with me. 아름다운 여자애가 술에 쩔어 나타나 나와 함께 하기를 원하고 있어.

Get it through your thick skull.

그거 이해 좀 해봐.

- Luke has gotta **get it through his thick skull.** 루크는 이해해야 해.
  I told Linda the truth about you a million times, but she couldn't **get it through her thick skull**.
  난 린다에게 너에 관한 진실을 수차례 얘기했지만 갠 이해를 하지 못하는 것 같았어.

■ **be out of one's skull**은 '술에 취하다,' 혹은 '정신이 좀 이상하다'라는 의미. drink out of one's skull 또한 '술에 취하다'라는 뜻이다.

■ **sb can't get it through one's thick skull**은 '둔한 머리로 이해하지 못하다,' 따라서 '아주 단순한 것도 이해못하다'라는 의미.

MORE EXPRESSION

go out of one's skull
몹시 긴장하다

bored out of one's skull
엄청 지루한

» slack

Cut your daughter some slack today. 오늘 네 딸 좀 여유있게 대해.

How do you pick up the slack?

어떻게 남은 일을 할거야?

- Just trying to pick up the slack for you guys. 너희들 위해 남은 일 마치도록해.

  I wish I had a partner, someone to pick up the slack.
  남은 일을 해줄 파트너가 있으면 좋겠어.

■ **pick up[take up] the slack**은 다른 사람이 하다만 하지만 해야 되는 일을 한다는 의미로, '일의 공백을 메우다,' '남은 일을 하다,' '메꾸다'라는 뜻.

Cut your daughter some slack today.

오늘 네 딸 좀 여유있게 대해.

- Come on boss, cut me some slack. 어휴, 사장님, 좀 봐주세요.

  The judge cut the prisoner some slack. 판사는 그 죄수사정을 좀 봐줬어.

■ **cut sb some slack**은 뭔가 부당하게 대접을 받는다고 생각할때 '…에게 좀 여유를 주다,' '어려움을 주지 않다'라는 말로 의역하면 '좀 봐주다,' '느슨하게 대하다,' '좀 사정을 봐주다'라는 의미로 쓰인다.

She's making me feel like a slacker.

걘 내가 게으름뱅이처럼 느끼게 해.

- Today he's a slacker with a hangover. 오늘 걘 숙취에 쩌든 게으름뱅이야.

  Yeah, it wasn't funny, I'm a slacker. 그래, 재미없었어. 난 게으름뱅이야.

■ **slacker**는 '게으른 사람,' 즉 게으름뱅이를 뜻한다.

MORE EXPRESSION

slacks 바지(trousers)

S

» slam

We were really slammed. 우리는 정말 바빴어.

She slammed the door behind her.

걘 뒤로 문을 세게 닫았어.

- Just like that, Jane slammed the door on her and Tim.
  그냥 그렇게 제인은 자신과 팀을 끝장내버렸어.

  He laughed at me. He slammed the door in my face.
  날 비웃더니 내 면전에서 거절했어.

■ **slam the door**는 '문을 쾅 닫다'라는 말로 뒤에 shut을 넣어 강조할 수도 있다. 또한 slam the door behind sb는 '뒤로 문을 쾅닫다,' 또는 slam the door in sb's face는 '제안을 일언지하에 거절하다,' 그리고 slam the door on~은 '…에게 문을 닫고 들이지 않다,' '끝장내다'라는 의미로 쓰인다.

Sounds like a slam dunk. For her.

확실히 성공할 것 같으네. 걔한테는.

- The evidence is overwhelming. This case is a slam dunk.
  증거가 강력해. 이 사건은 이길게 확실해.

  All I'm saying is, these cases are never slam dunks.
  내가 말하는 건 이 사건들은 전혀 승산이 확실한 건 아니라는거야.

■ **slam dunk**는 거의 우리말화된 단어로 '농구에서의 강력한 덩크슛'을 말하는 것으로 비유적으로 '매우 인상적인 행동이나 성공이 확실시 되는 것'을 뜻한다.

We were really slammed.

우리는 정말 바빴어.

- We're slammed. Everybody's on a case. 우리 바빴어. 다들 사건에 매달렸어.

  I got a little slammed last night. 난 지난 밤에 좀 취했어.

■ **be slammed**는 '매우 바쁘다(very busy)' 혹은 '술에 취하다(drunk)'라는 의미로 쓰인다.

MORE EXPRESSION

slamming body 끝내주는 몸매
slam on the brakes 급브레이크 밟다, 속도를 팍 낮추다

» slap

That is a slap in the face. 이건 정말 치욕적이야.

I don't wanna get slapped again.
난 다시 빰맞고 싶지 않아.

- You couldn't even talk to her. You tried, you got slapped.
  넌 걔한테 말조차 걸 수 없었어. 했다가 빰맞았지.

  I know exactly when I'm gonna get slapped.
  내가 언제 빰맞을지는 정확히 알고 있었어.

■ **get slapped**에서 slap은 손바닥으로 찰싹 때리다 혹은 그런 때리기라는 말. 주로 빰을 때리다라는 의미로 많이 쓰인다. give sb a slap하면 '…의 빰을 때리다' 라는 뜻.

We offer her a slap on the wrist.
우린 걔한테 가벼운 주의를 줬어.

- Five years probation. It's not even a slap on the wrist.
  5년간의 보호관찰. 이건 처벌 축에 들지도 못해.

  There is a possibility she'd get a slap on the wrist.
  걔가 비난받을 가능성도 있어.

■ **a slap on the wrist**는 손목때리기라는 말로 '가벼운 비난이나 주의, 경고'를 뜻한다.

That is a slap in the face.
이건 정말 치욕적이야.

- It's just such a slap in the face, y'know? 이건 정말 모욕적이야, 그지?

  You deserve to slap someone in his face as hard as you can.
  넌 힘껏 누구든지 빰을 때릴 자격이 있어.

■ **slap in the face**는 얼굴에 빰맞는 것으로 비유적으로 '모욕,' '치욕'을 뜻한다. slap sb on the back하면 '칭찬해주면서 또닥거려주는 것'을 말한다.

Kids, you remember the slap bet.
얘들아, 빰맞기내기 기억나지.

- I slap bet Mike that you did porn, so I win.
  네가 포르노 찍었다는 걸 마이크와 빰맞기 내기를 했는데 내가 이겼어.

■ **slap bet**은 '내기에서는 지는 사람이 빰맞는 것' 혹은 '그런 내기를 하다'라는 의미.

» sleep

She doesn't sleep around. 갠 이놈저놈과 섹스하지 않아.

Let me sleep on it.
곰곰히 생각해봐야겠어

- I'll sleep on it. 심사숙고 해볼게요.

  Well, maybe we should sleep on it. 저기, 신중을 기해서 생각해봐야 될 것 같아.

■ **sleep on it**은 밑에 깔고 자면서 생각해본다는 말로 '신중을 기해서 생각하다,' '하룻밤 더 생각해볼게,' '곰곰히 생각해 봐야겠어'라는 의미.

I want to sleep in this morning.
난 오늘 아침 좀 늦잠자고 싶어.

- Don't worry, I don't sleep in. I'll get bagels. 걱정마, 늦잠안자니 베이글갔다줄게.

  You haven't slept in weeks. 주중에 잠을 못잤잖아.

  The bed hasn't been slept in. 침대는 사람이 잔 흔적이 없었어.

■ **sleep in**은 '평소보다 늦게 일어나다.' 하지만 sleep in the bed는 '침대에서 자다,' not sleep in three days는 '3일동안 잠을 못자다,' 그리고 bed를 주어로 쓰면 '사람이 잔 흔적이 있다'라는 말이 되니 sleep in을 무조건 늦잠자다라고 생각하면 안된다.

He was sleeping like a log.
걘 아주 푹자고 있었어.

- Did you have a good night's sleep? 잘 잤어?
  Sleep tight. You've earned it. 잘자. 오늘 잘했어.
  I didn't sleep a wink. 한숨도 못 잤어.

Tell her she can sleep it off upstairs.
걔한테 윗층에 올라가서 한숨자고 깨라고 해.

- The guilt of lying to Steve was like a hangover I couldn't sleep off.
  스티브에게 거짓말했다는 죄의식은 내가 자고나서도 떨쳐버릴 수 없는 숙취같았어.

I can turn it off if you want to go to sleep.
네가 자고 싶다면 내가 끌게.

- Come on. Let's go to sleep. 자, 자자.
  It's fine, it's fine. Go back to sleep. 괜찮아, 괜찮으니 다시 잠들어.

Are we disturbing your beauty sleep?
잠푹자는데 우리가 방해한거야?

- I've got to go home and get my beauty sleep. 집에 가서 푹자야겠어.
  Time to go home. You get your beauty sleep. 집에 가야겠어. 푹자.

She doesn't sleep around.
걘 이놈저놈과 섹스하지 않아.

- Rape or no rape, Chris, you did sleep with a student.
  강간여부를 떠나, 크리스, 넌 학생과 잤어.
  Did you or did you not sleep with him? 걔랑 잔거야 안잔거야?

She invited me to sleep over.
걘 나보고 같이 먹고 자고 놀자고 했어.

- Will you sleep over with me tonight? 오늘밤 나랑 같이 자고 놀래?
  Hey, you wanna have a sleepover tonight? 야, 오늘밤 슬립오버할까?

She said she never lost any sleep over it.
걘 그 걱정 때문에 잠을 못이룬 적이 없다고 말했어.

- I'm not gonna lose any sleep over it if it's OK with you.
  너만 괜찮으면 난 그것 때문에 걱정하지 않을게.
  Trust me, there are cases you lose sleep over and this ain't one of them. 내말 믿어, 네가 걱정해야 될 사건들이 있지만 이건 아니야.

I could do that in my sleep.
난 그거 자면서도 할 수 있을거야.

- I could try that in my sleep. 난 자면서도 그걸 할 수 있을 것 같아.

sleep like a log는 팔자좋게 '푹 잘자다,' sleep tight하면 '잘자다,' '푹자다'라는 뜻이 된다. 또한 not sleep a wink하면 '한숨도 못잤다(get no sleep),' not sleep at all 역시 '밤새다'라는 말.

sleep off는 술먹고 아니면 여행을 갔다와서 피곤한 몸을 좀 재우고 몸을 나아지게 하다, 즉 '한숨자고 깨다,' '자고나서 떨쳐버리다'라는 의미.

go to sleep은 '잠들다,' '자다.' TV보는 아이들에게 혹은 침대에 누워서 잠못이루고 수다떨려는 사람에게도 그만 자라고 할 때도 사용된다. go back to sleep은 '다시 잠자리에 들다.' go off to sleep 역시 잠들다.

get one's beauty sleep은 '농담조로 건강을 위해서 충분히 잠을 자다'라는 말로 주로 먼저 자리에서 일어나면서 웃으면서 대는 변명.

sleep around는 '이사람 저사람 여러사람과 섹스하다,' 그리고 sleep with sb하면 '결혼하지 않은 사람과 섹스하다'라는 완곡어법.

sleep over는 '친구 집에서 먹고 놀고 자고 오다,' 명사로 sleepover하면 '그렇게 친구들과 자고 오는 것'을 말한다. slumber party와 같은 의미지만 더 많이 쓰이는 말.

lose sleep over~는 over 이하로 잠을 못잔다, 즉 '걱정 때문에 잠을 이루지 못한다'라는 의미.

I can do sth in one's sleep은 좀 뻥이 심한 표현으로 자면서도 할 수 있다는 말은 '아주 간단히, 쉽게 할 수있다'는 뜻. 또한 talk in one's sleep하면 '잠꼬대하다'라는 말.

MORE EXPRESSION

sleeping pill 수면제
put~to sleep 안락사[마취]시키다
send sb to sleep 잠들게 하다
sing[rock] sb to sleep 노래불러[흔들어] 재우다

S

I'll try not to slip up. 실수하지 않도록 할게.

Sorry. It slipped my mind.
미안. 깜박했어.

- It completely slipped my mind. 완전히 깜박 잊었어.
  It slipped my mind. I got tons to do. 내 완전히 깜박했는데 할 일이 엄청많아.
  The thing slipped out of my hand. 그 일을 완전히 잊어버렸어.

slip one's mind는 '깜박 잊다'는 말로 주로 사과할 때 사용하는 것으로 slip out of one's mind라고 해도 된다. 또한 사물+go (right/clean) out of sb's mind 역시 '잊다'라는 의미.

I'm sorry Ron it just slipped out!
미안해, 론. 무심결에 말이 튀어 나와버렸어.

- She slipped out of here with that hat. 걘 저 모자를 쓰고 몰래 빠져나왔어.
  Maybe he slipped out, stabbed his wife, slipped back in.
  아마 걘 몰래 나와, 아내를 찌르고 몰래 다시 들어갔을 수도 있어.

slip out은 '뭔가 미끄러지듯 빠져나오는 것'으로 사물주어면 '무심결에 (말 등이) 나오다,' 사람주어면 '몰래 빠져 나오다'라는 뜻이 된다.

She let it slip that Tom was in love with Sarah.
걘 탐이 새라와 사랑에 빠졌다는 걸 무심결에 말해버렸어.

- My brother got drunk and let it slip about his Internet chat buddy. 형은 술취해 온라인 채팅친구에 대해 실수로 말해버렸어.
  I let it slip out to the doctors that she started to smoke again.
  무심결에 걔가 다시 담배피기 시작했다고 의사에게 말해버렸어.

let sth slip은 sth을 입에서 나오도록 하다, 즉 '무심결에 말해버리다,' '실수로 말해버리다' 그리고 그 말해버린 내용까지 말하려면 let it slip about[that S+V]이라 하면 된다. 그리고 누구한테 말했는지 표현하려면 let sth slip out to sb라 한다.

I am not letting him slip away.
난 걔가 몰래 떠나지 못하도록 할거야.

- If you don't hold on tight, they'll slip away. 꽉 안잡으면 걔들 몰래 가버릴거야.
  Don't let your soul mate slip away. 네 천생연분이 떠나가지 못하도록 해.

slip away는 '미끄러지듯 몰래 떠나다,' 사물주어가 오면 '…을 놓치다'라는 말이 된다.

I got a pink slip.
나 잘렸어.

- You guys want an assignment slip or a pink slip?
  너희들 업무지시서를 받고 싶어 아니면 해고통지서를 받고 싶어?
  I heard you the first Freudian slip. 너한테서 처음으로 본심을 드러낸 실언을 들었어.

get a pink slip은 예전 해고통지서가 핑크색이어서 나온 표현으로 pink slip하면 '해고통지서'를 뜻하게 되었다. 또한 Freudian slip은 무의식 대가인 프로이드에서 나온 말로 '본심을 드러낸 실언'을 뜻한다.

I'll try not to slip up.
실수하지 않도록 할게.

- One day, she'll slip up. 언젠가 걔 실수할거야.
  You're right. But teenagers sometimes slip up. 맞지만 십대는 종종 실수하잖아.

slip up은 '주의를 기울이지 않아 실수를 하게 되는 경우'를 말한다.

We gotta slip somebody in behind him.
걔 몰래 누군가에게 심어놔야겠어.

- Is he the guy that slipped you the sample? 걔가 네게 샘플을 찔러준 놈야?
  Write her a note and slip it under the door. 걔한테 메모를 써서 문밑으로 넣어.

slip의 가장 큰 속성은 '미끄러지듯'이다. 돈 등을 슬쩍 찔러주거나, 문밑으로 쪽지를 밀어넣거나 등 문맥에 따라 연상하면서 이해하면 된다.

MORE EXPRESSION

slip one over on sb
속이다, 놀리다
give sb the slip …을 따돌리다

» slow

He wants to take it slow. 걔는 천천히 하기를 바래.

He wants to take it slow.

걔는 천천히 하기를 바래.

- Nothing serious, just **take it slow**, you know?
  심각할 것 없어, 그냥 천천히 해, 알았어?

  We'll just **take it slow** and see how it goes.
  천천히해보고 어떻게 되어가는지 보자.

■ **take it slow**는 서두르는 사람에게 말할 때 사용하는 표현으로 '천천히 하다,' '신중히 하다' 라는 의미.

Slow down.

침착해.

- Why don't you **slow down** a bit? 좀 속도를 늦춰.

  Slow down. I'll be right there. 진정하라고. 바로 도착할거야.

■ **slow (things) down**은 '속도를 늦추다,' '천천히 하다,' '진정하다' 라는 의미.

MORE EXPRESSION

be a little slow 좀 느리다
do a slow burn 조금씩 화나다
slow off the mark 행동이 굼뜬

» slut

Penny, to your mind, are you a slut? 페니, 네 생각에, 잡년이라는 생각이 드니?

Penny, to your mind, are you a slut?

페니, 네 생각에, 잡년이라는 생각이 드니?

- What a bitch. Oh, my god. She **is such a slut**!
  이런 개년. 맙소사, 걘 정말 헤픈 계집야.

  They were calling her **a slut** and a whore.
  걔네들은 걜 헤픈년, 창녀라고 불렀어.

■ **a slut**은 함부로 써서는 안 되는 금기어로 '헤프게 몸을 굴리는 계집,' '잡년' 을 뜻한다.

She's a slutty nurse.

걘 헤픈 간호사야.

- It's probably because your mom **is a slutty slut**!
  네 엄마가 헤픈 여자이기 때문일지 몰라!

  I told you she **was kind of slutty**. 난 걔가 좀 헤프다고 말했어.

■ **slutty**는 slut의 형용사형으로 '헤픈' 이라는 뜻.

놓치면 원통한 미드표현들

- **small potatoes** 하찮은 일[사람]
  These are no **small potatoes**.
  이건 하찮은 일이 아니야.
  That's **small potatoes**. 그건 별 문제 아니잖아.

- **look[feel] small** 작아지다, 왜소하게 느껴지다
  You embarrassed my mother and made her **feel small**.
  넌 내 엄마를 당황케했고 초라하게 느끼게 만들었어.

Don't get smart with your teacher. 선생님에게 버릇없게 굴지마라.

You got to be smarter about it.
넌 그거에 대해 더 현명해져야 돼.

- You don't have much time. Please be smart about this.
  넌 시간이 별로 없어. 현명해지라고.

■ be smart about~은 '…에 대해 현명하다,' '지혜를 갖다'라는 의미.

It was a smart move.
그건 현명한 행동였어.

- It's a real smart move, Henry. 그건 정말 현명한 생각이었어, 헨리.
  Smart move if you got something to hide.
  네가 숨길게 있다면 현명한 행동였어.

■ smart move는 '이성적이고 합리적인 판단하에 한 현명한 움직임,' '현명한 행동, 생각'이란 뜻.

They need your smarts.
걔네들은 네 지혜가 필요해.

- Lucky for her she got your smarts, not Eddie's.
  걔한테는 참 다행이다, 에디가 아니라 너의 지혜를 얻었으니 말야.
  I don't think it's his lack of smarts. 그건 걔가 지혜가 부족했던 건 아닌 것 같아.

■ have[get] smarts에서는 smart가 명사로 쓰인 경우로 '지능(intelligence)이나 지혜'를 뜻한다.

Don't get smart with your teacher.
선생님에게 버릇없게 굴지마라.

- I'll hit you if you get smart with me. 네가 내게 버릇없게 굴면 때릴거야.
  She wonders how a stripper got smart enough to be a doctor.
  걘 어떻게 스트리퍼가 의사가 되었는지 궁금해해.

■ get smart (with)는 긍정적으로는 '재치있다,' '꾀가 있다'이지만 부정적으로는 '언뜻 현명하게 보이지만 버릇없다'는 뜻으로 쓰인다. smart remark도 역시 '버릇없이 하는 말.'

Don't be a smart-ass.
건방지게 굴지마.

- You have the right to remain silent, smart-ass.
  넌 묵비권을 행사할 수 있다, 잘난척 하는 놈아.
  Don't even think about getting cute, smart-ass.
  까불려는 생각은 하지도 마, 이 건방진 놈아.

■ smart-ass는 속어로 똑똑한 사람이지만 주로 '건방진 놈,' '잘난척하는 놈'을 말할 때 사용된다. 특히 be a smart-ass하면 '건방지게 굴다,' '싸가지 없이 굴다'라는 의미.

They make you smart.
걔네들이 널 혼내줄거야.

- I need you to make me smart. 네가 날 혼내줘.
  That does not make you horrible. That makes you smart.
  그건 널 끔찍하게 만드는게 아니라 현명하게 만드는거야.

■ make sb smart는 'sb를 현명하게, 똑똑하게 만들다,' 혹은 make sb smart (for~)하면 (…로) sb를 '꾸짖다,' '혼내다'라는 의미가 된다.

You can't outsmart me.
난 네 수가 다 보여.

- Face it. I outsmarted you. 현실을 직시하라고. 난 네 머리위에 있다고.
  Someone finds a way to outsmart it. 누가 그보다 한수 앞설 방법을 찾았어.

■ outsmart sb[sth]는 '…보다 한수 위이다,' '한수 앞서다'라는 의미.

MORE EXPRESSION

smart aleck 건방진 놈
smarty 똑똑한 사람

» smash

I've got myself a smashing new girlfriend. 난 아주 멋진 새여친이 생겼어.

We used to go out every night and get smashed.
우리는 매일밤 외출해서 술에 쩔곤 했어.

- The two friends got smashed in the hotel bar.
  그 두친구는 호텔바에서 취했어.

  My friends got smashed, so I called her to come get me.
  친구들이 취해서 난 걔보고 와서 날 데려가달라고 전화했어.

get smashed는 대부분 '부숴지다' 라는 의미도 있지만 '술취한(drunk)' 라는 의미도 있고, stoned 또한 마리화나 등으로 '취한(very high)' 이란 의미로 쓰인다.

My fingers! My fingers are smashed!
내 손가락! 내 손가락이 으깨졌어!

- I was in pain! You were smashing my breasts!
  너무 아파! 넌 내 가슴을 너무 세게쳤어!

  Ron smashed her skull on the window. 론은 창문에 자기 머리를 박았어.

smash (sth) up은 '…을 때려부수다.' smash는 폭력적인 단어로 '박살내다,' '때려부수다,' '힘껏치다,' '깨부수다' 라는 의미.

I've got myself a smashing new girlfriend.
난 아주 멋진 새여친이 생겼어.

- A: How's it going? B: It's smashing. A: 어때? B: 아주 멋져.

  Exactly. You look smashing. 바로 그거야. 너 정말 멋져보여.

smashing는 '멋진,' '아주 멋있는' 이라는 의미.

MORE EXPRESSION

smash and grab 진열장깨고 물건을 탈취하는 놈
smash a record 기록을 깨다
smash (hit) 대박영화, 대박작품

» smoke

Tripp's career is going up in smoke. 트립의 경력은 다 수포로 돌아갔어.

Where there's smoke there's fire.
아니 땐 굴뚝에 연기나겠어.

- I just analyzed your dirt. Where there's smoke, there's fire.
  네가 가져온 먼지를 분석했는데 아니 땐 굴뚝에 연기 나겠어.

(where) there's smoke, there's fire는 아니 땐 굴뚝에 연기날까라는 속담성 표현으로 (there is) no smoke without fire와 같은 의미. '모든 문제에 다 원인이 있다는 말씀.'

I work out at home. I'm allergic to smoke.
난 집에서 운동해. 난 담배연기에 앨러지가 있어.

- No, Oh sorry I don't smoke anymore. 아뇨, 어, 미안하지만 난 담배 끊었어요.

  The smoked fishes and other pricey items are around the corner. 훈제연어와 다른 비싼것들이 곧 나올거야.

smoke는 연기라는 뜻외에 동사로 '담배를 피다' 라는 뜻도 있다. Do you smoke after the sex?를 섹스 후에 연기를 피우냐고 해석하면 안되지요….

Tripp's career is going up in smoke.
트립의 경력은 다 수포로 돌아갔어.

- She had started to worry that her son's sense of morality was going up in smoke. 걘 자기 아들의 윤리의식이 완전히 없어지는 걸 걱정하기 시작했어.

go up in smoke는 다 타버려 연기 속으로 사라지다라는 뜻으로 비유적으로 '계획이 수포로 돌아가다' 라는 의미.

» snag

Our plan to get rich hit a snag. 부자가 되려는 우리 계획은 뜻밖의 문제에 부딪혔어.

I snagged it.
내가 그걸 슬쩍했어.

- She snagged a sugar daddy. 걘 원조교제할 아저씨를 낚아챘어.
  It looks like it got snagged on something. 그게 뭔가에 걸린 것 같아.
  If you're trying to snag this remodeling contract out from under me, I'll ruin you.
  네가 이 리모델링 계약을 내게서 빼앗아가려고 하면 널 파멸시킬거야.

snag은 동사로 '어디 날카로운데 걸려 끼다' 혹은 '뭔가 얻기 힘든 것을 빠르게 잡아채다, 낚아채다'라는 의미. get snagged on 역시 '뭔가에 걸려 쉽게 움직이지 못하는 상황'을 말한다.

The only snag is that Kelly isn't coming.
유일한 문제는 켈리가 오지 않는다는거야.

- The only snag is that my computer is broken.
  단 문제는 내 컴퓨터가 망가졌다는거야.

the only snag is that~에서 snag는 예상밖의 문제, 곤란한 문제라는 명사로 '유일한 예상밖의 문제는 …이다'라는 표현.

Our plan to get rich hit a snag.
부자가 되려는 우리 계획은 뜻밖의 문제에 부딪혔어.

- It was going well before things hit a snag. 뜻밖의 문제를 만나기전엔 잘 됐었어.
  I'll do it myself, but I don't wanna get a snag. 할 수 있지만 혹 잘 안될까봐.

hit a snag은 '뜻밖의 문제에 부딪히다,' get a snag은 '예상치 못한 문제가 생기다'라는 뜻.

» snap

I'm sure he'll snap out of it. 걘 정신차릴거라 확신해.

It was a snap.
그건 식은 죽 먹기였어.

- This should be a snap for you. 이것도 너한테는 아주 쉬운 일일거야.
  It will be a snap to get an A on the exam. 시험에서 A를 받는건 쉬운 일야.

be a snap은 구어체로 '무척하기 쉽다,' 즉 식은죽 먹기라는 뜻으로 It's a piece of cake, It's a cinch라는 말과 같다.

I'm sure he'll snap out of it.
걘 정신차릴거라 확신해.

- Snap out of it! Stop feeling sorry for yourself. 정신차려! 한탄 그만하고.
  We'll snap Ben out of this when he gets back.
  우린 벤이 돌아오면 이거로부터 벗어나게 할거야.

snap out of …에서 벗어나다라는 의미지만 뭔가 쓸데없는 생각이나 몽상에서 벗어나다라는 뜻에서 '정신차려,' '기운내,' '그만두다'라는 의미로 쓰인다.

Get these rooms clean. Snap to it!
이 방들을 깨끗이 해놔. 어서!

- Let's snap to it. We need to finish. 빨리 서두르자. 끝내야 돼.
  Snap it up. Go faster. 빨리 잡아. 더 빨리 가.

Snap to it!은 빨리 움직이거나 방심하지 말고 정신차리라고 하는 말로 '더빨리 움직여,' '서둘러'라는 의미. snap it up은 '뭔가 빨리 잡던지 하던지 하라'는 말.

So you snapped her neck.
그래서 넌 걔 목을 부러뜨렸어.

- All killed on the street with their necks snapped.
  거리에서 살해된 모두는 목이 부러졌어.
  I can't just snap my fingers and get him in here.
  그냥 손가락 딱소리를 내서 걜 이리로 오게 할 수 없어.

■ snap+신체부위하면, 엄지와 중지 손가락으로 소리는 내는 걸 snap one's finger라고 하듯 뭔가 snap 다음에 신체부위가 오면 '딱하고 꺾다,' '부러뜨리다'라는 의미로 쓰인다.

I didn't mean to snap like that.
난 그렇게 갑자기 화내려고 했던게 아니었어.

- After years of humiliation, he snaps. 수년간의 모욕속에 걘 화를 냈어.
  I don't remember any of it. I just snapped. 하나도 기억안나. 갑자기 폭발했어.

■ snap은 힘든 상황에서 감정이 한순간에 무너지며 통제가 안되어서 '화를 내다'라는 뜻이 된다.

Could you not snap at me?
내게 딱딱거리지 좀 않을 수 없어?

- She snaps at any little thing. 걘 아무 것도 아닌 일들에 잔소리를 해.
  I'm really sorry that I snapped at you. I was just so worried.
  너한테 쌀쌀맞게 굴어서 정말 미안해. 난 좀 걱정되었어.

■ snap at~은 '잔소리하다,' '딱딱거리다,' '쌀쌀맞게 굴다,' '난리치다' 등의 의미.

No, it wasn't a snap decision.
아니, 성급한 결정이 아니었어.

- I thought maybe it was a snap judgment. 성급한 판단이었을거라 생각했어.
  We didn't make love! It didn't just happened in a snap!
  우린 섹스를 하지 않았어. 갑작스럽게 그렇게 된게 아냐!

■ snap은 형용사로 '성급한,' 그리고 in a snap은 '곧,' '당장에'라는 의미.

Make it snappy. I'm double-parked. Thanks.
서둘러주세요. 불법주차해서요. 감사해요.

- Thank you. Keep it snappy. 고마워요. 빨리해줘요.
  It's rather snappy, isn't it? 음악이 경쾌하다, 그지 않아?

■ Make it snappy!는 상대방에게 '서둘러라'는 의미. snappy 또한 '음악의 경쾌한, 빠른'이라는 의미로도 쓰인다.

Oh snap. What else you got?
어 이런. 뭐가 또 있는데?

- Oh snap. Never gonna call her. 어, 이런. 걔한테 전화 절대로 안할거야.
  Snap. Okay, to the kitchen. We are having ice cream tonight.
  이런. 좋아, 부엌으로가서 오늘 밤에 아이스크림먹자.

■ oh, snap은 감탄사로 쓰이는데, 의미는 '어,' 이런 정도에 해당한다.

MORE EXPRESSION

snap 스냅사진, 사진을 찍다
snapshot 스냅사진
take a snapshot 스냅사진 찍다

놓치면 원통한 미드표현들

- **put a smile on one's face** 행복하게 해주다
  I'll put a smile on your face. 널 행복하게 해줄게.
- **smile when you say that** 그런 소리하면 웃어,
  Smile when you say that to the reporter.
  기자에게 그 말을 할 때는 웃어.
- **be smitten with** 매력적이라고 생각해 사랑에 빠지다
  I think he's quite smitten with you.
  난 걔가 너한테 빠진 것 같아.
- **smooth talker** 말을 잘하다
  He's a white male, early 30s, and a smooth talker. 걘 백인남자로 30대초반 그리고 말을 아주 잘해.

» snatch

Someone snatched her right out of bed. 누군가가 침대에서 바로 걜 납치했어.

How do you snatch someone from here?
여기서 어떻게 사람을 납치하지?

- Someone snatched her right out of bed.
  누군가가 침대에서 바로 걜 납치했어.

  Her children have been snatched by her ex-husband.
  걔 전 남편이 애들을 납치해갔어.

snatch는 뭔가 잽싸게 낚아채다는 의미로 미드에서는 '납치하다,' '강탈하다,' '체포하다' 등의 의미로 많이 쓰인다.

You made your trade as a snatch and grab.
넌 거래를 도둑맞듯이 했네.

- The ATM was taken in a snatch and grab. ATM기가 순식간에 털렸어.

  The snatch and grab happened around noon. 도둑질은 밤에 일어났어.

snatch and grab은 뭔가 빨리 채가는 것을 말하는 표현으로 주로 '순식간에 도둑맞는 것'을 뜻한다.

They're starting to call him the eye snatcher.
그 범인을 안구 강탈자라고 부르기 시작했어.

- We stole a body. We're body snatchers. 우린 시신을 훔쳤어. 시신탈취범야.

  Let's hope it's not a baby snatcher. 아이 유괴범이 아니길 바라자고.

snatcher는 '날치기꾼,' '강탈자' 라는 말.

MORE EXPRESSION

snatch sb from the jaws of death 죽음의 문턱에서 구하다

» sneak

They sneak around last night? 걔네들 지난밤에 몰래 돌아다녔어?

They sneak around last night? 걔네들 지난밤에 몰래 돌아나녔어?

- I'm not gonna sneak around with you. I'm not gonna be your secret lover. 난 너랑 몰래 다니지 않을거야. 난 더 이상 너와 비밀로 연애하지 않을거야.

sneak around (with)에서 sneak은 기본적으로 '몰래, 살짝가다, 하다, 챙기다' 등의 의미로 주로 '비밀리에 다니다'라는 뜻에서 애인이나 배우자가 부정을 저지르는 것을 내포하는 경우가 많다.

He said he'd sneak out and come to our house.
걘 몰래나가서 우리집에 오겠다고 말했어.

- You've been sneaking out in the middle of the night?
  넌 한밤중에 몰래 나간거야?

  She started sneaking up to the house. 걘 집까지 몰래 접근하기 시작했어.

  He didn't hear me sneak up behind him. 걘 내가 뒤에서 몰래 다가가는걸 몰랐어.

sneak out은 '남몰래 슬쩍 피하다,' '몰래나가다' 라는 의미로 반대는 sneak in. 또한 sneak up~은 '상대방이나 사물에 몰래 다가가다,' '접근하다' 라는 표현.

I just wanted to sneak a peek.
난 단지 살짝 보려고 했었어.

- You thought he might try to sneak a peek at the evidence?
  넌 걔가 증거를 몰래 볼지도 모른다고 생각한거야?

sneak a peek은 '슬그머니 훔쳐보다' 라는 뜻으로 peek 대신에 look이나 glance를 써도 된다.

She says it's a sneak attack.
걘 그건 기습공격이라고 말했어.

- We got a sneak preview of the rest. 우리는 앞으로 어떻게 될지 살짝 봤어.
  I couldn't resist a sneak preview. 깜짝 공개시사회를 마다할 수가 없었어.

sneak attack은 '기습공격,' 그리고 sneak preview는 '깜짝 공개시사회,' '갑작스런 예고편'을 말한다.

Your mother is a rotten, sneaky person.
네 엄마는 끔찍하고, 교활한 사람이야.

- Well, he's a sneaky S.O.B. 음, 걘 교활한 개자식이야.
  Losing evidence isn't about anything sneaky. It's just human error.
  증거를 분실하는 것은 교활한 것과 상관없지. 단지 사람이 하는 실수일 뿐이야.

sneaky는 sneak의 기본 개념이 '몰래'이니 좋은 의미로 쓰일 리가 없다. sneaky는 '교활한,' '엉큼한'이라는 의미.

MORE EXPRESSION

sneak sth from sb 도둑질하다
sneak in(to) 몰래 잠입하다

» **so**

And if I have to go to jail, so be it. 그리고 내가 감방가야 한다면, 그러라고 하지 뭐.

S

And if I have to go to jail, so be it.
그리고 내가 감방가야 한다면, 그러라고 하지 뭐.

- If I want to go get a hot dog, so be it.
  내가 가서 핫도그를 사먹고 싶다면 그렇게 해야지.

So be it은 '그래, 그렇게 해,' '맘대로 해라,' '될대로 되라'는 의미로 체념해서 혹은 승낙할 때 말하는 것으로 문맥에 따라 구분해야 한다.

A: I have to go. I'm sorry. B: So am I.
A: 나 가야 돼. 미안. B: 나도 마찬가지야.

- A: I wanna put this behind us B: So do I. A: 이걸 잊고 싶어. B: 나도 그래.

So am I, so do I는 자신도 상대방과 같은 경우이거나 상대방이 말한 내용이 자신에게도 해당되는 경우로 '나도 그래,' '나도 마찬가지야'라는 뜻.

Is that so?
정말 그래?

- Is that so? Why haven't you ever told me about it?
  정말 그래? 왜 여태까지 그것에 대해 내게 말하지 않은거야?
  Well, so what? It's no big deal. 어, 그래서 뭐? 별 일도 아닌대.

Is that so?는 상대방의 말에 놀라서 물어보는 것으로 정말 그래?라는 문장. 또한 So what?은 '그래서 뭐 어쨌다고?'라는 의미로 난 아무런 상관도 없다는 것을 강조하는 표현이다.

Full effect in about 15 minutes or so.
15분 정도 후에 완전한 효과가 나타나.

- She comes in once a month, or so. 걘 한달에 한번 정도 와.
  And so you had to make your dreams come true.
  그러므로 넌 너희 꿈을 실현시켜야 했어.

~or so는 수량명사 뒤에 쓰여 '대강 그정도'라는 의미이고 and so는 '그러므로(and therefore)'라는 뜻.

Nobody gets in or out without my say-so.
아무도 내 허락없이는 출입이 안돼.

- Nothing happens around here without his say-so.
  걔의 허락없이 여기서 아무 일도 일어나지 않아.
  You do not go near John again without my say-so.
  내 허락없이는 존 근처에 가지마.

say-so는 '허락,' on sb's say-so는 '…가 하는 말만 듣고,' 그리고 say so는 '그렇게 말하다'라는 뜻이다.

MORE EXPRESSION

like so 그처럼
and so on 기타등등(and so forth)
So it goes. 일이 이렇게 되었다.

» social

Don't blame the social worker. 사회복지사를 비난하지마.

He barely had a social life or social skills.
걘 사회생활도 사교적인 기술도 거의 없어.

- She is probably someone who just lacks social skills.
  걘 아마도 사교적 기술이 부족한 사람같아.

  It was posted on the school social networking site.
  그건 학교 쇼셜네트워킹 사이트에 올라온거야.

  Did you ever socialize outside the club? 클럽 밖에서 사람들과 사귀어봤어?

social skills는 '사교적인 기술,' social drinker는 '사교상 술을 조금씩 마시는 사람,' social networking은 '소셜네트워트 사이트'를 말한다. 또한 동사 socialize는 '교제하다,' '어울리다,' sociable은 '사교적인'이라는 단어.

Don't blame the social worker.
사회복지사를 비난하지마.

- In the hospital, there's a team of doctors, nurses, social workers. 병원에는 의사, 간호사, 사회복지사들로 구성된 팀이 있어.

  I'll call social services, we'll get you into rehab.
  사회복지국에 전화해서 너를 재활원에 넣어줄게.

social work는 '사회복지 업무,' social service는 '교회 등 자선단체에서 하는 사회복지사업'을 뜻한다.

In polite society, one usually calls before a visit.
일반사회에서는 보통 방문전에 전화를 해.

- I know you're completely opposed to society events.
  난 네가 완전히 사교행사에는 반대하고 있다는 걸 알아.

  I'm beginning to get these society people. 상류사회 사람들과 사귀기 시작했어.

in polite society는 '일반적인 정상적인 사회' society event는 사교행사, 그리고 society people은 '상류사회 사람들'을 말한다.

» soft

Don't go soft on me now. 이제 나한테 잘해주려고 하지마.

Are you getting soft on me?
점점 날 부드럽게 대해주는거야?

- My office is accused of being soft on crime.
  우리회사는 범죄에 대해 관대하다고 비난받고 있어.

be[get] soft on sb[sth]는 '부드럽게 대하다,' '무르다'라는 의미.

Don't go soft on me now.
이제 나한테 잘해주려고 하지마.

- It wasn't the first time a guy went soft on her.
  남자가 걔한테 제대로 못해준 거 그때가 처음이 아니었어.

go soft on~역시 go easy on처럼 '봐주다,' '세게 나가지 않다'라는 의미. 또한 성적인 의미로 hard on의 반대의미로 soft on이라고 쓰이기도 한다.

Your mom has always been a soft touch.
너희 어머니는 늘 친절하셔.

- I think he's ripe to give it up with a soft touch.
  걘 너그러운 사람에게 양보할 정도로 성숙됐다고 생각해.

a soft touch는 '만만한 사람,' '마음이 여린 사람,' '친절하고 너그러운 사람'을 말한다.

MORE EXPRESSION

take a soft line 온건책을 쓰다

» some / somebody/ someone

He's somebody here. 걘 이곳 명사예요.

Well, maybe some other time.
저기, 다음에 하자고.

- I have to go to work. Maybe some other time.
  나 일하러 가야돼. 다음에 하자고.
  Can't you play him some other time? 걔는 다음번에 갖고 놀면 안될까?

He sure as hell needed it. And then some.
걘 확실히 그게 필요했을거야. 그것뿐만이 아니고.

- A: You've had enough fun in your life. B: And then some.
  A: 넌 정말 재미있게 살았어. B: 그것뿐만이 아니지.
  A: The rapist came back for more? B: Yeah, and then some.
  A: 강강범이 더하려고 돌아올까? B: 그래, 그것뿐만이 아니야.

He's somebody here.
걘 이곳 명사예요.

- Carol says her boyfriend is somebody. 캐롤은 자기 남친이 대단하다고 그래.
  Bill always wanted to be somebody. 빌은 언제나 대단한 사람이 되길 원했어.

■ Maybe some other time은 상대방이 초대를 거절했을 때 혹은 거절할 때 사용하는 공손한 표현. '다음을 기약하지,' '다음에 봐야겠군,' '다음에 하자고'이란 뜻.

■ ~and then some은 앞서 말한 것보다 좀 더 많을 때, 그 외에도 더 많은 것들이 있다라는 의미. '그것뿐만이 아니다,' '그것말고도 더 있다'라는 의미.

■ be somebody[someone]는 '어떤 사람, 누군가라는 평범한 의미 외에 대단한 사람'을 뜻하기도 한다.

MORE EXPRESSION

Is someone there? 거기 누구 있어요?
Is somebody in? 누구 있어요?
Some friend you are! 대단한 친구구만!

S

» something/ somewhere

You got something against him? 걔한테 불만을 갖고 있는게 있어?

You are something else!
너 정말 대단하다!

- You guys are something else. 너희들 정말 물건들이야.
  And it's something else entirely. 그리고 이것은 완전히 다른 것이야.

That's really something.
그거 정말 굉장해.

- You really are something! 넌 정말 대단해!
  You must think I'm something. 내가 특별하다고 생각하는게 틀림없어.
  Isn't that something? 멋지지 않아?

I'm twenty something.
전 20대예요.

- I brought forty-something donuts for everyone.
  난 다들 먹으라고 40개 정도 도넛을 가져왔어.
  Her name is Jill-something. 걔 이름은 질 뭐야.

■ be something else는 보통 사람이나 사물과는 달리 특별하고 대단하다라는 뜻. '넌 정말 물건[별종]이야!,' '정말 대단해!'라는 표현이 된다. 물론 기본적으로 '다른 것'이란 의미로도 쓰인다.

■ That's really[quite] something 역시 '뭔가 대단하다,' '멋지다'라는 의미.

■ 나이+something, 숫자[이름]+something은 기억이 완전히 안날 때 혹은 다 말하기 싫을 때 쓴다.

Something wrong?

뭔가 잘못된 거 있어?

- You're something special, something different.
  넌 특별한 존재야, 뭔가 좀 달라.
  Maybe you do something different. 뭔가 다른 것 좀 해봐.

something wrong은 뭔가 잘못된 게 있는지 상대방에게 물어볼 때 쓰는 표현. 이밖에 something special하면 '뭔가 특별한 거,' something different하면 '뭔가 다른 것'을 뜻한다.

Can I have something to drink?

뭐 마실 것 좀 줄래?

- I have something to show you. 내가 네게 뭐 보여줄게 있어.
  I forgot to get something to drink. 마실 것 가져오는 걸 깜박했어.

have something to+동사는 '…할 것이 좀 있다,' have nothing to+동사하면 '…할 것이 아무 것도 없다'라는 뜻.

They've done something to Walter.

걔네들은 월터에게 뭔가 영향을 미쳤어.

- I wanted to try and do something about it. 난 뭔가 대책을 세우고 싶었어
  I insist you do something about this before I go out.
  내가 가기 전에 뭔가 대책을 세우라고.

do something (about)은 단순히 뭔가 '영향이나 피해를 미치다' 혹은 뭔가 문제나 힘든 상황을 해결하기 위해 '뭔가 하다,' '뭔가 대책을 세우다'라는 말. do something for[to]~도 역시 '…을 위해 뭔가 하다'라는 의미.

Is she Jewish, or something?

걔 유대인이나 뭐 그런 거야?

- You wanna get a cup of coffee, or something? 커피나 뭐 마실테야?
  What, was he eating cookies, or something?
  뭐라고, 걔가 쿠키나 뭐 그런거 먹고 있었다고?

~ or something은 자기가 한말이 확실하지 않을 때, 기억이 정확히 나지 않을 때 말을 하고 난 뒤 ~or something을 끝에 붙이면, '뭐 그런거'라는 의미.

There's something in here.

여기 뭔가 중요한 게 있어.

- Cash means there's something to hide. 현금은 뭔가 숨길게 있다는거야.
  That means there's something to tell. 저건 할 말이 있다는거야.

There's something in[to] sth은 '…에 뭔가가 있다,' '뭔가 일리가 있다,' there's something to+V하면 '…할게 뭔가 있다'라는 뜻.

There's something I have to tell you.

네게 말해야될게 있어.

- There's something I've always wondered about her.
  내가 항상 걔한테 궁금해왔던게 있어.

There's something S+V는 뭔가(something)가 있는데 이게 어떤 종류의 성격인지 구체적으로 말하는 표현법. '…하는 뭔가가 있어'라는 뜻.

That's something they need to know about.

그건 걔네들이 알고 싶어하는거야.

- That's something we already got in common. 그건 우리의 공통점이야.
  That's something to celebrate. 그거 축하해야 할 일이야.

That's something S+V는 '단순히 …하는 것이다,' That's something to+V는 '…해야 할 것이다'라는 의미.

I have something of a gift too.

나도 선물을 갖고 있어.

- He has something of mine and I need you to get it back.
  걔가 내걸 갖고 있는데 돌려받고 싶어.
  We're having something of a crisis here. 우리도 여기 위기가 발생했어.

have something of a+명사는 문맥과 상황에 따라 해석을 잘해야 하는데 기본적으로 '…을 갖고 있다,' '…자질이나 특징을 좀 갖고 있다'라는 의미.

She's something of a wild child.
갠 좀 와일드한 아이야.

- I'm known as something of a warrior myself.
  난 전사같은 사람이라고 알려져 있어.
  I want to make something of myself while I'm young.
  난 내가 젊었을 때 성공하고 싶었어.

■ be something of a+사람명사가 오면 단순히 주어가 사람명사하다고 생각하면 된다. 또한 make something of oneself하면 스스로를 대단한 사람으로 만들다, 즉 성공하다라는 의미.

You got something against him?
걔한테 불만을 갖고 있는게 있어?

- I have something against you. 난 너한테 불만이 있어.
  Got something against cheerleaders, Sam? 치어리더를 싫어해, 샘?

■ have something against sb는 …을 싫어할 만한게 있다라는 말로 '…을 싫어하다,' '불만을 갖다,' '맘에 들지 않다'라는 의미.

I was somewhere else.
잠시 딴 생각했어.

- Your mind is somewhere else. 네 정신이 딴 데 가 있었나보네.
  Maybe we could talk somewhere else. 다른 곳에 가서 얘기를 할 수도 있지.

■ be somewhere else는 글자 그대로 어디 다른 곳에 있었다 혹은 비유적으로 '잠시 딴 생각을 하고 있었다'라는 말.

MORE EXPRESSION

get somewhere 어느 정도 성과를 거두고 있다
~or somewhere 어딘가
somewhere around[between] 대강 …쯤

» soon

I'd sooner go with my intestine. 난 차라리 본능을 따르겠어.

Is it too soon to call him?
걔한테 전화하기에는 너무 이르지 않아?

- A: His chances? B: Too soon to tell. A: 걔의 가능성? B: 아직은 알 수 없지.
  A: You got anything for me? B: Too soon to say.
  A: 나한테 뭐 줄거 있어? B: 말하기에는 너무 빨라.

■ too soon to+동사는 '…하기에는 너무 이른'이라는 의미.

Tim's gonna be 17 sooner than you think.
팀은 생각보다 빠르게 17살이 될거야.

- I have a feeling it may be sooner than you think.
  그게 예상보다 빨리 올 것 같아.

■ sooner than you think는 '생각보다 빨리 그렇게 될거야,' '예상보다 빠를거야'라는 의미로 문맥에 따라 그래서 이러고 있을 여유가 없다라는 의미를 갖기도 한다.

I'd sooner go with my intestine.
난 차라리 본능을 따르겠어.

- Frankly I'd sooner be in any other state. 솔직히 말해 난 다른 주에 가고 싶어.
  Mary would just as soon stay home tonight.
  메리는 차라리 오늘밤에 집에 있는게 나을거야.
  Gary would just as soon work late. 게리는 야근하는게 나을거야.

■ sb would sooner do sth (than~)은 (…하기 보다는) '차라리 …하고 싶다'라는 의미. 또한 sb would (just) as soon+동사는 '차라리 …하는게 낫겠다'라는 의미.

MORE EXPRESSION

the sooner~ the better 빠르면 빠를수록 좋다
sooner or later 조만간
no sooner said than done 말이 떨어지기가 무섭게
So soon? 그리 빨리?
Yesterday wouldn't be too soon. 빠르면 빠를수록 좋아요.

» sorry

You'll be sorry later. 넌 나중에 후회하게 될거야.

Sorry I asked.
물어보지 말걸.

- Sorry that I asked about your ex-husband.
  네 전남편에 대해 물어보지 말걸.

▬ **Sorry (that) I asked**는 상대방으로부터 부정적이거나 불쾌한 대답을 듣고 자신이 질문한 것을 후회할 때, '괜히 물어봤군,' '도대체 내가뭐하러 물어봤는지 모르겠네' 라는 의미.

I am sorry about that.
그거 미안해.

- And I'm sorry about lying to you. 그리고 너한테 거짓말해서 미안해.
  I'm really sorry about what happened. 그 일에 대해 정말 미안해.

▬ **be sorry about~**은 상대방에게 저지른 특정한 실수에 대해 사과하는 표현. 그밖에 be sorry for, be sorry that S+V 등 다양하게 미안한 맘을 표현할 수 있다.

You can't believe how sorry I am.
내가 얼마나 미안하지 넌 모를거야.

- I want you to know how sorry I am. 내가 얼마나 미안한지 알아줘.
  Words can't describe how sorry I am. 내가 얼마나 미안한지 말로 표현할 수가 없어.

▬ **not believe how sorry~**는 매우 큰 실수를 한 경우 '뭐라고 사과의 말씀을 드려야 할지 모르겠다' 고 미안한 감정을 극대화 시키는 방법으로 need[want] you to know how sorry~라고 해도 된다.

I am sorry?
예?, 뭐라고 했죠?

- A: Emily, what are you doing? B: I'm sorry?
  A: 에밀리, 뭐해? B: 뭐라고?
  A: I'm thinking you're full of crap. B: I'm sorry?
  A: 넌 완전히 헛소리만 하는 것 같아. B: 뭐라고?

▬ **I am sorry?**는 상대방의 말을 잘 못알아들었을 때 혹은 예상치 못한 상대방의 말에 놀래거나 화나서 '뭐라고요?' 라고 반문할 때 사용한다.

Sorry, but I can't.
미안하지만 못하겠어.

- I'm sorry, but I cannot release the body just yet.
  미안하지만 아직 이 시신을 반출할 수가 없어.
  I'm sorry to say my son was with me. 미안한 얘기지만 아들은 나와 함께 있어.

▬ **I'm sorry, but I can't~**는 상대방의 부탁이나 제안을 거절할 때 사용하는 표현. 또한 상대방에게 안좋은 소식을 전할 때는 I'm sorry to say that~이라고 하면 된다.

You'll be sorry later.
넌 나중에 후회하게 될거야.

- So stay out of our lives, or you'll be sorry.
  그러니 우리 삶에 끼어들지마, 아니면 후회하게 될거야.
  You'll be sorry you harassed my little sister.
  내 여동생을 괴롭힌 걸 후회하게 될거야.

▬ **You'll be sorry~**하게 되면 상대방이 나중에 후회할거라고 충고내지는 경고할 때 사용하는 표현. 좀 더 구체적으로 경고하려면 You'll be sorry if you don't~(…하지 않으면 후회하게 될거야)라고 하면 된다.

I just didn't want to feel sorry for myself.
난 단지 한탄하고 싶지 않았을 뿐이야.

- You didn't feel sorry for yourself. 너 한탄하지 않았잖아.
  Don't feel sorry for me, OK? I'm fine. 나 동정하지마, 알았어? 난 괜찮다고.

▬ **feel sorry for~**는 '…를 안타깝게 생각하다,' '유감이다' 라는 말로 feel sorry for oneself하면 '스스로를 한탄하다' 라는 뜻이 된다.

It's sort of like that's cool. 뭐랄까 괜찮았어.

I'm out of sorts.
나 기분이 안좋아.

- You may have noticed that I've been out of sorts lately.
  내가 최근에 상태가 안좋다는 걸 네가 알아챘을 수도 있어.

be out of sorts는 '몸이 안좋다,' '심기가 불편하다,' '기분이 안좋다,' '화가 나다' 등의 의미로 be in bad sorts라고 해도 된다.

That sort of thing could ruin a cop's career.
그런 일은 한 경찰의 경력을 망칠 수도 있어.

- You're very beautiful, but I don't do that sort of thing.
  넌 정말 예쁘지만 난 그런 일 안해.
  Nobody should be able to do that sort of thing to anybody.
  누구도 그런 짓을 아무에게나 할 수는 없어야 돼.

that sort of thing은 '그런 일,' '그런 종류의 일'이라는 의미.

I sort of punched a guy.
내가 한 남자를 좀 때린 것 같아.

- I sorta did a stupid thing last night. 간밤에 내가 좀 한심한 짓을 했어.
  I kinda got the feeling that she was sort of coming on to me.
  난 걔가 날 좀 유혹한다는 느낌을 좀 받았어.

sort of는 '어느 정도,' '다소,' '약간'이라는 의미로 kind of와 같은 의미. kind of의 경우와 마찬가지로 여기서 sort는 종류라는 의미는 없다. 또한 kinda처럼 sorta라 표기하기도 한다.

It's sort of like that's cool.
뭐랄까 괜찮았어.

- It was sort of like a little bonus, wasn't it?
  뭐랄까 적은 보너스였어, 그렇지 않았어?
  I'm a film maker, too, of sorts. 난 일종의 영화제작자이기도 해.

sort of like는 '뭐랄까'라는 말로 뭔가 적절한 말을 찾지 못했을 때 쓰고, of sorts는 '마치,' '일종의'라는 말로 역으로 생각해보면 '그리 신통찮다'는 뉘앙스가 들어있다.

I sort out the plastic bottles.
난 플라스틱 병들을 정리했어.

- We need to sort out the tickets as quickly as possible.
  우린 가능한 빨리 표들을 정리해야 돼.
  Come on, let's get you sorted out. 자, 너 좀 정신차리게 해야겠어.

sort out에서 sort는 동사로 sort sth out하면 '정리하다' sort sb out하면 '…을 해결하다'라는 뜻이 된다.

MORE EXPRESSION

of one sort of another 이런저런
sort of thing 말하자면, 마치
It takes all sorts to make a world. 세상 사람들이 다 같을 수도 없지.
sort oneself out 진정하다(get oneself sorted out), 화해하다(deal with all your problems)

놓치면 원통한 미드표현들

- **smudge** 얼룩(을 남기다), 자국(을 남기다)
  Your makeup is all smudged. Come with me.
  네 화장이 다 얼룩졌어. 날 따라와.
- **sniff around** 정보를 캐기위해 주변을 얼씬거리다
  We all know you police are sniffing around.
  너희 경찰들이 킁킁거리고 정보수집하고 있다는 걸 다 알고 있어.
- **sniff ~ out** 냄새로 찾아내다
  Maybe we can sniff him out.
  아마도 냄새로 걜 찾아낼 수도 있어.
  I can sniff out trouble the second it walks in.
  난 문제가 오는 순간 바로 냄새를 맡아.

S

» soul

I won't tell a soul. 입 꼭 다물고 있을게.

I won't tell a soul.
입 꼭 다물고 있을게.

- Don't tell a soul. 이거 아무한테도 말하지마.
  You're not going to tell a soul. 넌 아무한테도 말하지 않을거야.

Sometimes a little betrayal is good for the soul.
때때로 약간의 배신은 영혼에 좋아.

- It is often said that confession is good for the soul.
  고백은 영혼에 도움이 된다고들 종종 말한다.
  Well I can tell you that I'm the soul of discretion.
  난 아주 신중한 사람이라고 말할 수 있어.

tell a soul은 '누구한테도 말하지 않다,' '비밀로 하다'라는 표현.

be good for the soul은 '영혼에 좋다'는 표현이고, 참고로 be the soul of discretion하면 전형적으로 '신중하다'라는 의미.

MORE EXPRESSION

keep body and soul together
간신히 연명하다

» sound

What's that sound like to you? 넌 어떨 것 같아?

That sounds fair.
그거 괜찮네

- Oh, that sounds like so much fun. 오, 무척 재미있는 것 같아.
  That sounds like a bad idea to me. 내게 별로 좋은 생각같지가 않아.
  Sounds like he did it for him. 듣자하니 걔는 자기 위해서 그렇게 한 것 같아.

Does that sound at all possible to you?
네게 가능할 것 같아?

- Does that sound like a prank to you? 네게는 이게 장난같아?
  Does that sound like anyone your mother knows?
  네 엄마가 알고 있는 사람같아?

I don't like the sound of that.
안 좋은 소식을 들었어.

- DA's not going to like the sound of that. 검찰은 좋은 소식을 듣지 못할거야.
  I like the sound of that. Thanks. 좋은 소식이네. 고마워.

What's that sound like to you?
넌 어떨 것 같아?

- What does it sound like? 이거 어때?
  How's that sound to you? 어떻게 생각해?

That sounds+형용사는 상대방의 제안이나 생각에 반응을 보일 때 사용하는 것으로 '…하는 것 같아'라는 의미. That sounds like+명사 혹은 That sounds like S+V 형태를 써도 된다. 구어체에서는 그냥 Sounds~라 시작해도 된다.

Does that sound+형용사?는 상대방에게 물어보는 것으로 '이게 …할 것 같아'라는 말로 역시 Does that sound like+N?라고 해도 된다.

not like the sound of sth은 '안 좋은 소식(get bad news)을 듣다'라는 의미.

what[how]'s~?는 의문사와 sound를 결합하여 상대방의 의견을 물어보는 문장으로 예문들을 다 외워두는 편이 좋다.

MORE EXPRESSION

be[fall] sound asleep
깊이 잠들다

by[from] the sound of it[things]
들어보니(의견이나 제안을 제시할 때)

» space

She's a real space cadet. 걘 정말 정신 못차리고 있어.

You want to invade my personal space?
내 사적인 공간을 침해하고 싶어?

- At least mother respects my personal space.
  적어도 엄마는 내 사적인 공간을 존중해줘.

She's a real space cadet.
걘 정말 정신 못차리고 있어.

- I was on a lot of stuff last night. I was a space cadet.
  난 간밤에 일이 정말 많았어. 거의 정신 못차렸어.
  You've got ten feet of personal space around you.
  넌 네 주변에 10피트의 사적공간을 갖고 있어.

I totally spaced.
난 정신이 완전히 나가있어서.

- I'm sorry, I totally spaced. 미안, 정신이 완전히 나가있어서 말야.
  You seem spaced out. 너 넋이 나간 것 같아.

personal space는 서로 간에 사생활과 개인공간을 중시하는 사회에서 나온 말로 '사적공간'이라고 생각하면 된다.

a space cadet은 약을 먹고 현실감을 잃고 이상하게 행동하는, 똥딴지같은 행동을 하는 사람을 말한다.

space (out)는 '피곤하거나 지쳐 멍하니 있는 상태'를 말한다. 정신이나 넋이 나간 모습(not be able to think clearly)을 연상하면 된다.

MORE EXPRESSION

single spacing 행간 여백없이
in[within] space of+시간 …시간내에
a short space of time 짧은 시간

» spare

Not a moment to spare. 조금도 시간을 낼 수가 없어.

Not a moment to spare.
조금도 시간을 낼 수가 없어.

- I still have about five seconds to spare. 난 아직 5초정도 여유가 있어.
  I can probably sell two more paintings with time to spare.
  난 아마도 여유있게 그림 2점을 더 팔 수 있을거야.

Just spare me the trouble of explaining it.
그거 설명하는 번거로움을 덜어줘.

- The maid spared her the trouble of cleaning up.
  파출부는 걔가 청소하는 수고를 덜어줬어.
  We spared Sasha the trouble of doing the work.
  우리는 사샤가 그 일을 하는 수고를 덜어줬어.

I spare no expense for your care!
네가 돌봐주는 것에 돈을 아끼지 않을거야.

- We'll spare no effort to catch the car thief.
  우리는 자동차도둑을 잡기 위해 노력을 아끼지 않을거야.

money[time] to spare에서 to spare는 '여분의,' '낼 수 있는 여분'이라는 뜻으로 '여분의 돈,' '짬을 낼 수 있는 시간'을 뜻한다. with time to spare하면 '여유있게'라는 표현.

spare sb the trouble [difficult, pain] of ~ing는 sb가 '…하는 수고, 어려움 등을 덜어주다'라는 표현.

spare no expense [effort]는 뭔가 잘되기 위해 뭔가 성공하도록 '돈과 노력을 아끼지 않다'라는 뜻.

Catherine, whatever it is, just spare me.
캐서린, 그게 무슨 일이든, 그만 말해.

- Oh spare me, you and I have been friends for years.
  그만둬. 너와 난 오랫동안 친구였잖아.
  We're going to spare you the details. 너한테 자세한 이야기는 하지 않을거야.

■ Spare me는 상대방이 뻔한 얘기 혹은 귀찮은 얘기를 할 때 신경질적으로 '집어치워!,' '그만둬!' '그만해라,' '설마 그럴라구!' 라는 뜻. 그리고 spare me the details는 '쓸데없는 소리 말고 요점만 말하다,' '자세하게 이야기하지 않다' 라는 뜻이 된다.

He only agreed to spare my life on that condition.
갠 그 조건하에서 날 살려주겠다고 동의했어.

- The soldier spared the man he captured. 군인은 생포한 놈을 살려줬어.
  Spare Bill! Don't send him out to be killed. 빌 좀 살려줘! 파견해 죽게 만들지마.

■ spare sb는 '…을 살려주다' 라는 뜻. Spare me, please 하면 '제발 살려달라,' Spare us 하면 '우리 좀 살려줘요,' 그리고 I spared you하면 '내가 널 살려준거야,' '내가 널 봐준거야' 라는 의미. 또한 spare one's life하면 '…의 목숨을 살려주다' 가 된다.

I suppose I could spare a few minutes.
몇분 정도 시간 낼 수 있을 것 같아.

- Could you spare a buck or two? I'm really hungry.
  1~2 달러 좀 주실래요? 정말 배고파서요.
  You're telling lies to spare a loved one a life sentence.
  넌 네가 사랑하는 사람이 종신형을 받지 않도록 거짓말을 하고 있어.

■ spare sb sth은 sb에게 sth(시간이나 돈을)을 내주다, 빌려주다라는 뜻으로도 쓰이지만 spare에는 '…을 면하게 해주다' 라는 뜻도 있어 'sb가 sth를 겪지 않도록 하다' 라는 의미도 갖게 된다.

I was trying to spare your feelings.
네 기분을 상하게 하지 않으려고 했어.

- I went out of my way to spare your feelings! 네 기분상하게 하지 않게 애썼어!
  Shelia spares no one's feelings. 쉴라는 다른 사람의 감정을 상하게 하지 않아.

■ spare sb's feelings는 sb의 감정을 상할 수도 있을 일을 하지 않다, '감정을 상하게 하지 않다' 라는 표현.

What do you do in your spare time?
여유시간에는 뭐해?

- I went to classes in my spare time. 난 시간나면 수업에 갔었어.
  Do you have a spare toothbrush I could use?
  내가 사용할 수 있는 여분의 칫솔이 있어?

■ spare time이나 spare tire처럼 spare는 형용사로 씌여 '여분의' 라는 뜻을 갖는다. 또한 같은 뜻의 명사로도 씌여 a spare하면 '여분의 것' 이라는 의미.

MORE EXPRESSION

spare a thought for …도 생각을 해보다

놓치면 원통한 미드표현들

- **a snob** 속물
  You are snob and a half 너, 아주 대단한 속물이구나
  New York is full of weirdos, and snobs and mean people.
  뉴욕은 이상한 사람들, 속물, 야비한 인간들로 가득찼어.
- **snobby** 잘난척하는
  See, you're being snobby again.
  거봐, 넌 다시 잘난 척하잖아.
  Why did you think I was snobby?
  왜 내가 잘난 척한다고 생각한거야?
- **Soups on!** 식사준비 다 되었어요!
  Soup's on. Is anyone hungry?
  식사준비 다 됐어. 다들 배고프지?
  OK, let's start eating. Soup's on!
  좋아, 먹기 시작하자. 식사준비 다 됐어!
- **be in the soup** 곤란해 빠지다(오래된 표현)
  Larry was in the soup after being caught stealing. 래리는 도둑질하다 잡힌 후 곤경에 빠졌어.
  Oh no, I'm going to be in the soup with my parents. 아이구, 난 부모님과 곤경에 빠질거야.

Speak for yourself. 그건 그쪽 얘기지.

I spoke out of turn.
내 말이 잘못 나왔어.

- Please don't speak out of turn. 제발 신중하게 말 좀 해.
  Perhaps I spoke out of turn. 아마 내가 말을 실수했나봐.

Are you spoken for?
사귀는 사람 있어?

- You can't have it. It's already spoken for. 넌 그걸 못가져. 이미 임자있어.
  This library table is already spoken for. 이 도서관 좌석은 이미 임자가 있어.

I spoke too soon.
내가 잘 모르면서 함부로 말했어.

- I think I spoke too soon. 내가 너무 앞서서 말한 것 같아.
  Don't speak too soon. 미리 속단하지 말라구.
  Well, none to speak of. I had a few years of beginners' class.
  음, 별거없어. 초급반 수업을 몇 년 맡았어.

I speak for him.
난 걜 대변해요.

- It is my job to speak for the victims. 피해자를 대변하는게 내 직업야.
  I can't speak for them but I'm sure they were trying their best.
  걔네들을 대변할 수는 없지만 걔네들이 최선을 다하고 있다고 확신해.

Speak for yourself.
그건 그쪽 얘기지.

- A: Not interested. B: Speak for yourself. A: 관심없어. B: 너나 그렇지.
  Be that as it may, I think that facts speak for themselves.
  그렇기는 하지만, 명백해진 것 같아.

I have to speak up for you just now.
지금 당장은 널 지지해서 말해야 돼.

- The law assumes a child can't speak up for itself.
  법엔 아이는 스스로를 대변할 수 없다고 되어 있어.
  Is anybody going to speak up for the new guy?
  누구 저 새로운 친구를 지지해서 말할거야?

Speaking of which, do you mind?
말이 나와서 말인데, 괜찮겠어?

- Speaking of Zach, I haven't seen him around lately.
  잭 얘기가 나와서 그런데, 최근에 걜 보지 못했어.

speak out of turn은 말을 실수하고 나서 자신의 말이 잘못 나온 말이라며 사과할 때 사용하는 표현으로 '말이 잘못 나왔어,' '내가 잘못 말했어'라는 의미.

be already spoken [ringed, asked] for는 '임자있는 몸이다' 혹은 '임자있는 것이다'라는 뜻.

speak too soon은 자신의 예상과 다르게 혹은 틀리게 전개될 때 '내가 좀 조급했어,' '내가 넘 앞섰어,' '내가 틀렸어'라는 의미. 부정형태로 Don't speak too soon하면 사실을 확인하기 전에 '함부로 말하지 말라'는 말. 한편 Nothing[None] to speak of는 말할 필요조차 없는,' '그만큼 사소한,' '대단한 일이 아닌'이라는 표현.

speak for sb는 sb를 위해 말하다라는 뜻으로 'sb를 대변하다,' 'sb의 입장에서 말하다'라는 표현.

speak for yourself는 상대방의 말에 동의하지 않는다는 것을 전제로 네 입장에서 하는 이야기이다, 즉 '그건 네 이야기이다,' '너나 그렇지'라는 의미. 단 the facts speak for themselves처럼 사물주어가 나오면 '스스로 명백해지다,' '자명해지다'라는 말.

speak up for sb는 'sb를 지지해서 말하다'라는 뜻으로 speak in support of sb와 같은 말이다.

Speaking of~는 미드에서 아주 많이 나오는 표현중 하나로 '…얘기가 나와서 말인데'라는 말이고, Speaking of which하면 '말이 나와서 말인데'라는 표현.

MORE EXPRESSION

speak ill of 비난하다, 험담하다
speak well of 칭찬하다
You should speak to sb~ …에게 말씀하세요
Speaking.[This is sb] 전데요.
Speaking candidly 솔직히 말하면

» special

What makes you so special? 넌 뭐가 그리 특별해?

But damage control is my specialty.
하지만 피해대책은 내 전공야.

- Those kinds of questions aren't exactly my specialty.
  그런 종류의 질문들은 정확히 내가 잘하는 건 아냐.
  It's not our specialty, Mrs. Goodman. 아뇨, 그건 우리분야가 아닙니다, 굿맨 씨.

be one's specialty는 '내 전공이야,' '내가 잘하는거야', 반대로 be not one's specialty하면 …는 내전공이 아냐, 즉 '…는 질색이야' 라는 의미.

There's nothing special about me.
난 특별한 게 뭐 없어.

- A: Any plans for Valentine's Day? B: Nothing special, no.
  A: 발렌타인 데이에 뭐 계획있어? B: 아니, 별거 없어.
  A: What's the occasion, Walter? B: Oh, nothing special.
  A: 월터, 무슨 특별한 일 있어? B: 어, 별거 없어.

nothing special은 '특별한 것이 없다' 라는 말로 상대방의 인사에 대한 답변 혹은 특별한 계획 등이 없다고 말할 때 쓴다.

What makes you so special?
넌 뭐가 그리 특별해?

- That's what makes you so special. 그게 바로 널 특별하게 만들어주는거야.
  Having money makes people special. 돈이 있으면 사람이 특별해진다.

make sb special은 'sb를 특별하게 만들어주다' 라는 의미로 주로 상대방을 칭찬할 때 사용한다.

MORE EXPRESSION

special agent 특별요원
today's special 오늘의 요리

» specific

Anything specific about them? 걔네들에 관한 더 구체적인게 있어?

I can't give specifics.
구체적으로 말하고 싶지 않아.

- We're still investigating more specifics.
  우린 아직 더 자세한 세부사항을 조사하고 있어.
  Let's talk about the specifics of the case.
  이번 사건의 세부사항에 대해 얘기하자.

give specifics하면 '자세하게 설명하다' 라는 말로 specifics는 세부사항이라는 단어. 또한 go into specifics하면 '세세하게 들어가다' 라는 뜻이 된다.

Anything specific about them?
걔네들에 관해 더 구체적인게 있어?

- Let me ask you this, is there anything specific about it?
  나 좀 물어볼게, 그거에 대한 더 구체적인게 있어?
  Can you be more specific about the location of that warehouse? 저 창고위치에 대해 더 구체적으로 말해줄 수 있어?

be more specific about~은 '…에 대해 더 구체적이다' 라는 말.

» spell

Let me spell it out for you. 좀 더 자세히 설명해줄게.

Let me spell it out for you.
좀 더 자세히 설명해줄게.

- Do I have to spell it out for you? 내가 일일이 다 말해야 돼?
  Why don't you spell it out for me? 자세히 설명해봐.

■ spell it out for sb는 글자 하나하나를 말하다라는 것으로 비유적으로는 '자세히 설명하다,' '일일이 말하다'라는 뜻이 된다.

You've had quite the dry spell this year.
넌 금년에 정말 불황이었지.

- I've hit a bit of a dry spell lately. 요즘 난 조금 침체기야.
  Still going through that dry spell with Carol?
  아직도 캐롤과의 사이가 정체되어 있어?

■ dry spell은 원래 비가 오지 않는 건기라는 뜻으로 '경기의 불경기,' '침체기'를 비유적으로 뜻한다.

Shh! You'll break the spell.
쉿! 넌 마법을 풀게 될거야.

- I hate to break the spell but, eh, we better get home before our families wake up. 분위기 깨긴 싫지만 가족들이 일어나기 전에 가야겠어.
  When she used bad language it broke the spell.
  걔가 상스러운 욕을 했을 때 마법이 풀렸어.

■ break the spell에서 spell은 주술, 마력이란 뜻으로 break the spell하면 '마법을 풀다,' '환상에서 벗어나 온정신으로 되돌리다'(make something clear, remove a fantasy or illusion)라는 의미.

MORE EXPRESSION

spelling bee 철자맞추기 대회
spell of~ 한동안의 …
put[cast] a spell on 주문걸다
Come in and sit a spell.
들어와 앉아서 좀 놀다 가세요.

S

» spill

You were spilling your guts to us. 넌 우리에게 아는 걸 다 털어놨어.

I'm gonna go, guys. Sorry to spill the beans.
얘들아, 난 갈거야. 비밀을 누설해서 미안해.

- So why don't you just go ahead and spill the beans?
  그럼 어서 가서 비밀을 털어놔.
  You're just going to spill the beans in front of an outsider?
  외부인 앞에서 비밀을 말할거야?

■ spill the beans는 '실수로 무심코 비밀을 털어놓다'라는 의미.

You were spilling your guts to us.
넌 우리에게 아는 걸 다 털어놨어.

- I'm not going to start spilling my guts just because you keep standing here.
  네가 여기 서있다는 이유로 내 속마음을 털어놓지는 않을거야.
  She's so scared she spilled her guts about sex parties.
  걘 넘 겁이나 섹스파티에 대해 다 털어놨어.

■ spill one's guts는 내장을 다 내놓다, 즉 '핵심과 본질을 털어놓다,' '속마음을 털어놓다'라는 말로 쓰인다.

MORE EXPRESSION

spill 비밀을 털어놓다

Take it for a spin. 한번 해봐.

Take it for a spin.
한번 해봐.

- Why don't we take it for a spin? 한번 시승해보자.
  Let's take her for a spin. 걔 데리고 드라이브 하자.

■ **take sb[sth] for a spin**은 …을 데리고, …로 한바퀴 돌다, 즉 '시승하다'라는 의미.

Care to go for a spin?
드라이브하러 갈까?

- I took out a Porsche, just for a spin. 난 한바퀴 돌려고 포르쉐를 꺼냈어.
  Sounds like you want to go for a spin. 너 드라이브하고 싶은 것 같아.

■ **go for a spin**은 '드라이브하러 가다'라는 뜻으로 take one's car for a spin과 같은 의미.

Gary spun an interesting tale last night.
게리는 간밤에 흥미로운 이야기를 장황하게 늘어놓았어.

- A bad lawyer can spin a pretty convincing story.
  형편없는 변호사라도 꽤 설득력있는 이야기를 장황하게 늘어놓을 수 있어.

■ **spin a tale**은 사실이 아닌 이야기를 '장황하게 길게 늘어놓다'라는 뜻으로 tale 대신에 story나 yarn을 써도 된다.

Jane is spinning her wheels dating Mark.
제인은 마크와 데이트하면서 시간만 낭비했어.

- I've been spinning my wheels. I'm never going to solve this case.
  헛수고만 하고 있었어. 이 사건을 절대 해결하지 못할거야.
  I worked there for years, but I was just spinning my wheels.
  오랫동안 거기서 일했는데 시간만 낭비했어.

■ **spin one's wheels**는 바퀴만 돌리고 있으니 아무런 소득이 있을리 만무. '시간을 낭비하다,' '헛수고하다'라는 의미.

You told me to spin it. I did the best I could.
나보고 그럴듯하게 보이라고 했잖아, 최선을 다한건대.

- There's no other way to spin that. 아무리 포장해도 그럴듯하게 말할 수 없구나.
  I'm an attorney, not a spin doctor. 난 변호사지 홍보담당관이 아냐.

■ **spin that[it]**은 기본적으로 회전시키다, 돌리다라는 뜻이고 비유적으로 어떤 상황을 '그럴 듯하게 보이게 하다'라는 뜻이 된다. 그래서 언론담당관을 spin doctor라고 하는 이유도 여기에 있다.

You don't have to put a good spin on everything.
넌 모든 것을 긍정적으로 해석하지 않아도 돼.

- He put a positive spin on the hospital visit. 걘 병문안을 좋게 보이려 했어.
  I think I might be up for a quick spin now. 난 좀 잠깐 드라이브 좀 해야겠어.

■ **put a spin on**은 뭔가 '실제보다 더 좋게 혹은 더 나쁘게 보이게 하는'(make something seem better or worse than it is)것을 뜻하며, be up for a quick spin하면 전혀 다른 의미로 '잠깐 드라이브하러 가다'(go out for a quick drive)라는 뜻이 된다.

MORE EXPRESSION

sb's head is spinning 머리가 빙빙돌다, 어지럽다
spin off 파생 작품

놓치면 원통한 미드표현들

- **swan song** 백조가 죽을 때 부르는 아름다운 노래
  This may just be my swan song. 이건 나의 마지막 작품일지도 몰라.
- **sing sb's praises** …을 칭찬하다, 칭송하다
  They sing the praises of new technology.
  걔네들은 새로운 기술을 칭송했어.
- **sing a different tune** 태도를 바꾸다
  I'll have him singing a different tune by lunch. 난 걔가 점심까지 태도를 바꾸도록 할거야.
- **sing out** 크게 말하다, 큰 소리로 노래하다
  Sing out your answers, students.
  학생들, 큰 소리로 답해요.

» **spirit**

That's the spirit. 바로 그거야!

That's the spirit. Now, ladies, slut up!

바로 그거야! 이제, 숙녀 여러분 야하게 차려입어!

- **That's the spirit.** Now gather around. 좋았어. 이제 함께 모입시다.

  There you go! **That's the spirit** I'm looking for!
  자 봐! 저게 바로 내가 바라던 정신이야!

▬ **That's the spirit!**은 어떤 행동이나 태도가 매우 적절하고 자신의 기대에 흡족하게 맞아 떨어졌을 때 바로 그런 정신이 필요한 거야, '좋은 자세야,' '바로 그거야,' '좋았어' 라는 말.

She seems to be in good spirits.

걘 무척 기쁜 것 같아.

- Your step father **is in unusually good spirits.**
  네 새 아빠는 평소와 달리 기분이 되게 좋으셔.

  Well, you certainly **seem in high spirits.** 저기, 넌 분명 기분이 무척 좋아보여.

▬ **be in good spirits**는 매우 흥분해서 뜰뜨고 '기쁜 상태'를 말한다. good 대신 high를 써도 된다.

Come on, get into the spirit of things.

자 어서, 와서 재미있게 놀자.

- Come on. Karen, you got to **get into the spirit of** it.
  이봐, 카렌, 넌 좀 와서 재미있게 즐겨야돼.

▬ **get[enter] into the spirit (of sth)**은 다른 사람을 방문해서 함께 '…에 참여하다,' '동참하다,' '놀다' 라는 의미.

MORE EXPRESSION

when the spirit moves one
이따금
the spirit is willing (but the flesh is weak) 맘은 굴뚝같은데~
butch spirit 남성적인 정신

» **split**

All right, let's split up. 좋아, 우리 찢어지자.

(I've) got to split.

난 헤어져야겠어.

- I **split up with** my girlfriend. 난 여자친구랑 헤어졌어.

  Did you know that he had recently **split up with** his wife?
  걔가 최근에 이혼했다는 걸 알고 있었어?

  Okay, let's **split up** and find out why. 좋아, 갈라서서 그 이유를 알아내자.

▬ **split (up with)**은 두연인이나 부부가 '갈라서다,' '헤어지다' 라는 의미. break up with와 함께 꼭 헤어질 때 알아두어야 하는 표현.

All right, let's split up.

좋아, 우리 찢어지자.

- All right, **let's split up** and search the building.
  좋아, 찢어져서 건물을 수색하자.

  Let's split up and show her picture around.
  찢어져서 걔 사진을 주변에 보여주자.

▬ **Let's split up**은 경찰추격 장면에서 범죄자들이 도망가면서 찢어지거나 혹은 경찰들이 이에 맞춰 찢어져 추적할 때 쓰는 표현으로 찢어지다라는 말.

MORE EXPRESSION

Let's split (the bill). 나누어 내자.
split one's sides 포복절도하다

» spoil

And stop acting like a spoiled brat. 그리고 개망나니처럼 그만 행동해.

Don't spoil the mood!

분위기 망치지마!

- Stop guessing. You'll spoil the surprise. 그만 추측해. 깜짝파티를 네가 망치겠어.
  I spoiled your Friday night. 네 금요일밤을 망쳤어.

spoil the fun은 '흥을 깨다,' spoil the mood는 '분위기를 망치다,' 그리고 spoil the surprise하면 '깜짝파티를 망치다'라는 의미가 된다.

And stop acting like a spoiled brat.

그리고 개망나니처럼 그만 행동해.

- That's because her mother spoils her rotten.
  걔 엄마가 걜 망나니로 키웠기 때문이야.

spoil sb는 Spare the rod, spoil the child(매를 아끼면 애를 버린다)라는 표현으로 잘알려진 의미. '버릇없이 키우다'라는 뜻으로 강조하려면 spoil sb rotten이라고 하면 된다.

Excuse me, spoiler alert.

실례지만, 미리 말하지마요.

- Man, call spoiler alert before you say things like that.
  야, 그런 얘기를 말하기 전에는 스포일러 얼러트라고 콜해야지.
  All right, but spoiler alert, it ends with everyone saying 'aw.'
  좋아, 하지만 스포일러 얼러트야, 그건 모든 사람이 '아'하면서 끝나.

spoiler alert!은 영화의 중요한 결말 등을 미리 알려질 때 쓰는 말로, '미리 말하지마'라는 의미. 비유적으로 정말 누구를 짜증나게 하는 것을 말하기도 한다.

» sport

At least you're a good sport. 적어도 넌 좋은 친구잖아.

At least you're a good sport.

적어도 넌 좋은 친구잖아.

- Yeah, you've been a really good sport. 그래, 넌 정말 좋은 친구였어.
  Now be a sport and take him back! 걔 좀 데려오는 것 좀 도와줘.

a good sport에서 sport가 뜻밖에 사람을 나타내는 명사로 쓰인 경우로 '멋진 친구,' '괜찮은 사람,' a bad[poor] sport은 반대로 '형편없는 친구'를 뜻한다. 참고로 Be a good sport!하면 '착한 사람이 되어라'(be a nice person)고 충고할 때 혹은 도움을 청할 때 사용된다.

Well, I don't know, sport.

저기, 난 몰라, 친구야.

- Hey, sport, how you doing? 야, 친구야, 어떻게 지내?
  I'm the only cop working it, sport. 내가 그 일을 하는 유일한 경찰야, 친구야.

sport는 '친구'라는 의미로 친근하게 부르는 표현.

Gale seduces his co-worker's wives for sport.

게일은 재미삼아 동료부인들을 유혹해.

- Oh, so somehow you screwing Blair for sport is my fault?
  어, 그래서 어쨌거나 블레어와 재미삼아 잔게 내 탓이란 말야?
  Wild animals never kill for sport. 야생동물들은 절대로 재미삼아 죽이지 않아.

for sport는 운동하기 위해서가 아니라 '재미삼아,' '장난삼아'라는 의미.

X marks the spot! 바로 여기야!

That hits the spot.
바로 그거야.

- This beer really hits the spot. 이 맥주 정말 맛좋아.

  What food would hit the spot tonight? 오늘 밤 어떤 음식이 필요할까?

Hit a sore spot, didn't I?
내가 아픈 곳을 건드렸지, 그렇지 않아?

- You hit a sore spot when you said she was sloppy.
  넌 걔가 일을 대충한다고 했을 때 아픈 곳을 찌른거야.

  Oh, I'm sorry. I put you on the spot. 오, 미안, 널 난처하게 만들었네.

I was on the spot. This is your fault
난 현장에 있었어. 이건 네 잘못이야.

- Give us the information we want or I'll arrest you on the spot for obstruction of justice.
  우리가 원하는 정보를 줘 그렇지 않으면 공무집행방해로 현장에서 체포할거야.

X marks the spot!
바로 여기야!

- I'm not confused. X marks the spot. 난 분명해. 이곳이 바로 그곳이야.

  I'll be there, because X marks the spot. 이 곳이 맞기 때문에 난 갈거야.

Can you spot me?
돈 좀 빌려줄래?

- Ted, can you spot me for the movie? 테드야, 영화값 좀 빌려주라.

  Can you spot me until I get my paycheck? 월급나올 때까지 돈 좀 빌려줘.

It's got a huge blind spot.
사각지대가 엄청 넓어.

- But there is a blind spot right there. 하지만 바로 거기에 사각지대가 있어.

  You totally found my G-spot! 넌 내 성감대를 제대로 찾았어!

We also have a soft spot for the love.
우린 또한 사랑에 약해.

- I know you got a soft spot for the guy. 난 네가 걜 좋아한다는 걸 알고 있어.

  I have a weak spot for chocolate candy. 난 초콜렛 캔디를 아주 좋아해.

  It's kinda my weak spot. 그건 좀 내 약점이야.

hit the spot은 '바로 그거야,' '바로 필요한거야' 혹은 음식 등의 '맛이 아주 좋다,' '만족스럽다' 라는 의미.

hit a sore spot은 아픈 곳을 때리다, 즉 '아픈 곳을 건드리다' 라는 뜻으로 쉽게 이해되는 표현. 또한 put sb on the spot은 sb에게 일부러 어렵고 곤란한 질문을 던져 '난처하게 만들다' 라는 표현.

on the spot은 공간적인 의미로는 현장에서, '즉석에서' 라는 의미이고 시간적으로 신중하게 생각하지 않고 '바로,' '즉시' 라는 뜻.

X marks the spot은 X는 우리가 찾는 그 지점을 표시한다 라는 말로 비유적으로 '이곳이 바로 그곳이야,' '바로 여기야' 라는 의미가 된다.

spot sb 돈을 빌려달라고 부탁하는(ask sb to lend money) 표현.

blind spot은 눈에 보이지 않는 '사각지대,' tight spot은 '난처한 입장,' bright spot은 '유망분야,' 그리고 G-spot은 '여성의 성감대'를 말한다.

weak spot은 약점이라는 의미로 have a weak spot for~하게 되면 '…을 좋아하다,' '사죽을 못쓰다' 라는 표현이 된다. 마찬가지로 have a soft spot for~하면 '…에 약하다,' '좋아하다,' '애정을 갖다' 라는 의미.

MORE EXPRESSION

spot check 현장검문, 불시검사
knock spots off 훨씬 능가하다
rooted to the spot 놀라서 그 자리에 굳어버린

» spring

You are no spring chicken. 넌 이젠 이팔청춘이 아냐.

You are no spring chicken.
넌 이젠 이팔청춘이 아냐.

- You're no spring chicken yourself, you know?
  넌 이제 팔팔한 청춘이 아냐, 알겠어?

I'm springing this on you at the last minute.
임박해서 네게 이걸 말하는거야.

- Why are you springing this on me now? 왜 이 얘기를 지금에서 갑자기 하는거야?
  I hope you don't mind me springing this picnic on you.
  내가 불쑥 피크닉 얘기를 네게 꺼내도 괜찮겠지.

Someone's got a little spring in their step.
누구는 발걸음이 아주 경쾌하네.

- For a newlywed, you don't have much spring in your step.
  신혼부부치곤, 그렇게 밝지 못하네.
  Dad has a spring in his step today. 아버지는 오늘 발걸음이 경쾌하시다.

The family will spring Joey from jail.
그 가족은 조이를 탈출시킬거야.

- I had to spend a lot of money to spring him. 걜 탈출시키는데 많은 돈 썼어.
  The cops sprang a trap to catch the burglar.
  경찰들은 강도를 잡기 위해 조치를 취했어.

You're no spring chicken에서 spring chicken은 햇병아리, 영계, 풋내기라는 말로 주로 부정형태로 '청춘이 다 지났다,' '늙었다' 라는 의미로 쓰인다.

spring sth on은 스프링처럼 갑자기 상대방에게 sth에 관해 '말을 꺼내다' 라는 뜻.

spring in one's step은 신발에 스프링이 달려있다고 생각해보면 된다. '활기찬 발걸음,' '경쾌한 발걸음' 이란 표현.

spring은 동사로 '탈옥을 돕다' (help prisoners escape)라는 뜻이며, spring a trap은 반대로 뭔가 사람이나 사물을 잡기 위해 '계획을 세우고 실행에 옮기는' (have a plan and take action to catch sb[sth]) 것을 말한다.

MORE EXPRESSION

spring to one's feet
벌떡 일어서다
spring to one's mind
갑자기 생각하다
spring into action
갑자기 행동하다
spring to[into] life
갑자기 활발해지다

» spunk

I like that kid. He's got spunk. 난 저 아이가 맘에 들어. 다부져.

I like that kid. He's got spunk.
난 저 아이가 맘에 들어. 다부져.

- I like her spunk. Very professional. 걔의 용기가 맘에 들어. 매우 전문적이야.
  I'm dating a guy with the funkiest tasting spunk.
  난 한 남자와 데이트하고 있는데 정액에서 지독한 악취가 나.

She's spunky.
걘 아주 다부져.

- You're spunky. I like spunky women. 넌 열정적야. 난 열정적 여자들을 좋아해.
  Your mother's got such spunk. You must love her.
  네 엄마는 투지가 많으시더라. 네가 엄마를 좋아하겠어.

spunk는 '용기' (courage), 혹은 '정액' (semen)으로 쓰이는 속어.

be spunky는 '투지가 있는,' '단호한,' '열정적인' 이라는 긍정적 단어.

» square

So we're back to square one. 그래 우린 다시 원점이야.

So we're back to square one.

그래 우린 다시 원점이야.

- We just got sent **back to square one**. 우린 출발점으로 다시 보내졌어.
  Well, that puts us **back at square one**. 저기, 그렇게 되면 원점이네.

You said you wanted this murder squared away.

넌 이 살인사건을 처리하고 싶다고 했잖아.

- We'll **get everything squared away** and you can come back later. 우린 모든 걸 정리해놓을테니 넌 나중에 와라.

So we're good now? We're square?

그래 이제 된거야? 우린 공평해졌지?

- I'd rather lose **fair and square** than win with a dirty campaign.
  더러운 선거운동으로 이기느니 차라리 정정당당하게 지겠어.
  And **you're square**. Game over. Now what the hell happened?
  넌 손해본거 없어. 게임은 끝났는데, 도대체 어떻게 된거야?

square one은 출발점, 시작이라는 뜻으로 go back to square one은 '원점으로 다시 돌아가다,' from square one은 '다시 처음부터,' 그리고 be back to the square one하면 '다시 원점이다' 라는 말.

be[get] squared away는 '정리하다,' '완료하다,' '처리하다' 라는 의미로 이처럼 수동태로 주로 쓰인다.

fair and square는 '정정당당하게' 라는 뜻으로 square는 '공평한,' '셈셈이다' 혹은 '지루하다' 라는 의미로도 쓰인다.

MORE EXPRESSION

square mile 평방마일
square inch 평방인치
squarely 정확하게, 정면으로
square off 싸울준비가 되다
square up to 다루다, 처리하다

» squeeze

So is Evelyn his new squeeze? 그래서 에블린이 걔 새 애인야?

I want you to meet my new squeeze, Penny.

내 새 애인 페니야.

- I'm not **your squeeze**. There is no squeezing. 네 애인이 아냐. 껴안지마.
  So is Evelyn **his new squeeze**? 그래서 에블린이 걔 새 애인야?

I think he can squeeze me in.

난 걔가 날 넣어줄 수 있을거라 생각했어.

- I asked him if he had a little time to **squeeze you in** and he said yes. 난 걔가 시간좀내서 나를 끼워넣어줄 수 있는지 물어봤고 걘 그렇게 하겠다고 했어.
  I was a perfect gentleman. I just **squeezed her buns**.
  난 완벽한 신사예요. 그냥 걔 엉덩이를 꽉쥐었을 뿐이었는데.
  Did I **squeeze it** too hard? 내가 너무 세게 잡았나요.

He was getting squeezed by a loan shark.

걘 사채업자로부터 돈갚으라고 압박을 당했어.

- Now, if he keeps quiet, the D.A. will **put the squeeze on** him.
  이제 걔가 입다물면 검사는 걔한테 압박을 가할거야.

one's squeeze는 속어로 '낡은 여자,' '애인' 이라는 뜻으로 같은 의미의 동사로도 쓰인다.

squeeze sb in은 '예약을 억지로 끼워서 해주다,' squeeze sth out of~는 '…을 쥐어짜서 …을 얻어내다' 라는 의미. 또한 squeeze+신체는 손가락 등 '신체부위를 꽉쥐다' 라는 말.

put the squeeze on sb (to~)는 설득해서, '압박을 가해서 …하게 하다,' 그리고 be squeezed by하면 '돈을 갚으라고 쪼이다,' '압박을 당하다' 라는 말.

» stage

It was a staged fight. 그건 조작된 싸움이었어.

Hey, you set the stage.
야, 네가 새로운 발판을 마련했어.

- It sets a stage for marriage. 그게 결혼의 발판이 되었어.
  The victory set the stage for a big party. 승리로 성대한 파티를 준비하게 되었어.

set the stage for~는 …을 위한 무대를 마련하다(make sth ready)라는 말로 '새롭게 … 할 수 있는 여건을 마련하다,' '발판을 준비하다,' '기초를 닦다'라는 의미.

Which means she's a stage 4.
그건 걔가 4단계에 있다는 말이지.

- You're still in the guilt stage, huh? 넌 아직도 죄의식단계에 머물러 있어, 어?
  I don't care what stage you and I are at. 너와 내가 무슨 단계에 있는지 상관안해.

stage는 '단계'라는 의미.

It was a staged fight.
그건 조작된 싸움이었어.

- Why would they stage a death threat to their son?
  왜 걔네들이 자기 아들이 살해위협을 받고 있다고 조작을 할까?
  She staged the crime scene. 걘 범죄현장을 조작했어.

(be) staged에서 stage는 무대에 올리다, 면밀한 계획을 세워 뭔가 하다라는 말로 부정적으로 '자연적인지 않은 조작된'이란 의미로 쓰인다.

MORE EXPRESSION

hold the stage 주목의 대상이다
go on the stage 배우가 되다
stage a strike 파업을 벌이다
stage a recovery 회복세를 보이다

» stake

You stake out his house. 넌 걔 집을 감시해.

My reputation is at stake.
내 명성이 위기에 처해있어.

- I don't have to tell you what's at stake. 뭐가 위험한지 네게 말할 필요가 없어.
  Another girl's life is at stake. 다른 여자의 삶이 걸린 문제야.

be at stake는 '…가 위험하다,' '…가 걸린 문제이다.'

I'll have a stake in this firm.
난 이 회사에 투자할거야.

- Vickey has a stake in the flower business. 비키는 화훼 사업에 투자했어.
  Do you have a stake in that company? 저 회사에 투자했니?

have a stake in (a business)하면 '…에 돈을 투자하다,' 그리고 have a stake in sth하면 '…에 이해관계가 있다,' '…에 많은게 걸려있다'라는 의미.

You stake out his house.
넌 걔 집을 감시해.

- The police staked out the drug house. 경찰은 마약소굴에서 잠복근무했어.
  If you're gonna stake out Central Park, you take somebody along. 센트럴 파크를 감시하려면 누굴 데리고 가.

stake out은 '용의자를 감시하다, 경찰들이 '잠복근무하다' 라는 말. stakeout하면 명사로 '잠복근무'가 된다.

Let's play for high stakes tonight.
오늘밤 큰 도박을 하자.

- Gamblers in Vegas play for high stakes.
  라스베이거스의 도박꾼들은 큰 도박을 해.

  This is high stakes. We're treating it like a murder.
  이건 큰 도박야. 살인사건으로 다룰거야.

play for high stakes에서 high stakes는 큰 도박을 말하는 것으로 play for high stakes하면 '큰 도박을 하다'라는 의미.

Would you be willing to stake your life on it?
네 인생을 기꺼이 걸 수 있어?

- Don't stake your life on what Jeff says. 제프가 하는 말에 목숨걸지마라.

  I'd stake my life on these facts. 난 이 사실들에 목숨을 걸거야.

stake one's life on~은 '…에 목숨을 걸다,' '인생을 걸다'라는 말로, I'd stake my life on it(내 인생을 걸겠어)라는 문장이 많이 쓰인다.

The Lake family pulled up stakes and moved west.
레이크 가족은 떠나서 서쪽으로 이사했어.

- IBM will pull up stakes in this town. IBM은 이 도시에서 이전했어.

  I got to pull up stakes before they come looking for me.
  걔네들이 날 찾으러 오기전에 떠나야 돼.

pull up stakes에서 stake는 말뚝으로 말뚝을 뽑다라는 말은 '다른 곳으로 옮기다,' '이사하다,' '떠나다'라는 말이 된다.

MORE EXPRESSION

stake (out) a claim to …의 권리를 주장하다
stake up 지원하다
go to the stake for[over] …을 위해 뭐라도 하다

» stand

You stand up for her. 넌 걔를 지지하지.

Don't panic, just stand still.
당황해하지 말고 그냥 가만히 있어.

- I mean things just don't stand still. They're always changing.
  내말은 상황은 그대로 있는 법이 없어. 항상 변해.

  It's like time has stood still in this room. 이 방에선 시간이 멈춘 것 같아.

stand still은 '가만히 있다,' '움직이지 않다'(do not move)라는 뜻으로 참고로 stand tall은 '당당하다,' '기죽지않다'라는 의미.

He stood me up the other night.
걔가 간밤에 날 바람맞혔어.

- You stood me up and your only explanation is "sorry"?
  날 바람맞혀놓고 고작 한다는 말이 미안이야?

  Whoever stood you up is a jerk. 널 바람맞힌 놈은 누구든 머저리일거야.

stand sb up은 연인사이에서 '바람맞히다'라는 말. be stood up의 수동태형으로도 많이 쓰인다.

I just can't stand your friends.
네 친구들은 정말 못참겠어.

- I can't stand it! 그렇게는 안돼!

  I can't stand you being there. 난 네가 거기 있는걸 못참겠어.

  You just can't stand to see others happy? 넌 딴 사람들이 행복한 걸 못참지?

can't stand sb[sth]는 '…을 참지 못하겠다'는 뜻으로 can't stand 다음에 ~ing나 동사원형을 써도 된다. 또한 고급편으로 I can't stand sb ~ing 형태로 써보도록 한다.

You stand to inherit 50 grand from her death.

넌 걔의 죽음으로 5만 달러를 상속받을 것 같아.

- When you risk losing everything, you invariably stand to gain everything. 모든 걸 다 잃을 각오를 하면 넌 언제나 모든 걸 얻을거야.

stand to+동사는 '…할 것 같다' 라는 의미로 주로 뒤에 오는 동사들은 gain, lose, win, make 등이다.

I stand behind it.

그건 내가 보증할게.

- I'm standing behind you. 네게 힘이 되어줄게 .
  I will even stand by your side. 난 네 편이 되어줄게.

stand behind는 뒤에서, stand by sb[sth]는 옆에서 서서 버팀목이 되어준다는 말로 '…을 후원하다,' '지지하다' 라는 의미로 쓰인다.

All teams stand by and hold position.

모든 팀은 대기하고 현위치를 고수하라.

- How could you stand by and let an innocent man be dragged off to prison? 어떻게 무죄인 사람이 감방에 끌려가는 것을 지켜만 볼 수 있어?
  Hey, I stand by what I did. 야 내가 옳은 일을 했다고 확신해.

stand by 다음에 sth이 오는 경우는 그냥 방관하거나 혹은 다음 행동을 위해 준비하다 혹은 확신하다라는 의미로 쓰인다.

You stand up for her.

넌 걔를 지지하지.

- He can't stand up for himself. 걘 스스로 자립을 하지 못해.
  Serena, please. I can stand up for myself.
  세레나, 제발. 난 스스로 할 수 있다고.

stand up for sb는 sb를 향해서 일어선다는 말로 '옹호하다,' '지지하다' 라는 의미. stand up for yourself하게 되면 '자립하다' 라는 뜻이 된다.

The letters COD stand for cause of death.

COD는 사인을 의미해.

- What does FYI even stand for anyway? 어쨌든 FYI는 뭘 뜻해?
  You wouldn't stand for it. 넌 그걸 받아들이지 않을거야.

stand for는 주로 약자, 약어들이 '의미하다,' '상징하다,' 혹은 '찬성하다' 라는 의미로 쓰인다. 그리고 부정형태로는 '받아들일 수 없다' 라는 뜻이 된다.

She stood out like a little princess.

넌 작은 공주처럼 돋보였어.

- This is the kind of guy who wants to stand out in a crowd.
  군중 속에서 돋보이고 싶어하는 그런 종류의 놈이야.
  I guess you stand out now. 그래, 저기 난 이제 네가 돋보일거라 생각해.

stand out은 '두드러지다,' '튀다,' '돋보이다' 라는 의미.

놓치면 원통한 미드표현들

- **turn[go] sour** 잘못되다
  When did the relationship turn sour?
  관계가 언제 잘못된거야?
- **sour puss** 늘 불만인 사람, 불평불만
  Why're you a sour puss? 왜 인상쓰고 있어?
  I have to stare at your sour puss.
  네 불평불만을 들여다봐야겠어.
- **sour grapes** 오기, 지기 싫어함, 자기 합리화
  Jane said you're ugly, but that's sour grapes. 제인은 네가 못생겼다고 하는데 그건 오기지.
  Your hatred of rich people is sour grapes.
  부자에 대한 너희 증오는 오기야.

You don't have a leg to stand on.

넌 그런 주장을 할 수 있는 근거가 없어.

- Your honor, the defense doesn't have a leg to stand on.
  재판장님, 변호인측은 정당한 근거가 없습니다.

■ not have a leg to stand on은 디디고 일어설 다리가 없다는 말로 '변명의 여지가 없다,' '정당한 근거가 없다'라는 표현.

It's hard to know where you stand.

네가 어떤 기분인지 이해하기 힘드네.

- He stood where you stand a mere three weeks ago.
  걘 단 3주전에 네 입장이었어.
  I don't know where you stand, OK? 네가 어떤 기분인지 모르겠어, 알아?

■ know where you stand (with sb)는 you가 (…에 대해) '어떤 기분인지 상태를 이해하다' (understand how someone feels about someone else)라는 의미.

Where do you stand on abortion?

낙태에 대한 너의 의견은 뭐야?

- I'm never sure where Brett stands on the matter.
  브렛이 이 문제에 대해 어떤 생각인지 전혀 모르겠어.
  Everyone knows where Dad stands on politics.
  아버지가 정치에 대해 어떤 생각인지 아무도 몰라.

■ where sb stands on~하면 on 이하에 대한 'sb의 의견'을 뜻한다.

From where I stand, this seems wrong.

내 느낌상 이건 틀린 것 같아.

- The painting looks nice from where I stand.
  이 그림은 내가 보기에 좋은 것 같아.
  Bonnie seems happy from where I stand.
  보니는 내가 알기로는 행복해보여.

■ from where I stand는 관용적 표현으로 '내가 알기로는,' '내 느낌상'이라는 의미.

S

I'll be dead before I ever stand trial.

난 재판을 받기도 전에 죽을거야.

- She will never see him stand trial for that rape.
  걘 그가 강간으로 재판을 받는 걸 보지 못할거야.
  You and your father can both stand trial. 너희 부자는 모두 재판을 받을거야.

■ stand trial은 '재판을 받다,' stand trial for~하면 '…의 죄목으로 재판을 받다'라는 뜻이 된다.

You may take the stand.

증언대에 서주세요.

- All I want to know is if the boy can take the stand.
  내가 알고 싶은건 그 소년이 증언대에 설 수 있냐는 거야.
  When you take the stand, it's important that you seem sympathetic. 증언대에 섰을 때 불쌍하게 보이는게 중요해.

■ take the stand는 '증언대에 서다'라는 말로 여기서 stand는 증언석을 말한다.

Stand your ground!

네 입장을 고수하라고!

- I say you stand your ground. 네 입장을 꺾지 말라는거야.
  He'll go away if you stand your ground.
  네가 네 고집을 꺾지 않으면 걘 가버릴거야.

■ stand one's ground는 자기 땅에 서있다라는 말로 '자기 주장을 고집하다,' '고수하다'라는 의미.

MORE EXPRESSION

one-night stand 하룻밤 섹스
concession stand 매점
newspaper stand 신문가판대
hit the stand 발매되다, 매점 등에서 구할 수 있다
the way things stand 현재상태
as it stand 현상태 그대로(as it now)

You wanna start with me? 너 나랑 한판 붙고 싶어?

Let's start over.
맨 처음부터 다시하자.

- I just want to move somewhere new and start over.
새로운 곳으로 이사가서 새롭게 다시 시작하고 싶어.
We're going to have to start all over again.
우린 전부 다시 시작해야 될거야.

start over는 '처음부터 다시 시작하다'라는 말로 강조하려면 start all over again이라고 한다.

Let's get started.
자 시작하자.

- I gotta get started on my speech! 내 연설을 시작해야겠어.
Let's get this party started. 이 파티를 어서 시작하자.

get started (with, on)은 '일을 바로 시작하자'(do it immediately)는 말로 좀 늦었다는 느낌이 들어있는 문장이다. 시작하는 일은 with나 on 다음에 혹은 get sth started라고 하면 된다.

Don't get me started.
그 얘긴 꺼내지도 마.

- Don't get me started on rebound sex. 내가 땜방섹스는 하게 하지마.
Don't get me started on lady drivers. 여성운전자얘기는 꺼내지도 마.

get sb started 역시 sb가 '…를 하게 하다'라는 말로, Don't get me started (on)~하게 되면 '…는 말도마,' '…얘기는 꺼내지마,' '…하게 하지마'라는 의미가 된다.

You wanna start with me?
너 나랑 한판 붙고 싶어?

- Don't start with me. 내 성질 돋구지 마.
I guess we can start with the new plan tomorrow.
우린 내일 새로운 계획으로 시작할 수 있을 것 같아.

start with sb[sth]는 '…부터 시작하다,' 혹은 문맥에 따라 '한판 붙다,' '성질 돋구다'라는 뜻도 된다.

Something's wrong. He had a head start.
뭔가 잘못됐어. 걔가 한참 앞장섰어.

- He has a head start. He could be there now.
걔가 앞장서서 지금쯤 도착했을거야.
God knows he's got a head start on us.
걔가 우리보다 앞섰는지는 아무도 몰라.

have a head start에서 head start는 머리하나 앞선 스타트란 뜻으로 '유리한 입장에 있다,' '한참 앞서다'라는 표현이 된다.

놓치면 원통한 미드표현들

- **have a lover's spat with sb** …와 사랑싸움하다
Maybe he's having a lover's spat with Penny. 아마도 걘 페니와 사랑싸움하고 있을거야.
- **bring sb up to speed** …에게 필요한 정보를 알려주다 get up to speed 그간의 진행상황을 알려주다
Yeah, she brought me up to speed.
어, 걔가 내게 필요한 정보를 줬어.
- **speed dating** 스피드 데이팅
A lot of guys don't use their real name for speed dating.
많은 사람들이 스피드데이팅할 때에는 실명을 안써.
- **pick up speed** 속도를 내다
We'll pick up speed out on the highway.
우리는 고속도로에서 속도를 낼거야.

Now I'm back where I started.
이제 다시 시작했던 곳으로 왔네.

- You're back to where you started this morning.
  오늘 아침 시작했던 곳으로 다시 왔네.

  They dropped you right back to where you started.
  걔네들은 네가 시작했던 곳에서 널 내려줬어.

You started it.
네가 먼저 시작했잖아.

- You're the one that started it. 시작한 건 네가 먼저야.

  But I started it. I kissed him. 하지만 내가 먼저 시작했어. 내가 걔한테 키스했어.

  I don't want to hear it! Don't you start! 듣기 싫어! 그만해!

We'll start you off with a hundred dollars.
너한테 100달러를 도와줄게.

- What did he start Marcia off with? 걘 마르샤에게 뭘 도와줬어?

  Would you like to start off with a salad? 샐러드부터 시작할까요?

We'll start up again next week, OK?
우리 담주에 다시 시작하는거야, 응?

- I feel like such an idiot! Well, we better start up again.
  난 바보같아! 저기, 우리 다시 시작하자.

be back to where you started는 시작했던 곳으로 다시 돌아오다라는 말로 하던 일이 '실패로 돌아가 다시 원점으로 오다' 라는 뜻.

sb started it!은 주로 누가 먼저 시작했는지 따질 때 사용하는 표현으로, You started it!하면 '네가 먼저 시작했잖아!' 라는 말이 된다. 또한 Don't (you) start!는 상대방이 불평하거나 비난을 할 때 '제발 그만 좀 하라고' 짜증내면서 하는 말.

start sb off는 'sb를 도와주다' (help or assist someone) 라는 표현이고, start off with는 '…을 시작하다' 라는 의미.

start up은 '뭔가 시작하다,' '관계를 시작하다,' '엔진 시동켜다,' '출발하다,' 특히 start up a business하면 '사업을 시작하다' 라는 뜻이 되어, start up 하면 '신생기업' 이란 명사로도 사용된다.

MORE EXPRESSION

be a (good) start 시작이 좋다
for starters 우선, 첫째로
start afresh 다시 시작하다
make a start 착수하다, 시작하다
get one's start 첫걸음을 시작하다

S

» stash

We found your secret stash. 네가 비밀리에 숨겨놓은 것을 발견했어.

Maybe she stashed the jewelry in there.
아마 걘 보석을 거기에 숨겨두었을거야.

- Where'd you stash the body? 시신을 어디에 숨겨놨어?

  Where did you stash the cash? 현금을 어디에 숨겨놨어?

We found your secret stash.
네가 비밀리에 숨겨놓은 것을 발견했어.

- That's good. We found your whole stash.
  좋아. 우리는 네가 숨겨놓은 거 전부를 발견했어.

  There was a stash of drug money. 마약관련 자금이 있었어.

  I keep a stash of gifts down here. 난 여기에 선물들을 보관해.

stash sth (away)은 '안전한 곳에 숨겨두다,' '모아두다' 라는 표현.

one's stash는 '숨겨놓은 값어치 있는 것'을 말하는 단어. 또한 a stash of~는 '한 묶음의,' '한 다발의' 라는 뜻으로 a horde of와 같은 말. 주로 돈, 무기, 마약 등을 명사로 받는다. 많음을 강조하려면 a large stash of~라고 하면 된다.

It's going to be okay. Stay with me. 괜찮아질거야. 정신차려.

We just got to make sure they stay afloat.
걔네들이 파산하지 않도록 확실히 해야 돼.

- But, you know, it takes a lot to keep a business afloat.
  하지만 알다시피, 사업을 계속하려면 많은게 필요해.

stay afloat에서 afloat는 물에 빠지지 않은, 즉 파산하지 않은이라는 의미로 stay afloat나 keep afloat하면 '사업을 계속하다,' '파산하지 않다'라는 의미.

He can just stay put and keep abusing her.
걘 그대로 남아서 걜 학대할 수 있어.

- You stay put, I gotta go back to the dispensary.
  넌 가만히 있어, 난 진료소로 돌아가야 돼.
  It's almost over. Just try and stay still, okay? 거의 끝났으니 가만히 있어, 응?

stay put은 '꼼짝말고 그 자리에 그대로 있어'(don't move)라는 말로 stay still과 같은 표현이다.

It's going to be okay. Stay with me.
괜찮아질거야. 정신차려.

- Stay with me. Emily! Oh god no! 정신차려. 에밀리!, 오 맙소사!
  Are you gonna stay with me? 나랑 함께 지낼테야?

stay with me는 듣기 싫더라도 '내말 계속 들어라', 혹은 '나하고 최신 정보를 주면서 공유하다,' '함께 머물다,' 그리고 CSI에 많이 나오는 장면으로 사람이 죽어갈 때 죽어가는 사람에게 '이봐 정신차려'라는 의미로 쓰인다.

Why shouldn't I stay the course?
왜 난 계속 난관을 헤쳐 나갈 수가 없을까?

- Stay the course for the remainder of the year.
  올해 남은 기간동안 계속 나아가자.
  We tried, but we couldn't stay the course.
  노력은 했지만 계속 헤쳐나갈 수가 없었어.

stay the course는 어려운 가운데에서도 '뭔가 끝내다,' '난관을 헤쳐나가다,' '가던 길을 계속가다'라는 뜻이다.

NYPD! Everyone stay where you are.
뉴욕경찰이다! 모두 그 자리에 꼼짝마.

- Police, nobody move. Stay right where you are.
  경찰이다, 아무도 움직이지마. 그대로 있어.
  Stay right where you are, don't come closer. 움직이지마, 다가오지마.

stay (right) where you are는 움직이지 말고 그대로 있다라는 말로, '꼼짝하지 않다,' '그대로 있다'라는 말. stay where you are if~의 형태로 조건을 함께 말해도 된다.

What is said here, stays here.
여기서 한 말은 모두 비밀이야.

- He just stays here when he's working. 걘 일할 때는 여기 머물러.
  He stays here once a month, and he pays me $100 cash.
  걘 한달에 한번 여기 머물고 내게 현금으로 100 달러를 줘.

stay here는 그냥 문자그대로 '여기에 머물다,' 혹은 사물주어를 써서 다른데로 새나가지 않는다는 말로 '비밀을 지키다'라는 뜻으로도 쓰인다.

Stay out of this!
넌 끼어들지마!

- I try to stay out of these things. 이런 일에 끼지 않을려고 해.
  The police should stay out of this. 경찰은 여기서 손을 떼야 돼.

stay out of~는 …의 밖에 머물다라는 말로 '…의 일에는 끼어들지 않다,' '간섭하지 않다'라는 표현. keep out of~와 같은 맥락의 표현.

Stay out of trouble.

사고치지마.

- OK, we'll try and stay out of trouble. 좋아, 우린 말썽피지 않도록 하자.

  You keep your noses up. You stay out of trouble.
  남 일에 끼어들지마. 문제 일으키지말고.

stay out of trouble은 stay out of 다음에 trouble이란 명사가 온 경우로 '말썽피지 않다,' '문제를 일으키지 않다,' '사고치지 않다' 라는 의미.

Stay away from her!

걔 근처에 얼씬거리지마!

- I told him to stay away from Helen. 난 걔한테 헬렌으로부터 떨어져 있으라고 했어.

  I suggest you stay away from my son. 내 아들 옆에 얼씬거리지 말라고.

stay away from~은 …로부터 떨어져있다라는 말로 '…에 가까이 하지 않다,' '…에 얼씬거리지 않다,' '…을 멀리하다' 등의 의미.

I can't get them a stay of execution.

걔네들이 집행유예를 받도록 하지 못했어.

- Now it is rumored they're calling for a stay of execution.
  이제 걔네들이 집행유예를 신청한다는 소문이 있어.

  Let's go. We have a stay of execution. 자 가자. 우린 집행유예받았어.

stay of execution는 정상참작하여 형의 집행을 유예해주는 '집행유예' 를 말한다.

MORE EXPRESSION

stay tuned (for) (TV 채널을) 고정하다

be here to stay 머물다, 생활의 일부가 되다

Don't stay away so long. 자주 좀 와.

S

» steady

We are going steady. 우리는 진지하게 사귀고 있어.

He's my steady.

쟤가 내가 사귀는 남자야.

- That's my man. My squeeze. My steady fella.
  내 남자야. 내 애인. 내가 사귀는 친구.

  Now keep your hands on her. Keep her steady.
  이제 걸 꽉 잡아. 걔하고 오랫동안 사귀라고.

be one's steady는 '…가 오래동안 사귀는 애인' 이라는 단어로 steady가 명사로 쓰인 경우이다. 단 keep sb steady하면 sb를 '오래동안 사귀다' 라는 말이지만 keep her steady하면 항해에서 '진로를 유지하다' 라는 표현도 된다.

We are going steady.

우리는 진지하게 사귀고 있어.

- You're not going steady with the guy. 넌 걔랑 고정적으로 사귀지 못할거야.

  They went steady for years in college. 걔네들은 대학에서 오랫동안 사귀었어.

go steady (with sb)는 '…와 고정적으로 사귀다,' steady boyfriend는 '진지하게 고정적으로 사귀는 남친,' steady relationship은 '진지하게 사귀는 관계' 를 뜻한다.

I've got a steady hand.

난 매우 침착하게 반응해.

- He's a real artist, a steady hand. 갠 정말 예술가야, 침착해.

steady hand는 손이 떨리지 않는다는 말로 '매우 침착하게 반응하고 혹은 규칙적으로 뭔가를 한다' 라는 뜻을 갖는다.

» steal

Can I steal you for a sec? 잠깐 시간돼?

That's a steal!
정말 싸구나!

- What a steal! 정말 싸다!
  I got it for a steal. 난 거의 거저로 그걸 샀어.

■ **be a steal**은 도둑질한 것처럼 '싸다'라는 말로, 반대는 be a rip-off.

Can I steal you for a second?
잠깐 시간돼?

- So can I steal you for lunch? 점심 같이 할래?
  Could I steal you for just a minute, in private?
  잠깐만 따로 이야기할 수 있을까요?
  Mind if I steal my girlfriend away for a minute?
  잠깐 여친과 좀 얘기해도 될까요?

■ **steal sb**는 잠깐 데려가서 이야기 좀 할 수 있냐고, '잠깐 시간있냐고' 물어보는 표현.

MORE EXPRESSION

steal a look 훔쳐보다
steal a kiss 살짝 기습키스를 하다

» steam

I'm steaming now. 나 지금 엄청 열받았어.

I'm steaming now.
나 지금 엄청 열받았어.

- Dad was steaming mad that you broke the TV.
  네가 TV를 망가트려서 아버지가 엄청나게 열 받았어 .
  The argument made us both steaming mad.
  이 논쟁은 우리 모두를 돌게 만들었어.

■ **be steaming (up)**는 '화가나 열받다,' '몹시 화가난'이라는 의미로 be steaming mad, be very mad라는 말.

I know another great way to blow off steam.
난 분노를 발산하는 또 다른 멋진 방법을 알아.

- We ran three miles to blow off some steam.
  화를 발산하기 위해 3마일이나 뛰었어.
  How do you blow off steam after work?
  넌 퇴근 후에 어떻게 화를 해소하니?

■ **blow off steam**은 '분노나 노여움을 발산하다'라는 의미로 blow 대신에 let을 써도 된다.

She walk out under her own steam?
걔가 자기 힘으로 걸어나갔어?

- I don't think she left under her own steam.
  걔가 혼자 힘으로 떠난 것 같지 않아.
  The race car arrived under its own steam.
  경주차가 자력으로 도착했어.

■ **under one's own steam**은 '스스로의 힘으로,' '자력으로,' '독자적으로'라는 표현.

MORE EXPRESSION

build up steam 힘을 얻다
full steam ahead 전속력으로 전진하다
run out of steam 힘이 떨어지다

Step it up. 분발해.

Do you want to step outside?

밖으로 나가서 붙어볼래?

- She had to step outside to take a call. 걘 전화걸려고 밖으로 나가야 했어.
  If you have a problem with that, we could just step outside.
  불만있으면, 밖에 나가서 한번 붙어볼래?

step outside는 '단순히 밖으로 나가다,' 혹은 문맥상 싸우는 상황이면 '나가서 한판 붙다' 라는 뜻이 된다. 또한 Step out!하면 역시 '한판붙재!,' '나와!' 라는 뜻.

He just stepped out of the office.

걘 방금 사무실에서 나가셨는데요.

- I need you to step out of the room. 방에서 나가줘.
  Turn off the engine and step out of the vehicle. 엔진끄고 차에서 나가.

step out of the office는 '사무실에서 자리를 비우다' 라는 표현으로 특히 전화왔을 때 찾는 사람이 금방 사무실에서 나가고 자리에 없을 때 쓰는 He's just stepped out of the office가 유명한 표현이다.

Step away from the truck.

트럭에서 물러서.

- Police officers. Step away from the table. 경찰이다. 테이블에서 떨어져.
  They asked us to step aside. 걔네들은 우리보고 그만두라고 했어.

step away from~은 '…로부터 한발 물러서다,' '떨어지다' 라는 표현. 또한 step aside는 옆으로 비키다, '사직하다,' '자리에서 물러나다' 라는 표현.

Step it up.

분발해.

- If you want to keep her, you're gonna have to step it up.
  걔를 놓치고 싶지 않으면 더욱 노력해야 돼.
  Step up here, Counsel. 변호사, 이리 다가와봐요.

step it up은 step up sth 중 step it up으로 굳어진 표현으로 '분발하다,' '노력하다' 라는 표현이다. 한편 step up은 '앞으로 다가오다,' step up의 목적어가 있으면 '…을 강화하다,' '늘리다' 라는 의미.

Step on it!

빨리 해!, 차 속도를 더내!

- And step on it. We're in a hurry. 그리고 속도내. 우리 서둘러야 돼.
  Get me to the church, and step on it! 교회에 데려다줘, 더 밟아!

step on it은 엑셀을 더 밟다라는 뜻으로 '속도를 내다' 라는 의미로 step on the gas라고 해도 된다.

One step ahead of you, every so often.

가끔은 너보다 한걸음 앞서.

- How do these people manage to stay one step ahead of us?
  어떻게 이 사람들은 우리보다 한걸음 앞서있는거야?

be one step ahead (of sb)는 '…보다 한발짝 앞서 있다' 라는 의미로 be 대신에 keep이나 stay를 쓰면 된다.

So sorry to step out on you Amy.

에이미 널 배신해서 너무 미안해.

- Did you step out on your wife? 아내를 배신한거야?
  Jen was caught stepping out on her man. 젠은 자기 남자를 배신하다 들켰어.

step out on sb는 sb를 '배신하다,' '배반하다' 라는 의미로 요즘은 그렇게 자주 쓰이지 않는다.

Watch your step.

발 조심해.

- All right, watch your step there. 좋아, 거기 넘어지지 않도록 조심해.

watch one's step은 넘어지지 않도록 '조심하다,' '발조심하다' 혹은 '신중히 행동하다' 라는 뜻으로 쓰인다.

MORE EXPRESSION

step out of line 지시나 규칙을 어기고 못되게 행동하다
out of step with 의견 불일치

Let's just stick to it. 그걸 계속 고수하자고.

He didn't even stick up for me.
갠 내 편을 들어주지도 않았어.

- It's sweet of you to stick up for your friend like that.
  그렇게 친구를 위해 편들어주다니 참 착하구나.

  She's here today to tell you that she can't stick up for herself.
  갠 오늘 여기 와서 자기 스스로를 방어할 수 없다고 말했어.

stick up for~는 '변호하다,' '옹호하다,' '편들다'라는 말로 stick up for oneself는 '스스로를 방어하다,' '앞가림하다'라는 뜻.

Stick 'em up!
손들어

- Did he say, "stick 'em up"? 걔가 손들라고 했어?

  The police arrived five minutes after the stick up.
  경찰은 강탈 사건후 몇분 후에 도착했어.

  This is a stick up, show me your hands. 총기강도다, 다 손 들어.

stick up은 '손을 들다,' 혹은 총을 이용해 '은행이나 사람을 털다'(rob with a gun)라는 뜻으로 쓰인다. 강도들이 돈을 도둑질 하기 전에 stick 'em up이라고 하기 때문이다. 또한 stick up하면 명사형으로 '강탈'이란 뜻. stick up은 또한 '튀어나오다'(be above other thing)라는 의미로도 사용된다.

I'm gonna stick around here for a while.
난 한동안 여기서 머무를거야.

- I think I'm gonna stick around here. 난 여기 있는 게 나을 것 같아.

  She didn't stick around to protect me. 갠 나를 보호하기 위해 남지 않았어.

stick around는 뭔가 기다리면서 '멀리 가지 않고 머무르다'라는 의미로 hang around와 같은 의미.

Stick with it.
포기하지마, 계속해.

- Let's stick with it, alright? 계속하자, 알았지?

  Once I commit to something, I stick with it. 일단 헌신하면 절대 포기안해.

  I wanna quit, but then I think I should stick it out.
  그만두고 싶지만 계속 견뎌야 할 것 같아.

stick with it은 어려움에 부딪혀 일을 중단해야 할 경우에 상대방에게 용기를 넣어주기 위해 '포기하지마,' '계속해라'라고 충고하는 표현. 또한 stick it out은 '참다,' '계속 견디다,' '참고 끝까지 하다'라는 표현.

You stick with him, Chris.
넌 걔옆에서 도와, 크리스.

- I'm sticking with you. 난 너랑 함께 있겠어.

  Do you stick with that teacher? 그 선생님하고 잘 지내?

  I'll stick with burgers and fries, thanks. 난 버거하고 감자튀김, 고마워.

  Then why am I stuck with her? 그럼 내가 왜 걔와 같이 있어야 하는데?

  If they'd sent you to jail I'd get stuck with all your cases.
  널 감옥에 보내면 내가 네 사건까지 다 맡아야 되잖아.

stick with 다음에 sb가 올 경우에는 'sb를 도와주다,' '…의 곁에 있다'라는 뜻이고 stick with sth하면 '고수하다,' '선택하다'라는 의미. 하지만 be stuck with sb[sth]는 '원치 않는 사람과 사귀거나 같이 있거나,' '하기 싫은 일을 할 수 없이 하거나' 그런 불행한 상황을 뜻한다.

We made our decision. Let's just stick to it.
우린 결정을 했고 그걸 계속 고수하자고.

- I'll make up a schedule and make sure you stick to it.
  내가 일정을 짤테니 꼭 지키도록 해.

  The training course was hard, but we stuck to it.
  훈련일정은 힘들었지만 우리는 고수했어.

stick to it은 먼저 고수할 내용을 말한 다음에 그걸 고수하라고 할 때 쓰는 것으로 stick to it이라고 통째로 외워두면 좋다.

Well you can stick your good will in your ass.
저기 너희 친절은 필요없으니 엿이나 먹어라.

- Just wanted to stick it to him. Give him a few problems.
  그냥 걔한테 문제를 일으키고 싶어. 문제 몇 개 던져줘.

She's sticking to her story.
걘 자기 설명이 무조건 맞다고 고집펴.

- Then stick to the facts in evidence. 그럼 증거에 있는 사실들을 고수해라.
  Counselors, let's stick to the law. 변호사들, 법을 고수합시다.

Can the prosecutor make the charges stick?
검사가 기소사실을 증명할 수 있을까?

- You need to make the rules stick for the kids.
  아이들에게 규칙을 계속 지키도록 해야 돼.
  It can be done, but no one can make it stick.
  그렇게 될 수도 있지만 아무도 계속 그걸 지속시킬 수는 없어.

Something sticking in your craw?
뭔가 널 미치게 만들어?

- Those insults just stuck in Jill's craw. 저런 모욕은 질을 미치게 만들었어.
  You know, something you said yesterday really stuck in my craw. 말야, 어제 네가 말한게 정말 날 화나게 했어.

I was stuck at home.
난 집에 콕 박혀 있었어.

- My seat belt is stuck? 내 안전벨트가 안풀려요?
  You still stuck on him, honey? 넌 아직도 걔한테 빠져있어, 자기야?
  Seven hours stuck on a plane. 7시간 동안 비행기안에 처박혀 있었어.

It's a long way out in the sticks just to drop dead.
그냥 급사하기에는 너무 시골 외진곳이야.

- He's always getting the short end of the stick. 걘 늘 손해만 봐.

sb stick sth to sb는 매우 '화를 내면서 sth를 거절하는 것'을 말한다(reject it in an angry way). 또한 앞의 stick to it이 아니라 stick it to sb하면 'sb에게 해가 되고 문제가 될 뭔가를 하다'라는 뜻.

stick to sth은 '…을 계속하다,' '고수하다'라는 의미로 stick to one's story는 사실도 아니고 사람들도 믿지 않는데 '자기 설명을 고수하다,' stick to the rules는 '규칙에 따르다'라는 의미가 된다.

make sth stick은 '사실임을 증명하다,' 'sth을 계속 지속시키다'라는 의미.

stick in sb's craw는 'sb를 화나게하다,' '초조하게 만들다,' '미치게 하다'라는 의미.

be stuck at~은 '…에 걸리다,' '갇혀있다,' be stuck for sth은 대답이나 생각이 막혀버린 경우로 be stuck for words하면 'didn't know what to say'라는 뜻이 된다. 또한 be stuck on sb[sth]는 '…에 미치다,' '빠지다,' '막히다,' '붙어있다' 등 문맥에 맞게 해석을 해야 한다.

(out) in the sticks는 '시골에서,' 나아가 '핵심에서 벗어나'라는 의미이고, get the short end of the stick하면 항상 짧은 스틱을 잡는다라는 말로 '늘 손해만 본다'는 표현.

MORE EXPRESSION

be[get] stuck in traffic 교통체증에 막혀 꼼짝 못하다
be really stuck up 정말 거만하다(be snooty)
stick by a promise 약속을 지키다
stick by sb …에 끝까지 충실하다

S

놓치면 원통한 미드표현들

- **spit out** 숨기지 말고 다 털어놓다
  Spit it out! 어서 말해!
  What are you thinking? Spit it out!
  뭘 생각해? 다 털어놔!

- **spit** 침을 뱉다
  They spit only to stroke their own cocks.
  걔네들은 거시기를 만질 때만 침을 뱉어.

» stiff

She stiffed you. 걔가 널 속인거야.

She stiffed you.
걔가 널 속인거야.

- He fought hard and never stiffed me. 걘 심하게 싸웠지만 절대 날 속이지는 않았어.
  I never thought Dan would try to stiff me.
  난 댄이 날 속이려고 할지는 절대 생각못했어.

stiff sb는 동사로 '속이다,' 혹은 식당 등에서 '팁을 떼먹다'라는 아주 치사한 표현.

I was gonna say the guy was scared stiff.
걔가 정말 무서웠다고 말하려고 했었어.

- Kelly was worried stiff about the date. 켈리는 데이트 때문에 몹시 걱정했어.
  Everyone was bored stiff at the conference.
  다들 회의에서 몹시 지루해했어.

be worried stiff는 '몹시 걱정하다,' be bored stiff는 '몹시 지루해하다,' 그리고 be scared stiff는 '몹시 무서워하다'라는 의미.

MORE EXPRESSION

working stiff 일반 노동자
keep a stiff upper lip 버티다
be frozen stiff 꽁꽁 얼어붙다

» still

You're still on that? 아직도 그 얘기야?

We still on for drinks tonight?
오늘 밤 술먹는거 아직 유효해?

- We still on for karaoke? 우리 가라오케가는거 아직 유효해?
  I just wanted to make sure we're still on for tonight.
  오늘밤 우리 약속 유효한지 단지 확인하고 싶었어.

still on for는 약속이 아직 '유효한'이라는 말로 still on for tonight하면 오늘밤 약속이 유효한이라는 뜻.

The real killer's still out there.
진범은 아직도 밖에서 활개를 치고 있어.

- Jill faked her death. She's still out there.
  질은 자기 죽음을 위장했어. 걘 밖에서 활개치고 다니지.
  There's someone else still out there! 저기 밖에 다른 누군가가 있어!

still out there는 아직 밖에 있다라는 것으로 '아직도 활개를 치고 있다,' '횡횡하다'라는 의미.

You're still on that?
아직도 그 얘기야?

- Your bullet is still on that playground. 네 총알은 아직도 저 운동장에 있어.
  She's still on that cruise? 걘 아직도 저 크루즈에 있어?

be still on that+명사는 '아직도 …에 있다' 혹은 '아직도 그 얘기다'라는 의미.

MORE EXPRESSION

still more 더욱더

» stink

It stinks. 젠장, 영 아니야.

It stinks.
젠장, 영 아니야.

- **What stinks?** 뭐가 이렇게 냄새가 구려?

  What I forgot is your taste in coffee. **It stinks.**
  내가 잊은건 네 커피 맛이야. 정말 구려.

  This whole thing **stinks to high heaven.** 이 모든게 정말 영 아니야.

Please don't make a stink at the party.
제발 파티에서 말썽일으키지마.

- The old lady **kicked up a stink** in that store. 노부인은 가게에서 말썽 피웠어.

  There's some environmental lawyer who**'s making a stink.**
  어떤 환경전문 변호사가 불평을 거세게 하고 있어.

She's stinking rich.
그 여자는 더럽게 부자야.

- I met this woman at a party, we **got stinking drunk**, went back to her room. 이 여자를 파티에서 만나서, 더럽게 취해서 걔방으로 갔어.

sth stinks stink는 원래 아주 고약한 냄새가 난다는 말로 sth stinks하게 되면 냄새가 지독하거나 혹은 비유적으로 sth가 '영 아니다,' '심하다'라는 의미가 된다. 한편 stink to high heaven은 stink의 강조표현으로 stink very much. '지독한 냄새가 나다'라는 의미.

make a stink는 '불평하다'(complain very strongly), '말썽을 일으키다'라는 의미로 make 대신에 cause나 kick up을 써도 된다.

stinking은 형용사로 '악취나는,' 부사로는 강조어로 못마땅한 뉘앙스로 '매우'(extremely)라는 의미를 갖는다. 그래서 stinking rich는 '더럽게 부자인,' stinking drunk는 '매우 취한'이란 뜻이 된다.

MORE EXPRESSION

stinker 아주 나쁜 인간, 골칫거리
stinky 악취나는, 지독한, 역겨운

S

» stomach

My boss is real hard to stomach. 사장은 진짜 참기 힘든 사람인 것 같아.

I've got butterflies in my stomach.
나 너무 긴장돼.

- I **get butterflies in my stomach** when I think about her.
  걔 생각하면 가슴이 두근거려.

That turns my stomach.
그게 너무 역겨워.

- The toilet smell **turned Tim's stomach.** 화장실냄새로 팀의 속이 뒤집어졌어.

  Your ugly face **turns my stomach.** 너희 추한 얼굴을 보니 속이 뒤집어진다.

I just got sick to my stomach.
방금 속이 울렁거렸어.

- I always **feel slightly sick to my stomach** when I work alone in the office late at night. 밤늦게 사무실에서 혼자 일할 때는 항상 좀 속이 울렁거려.

have (got) butterflies in one's stomach은 뱃속에 나비가 있다는 말로 '긴장되다,' '초조하다,' '불안하다'라는 의미.

turn one's stomach은 배가 뒤집어진다는 말로 '속이 뒤집혀지고 역겹다,' '기분이 상하다'라는 뜻이 된다.

get[be] sick to one's stomach은 '속이 메스껍다,' '울렁거리다,' '토할 것 같다'라는 의미.

Hope you have a strong stomach.

비위가 강하길 바래.

- See, all you really need is a strong stomach.
  거봐, 네가 정말 필요한 건 비위만 강하면 돼.

  I had a weak stomach after eating tuna. 참치를 먹은 후에 비위가 약해졌어.

have a strong stomach은 '비위가 강하다,' 반대로 '비위가 약하다'라고 하려면 have a weak stomach이라고 하면 된다.

I think my boss is real hard to stomach.

사장은 진짜 참기 힘든 사람인 것 같아.

- Sometimes she is a little hard to stomach, but she means well. 때때로 걔가 좀 참기 힘들지만 의도가 나쁜 것은 아냐.

stomach은 동사로 '참다'(endure), '탈나지 않고 먹다'라는 의미. hard to stomach하면 따라서 '참기 어려운'이라는 뜻.

MORE EXPRESSION

stomach contents 위내용물
have no stomach for …할 생각이 없다
pump one's stomach 위를 세척하다
in the pit of one's stomach …의 맘속 깊은 곳에서

» stone

She was too stoned to remember. 걘 너무 약에 취해서 기억을 못해.

It's just a stone's throw from here.

엎어지면 코 닿을 거리야.

- It's a stone's throw away from the airport.
  공항에서 아주 가까운 거리에 있어.

be a stone's throw from[away]은 잘 알려진 숙어로 '돌로 던져서 닿을 거리에 있다'는 말로 within a stone's throw라고도 한다.

You people are made of stone!

너희들 정말 냉정하구나!

- Why aren't you crying? Are you made of stone?
  왜 울지도 않아? 감정도 없어?

  Mr. Jonas is cruel, he's got a heart of stone.
  조나스 씨는 잔인해, 걘 무정한 사람야.

be made of stone은 '돌로 만들어졌다,' have a heart of stone은 '냉혹한 사람이다,' '무정한 사람이다'라는 의미.

It's not carved in stone.

그건 변할 수 있는거야.

- It's all there, etched in stone. 거기 다 있어, 변하지 않아.

  Nothing Draper told you is carved in stone.
  드레이퍼가 네게 아무것도 변하지 않는건 없다고 했어.

  The rules here aren't carved in stone. 여기 규칙은 절대적인게 아냐.

be carved[etched] in stone은 '돌에 새겨지다'라는 말로 '변하지 않을거'라는 것을, 반대로 not be carved[etched] in stone하면 돌에 새겨진 게 아니다, 즉 '절대적인게 아니다'라는 말.

She was too stoned to remember.

걘 너무 약에 취해서 기억을 못해.

- You mind if I get stoned first? 내가 먼저 취해도 괜찮겠어?

  I think he's stoned again. 걔가 다시 약에 손댄 것 같아.

  Did he tell you he was stoned on the job?
  직장에서 약했다고 걔가 네게 말했어?

be stoned는 마리화나 등의 '마약류에 찌든,' '취한'이라는 의미.

MORE EXPRESSION

leave no stone unturned 모든 방법을 다 쓰다
stone sb to death 돌던져 죽이다(kill sb stone dead)

We're pulling out all the stops. 우린 최선을 다하고 있어.

I'll put a stop to that.
내가 중단시킬게.

- We came to put a stop to your disco-bonfire.
  너희들 디스코 캠프파이어를 중단시키려고 왔어.
  Mike found out about it and he tried to put a stop to it.
  마이크가 알아내고서 중단시키려고 했어.

put a stop to+명사는 명사를 '중단하다,' '멈추다'라는 의미. 한마디로 동사 stop이라고 해도 된다.

We're pulling out all the stops.
우린 최선을 다하고 있어.

- I pulled out all the stops. 난 가능한 모든 노력을 기울였어.
  Pulling out all the stops, huh? 모든 노력을 다하는거야, 알았지?

pull out all the stops는 '가능한 모든 노력을 다하다,' '최선을 다하다'라는 표현.

Why don't you stop by after my shift?
내 근무 끝나고 좀 들려.

- We just wanted to stop by and say good night.
  잘 자라고 말하려고 잠깐 들렸어.
  You know what? I got to make a pit stop.
  저 말이야? 휴게소에 잠깐 들렀다가자.

stop by는 예고없이 '잠깐 들르다'라는 말로 stop in (at), stop off, 그리고 drop by와 같은 의미. 또한 make a pit stop하면 드라이브 여행 중 식사, 기름, 혹은 화장실가기 위해 '잠깐 쉬는' 것을 뜻한다.

S

And I can't stop it!
그리고 난 멈출 수가 없어!

- I can't stop thinking about her! 계속해서 걔 생각만 내!
  You can't stop yourself from dreaming. 넌 꿈을 안 꿀 수가 없을거야.

can't stop ~ing는 I can't stop loving you로 유명해진 표현으로 '계속 …할 수밖에 없다'는 의미로 stop oneself (from) ~ing sth과 같은 의미.

There's nothing to stop them from killing her.
걔네들이 그 여자를 살해하는 것을 막을 길이 없어.

- There'd be nothing to stop me from telling.
  그 어떤 것도 내가 말하는 것을 막을 수가 없을거야.

There's nothing to stop sb from ~ing는 좀 길지만, 내용상 부정이 두 개 있음을 알 수 있다. nothing과 stop from. 즉 'sb가 …하는 것을 막을 길이 없다,' '아무것도 sb가 …하는 것을 막을 수가 없다'라는 의미.

The police are doing nothing to stop it.
경찰은 그걸 멈추게 하기 위해 아무 조치도 하지 않고 있어.

- He molested that boy, and you did nothing to stop it.
  갠 저 소년을 성폭행했지만 넌 아무런 행동도 취하지 않았어.
  Pam did nothing to stop him. 팸은 걜 막기 위해 아무런 행동도 하지 않았어.

do nothing to stop~은 '…을 막기 위해 아무 것도, 아무런 조치도 하지 않다'라는 의미.

You'd stop at nothing to win.
넌 이기기 위해 어떤 일도 서슴지 않을거야.

- Ivan will stop at nothing to win the match.
  이반은 경기에서 이기기 위해 무슨 짓이든 할거야.

will[would] stop at nothing to+동사는 '…하기 위해 무슨 일이든 하다,' '…하기 위해선 어떤 일도 서슴지 않다,' '…하기 위해 수단과 방법을 가리지 않다'라는 아주 적극적인 표현.

Stop right there!

거기서!

- I need you to stop right there. 거기 멈추라고.
  Stop right there. Come here. 그 자리에 멈춰. 이리와봐.

■ stop right there는 그 자리에 그대로 멈추다라는 말. 명령형으로 쓰면 범인 추격장면에서 듣지 않을거 뻔히 알면서도 하는 말로 '멈춰,' '그 자리에 멈춰,' '거기서'라는 의미.

Car skids to a stop.

차가 멈춰섰어.

- He comes to a stop at the garage. 걘 차고에서 정지했어.
  The truck comes to a stop and they take her out.
  트럭이 멈춰서더니 그 여자를 데려갔어.
  It took hours to bring the leak to a stop. 새는 걸 멈추는데 몇시간이 걸렸어.

■ come to a stop은 차 및 상황 등이 '정지하다,' '멈추다'라는 말로 come 대신에 roll, skid를 쓸 수 있고 또한 stop 대신에 halt를 써도 된다. 또한 bring sth to a stop하게 되면 '…을 멈추게 하다'라는 의미가 된다.

Stop it! Get away from him now!

그만둬! 이제 걔한테서 멀어져!

- Stop it! That's enough! 그만둬! 이젠 지겨워!
  What are you doing? Stop it! 뭐하는 거야? 그만둬!

■ Stop it!은 상대방의 행동을 어떤 이유에서든지 '그만 두라고 지시하거나 짜증낼 때' 사용한다. Stop that 혹은 Stop what you're doing이라고 해도 된다.

MORE EXPRESSION

stop and smell the flowers 잠시 휴식을 취하다, 인생을 즐기다
stop out 평소보다 늦게까지 밖에 있다
stop on a dime 급정거하다

» storm

I storm out to the backyard. 난 화가 나서 뒷마당으로 나갔어.

I storm out to the backyard.

난 화가나서 뒷마당으로 나갔어.

- You don't get to storm out, okay? I storm out!
  네가 화나서 나가면 안되지, 알았어? 내가 나간다고!
  He said, "Oh, crap," and stormed out.
  걘 "어, 젠장"이라고 말하고 화를 내고 나갔어.

■ storm out (of~)은 '폭풍처럼 화를 내고 나가버리다'라는 말. storm out of here은 '뛰쳐나가다'라는 표현.

The new dresses took New York by storm.

새로운 드레스가 뉴욕에 돌풍을 일으켰어.

- The band took the audience by storm. 그 밴드는 청중을 사로잡았어.
  The survivors weathered the storm on the mountain.
  생존자들은 산악의 폭풍을 견뎌냈어.

■ take ~ by storm은 폭풍이 순신각에 몰아치듯 '…을 순식간에 사로잡다,' '…에 돌풍을 일으키다'라는 의미이고, weather the storm은 '폭풍을 견뎌내다,' '난국을 극복하다'라는 표현.

We hear she was partying up a storm.

걔가 파티 준비를 멋지게 한다며.

- Carrie cooked up a storm for the visitors.
  캐리는 방문객들을 위해 요리를 많이 했어.
  Everyone danced up a storm at the wedding.
  다들 결혼식장에서 춤을 잔뜩 췄어.

■ dance up a storm은 '뭔가 많은 일을 하다'(do a lot of something)라는 말로 dance 대신에 sing이나 cook을 써도 된다. up a storm은 '잔뜩,' '멋지게'라는 말.

MORE EXPRESSION

storm trooper 돌격대원
a storm in a teacup 찻잔 속의 폭풍

It didn't work. End of story. 안됐어. 그게 다야.

That's not the end of the story.
그게 다가 아니야.

- So that was the end of the story between me and Stella.
그럼 그게 나와 스텔라 사이의 이야기 끝이었어.
Why don't we skip to the end of the story? 이야기 끝으로 건너뛰자.

be not the end of the story는 얘기가 끝난 게 아니다, 즉 '그게 다가 아니다,' '다른 게 더 있다'는 말. not을 빼고 be the end of the story하면 반대로 '얘기가 끝났다'라는 의미.

It didn't work. End of story.
작동하지 않았어. 그게 다야.

- My kids are gonna have total freedom. End of story.
내 아이들은 완전한 자유를 만끽할거야. 여기까지야.
He gave me a ride, end of story. 걔가 날 차태워줬고, 그게 다야.

End of story는 문장 끝에 사용하는 표현으로 '이제 여기까지야,' '그게 다야,' '더 이상 할 얘기가 없음'이라는 표현. story 앞에 the가 없는 것에 주목한다.

I know the whole story.
난 자초지종은 다 알아.

- That is true, but that is not the whole story. 사실이지만 그게 다는 아니야.
Oh, sure. A likely story. 어, 그럼. 참 그렇기도 하겠네.
Sure, it's a likely story.그럼, 퍽도 그렇겠어.

That's the whole story에서 the whole story는 자초지종이란 뜻으로 '자초지종이 그래,' '난 얘기를 다했다'라는 의미. 또한 a likely story는 그럴 듯한 이야기지만 믿기지 않는다는 뉘앙스가 깔려있어 '설마!,' '퍽도 그렇겠다!'라는 의미.

They just left suddenly. That's the story.
걔네들이 갑자기 떠났어. 일이 그렇게 된거야.

- We spent the night in New York. That's the story.
우리는 뉴욕에서 밤을 지냈어. 그렇게 됐어.
Someone stole my car. That's the story of my life.
누가 내 차를 훔쳤어. 내 인생이 그렇지 뭐.
That's the story of how Tim and I became friends.
그렇게 해서 팀하고 내가 친구가 된거야.

That's the story는 '사실이 그렇다,' '일이 그렇게 된거다'라는 표현으로 That was that과 같은 맥락. 또한 That's the story of my life는 '내 인생이 그렇지 뭐'라는 뜻으로 나쁜 일이 자기에게 많이 일어난다는 자조적 표현. 또한 This[That] is the story of how~는 어떤 사실을 설명하는 것으로 '그렇게 해서 …하게 되었다'라는 의미의 표현이다.

That's another story.
그건 또 다른 얘기야.

- His heart, well, that's another story. 걔의 심장은, 별개의 이야기야.
The results are another story. 결과는 또 다른 이야기야.

be another story는 '별개의 이야기이다,' '사정이 다르다'라는 의미. another 대신에 different를 써도 된다. 또한 tell another[a different] story하면 '전혀 다른 이야기를 하다.'

What's the story?
어떻게 된거야?

- What's the story? Are you sleeping with Tom? 뭐야? 넌 탐하고 자?
Why? What's your story? 왜? 왜 그렇게 행동한거야?

What's the story는 상황이 어떻게 진행되는지 물어보는 것으로 What's your story?하면 '너 왜 그런거야?,' 그리고 What's her story?하면 '쟤는 왜 저래?'라는 의미가 된다.

It's a long story.
말하자면 복잡해.

- Long story. I'll tell you later. 복잡한 이야기야. 나중에 얘기해줄게.
So, long story short, I nailed her.그래, 간단히 말해서, 난 걔하고 섹스했어..

a long story는 뭔가 복잡하고 설명하기 어려운 것을 말해야 될 때 '말하자면 길어'라는 뜻이 된다. 또한 make[cut] a long story short은 '간단히 말하다'라는 뜻. to make a long story short이란 형태로도 많이 쓰인다.

It's time to set things straight. 문제를 바로잡아야 할 때야.

Let me get this straight.
얘기를 정리해보자고.

- Let's just **get one thing straight.** 한가지만 확실히 해두자.
  We **got this straight.** 이건 분명히 했잖아.

get ~ straight는 방금 들은 상배방의 말이 믿기지 않거나 이해가 잘 안될 때, '이건 분명히 해두자구,' '이거 하나는 짚고 넘어가자,' '얘기를 정리해보자고'라고 하는 말.

Hey, keep it straight!
야, 제대로 정직하게 해.

- I'm just trying to **keep it straight** for everyone. 모두에게 공평하게 하려해.
  That would **keep it straight.** 그렇게 하면 바로 잡게 되겠어.

keep it straight는 '정직하게 바로잡다,' '이상한 짓을 하지 않다'라는 의미 등 다양하게 사용된다.

He's played it straight his whole life.
걘 평생 정직하게 살아왔어.

- You just **play it straight**, don't jerk him around, you'll be fine.
  정직하게 행동해, 걔 골치아프게 하지말고, 넌 괜찮을거야.
  As far as he knows, I **play it straight.** 그가 알고 있는 한 난 정석대로 했어.

play it straight는 '정직하게 대하다,' '행동하다,' '공정하게 행동하다'라는 의미.

It's time to set things straight.
문제를 바로잡아야 할 때야.

- You better **set things straight** with Ken. 넌 켄과의 일을 바로 잡아야 돼.
  The meeting **set everything straight** between us.
  회의는 우리 사이의 모든 걸 바로 잡아줬어.
  Can you **set me straight** on some things?
  어떤 일들에 대해 내게 상황을 제대로 알려줄래?

set[put] sth straight는 '바로잡다,' '제대로 고치다'라는 의미. 목적어로 things가 자주 온다. 또한 set[put] sb straight는 'sb의 생각을 바로 잡아주다'(give sb the correct or true information), '상황을 제대로 이해시키다'라는 뜻.

I want to set the record straight.
잘못을 바로 잡고 싶어.

- The policeman failed to **set the record straight.**
  경찰은 기록을 바로 잡지 못했어.

set[put] the record straight는 뭔가 반박하거나 해명할 때 쓰는 표현으로 '기록을 바로잡다,' '똑바로 얘기하다,' '오해를 풀다'라는 뜻이 된다.

Follow me. I'll take you straight to Bob.
날 따라와. 밥한테 바로 데려다 줄게.

- We're gonna need to **take you straight to** the delivery room.
  우리는 당신을 바로 분만실로 데려가야 될거예요.
  Take me straight to the airport. 날 공항으로 곧장 데려다 줘요.

take sb straight to~는 'sb를 곧장, 바로 …로 데려가다'라는 단순한 의미.

Give it to me straight. You kill her?
솔직히 말해줘. 걜 죽였어?

- Just **give it to me straight**, it'll save us a lot of time.
  그냥 사실대로 말해줘. 그럼 시간이 많이 절약될거야.
  I'll **give it to you straight from the shoulder.** 너에게 진심으로 한마디 할게.

give it to sb straight는 sb에게 '솔직히 다 얘기하다,' '사실을 말해주다'라는 말이고, give it to sb from the shoulder하면 '진심으로 한마디 하다'라는 표현.

Tell me straight up.
내게 솔직히 말해줘.

- **Straight up**, am I going to die? 솔직히 말해, 내가 죽어가고 있어?
  Whiskey, **straight up**. 위스키, 아무 것도 타지말고.

straight up은 의문형태로 상대방에게 '진실을 말하라'고 다그칠 때 혹은 '내가 말하는게 진실이야'라고 강조할 때 사용하는 표현이다. 특히 술과 관련되서는 on the rock의 반대로 '얼음없이', 즉 '아무것도 타지 않은'라는 말.

Why weren't you straight with me?
왜 내게 솔직하지 않았어?

- You're gonna have to **be straight with** me. 넌 내게 솔직해야 돼.
  You just need to **be straight with** us. 넌 우리에게 솔직해야 돼.

be straight with~에서 straight는 정직하다(honest)라는 말로 '…를 속이지 않다,' '…에게 정직하다'라는 뜻이 된다.

He's fairly straight.
걘 꽤나 고지식해.

- I can't take it anymore! This man **is straight**!
  더 이상 못참겠어! 이 남자는 너무 답답해!
  Looks like he isn't such a **straight arrow** after all.
  걘 그렇게 고지식한 사람같지 않았어.

be straight는 직선이다 그래서 '정상적이다'라는 의미로 많이 쓰인다. 그래서 게이가 아닌 '이성애자이다,' '마약을 안하다,' '고지식하다'라는 뜻으로 쓰인다. 한편 straight arrow는 곧은 화살이란 뜻으로 '곧은 사람' 혹은 '고지식한 사람'을 뜻한다.

We're supposed to go straight home.
우린 곧장 집으로 가야 돼.

- I'm going to go home and **go straight** to bed. 집에 가서 곧장 자러갔어.
  It's not easy for a criminal to **go straight**. 범죄자가 정직하게 사는 건 어려워.

go straight는 물리적으로 직진하다, '곧장 바로가다,' 혹은 비유적으로 범죄생활을 끝내고 '정직하게 살아가다'라는 의미로 쓰인다.

I'm just gonna pack up and go straight to hell now.
짐싸고 곧장 지옥에나 가야겠어.

- Well then they can just go **straight to hell**, then, can't they?
  그럼 걔네들은 실패할 수 있겠지, 그렇지 않아?

straight to hell은 다양한 의미로 쓰이는데 '실패하다' 혹은 '나쁜 곳으로 가다'라는 의미.

I got it straight from the horse's mouth.
본인한테 직접 들었어.

- She **got it straight from the horse's mouth**.
  걘 확실한 정보통으로부터 얘기를 들었어.

get it straight from the horse's mouth는 말의 입안 상태를 보고 말의 나이나 건강상태를 정확히 알 수 있다는 점에서 '확실하게 들었다'라는 말이 생겨난 경우.

I've got my meds straightened out.
난 약도 끊었어.

- We're gonna **get it straightened out**. 우리는 그걸 바로 잡을거야.

straighten은 동사로 '똑바로 하게 하다,' '바로잡다'라는 의미.

MORE EXPRESSION

straight to one's face 대놓고 (말하다)

놓치면 원통한 미드표현들

- **sponge off** 빌붙어지내다
  Carl continues to **sponge off** his parents.
  칼은 걔 부모님에게 계속 빌붙어살아.
- **spy on** 염탐하다
  You think he **was spying on** you?
  걔가 널 염탐하는 것 같아?

» strange

We're not strangers anymore. 우리는 벌써 아는 사이잖아.

You've been acting strange all day.

넌 종일 이상하게 행동하고 있어.

- You've been acting strange ever since I got back.
  내가 돌아온 이후로 너 좀 이상하게 행동해.
  That's the strange thing. He never did. 참 이상하다. 걘 절대로 그러지 않는데.

act strange는 평소와 다르게 '이상한 행동을 하다'라는 의미. 또한 be strange는 '이상하다,' feel strange는 '기분이 이상하다' 등 strange의 기본의미는 '이상한.'

I'm a stranger here myself.

여기는 처음 와봐서요.

- I don't think so. You're a stranger. 그렇지 않을걸. 너 여기 처음일걸.
  Don't be a stranger, bye-bye. 자주 만나자, 잘가.

be a stranger는 낯선사람, 모르는 사람이라는 말이고, 만나서 헤어질 때하는 Don't be a stranger는 '연락하고 지내자,' '자주 만나자'라는 의미.

We're not strangers anymore.

우리는 벌써 아는 사이잖아.

- They're not strangers, Claire. They're good people.
  걔네들 아는 사이야, 클레어. 좋은 사람들이야.
  They're not strangers. They are new friends of mine.
  아는 사람들이야. 내 새로운 친구들이야.

be not strangers는 서로 모르는 사람이 아니다, 즉 '아는 사람'이라는 의미.

MORE EXPRESSION

for some strange reason
어떤 이상한 이유로

» strap

Oh, you're all strapped in. 어, 너 정말 꼼짝 못하는구나.

Oh, you're all strapped in.

어, 너 정말 꼼짝 못하는구나.

- You're strapped in an electric chair! 넌 전기의자에 묶여 있어!
  He kept her strapped to a bed in a warehouse.
  걘 그 여자를 창고의 한 침대에 묶어놨어.
  He'll strap you down and put a needle in your arm.
  걘 널 묶고 팔에 주사를 놓을거야.

be strapped in 혹은 be strapped to~는 '줄로 묶어놓다'라는 뜻. strap은 원래 명사로 줄을 뜻한다. 또한 Are you strapped in?하게 되면 '안절벨트했냐'고 물어보는 표현이 된다. 또한 strap sb down은 'sb를 끈으로 묶다.'

Sam was strapped for cash.

샘은 현금이 쪼들려.

- We were strapped for cash as students. 우리는 학생으로 현금이 달려.
  The cash strapped company failed. 현금이 부족한 회사는 실패했어.

be strapped for cash는 '돈이 없어 쪼들리다'라는 의미로 cash-strapped하면 '돈이 쪼들린'이라는 의미가 된다.

He's been under so much stress. 걘 요즘 너무 많은 스트레스를 받고 있어.

How do you relieve your stress?
넌 스트레스 어떻게 해소해?

- Andrea does yoga to relieve her stress.
  앤드리아는 스트레스를 풀기 위해 요가를 해.
  Does drinking beer relieve your stress? 맥주마시면 스트레스가 풀려?

relieve one's stress는 '스트레스를 줄이다,' '해소하다'라는 말로 relieve 대신에 reduce를 써도 된다.

He's been under so much stress.
걘 요즘 너무 많은 스트레스를 받고 있어.

- You're under a lot of stress right now. 넌 요즘 너무 많은 스트레스 받고 있어.
  Whenever she's under stress, she will make herself ill.
  걘 스트레스를 받을 때마다, 병을 앓아버려.

be under stress는 글자 그대로 '스트레스를 받고 있다'는 말로 강조하려면 be under a lot of stress라 하면 된다.

I am stressed out.
난 스트레스로 뻗었어.

- I'm stressed out at work. 난 회사에서 스트레스를 엄청 받고 있어.
  I didn't realize you were so stressed out. 네가 그렇게 스트레스에 쩔은 줄 몰랐어.

be stressed out하면 '스트레스 때문에 녹초가 된,' be stressed to the max는 '스트레스가 극에 달하다'라는 의미.

I wanna stress that I was young.
내가 젊다는 걸 강조하고 싶어.

- I want to stress that everything we did was completely vetted by our lawyers.
  우리가 하는 모든 것은 우리측 변호사가 철저히 검토했다는 걸 강조하고 싶어.

stress that point는 '그 점을 강조하다,' stress the importance[need] of~하면 '…의 중요성[필요성]을 강조하다.' 여기서 stress는 강조하다라는 의미.

You should put stress on getting a good job.
넌 취직의 중요성을 강조해야 돼.

- Children put so much stress on themselves these days.
  아이들은 요즘 스스로 스트레스를 너무 받아.
  It's gonna be a long, hard surgery and put a lot of stress on your body. 길고 어려운 수술이어서 몸에 많은 스트레스를 줄 거야.

put[lay] stress on sth은 '강조하다' 또는 '스트레스를 주다'라는 의미로 쓰인다.

MORE EXPRESSION

stressful 스트레스를 많이 주는
stress and strains 근심걱정
No stress. 문제 없어(=No problem)

놓치면 원통한 미드표현들

- **vice squad** 풍기 단속반 fraud squad 사기단속반
  Bomb squad said they can't move it or diffuse it. 폭탄제거반이 이동하거나 제거할 수없다고 해.
- **stack the deck** (사기치든 뭐든) 기회를 만들다
  Then, stack the deck. Cheat. Lie. I don't care. 그럼, 기회를 만들어. 사기치고, 거짓말하고. 난 상관안해.
- **stack up** 쌓아올리다 stack up against 비교되다
  Personnel files are starting to stack up on your desk. 인사파일들이 네 책상에 쌓이기 시작했어.
  See how she stacked up against some real talent. 걔가 진짜 재능과는 얼마나 비교가 안된다는 걸 봐봐.
- **go stag** 남자가 여자파트너없이 파티에 가다
  stag party = bachelor party
  You're gonna have to go stag.
  넌 파티에 혼자 가야 돼.

We'll strike the witness's response. 우린 증인의 답변을 삭제합니다.

He strikes me as a serial rapist.
걘 연쇄 강간범 같단 말야.

- The candles, the music, that strikes me as a seductive scene.
  촛불, 음악, 그게 유혹하는 장면이었다는 인상을 줘.

  It strikes him as strange that Michelle disappeared.
  미쉘이 사라진게 걔한테는 납득이 안돼.

  It strikes me that Jim made a lot of money. 짐이 돈을 많이 벌은 것 같아.

strike sb as sth[being sth]은 'sb를 …로 여기게 하다,' '…라는 인상을 주다,' It strikes sb as strange[odd] that~은 'sb에게 …하는 이상한 느낌을 주다'라는 의미. 단 It strikes me that~은 '…라는 생각이 든다,' '뭔가 떠올랐어'라는 의미로 It seems to me that~과 같은 의미. 그냥 단독으로 It strikes me that하면 '그렇게 생각된다,' '내 느낌은 그래.'

Don't strike out at me!
나한테 대들지마!

- Kevin struck out at the people who bothered him.
  케빈은 자기를 괴롭히는 사람들을 공격했어.

  My girlfriend struck out at me during the argument.
  내 여친은 논쟁 중에 날 공격했어.

strike out at sb는 sb에게 '갑자기 폭력적으로 비난하거나 공격하는 것'을 뜻한다.

He commenced to strike up a conversation with her.
걘 그 여자와 대화를 하기 시작했어.

- You'll just have to strike up a conversation with him.
  넌 걔와 대화를 시작해야 될거야.

strike up a conversation은 '말을 꺼내다,' '대화를 시작하다,' 한편 '기억을 되살리는 건' strike up a memory라고도 하는데 주로 trigger a memory, jog sb's memory를 많이 쓴다.

We'll strike the witness's response.
우린 증인의 답변을 삭제합니다.

- A: Objection. B: Sustained. Strike it. A: 이의있습니다. B: 인정합니다. 삭제하세요.

  Objection! Irrelevant. Move to strike. 이의있습니다! 무관한 이야기로 삭제해주십시오.

  I ran when Pam moved to strike me. 팸이 날 치려고 달려들 때 도망갔어.

strike a response [answer]는 법정에서 사용되는 표현으로 '공식적으로 기록되지 않다'라는 의미. '삭제해달라'고 할 때는 move to strike라고 하면 된다. 여기서 strike는 기록을 삭제하다라는 말.

Occasionally I'm struck by the absence of evidence.
종종 증거가 없어 충격을 받아.

- I was struck by your honesty and devotion to Kevin.
  난 너의 정직함과 케빈에 대한 헌신에 놀랐어.

  I was struck by how a place so filled with nature could look so unnatural. 난 그렇게 자연으로 가득한 장소가 어떻게 그렇게 자연스럽지 않게 보이는지 놀랐어.

be struck by는 '물리적으로 맞았다' 혹은 '정신적으로 놀랐다, 충격을 받다'라는 표현.

Three strikes you're out.
쓰리 스트라이크야, 넌 감방행이야.

- You have two strikes. Three strikes and you're out.
  너 투스트라이크야. 쓰리스트라이크면 넌 감방직행야.

  Strippers there are going on strike? 거기 스트리퍼들이 파업을 할거래?

  All the New York papers were on strike in the fall.
  모든 뉴욕신문은 가을에 파업했어.

Three Strikes Law는 '삼진 아웃제'(Three Strikes and You're Out)로 야구에서처럼 뭔가 잘못을 3번 저지르면 더 이상 봐주지 않는 제도를 말한다. 한편 be on strike는 '파업중이다,' call a strike는 '파업을 일으키다,' break the strike는 '파업을 끝내다'라는 의미.

MORE EXPRESSION

strike a balance 균형을 유지하다
strike a chord 심금을 울리다
strike home 정곡을 찌르다

» string

You do it with no strings attached. 넌 아무런 조건도 없이 그걸 해.

You gotta loosen the purse strings a little.
넌 돈줄을 좀 풀어야 돼.

- Who controls the purse strings in that family?
  저 집에서는 누가 경제권을 쥐고 있는거야?

  Get the old man to loosen his purse strings. 저 노친네가 경제권을 놓게 해.

control the purse strings는 '돈줄을 쥐고 있다,' '경제권을 갖고 있다' 등 돈에 관련해서 관리권을 갖고 있다는 말. 이렇게 꽉 잡고 있다가 좀 풀어준다고 할 때는 loosen the purse strings라고 하면 된다.

You do it with no strings attached.
넌 아무런 조건도 없이 그걸 해.

- Why do I get the feeling there's a string attached to this?
  이거에 조건이 붙어 있다는 느낌이 왜 들까?

  I hate the way she has her boyfriend on a string.
  걔가 자기 남친을 맘대로 조정하는게 싫어.

no string attached는 끈이 연결된게 없다는 것에서 '아무런 조건없이,' '어떤 조건도 없이'라는 의미. 또한 have sb on a string은 sb를 끈에 매달고 있다는 말로 비유적으로 'sb를 쉽게 통제, 조정하다'(be able to control sb easily)라는 의미.

How do you think? She was strung out.
어떻게 생각해? 걘 마약중독자였어.

- He can barely put two words together, he's so strung out.
  걘 거의 말 두마디도 이어서 못해, 완전히 뽕갔어.

  I'm going to be as strung out as Mindy. 난 민디처럼 완전히 녹초가 될거야.

be strung out (on)은 '마약을 많이 드셔서(?) 중독돼 있다'(be very intoxicated by illegal drugs)라는 의미. You're strung out!하면 '너 마약하는구나!,' 그리고 I'm completely strung out하면 '나 기진맥진해'라는 뜻.

S

» strip

Cable's stripped away at the end. 케이블이 결국 벗겨졌어.

I asked her to strip naked and dance for me.
걔한테 발가벗고 날 위해 춤을 추라고 했어.

- She stripped off with the rest of her clothes. 걘 나머지 옷을 다 벗었어.

  So you went to a strip club? 그래 넌 스트립클럽에 갔었어?

strip off는 '옷을 벗다' 혹은 옷이 아니더라도 '벗겨내다'라는 뜻. strip naked하면 '발가벗다.' strip club은 여자들이 strip show를 하는 곳으로 strip joint라고도 한다. 스트립쇼를 하다는 do a strip.

Cable's stripped away at the end.
케이블이 결국 벗겨졌어.

- He's totally fine having his personal freedom slowly stripped away. 걘 개인적 자유가 서서히 없어지는거에 매우 만족하고 있어.

  The person stripped away John's manners. 그 사람은 존의 태도를 뜯어 고쳤어.

strip away는 '막 같은 것을 벗겨내다' 혹은 '필요하지 않은 것들을 제거하다'라는 의미.

This is the strip where all the shops are.
여기가 모든 상점들이 즐비한 거리야.

- Her car was found abandoned in a strip mall parking lot.
  걔 자동차는 쇼핑번화가 주차장에 버려진채로 발견됐어.

strip은 구어체에서 가게나 식당 등이 많은 '번화가 거리'를 뜻하기도 한다. 그래서 the Las Vegas strip하면 라스베이거스의 번화한 거리라는 말이 된다. 또한 strip mall하면 이런 번화가를 따라 있는 '쇼핑센터'를 말한다.

MORE EXPRESSION

tear sb off a strip 호통치다

» strong

Dan is still going strong. 댄은 아직도 정정해.

Any guys come on strong?

누구 대담하게 행동하는 친구가 있나?

- He comes on strong. 걘 좀 거만해.
  He can feel he's losing his wife, and it makes him come on stronger. 걔는 자신의 부인을 잃고 있다는 것을 느끼자 더 과격하게 행동하는 것 같아.

come on strong은 감정을 강하게 드러내는 것으로 '대담하게 행동하다,' '너무 적극적이다,' '과격하다'라는 의미로 '거만하다'라는 느낌을 주는 표현.

Dan is still going strong.

댄은 아직도 정정해.

- You're doing great, you know real strong. Going strong.
  넌 잘하고 있어, 진짜 잘해. 여전히 건재해.

be (still) going strong은 실버시대에 꼭 알아두어야 하는 표현. 기계가 오래되었지만 아직도 잘 돌아간다는 말로 비유적으로 나이가 들었지만 '여전히 건강하고 활기차다,' '건재하다,' '정정하다'라는 의미.

It's possible Bob is being strong-armed.

밥이 강한 압력을 받고 있을 가능성이 있어.

- The mafia strong-armed the nightclub owner.
  마피아는 나이트클럽 주인에게 완력을 썼어.
  Conflict resolution has never been one of Ed's strong points.
  갈등해결이 에드의 강점이 아니야.

strong-arm은 동사로 '완력을 쓰다,' 형용사로는 '강압적인,' '완력을 쓰는'이라는 의미. 또한 be sb's strong point[suit]는 '…의 장점, 강점이다'라는 말로 'sb가 잘하는 것이다'라는 뜻.

MORE EXPRESSION

This wine is strong.
이 술은 독해.

» stuff

We can do stuff together. 우린 함께 할 수 있어.

It's stuff like that.

뭐 그런 것들이야.

- He is always saying stuff like that! 걘 항상 그런 것들만 얘기해!
  I'm pretty impervious to stuff like that. 난 그런 것에는 영향을 별로 받지 않아.

stuff like that은 뭔가 구체적으로 말하기 곤란하거나 떠오르지 않을 경우, 아니면 반복하기 싫을 때 쓰는 표현으로 '뭐 그런 비슷한 것들'이란 의미. '뭐 그런 것들'이라고 생각하면 된다.

Stuff a sock in it!

그만 좀 떠들어!

- Enough yelling, put a sock in it! 그만 소리질러, 입다물고.
  Put a sock in it. You got nothing coming. 입다물어. 떠들어대봤자 얻는게 없어.

stuff[put] a sock in~은 양말을 입에 물리는 모습을 상상해보면 된다. '입다물고 조용히 하다'라는 말씀.

Do your stuff!

네 솜씨를 보여줘!

- Wow. You really know your stuff. 와, 넌 정말 능수능란하구나.
  Get out there and show your stuff. 나와서 네 능력을 보여줘봐.

do one's stuff는 '…의 솜씨를 보여주다,' '잘하다,' show one's stuff 역시 '자기가 잘하는 것을 보여주다,' 그리고 know one's stuff하면 '유능하다,' '잘 알고 있다'라는 뜻이 된다.

Helen blew the chance to strut her stuff.
헬렌은 자기를 내보일 수 있는 기회를 날렸어.

- The models strutted their stuff on the catwalk.
  모델들은 캣워크로 뽐내며 걸었어.

  This is a chance to strut your stuff for the producers.
  제작자들에게 내 장점을 보여줄 수 있는 기회야.

strut one's stuff에서 strut는 '과시하며 걷다' 라는 단어로 strut one's stuff하면 '자신의 좋은 면을 과시하면서 주의를 끄는 것'을 말한다.

We can do stuff together.
우린 함께 할 수 있어.

- It creeps me out! I feel like I can't do stuff!
  소름이 끼쳐! 난 할 수가 없을 것 같아.

  So I let them do stuff for me. 그래서 난 걔네들이 날 위해 일하게 했어.

do stuff는 do one's stuff처럼 과시하거나 잘한다는 의미는 없이 '그냥 일을 하다' 라는 뜻이다. do stuff like that은 '그런 일을 하다.'

I am stuffed.
난 배가 안고파.

- He's fat because he stuffs his face. 걔는 과식해서 뚱뚱해.

  Billy stuffed his belly at the buffet. 빌리는 뷔페식당에서 배를 채웠어.

be stuffed는 stuff가 '…를 채우다' 라는 동사라는 것을 알면 된다. 그래서 be stuff하면 좀 어려워 보이지만 구어체에서 '배가 고프지 않다' 라는 의미로 많이 쓰인다. 그리고 stuff oneself는 '과식하다,' stuff one's face 역시 '과식하다,' stuff one's belly는 '배를 채우다' 라는 의미

I'm into this stuff.
난 이런 걸 좋아해.

- I had no idea you are into this stuff. 네가 이런 걸 좋아하는지 몰랐어.

  Jackie is really into this stuff. 잭키는 정말 이 일에 빠져있어.

be into this stuff는 '이런 일에 빠지다,' '좋아하다' 라는 의미.

That's the stuff.
바로 그거야.

- A: Your shirt's inside out. B: Yeah, that's the stuff!
  A: 너 셔츠 거꾸로 입었다. B: 그래, 바로 그거야!

  That's the stuff. Give it to me, baby. 잘했어. 더해줘, 자기야.

That's the stuff는 상대방에게 일을 잘했다고 칭찬할 때 혹은 뭔가 시인할 때 쓰는 표현으로 '잘했어,' '바로 그거야' 라는 의미.

Stuff it!
빌어먹을 소리 작작하쇼!

- Stuff it, you bitter witch. 아가리 닥쳐, 이 빌어먹을 마녀야.

  And you told them to stuff it. 그리고 넌 걔네들에게 입다물라고 했어.

stuff it은 '입닥치다' (shut up) 혹은 '잊어버려다' (forget about it)라는 의미.

Thanks for the cheese and stuff.
치즈하고 다른 것도 고마워.

- I go to parties and openings and stuff. 난 파티나 개막식 같은 데를 다녀.

  Don't you just look at the pieces for prints and stuff?
  지문이나 뭐 그런 것들 찾으러 조각들을 보지 않았어?

  Did Julie seem a little stuffy to you? 줄리가 네게 좀 격식을 차렸지?

  It's kind of stuffy in here. Let's go for a walk.
  여기 공기 답답하다. 산책하러 나가자.

~and stuff하게 되면 '기타 등등,' '다른 것도,' '…같은 것,' '그런 것'이라는 의미. 또한 be stuffy는 (공기가) '답답하다,' '고루하다,' 너무 '격식을 차리다' 라는 말.

MORE EXPRESSION

be stuffed up 코가 막히다
have stuffy nose 코가 막히다

S

» style

That's really not my style. 저건 정말 내 스타일이 아니야.

Purple never goes out of style.
자주색은 절대로 유행이 끝나지 않아.

- No one cares about virginity in this country. It went out of style in the fifties. 이 나라에서는 아무도 처녀성을 상관안해. 50년대에 끝났어.

go out of style은 '유행이 지나다,' '유행에 뒤떨어지다.'

That's really not my style.
저건 정말 내 스타일이 아니야.

- Oh, you know that's not my style. 오, 알잖아, 저건 내 스타일이 아냐.
  Or is that not your style? 아니면 저게 네 스타일이야?

be not one's style은 '…의 스타일이 아니다,' 즉 '내가 좋아하는 게 아니다'라는 개인의 기호를 말하는 표현.

But they had style.
하지만 걔네들은 멋졌어.

- The people in this nightclub have style.
  나이트클럽 사람들은 다들 멋지게 차려 입었어.
  We're at the beauty shop, having our hair styled.
  우린 미장원에서 머리 손질하고 있어.

have style은 '멋지다,' '품위가 있다,' '최신유행을 따르다'라는 말이며, with style은 '우아하게,' '품위있게,' in fine style은 '솜씨있게,' 그리고 in grand [great] style은 '멋지게'라는 의미. 한편 have sth styled 혹은 be styled는 주로 '미장원에 가서 머리를 손보는(get one's hair changed at a hair shop) 것'을 뜻한다.

» subject

You are getting off the subject. 넌 주제에서 벗어난 말을 하고 있어.

Drop the subject!
그 얘기는 그만하자!

- Come on Julia, just drop the subject. 이봐, 줄리아, 그 얘기 그만해.
  No one was interested, so I dropped the subject.
  아무도 관심없었어, 그 얘기는 그만뒀어.

drop the subject에서 subject는 이야기 주제라는 말로 drop the subject하면 '이 얘기는 그만두다'라는 뜻이 된다.

You are getting off the subject.
넌 주제에서 벗어난 말을 하고 있어.

- You know we're getting a little off the subject.
  우리가 주제에서 좀 벗어난 거 알잖아.
  It's just so easy to get off the subject. 주제를 벗어나 다른 얘기를 하는 건 쉬워.

get off the subject는 주제에서 벗어나 다른 이야기를 하는 것을 말하는 것으로 drop the subject와 같은 맥락의 표현.

It isn't an easy subject to broach.
꺼내기가 쉬운 말이 아니야.

- I'd like to broach the subject of her crime. 걔 범죄문제 얘기를 꺼내고 싶어.
  You need to broach the subject of marriage. 넌 결혼얘기를 꺼내야 돼.

broach a subject에서 broach는 '이야기를 꺼내다'라는 말로 bring up과 같은 의미. 그래서 broach a subject는 '특정 주제, 이야기꺼리를 꺼내다'라는 뜻이 된다.

Fingerprints are subjected to bacterial degradation.

지문은 세균에 의해 질이 떨어진다.

- I won't have him subjected to scrutiny and ridicule.
  난 걔가 뒷조사나 조롱받는 것을 원치 않아.

  You are under oath, Mr. Morten, and subject to the penalty of perjury if you do not tell the truth.
  모튼 씨, 당신은 선서를 하셨고 진실을 말하지 않았을 경우에는 위증죄로 처벌받을 수 있습니다.

be subjected to~는 '…을 당하다, 받다,' have~subjected to~는 '…가 …을 받게 하다'라는 의미. subject가 아니라 subjected인 점을 감안해야 한다. 한편 be subject to+명사는 '…의 영향을 받기 쉽다'라는 말로 be subject to a rule[law]하면 '규칙이나 법에 복종하다'라는 의미가 된다.

While we're on the subject, bridesmaids outfits?

얘기가 나와서 그런데, 신부들러리 옷세트는?

- While we're on the subject, why did you guys break up anyway? 얘기가 나와서 그런데, 너희 둘 왜 헤어진거야?

while we're on the subject는 '얘기가 나와서 말인데'라는 말로 어떤 얘기가 나와서 인지를 밝히려면 while we're on the subject of~라고 써주면 된다. as long as we're on the subject~와 같은 의미.

Well, the unsub takes pride in his work.

저기, 미확인용의자가 자기 일에 자부심을 느끼는 것 같아.

- The unsub is not a classical serial arsonist.
  미확인용의자는 전통적인 연쇄방화범이 아냐.

unsub는 크리미널 마인드에서 많이 등장하는 단어로 unknown subject의 약자로 '미확인 용의자'라는 의미.

MORE EXPRESSION

Subject closed.
이 얘기는 끝난 걸로 하자.

» such

There's no such thing as a jinx. 징크스같은 것은 없어.

Such as?

예를 들면?

- There are other factors such as upbringing.
  양육과 같은 다른 요인들도 있어.

  We have a serious problem, such as it is.
  별 큰 건 아니지만 심각한 문제가 있어.

such as는 뭔가 구체적인 예를 들때 애용하는 표현으로 '…등과 같은,' '예를 들면 …라는' 뜻이다. Such as?라고 하면 상대방에게 '예를 들어달라'고 요구하는 표현. 또한 such as it is[they are]는 '변변치 않지만,' '보잘 것 없지만'이란 뜻이고, such as this[these]는 '이것과 같은'이라는 의미.

I don't care to be treated as such.

난 그처럼 대접받는거 신경안써.

- And shall be remembered as such. 그리고 그처럼 기억될거야.

  As such, he bears responsibility for all your infractions and must pay all fines.
  상황이 그러하니 걔가 너의 모든 위반에 책임을 지고 모든 벌금을 내야 돼.

  I didn't have a written lease as such. 서면임대계약서 같은 것은 없었어.

~ed as such는 '그와 같이 …하다'라는 표현이고 단독으로 as such하면 '그런 만큼,' '상황이 그러니'라는 뜻으로 앞서 나온 문장을 언급하는 표현이다. not~as such는 '…와 같은 것은 없다,' ~and such는 '등등,' 그리고 such and such는 '이러이러한'이라는 의미.

There's no such thing as ghosts.

유령과 같은 것은 없어.

- There's no such thing as miracles. 기적과 같은 일은 없어.

  There's no such thing as a jinx. 징크스같은 것은 없어.

There's no such+N+as ~는 '…와 같은 그런 명사는 없다'라는 말로 주로 뭔가 존재하지 않는, 있을 수 없는 것을 말할 때 사용한다.

» suck

Just suck it up. 그냥 참고 이겨내.

It sucks!
젠장헐!, 거지같아!

- Baby, **that sucks.** I'm so sorry. 자기야, 그거 정말 아냐. 미안해.
  Clubs sucked. I had to get out of there. 클럽이 형편없어서 나와야 했어.
  And that's why **kids suck.** 그리고 그래서 아이들이 짜증나는 거라고.

▬ **That[It] sucks**에서 suck은 fuck과 더불어 남녀사랑놀이의 양대산맥. 하지만 fuck이 여러 다양한 의미로 쓰이듯 suck 또한 마찬가지. 먼저 '밥맛없거나,' '재수없거나,' '형편없는 것'을 말할 때 It[That] sucks!라 하는데 가장 간단하면서 가장 많이 애용되는 형태. ~suck! 또한 같은 구도이지만 주어자리에 it이나 that이 아닌 일반명사가 오는 경우.

You suck!
재수없어!

- You suck, Marshall, **you totally suck.** 넌 재수없어, 마샬, 정말 밥맛이야.
  I'll let you have her! I win! **You suck!** 걔 니가 갖어! 내가 이긴거야! 이 밥맛아!

▬ **You suck!**은 주어로 인칭대명사 you가 온 경우로 '재수없어,' '밥맛이야'라고 상대방을 비난하거나 핀잔을 줄 때 사용한다.

Just suck it up.
그냥 참고 이겨내.

- How about you **suck it up**? 그냥 참는게 어때?
  Suck it up, Castle. Real cops deal with worse.
  참아, 캐슬. 진짜 경찰들은 더한 것도 겪어.

▬ **suck it up**은 힘들고 어렵운 상황을 다 빨아들이듯 '참고 견디어내다,' '이겨내다,' '받아들이다,' 그래서 더 의역하면 '참고 힘내다,' '분발하다'라는 의미로도 쓰인다.

You're gonna have to suck up to your boss.
너 사장한테 잘보여야 할거야.

- Which surgeon are we going to have to **suck up to** today?
  오늘은 어떤 외과의사한테 잘보여야 해?
  Why **aren't** they here **sucking up**? You know something.
  왜 걔네들이 아부하지 않아. 너 뭐 알고 있지.

▬ **suck up (to sb)**은 사장이나 윗사람에게 '잘 보이려고 하다,' '비위를 맞추다,' '아부하다'라는 의미로, 아쉽지만 출세의 지름길.

I suck at relationships.
난 관계에 형편없어.

- All right, we totally **suck at** this. 좋아, 우린 이거에 완전히 젬병이야.
  No, you just **suck at** teaching. 아니, 넌 가르치는데엔 재능이 없어.

▬ **suck at~**은 '…을 잘못하다,' '능숙하지 못하다,' '형편없다'라는 말로 be poor[bad] at과 같은 표현이다. suck at 다음에 명사나 ~ing을 붙여 쓰면 된다.

I refuse to get sucked into this.
난 이거에 연루되는걸 거절했어.

- I can't believe I **got sucked in** like that. 내가 그런 거에 당하다니 믿기지 않아.
  I'**m not getting sucked into** the vortex of your insanity again.
  난 다시 너의 미친 광기의 소용돌이 속에 말려들지 않을거야.

▬ **be[get] sucked in(to)~**는 …원하지 않지만 빨려들다라는 말로 '…에 연루되다,' '속다,' '사기당하다'라는 의미.

Jill, you're fired, so suck on that.
질 넌 해고야, 그러니 별 수 있나?

- He got five years in jail. **Suck on that!** 걘 5년간 감옥에 있었어. 째지게 좋네!
  You have to work all night. **Suck on that!** 너 밤새 야근해야돼. 아이구 좋아라!

▬ **suck on that**은 명령문 형태로 쓰이는 표현으로 네가 원치 않겠지만 어쩔 수 없다라는 뜻으로 상대방에게 한방 먹이거나 상대방보다 잘났다고 비아냥거리면서 하는 표현.

You always were a sucker for a hot dancer.

넌 항상 섹시한 댄서라면 사족을 못썼잖아.

- I'm a sucker for the holidays. 난 휴일이라면 사족을 못써.
  You are such a sucker for an old lady. 넌 나이든 여자를 되게 밝히는구나.
  Nah, she's just a sucker. 아니, 걘 잘 속아넘어가.
  Phil made suckers of the investors. 필은 투자가들을 완전히 속였어.

■ be a sucker for~하면 '…에 사족을 못쓰다,' '…을 밝히다,' '좋아하다'라는 의미. 또한 sucker는 '잘 속는 사람,' '만만한 사람'이란 뜻으로 make a sucker of~하면 '…을 완전히 속이다'라는 뜻이 된다.

I suckered him into taking the kids for a while.

난 걔를 속여서 잠시동안 애들을 데려가게 했어.

- You think I got suckered because I'm crazy.
  넌 내가 미쳐서 말려들었다고 생각하는구나.
  That bitch sucked my dad into her crappy life.
  저년 때문에 우리 아빠가 쓰레기같이 살게 됐어.

■ sucker~into~에서 sucker는 동사. 특히 '거짓말하거나 사기쳐서 …가 하기 싫은 일을 하도록 하는 것'을 뜻한다. be[get] suckered into하면 '속아서 …을 하다,' '말려들다'라는 말.

She wants me to suck on her breasts.

걘 내가 자기 가슴을 빨기를 원해.

- You still sucking on that same cough drop?
  너 아직도 기침알약을 빨고 있어?
  You're sucking too hard! And for the record, my mouth is up here! 너무 세게 빨아! 분명히 말해두는데 내 입술은 여기 위에 있다고!
  You dirty cock-sucking whore. 넌 더럽게 거기나 빠는 창녀야.
  I can't wait to suck face with my new secretary.
  난 새로운 비서와 격렬한 애무를 하고 싶어죽겠어.

■ suck on+신체부위는 '…을 빨다'라는 의미. 꼭 신체부위가 아니라도 사탕이나 손가락을 빨다라고 할 때도 쓴다. 물론 suck 다음에 바로 신체부위가 올 수도 있다. 또한 suck face는 단순히 키스하다가 아니라 장시간 키스하면서 귀나 목을 물어뜯는 것까지 하는 다소 hardcore한 makeout을 말한다.

MORE EXPRESSION

suck it and see 적절한 지는 써봐야 안다
suck off 오랄섹스하다
Don't try to teach your grandmother to suck eggs. 공자 앞에서 문자쓰지마.

S

» **sue**

So, sue me! 그럼 고소할려면 해!

So, sue me!

그럼 고소할려면 해!

- Well, what are you gonna do? Sue me? 저기, 어쩔건대? 고소할거야?
  I wanted something different. So sue me.
  난 다른 것을 원했어. 그래 고소해.
  You guys can't sue me. I'm just a kid. 너희들은 날 고소못해. 난 애거든.

■ sue me는 So, sue me!라고 거의 굳어진 형태로 쓰이는 것으로 상대방보고 고소할려면 하라라고 막가는 표현. 상대방이 싫어해도 '난 내가 하고 싶은대로 할테다'라는 배째라식 표현.

Well, screw her. Let's sue for custody.

음, 걜 엿먹이자. 양육권 소송을 하자.

- And they don't sue for sexual harassment.
  그리고 걔네들은 성희롱으로 소송하지 않았어.
  As long as you don't sue for damages. 네가 피해보상소송을 하지 않는한.

■ sue for damage는 '피해보상소송을 하다,' sue for divorce는 '이혼소송을 하다.' sue for 다음에 소송이유명사를 넣으면 된다.

» suit

Suit yourself! 맘대로 하셔!

This[It] doesn't quite suit me.
썩 맘에 들지 않아.

- The clothes didn't suit me. 옷이 맘에 들지 않아.
  It does suit me and it would be great for water skiing.
  맘에 들고 워터스키할 때 아주 좋을 것 같아.

▬ **(It) Suits me (fine)**는 상대방의 제안이나 의견에 대해 찬성의 뜻으로 '난 좋아,' '내 생각에 괜찮은 것 같아'라는 뜻이고 부정으로하면 불만족스러울 때, 맘에 안들어라고 할 수 있다.

Okay, Jackie. Let's suit up.
좋아, 재키. 정장을 갖춰입어.

- Let's suit up and get to work. 정장입고 출근하자.

▬ **suit up**은 '정장을 갖춰입다,' '빼입다'라는 말.

Suit yourself!
맘대로 하셔!

- All right, suit yourself. 좋았어, 네 맘대로 해!
  Suit yourself. I have to go meet Sam anyhow.
  멋대로 해. 어쨌든 난 샘만나러 가야돼.

▬ **Suit yourself!**는 다른 사람 신경쓰지 않고 하고 싶은대로 하라는 말로 '네 멋대로 해!,' '맘대로 해!'(Have it your way!)라는 표현.

Will you drop the suit against Ramon?
넌 레이몬에 대한 소송을 취하할거니?

- The lawyer dropped the suit against me. 변호사는 나에 대한 소송을 취하했어.
  The court threw out the suit. 법정은 소송을 기각했어.

▬ **drop the suit**에서 suit은 정장이 아니라 재판관련용어로 소송(lawsuit)를 뜻하는 말로, '소송 취하하다'라는 뜻이 된다.

MORE EXPRESSION

suit sb down to the ground
안성맞춤이다

» super

That's super. 정말 잘됐어!, 최고야!,

That's super.
정말 잘됐어!, 최고야!,

- I think that's super. So he's really good.
  정말 좋은 것같아. 걘 정말 잘해.
  Did you know about the slutty sex your slutty friend had with my super slutty husband?
  네 헤픈 친구가 최고의 내 잡놈남편하고 하고 있는 더러운 섹스에 대해 알고 있었어?
  She's super excited to meet you. 걘 널 만난다고 아주 들떠있어.

▬ **super**는 부사로 '매우'(extremely)라는 뜻으로 쓰인다. 한편 be super는 '아주 좋다,' '최고다'라는 말로 good, great 보다 훨씬 강조하는 표현.

I bribed the super to fix the heating vent.
난방용 송풍구를 고쳐달라고 관리인에게 뇌물줬어.

- We need to speak to a supervisor. 우리는 감독관에게 말해야 돼.

▬ **a super**에서처럼 super 앞에서 a, the가 오면 명사로 superintendent(아파트 관리인)의 약어이다. 또한 supervisor는 '감독관,' supernatural은 '초자연적인'이라는 의미.

» support

I totally support you going. 난 완전히 네가 가는 것을 지지해.

I totally support you going.
난 완전히 네가 가는 것을 지지해.

- You're not even going to be there to **support** him?
  넌 걜 돕기위해 거기 가지도 않을거지?

  A mother should **support** her son. 엄마라면 아들을 도와야지.

support sb (~ing)는 'sb를 지원하다,' 'sb가 …하는 것을 돕다,' 그리고 support oneself는 '자립하다'라는 의미.

Be supportive!
도움을 줘!

- And **be supportive** for Chuck on his big night?
  그리고 척의 굉장한 밤에 걜 도와줘.

  She's **very supportive**. 걘 도움이 많이 되고 있어.

  He's **been incredibly supportive of** me. 걘 믿기지 않을 정도로 날 도와줬어.

Be supportive는 명령형태로 '도움이 되라,' '도움을 줘라'라는 의미로 많이 쓰인다. 또한 be (very) supportive (of)는 '매우 도움이 되고 있다'는 말로 supportive는 어려운 상황에 놓여있는 사람을 '도와주는'이라는 단어이다.

MORE EXPRESSION

drum up support 많은 지지를 받다

with one's support …의 도움으로

» suppose

What's that supposed to mean? 그게 무슨 말이야?

This is why I shouldn't drink, I suppose.
그래서 사람들이 술을 마시면 안돼, 내 생각에는 말야.

- Well, better late than never, **I suppose**.
  저기, 아무리 늦어도 안하는 것보다는 낫지, 내 생각엔말야.

  I suppose so. Especially after our last phone call.
  그런 것 같아. 특히 우리가 지난번에 통화한 이후에.

  I suppose not. Sounds good. 그렇진 않아. 잘됐네.

I suppose는 자기가 말한 후에 마지막으로 붙여서 자기 생각에는 그런 것 같다고 덧붙이는 표현방식. 또한 I suppose so는 상대방의 제안이나 부탁에 긍정은 하지만 썩 내키지는 않을 때 쓰는 표현. '그래도 돼요,' '그런 것 같아' 반대로 I suppose not하면 상대방의 말을 조심스럽게 부정하는 것으로 그렇지 않아라는 의미.

I suppose you were just working.
네가 그냥 일하는 것 같지 않았어.

- **I suppose** you want to hear a detailed account of my sexual history? 네가 나의 성적이력에 대해 자세한 설명을 듣기 원하는 것 같아.

  I don't suppose you can narrow it down any further.
  네가 더 범위를 좁힐 수 없을거라 확신해.

I suppose S+V는 '생각하다,' '추정하다,' 반대는 I don't suppose that~, 그리고 상대방 의견을 물어볼 땐 Do you suppose that~?이라고 하면 된다.

What do you suppose all that's about?
이 모든게 다 뭐라고 생각하는거야?

- **What do you suppose** they're doing out there?
  걔네들이 거기서 뭘하고 있다고 생각해?

  Where do you suppose the Chief keeps his gun safe?
  서장이 총을 어디다 안전하게 놓을 것 같아?

What[Where] do you suppose~는 '뭐라고[어디에] 생각하냐?,' '추정하니?'라는 말.

You're not supposed to do that.

넌 그러면 안되는데.

- I am not supposed to drink coffee. 난 커피 마시면 안돼.
  I am not supposed to be here. 난 여기 있으면 안되는데.

be supposed to는 '…하게 되어 있다,' '…할 예정이다'라는 의미. 어떤 의무나 필요에 의해서라기 보다는 미리 그렇게 하기로 정해져 있기 때문이라는 뜻이 함축되어 있다.

What's that supposed to mean?

그게 무슨 말이야?

- What's that supposed to mean? Are you calling me fat?
  그게 무슨 뜻이야? 날 뚱뚱하다고 말한거야?
  Wait! This isn't what's supposed to happen!
  잠깐! 이건 이렇게 되기로 되어있지 않은건데.

What's that supposed to mean?은 '그게 무슨 말이야?,' '그게 무슨 뜻이야?'라는 말로 상대방 말에 화가 나거나 이해하지 못했을 때 하는 말. 또한 This isn't what's supposed to~는 '이건 …하기로 되어 있던 게 아니다'라는 말.

Suppose we increase your oxycodone.

만약 우리가 네 옥시코돈을 늘리면.

- Suppose we say yes? 만약에 우리가 예라고 긍정하면?
  Suppose he does go to the judge. 만약에 걔가 판사에게 가면 어떻하나.

Suppose[Supposing] that S+V는 if절을 대신하는 것으로 '만약 …한다면'이라는 뜻.

MORE EXPRESSION

There's no reason to suppose S+V …할 것 같지 않다

» sure

What makes you so sure? 너 무슨 믿는 데라도 있니?

I am not sure about that.

그건 잘 모르겠는데.

- You're absolutely sure about that, Mr. Gordon?
  고든 씨, 정말 확신해요?
  I'm not sure of the exact time. 난 정확한 시간을 잘 모르겠어.

be (not) sure about [of]~은 내가 하는 말에 자신이 있을 때 혹은 없을 때 사용하는 것으로 먼저 sure 다음에 about[of]+명사형태를 알아본다.

I'm not sure what you mean.

그게 무슨 말인지 모르겠어.

- I'm not sure what we would have done.
  네가 무슨 일을 저질렀는지 잘 모르겠어.
  Too soon to talk about. I'm not sure if it will even work.
  말하긴 넘 일러. 작동할지도 확실하지 않아.

be (not) sure that[what, if] S+V의 형태로 이번에는 확신 혹은 잘모르는 내용을 절의 형태로 써서 말하는 방법. 특히 사후(?)를 위해서도 확신이 없을 때는 '잘 모르겠지만'이라는 부정형태인 I'm not sure~을 애용하도록 한다.

Are you sure?

정말이야?

- Are you sure about that? 그거 정말이야?
  Are you sure you have everything? 너 정말 빠트린 건 없어?
  Are you sure you're okay? 너 정말 괜찮은거야?

Are you sure about[of, that S+V)?은 상대방이 뭔가 확실히 했는지 확인할 때 혹은 상대방의 말이 놀랍거나 못미더울 때 '너 …정말이니?'라고 물어보는 표현.

What makes you so sure?
너 무슨 믿는 데라도 있니?

- What makes you so sure I don't have talent?
  뭘보고 내가 재능이 없다고 확신하는거야?

What makes you so sure S+V?는 무슨 근거로 '…을 확신하냐?' 라는 것으로 상대방이 확신하는 근거를 물어보거나 혹은 문맥에 따라 불만을 표시하는 표현이 되기도 한다.

Don't be so sure. It's not that easy.
너무 확신하지마. 그게 그렇게 쉽지 않아.

- A: He'll never accept it. B: Don't be so sure.
  A: 걘 절대 승낙하지 않을거야. B: 너무 장담하지마.

Don't be so sure는 상대방의 말이 틀렸다고 생각하는 경우에 '너무 확신하지마,' '그거야 모르는거지,' '너무 장담하지마' 라는 의미.

It sure is.
그렇고 말고.

- His confession's not real, but his guilt sure is.
  걔 자백은 사실이 아니지만 유죄는 확실해.
  Sure, you know where you can find us. 그럼, 우리 어디있는지 알잖아.

sure는 단독으로 쓰일 경우는 두가지이다. 하나는 부사로 It sure is~처럼 surely처럼 쓰이는 경우이고 또 하나는 문장 앞에서 Yes나 All right과 같은 의미지만 더 친근하게 '그럼,' '그래,' '물론' 이라는 대답으로 쓰이는 경우이다.

Ah, sure thing. Thanks.
아, 물론이지. 고마워.

- Sure thing, boss. Coming right up. 물론이죠, 보스. 바로 나갑니다.
  Surely that's not a coincidence. 물론, 그건 우연이 아니야.

Sure thing은 상대방의 의견에 동의하거나 요구를 수락할 때, '물론이지,' '그럼' 이라는 의미. 또한 Surely하면 '물론,' 그리고 Surely not하면 '물론 아니지' 라는 말.

That's for sure.
확실하지, 물론이지.

- We don't know that for sure. 우린 그걸 확실히 몰라.
  No one knows for sure how many people are inside.
  내부에 얼마나 많은 사람이 있는지 아무도 확실히 몰라.

for sure는 틀림없는 사실이나 긍정을 말할 때 '확실히,' '틀림없이' 라는 의미.

I'll be sure to make an appointment.
내가 확실히 예약해놓을게.

- I'll be sure to send my Mom a copy. 엄마에게 복사본을 반드시 보낼거야.
  Be sure to give them my condolences. 걔네들에게 내 조의를 전달해줘.

be sure to+동사는 유명기본숙어로 '반드시 …하다' 라는 말로 명령형태로 주로 쓰이지만 비명령형태로도 많이 쓰인다.

놓치면 원통한 미드표현들

- **stream sth to** 데이터를 스트림처리하다 data stream 데이터 스트림
  She's only streaming this to his home computer.
  걘 단지 이걸 스트림처리해서 집컴퓨터로 전송하고 있어.
- **mainstream** 주류, 중심
  I have always tried to stay in the mainstream.
  난 항상 주류에 남아있으려고 노력했어.
- **stream 24/7** 매일 인터넷을 켜놓다
  We need to be streaming 24/7
  하루 24시간, 일주일에 7일 내내 컴퓨터를 작동해야 돼.

I just want to make sure you're prepared.
네가 준비되었는지 그냥 확인하고 싶어.

- I want to make sure you're all taking care of yourselves.
  너희들 모두 잘챙기고 있는지 확인하고 싶어.

  We have to make sure you do this right.
  우린 네가 이걸 제대로 하는지 확인해야 돼.

make sure는 어떤 일을 했는지 확인하거나, 어떤 것을 반드시 하도록 다짐받을 때 애용되는 표현. 먼저 내가 확인하는 표현들은 Let me make sure~, I want to make sure~의 형태로 주로 쓰인다. '…을 확인해볼게' 라는 뜻.

Make sure the keys are ready.
열쇠가 준비되었는지 확인해.

- Make sure you tell him that. 걔한테 그걸 확실히 말하도록 해.

  Make sure he gets the message. 걔가 메시지를 확실히 받도록 해.

make sure를 써서 어떤 것을 하도록 상대방에게 다짐할 때는 Please make sure that S +V[to+동사]은 혹은 I want you to make sure~ 아니면 그냥 명령문으로 Make sure~이라고 하면 된다. 의미는 '반드시 …하도록 해라,' '…을 꼭 확인해라' 라는 의미.

We sure as hell can't see it.
우리는 확실히 그걸 볼 수가 없어.

- I sure as hell wasn't going to bring it up before sex.
  난 확실히 섹스전에는 그 얘기를 꺼내지 않을려고 했었어.

  Let's go over it again, just to be sure. 다시 한번 검토하자, 확실히 하기 위해.

(as) sure as hell은 '확실히,' '의심할 여지없이' 라는 뜻이고, to be sure 또한 '확실히,' '틀림없이' 라는 의미이다.

MORE EXPRESSION

Sure enough! 물론!
Sure as shooting! 그럼!, 물론이야!
be sure of oneself 확신하다

» **surprise**

I have a surprise for you. 널 위해 준비한 게 있어.

He is taken by surprise.
걔는 깜짝 놀랐어.

- Don't take me by surprise. 나 놀라게 하지마.

  Oh, you took me by surprise. 어, 너 때문에 놀랬잖아.

take sb by surprise는 'sb를 깜짝 놀라게 하다,' 그래서 be taken by surprise하면 '깜짝 놀라다' 가 된다.

I'm not surprised.
당연하지.

- Shouldn't surprise me. 뻔하지 뭐.

  Why doesn't that surprise me? 뭐 별로 놀랄 일도 아니네.

  It wouldn't surprise me. 그래도 놀라지 않을거야.

not surprised는 놀라지 않는다는 말로 '충분히 예상했던 일이고 뻔하다' 는 의미.

I have a surprise for you.
널 위해 준비한 게 있어.

- Got a surprise for me, baby? 자기야 나 놀라게 해줄게 있어?

  Speaking of which, I have a surprise for all of you.
  말이 나왔으니 그런데, 너희들 모두에게 놀래줄 게 있어.

have a surprise for~는 '…에게 놀라게 해줄 일이 있다,' 즉 예상못한 선물이나 어떤 이벤트를 준비해놓고 하는 말.

MORE EXPRESSION

That's very surprising? 놀라운 일이야?
There's a surprise in store for …에게 놀래 줄일이 있어
What surprised sb most be~ …가 가장 놀랬던 건 …이야

» suspect

Am I a suspect? 내가 용의자인가요?

He's going to remain our prime suspect.
갠 여전히 유력한 용의자로 남아 있을거야.

- I'd say that Randy is now **our prime suspect.** 랜디가 유력한 용의자이겠지.
  Hey, you guys rounding up **the usual suspects**?
  야, 너희들 유력용의자들 검거한거야?

■ **prime suspect**는 '유력한 용의자,' usual suspects는 범죄가 발생하면 가장 먼저 소환되는 용의자들을 뜻한다.

Am I a suspect?
내가 용의자인가요?

- A: **Am I a suspect?** B: Why? You want a lawyer?
  A: 내가 용의자인가요? B: 왜? 변호사가 필요해?

■ **be a suspect**는 Am I a suspect?라는 문장으로 범죄미드에서 많이 쓰이는 표현. 수사관들이 몇가지 물어보면 용의자들이 대뜸하는 소리가 바로 이 문장. '내가 용의자인가요?' 라는 의미.

I suspected that.
난 그게 의심돼.

- **I suspected** it was stolen. 그게 도둑맞았다고 의심했어.
  I suspect she would have died within the year, had she not been murdered. 걔가 살해되지 않았더라면 일년안에 죽었을거라고 의심했어.

■ **I suspect**는 I doubt와 달리 뭔가 좋지 않은 일이 있을거라 의심하는 것으로 '..을 …라고 의심하다' 라는 의미.

MORE EXPRESSION

Just as I suspected. 내가 짐작했던대로야.

S

» suspense

Don't keep me in suspense. 애타게 하지마, 애간장 태우지마.

Don't keep me in suspense.
애타게 하지마, 애간장 태우지마.

- Come on, don't **keep me in suspense.** 이봐, 날 애타게 하지마.
  Tom **kept the office in suspense** about the promotion.
  탐은 승진건으로 사무실을 긴장 속에 몰아넣었어.

■ **keep sb in suspense**는 sb를 긴장속에 두다, '애타게 하다,' '궁금하게하다' 라는 의미로 leave sb in suspense라고 해도 된다.

The suspense is killing us.
궁금해 죽겠어.

- **The suspense is killing** the kids who want to open presents.
  선물을 열어보고 싶은 아이들은 애가 타고 있어.

■ **The suspense is killing sb**는 궁금해서 sb가 미치거나 죽겠다라는 의미.

So, you took all the suspense out.
그래서 넌 모든 걸 다 털어놨어?

- It **builds the suspense.** 그게 긴장감을 고조시켜.
  I passed, which **took the suspense out of** my final grade.
  난 합격했는데 내 마지막 학점의 궁금증이 풀렸어.

■ **build the suspense**는 '긴장감을 고조시키다,' '궁금증을 자아내다,' 그리고 take the suspense out은 '뭔가 예측하게 하다,' '궁금증이 풀리다' 라는 의미.

» sustain

Sustained. Jury will disregard. 인정합니다. 배심원은 무시하십시오.

Sustained.
이의 내용을 인정합니다.

- A: He's badgering. B: Sustained.
  A: 계속 반복되는 질문을 하고 있습니다. B: 인정합니다.
  Sustained. Jury will disregard. 인정합니다. 배심원은 무시하십시오.

sustained는 법정용어로 '이의신청'(Objection)시 이를 '인정하고 승인한다'는 의미.

He sustained numerous injuries.
걘 수많은 상처를 입었어.

- Mr. Burns sustained a loss on the stock market.
  번즈 씨는 주식에서 돈을 잃었어.
  Burt sustained an injury in the basketball game.
  버트는 농구게임하다 상처를 입었어.

sustain은 동사로 기본적으로 '손해를 입다,' '상처를 받다,' '당하다'라는 뜻.

» swab

Will you authorize a DNA swab? DNA 면봉채취를 승인할거야?

Oh, hey, take a swab. It'll match.
오, 야, 면봉으로 채취해. 일치할거야.

- Will you authorize a DNA swab?
  DNA 면봉채취를 승인할거야?
  The DNA swab that we took from you will match the condom at the crime scene. 너한테서 채취한 면봉의 DNA는 범죄현장의 콘돔과 일치할거야.
  I swabbed the foreign substance and sent it to Greg.
  그레그에게 보내진 이물질을 면봉으로 채취했어.

swab은 '면봉,' '면봉으로 채취한 샘플'이란 명사로 DNA swab하면 면봉으로 DNA를 채취한 것을 말한다. swab은 또한 동사로 범죄현장에서 '면봉으로 DNA를 채취하다,' '물걸레 등으로 닦다'라는 의미로 쓰인다.

놓치면 원통한 미드표현들

- **Candy striper** 병원에서 자원봉사하는 여자
  I'm Candy, your Candy striper.
  난 당신을 돌보는 자원봉사자예요.
  Was anyone with her? An orderly, candy striper, anyone?
  누가 걔하고 같이 있어? 당직자나 자원봉사자, 아무도 없어?

- **stripe** 계급장
  A sergeant lost a stripe for hanging around my daughter.
  한 하사가 내 딸과 놀다가 계급장을 잃어버렸어.

I'm not lying! I swear on my mother. 거짓말아냐! 엄마걸고 맹세할게.

Do you swear to tell the truth?
진실만을 말할 것을 선서합니까?

- In the case now pending before this court, do you swear to tell the truth, the whole truth and nothing but the truth?
  이 법정에서 오직 진실만을 말할 것을 선서합니까?

  Raise your right hand. Do you swear to tell the truth, the whole truth, so help you God?
  오른손을 올리십시오. 하느님앞에 오직 진실만을 말할 것을 선서합니까?

swear to tell the truth는 '진실을 말할 것을 맹세하다'라는 의미. 역시 법정미드에서 증인이 증언대에서 증언하기 전에 선서하는 문장중 일부. in this case now pending before this court는 법정스타일 용어로 그냥 in this court라고 생각하면 된다.

I could have sworn I hated bourbon.
정말로 난 버본 위스키를 싫어했단 말야.

- I could have sworn I had some change. 틀림없이 내가 좀 변했단 말야.

  I could have sworn I saw him smile. 틀림없이 걔가 웃는 것을 봤단 말야.

I could've sworn that S+V는 '…라고 맹세할 수도 있다'는 말로 다시 말하면, 좀 의심스럽기도 하겠지만 '틀림없이 …했단 말이야'라는 뜻이 된다.

I'm unarmed, I swear.
나 비무장야, 정말야.

- You touch her, I swear. 넌 걜 만졌어, 정말야.

  I never meant to get in between you two, I swear.
  둘 사이에 끼어들려는게 아니었어. 정말야.

I swear는 '맹세해,' '정말야'라는 말로 자기가 하는 말이 진심임을 강조하는 표현.

The doctors swore she's okay.
의사들은 걔가 괜찮다고 맹세했어.

- She swore that she would tell the truth to the cops.
  갠 경찰에 진실을 말하겠다고 맹세했어.

  I just swore that when I ran into you, I would say that.
  난 널 우연히 만나면 그 얘기를 하겠다고 방금 맹세했어.

swear that S+V는 '…라고 맹세하다'라는 말로 맹세하는 내용을 S+V형태로 적어주면 된다.

I swear to God, I am done with guys like that.
하늘에 두고 맹세하건대, 저런 놈들하고는 끝이야.

- Tell me why you woke me up or I swear to God I will kill you.
  날 왜 깨웠는지 말하지 않으면 정말이지 죽여버릴거야.

  I swear to you. I didn't see any woman in the car.
  정말이지 차에서 어떤 여자도 못봤어.

I swear to God은 '하느님께 맹세코,' '하늘에 두고 맹세코,' '신에게 맹세하건대'라는 표현으로 자신의 진정성을 강조하기 위해 God를 모셔온 경우. 또한 I swear to you~는 I swear to God처럼 자기가 말하는 것을 강조하는 것으로 '정말야,' '맹세코,' '약속해'라는 표현.

I am not lying! I swear on my mother.
거짓말아냐! 엄마걸고 맹세할게.

- A: I swear I didn't touch her. B: Well, swear on what?
  A: 정말이지 걔 손대지 않았어. B: 그럼, 뭘 걸고?

  I swear on my life I never laid a hand on any child.
  내 인생을 걸고 말하는데 난 절대 아이들에게 손대지 않았어.

  I swear on my mother's grave. 우리 엄마 무덤을 걸고 맹세해.

swear on (one's honor)은 우리가 맹세할 때 주로 직계가족(?)인 엄마나 아들을 걸고(물론 부인도 걸 때가 있긴 하다, 도박ㅋㅋ) 하듯이 자기 말을 아주 강조하는 표현. 좀 더 강조하려면 swear on one's mother's grave라고 한다.

I don't want to swear in front of Chinese Elvis.
중국계 엘비스 앞에서 혼인서약을 하고 싶지 않아.

- So you have **your swearing in** ceremony today.
  그럼 오늘 취임식행사가 있군요.
  The swearing in ceremony is after noon. 혼인서약식은 정오지나서 있어.

That's no reason to swear off being a lesbian.
그건 레즈비언을 포기할 이유가 못돼.

- Grandpa wants to **swear off** cigarettes this year.
  할아버지는 올해 담배를 끊으시고 싶어해.

■ **swear in**은 '취임선서나 혼인선서 등을 하다,' swearing-in은 '취임[혼인]행사'를 말한다.

■ **swear off~**는 담배나 술 등 별로 좋지 않은 것 등을 끊겠다,' '포기하겠다고 다짐하다'라는 뜻.

MORE EXPRESSION

swear at~ …에게 욕을 하다
swearing 욕지거리
swear word 욕설
I couldn't swear to it. 확실하지 않아.
swear blind 정확한 사실이라고 하다
swear like a trooper 걸핏하면 욕하다
make a pinky-swear 새끼손가락 걸다

» **sweat**

Don't sweat it too much. 너무 걱정하지마.

No sweat!
걱정마! 문제 없어!

- **No sweat,** we'll just sneak in. 걱정마, 우린 숨어들어갈거야.
  I'm just a little behind. I can catch up, **no sweat.**
  난 좀 뒤처졌어. 난 따라잡을 수 있어, 문제없어.

■ **No sweat**은 어떤 일에 대해 아무 문제 없을거라고 위로하며 '걱정마, 힘든 일 아니야'라는 의미 또한 어떤 일을 무리없이 쉽게 해낼 수 있다고 말하면서 '문제 없어'(no problem)이란 의미로 각각 쓰인다.

Don't sweat it too much.
너무 걱정하지마.

- I'll find you something, Taylor, **don't sweat it.**
  뭔가 찾아줄게, 테일러. 넘 걱정마.
  Don't sweat it, kid. We're here looking for your brother.
  걱정마, 애야. 네 형을 찾고 있어.

■ **Don't sweat it!**은 땀흘리지 말라는 말로 상대방에게 '걱정하지 마라,' '그런 일로 진땀빼지 마'라는 표현.

Then we're kind of all sweating over nothing.
그럼 우린 헛수고 한 셈이네.

- I **sweated blood** trying to get the best grades. 최고학점 받으려 피땀흘렸어.
  We **sweated our guts** out on the golf course. 우린 골프장에서 최선다했어.

■ **sweat over**는 '열심히 일하다,' sweat blood는 '피땀 흘리다,' sweat one's guts out는 '뼈빠지게 일하다,' 그리고 sweat out 또한 '열심히 일하다'라는 뜻으로도 쓰인다.

I think he's sweating over her.
난 걔가 그녀 때문에 걱정하는 것 같아.

- Mark **was sweating** bullets during the exam. 마크는 시험중 무척 초조해했어.
  She **was sweating** bullets when she was found guilty.
  걘 유죄판결을 받자 무척 초조해했어.

■ **sweat**은 '걱정하다,' 그리고 sweat bullet은 '무척 초조해하다'(be very nervous about sth)라는 의미.

I thought you weren't gonna sweat the small stuff.
난 사소한 것에 목숨걸지 않을거라 생각했어.

- Just relax and don't **sweat the small stuff.** 긴장풀고, 사소한 것에 목숨걸지마.

■ **don't sweat the small stuff**는 조그만 것들에 땀흘리지 마라, 유명한 우리말로 하면 '사소한 것에 목숨걸지마라'라는 의미.

MORE EXPRESSION

a clod sweat 식은땀
sweat like a pig 땀을 많이 흘리다

» sweep

Let's go do our sweep. 가서 샅샅이 뒤져보자고.

Just sweep it all under the carpet.
다 비밀로 해.

- They're claiming you used your badge to sweep this under the rug. 걔네들이 네가 이걸 숨기려고 공권력을 이용했다고 주장하고 있어.

sweep sth under the carpet[rug]은 보여주기 싫은 것을 카펫이나 러그 밑으로 집어넣는다라는 뜻에서 '비밀로 하다,' '창피한 사실을 감추다,' '숨기다'라는 뜻으로 쓰인다.

I sweep away all the irrelevancies.
난 관련없는 것들은 다 없애버렸어.

- The water will sweep all the towns away. 홍수는 마을을 다 휩쓸어가버릴거야.
  Let's try to sweep away your debts. 네 빚을 다 없애도록 해.

sweep ~ away[along]는 …을 휩쓸어가버려서 다시는 볼 수 없게 된다는 의미. '다 없애버리다,' '쓸어버리다'라는 말이다.

Let's go do our sweep.
가서 샅샅이 뒤져보자고.

- We have plain clothes officers doing a sweep.
  우리는 사복경찰로 수색을 하고 있어.
  C.S.U. did a sweep of the facility. 감식반이 그 시설을 싹 수색했어.
  Have C.S.U. run a sweep. 감식반보고 싹 뒤져보라고 해.
  We're going to sweep all three games. 우리는 3게임다 싹쓸이할거야.

do a sweep에서 sweep은 '싹 훑고 지나가듯이 뭔가 철저히 수색하는 것'(a search for something)을 말한다. run a sweep이라고 해도 된다. 또한 sweep은 명사로 스포츠 경기에서 '싹슬이'하는 것을 뜻한다.

She finished her sweep about an hour ago.
걘 1시간 전에 수색을 다 끝냈어.

- We just finished the sweep of Bobby's car.
  우리는 바비의 차 수색을 끝냈어.
  Radiation teams have finished sweeping. 방사능 팀이 조사를 끝냈어.

finish the sweep은 '수색이나 조사 등을 다 끝내다'(complete a search)라는 의미.

They're sweeping her for bugs.
걔네들은 도청장치를 찾기 위해 그녀를 뒤졌어.

- We did a bug sweep right when we arrived.
  우리는 도착했을 때 도청장치 수색을 했어.

sweep sb for bugs는 도청장치를 찾기(to search for secret microphones that can record what people say) 위해 sb를 검사하다라는 의미.

MORE EXPRESSION

the sweeps 시청률 조사기간
sweeping victory 압승
sweep up 청소하다, 정돈하다

놓치면 원통한 미드표현들

- **sturt** 뽐내며걷다 strut one's stuff 기량을 뽐내다, 과시하다
  Strut? Do I strut? 뽐내며 걷는다고? 내가 그래?
  I need to strut my stuff. 내 자랑 좀 과시해야겠어.
- **movie stub** 극장표 ticket stub 티켓표
  This is a movie stub from our first date!
  이건 우리가 처음 데이트했을 때 극장표야.
- **stub one's toe** 발가락을 차이다, 실수하다
  I'm fine, Mom, I just stubbed my toe.
  난 괜찮아, 엄마. 내가 발가락을 차였어.

Really? That's so sweet. 정말? 와 고마워라.

She is taking her sweet time at the market.
갠 시장에서 여유를 부렸어.

- Now, with you out of the picture, I can take my sweet time.
  이제 네가 빠지니 내가 좀 여유를 부릴 수 있어.
  You took your sweet time getting off the phone.
  넌 전화를 끊는데 아주 여유를 부렸어.

take one's sweet time은 '천천히 하다,' '시간이 걸리다,' '여유를 부리다'라는 표현.

Really? That's so sweet.
정말? 와 고마워라.

- He's so sweet and thoughtful and intelligent. 걘 정말 착하고 사려깊고 총명해.
  That's very sweet of you, son. 정말 고맙구나, 아들아.

That's[This is, It is] so sweet은 주로 여성들이 쓰는 표현으로 '고맙기도 해라'라는 의미이며 That's[It's] very sweet of sb라고 말해도 된다.

You sweet on her?
너 걔한테 반했어?

- What if she thinks I'm sweet on her? 걔가 내가 자길 좋아한다고 생각하면 어떻하지?
  He's sweet on you. Makes him brave. 걘 너에게 반했어. 용기를 내게 해줘봐.

be sweet on sb는 'sb에게 빠지다,' '반하다,' '좋아하다.'

I have a sweet tooth.
난 단 음식을 좋아해.

- Maybe our killer has a sweet tooth. 아마도 우리가 찾는 살인자는 단걸 좋아하나봐.
  I wish you sweet dreams. 좋은 꿈 꿔.
  Did you go somewhere, sweetie? 자기야, 어디갔었어?
  Sweetheart, I don't want to go. 자기야, 난 가기 싫어.

have a sweet tooth는 '단 걸, 단음식을 좋아하다.' 또한 sweet dreams는 좋은 꿈이란 말로 '잘자라,' '좋은 꿈 꿔'라고 할 때 쓰면 된다. 그리고 sweetie는 친구들 사이나 애정을 표시할 때 부르는 호칭이며, sweetheart는 주로 애인이나 부부사이에 부르는 호칭이지만 큰 차이는 없다.

Only if I get a sweet deal.
내가 저렴한 가격에 구하면.

- That's a sweet deal. Should we kiss on it? 좋은 거래인데 키스할까? .
  It sounds like they had a sweet deal going on.
  걔네들이 좋은 거래를 하고 있었던 것 같아.

a sweet deal이란 '싼가격에 좋은 조건에 구입하는 것'(getting a bargain or low price on something)을 말한다.

His mother gave him this for his sweet 16.
엄마는 걔한테 스위트 식스틴때 이걸 줬어.

- We are planning a sweet 16 party for you here, tomorrow night.
  우린 내일저녁 여기서 널 위해 스위트 식스틴 파티를 열거야.

sweet 16은 자식이 16살이 되면 파티를 해주는데 일종의 '성년식'으로 생각하면 된다.

Your wife couldn't take the bitter with the sweet.
네 아내는 고락을 받아들일 수가 없었어.

- It's easier if you take the bitter with the sweet in life.
  네가 인생의 고락을 받아들이면 쉬워질거야.

take the bitter with the sweet은 쓴것도 단것도 다 받아들이다, 즉 '고락을 다 받아들이다,' 좀더 쉽게 말하면 '산전수전 다 겪다'라는 의미.

I think I can swing it. 난 내가 해낼 것 같아.

Looks like things are in full swing.
상황이 순조롭게 잘 돌아가는 것 같아.

- A little later, the party **is in full swing**. 좀 후에 파티가 한창 진행됐어.

> be in full swing은 특히 파티 등이 '한창인, 순조롭게 진행 중인' 이라는 뜻.

We'll swing by and pick you up.
들러서 널 픽업할게.

- Then why don't I **swing by** your study group.
  그럼 내가 네 스터디 모임에 잠깐 들를게.

  Her grandson said he'**d swing by** next week.
  걔 손자가 담주에 들르겠다고 했어.

> swing by는 '잠깐 들르다' 라는 말로 drop by, stop by와 함께 기억해두면 된다.

I think I can swing it.
난 내가 해낼 것 같아.

- I waitressed on the weekends to **swing it**.
  난 성공하기 위해 주말마다 웨이트리스 일을 해.

  We'll make a budget. You'll **swing it**. 우리는 예산을 짤거고 넌 해낼거야.

> swing it은 '뭔가 성공적으로 해내다' 라는 의미.

I think we're at a swinger's party.
난 우리가 부부교환 파티에 있다고 생각했어.

- You ever been to **a swingers' party**? 부부교환 파티에 가봤어?

  Of course the party was full of **swingers** and orgies and drugs.
  물론 파티는 양성애자들, 집단섹스와 마약 등으로 넘쳐났어.

> swing both ways는 '남녀모두에게 끌리다' 라는 말로 이렇게 하는 사람은 swinger, 이런 '양성애자' 는 bisexual이라고 한다. 참고로 swinger는 부부교환하는 사람들을 말하기도 한다.

You took a swing at me.
넌 날 후려패려고 했어.

- Foreman's the guy you want to **take a swing at**.
  배심원장은 네가 패고 싶어하는 사람이야.

  Sarah had decided to **take a swing at** starting a family.
  새라는 애를 가져보기로 결정했어.

> take a swing at~는 '..을 후려패려하다,' '주먹을 휘두르다' 혹은 '뭔가 시도하다' 라는 의미.

놓치면 원통한 미드표현들

- **be stumped** 난감한, 난처한, 대답할 말을 찾지 못하는
  She **was stumped**. 걘 쩔쩔맸어.
  I just, frankly, I'**m stumped**.
  난 솔직히 말해서 난감했어.

- **stump speech[speaker]** 가두연설, 가두연설가
  She's gonna swoon over his **stump speeches**, do you? 걘 그의 가두연설에 놀랄거야, 그지?

It took months to get into the swing of it.

적응하는데 여러달 걸렸어.

- I've been trying to get back into the swing of it ever since.
  넌 그 이래로 그거에 다시 익숙해지려고 노력해왔어.

  Once you get into the swing of things, it's actually kind of fun.
  일단 익숙해지면 정말 좀 재미있어.

get into the swing of it [things]은 get used to와 같은 말로 '적응하다,' '익숙해지다'라는 뜻.

MORE EXPRESSION

There's not enough room to swing a cat. 공간이 무척 좁다

go with a swing 활기 넘치다

swings and roundabouts 유불리가 다 있는, 이점도 있고 단점도 있는

» swoop

You're gonna swoop in and save the day. 네가 와서 우릴 도와주겠지.

That you and Monna could swoop in on.

너와 모나에게 좋은 기회가 될 수도 있다는 거.

- I'll swoop in and give you fair-Market price.
  내 빨리가서 네게 좋은 가격을 제시할게.

  She just broke up with the guy, it's time for you to swoop in!
  걘 그 자식하고 헤어졌으니까 네게 뛰어들어갈 때야.

  You're gonna swoop in and save the day.
  네가 달려와서 우리가 필요한 도움을 줄거야.

  I mean she's just been waiting for any jerk to swoop down on her. 내 말은 걘 어떤 바보같은 녀석한테 이용당할 걸 기다리는 셈이라는 거지.

  The public got to see our heroic police swoop in on the apparent bad guy. 사람들은 영웅적인 경찰이 범인을 잡는 것을 봤어.

swoop in에서 swoop은 높은 곳에 아래로 쏜살같이 내려 꽂는다라는 뜻으로 swoop in하면 재빨리 '어떤 일에 달려들다,' '들이닥치다,' '불쑥 끼어들다'라는 의미가 된다. 또한 swoop down은 명사로 '기습,' '급습'이란 뜻으로 쓰인다.

놓치면 원통한 미드표현들

- **sub sb in** 스포츠 경기 등에서 …을 대체하다
  You can't sub him in if he's injured.
  걔가 부상을 당해도 넌 걜 대체 못해.

- **be subbing for** 대신하다
  He's great, and he's subbed for you before.
  걘 대단해, 전에 널 대신하기도 했잖아.

- **sugar daddy** 원조교제하는 남자
  Maybe she had a sugar daddy.
  아마 걘 원조교제하는 남자가 있었나봐.

- **sugarcoat** 사건을 축소은폐하다
  I don't sugarcoat the truth.
  난 진실을 호도하지 않아.

- **be swamped with[by]** 꼼짝달싹 못하게 바쁘다
  I swamped with the new project.
  새로운 프로젝트로 엄청 바빠.
  They're both super swamped preparing for tomorrow. 걔네들은 모두 내일을 준비하느라 엄청 바빠.

- **the symptoms** 증상
  What're the symptoms? 증상이 어때요?
  There aren't any symptoms at all.
  전혀 증상이 없어.

- **in sync with** …와 협조관계에 out of sync 안맞는
  Emily's father's in sync with that?
  에밀리의 아버지가 그거에 협조적이야?
  You're out of sync with this side.
  너는 이쪽하고는 안맞는구나.

You can meet everyone in one fell swoop.

넌 그들을 모두 한번에 만날 수 있어.

- You get credit for all the consolidated cases in one fell swoop.
  넌 단한번에 모든 통합소송을 처리한 공로를 인정받겠지.

  Good things didn't come to your family in one fell swoop, you struggled for it. 좋은 일은 단번에 너희집에 오지 않았어, 네가 싸워서 얻은거지.

in one fell swoop은 '일시에,' '단번에'라는 말로 in 대신에 at을 써도 된다.

» **sympathy**

I'm not looking for your sympathy. 난 네 동정심을 바라지 않아.

I'm just trying to get some sympathy sex.

동정섹스를 받아보려고 하고 있어.

- He's gotta be tested. Preferably before he gets any sympathy sex. 걘 테스트를 받아야 해. 가급적이면 걔가 동정섹스을 받기 전에.

  When a girl asks for some ill-advised sympathy sex... just do it. 여자가 경솔하게 동정섹스를 요구하면, 그냥혀.

sympathy sex는 상대방이 불상해서 측은지심으로 해주는 섹스.

Do I get some sympathy now?

나 좀 불쌍하지?

- I have a new sympathy for the disabled.
  장애인들에 대한 불쌍한 생각이 새롭게 들어.

  It's her own fault. I've got no sympathy for her.
  걔의 실수야. 걔한테 동정심없어.

  Well, these days anybody going through a break-up gets my sympathy. 저기, 요즘, 이별을 겪는 누구든지 내 동정심을 받고 있어.

have no sympathy for~는 '…에 동정심을 갖지 않다,' have a lot of sympathy for~는 '많은 동정심을 갖다.'

I'm not looking for your sympathy.

난 네 동정심을 바라지 않아.

- I don't think she was expecting your sympathy.
  걔가 네 동정심을 기대하고 있었다고 생각하지 않아.

expect one's sympathy는 '…의 동정심을 기대하다,' look for one's sympathy는 '…의 동정심을 구하다'라는 뜻이 된다.

놓치면 원통한 미드표현들

- **stat** (병원의사들) 즉시, 당장 = immediately(라틴어 statim의 줄인말)
  You need to give this to Dr. House, stat.
  이걸 하우스 박사께 당장 갖다줘.
- **be too steep** 너무 비싸다
  That's too steep. 너무 비싼데요!
- **stomp** 화가 나 쿵쿵 걷다 old stomping ground 아지트, 잘 가던곳
  I'm gonna stomp your ass! 널 좀 패야겠다!
  Denny stomped the wrong guy.
  데니는 다른 놈을 때렸어.

T

» **tab**

Chris is keeping tabs on that. 크리스가 그걸 지켜보고 있어.

Put it on my tab.

외상으로 달아놔.

- Can you **put it on my tab**? 내 외상장부에 달아놔요.
  Thanks. You can just **put it on my tab**. 고마워. 그냥 내 외상장부에 달아놔.

put it on one's tab에서 tab은 술집이나 식당 등의 외상장부를 뜻해 돈이 없거나 모자랄 때 '내 외상장부에 달아놓으라'는 말.

I'll pick up the tab.

내가 낼게.

- Who's going to **pick it up**? 누가 낼거야?
  Anette said that she'd **pick up the tab**. 아네트는 자기가 계산하겠다고 했어.

pick up the tab은 식당 등에서 계산서(tab)를 집는다는 말로 '자기가 계산하겠다'는 표현이다. tab 대신에 bill을 써도 된다.

Christine's keeping tabs on that.

크리스틴이 그걸 지켜보고 있어.

- It's just a way for the government to **keep tabs on** you.
  정부가 너를 감시하는 방식이야.
  The FBI **keeps close tabs on** high-risk groups, cults, religious fanatics.
  FBI는 위험한 집단, 컬트집단, 종교적 광신도들을 주의깊게 감시하고 있어.

keep tabs on sb[sth]는 '…가 뭘하는지 주의 깊게 지켜보다,' '감시하다'라는 뜻이며 좀 더 자세히 지켜보다고 할 때는 keep close tabs on~이라고 하면 된다.

MORE EXPRESSION

a tab of~ (마)약 한 알

» table

That deal comes off the table. 그 거래는 논의대상이 아냐.

I heard there was a deal on the table.

거래가 논의중이라고 들었어.

- Is there an offer **on the table**? 검토중인 제의가 있어?
  That deal still **on the table**? 그 거래는 아직도 검토중이야?

That deal comes off the table.

그 거래는 논의대상이 아냐.

- If I find the murder weapon, the deal**'s off the table**.
  살해무기를 찾으면 거래는 물건너가는거야.
  The D.A. is willing to **take** the death penalty **off the table**.
  검사는 사형은 배제하려고 해.

Glad I could bring something to the table.

뭔가 제안할 수 있게 돼 기뻐.

- You've got so much more to **bring to the table**.
  넌 제안할 걸 아주 많이 갖고 있어.
  I move to **table the proposal** until Monday.
  난 월요일까지 발의하겠습니다.

I'm going to turn the tables on them.

난 걔네들을 역전시킬거야.

- She also wrote how you wanted to **turn the tables on** her.
  갠 얼마나 네가 걔한테 보복하고 싶어했는지 썼어.
  We kick back 3,000 dollars to you **under the table**.
  3천달러는 뇌물로 줄게.

be on the table은 '어떤 제안이나 거래 등을 검토중이거나 논의중이다'라는 의미. 앞서 나온 put one's cards on the table은 '계획 등에 관한 속내를 다 털어놓다'라는 말.

be[come] off the table은 반대로 '논의대상이 아니다,' '무효다,' '물건너가다,' take sth off the table하면 '…을 논의대상에서 제외시키다,' '배제하다'라는 뜻이 된다.

bring sth to the table은 '검토여부를 떠나 뭔가 제안하는 것'을 말하며 또한 table a bill[proposal]하면 '발의하다'라는 뜻이 된다.

turn the tables (on sb)는 '테이블을 뒤집다'라는 말로 주로 열세에 있는 사람이 '상황을 뒤집다,' '역전시키다'라는 의미로 대상은 on~ 이하에 적는다. 또한 under the table은 테이블 밑으로라는 말로 주로 뇌물을 줄 때처럼 '비밀리에'라는 뜻을 생각하면 된다. 또한 drink sb under the table하면 sb를 술먹여 뻗게 한다는 말로 'sb보다 훨씬 술이 세다'라는 뜻으로 쓰인다.

MORE EXPRESSION

set the table 상을 차리다
head table 상석

» tag

Can't put a price tag on that. 값으로 매길 수 없을 거야.

Can I tag along?

나도 따라가도 돼?

- Do you mind if I **tag along**? 내가 따라가도 괜찮겠어?
  Doc, why don't you **tag along**? 의사선생님, 따라오시죠.

Tag, you're it!

잡았다, 네가 술래야.

- **Tag, you're it!** You can't catch us! 잡았다, 네가 술래야! 우린 못잡을걸!
  Let's get the game started. **Tag, you're it!** 게임 시작하자. 잡았어, 네가 술래야!

tag along (with)은 '(…을) 따라가다'라는 의미인데 특히 상대방이 요청하지 않았는데도 따라다니는 것을 말한다.

tag 야구에서 '아웃시키기 위해 손이나 글러브로 터치하는 것'으로 술래잡기에서는 술래가 tag하면 tag 당한 사람이 술래가 된다. 그래서 Tag, you're it!하면 '잡았다, 네가 술래야!'라는 의미.

Can't put a price tag on that
값으로 매길 수 없을 거야

- Well, it's hard to put a price tag on an item like that.
  그런 제품에 가격을 매기는 건 어려워.
  Maybe you should put a name tag on him. 걔에게 이름표를 붙여줘야지.

price tag은 '가격표,' name tag은 '이름표,' '명찰'을 말한다.

If this is evidence, it needs to be tagged.
이게 증거라면 꼬리표를 달아놔야 돼.

- I just bagged them and tagged them.
  방금 가방에 넣고 꼬리표를 달았어.

tag sth하면 동사로 쓰여서 'sth에 이름표나 꼬리표를 붙이다'라는 뜻으로 쓰이는데 주로 가방이나 수화물 혹은 시체에 꼬리표를 붙인다고 할 때 사용한다.

» tail

I got a tail. 나에게 미행이 붙었어.

She tailed him to catch him in the act.
걘 현장에서 그를 잡으려고 미행했어.

- Next time you're tailing someone, take two cars.
  다음번에 누군가 미행하려면 차를 두 개 쓰라고.
  You have a private investigator tailing me? 사설탐정보고 날 미행시켰어?

tail은 '꼬리'라는 명사로 동사로는 '미행하다'라는 뜻.

I got a tail.
나에게 미행이 붙었어.

- There was a tail on him. 걔한테 미행이 붙었어.
  Put a tail on him so he can't hurt anyone else.
  걔한테 미행을 붙여 아무도 해치지 못하게.

put a tail on sb는 '미행을 붙이다,' be on sb's tail은 '…을 미행중이다,' 그리고 have a tail하면 '미행이 붙었다'라는 말이 된다.

That poor kid has been working her tail off.
저 불쌍한 애는 죽어라 일했어.

- I spent nine years working my tail off to make partner.
  난 파트너가 되려고 9년간 뼈빠지게 일했어.
  I'm working my ass off. 난 죽어라 일했어.

work one's tail off는 '열심히 죽어라 일하다'라는 의미로 work one's ass off와 같은 의미.

It's a case of the tail wagging the dog.
이건 적반하장의 경우야.

- He tried to ruin my life for chasing a little tail.
  걘 영계들과 섹스하려고 쫓아다니면서 내 인생을 망치려고 하고 있어.
  Most guys lose big, they run home, tail between their legs.
  대부분은 애들은 크게 지면 집에 와서 풀이 죽는다.

wag one's tail은 '꼬리를 흔들다,' 반대로 tail wags the dog하면 꼬리가 개를 흔드는 것으로 '하극상, 뭔가 거꾸로 된 상황'을 말한다. chase tail은 '섹스하려고 여자 꽁무니를 쫓다,' with one's tail between one's legs는 두다리 사이에 꼬리를 감추다라는 말로 '무서워서 꼬리를 내리다,' '꽁무니를 빼다'라는 뜻이 된다.

You guys want to take five?

너희들 잠깐 쉴래?

- **Take five,** we'll be out of your hair in no time.
  5분야, 우리 바로 사라질거야.

  All right, actors, let's **take five.** 좋아, 배우들, 5분간 쉽시다.

take five는 구어체에서 줄여서 쓰는 말로 원래는 take five-minute break로 '5분 쉬다,' 즉 잠깐 쉬다라는 뜻이 된다. 10분을 쉬고 싶으면 take ten이라고 하면 된다.

I take the Fifth.

난 묵비권을 행사하겠어.

- The politician **took the fifth** in the trial. 경찰은 재판에서 묵비권을 행사했어.

  Harry **took the fifth** after staying out all night.
  해리는 밤샌 후에 묵비권을 행사했어.

take the Fifth는 '미수정헌법 5조에 근거하여 불리한 답변은 하지 않다'라는 말로 take 대신에 plead를 써도 된다. You have the right to remain silent와 같은 말.

I take it back.

취소할게.

- I wish I could **take it back.** 취소할 수 있다면 좋겠어.

  You **take that back.** 너 그 말 취소해.

take back은 '반품하다,' '취소하다'란 뜻으로 특히 take it back의 형태로 자기가 한 말에 대해 취소한다고 할 때 사용한다.

That takes the cake!

정말 어처구니가 없군!

- I've heard far-out excuses for not giving head, but this one **takes the cake.** 오럴섹스를 안해주는 별별 이유를 들어봤지만, 이건 정말 어처구니가 없어.

  Your jokes really **take the cake.** 네 농담은 정말 못들어주겠다.

take the cake은 매우 어리석거나 무례한 이기적인 행동을 하는 사람을 보고 도저히 못믿겠다(I can't believe what I'm seeing)라는 의미로 던지는 말로, 비난하면서 '잘하는 짓이다,' '뻔뻔하다,' '어처구니 없다'라고 하는 말.

Whatever it takes.

어떻게 해서든지.

- Ask for anything. **Whatever it takes.** 뭐든지 말해. 무엇이 필요하든지.

  We'll get through this, **whatever it takes.** 이걸 어떻게 해서라도 이겨낼거야.

whatever it takes는 무엇이 필요하든지라는 뜻으로 '어떻게 해서든,' '돈이라면 돈이 얼마나 들던지'라는 의미.

That's how I take it.

난 그렇게 이해하고 있어.

- Andy loves me. **That's how I take it.** 앤디는 날 사랑해. 난 그렇게 이해하고 있어.

  He wants to be ignored. **That's how I take it.**
  걘 무시당하길 원하고 있어. 난 그렇게 이해했는데.

be how I take it은 상대방의 말이나 어떤 상황을 그렇게 이해하고 받아들였다는 표현.

Every judge we face will take it personally.

우리가 마주치는 판사마다 다 기분나쁘게 받아들일거야.

- Don't **take it personally**, it's his pathology, he can't talk to women. 오해하지마, 걔의 병적행동야, 여자한테는 말을 못해.

  I learned a long time ago not to **take it personally**.
  난 오래전에 기분나쁘게 받아들이지 않는 방법을 배웠어.

take it personally는 '기분나쁘게 받아들이다'라는 뜻으로 주로 부정형인 Don't take it personally, (but)은 오해방지용 표현으로 많이 쓰인다. '기분 나쁘게 받아들이지마, 오해는 마, 하지만'이라는 뜻.

Don't take no for an answer.
거절해도 끈질기게 달라붙어.

- Sandy doesn't take no for an answer and fixes it for him!
  샌디는 거절을 받아들이지 않고 걘 위해 그걸 고쳐줬어.

■ not take no for an answer는 부정적 대답을 받아들이지 않다라는 말로 '상대방이 거부해도 받아들이지 않다.' 쉽게 말해 싫다고 해도 끝까지 달라붙는 유능한 영업맨을 떠올리면 된다.

Don't take it too hard.
너무 상심마.

- Don't take things so seriously. 넘 심각하게 생각하지마.
  What are you taking this so seriously for? It doesn't matter.
  왜 이걸 그렇게 심각하게 받아들이는거야. 상관없어.

■ take sth seriously는 '…을 심각하게 받아들이다,' take it too hard 역시 '몹시 괴로워하다,' '상심하다'라는 의미.

He has what it takes.
걘 소질이 있어.

- I've got what it takes. 난 재능이 있어.
  Monna's got what it takes, she could go all the way!
  모나는 재능이 있어, 걔 끝까지 밀고 나갈 수 있을거야.
  Not if that's what it takes to compete. 경쟁하는데 치르어야 할 대가가 아니라면.

■ have (got) what it takes는 필요로 하는 걸 가지고 있다는 말로 '재능과 소질이 뛰어나다'란 말. 한편 if that's what it takes (to~)는 '…하는 것이 운명이라면,' '그것이 내가 치루어야 할 대가라면'이라는 표현.

I did a double take.
놀라 다시 한번 쳐다봤어.

- He glances her way, does a double take.
  걘 그여자 쪽을 힐끔보더니 놀라서 다시 쳐다봤어.

■ do a double take는 남의 말, 혹은 상황 등을 뒤늦게 알아차리고 나서 다시 한번 보다라는 뜻으로 '깜짝 놀라다'라는 의미.

I'll take over now.
이젠 내가 맡을게.

- Phil, take over, will you? 필, 이거좀 맡아줘, 그럴래?
  Can you take over for me, please? 내 대신 맡아줄테야?

■ take over는 '남이 하던 일을 넘겨받다,' '책임지고 떠맡다,' '인수하다'라는 의미.

I will take it.
받아들일게.

- I think we should take it. 받아들이는게 좋겠어.
  I'm not sure how you're going to take it. 네가 그걸 어떻게 받아들일지 모르겠어.

■ take it[this, that]은 take 다음에 it[that, this] 등을 써서 '선택을 하다,' '결정을 하다,' '받아들이다'라는 뜻으로 물건 등에서 선택할 때 혹은 상대방의 제안을 받아들일 때 사용한다.

I don't know if I can take it.
내가 견딜 수 있을지 모르겠어.

- You can tell me, I can take it. 내게 말해봐, 내가 받아줄게.
  The brain is starting to swell. His heart can't take it.
  뇌가 붓기 시작했어. 심장이 견디지 못할거야.

■ can[can't] take it은 take it 앞에 can이나 can't가 붙은 경우로 '참을 수 있다[없다],' '견딜 수 있다[없다]'라는 의미.

I can't take it anymore.
더 이상 못 견디겠어.

- I can't take it anymore. I am out of here! 더 이상 못참아. 나 갈래!
  I couldn't take it anymore, and I told my teachers.
  난 더 이상 참을 수가 없었어 그래서 선생님들께 말했어.

■ can't take it anymore는 강조어법으로 더 이상 받아들일 수 없다, 즉 '더 이상 못참겠다,' '더 이상 못견디겠다'라는 뜻이다.

I'll take you up on that.

네 제안을 받아들일게.

- When I get to Paris I'll take you up on that, okay?
  내가 파리에 도착하면 그 제안 받아들일게, 됐어?
  I'm gonna take you up on that offer. 너의 그 제안 받아들일게.

take sb up on sth은 'sb의 제안이나 초대 등을 받아들이다.'

I'm just gonna take off.

그만 일어나야겠어.

- I think I'll just take off all my clothes. 옷을 다 벗어야겠어요.
  You should take time off till this is over. 이게 끝날 때까지는 쉬는게 낫겠어.

take off는 다양한 의미로 쓰인다. '옷을 벗다,' '이룩하다,' '출발하다,' '가다,' '쉬다' 혹은 '…을 떼어내다' 등으로 쓰인다.

I'm gonna take her down.

난 걜 혼내줄거야.

- He was trying to take you down. 걘 너 콧대를 꺾으려고 했어.
  I don't need a gun to take you down. 너 때려잡는데 총은 필요없어.

take sb down은 'sb를 혼내다,' '콧대를 꺾다,' '뭔가 받아적다,' 그리고 범죄물에서 '총으로 쏴서 쓰러트리다' 등의 의미로 쓰인다.

So let's take away her control.

그래 걔의 통제력을 빼앗자.

- I think the state was trying to take away her son.
  그 주는 걔 아들을 데려가려고 하는 것 같았어.
  I'm going to take away your money, your family, and your dignity.
  난 네 돈과 가정 그리고 명예도 다 뺏어갈거야.

take away는 기본적으로 가지고 멀리가다라는 말로 '빼앗아가다,' '제거하다(죽이다),' '데려가다'라는 뜻으로 쓰이며, take away from은 '…로부터 빼앗다,' 혹은 '…을 깎아내리다'라는 의미로도 쓰인다.

I felt I could take on the world.

난 세상과 맞설 수 있다고 생각했어.

- She was best known for taking on the toughest cases.
  걘 가장 힘든 사건들을 맡는 걸로 가장 잘 알려져 있어.
  Now you've taken on Jessica. I don't know what to say.
  이제 제시카를 책임진다고 하니 뭐라고 해야 할지 모르겠네.

take on은 '떠맡다,' '책임지다,' '맞서다,' 혹은 '고용하다' 등 다양한 의미로 쓰인다.

T

놓치면 원통한 미드표현들

- **tamper with** 조작하다, 함부로 고치다
  You were helping him tamper with evidence.
  넌 걔가 증거조작하는 걸 도왔어.
- **tease** 놀리다, 집적대다
  Why are you teasing me? 넌 왜 나를 놀리는거야?
  I'm just teasing you. 그냥 놀리는거야.
- **teaser** 어려운 문제, 예고광고 brainteaser 난제
  I'll tell you later, but here's a teaser.
  나중에 말해줄게, 하지만 여기 힌트는 줄게.
- **striptease** 스트립쇼
  She goes into a bar full of horny guys, does a striptease.
  걘 꼴린 사내들로 가득찬 바에 들어가 스트립쇼를 했어.

You agreed to take me in sickness and in health.
넌 내가 아플 때나 건강할 때나 날 받아주는데 동의했어.

- I'll take you in for interfering in a police investigation.
  경찰 공무집행방해죄로 당신을 체포하겠어.

■ take sb in은 '집에 머물게 하다,' 혹은 체포하다라는 말이 된다. 또한 take sth in은 '…을 이해하다,' '받아들이다.'

We won't take up any more of your time.
네 시간을 더 이상을 뺏지 않을게.

- They just take up space. 그것들은 공간만 차지해.
  Did I tell you I've taken up knitting? 내가 뜨개질 시작했다고 말했나?

■ take up 역시 다양한 의미로 쓰이는데 '새로운 취미활동을 하다,' '제안, 직장 등을 받아들이다,' 그리고 '시간과 공간을 차지하다' 등등이 그것이다.

Take him out!
그 놈을 없애!

- Who hired him to take out your dealers? 네 딜러들 죽이라고 누가 걜 고용한거야?
  Jane just took her out for ice cream. 제인은 아이스크림 사줄려고 걜 데리고 나갔어.

■ take out는 기본적으로 꺼내다라는 의미로 '데리고 나가다,' '돈을 인출하다,' 그리고 구어체로 '제거하다,' '죽이다,' '없애다' 라는 의미로도 많이 쓰인다.

Why take it out on him?
왜 걔한테 화풀이 하는거야?

- You take it out on other people. 넌 다른 사람들에게 화풀이하는 거야?
  I'm asking you not to take it out on him. 걔한테 화풀이 말라고 부탁하는거야.

■ take it out on sb는 'sb에게 화풀이하다' 라는 뜻인데 중요한 것은 sb는 아무 책임도 없는데도 그냥 분풀이 당하는 것을 뜻한다.

Mom was quite taken with you.
엄마는 너한테 꽤 끌렸어.

- Is this seat taken? 이 자리에 앉아도 돼요?
  My mind is taken with other thoughts. 내 맘은 다른 생각들로 가득찼어.
  He was taken aback by what was on display. 갠 전시된 것 보고 놀랬어.

■ be taken은 '자리에 임자가 있는지 물어볼 때,' be taken with[by]~는 '…에 끌리다,' be taken in은 '사기당하다,' be taken aback은 '무척 놀라다' 라는 뜻이다.

It won't take long.
오래 안 걸려.

- It didn't take long for me to figure out. 알아내는데 시간이 많이 걸리지 않았어.
  Well, is this gonna take long? 좋아, 이게 시간이 많이 걸릴까?

■ not take long은 '시간이 오래걸리지 않다,' '금방이면 된다' 라는 의미.

None taken.
오해 안해.

- A: Al. No offense. B: Alan. None taken.
  A: 알, 기분 상하지마. B:기분안나빠.

■ none taken은 '상대방이 오해하지 말아달라,' '기분나쁘게 생각하지 말라' 고 No offense라고 할 때, '나도 오해 안해' 라고 대답할 때 쓰는 전형적 표현.

Take it from me.
내 말을 믿어.

- You can take it from me. 그건 내 말을 믿어도 돼.
  You had no right to take it from them.
  넌 그걸 걔네들로부터 가져갈 권한이 없어.

■ take it from me는 '내말을 믿어,' take it out from the top은 '처음부터 다시 시작하다' 라는 의미이다. 물론 문자그대로 …로부터 …를 가져가다라는 뜻으로도 쓰인다.

You can't take it with you.
죽으면 아무 소용도 없어.

- She couldn't take it with her. 걘 그걸 가지고 갈 수 없었을거야.
  Why don't you just take it with you? 그냥 갖고 가.

What do you take me for?
날 뭘로 보는거야?

- What kind of an jerk do you take me for?
  날 어떤 종류의 머저리로 보는거야?
  You take me for a complete idiot? 날 정말 바보로 생각하는거야?

What took you so long?
뭣 때문에 이렇게 오래 걸렸어?

- Come on, quick. What took you so long? 어서, 빨리와. 뭐 때문에 이리 늦어?
  What took you so long? I called you hours ago.
  왜 이리 늦었어? 몇 시간 전에 전화했어.

They forced you to take drugs.
걔네들은 너보고 마약을 먹으라고 강요했어.

- We take drugs to help us fall asleep. 잠드는데 도움이 되도록 약을 먹어.
  I told you, he doesn't take drugs. 내가 말했잖아, 걘 마약 안해.

How do you take your coffee?
커피는 어떻게 먹어?

- How do you take your tea? 차는 어떻게 먹어?
  Sugar or cream? How do you take your coffee?
  설탕 아님 크림? 커피 어떻게 마셔?

We'll take it out of corporate.
회사 계좌에서 돈을 인출할거야.

- That's why we want you to take it out of our paychecks.
  그래서 우리는 네가 우리 월급 수표책에서 돈을 인출하길 바래.

What's it gonna take to get you to relax?
어떻게 해야 널 쉬게 만들 수 있을까?

- What can we do? What's it gonna take to get us out of hell?
  어쩌겠어? 어떻게 해야 우리를 살려주겠니?

So, what's your take on this?
그래, 넌 이것에 대해 어떻게 생각해?

- What's your take on free agency? 선수자유계약에 대해 넌 생각이 어때?
  Your dad's a cop and he's on the take. 네 아빠는 경찰이었는데 뇌물을 받았지.

take it with sb는 '그걸 지니고 가다,' '가지고 가다'라는 뜻으로 특히 You can't take it with you하면 '빈손으로 왔다 빈손으로 간다,' '무덤속까지 가지고 갈 수도 없잖아,' '죽으면 돈도 다 소용없다'라는 말.

take A for B는 'A를 B로 보다,' '생각하다'라는 말로 특히 잘못봤을 경우를 말한다. 그래서 유명한 문장인 What do you take me for?는 '날 뭘로 보는거야?'라는 의미가 된다. B가 사람명사가 아닌 경우는 딴 뜻이 되니 조심해야 한다.

What took you so long?은 예정보다 늦는 사람에게 '뭣 때문에 그렇게 시간을 끌었니?,' '왜 이렇게 오래 걸렸어?,' '왜 이렇게 늦었어?'라고 물어보는 말.

take drugs는 '마약을 복용하다,' 마약을 끊다는 get off drugs라 하면 된다. 참고로 drug은 마약같은 illegal 약을 뜻하기도 하지만 legal한 약을 뜻하기도 한다.

How do you take~?는 '커피나 음식을 어떻게 하냐?'고 물어볼 때 쓰는 말로 커피탈 때는 take 다음에 sugar나 milk라는 명사가 많이 나온다.

take a lot out of ~ 혹은 take it out of~는 '…을 인출하다'라는 뜻.

What is it going to take to~?는 '어떻게 해야 …를 하겠니?' 혹은 '뜨거운 맛을 봐야 …하겠니?'라는 의미.

one's take on~은 take가 명사로 쓰인 것으로 '…에 대한 …의 의견'이란 뜻으로, What's your take on~?하게 되면 '…에 대해 어떻게 생각하냐?'고 물어보는 문장이 된다. 또한 명사 take는 수익이나 수입을 뜻한다. 또한 be on the take는 '뇌물을 받고 나쁜 짓을 저지르다'라는 의미.

MORE EXPRESSION

take after …을 닮다
Take sb[sth] (for example) (문두에서) …을 예를 들어보자

T

I didn't talk you into anything. 난 널 꼬득여서 뭘 하게 한 적 없어.

She's so lonely, she'll just keep talking to us.
갠 너무 외로워서 우리에게 계속 얘기를 할거야.

- You keep talking like I know something. 내가 뭘 알고 있는 것처럼 계속 얘기하네.
  I want you to start talking. Really talking. 네가 이야기를 시작하라고. 정말로.

Keep talking은 '이야기를 계속하다,' Start talking은 '이야기를 시작하다.'

You can't talk your way outta this.
이걸로 넌 처벌을 피할 수 없어.

- You couldn't talk your way out of it? 처벌을 피할 수 없었어?
  You're not gonna talk your way out of this one. You need to get clean. 그것으로 처벌을 피할 수 없을거야. 넌 죄를 짓지 말아야지.

talk one's way out of는 다른 사람들을 설득해서 말하는 사람이 좀 나쁜 짓을 하고도 처벌을 피할 수 있다라는 의미.

Can I talk to you for a second?
잠깐 얘기 좀 할까?

- Hey, guys, can I talk to you for a sec? 야, 애들아, 잠깐 이야기해도돼?
  I'd like to talk to you for a minute. 너하고 잠깐 이야기 좀 하자.

talk to sb for a second [minute] 'sb와 잠깐 이야기하다'라는 말로 상대방에게 잠시 이야기좀 하자고 요청할 때 사용하는 표현.

Can we not talk about that?
그 얘기 하지 않으면 안돼?

- First we check you out, then we talk money, buddy.
  먼저 너 확인해본 다음 돈얘기하자고, 친구.
  Can we have a talk? 이야기 좀 할 수 있어?
  Your mom is going to talk to you about that later.
  네 엄마가 나중에 그에 관해 네게 얘기하실거야.
  I gotta go. I'll talk to you soon. 전화끊어야돼. 또 통화하자.

talk about은 '…에 관해서 이야기하다'라는 뜻으로 구어체에서는 about를 빼고 그냥 talk sth 이라고 해도 된다. 또한 have a talk 역시 '이야기하다'라는 뜻. 그리고 talk to sb about~은 '…하고 …관해서 이야기하다,' Talk to you soon은 전화에서 끊으면서 '다음에 통화하자'고 하는 표현. 또 걸게, 담에 통화하자에 해당된다.

Let's talk.
우리 같이 이야기해보자.

- Let's talk about it. 우리 그에 대해 이야기해보자.
  Let's talk about what we know. 우리가 알고 있는 거에 대해 이야기해보자.
  Hey, girls, let's talk beauty. 야, 애들아, 우리 아름다움에 대해서 이야기해보자.

let's talk about~은 talk about을 응용한 표현으로 '…에 대해 이야기하자'로 대화의 화제를 꺼내는 방법. 뒤에 명사나 절이 올 수있다. 또한 마찬가지로 about를 빼고 Let's talk sth~이라고 해도 된다.

What are you talking about?
무슨 소리를 하는 거야?

- What are you talking about? When did this happen?
  무슨 소리야? 언제 이랬는데?
  What are you talking about? I'm fine. I've got everything I need.
  무슨 소리야? 난 괜찮아. 필요한 건 다 있어.
  What are we talking about?
  우리 지금 무슨 이야기하는거야?

What are you talking about?은 '무슨 소리야?'라는 말로 정말 무슨 이야기인지 모를 때 혹은 상대방이 어처구니 없고 이해가 안갈 때 사용하면 된다.

I know what you're talking about.
그럴만도 해

- I don't know what you're talking about. 네가 무슨 말을 하는지 모르겠어.
  You don't know what you're talking about. 넌 네가 무슨 말 하는지 몰라.

know what you're talking about은 상대방의 말에 동감하거나 혹은 상대방의 기분이나 불만에 동정을 표할 때 '맞아, 그럴만도 해'라는 표현.

I didn't talk you into anything.
난 널 꼬득여서 뭘 하게 한 적 없어.

- I'm glad you talked me into this. 날 설득해서 이걸 하게 해줘서 고마워.
  First I would have to talk myself into trying again.
  먼저 내가 맘잡고 다시 해봐야 될 것같아.

talk sb into~는 'sb를 설득하여 …하도록 하게 하다'라는 의미로 특히 talk sb into it[this] 형태가 많이 쓰인다. talk oneself into는 맘잡고 …해보다라는 뜻.

I talked him out of it.
걔를 설득해서 그걸 중단시켰어.

- Talk her out of it. 걔 설득해서 그거 못하게 해.
  And then maybe I would talk myself out of it.
  그리고나서 난 맘먹고 그걸 하지 말아야 할 것 같아.

talk sb out of~는 반대로 'sb를 설득해서 …하지 못하게 하다'라는 의미. of 다음에는 명사나 ~ing가 오게 된다.

I'm talking to you!
너한테 하는 말이야!

- I'm talking to Dad right now. 지금 아빠한테 말하고 있잖아요.
  You're right. I am talking to you. 네 말이 맞아. 너한테 말하는거야.

be talking to sb는 상대방이 딴데 신경을 쓰고 잘 듣지 않을 때 혹은 상대방이 말귀를 잘 못알아듣을 때 답답한 맘에 '내 말 좀 잘 들어봐라'고 할 때 쓰는 표현.

We're talking sexual sadist?
성적으로 사디스트 얘기하는거야.

- I'm talking about you. You big, big freak. 너 말야. 이 괴팍한 놈아.

We're talking (about)~은 우린 …을 말하고 있는거야라는 말로 의역하자면 '그러니까 내 말은'(I mean)이라는 뜻이 된다. I'm talking about~은 '난 …을 말하고 있는거야,' 그리고 You're talking about~은 '넌 지금 …을 말하고 있는거야'라는 뜻이 된다.

We were just talking about you.
안그래도 네 얘기 하고 있었어.

- I'm not taking sides. We're just talking about it.
  난 편들지 않아. 안그래도 그얘기 하려던 참이었어.

be just talking about~은 talk about을 진행형으로 써서 '안그래도 마침 …하고 있어,' '하려던 참이었어'라는 표현.

Now you're talking.
그래 바로 그거야!

- You want to get a drink? Now you're talking!
  술한잔 하고 싶다고? 이제 말이 통하는구만!

Now you're talking은 직역하면 부조리한 문장. 대화 도중에 아 이제 너 이야기하는구나 하면 좀 그렇지요….(^ ^) 이는 상대방이 말귀를 이해못하다 알아들었을 때 '이제 말이 통하는구나,' '그래 바로 그거야,' '그렇지'라는 말로 Now we're interfacing이라고도 한다.

You're talking to the wrong man.
사람 잘못봤는데요.

- You're talking to the wrong man. This is a matter for the police.
  딴데가서 얘기해. 이건 경찰이 다룰 문제야.
  I can't help. You're talking to the wrong man.
  도와줄 수가 없어. 다른 사람에게 얘기해봐.

be talking to the wrong man은 틀린 사람에게 말하고 있다, 즉 '엉뚱한 사람에게 말하고 있으니 딴데가서 말해보라'는 의미이다.

T

Talk about selfish!
이기적인건 따라올 사람이 없어!

- Talk about rain! 비가 엄청나게 오는군!
  Talk about irony! 아이러니 하구만!

Talk about~은 '…얘기는 말도 마,' '…치고 최고군'이라는 뜻으로 주로 비꼴 때 사용한다. Talk about 다음에 명사나 형용사를 넣으면 된다.

We gotta walk the walk, not just talk the talk.
우린 행동을 해야 돼, 말로만 하면 안되고.

- You know, maybe this guy had to walk the walk.
  저 말이야, 아마 이 친구는 행동으로 보여줬어야 될 지 몰라.

talk the talk은 '행동은 하지 않고 말로만 하는 것'을 말한다. 반대로 행동으로 보여주는 건 walk the walk이라고 한다.

We need to talk to you about that.
우리 그 얘기 좀 해야 할 것 같아.

- I need to talk to you about something. 네게 뭐 좀 물어볼게 있어.
  Where is she? I need to talk to her! It's urgent!
  걔 어디있어? 걔랑 얘기해야돼! 아주 급해!

need to talk은 어떤 일에 대해 상대방에게 할 말있다고 말하는 것으로 '우리 얘기 좀 해야 할 것 같아'라는 의미. have to talk 보다는 need to talk이 훨 많이 쓰임.

You're one to talk.
사돈 남 말하네.

- You're one to talk. You misplace stuff all the time.
  사돈 남말하네. 너도 늘 물건들을 다른데에 두면서.
  She had no one to talk to. 걔 얘기할 사람이 아무도 없어.

You're one to talk은 '사돈 남말하네'라는 뜻으로 Look who's talking과 같은 말이다. 단 You're the one to talk하면 '이야기할 수 있는 사람'이란 다른 뜻이 된다.

Sorry for talking your ear off the other night.
그날 밤에 너무 수다스러워서 미안했어.

- We can talk trash about our dads. 우리 아빠들에 대해 험담하자.
  He's always talking trash on the basketball court.
  걘 농구장에서 늘 상소리를 해.

talk sb's ear off는 '필요 이상으로 말을 많이 하다,' 그리고 talk trash '특히 경기에서 심한 말을 하다.' '모욕적인 말을 하다'라는 뜻이다.

Maybe you can talk some sense into him.
아마 넌 걔를 좀 정신차리게 할 수 있을거야.

- Perhaps when your mother gets here, she'll talk some sense into you. 아마 네 엄마가 오시면 널 정신차리게 하실거야.
  So I went to his place to talk some sense into him.
  그래서 난 걜 정신차리게 하려고 걔 집으로 갔어.

talk (some) sense into sb는 sb에게 말로 sense를 넣어준다는 말로 'sb에게 얘기해서 정신차리게 하다'라는 의미.

놓치면 원통한 미드표현들

- **tooth fairy** 이의 요정(아이 침대에 빠진 이를 놓으면 요정이 이를 가져가고 돈을 놓고간다는 요정)
  When he was little, I used to be his tooth fairy. 걔가 어렸을 때 난 걔의 이의 요정이곤 했어.
- **sink one's teeth into** …에 정신팔리다, 열중하다,
  Suddenly they sink their teeth into that senior's life. 갑자기, 걔네들은 저 상사의 삶에 열중했어.
- **temp** 임시직(을 하다)
  They met when Jenna temped in our office.
  걔네들은 제나가 우리 사무실에서 임시직으로 근무할 때 만났어.

Just stop. Now you're talking down to me.
그만해. 지금 넌 날 깔보듯이 내게 말하고 있어.

- I'm not talking down to you, I'm trying to explain.
  널 무시하는게 아니라 너한테 설명하려는거야.

  Sharon is angry her boyfriend talked down to her.
  새론은 남친이 자길 무시해서 화가 났어.

■ talk down to sb는 '얕보는 듯한, 깔보는 듯한 태도로 이야기하다,' 즉 무시하는 태도로 말하다라는 뜻.

My grandma often talks to herself.
내 할머니는 종종 혼잣말을 하셔.

- Please stop talking to yourself! 제발 혼잣말 좀 하지마!

  He always talks through his hat. 갠 늘상 허풍쳐.

■ talk to oneself는 '혼잣말하다,' 그리고 talk oneself into sth하면 뭔가 고려한 후 하기로 결정하다, 그리고 talk oneself out of sth하면 생각후 하지 않기로 결정하다라는 뜻이 된다. 참고로 talk through one's hat은 '허풍치다,' '큰소리치다'라는 의미.

I'm doing all the talking.
내가 지금 그 상황을 설명할게.

- Let me do the talkin'. 내 얘기좀 들어봐.

  Fine. Fine. But you do all the talking. 좋아. 좋아. 하지만 네가 다 설명해야 돼.

■ do all the talking은 어떤 상황에 대해 내가 설명을 하겠다는 의미.

He's all talk no reaction.
갠 자기 말만 할뿐 반응이 없어.

- All talk and no action, huh? 말뿐이지, 그렇지 않아?

  We were all talk, weren't we? 우리는 말뿐이었어, 그렇지 않았어?

■ all talk no action은 '입만 살았고 행동은 하지 않는 것'을 말하며, be all talk 또한 비슷한 말로 '말뿐이고 아무 것도 하지 않는 것'을 말한다.

She even gave her mom a pep talk.
갠 엄마에게 격려의 말을 해줬어.

- Did you call to give him your little pep talk on it?
  걔한테 전화해서 그거에 대해 격려해줬어?

  I figured that was just the booze talking.
  난 그게 술마시고 지껄이는 거라는 걸 알았어.

■ pep talk은 '위로[격려]의 말' 혹은 '위로[격려]의 말을 하다,' pillow talk은 '베갯속 이야기,' 그리고 booze talking은 '술 마시고 지껄이는 말'을 뜻한다.

It was just small talk.
그냥 잡담이었어.

- They make small talk. 걔네들은 잡담했어.

  Are you trying to make small talk? 수다 좀 떨려고 했어?

■ small talk은 '수다,' '잡담'이라는 단어로 make small talk하면 '잡담하다,' '수다떨다'가 된다.

You're such a big talker.
넌 너무 말이 많아.

- Hey, don't talk smack about your mom. 야, 네 엄마에 대해 욕하지 마.

  It is the talk of the town. 그게 장안의 화제야.

  She was the talk of the town this morning.
  갠 오늘 아침 장안의 화제였어.

■ big talker는 '허풍쟁이,' talk smack은 '공격적으로 말하다,' 그리고 the talk of the town은 '장안의 화제'를 뜻한다.

MORE EXPRESSION

talk to death 쉴새 없이 지껄이다
talk face to face 직접 만나 얘기하다
talk later 나중에 이야기하다
talk tough on sth …에게 세게 말하다
Talking of~ …말인데
be like talking to a brick wall 쇠귀에 경읽기 같다

T

» tap

I'd like to help you, but I'm tapped out. 돕고 싶지만, 나도 돈이 바닥났어.

What's on tap for today?

오늘 일정이 어떻게 돼?

- What's on tap for tonight? 오늘 밤에 뭐 특별한 거 있어?

  A: Can I help you? B: Whatever's on tap. A: 뭘 드릴까요? B: 아무 술이나요.

What if somebody from work tapped into my e-mail?

직장의 누군가 내 이멜을 들어가면 어떻게하지?

- I just have to ask you how do you tap into all that rage?

  어떻게 그 분노를 활용하는거야?

  She tapped into her family trust to finance his first campaign.

  갠 그의 첫 선거운동에 돈을 대기 위해 가족신탁기금에 손을 댔어.

I need ideas! I'm tapped out! Boring!

아이디어가 필요해! 머릿속이 텅비어 아무 생각도 없어! 지겨워!

- Is there any way that we can tap in and hear them?

  도청해서 걔네들 얘기를 들을 수 있는 방법이 뭐 있어?

  I'd like to help you, but I'm tapped out. 돕고 싶지만, 나도 돈이 바닥났어.

We got a team on the house, phone's tapped.

그 집에 우리 팀이 있어, 도청중이고.

- So if they're tapping your phone, we're dead.

  걔네들이 네 전화를 도청한다면 우린 죽은 거나 다름없어.

  Wow, round one and already tapped! 와, 1차는 이미 끝났네.

  I'm tapped into office gossip. 난 사무실 소문을 다 들을 수 있어.

  Why didn't you tell me you were tapping my sister?

  내 여동생과 섹스하고 있다는 것을 왜 말하지 않았니?

on tap은 언제든지 탭으로 따라마시는 '생맥주'(beer on tap), '그래서 언제든지 이용할 수 있는 정보,' 그리고 on tap for+시간명사하면 특정시간에 계획된 것을 말한다.

tap into는 '컴퓨터를 이용해 정보를 찾다,' '접속하다,' '다가가다' 라는 의미.

tap in '컴에 입력하다,' 그리고 (be) tapped out은 '돈이 바닥난,' '통장에 잔고가 없다.' 한편 tap out은 '두드리다,' '컴에 입력하다' 라는 뜻으로 쓰인다.

put a tap on은 '도청하다,' be tapped는 '도청당하다,' phone-tapping은 '전화도청,' 그리고 tap one's phone은 '…의 전화기를 도청하다' 라는 의미. tap은 그밖에 이미 끝나다, 섹스하다 등 많은 의미가 있다.

» teach

That'll teach her! 그래도 싸!

That'll teach her!

그래도 싸!

- That will teach him. 당연한 대가야.

  That'll teach him not to trust you. 그 덕에 걘 널 믿지 않게 될거야.

I teach school. I have a fiance.

난 학교에서 가르치고 약혼남이 있어.

- Jane taught college for ten years. 제인은 10년간 대학교에서 가르치고 있어.

That'll teach someone!은 어떤 사람이 받는 처벌이 그 사람의 잘못에 매우 합당한 것이라고 말하는 것으로 '그래도 싸지,' '당연한 대가야' 라는 말. That will teach sb to do~는 '그 덕에 sb가 …하려고 할거야.'

teach school[college]는 학교에서 가르치다, 즉 교사라는 말씀.

» team

I'll take one for the team. 내가 팀을 위해 희생하지.

Sometimes you gotta take one for the team.
때때로 넌 팀을 위해 희생을 해야 돼.

- All right, I'll take one for the team. 좋아, 내가 팀을 위해 희생할게.
  I'll take one for the team, I'll take him to prom.
  내가 팀을 위해 희생하지. 걜 프롬파티에 데려갈게.

■ take one for the team은 다른 사람들을 위해서 힘든 일을 맡아서 하다, 즉 '팀을 위해 희생하다,' '총대를 매다' 라는 의미.

We work as a team.
우린 한 팀으로 일해.

- We're gonna work together as a team. 우리는 팀으로 함께 일할거야.
  You wanted us to work together from now on as a team?
  우리가 지금부터 팀으로 함께 일하는 걸 원했어?

■ work together as a team은 '팀으로 함께 일하다,' work as a team은 '팀으로써 일하다.'

Can I team up with Donna?
내가 도나와 협력해도 될까?

- She could team up with Kyle. 걘 카일과 협력할 수 있을거야.

■ team up with~는 '협동하다,' '협력하다.'

T

» tear

That tears it! I'm going to kill him! 더 이상은 못참아! 걜 죽여버릴거야!

He shed the crocodile tears
걘 거짓 눈물을 흘렸어.

- You gonna shed tears over him? 걔 때문에 눈물 흘릴거야?
  Everyone shed tears when Uncle Ray died.
  다들 엉클 레이가 죽을 때 눈문을 흘렸어.

■ shed tears는 '눈물을 흘리다,' shed tears over~하면 '…때문에 눈물을 흘리다' 라는 뜻.

I hate to tear off, but I'm late.
일어나긴 싫지만, 늦었어요

- You don't have to tear off now. 지금 갈 필요는 없어.

■ tear off는 빨리 자리에서 일어나 가다라는 말로 그렇게 자주 쓰이지는 않는다.

If anybody follows, the story will end in tears.
누가 따라온다면 이야기는 비극으로 끝날거야.

- Don't date Henry. It'll end in tears. 헨리하고 데이트하지마. 안좋게 끝날거야.
  My parents said my dreams would end in tears.
  부모님은 내 꿈이 낭패볼거라고 말씀하셨어.

■ (It'll all) end in tears는 끝에는 울거다라는 말로 '결국 낭패를 볼 것이다' 라는 의미.

He's gonna tear her to pieces.
걘 그녀를 완전히 망쳐놓을거야.

- Her apartment was torn to shreds. This girl is in danger.
  걔 아파트는 완전히 엉망이 됐어. 이 여자가 위험해.

  The storm tore the flag to shreds. 폭풍으로 깃발이 갈기갈기 찢어졌어.

tear ~ to shreds[pieces]는 '…을 산산조각으로 찢다,' '갈기갈기 찢다'라는 말로 비유적으로 '비난하거나 완전히 망쳐놓다'라는 의미로 쓰인다.

That tears it! You need to leave now!
더 이상은 못참겠어! 이제 그만 가!

- That tears it! I want to break up with you! 이젠 못참아! 너랑 헤어질거야!

  That tears it! I'm going to kill him! 더 이상은 못참아! 걜 죽여버릴거야!

That tears it!은 불쾌한 어떤 일에 대해 더 이상 용납하지 않겠다는 말, 참을 만큼 참았다는 말로 '더 이상 못참아!,' '해도해도 너무하잖아!'

MORE EXPRESSION

wear and tear 사용해서 닳아빠진 마모

» **technical**

Don't get technical. 쉽게 말해.

Don't get technical.
쉽게 말해.

- Well, then let's get technical. 자, 그럼 전문적으로 이야기해보자.

  If you want to get technical, I should haul you downtown and throw you in jail. 네가 전문적으로 나오면 경찰서로 끌고가 감방에 처넣을거야.

get technical하면 '전문적으로 가다,' '전문적인 용어를 쓰다'라는 뜻이 된다.

I guess, technically, that was my fault.
내 생각은 엄밀히 말해서 그건 내 잘못같아.

- Then technically he doesn't need our help.
  그럼 엄밀히 말하자면 걘 우리 도움은 필요없는거네.

technically는 '기술적으로 말하자면,' '엄밀히 따지자면,' '엄밀히 말하면'이라는 의미.

» **tell**

I will tell you what I think. 내 생각을 말해줄게.

Tell me another.
말이 되는 말을 해라.

- You own a gun? Yeah, tell me another one.
  총을 소유하고 있다고? 그래 더 그럴듯한 말을 해라.

  Brad saw a UFO? Tell me another one.
  브래드가 UFO를 봤다고? 말도 안돼.

Tell me another (one)는 상대방의 말이 거짓임을 이미 알고 있다는 뜻으로 다른 거짓을 말해보라고 하는 말. '거짓말마, 다른 거짓말은 없니?,' '말도 안돼, 더 그럴 듯한 말을 해라'라는 뉘앙스.

Tell me about it. It's so frustrating.
네 말이 맞아. 정말 실망스러워.

- A: That chick's picture is everywhere. B: Tell me about it.
  A: 저 여자 사진이 없는데가 없네. B: 그러게 말야.

Tell me about it!은 앞부분을 세게 말하면 상대방의 말을 긍정하는 말로 '그게 맞아,' '그렇고 말고,' '누가 아니래,' '네 말이 정말 맞아'라는 뜻이 된다. 다만 그냥 평범하게 말하면 글자 그대로 추가정보를 달라는 말로 '그 얘기 좀 해봐'라는 뜻이 된다.

You're telling me. His laptop and artwork are gone.
정말 그래. 걔의 노트북과 미술작업은 다 날라갔어.

- You're telling me. There's no need to be embarrassed.
  정말 그래. 당황해할 필요없어.
  You're telling me. I can't wait to leave. 정말 그래. 떠나고 싶어 죽겠어.

You're telling me는 상대방의 말에 매우 강한 동의를 나타내며 '누가 아니래!,' '정말 그래!' 혹은 '나도 알아!,' '안들어도 다 알아,' '진짜 그래'라는 의미.

Now you're telling me that he's alive.
걔가 살아있다는 말이야?

- You're telling me you can't fix this? 이걸 고칠 수가 없다는 말이야?
  You're telling me you lived in New York your whole life.
  평생 뉴욕에 살고 있다는 말야?

You're telling me that S+V하면 상대방에게 '…라고 말하는 거야?'라는 뜻으로 상대방의 말을 확인하거나 혹은 놀랍거나 황당한 얘기를 들었을 때 되받는 표현.

I'm telling you, the kid isn't mine.
정말이야, 저 애는 내 애가 아냐.

- I'm telling you, I didn't hurt her. 진심이야, 난 걔 해치지 않았어.
  I'm telling you this has got nothing to do with gambling.
  정말 이건 도박하고 상관없다니까.

I'm telling you (S+V)는 자기가 말하려는 것을 강조하는 표현으로 '정말이야,' '잘 들어,' '내 말 잘 들어,' '있잖아,' '누가 아니래,' '내 말 진심이야,' '정말이지'라고 하는 표현.

I'll tell you what.
이러면 어떨까.

- I'll tell you what, why don't you have her give us a call.
  좋은 생각이 있어, 걔가 우리에게 전화하도록 네가 시켜.
  I'll tell you what. I'll pay the cost of prosecuting the case.
  이러면 어떨까, 내가 소송비용을 댈게.
  This is terrible. I'll tell you what I'll do. 끔직하다. 내가 어떻게 할건지 말해줄게.

I'll tell you what은 뭔가 제안을 할 때, '이게 어때?,' '이러면 어떨까?' '좋은 생각이 있어,' '실은 이래'라는 의미. 그냥 Tell you what이라고 해도 되고 뒤에 따르는 문장은 I'm going to, I'll~, Why don't you~, Let's~ 등의 문장이 자연 따르게 된다. 다만 I will tell you what S+V은 '…을 말해줄게'라는 뜻으로 헛갈리지 말 것.

Let me tell you something.
내 생각은 이래, 내 말할게 있어.

- Let me tell you something, I was that woman ten years ago.
  내 말해두는데, 난 10년전의 그런 여자가 아냐.
  Let me tell you something about crazy people.
  미친 사람들에 대해서 얘기해줄게.

Let me tell you something은 '내 말좀 들어봐,' '내 생각은 이래,' '내 말할게 있는데'라는 말로 상대방의 말에 동의하지 않을 때, 내 생각을 강하게 말하고 싶을 때 쓰는 표현. 단 Let me tell you something about~하면 '…에 대해 말해줄게'라는 의미가 된다.

I'll tell you something, it feels pretty good.
말해줄게 있는데, 정말 기분 좋아.

- I'll tell you something, I couldn't have loved her more.
  내 말할게 있는데, 난 걔를 넘 좋아해.
  I'll tell you something you don't know.
  네가 모르는 것을 얘기해줄게.

I'll tell you something [one thing, another thing] 역시 '내가 말할게 있는데'라는 의미로 새로운 사실이나 속맘을 털어놓을 때 사용한다. 하지만 뒤에 about~이나 S+V절이 붙으면 그냥 단순히 '…에 관해 말해줄게'라는 뜻이 된다.

T

I have to tell you, you smell so smokey I have to get up.
정말이지, 너 담배냄새가 너무 나서 일어나야겠어.

- I have to tell you, I've read everything you've ever written.
  말할게 있는데요, 네가 쓴 책은 다 읽었어.

  I have to tell you this. If you ever hurt my wife, I will take you down. 이거하나 말해두는데, 내 아내에게 상처줬다가는 널 때려잡을거야.

I have to tell you (something)는 상대방에게 진지하게 할 말이 있을 때, '정말이지, 할 말이 있어'라는 말이고, I have to tell you this는 '이거 하나 말해두는데'라는 의미. I have to tell you, this is a new thing for us는 '정말이지, 이건 내게 새로운 일이야'라는 말.

We're sorry to have to tell you this.
이런 소식 전하게 돼서 유감입니다.

- I'm very sorry to have to tell you this, but your son is dead.
  이런 소식전하게 돼 유감입니다만 아드님이 사망했습니다.

  I'm sorry to have to tell you this, but your wife's been shot.
  이런 소식전하게 되 안됐습니다만 부인께서 총에 맞으셨습니다.

I'm sorry to have to tell you this, but~은 '상대방에게 안좋은 소식을 전할 때' 쓰는 표현. 특히 피해자의 집에 가서 가족에게 전할 때 많이 들을 수 있다.

We weren't quite sure how to tell you this.
이걸 어떻게 말해야 할지 몰랐어.

- I'm sorry I didn't tell you this before but I'm no longer at my job.
  미리 말못해서 미안하지만 난 실직했어.

I don't know how to tell you this, but~은 '어떻게 이걸 말해야 할지 모르겠지만,' I'm sorry I didn't tell you this before[sooner], but~하면 '전에[좀 더 일찍] 이걸 말하지 않아 미안하지만'이라는 의미.

I will tell you what I think.
내 생각을 말해줄게.

- I can tell you what I think happened. 내가 이걸 어떻게 보는지 말해줄게.

  Let me tell you what I think might be going on.
  앞으로 어떻게 될 것 같은지 말해줄게.

let me tell you what I think '단독으로 내 생각을 말해줄게,' let me tell you what I think+동사가 되면 '내 생각에는 어떻게 될 것같다'고 역시 자기 생각을 말해주는 표현이 된다. 물론 let me tell you~ 대신에 I will tell you~를 써도 마찬가지.

Listen, I have something to tell you.
저기, 내가 할 말이 있어.

- Peter, I have something to tell you. Your son is alive.
  피터, 할 말이 있는데, 네 아들 살아있어.

  Mom, there's something I have to tell you. 엄마, 말씀드릴게 하나 있어.

I have something to tell you는 상대방에게 얘기할게 있으니 얘기 좀 하자고 권하는 표현으로 '할말이 있는데,' '한가지 물어볼게'라는 의미. There's something I have to tell you라고 해도 된다.

I wasn't at the party. So what can I tell you?
난 파티에 안갔어. 그러니 내가 뭐라고 해야 돼나?

- What can I tell you? I don't like being ordered around.
  뭐라고 해야 하나? 난 누가 이래라저래라하는 걸 좋아하지 않아.

  What can I tell you? He's a prick. 뭐라 해야 하지. 걘 머저리야.

What can I tell you?는 대답하기가 난처하고 곤란해서 뭐라고 말해야 할 지 모르겠을 때 사용하는 표현으로 '알고 싶은 게 뭔데?,' '뭐라고 말해야 할 지 모르겠다,' '할말이 없어'라는 의미.

놓치면 원통한 미드표현들

- **be tempting (to)** …가 끌리다
  It's tempting to wish for the perfect boss.
  완벽한 사장을 바라는 건 정말 솔깃해.
- **be tempted to~** …하고 싶어지다
  I was tempted to go in there.
  난 거기에 가고 싶어졌어.
  I'm tempted to reject them the same way they rejected me.
  난 걔네들이 날 거절한 것처럼 걔네들을 거절하고 싶어져.

Who can tell the difference?

누가 그 차이를 알겠어?

- Who can tell me what it is? 그게 뭔지 누가 알겠어?

  A: Think she's lying for him? B: Who can tell?

  A: 걔가 그를 위해 거짓말한다고 생각해? B: 누가 알겠어?

Who can tell?은 '누가 알겠어?,' 즉 아무도 모른다라는 의미. 뒤에 명사나 절이 와서 모르는 내용을 말해줘도 된다.

Don't tell me! I don't want to know!

설마! 알고 싶지 않아!

- Don't tell me. Let me guess. 말도 안돼. 내가 맞춰볼게.

  Don't tell me I did this! 설마 내가 그랬다는 건 아니겠지!

Don't tell me!는 '설마!,' '말도 안돼!'라는 말로 Never tell me!라 해도 된다. 또한 말도 안되는 내용을 함께 말해주려면 Don't tell me that~이라고 하면 되는데 '…라고 말하지마,' '설마 …라는 얘기는 아니겠지?'라는 말.

There's no telling where he'll be.

걔가 어디 있을지 알 수가 없어.

- There's no telling what Gary could do. 게리가 뭘 할 수 있을지 모르겠어.

  So there's no way to tell. 그래 알 길이 없어.

  There's no way to tell who. 누구인지 알 방법이 없어.

There's no telling [knowing] wh~는 '…은 알 수가 없어,' '알 길이 없다'라는 말로 특히 앞으로 안 좋은 일이 일어날 거라는 불안감 속에서 하는 표현. (There's) No way to tell (wh~) 또한 알 길이 없다라고 단독으로 쓰이거나 아니면 wh~들이 붙어 뭐가 알 길이 없는지 구체적으로 말하기도 한다. '그건 아무도 몰라,' '알 방법이 없다.'

When were you planning to tell me?

언제 내게 말하려고 했어?

- When were you planning to tell me about that?

  언제 그거에 대해 내게 말하려고 했어?

  When were you planning to tell us? 언제 우리에게 말하려고 했어?

When were you planning to tell sb는 '언제 sb에게 말하려고 했느냐'고 물어보는 표현.

Don't tell me what to do!

내게 이래라 저래라 하지마!

- Just please tell me what to do about it. 그거 어떻게 해야 되는지 좀 말해줘.

  Just tell me what to do, and I'll do it. 뭘해야 되는지 말해, 내가 할게.

tell me what to+동사는 내게 뭘한건지 말하다라는 말로 '내가 할 일을 알려달라'는 말. 부정형으로 쓰면 내게 이래라저래라 하지말라는 당돌한 말이 된다.

You can never tell.

단정할 순 없어.

- A: You can never tell, Jim. B: I won't A: 알 수 없지, 짐. B: 그렇지 않을거야.

  You can never tell. They look totally normal.

  알 수 없어. 걔네들 겉보기는 아주 정상야.

You can never tell은 '단정할 수 없다,' '알 수 없는 노릇이다'라는 말. 미래는 아무도 예측할 수 없고 또한 세상은 겉보기와 다르니까 단정해서 말할 수 없다는 표현.

How can I tell?

내가 어찌 알아?

- How can I tell if I'm getting the flu?

  내가 플루에 감염되면 어떻게 알아?

  How can I tell him I don't want to date?

  내가 데이트를 원하지 않는다고 어떻게 걔한테 말하지?

  The computer may have a virus, but how can I tell?

  컴퓨터가 바이러스에 걸렸나봐 하지만 내가 어떻게 알겠어?

How can I tell?은 '내가 어떻게 알아?' 혹은 '어떻게 말을 하지?'라는 말(asking either the method to learn something or the way to say something to someone)이다.

T

How can you tell just by looking?
보기만 하고 어떻게 아는데?

- How can you tell over the phone? 전화로만 어떻게 알아?
  So how can you tell it's not drugs?
  그럼 그게 마약이 아닌지 어떻게 알 수 있어?

How could you not tell us?
어떻게 우리에게 말 안할 수 있어?

- How could you not tell me he was leaving you?
  걔가 널 떠날 거라는 걸 왜 내게 말안한거야?
  How could you tell her? 어떻게 걔한테 말할 수 있어?

How many times do I have to tell you?
도대체 몇번을 말해야 알겠어?

- How many times have I told you that? 내가 도대체 몇 번이나 말했니?
  If I've told you once, I've told you a thousand times
  한번만 더 말하면 내가 수없이 말한 셈이지.

I can tell.
알고 있어, 그래보여.

- You and Bill are good friends? I can tell. 너와 빌은 사이좋지? 그렇게 보여.
  I can tell people you're good in bed. 사람들에게 네가 섹스 잘한다고 말해줄 수 있어.
  I can tell you she was drunk. 걘 취했다고 할 수 있지.
  All I can tell you is I've done the same thing with my kids.
  내가 말해줄 수 있는 건 내 자식들에게도 똑같이 했다는 거야.

A: Give me a name. B: I can't tell you.
A: 이름이 뭐야. B: 말못해.

- I can tell you. This is important. 정말이지. 이건 정말 중요해.
  I am popular with the girls, I can tell you that.
  난 여자들한테 인기가 있어, 그렇다고 할 수 있지.

I can't tell you how upset I was to hear that.
그 얘기듣고 내가 얼마나 화났는지 몰라.

- I can't tell you why it didn't, I just don't know!
  그게 왜 안됐는지 모르겠어, 그냥 모르겠어.
  I can't tell you it's definitely Michael's, but it looks like his boot print. 확실히 마이클 거라고 말할 수 없지만 걔의 신발자국같아.

I was told that you could fix me.
네가 날 고칠 수 있다고 들었어.

- I was told that you wanted to see me right way.
  네가 당장 날 보고 싶어한다고 들었어.
  I've been told we've met. I've no memory of it.
  내가 듣기론 우리가 만났다고 하던대. 난 기억이 없어.

How can you tell?은 '왜 그렇게 생각하는데?,' '어떻게 아는데?' 라는 말로 How can you tell S+V?를 쓸 수도 있다.

How could you not tell sb?는 '어떻게 sb에게 말하지 않았냐?' 라고 화가 나고 기가차서 하는 말. 물론 역시 화가 나서 왜 말했냐고 하려면 not만 빼면 된다.

How many times have I told you that ~?은 '내가 …라고 도대체 몇번이나 얘기했니?' 라고 상대방이 지시를 따르지 않을 때 훈계하면서 하는 말로, How many times do I have to tell~?이라고 해도 된다.

I can tell은 '알아,' '그래 보여,' 반대로 I can't tell하면 '몰라,' '알 수 없어' 라는 말. 반면 I can tell you (that)~는 이야기를 부드럽게 전달하는 표현으로 '…라 할 수 있지' 라는 말로 반드시 you만 오는 것은 아니다. 또한 All I can tell you is (that)~는 '내가 말해줄 수 있는 건 …가 전부다' 라는 말, 그리고 The only thing I can tell you~ 역시 '내가 말해 줄 수 있는 유일한 것은 …이다' 라는 표현이다.

I can tell you는 '말해줄 수 있다,' '정말이지,' 반대로 I can't tell you하면 '말못해,' '말할 수 없어' 라는 말. 또한 I can tell you that하면 '그렇다고 할 수 있지,' 혹은 '그거 얘기해줄 수 있어,' 반대로 I can't tell you that하면 '그렇다고 말할 수 없지,' 혹은 '그거 얘기해줄 수 없어' 라는 뜻.

I can't tell you (that) S+V는 반대로 '…라고는 말할 수 없다' 라는 말로 말하는 내용을 가볍게 부정하는 표현법. 하지만 I can't tell you what[how]~라고 하면 '얼마나 …한지 몰라,' '뭐가 …한지 몰라' 라는 의미로 쓰인다.

I was told that은 '누가 내게 그것을 말해 줬어,' '그렇게 들었어' 라는 의미. 물론 I was told that S+V라고 써도 된다. 또한 Do as you are told~하면 시키는대로 하라는 말. I've been told sth[that~] 역시 '…라고 들었어,' '내가 듣기로는' 이라는 의미.

I am here to tell you that they are back.

걔네들이 돌아왔다고 말하려고 왔어.

- I'm here to tell you that you'll get nothing! 넌 하나도 못얻을거라 말하러왔어.
  We'll be able to tell where the bomb came from. 폭탄의 출처를 알게 될거야.

Tell me something. Do you ever have any fun?

말 좀 해봐. 즐겁게 살아본 적이 있어?

- Tell me something about you that I don't know yet.
  내가 모르는 너에 대해 얘기좀 해줘.
  Tell me something you haven't told me. 내게 말하지 않은 이야기 좀 해줘.

I'm going to tell on you.

네 비밀을 고자질 할거야.

- My age is telling on me. 나이는 속일 수가 없네.
  Beth told on her little sister. 베스는 자기 여동생을 고자질했어.

That doesn't tell me much

그건 별 의미가 없는데

- What does that tell you? 그게 네게 무슨 의미가 있어?
  Something tells me he'll cause trouble. 왠지 걔가 문제를 일으킬 것 같아.

What'd I tell you?

그러게 내가 뭐랬어?

- What'd I tell you? Today's your day! 내가 뭐랬어? 오늘은 네가 주인공야!
  What did I tell you? Visiting hours aren't for another hour.
  내가 뭐랬어? 방문시간 한시간 후에나 시작돼.

See, I told you. He was bluffing.

거봐 내가 뭐랬어. 걘 허풍치는거였어.

- See, I told you. All beautiful women are bitches.
  내가 뭐랬어. 모든 예쁜 여자는 나쁜년들이야.
  I told you that we'd get him. 우리가 걜 잡을거라 내 말했잖아.
  I don't care about you working with her. I told you that.
  네가 걔랑 일하는거 상관안해. 내가 말했잖아.

I can't break the news. You tell him.

난 소식 못전해. 네가 말해.

- No, It's too embarrassing. You tell him. 아니, 정말 너무 당황스럽네. 네가 말해.
  You tell him. Mark is going to be shocked. 네가 말해. 마크가 놀랄거야.
  A: What happened? B: You tell me. A: 무슨 일이야? B: 그거야 네가 알잖아.
  I don't know. You tell me. 난 몰라. 네가 말해봐

I'm here to tell you that S+V는 내가 여기 온 것은 …을 말하기 위해서야, 즉 '너한테 얘기하러 온 거야' 라는 말. be going to be able to tell (S+V)은 '앞으로 알게 될거다,' '앞으로 …을 알게 될거야' 라는 말.

Tell me something은 '말 좀 해봐,' Tell me something about~은 '…에 대해 말해봐,' 그리고 tell me something (that) S+V는 '…을 말해줘' 라는 표현.

tell on sb는 'sb에 관한 비밀을 고자질하다' 라는 의미.

sth tell sb (much)는 사물이 주어인 경우로 '사물이 …을 보여주다, 알려주다' 라는 의미. 혹은 비유적으로 'sb에게 중요하다' 라는 뜻으로 쓰인다.

What did I tell you?는 내가 뭐라고 했냐라는 의미로 자기가 예견했던 일이 일어났을 때 '거봐, 내가 뭐라고 했어?' 라는 뜻의 질책성 표현이다. What did I tell you about~?이라고 쓰기도 한다.

See, I told you는 What did I tell you?와 같은 맥락의 표현으로 좀더 노골적으로 '거봐, 내가 뭐랬어,' '내 말이 맞잖아' 라고 하는 표현. I told you so라고도 한다. 또한 so 대신 구체적으로 I told you that S+V라고 해도 된다. 또한 I told you that은 '내가 말했잖아' 라는 말로 이미 말했는데 상대방이 기억을 못하는 경우에 짜증내면서 하는 말일 수도 있다. I told you that S+V라 해도 된다. 앞의 경우와 좀 다르게 위는 잘난척, 여기는 좀 짜증내는 경우.

You tell him!, You tell'm 좋지 않은 소식을 다른 사람에 전달해주기 싫을 때 상대방에게 네가 말하라고 하는 말. '단단히 야단 좀 쳐,' 그리고 You tell me는 '네가 말해봐,' '다시말해 그거야 네가 알지' 라는 의미이다. 상대방이 더 잘 알 것같은 것을 오히려 내게 물어볼 때 쓸 수 있는 말.

T

So, tell me, what's this about?
자 말해봐, 이게 뭔 일이야?

- **So, tell me,** why the sudden need to be domestic?
  자 말해봐, 왜 갑자기 가정적이 되려고 하는거야?
  So you tell me, which is weirder? 자 말해봐, 뭔가 더 이상해?
  From now on people should **tell it like it is.**
  이제부터 사람들은 있는 그대로 말해야 돼.
  Tell me, John, haven't you ever followed a dream?
  저기 있잖아, 존, 꿈을 쫓은 적이 있어?

So, tell me는 '자, 말해봐' 라는 말로 상대방에게 뭔가 말하라고 재촉하는 표현으로 So, you tell me처럼 you를 써도 된다. 그리고 Please tell it like it is는 '과장이나 거짓말하지 말고 있는 그대로 말해줘,' '사실대로 말해줘' 라는 표현. 또한 Tell me하면 뭔가 질문던지기 전에 하는 말로 '저기, 있잖아' 라는 의미.

Please do tell.
어서 말해봐.

- A: And I know why. B: **Do tell.** A: 그리고 난 그 이유를 알아. B: 어서 말해봐.
  You had a wild time, huh? **Do tell.** 넌 신나게 놀았지, 그지? 말해봐.

do tell은 동사두개로 구성된 표현으로 '흥미로우니 어서 말해봐' 라는 표현이다.

That would be telling.
아 그런 말이겠구나.

- **That would be telling.** Oh, I am just too nice.
  그런 말이겠구나. 아, 내가 너무 바보같았네.
  If you did, you'**d be telling** me who raped her.
  네가 그랬다면, 넌 누가 걜 강간했는지 말해줄 수 있을 텐데.

That would be telling~ 비밀이라 말할 수 없다 아니면 아 그런 말이겠구나. 또한 sb would be telling sb S+V는 확실하지는 않지만 …인 것 같아.

I'd have to call your dad and tell him to punish you.
네 아빠에게 전화해서 널 벌주라고 해야겠어.

- **I'd have to call** the babysitter **and tell** her to stay late.
  보모에게 전화해서 늦게까지 남아 있으라고 해야겠어.
  She tells me you're planning a girls' night.
  걔가 그러는데 네가 여자들만의 밤을 계획한다며.

I'll have to call (sb) and tell sb to+동사는 '…에게 전화해서 …라고 해야겠다' 라는 말. 또한 sb tells me (that) S+V는 다른 사람한테 들은 이야기를 전달하는 방법으로 '…가 …라고 하던데' 라는 표현.

I tell myself I'm never doing this again.
난 다시는 이것을 하지 않기로 맘먹었어.

- **I tell myself** I'm not doing harm. 난 내가 손해를 끼치고 있지 않다고 생각해.

tell oneself나 tell oneself sth은 뭔가 하기에 혹은 하지 않고 피하는게 좋은 생각이라는 이야기.

From what I can tell, you don't need any help.
내가 보는한 넌 도움이 필요없어.

- **From what I can tell,** he was shot once in the chest.
  내가 보기엔 걘 가슴에 한방 맞았어.
  You go clockwise! Clockwise! **Can't you tell time?**
  시계방향으로 가! 시계방향으로! 시계볼 줄도 몰라?

from what I can tell은 '내가 보는 바로는,' '내가 보기엔,' as far as I can tell은 '내가 보는 한' 이라는 의미. 한편 tell time은 '시계를 보고 몇시인지 알다' 라는 말.

Kill me. I'm not telling you anything.
배째. 난 아무말도 하지 않을거야.

- **I'm not telling you** the whole story. 자초지종에 대해 말하지 않을거야.
  A: What room were you in? B: **I'm not telling you that.**
  A: 어느 방에 묵었어? B: 말하지 않을래.

I'm not telling you는 '상대방의 질문에 답을 하지 않겠다'는 말로 I'm not telling you that, I'm not telling you anything 등의 형태로 많이 쓰인다.

MORE EXPRESSION

Tell her what? 걔에게 뭐라고 하라고?
all told 모두 합해서

Is that what this is? 그래서 그런거야?

So, that's it!
그래, 그랬구나!

- That's it. It was just one kiss in the office. 그게 다야. 회사에서 키스 한번 한거야.
  I knew this was a mistake. That's it. It's over. 실수인 걸 알았어. 됐어. 끝난거야.

That's it은 '바로 그거야,' '그게 다야,' '그만두자.'

That's it?
이걸로 끝이야?

- That's it? That's the whole story? 이게 다야? 이게 자초지종이라고?
  That's it? That's the explanation? 그게 전부야? 그걸 설명이라고 하는거야?

That's it?하게 되면 좀 황당해하며 혹은 상대방을 불신하는 뉘앙스로 '그게 전부야?,' '그걸로 끝이야?'의 의미가 된다.

Is that it? We're done?
그런거야? 우린 끝난거야?

- You just want to put somebody in jail, is that it?
  단지 누군가를 감방에 넣고 싶지, 그런 거야?
  Profits over people, is that it? 사람들보단 이익이 우선이란 말이지, 내말이 맞는거야?

Is that it?은 '그런 거야?,' '내말이 맞는거야?'라는 말로 상대방의 행동에 대한 혹은 상황에 대한 자기의 판단이 옳은지 확인할 때 사용한다.

That's that.
이게 다야.

- I guess that's that. We're not going. 그걸로 끝이야. 우린 가지 않을거야.
  Then I ruled, and that's that. 그래서 난 판결을 내렸고 그게 끝이야.
  That was that. I'd hit my humiliation limit. 그렇게 된거야. 쪽팔려 죽는 줄 알았어.
  And that was that. He broke it off after only 3 weeks.
  그리고 그렇게 끝난거야. 걘 3주만에 헤어졌어.

(~) that's that은 '이게 끝이다,' '그걸로 끝이다,' '이게 다야,' '더 이상 뭐라하지마'라는 말로 이미 다 끝난 것으로 더 이상 바뀔 수 있는게 없다는 뉘앙스가 깔려있다. 참고로 ~that's what 하면 '그래서 그런거야'라는 말이 된다. 또한 That was that은 '일이 그렇게 된거다'(That's the story), '그렇게 끝난거야'(It's over now)라는 의미.

I know that guy. That's that British guy.
나 저 애 알아. 그게 바로 저 영국애야.

- That's that you will never see anything happen between me and an inmate. 그래서 나와 수감자들과 사이에 일어나는 어떤 것도 넌 절대 모를거야.

That's that S+V는 '그래서 …하다'는 의미이고, That's that+sth은 '그게 바로 저 …이다'라는 말.

That does it. Kid, get her out of here.
더는 못참아. 얘야 걜 밖으로 내보내.

- That does it. Just shut off the TV! 도저히 못참아. 텔레비전 꺼!
  That does it! We're not coming back! 더는 못참아! 우린 다시 안돌아올거야!

That does it은 화를 참다 참다 더 이상은 못참고 뭔가 행동을 취할 정도까지 열이 올랐을 때 하는 말로 '더는 못참아,' '이제 그만,' '도저히 못참아'라는 의미.

Is that all?
그게 다야?

- I'm very busy. Is that all? 나 바빠. 그게 다야?
  Is that all? Is there anything else I need to know about?
  그게 다야? 내가 더 알아야 될게 뭐 없어?

Is that all?은 문맥에 따라 그냥 다 얘기했냐는 말로 '그게 다야?,' 혹은 더 알아야 될게 없는지 추궁할 때 '그거 밖에 없는거야?'라는 의미로 각각 쓰인다.

That's where it's at.

상황이 그렇다네.

- You can't do anything. That is what it is. 넌 모든 걸 할 수 없어. 그게 그래.
  That is what it is. It never changes. 그게 그런거야. 절대 변하지 않아.

Is that what this is?

그래서 그런거야?

- You are about to take the fall. Now, is that what this is?
  넌 몰락직전야. 그래서 그런거야?
  Is that what this is? A surprise party? 그래서 그런거야? 깜짝 파티?

That would shut her up.

그렇게 되면 걔의 입을 다물게 할거야.

- See, that would be true if she was a suspect.
  거봐, 걔가 용의자라면 그게 사실일거야.
  That will not happen again. 그런 일은 다시는 일어나지 않을거야.

That's exactly what I thought.

그게 바로 내 생각이야.

- That's exactly what I say during orgasms. Yikes.
  그게 바로 내가 오르가즘에 올랐을 때 하는 말야. 에이구머니나.
  That's not exactly what I meant. 내 말은 꼭 그런 건 아니지.

That's not how it works.

그렇게 해서 돌아가는게 아냐.

- That's how I learned. 그렇게 해서 난 배웠어.
  That's why I hired you. 바로 그래서 널 고용했어.
  That's because I didn't send her an invitation.
  내가 걔한테 초대장을 보내지 않았기 때문이야.

That's who I am.

그게 바로 나라는 놈이야.

- That's who we need to find. 그게 바로 우리가 찾아야 되는 사람이야.
  That's who he's going after. 그게 바로 걔가 쫓고 있는 사람이야.

I'm a columnist. That's me.

칼럼니스트야. 내가 하는 일이야.

- That's right. That's me. 맞아. 그게 나야.
  Yep, that's me. Scary, aren't I? 그래, 나 원래 그런 사람야. 무섭지, 그치않아?

That is what it is는 '그게 바로 그런거야'라는 말이고 That's where it's at은 '상황이 바로 그런 거야'라는 의미.

Is that what this is?는 That is what it is의 의문형으로 뭐가 맞는지 확인해볼 때 쓰는 표현으로 '그게 이거야?,' '그래서 그런거야?'라는 의미.

That will[would]+동사원형은 '앞으로 …하게 될거다'라는 표현으로 This is going to+동사라고 해도 된다.

That's exactly what S+V는 '그게 바로 …야'라는 말로 상대방의 말에 동의하며 맞장구치는 표현. 반대로 That's not exactly what~하게 되면 '꼭 …라는 것은 아냐'라는 의미가 된다.

That's not how S+V~는 '그렇게 해서 …하는 것이 아니다,' '그렇게 하는게 아니다,' 반대로 That's how~하면 '그렇게 해서 …하다'라는 의미가 된다. 또한 That's why S+V는 '바로 그래서 …하다'로 어떤 상황의 결과를 언급할 때, 반대로 그 원인을 얘기하려면 That's because S+V(그건 …때문이다)를 쓰면 된다. 단독으로 That's why!하면 '그게 이유야!'라는 뜻.

That's who S+V는 '그게 바로 …한 사람이야'라는 말.

That's me는 '그게 나다'라는 말로 내가 하는 일이나 나의 성격 등을 인정할 때 쓸 수 있다. 분위기가 안좋을 때는 '나 원래 이래,' '나 원래 이런 놈이야'라는 의미를 가질 수도 있다. 강조하려면 That's very me라고 한다. 물론 병원이나 기업에서 호명할 때 That's me하면 '접니다'라는 의미.

MORE EXPRESSION

It's not that~, it's just that~ …한 게 아니라 …한 것이다

That being so 그렇다면

I've been there before. 나도 전에 그런 적 있어.

Maybe we should get over there.
아마 우리가 저쪽으로 가야될 것 같아.

- See the blond **over there** by the bar? 바옆 저쪽편에 있는 금발여인 봤어?
  Lady Gaga's fashion is **out there.** 레이디 가가의 패션은 정말 이상해.
  Put all of the broken bottles **out there.** 깨진 병들은 모두 한쪽에 모아놔.

Are you all there?
너 제 정신이야?

- He'**s not all there.** 걘 정신나갔나봐.
  Last time I spoke to him, he **was all there.** 지난번 걔와 얘기할 땐 멀쩡했어.

He finally got there.
걘 드디어 목표를 이뤘어.

- When I **got there**, she poured me a drink. 도착했을 때 걘 음료수를 부어줬어.
  Okay, honey. We'**re almost there.** 좋아, 자기야. 우린 거의 다했어.

I'll be there.
나 거기에 갈게.

- They want him to **be there.** 걔네들이 걔가 오기를 바래.
  What time should I **be there?** 거기에 언제까지 가야돼?
  I'll always **be there for** you. 내가 네게 힘이 되어줄게.
  Just **be there for** her. 걔 옆에 힘이 되어주라고.

I've been there before.
나도 전에 그런 적 있어.

- We **have all been there.** 우리도 모두 그런 적 있잖아.
  My ideas are done it, **been there.** 내 아이디어는 그게 그거야.
  I was married. **Been there, done that.** 결혼해봤는데, 뻔해.

over there는 '저쪽에,' '반대로 over here하면 '이쪽에' 라는 뜻. 그래서 get over there 하면 '저리로 가다'라는 의미. 또 한 out there는 크게 세가지 의미로 쓰이는데 '저쪽에,' '바깥에,' 혹은 '괴짜다,' '정말 이상하다'(weird) 마지막으로는 어떤 특정 장소를 뜻한다.

be all there는 '제정신이다,' be not all there하면 '제정신이 아니다'라는 말로 be not oneself와 같은 의미.

get there는 일차적으로는 '어떤 장소에 도착하다,' 2차적으로는 '목표를 달성하다,' '성공하다'라는 의미. be almost there는 '거의 목표지에 도착했다,' 혹은 비유적으로 '맡은 일을 거의 다 했다'라는 표현.

be there은 be here와 더불어 go나 come를 대신하여 '…에 도착하다[가다],' '…에 오다'라는 의미. 그리고 be there for sb는 프렌즈 주제곡의 한소절인 I'll be there for you!로 유명해진 표현으로 'sb와 함께 있다'는 말로 항상 옆에서 도와주겠다는 의미의 표현.

I've been there는 기본적으로 '거기에 가본 적이 있다'는 말로 비유적으로 '나도 경험했으니 무슨 말인지 충분히 알겠어,' '정말 그 심정 이해해'라는 의미. 상대방말이 무슨 뜻인지 너무나 잘 알고 있어 그 심정을 이해한다는 말. 한편 Been there done that은 가본 적도 있고 해본 적도 있다는 말로 '충분히 알고 있다,' 혹은 '뻔할 뻔자다'라는 의미.

T

놓치면 원통한 미드표현들

- **so the theory goes** 이게 대부분 사람들 생각이야
  The first year of marriage is hard, **so the theory goes.**
  결혼 첫해는 어렵지, 대부분 사람들이 그렇게 생각해.
- **in theory** 이론상
  Makes sense **in theory**, but how do you prove it? 이론적으로는 말이 되지만 어떻게 증명할래?
- **be (a bit) thick** (좀) 멍청하다(be stupid)
  Are you thick! 왜 이렇게 아둔해요!
  Helen is beautiful, but she **is a bit thick.**
  헬렌은 아름답지만 걘 좀 멍청해.
- **through thick and thin** 시종일관
  You two have stood together **through thick and thin**, right? 너희둘은 시종일관 함께 했지, 맞지?

There goes John.
저기 존이 가네.

- There he goes. 저기 걔가 가네.
  There goes that. 어쩔 수 없어.

There you are! How are you?
거기 있었네! 잘지냈어?

- There you are. How you holding up? 거기 있구나. 어떻게 견뎌?
  There you are. I think I found a way to get through to Mike.
  내가 뭐랬어. 마이크를 사로잡는 방법을 찾은 것 같아.

There you go!
참 잘하는거야!, 매우 바람직한 자세야!

- Well, there you go. Problem solved. 저기, 내 말이 맞지. 문제가 해결됐다고.
  You're breathing. There you go, honey. 숨을 쉬네. 아주 잘했어, 자기야.

There you go again.
또 시작이군.

- There you go again. Will you change the channel?
  또 시작이구만. 채널좀 바꿀테야?
  There you go again. Always looking for a girl.
  네가 그렇지. 항상 여자만 찾아다녀.

There we are.
자 됐어, 자, 다 왔어.

- All right, wonderful. There we are. 좋아, 아주 좋아. 잘 됐어.
  There we are. Now you can sleep. 좋아. 이제 너 자도 돼.
  There it is! We're officially in Connecticut.
  (간판을 보며) 저기 있네! 이제 우리 공식적으로 코네티컷에 있는거야.

And there I was, about to break his heart.
난 그런 상황이었어, 걔 맘에 상처줄려는.

- There I was in the bathroom, and the window was open.
  내가 화장실에 있었는데, 창문이 열려있더라고.

I am right there with you.
나도 동감이야.

- Right there with you lady. 아가씨 당신과 같은 생각이예요.
  A: I guess I was just confused. B: Yeah, I'm right there with you. A: 내가 착각했던 것같아. B: 그래, 난 너랑 같은 생각이야.

Are you (still) there?
듣고 있니?, 여보세요?

- Garcia, are you still there? 가르시아, 전화 안끊었지?

There goes~ 혹은 There ~ goes는 '저기 …가 간다,' 그리고 There goes sth하면 '…가 물건너 갔네,' '…는 다 틀렸네'라는 의미. 한편 There goes that은 '실패해서 어쩔 수가 없다'라는 말이다.

There you are는 문맥에 따라 다양하게 쓰인다. 물건을 주면서 '여기 있어,' 뭔가 설명하면서 '그것봐,' '내가 뭐랬어' 그리고 앞에 한 이야기를 살짝 요약하면서 '그렇게 된거였어'라는 의미가 된다. 물론 '거기 있네'라는 가장 기본적인 의미로도 많이 쓰인다.

There you go 역시 머리 아프게 하는 표현. 상대방의 행동이 적절하고 바람직해서 만족한 경우. '그래 그렇게 하는거야,' '참 잘하는거야!,' 또는 '그것 봐, 내 말이 맞지' 그리고 뭔가 건네주면서 '자, 이거 받아, 여기 있어'라는 의미가 된다.

There you go again은 There you go 뒤에 again이 붙은 것으로 의미는 좀 간단해진다. 상대방이 늘상하는 말로 지겹다는 의미로 '또 시작이군,' '그럼 그렇지'라는 표현이 된다.

There we are는 '그래 맞아,' '자, 됐다,' '자, 다 왔다'라는 의미. 또한 There it is는 먼저 뭔가 건네줄 때 '자, 여기 있어.' 혹은 뭔가 특정한 것을 가리킬 때 쓰인다.

There I was와 There they were는 얘기하는 도중 자기가 어떤 상황에 처해있는 것을 말하는 표현법으로 '내가 그런 상황이었어'라는 의미.

be right there with sb는 'sb와 같은 생각이다,' '동감이다'라는 말.

Are you (still) there?는 전화상에서 상대방이 아직 끊지 않고 수화기를 들고 있는지 확인할 때 사용하는 표현.

MORE EXPRESSION

keep in there 꾸준히 계속 노력하다
There, there! 자, 그래!, 걱정마!

We're kind of a thing now. 우린 지금 서로 좋아하는 사이야.

Here's the thing. My kids are gonna need that.
내말은 말야, 내 아이들이 그걸 필요로 할거라는거야.

- Here's the thing, Sam is a great guy, we had a wonderful date.
  실은 말야, 샘은 정말 멋지고 우린 황홀한 데이트를 했어.
  The thing is, I'm a jackass, and I know it.
  중요한 건, 난 바보구 그리고 그걸 알고 있다는 거야.

■ Here's the thing은 '그게 말야,' '문제가 되는 건,' '실은 말야,' '내가 말하려는 건'이라는 의미로 내가 앞서 한 말에 대한 이유를 대거나 아님 내가 지금 말하려고 하는 게 주요 핵심사항이다라고 분위기를 잡을 때 쓴다. 또한 The thing is (that)~은 '중요한 건 …야,' '문제의 요점은 …야'라는 뜻.

I do not know a thing.
난 아무것도 몰라.

- They don't know a thing about him. 걔네들은 걔에 대해 아무것도 몰라.
  You know a thing or two about company loyalty.
  넌 회사에 대한 충성심이 뭔지 잘 알고 있잖아.

■ not know a thing은 '하나도 모르다,' '아무 것도 모르다,' know a thing or two는 반대로 '다른 사람들보다 많이 알고 있다'라는 의미.

I was hoping you'd do the right thing.
네가 올바른 일을 하길 바랬어.

- Give her a minute to do the right thing. 걔가 일을 올바로 하도록 시간을 줘.
  I'm just waiting for you to do the right thing.
  네가 올바른 일을 하기를 기다리고 있어.

■ do the right thing은 '올바른 일을 하다,' '일을 똑바로 하다'라는 말이 된다. 명령형으로 Do the right thing하면 '똑바로 살아라'라는 영화제목.

He has got a thing for her.
걘 그 여자를 맘에 두고 있어.

- We knew he had a thing for older women.
  우린 걔가 연상의 여자를 좋아한다는 걸 알고 있었어.
  Do you have a thing going with him? 넌 걔하고 연애하고 있어?
  Sure, I had a thing going with a famous actress.
  물론 난 유명여배우와 연애중이야.

■ have (got) a thing for [about]~는 '관심있다,' '좋아하다'라는 의미. 보통 I've got a thing for~ 또는 You have a thing for~형태로 쓰인다. 또한 have a thing going with sb하게 되면 역시 'sb에게 애정을 느끼다,' '좋아하다'라는 의미.

It's a good thing that I am prepared.
내가 준비를 해놓는 것은 좋은 일이야.

- Why can't you just admit this is a good thing for me?
  이게 내게 좋은 일이라 인정할 수 없는거니?
  It's a good thing you're not a drug dealer anymore.
  네가 더 이상 마약상이 아니라니 다행이다.

■ It's a good thing (that~)은 간단한 표현으로 '…하는 것은 좋은 일이다,' It is no bad thing that~이라고 해도 된다. 반대는 당연히 It's a bad thing~.

I mean, you go after killers and things.
내 말은 넌 킬러와 그런 것들을 뒤쫓고 있어.

- Next to the bed is a nightstand filled with bottles and things.
  침대옆에 침실용 탁자위에 술병들과 뭐 그런 것들이 있어.
  She finds a plastic bag of old clothes and things.
  걘 낡은 옷들과 그와 같은 것들이 있는 비닐봉지를 찾았어.

■ ~~and things는 뭔가 계속 나열하는데 굳이 다 말할 필요가 없을 때 몇가지 얘기하고 나서 '기타 등등,' '그런 것들'이라고 하는 말로 문장 끝에 쓰인다는 것을 유념해둔다.

They won't remember a thing.
걔네들은 하나도 기억을 못할거야.

- I'm sure she never saw a thing. 확실히 걘 아무것도 못봤을거야.
  Not a thing. I'm in fantastic shape. 전혀. 난 정말 건강이 너무 좋아.

not ~ a thing은 nothing과 같은 부정어지만 '하나도 없다'라는 뜻의 강조표현. 예로 Don't worry about a thing은 '걱정 꽉 붙들어매'라는 표현. 또한 Not a thing이 대답으로 쓰이기도 하는데 이 역시 강한 부정으로 '전혀,' '아무것도'라는 의미.

Just please don't make a big thing out of this.
이걸로 제발 야단법석 떨지마라.

- Please don't make a big thing between you and your dad.
  너와 너의 아빠 사이에 문제 일으키지 마라.
  Mom made a big thing of my being late. 엄만 내가 늦었다고 야단법석을 떨었어.

make a big thing of [about, out of]는 '…을 실제보다 과장하다,' '야단법석을 떨다'라는 의미.

Things have changed between us.
우리 관계가 예전 같지 않아.

- Things have changed, you know, you're older, I'm older.
  상황이 바뀌었어, 알지, 너도 늙고 나도 늙고.

Things have changed는 '상황이 바뀌다,' '예전과 다르다'라는 말.

That's not my thing.
난 그런 건 질색야.

- I mean, technology's not my thing. 내 말은 기술을 내가 싫어하는거야.
  It's just not my thing, and she knows it. 내가 좋아하는게 아냐, 걔도 그걸 알아.

be not one's thing하면 …의 것이 아니다, 즉 '…가 좋아하는 것이 아니다,' '싫어하다'라는 의미.

That's the thing!
그거라니까!

- Well, that's the thing. They did. 바로 그거야. 걔네들이 그랬어.
  We have just the thing to make you feel better.
  우리는 널 기분 더 좋게 해줄 바로 그것을 갖고 있어.
  You're probably low on blood sugar. I've got just the thing.
  넌 아마도 혈당이 낮을지도 몰라. 내가 도움될만한 걸 갖고 있어.

That's the thing은 상대방이 정확히 맞혔다며 '바로 그거야'라는 의미. Just the thing 혹은 The very thing은 바로 그것이란 뜻으로 자기가 필요로 하거나 원하는 것을 말한다. '바로 그거야'라는 말.

We're kind of a thing now.
우린 지금 서로 좋아하는 사이야.

- Chris and I, we're kind of a thing.
  크리스와 나, 우린 서로 좋아하는 사이야.

be kind of a thing은 두 사람이 서로 좋아하는 사이를 말한다.

The last thing you need is an increased libido.
네게 가장 불필요한 건 증가된 리비도야.

- The last thing you want to do is leave your notes lying around.
  네가 가장 하지 않아야 되는 일은 메모지를 굴러다니게 놔두는거야.

the last thing sb wants [expects, needs]는 'sb가 가장 원하지 않는거,' '가장 기대하지 않는거,' 그리고 '가장 필요로 하지 않는거'라는 의미. 물론 마지막 예문처럼 단순히 가장 '마지막으로 …한 것은 …이다'라는 뜻으로 쓰인다.

I've been thinking about this whole college thing.
난 대학교 다닌다는 모든 거에 대해 생각하고 있어.

- Did you do your date thing with Kenny? 케니와 데이트하는 것 하고 있어?
  We have a dinner thing to attend tomorrow. 낼저녁 참석할 저녁식사건이 있어.

~ thing 우리도 파티를 준비하다 보면 이것저것 준비를 해야 하는데 그런 준비를 하면서 전체를 뭉뚱거려 '파티일,' '파티하는거'라고 말하기도 하는데, 이에 해당하는 것이 thing이다.

Vicky believes that she can see things.

비키는 유령을 볼 수 있다고 믿고 있어.

- I **see things** in men that they themselves have lost.
  난 남자들이 스스로 못보고 있는 것들을 볼 수 있어.

  You need to go out, and **see things**, and do things!
  넌 좀 돌아다녀야 겠어, 그리고 세상구경도 하고 여러 일도 하고!

  Pregnant women **say things.** 임산부들은 헛말을 해.

It's one thing to say it, it's another thing to show it.

말을 하는 것과 행동으로 보여주는 건 별개야.

- **It's one thing to** have a relationship with a killer, **it's another to** become one.
  킬러와 관계를 맺는 것과 킬러가 되는 것은 전혀 다른거야.

I'm ending things with Nate.

난 네이트와 관계를 끝내고 있어.

- When I **ended things with** Pam, I broke her heart.
  내가 팸과 헤어질 때 맘아프게 했어.

  I tell you to **end things with** his mother. 걔 엄마하고 관계를 끝내라고.

Among other things, I thought it appropriate.

무엇보다도, 난 그게 적절하다고 생각했어.

- **Poor thing.** She was always alone. 가여워라, 갠 항상 혼자였어.

  It was just a **one night thing**, it meant nothing.
  그냥 하룻밤 잔거야, 아무 의미도 없어.

You've got another thing coming.

다시 생각해 보는 것이 좋을거야.

- If Jason thinks he will win, he **has another thing coming.**
  제이슨이 자기가 이길거라고 생각하면 큰 코 다칠 수 있어.

  If you think you can live here, you **have another thing coming.**
  여기서 살 수 있다고 생각하면 큰 코 다칠 수 있어.

say things는 다는 아니지만 주로 사람들이 수군대며 부정적인 말을 하는 것을 뜻하기도 하고 혹은 그냥 뭔가 말을 하다라는 뜻으로도 쓰인다. 또한 see things는 다양한 의미로 쓰이는데 '유령 등 헛것을 보다,' 혹은 사람들의 좋은 점, 장점을 보다, 그리고 마지막으로 여행하며 새로운 문화 등 바깥구경하다라는 뜻이다.

It's one thing to~, it's other thing to~는 '…하는 것과 …하는 것은 별개의 일이다'라는 의미.

end things with sb는 'sb와 관계를 끝내다,' '헤어지다'라는 말.

poor thing은 '불쌍한 것.' 감탄사로도 쓰여서 Poor thing!하면 '가여워라!'라고 쓰인다. 또한 among other things는 '무엇보다도 먼저,' 그리고 one night thing은 one night stand와 마찬가지로 '하룻밤 자는 것'을 말한다.

have got another thing coming은 자기 나름대로 생각한다는 말로 비유적으로 '그렇게 생각하다가는 큰 코 다칠 수 있다,' '놀랄 수 있다'라는 표현.

MORE EXPRESSION

take things to extremes 극단적으로 생각하다

of all things 하필이면

T

놓치면 원통한 미드표현들

- **, though** 그래도
  I don't want to talk about it, **though.**
  그래도 난 그것에 대해 말하고 싶지 않아.

- **three-way** 쓰리섬(manege a trois)
  You tell me you guys had **a three-way.**
  너희들 쓰리섬 했단 말야?
  We had our first **three-way** tonight.
  우린 오늘밤 첫 쓰리섬을 했어.

- **have[do] a threesome** 쓰리섬을 하다
  Jack wants us to **do a threesome.**
  잭은 우리가 쓰리섬을 하길 바래.

- **tread carefully** 조심히 말하다, 신중을 기하다
  I don't like surprises. **Tread carefully.**
  나 놀라는거 싫어. 신중을 기해.

Is that what you think? 네가 생각하는 게 이거야?

What do you think you're doing?
이게 도대체 무슨 짓이야?

- Are you out of your mind? What do you think you're doing?
  너 제정신이야? 이게 무슨 짓야?
  What in the hell do you think you're doing here?
  넌 여기서 도대체 뭐하고 있는거야?

What do you think you're doing?은 네가 뭘한다고 생각하는거야, 즉 '도대체 이게 무슨 짓이야?,' '도대체 뭐하자는거야?' 라는 말로 상대방의 말이나 행동에 빈정대면서 하는 표현. 하지만 What do you think you're doing here?는 거의 같은 의미이지만 '도대체 네가 왜 여기에 있는 거지?' 라는 말로 엄하고 위협적인 말투로 왜 여기와 있냐고 물을 때도 사용된다.

Who do you think you're talking to?
내가 그렇게 바보처럼 보여?

- Who do you think you're kidding? 설마 나더러 그 말 믿으라는 건 아니지?
  Now, who do you think you're looking at? 이제 날 뭘로 보는거야?
  Excuse me, who do you think you are? 이보세요, 당신이 도대체 뭔데 그래?

Who do you think you're talking to?는 '설마 나더러 그말을 믿으라고 하는거야?,' '날 바보로 아는거야?' 라는 의미. talk to 대신에 kid, look at을 써도 된다. 또한 Who do you think you are?는 '네가 도대체 뭐가 그리도 잘났는데?,' '네가 도대체 뭔데 그래?' 라고 쏘아 붙이는 말.

Let me think about it
생각 좀 해볼게

- I need more time to think about it. 생각해볼 시간이 더 필요해.
  I'd like to think it over. 잘 검토해볼게.

think about은 '…에 관해 생각하다,' think over는 '…에 대해 검토하다.'

I'm just thinking out loud.
이거 그냥 혼자 해본 소리야.

- I have no desire to go at all. I was just thinking out loud, that's all. 전혀 갈 생각이 없어. 그냥 혼잣말이었어, 그게 다야.

think out loud는 '엉겁결에 혼잣말을 하다,' '생각만 하는 걸 무심결에 말로 내뱉다' 라는 뜻.

What makes you think so?
왜 그렇게 생각하는거야?

- Is Gina angry? What makes you think so?
  지나가 화났어? 왜 그렇게 생각해?

What makes you think so?는 상대방의 어떤 생각이나 판단에 대한 근거를 물을 때 '왜 그렇게 생각하니?,' 혹은 상대방의 말이 전적으로 맞지 않는다고 말하며 '꼭 그런건 아니잖아?' 라는 의미.

I thought as much.
난 그럴 거라 생각했어.

- A: I need a favor. B: I thought as much. A: 좀 도와줘. B: 그럴 줄 알았어.
  All of the students thought as much. 모든 학생들이 그럴거라 생각했어.

think as much는 그만큼 생각하다, 즉 '그럴거라 생각하다,' '그럴 줄 알다' 라는 의미가 된다.

Don't even think about it.
꿈도 꾸지마.

- Don't even think about it happening.
  그런 일이 일어날거라 생각도 하지마.
  Don't even think about getting married till your thirty.
  30세 전에 결혼은 꿈도 꾸지마.

not even think about ~ing[sth]는 상대방에게 절대 허락하지 않을 때, 혹은 어떤 일이 일어나지 않기를 바랄 때 사용하는 것으로 '절대 안되니까 헛된 생각하지마,' '꿈도 꾸지마' 라는 뜻.

I thought we were gonna kiss.
우리가 키스할거라 생각했어.

- I thought we were done with that? 우리 관계는 끝난 줄 알았는데.
  I thought last night was great. 어젯밤 정말 근사했어.

Is that what you think?
네가 생각하는 게 이거야?

- That's what you think. 그건 네 생각일뿐이야.
  This is not what you think. You have to believe me.
  그게 아니야. 날 믿어야 돼.
  You think I'm an idiot? Is that what you think?
  내가 바보같아? 그게 네 생각야?

Tell me what you're thinking.
네 생각이 뭔지 말해봐.

- Tell me what you think when you see this. 이거 보고 네 생각 말해봐.
  Take a look and tell me what you think. 돌아보고 네 생각이 어떤지 말해줘.

That's what I thought.
나도 그렇게 생각했어.

- That's what I think. 내말이 바로 그말이야.
  Yeah, I guess that's what I thought. 그래, 나도 그렇게 생각돼.

Think before you speak.
말하기 전에 생각해 보고 말해.

- You gotta think before you act in order to progress.
  발전하려면 행동하기 전에 신중해야 돼.
  Learn to think before you speak. 말하기 전에 생각하는 습관을 길러야.

What do you think?
네 생각은 어때?

- What do you think? The girl sitting at the bar.
  네 생각은 어때? 바에 앉아있는 여자말야.
  What do you think of that? 넌 그걸 어떻게 생각해?
  What do you think of this weather? 지금 날씨 어때?

What was he thinking? Why would he do that?
걘 무슨 생각을 한걸까? 왜 그렇게 행동했을까?

- I'm just so angry with Carlos. What was he thinking?
  카를로스에게 정말 화나. 대체 무슨 생각을 한걸까?
  What were you thinking about?
  넌 도대체 정신을 어디에 두고 다닌거야?

I thought S+V는 두가지 경우가 있다. 단순히 '과거에 …라고 생각했다'가 그 하나이고 또 하나는 그렇게 생각했는데 실제가 아닌 경우로 '…한 줄 알았는데'라는 의미이다. 응용표현으로는 I thought I said that~이 있는데 '내가 …라고 말한 것 같은데'라는 의미.

That is what you think는 '그건 네 생각이야,' 의문문으로 Is that what you think?하면 '네 생각이 이거야?' 그리고 가장 많이 쓰이는 부정형태인 That's not what you think는 '그게 아니야, 네 생각과 달라'라는 뜻이 된다.

Tell me what you think는 '내게 네 생각을 말하다'라는 뜻으로 상대방의 생각과 의도를 물어보는 표현으로 Tell me what you're thinking이라고 진행형으로 써도 된다.

That's what I think [thought]는 나도 그렇게 생각했다, 즉 '내말이 그말이야'라는 말로 상대방이 내가 생각했던 바를 말할 때 반가움 속에 맞장구치는 표현.

think before you speak [act]는 말하기 전에, 행동하기 전에 생각하다라는 말로 '신중히 행동하다'라는 뜻.

What do you think?는 상대방의 견해를 물을 때 사용하는 표현으로 '네 생각은 어때?' 혹은 특수한 상황에서는 상대방이 말도 안되는 이야기를 할 때 '무슨 말이야?', '그걸 말이라고 해?'라고 핀잔을 줄 때도 사용한다 또한 What do you think of [about]~?는 '상대방의 의견을 물어보는 것'으로 of[about] 다음에 물어보는 대상을 넣어주면 된다. of나 about 다음에는 명사나 ~ing 형을 넣는다.

What was he thinking?은 걔는 무슨 생각을 했던 걸까? 지만 실은 생각을 어떻게 했길래 그런 실수를 했을까?라는 뉘앙스가 담겨져 있다. '걘 대체 무슨 생각을 한걸까?'라고 답답해 하면서 하는 말. 현재형으로 What is he thinking?하면 '걔는 무슨 생각을 하는 걸까?'

T

Who could have thought?

누가 생각이나 했겠어?

- **Who would have thought** she'd become famous?
  걔가 유명해지리라 누가 생각했겠어?

  Who would have thought that team would win?
  저 팀이 이길거라고 누가 생각이나 했겠어?

Who could[would] have thought?는 상당히 충격적이고 놀랄만한 일이 벌어졌을 때 입을 떡 벌리고 하는 말. '누가 생각이나 했겠어?,' '상상도 못했네'라는 말이다. 단독문장으로 써도 되고 아니면 ~thought that S+V?의 형태로 충격적인 일을 적어줘도 된다.

You think you're so smart.

네가 그렇게 똑똑한 줄 알아?

- **You think you're** such a big shot. 네가 그렇게 거물인 줄 알아?

  You think you have problems. 너만 문제가 있는 줄 알아?

You think you're~는 그냥 일반적으로 '…라고 생각한다'라고 쓰일 수도 있다. 하지만 여기서 다루는 것은 그런게 아니라 상대방을 비아냥거릴 때 사용하는 것으로 '너는 그렇게 생각하지만 실제로는 아니다'라는 의미.

I don't think you're dumb, rather you're uneducated.

네가 바보라기 보다는 못배웠다고 생각해.

- **I don't think** Sara is sad, **rather** she's just bored.
  새라가 슬프다기보다는 지겨워하는 것 같아.

  I don't think it's old, **rather** it just looks old. 오래되었기보다는 낡아보여.

I don't think A, rather B는 '난 …라기 보다는 …라고 생각한다'라는 의미.

Have you thought about the music?

음악에 대해 생각해봤어?

- **Have you thought about** what happens after that?
  그 이후에 무슨 일이 있었는지 생각해봤어?

Have you thought about ~ing[N, wh~]?는 상대방에게 about 이하에 대한 것을 물어보는 표현으로 '…에 대해 생각해 본 적 있어?'라고 하는 말.

I've never thought of her like that.

걔가 저런 모습일거라는 건 상상도 못했어.

- **I never thought** I'd see you here. 여기서 널 만나게 될거라고 상상도 못했어.

  She never thought for a second she was going to die.
  한순간도 자기가 죽을거란 생각을 해본 적이 없어.

I('ve) never thought of~[that~]는 뭔가 놀랍고 충격적인 모습이나 일을 당하고 그 놀람을 표현하는 것으로 '…는 꿈에도 생각못했다'라는 의미. 또한 I thought for a second that S+V는 '잠시 …을 생각했다,' 앞에 never를 붙여 never thought for a second that~ 하면 '한 순간이라도 …생각해본 적이 없다'라는 의미가 된다.

I'm thinking of bringing it back.

그걸 돌려줄까 생각중이야.

- **I'm thinking of** ordering a pizza. 피자를 주문할 까 생각중이야.

  I'm thinking about a lot of stuff. 난 많은 걸 생각하고 있어.

I'm thinking of[about] ~ing하면 '앞으로 …하는 것을 고려중이야'라는 말로 I'm planning to~와 같은 의미. I'm thinking of[about]+N하면 '그냥 …에 관해 생각하다'라는 뜻.

놓치면 원통한 미드표현들

- **be thrilled to[about, that S+V]** …할 생각에 가슴이 설레다
  I bet she **wasn't too thrilled about** that.
  걘 그거에 별로 설레지 않았어.

- **the thrill of the chase** 추격의 설레임
  It is not **the thrill of the chase**. It's not a game.
  그건 추격의 설레임이 아냐. 그건 게임이 아냐.

How can you think this is a good idea?
도대체 어떻게 이게 좋은 생각이라고 말할 수 있는거야?

- **How can you think** I don't care about your feelings?
  도대체 어떻게 내가 네 감정을 상관하지 않는다고 생각할 수 있어?

  A: What if they refuse? B: **How can you think that?**
  A: 걔네들이 거절하면? B: 어떻게 그렇게 생각해?

■ **How can you think about[of] ~ing?** 혹은 How can you think that S+V?는 상대방이 기가막힌 행동이나 말을 했을 때 콧구멍이 두 개 뚫려 있는걸 다행으로 여기면서 '도대체 어떻게 …라는 생각을 할 수 있는 거야?'라고 답답해하면 된다. 또한 How can you think that?은 상대방이 잘못되었다는 것을 말하는 표현.

Nobody would think twice about that.
아무도 그것에 대해 두 번 생각하지 않을거야.

- She won't **think twice about** screwing Alfonso.
  갠 알폰소를 엿먹이는거에 대해 다시 생각하지 않을거야.

  Ben didn't even **think twice about** it. 벤은 그거에 대해 다시 생각하지 않았어.

■ **think twice**는 두 번 생각하다, 즉 '재고하다,' think again 역시 다시 생각하다, 즉 '재고하다'라는 말이다.

I think I'll leave him a text.
걔한테 텍스트 문자를 남길까봐.

- **I think I'll** go examine the body. 가서 시신을 검사할까봐.

  I think I'll keep him for a couple of months. 걜 몇 달동안 데리고 있을까봐.

■ **I think I'll~**은 …할 생각이다라는 말로 I will~보다 덜 단정적으로 부드럽게 '…할까봐'라는 표현.

I would think you'd be happy.
네가 기쁠거라 생각했는데.

- **I would think** that you would be more cooperative.
  네가 더 협조적일거라 생각했는데.

  I would have thought he would have called them right away.
  걔가 걔네들에게 즉시 전화했을거라 생각했었는데.

■ **I would think~**는 '…라고 생각했는데,' 그리고 I would have thought는 '…라고 생각했었는데'라는 의미로 자기가 하는 말이 사실일 수도 있다고 생각했지만 그게 틀렸을 경우에 사용한다. 물론 I should have thought~하면 후회의 감정을 나타낸다.

Six weeks ago, you'd have thought this was really funny.
6주 전에, 넌 이게 정말 재미있었다고 생각하고 싶었겠지.

- **You would think that** Jack would help us. 넌 잭이 우리를 도울거라 생각했겠지.

  You would have thought that the world was ending.
  넌 세상이 끝날거라고 생각했었겠지.

■ **You would think that~**은 비록 사실이 아니지만 사실일 거라 기대할 때 '…라 생각하고 싶을거야,' 그리고 You would have thought that~은 '…라 생각하고 싶었겠지'라는 말로 하지만 사실 그렇지 않을 때 사용한다.

I sure as hell wasn't thinking that.
그럴 생각이 전혀 아니었어.

- **I wasn't thinking about** killing him. 걜 죽일 생각은 없었어.

  I wasn't thinking the ceremony should be today or anything.
  기념식이 오늘인지 혹은 뭐 그런 것들을 생각못하고 있었어.

■ **I wasn't thinking~**은 '그럴 생각이 아니었다,' '그걸 생각을 못했다' 자신의 엉망인 상태나 자신의 실수나 잘못에 대해 변명할 때 긴요한 표현.

You can't think for yourself?
너 스스로 생각못해?

- Why don't you let him **think for himself**?
  걔가 독립적으로 생각하게 해.

  Linda **thinks only of** her family. 린다는 자기 가족만 생각해.

■ **think for oneself**는 '다른 사람의 말에 좌지우지 되지 않고 독립적으로 자주적으로 생각을 하다'라는 의미. 또한 think only of sb는 'sb만을 생각하다,' think only of oneself하면 '자기 자신만을 생각하다,' '맘대로 하다'라는 의미가 된다.

T

I'm just in a lot of pain and I can't think straight.
난 너무 아파서 생각을 정리할 수가 없어.

- I can't think straight! Why do you have to wear that shirt?
  생각을 정상적으로 못하겠어! 왜 저 셔츠를 입으려는거야?

And you didn't think to call me?
그리고 넌 내가 전화할 생각을 못했지?

- You didn't think to report it to the authorities?
  그걸 당국에 보고할 생각을 못했어?
  And you didn't think to notify the police? 경찰에 신고할 생각을 못했단말야?

I think back to myself at 13 years old.
난 13살 때 나 자신을 돌이켜 생각해봤어.

- Now that I think back. It was just one night thing.
  돌이켜 생각해보니 그건 그냥 하룻밤 잔 것뿐이었어.
  I want you to think really carefully about this.
  이거 진짜 신중하게 생각해봐.

I went for a walk, to do some thinking.
난 산책하러 나가서 생각을 좀 했어.

- I've just been doing some thinking about the people I know.
  난 그냥 내가 아는 사람들에 대해 생각을 좀 해봤어.
  Tends to be more wishful thinking. 더 현실성없는 것들을 추구하게 되는 경향이 있어.

Is that who I think it is?
내가 생각하는 그 사람맞지?

- Is that who I think it is? Is it Sam? 내가 생각하는 사람맞지? 샘이지?
  I'm not a crack addict, if that's what you think.
  그게 네 생각이라면 난 마약중독자는 아냐.

Why do you think I do all this, huh?
왜 내가 이 모든 것을 했다고 생각하는거야?

- Why do you think I did what I just did?
  넌 내가 왜 아까 같은 짓을 했다고 생각해?
  Why do you think I asked you to go out tonight?
  내가 오늘밤 왜 너보고 나가달라고 했겠어?

think straight는 '논리적으로 생각하다,' '명백하게 생각하다' 라는 표현.

not think to+동사는 '…할 생각을 못하다,' '…할 줄은 몰랐다' 라는 말로 나중에는 했어야 했는데라며 안한 걸 후회하는 경우.

think back은 '지나간 과거의 일을 생각하다,' '회상하다' 라는 말. I want you to think~는 네가 …을 생각해주기를 원해라는 말로, '네가 …라 생각해봐라' 는 의미가 된다.

do some thinking은 '생각을 좀 하다' wishful thinking은 '희망사항.' 현실가능성이 없거나 희박한 경우라도 일어나길 바라면서 갖게 되는 것들을 말한다.

Is that who I think it is?는 '내가 생각하는 그 사람 맞지?,' 그리고 You know what I'm thinking?은 '내가 무슨 생각이 드는지 알아?' 라는 표현이다. 또한 if that's what you think는 '그게 네 생각이라면' 이라는 말로 if that's what you're thinking이라고 해도 된다.

Why do you think I~?는 '왜 내가 …을 했다고 생각하니?' 라는 말로 억울한 오해를 받을 때 혹은 상대방에게 반어적으로 이유를 설명해주는 표현.

MORE EXPRESSION

think badly of 나쁘게 생각하다
think highly of 높이 평가하다
think less of 하찮게 보다
think big 크게 생각하다
think positive[positively] 긍정적으로 생각하다
be thought to be …로 생각되다
think the opposite 반대로 생각하다
I don't think so. 그런 것 같지 않은데.
I hate to think~ …라 생각하기 싫지만
think better of it 생각을 바꾸다

What are your thoughts here? 이거 어떻게 생각해?

I was lost in thought.
난 생각에 빠져 있었어.

- She is standing at her office window looking out, lost in thought. 걘 사무실 창문에 기대서서 밖을 쳐다보며 생각에 잠겨있었어.

■ be lost[deep] in thought는 '생각에 빠져 있다'라는 말로 lost 대신 deep을 써도 된다.

I'm not having second thoughts.
난 다시 재고하지 않을거야.

- We're having second thought about it.
  우린 그에 대해 다시 생각해봐야겠어.

  I thought maybe you were having second thoughts about me.
  아마 네가 나에 대해 재고하는 것 같다는 생각이 들었어.

■ have second thought about~은 …을 다시 생각하다, 즉 '이미 결정한 일을 원점에서 다시한번 검토한다'라는 말.

Don't give it another thought.
그냥 잊어버려.

- Come on man, don't give it a second thought. 이봐, 친구, 신경쓰지마.

  No, I won't give it another thought. 아냐, 난 다시 신경쓰지 않을거야.

■ not give it a second [another] thought는 그거에 대해 다시 생각하지 않다, 즉 '걱정하지 않다,' '신경쓰지않다'라는 의미로 상대방에게 충고나 위로할 때 많이 쓰인다.

On second thought, I'd love to go.
다시 생각해보니, 나 가고 싶어.

- On second thought, you should drive. 잘 생각해보니, 네가 운전하는게 낫겠어.

  On second thought, you should see how we spend our money.
  다시 생각해보니, 우리가 어떻게 돈을 쓰는지 알아야 될 것 같아.

■ on second thought는 '다시 생각해보니,' 혹은 '잘 생각해보니'라는 말로 뭔가 처음에 생각했던거와 다른 방향으로 생각을 바꿀 때 먼저 꺼내는 표현.

I've given the matter some thought.
그 문제에 대해 생각을 좀 해봤어.

- You might want to give it some thought. 그것에 대해 생각을 좀 해보라고.

  I'll get some thoughts to you ASAP. 가능한 빨리 생각한 걸 알려줄게.

■ give sth some thought는 '…을 생각 좀 해보다,' '신중하게 생각하다'라는 뜻으로 give thought to sth이라고 해도 된다. 또한 get some thoughts to sb는 …에게 생각하는 바를 알려주다라는 의미.

What are your thoughts here?
이거 어떻게 생각해?

- I'm trying on my Halloween costume. What are your thoughts?
  할로윈 복장을 입으려고, 네 생각은 어때?

  What are your initial thoughts about your wedding?
  네 결혼에 대한 처음 생각은 어땠어?

■ What are your thoughts?는 상대방의 의견을 물어보는 표현으로 What are your thoughts here? 혹은 What are your thoughts about[on]~?이란 형태로 쓰인다.

I think he's about to have a thought.
걔가 새로운 생각을 해내려고 한다고 생각해.

- Don't worry, I have a thought. 걱정마, 나한테 생각이 있어.

  I had a thought about the flower girl. 꽃집 아가씨에 대한 생각이 있어.

■ have a thought는 뭔가 새로운 생각이 마음속에 떠오르는 것을 연상해보면 된다. '새로운 생각을 해내다'라는 의미.

T

Here's a thought.

좋은 생각이 있어.

- Here's a thought. Let's see what they have to say.
  좋은 생각이 있어. 걔네들이 뭐라고 말하는지 보자고.

  Here's some food for thought. 이건 좀 생각해볼 일이야.

That's a thought, a very thoughtful thought.

좋은 생각야, 아주 사려깊은 생각이야.

- Maybe he'd like to choose his own drink. That's a thought.
  걘 자기가 마실 걸 고르고 싶어할지 몰라. 그것도 좋은 생각이지.

  Okay. It was just a thought. That I never shared.
  그래. 그냥 해본 말이야. 아무한테도 말하지 않은거야.

I lost my train of thought.

난 무슨 말을 하려다 잊어버렸어.

- I don't know. I lost my train of thought. 몰라. 하려던 말을 잊었어.

  I confuse him till he loses his train of thought.
  걔가 하려던 말을 잊을 때까지 걜 혼란스럽게 했어.

Perish the thought!

말도 안돼!

- Teach that in a English class? Perish the thought.
  그걸 영어수업시간에 가르친다고? 말도 안돼.

  Perish the thought that we find anyone stealing.
  누가 도둑질하는 것을 발견한다는 생각은 버려.

You know, the thought never crossed my mind.

저기 말야, 전혀 그 생각이 나질 않았어.

- I need to organize my thoughts about the wedding.
  결혼에 대한 내 생각들을 정리해야 돼.

I can't bear the thought of not being with you.

너랑 같이 있지 못한다는 생각을 하니 참을 수가 없어.

- I can't bear the thought of spending Thanksgiving alone.
  추수감사절을 혼자 보낸다고 생각하니 참을 수가 없어.

  I couldn't bear the thought of you being alone on Valentines Day.
  네가 발렌타인 데이에 혼자있을 생각을 하니 참을 수가 없어.

You're in my thoughts.

나 너 많이 생각하고 있어.

- Varro's death has been foremost in my thoughts.
  배로의 죽음을 무엇보다도 많이 생각하고 있었어.

  Your sick mother has been in our thoughts.
  우리 모두 편찮으신 너의 어머님 생각을 많이 했어.

Here's a thought는 뭔가 좋은 생각이 났을 때 '좋은 생각이 있어, 이렇게 해봐'라고 말을 시작하는 것. 그리고 some food for thought는 '생각할 거리(an idea to think about)'라는 말.

It's[that's] a thought! 역시 여기서 thought도 idea처럼 뭔가 좋은 생각이란 뜻으로, '누가 좋은 생각이나 제안을 내놓았을 때' 하는 말. 단 It was just a thought하면 깊이 생각해보지 않고 '그냥 해본 말이야'라는 뜻이 되니 헛갈리면 안된다.

lose one's train of thought는 말하려던 걸 잊은 경우로 '무슨 말을 하려다가 잊다,' '하려던 말을 잊다'라는 의미.

Perish the thought는 명령문형태로 '생각도하지마,' '꿈도 꾸지마,' '말도 안돼'라는 뜻으로 쓰인다. 뒤에 that S+V를 붙여서 생각도 해서는 안되는 걸 말할 수 있다.

organize one's thoughts (about)는 '…에 대한 생각을 정리하다,' 그리고 The thought never crossed my mind는 '전혀 그 생각이 나지 않았다'라는 말이 된다.

I can't bear the thought of~는 '…한다는 생각을 참을 수가 없다'라는 의미.

be in one's thought는 one의 생각 속에 주어가 있다는 말로 one이 주어를 많이 생각, 특히 좋은 쪽으로 많이 생각하고 있다는 이야기.

MORE EXPRESSION

Now there's a thought!
좋은 생각이야!

have no thought of
…할 생각이나 의도가 없다

give up all thought of …할 생각을 다 포기하다

spare a thought for sb …에 대한 생각[배려]을 하다

Easy, don't jump down anyone's throat. 진정해, 아무한테나 덤벼들지마.

The newlywed couple was at each other's throats.
신혼부부는 서로 못잡아먹어서 안달이었어.

- After getting drunk, they **were at each other's throats**.
  술취한 후 걔네들은 심하게 다투었어.
  The boxers **were at each other's throats** when the fight ended.
  권투선수들은 싸움이 끝나자 서로 못잡아먹어 안달이었어.

Then she stuck her tongue down my throat.
그리고 나서 걘 내 목안에 자기 혀를 쑤셔넣었어.

- The manager **shoved** the overtime **down our throats**.
  매니저는 우리에게 야근을 강요했어.
  Don't **force** your ideas **down my throat**. 네 생각을 나한테 강요하지마.
  I **stuck my tongue down her throat**. 난 걔 목안에 내 혀를 쑤셔넣었어.

You can't scream with your throat cut.
목을 따면 소리를 지를 수가 없어.

- The second crime, he rapes a woman and **slashes her throat**.
  두 번째 범죄는 걘 여성을 강간하고 그녀의 목을 베었어.
  The bad economy **cut our throats**. 경제가 안좋아 우리를 몰락하게 했어.

Easy, don't jump down anyone's throat.
진정해, 아무한테나 덤벼들지마.

- You don't need to **jump down my throat** all the time.
  넌 항상 날 다그칠 필요가 없어.
  The boss **jumped down my throat** for the work I did.
  사장은 내가 한 일에 대해 꾸중했어.

I have a frog in my throat.
나 목이 쉬었어.

- Jane looks at Tony and he **clears his throat** quietly.
  제인은 토니를 보고 있고 토니는 조용히 목을 가다듬었어.
  He h**eld the knife closer to her throat**. 걘 그녀의 목에 칼을 바짝 들이댔어.

be at each other's throats는 '맹렬히 싸우다,' '심하게 다투다,' '서로 못잡아 먹어서 안달이다'라는 의미.

force sth down sb's throat는 '어떤 생각이나 의견 등을 sb가 받아들이도록 강요하는 것'을 말하는 것으로 force 대신에 ram, shove, stick 등을 대신 써도 된다. 한편 stick one's tongue in sb's throat는 '물리적으로 뭔가를 목구멍에 쑤셔넣는다'라는 의미.

cut one's throat는 비유적으로 '…을 파멸시키다'라는 의미이지만 범죄미드에서 물리적으로 '…의 목을 따다,' '살해하다'라는 의미로 많이 쓰인다. cut one's own throat는 자신의 목을 딴다는 말로 분노에 못이겨 '자해 행위를 하다,' '자멸하다'라는 뜻. 또한 cut throat는 '경쟁 등이 치열한,' slit one's throats는 역시 '목을 베다'라는 표현.

jump down sb's throat는 jump에서 연상하면 되는데, 즉 '갑자기 사람에게 달려들어 …을 몹시 비난하다,' '다그쳐 추궁하다'라는 의미기 된다.

clear one's throat는 관심을 유도하기 위해 '목을 가다듬는 것'을 말하며, have a frog in one's throat하면 '목이 잠기다,' '목이 쉬다'라는 뜻. 또한 hold a knife to sb's throat는 '…의 목에 칼을 들이대다,' 비슷한 말로 머리에 총을 들이대다는 hold a gun to sb's head라 한다.

MORE EXPRESSION

have a sore throat 목이 아프다
Throat's dry. 목이 마르다.

T

놓치면 원통한 미드표현들

- **a thug** 폭력배, 깡패
  She didn't care that I was **a thug**.
  걘 내가 깡패인걸 신경쓰지 않았어.
  He was **a thug**, a wife beater.
  걘 폭력배야, 마누라나 패고.

- **keep on one's toes** 긴장하다
  Keep on your toes around the new boss.
  새로운 사장 옆에선 긴장해.
  We **kept on our toes** in the dangerous neighborhood. 위험한 동네에서 우린 긴장했어.

» **through**

I'm through with you. 너랑은 끝났어.

Are you through?
끝냈어?

- When it's through it's through. 이미 끝난 건 끝난거야.
  I'm through with you. 너랑은 끝났어.
  I'm almost through with the documents. 서류정리 거의 다 끝냈어.

be through는 '…을 끝내다,' '사람과의 관계가 끝나다,' '끝나서 한물가다'라는 의미 등으로 쓰인다. 또한 be through with~는 끝낸 일이 무언지, 관계가 끝난 사람이 누구인지 등을 추가적으로 말할 때 사용한다.

I'm going to go through all my old stuff.
내 옛날 물건들을 다 빨리 해치울거야.

- Leona went through all of her money in a month.
  리오나는 한달만에 모든 돈을 썼어.
  Did you go through all of the food in the fridge?
  냉장고에 있는 모든 음식을 해치웠어?

go[get] through sth은 각각 get through와 go through에서 일반적인 의미는 다 배웠으니 여기서는 특이한 의미, 즉 '뭔가 빨리 이용하고 쓰고 먹는다'라는 것을 익히기로 한다.

She was halfway through a bottle of vodka.
걘 보드카 술병을 마시는 도중이었어.

- I was halfway through when something hit me from behind.
  도중에 뭔가 뒤에서 날 쳐버렸어.
  They're all through and through. 걔네들은 아주 철저했어.

halfway through sth은 '…하는 도중에,' '…하다말다 …하다'라는 뜻으로 뭔가 다 마무리하지 못한 상태, 그리고 through and through는 반복표현으로 '속속들이,' '철저하게'라는 부사. all the way라는 의미.

MORE EXPRESSION

be wet through 흠뻑 젖다
be cooked through 완전히 요리되다

» **throw**

You did throw yourself at me. 네가 먼저 나한테 들이댔어.

I'm throwing a party.
난 파티를 열거야.

- She threw him a going-away party. 걘 그에게 송별파티를 해줬어.
  A friend of mine got engaged and she's throwing a party.
  친구 한명이 약혼을 했고 파티를 열거야.

throw a party는 특히 '집에서 파티를 하다,' '파티를 열다'라는 의미로 파티의 주인공을 말하려면 have a dinner party for Jack 등으로 말하면 된다.

I feel like throwing up.
난 토할 것 같아.

- I wish you hadn't seen me throw up. 내가 토하는 거 네가 안봤으면 좋을텐데.
  By the way, it looks like he threw up on you.
  그나저나, 걔가 너한테 토한 것 같아.

throw up은 '토하다'라는 말로, vomit 혹은 throw one's cookies, throw a map이라고 하기도 한다. 또한 throw up on sb 역시 몸이 안좋아(get sick) 속에 있는 것을 다 토하다(empty the stomach through the mouth)라는 의미.

They throw in the shoes.
걔네들은 신발을 덤으로 줘.

- I'm gonna throw in 50 bucks for you. 네게 50 달러를 그냥 줄게.

throw in은 뭔가 사면 그에 달려 '덤으로 주다' 혹은 뭔가 덧붙여 말하다(speak more)라는 뜻으로 쓰인다.

Don't throw up your hands just yet.
아직 포기하지마.

- Mom just threw up her hands when you got in trouble.
  엄마는 네가 문제에 빠졌을 때 포기했어.

  The student threw in his hand with the gang members.
  그 학생은 깡패집단에 들어갔어.

  She finally threw in the towel. 갠 결국 두 손 들었어.

throw up one's hands는 좌절하여 '두손들다,' '포기하다,' throw in one's hand는 뭔가 동참해서 함께 하는 것을 뜻한다. 또한 throw in the towel은 시합포기할 때 수건을 던지듯 뭔가 '중도에 포기하다' 라는 의미로 towel 대신 sponge를 쓰기도 한다.

You did throw yourself at me.
네가 먼저 나한테 들이댔어.

- I didn't see you throw yourself at the decorators.
  네가 장식가에게 대드는 걸 못봤어.

  The girls threw themselves at the pop star. 여자들은 팝스타에게 달려들었어.

  I'm going to throw myself into my work. 난 내 일을 열정적으로 할거야.

throw oneself at sb는 몸을 날려 달려들다, 뛰어들다라는 말로 문맥에 따라 이성의 관심을 얻기 위해 '들이대다' 혹은 '따지기 위해 달려드는 것'을 뜻한다. 또한 throw oneself into sth은 뭔가 적극적으로 '…을 시작하다,' '푹 빠지다' 라는 뜻.

They're always throwing their weight around.
걔네들은 항상 권력을 남용해.

- Because you're a rich guy who throws his weight around.
  넌 권력을 함부로 휘두르는 부자이기 때문이야.

  I'm considering making a switch, throwing my weight behind Senator Challis. 바꿔볼까 생각중인데, 칼리스 상원의원을 지지하려고.

throw one's weight around는 자기 힘을 휘두르다라는 뜻으로 사리사욕을 위해 '권력 남용하다,' 하지만 throw one's weight behind~가 되면 권력이나 영향력을 이용하여 '…을 밀어주다,' '지지하다' 라는 뜻이 된다.

She just threw a punch right to Jack's throat.
잭의 목에 정통으로 펀치를 날렸어.

- He cold-cocked me. I never threw a punch.
  날 실신한 정도로 팼어. 난 펀치하나 못날렸고.

  I will throw acid in your face. 네 얼굴에 산을 뿌릴거야.

throw a punch는 '펀치를 날리다,' throw the book at sb는 '…을 호되게 혼내다' 라는 뜻이다. 한편 throw sth (back) in sb's face는 과거의 논쟁거리를 꺼내 그에 대해 비난하는 것을 말한다. 물론 물리적으로 얼굴에 …을 뿌리다, 던지다라는 뜻으로도 쓰인다.

MORE EXPRESSION

throw money down the drain 돈을 허비하다, 물쓰듯하다

throw sb in[into] prison 감방에 처넣다

throw sb out of work 직장에서 내쫓다

» thumb

We got a hit on the thumbprint. 엄지손가락 지문에 일치하는 사람이 나왔어.

He's all thumbs.
갠 손재주가 너무 없어.

- I'm all thumbs, I'm clumsy. 난 손재주가 없고, 서툴러.

  He seems to be all thumbs. 갠 매우 서투를 것 같아.

be all thumbs는 다 엄지손가락이라는 말. 엄지손가락은 제일 짧고 굵어서 섬세하게 일을 못해, be all thumbs하면 '서투르다,' '재주가 없다' 라는 뜻이 된다.

It gets two thumbs up.
그건 정말 대단해.

- Two very enthusiastic thumbs up. 정말 열정적으로 찬성야.

  Can you give me a thumbs-up for yes and a thumbs-down for no?
  승낙하면 엄지를 위로 반대하면 엄지를 내려줄래요?

Thumbs up!은 네이티브들의 바디랭귀지의 한 종류로 엄지손가락을 치켜 세우면 좋다는 말, 특히 두 엄지손가락을 치켜세우면 더 좋다라는 뜻이 된다. '좋아,' '잘됐어!' 라는 뜻. 또한 명사로 the thumbs up하면 '찬성'을, 반대로 the thumbs down하면 '반대'를 뜻한다.

He is under the thumb of a powerful woman.

걘 강력한 여성에게 꼼짝못해.

- It wouldn't be easy to keep a teenager **under her thumb**.
  10대를 통제하는 건 쉬운 일이 아냐.
  You all sit around **with your thumb up your ass**.
  너희들 모두 아무 짓도 안하고 앉아만 있잖아.

We got a hit on the thumbprint.

엄지손가락 지문에 일치하는 사람이 나왔어.

- Well, we found some particles of latex on your **thumbprint**.
  우린 너희 엄지지문에서 라텍스 입자들을 발견했어.

be under the thumb of~는 '…의 손에 놀아나다, 즉 '…가 시키는대로 하다' 라는 뜻. under one's thumb 또한 마찬가지로 '…가 시키는대로,' '…의 통제하에' 라는 표현. 또한 with one's thumb up on one's ass는 쓸데 없는 짓을 한다고 말하는 무례한 표현.

thumbprint는 범죄미드 단골어로 '엄지손가락 지문'을 뜻한다.

MORE EXPRESSION

a rule of thumb 어림짐작, 대충
as a rule of thumb 대충 어림짐작으로
thumb a ride 히치하이크하다

» tick

I'm really ticked off. 난 정말 열받았어.

I know, the clock is ticking.

나도 알아, 시간이 촉박해.

- My biological clock **is ticking**. 나의 생체 시간이 흘러가고 있어.
  My 20s **are ticking away** as we speak.
  나의 20대는 지금 이 순간에도 째깍째깍 흘러가고 있어.

I'm really ticked off.

난 정말 열받았어.

- You're really starting to **tick me off**. 넌 정말 날 열받게 하네.
  I'**m ticked off** at Susan. 난 수잔한테 열받았어.
  That **ticks me off**! 그것 참 열받게 하네!

What makes him tick?

걔가 왜 그렇게 행동하는거야?

- Little lady, let's see what **makes you tick**.
  꼬마아가씨, 왜 그러는지 한번 보자.
  Tell me about yourself. Who you are, what **makes you tick**.
  너 자신에 대해 한번 말해봐. 넌 누구고 왜 이렇게 행동하는지.

be ticking에서 tick은 시계가 째깍거리다라는 말로 Time is ticking하면 '시간이 흘러가다,' The clock is ticking하면 '시간이 부족하다,' '촉박하다' 라는 뜻으로 쓰인다. 시간이 흘러가는 소리를 영어로는 tick tack, tick tock, 그렇게 시간이 흘러가는 것은 tick away라 한다.

tick sb off는 아주 많이 쓰이는 표현으로 '화나게 하다'로, be ticked off at sb하면 '…에게 화나다,' '열받다' 라는 의미.

make sb tick은 사물주어가 와서 '어떤 감정이나 생각 등이 sb를 움직이게 하다'로 가장 많이 쓰이는 문장인 What makes sb tick?하게 되면 '뭣 때문에 그렇게 행동하는 거야?,' '왜 그러는거야?' 라는 의미가 된다.

MORE EXPRESSION

sth tick all the boxes 가장 좋아할 것이다

놓치면 원통한 미드표현들

- **stop torturing yourself** 그만 자학해
  Honey you gotta **stop torturing yourself**!
  자기야, 넌 그만 자학해야 돼!
  Stop torturing yourself. It won't help.
  그만 자학해. 도움안돼.

- **be totaled** 완전히 박살난
  Her car **is totaled**.
  걔 차는 완전히 박살났어.
  This place **is totaled**. The bed's collapsed.
  이 곳은 완전히 박살났어. 침대도 주저앉았어.

» ticket

That's the ticket! 바로 그거야!

I just got a $200 speeding ticket today.
난 오늘 200 달러짜리 속도위반딱지를 끊겼어.

- Get a speeding ticket? 속도위반딱지 끊겼어?
  You have to get a ticket to get past security. 초소지나려면 주차권을 사야 돼.

■ a (speeding) ticket은 보통 속도위반 등 '교통위반딱지'를 말하지만 문맥에 따라 그냥 '주차권'(parking ticket)이나 '입장권' 등을 말하기도 한다.

That's the ticket! We can use this idea.
바로 그거야! 우리는 이 생각을 이용할 수 있어.

- You are absolutely right! That's the ticket! 네 말이 정말 맞아! 딱이야!
  That's the ticket! You'll be successful! 바로 그거야! 넌 성공할거야.

■ That's the ticket!은 '바로 그거야!,' '안성맞춤이야!,' '딱이야 딱!' 이라는 의미.

MORE EXPRESSION

ticket to success 성공의 열쇠
be ticketed for sth …을 위한 것이다

» tie

Dan is so tied up in knots. 댄은 곤경에 빠졌어.

Ever been tied up by a woman before?
여자한테 묶여본 적있어?

- She went into a deli, left her dog tied up outside.
  걘 자기 개를 밖에 묶어두고 델리에 들어갔어.
  A naked girl tied to your headboard. 발가벗은 여자가 침대머리판에 묶여있었어.

■ be tied up은 tie의 원래 의미인 …에 묶다라는 의미로 쓰인 경우로 '…에 묶어두다'라는 표현. be tied to sth 또한 '…에 묶여있다'라는 뜻.

I'm tied up all day.
난 종일 꼼짝달싹 못하고 있어.

- She's tied up right now. 걘 지금 너무 바빠 꼼짝 못하고 있어.
  I got a little tied up with work. 난 일하느라 좀 바빴어.

■ be tied up (all day)은 비유적으로 쓰인 경우로 '무슨 일에 묶여서 (온종일) 꼼짝달싹 못하다'라는 의미. 그게 무슨 일인지 말하려면 be tied up with sth[~ing]이라 써주면 된다.

When are you and Jim gonna tie the knot?
너 짐하고 언제 결혼해?

- What if you tie the knot in a month and realize that you miss Mike? 만약에 한달만에 결혼했는데 마이크가 그리워지면?
  Jill and Tim will tie the knot this summer. 질과 팀은 이번 여름에 결혼할거야.

■ tie the knot은 밧줄을 묶다라는 말로 비유적으로 두 사람의 결합인 '결혼하다'(get married, get hitched)라는 말.

Dan is so tied up in knots, he is speechless.
댄은 곤경에 빠져서 할말을 잃었어.

- You hate salad. She's really got you tied up in knots.
  넌 샐러드 싫어하잖아. 걔가 널 제대로 난처하게 만들었네.
  Don't tie yourself into knots over money problems. 돈문제로 넘걱정마.
  Ernie tied one on with his co-workers. 어니는 동료들과 고주망태가 됐어.

■ tie oneself (up) in knots는 스스로를 끈으로 묶다라는 말로 자승자박꼴로 '곤경에 빠지다,' 그러다보니 무척 화나다라는 의미로도 쓰인다. 또한 tie one on은 '과음하다,' '고주망태가 되다,' '취하다'(get drunk).

MORE EXPRESSION

tie-up with 의견일치

» tight

You appreciate the tight spot I'm in. 내가 처한 곤경을 네가 인식하고 있겠지.

Uh, money's tight these days.
어, 요즘 돈이 빠듯해.

- Security's pretty tight around here, huh? 여기 경비가 무척 삼엄한데, 그지?
  Mr. Rivera is on a very tight schedule. 리베라 씨는 일정이 아주 빡빡해요.

Tonya has a tight grip on Dana's arm.
토냐는 데이나의 팔을 꽉 잡고 있어.

- Parents try to keep a tight rein on their kids.
  부모들은 자식들을 엄격히 통제하려해.
  He's got her on a tight leash. 갠 그녀를 강력하게 통제하고 있어.

You appreciate the tight spot I'm in.
내가 처한 곤경을 네가 인식하고 있겠지.

- That unfortunately puts us in a very tight spot.
  불행하게도 그래서 우리는 매우 어려운 상황에 몰렸어.
  I can't tell you how many times she got me out of a tight spot.
  걔가 얼마나 많이 날 어려운 상황에서 구해줬는지 몰라.

be tight 거의 우리말화된 단어로 꽉 묶여 있다는 말. '일정이 빡빡한,' '엄격한,' '단호한' 그리고 돈에 관해서는 '빠듯한,' '인색한' 이라는 의미.

keep a tight grip[hold] (on~)은 '(…을) 꽉 붙들다,' '잡다' 라는 그리고 keep a tight rein on하면 '…을 통제하다' 라는 뜻. 또한 get sb on a tight leash에서 leash는 끈이란 뜻으로 on a tight leash하면 끈으로 단단히 묶여 있는 상태, 다시 말해 '강하게 통제받고 있는 상태' 를 말한다. 그래서 get[keep] sb on a tight leash하면 '강력히 통제하다' 가 된다.

tight spot은 '난처한 입장' 이란 의미로 주로 in a tight spot이란 형태로 '궁지에 몰린,' '어려운 상황에 놓인' 이라는 의미로 쓰인다.

MORE EXPRESSION

hold tight 꽉잡다
sit tight 이동하지 않고 가만히 앉아 있다
hang tight 그 자리에 그대로 있다

» time

I don't have time for this. 난 이거 할 시간이 없어.

Take your time.
천천히 해.

- I took my time. 난 서두르지 않았어.
  I'm gonna take my time with you. 난 너와 서두르고 싶지 않아.

take one's time은 '시간을 갖고 천천히 하다,' '서두르지 않다' 라는 의미.

I can make time for you this Friday.
이번주 금요일날 널 위해 시간을 낼 수 있어.

- Make time. I'll be expecting you. 시간을 내. 널 기다리고 있잖아.
  I have to make time to write my speech. 시간내서 연설문을 작성해야 돼.

make time for[to~]는 '일부러 …하기 위해 시간을 내다' 라는 의미.

You're still gonna have to do time.
넌 그래도 복역을 해야 돼.

- He is doing time for murder. 갠 살인죄로 복역중이야.
  Don't do the crime if you can't do the time! 감방살이 못하겠다면 죄짓지마.

do[serve] time하면 '감방에서 복역하다' 라는 의미이고, do the time하면 '감방살다' 라는 뜻이 된다.

She has been two timing.
걔가 바람을 피웠어.

- Her boyfriend was two-timing her. 걔 남친이 양다리 걸치고 있었어.
  OK. As long as you're not two-timing him. 좋아, 네가 걔와 바람피지 않는 한.

two-time sb는 '애인몰래, 부인몰래, 남편몰래 '바람피다,' '양다리걸치다'라는 의미의 동사.

I'm running out of time.
난 시간이 부족해.

- I'm running short of time. 시간이 얼마 안남았어.
  I'm all out of time. 많이 늦었네.

run out[short] of time은 run out of와 time이 결합한 표현으로 '시간이 부족하다,' '시간이 다 되어가다'라는 뜻으로 be out of time이라고 해도 된다.

She won't give you the time of day.
걘 네게 눈길 한번 안 줄거야.

- You would not give me the time of day. 너는 나를 본체만체 할거야.
  I tried to apologize, but he wouldn't give me the time of day.
  사과하려고 했는데, 걘 본체만체했어.

won't give sb the time of day는 'sb에게 본체만체하다,' '눈길한번 안주다'라는 의미로 데이트하기는 물건너간 상황.

I don't have time for this.
난 이거 할 시간이 없어.

- Do you have time to prep your Thanksgiving food?
  추수감사절 음식 준비할 시간 있어?
  My girls have no time for boyfriends. 내 딸은 남친 만날 시간이 없어.

have time to+동사는 '…할 시간이 있다,' have a lot of time은 '시간이 많다,' 그리고 Do I have time to~?하면 '…할 시간이 될까?,' Do I have time to~, before~?하면 '…하기 전에 …할 시간이 될까?'라는 표현. 또한 I don't have time for this는 무척 많이 쓰이는 문장으로 '이럴 시간이 없다'라는 의미. 상대방의 요청을 거절할 때 사용하면 된다.

Do you have some time?
시간 좀 있어?

- I have some time. Come with me. 시간 좀 돼. 나 따라와.
  I just don't have the time to do it. 난 그걸 할 시간이 없어.

have some time이나 have[get] the time해도 '시간이 있냐 없냐'를 물어볼 때 사용할 수 있다.

Well, he's got all the time in the world.
저기, 걘 시간 엄청 많아.

- No problem. Got all the time in the world. 문제없어. 시간 널널한대.
  You got the time? Um, I'm supposed to meet my date here at eight. 몇 시야? 여기서 8시에 애인만나기로 했는데.

have all the time in the world는 세상의 모든 시간이라는 의미로 비유적으로 '…할 많은 시간이 있다,' '시간적 여유가 아주 많다'라는 의미. 단독으로 You got the time?하면 지금 몇시냐라는 문장.

Amy and I have spent quality time together.
에이미와 난 함께 시간을 소중하게 보냈어.

- You can spend more quality time with your real friends.
  넌 진짜 친구들과 시간을 좀 더 소중하게 보내도록해.

spend more quality time with~는 …와 양질의 시간을 보내다라는 말로 '…와 시간을 알차게 소중하게 보내다'라는 표현.

It worked just in the nick of time.
때마침 작동이 되었어.

- He happens to sneak out in the nick of time. 걘 아슬아슬하게 빠져나갔어.
  The package came in the nick of time. 소포가 때마침 도착했어.

just in the nick of time은 '때마침,' '아슬아슬하게 때를 맞추어'라는 의미.

T

You have a lot of time on your hands.
너 시간이 많이 남아 돌아가는구나.

- You must have a lot of time on your hands. 너 시간 많이 남는게 틀림없어.
  Retirees have too much time on their hands. 은퇴한 사람들은 시간이 많이 남아.

have time on one's hands는 시간이 두손안에 있다는 말로 '시간이 남아돌다' 라는 의미.

I want you to take some personal time off.
너 좀 개인적으로 휴가 좀 내서 쉬어.

- My dad took time off of work and stayed with us.
  아버지는 휴가 좀 내셔서 우리와 함께 머물렀어.
  I'm glad he's finally taking some time off. 걔가 마침내 휴식을 취해서 기뻐.

get[take] (some) time off는 '휴가를 갖다,' '쉬는 시간을 갖다,' '휴식을 취하다' 는 의미.

Have the time of your life.
즐거운 시간을 만끽해라.

- I've had the time of my life. 난 그 어느때보다도 즐거운 시간을 보냈어.
  Yeah, look like you're having the time of your life.
  그래, 인생 최고의 즐거운 시간을 보내는 것 같아.

have the time of one's life는 '인생에서 최고의 시간을 즐기다,' 그 어느 때보다 더없이 즐거운 시간을 갖다라는 뜻.

We'll make our money back in no time!
우리는 즉시 우리 돈을 되찾을거야!

- The debt would be repaid in no time. 빚은 바로 상환될거야.
  She's cured in no time at all. 걘 곧바로 낫게 될거야.

in no time은 '바로(almost at once),' '즉시' 라는 부사구로 강조하려면 in no time at all이라고 하면 된다.

When the time is right, he'll date.
때가되면, 걘 데이트를 할거야.

- When the time is right, I'll bring her around. 때가 되면 걜 데려올게.
  When the time comes, an alibi would be nice. 때되면, 알리바이가 반가울거야.
  All in good time. How long will that be? 때를 기다리다보면. 그게 얼마나 걸릴까?

when the time is right은 '때가 되면,' when the time is ripe는 '적당한 시간이 되면' 그리고 when the time comes하면 '때가 되면,' all in good time 하면 '때를 기다리다보면,' '때가 오면,' '머지 않아' 라는 표현.

The day will come when we need her help.
우리가 걔의 도움을 필요로 할 날이 올거야.

- All too soon the day will come when there are no changes left.
  머지않아 아무런 변화도 남지 않는 날이 오게 될거야.
  Now is the time to tell me. 이제 내게 말할 시간이 되었지.
  Now is the time when I'm supposed to pay her back.
  걔한테 되갚아줘야 할 때가 되었어.

The time[day] will come when S+V는 '…할 때, …할 날이 올 것이다' 라는 뜻. the time과 the day의 구체적인 내용은 when 이하에 쓰면 된다. 또한 Now is the time~은 '이제 …할 시간이다,' '…할 시간이 되었다' 라는 의미로 Now is the time to+동사 혹은 Now is the time when S+V의 형태로 쓴다.

No time like the present.
지금이야말로 가장 좋은 때야.

- There's no time like the present. 지금보다 더 좋은 때는 없을거야.
  No time like the present. I'm gonna find my seat, okay?
  지금이 적기야. 난 내 자리를 찾을게, 알았지?

(There is) no time like the present는 직역하면 지금만큼 좋은 시간이 없다는 말로 '지금이야말로 가장 적기, 좋은 시기이다' 라는 뜻이다.

My time has come.
내가 죽을 때가 다 되었다.

- This is incredible. My time has come! 믿기지 않네. 내 시대가 왔어!
  Jill's time has come to find a boyfriend. 질이 남친을 찾을 시간이 됐어.

Your time is up.
너희 때는 다 끝났어.

- All right, visiting time is up. Let's go. 자, 면회시간이 끝났어. 가자.
  Time out, Your Honor. That charge is a felony.
  잠시만요, 재판장님. 그 기소는 중죄입니다.

There wasn't time.
시간이 없었어.

- Unfortunately, there wasn't time to correct the program schedule. 불행하게도, 프로그램 일정을 수정할 시간이 없었어.

You're on time.
딱 맞춰 왔네.

- You're just in time. 제 시간에 맞췄네
  She paid her rent on time every week in cash.
  걘 매주 정해진 날에 맞춰 현금으로 임대료를 냈어.

By the time I was done, they were leaving.
내가 끝냈을 땐 걔네들은 벌써 가버렸어.

- By the time they found him, he had killed more than 50 people.
  걔네들이 걔를 발견할 때쯤 걘 50명 이상을 벌써 죽였어.
  You don't have to say thank you every time we have sex.
  우리가 섹스할 때마다 매번 감사하다고 말할 필요는 없어.

Time will tell.
시간이 지나면 밝혀질거야.

- Times are changing. 세월은 변하거든
  Twenty-one years old! Time flies, doesn't it?
  21살이라고! 시간 정말 빨리 간다, 그지 않아?
  They say time heals all wounds. It's crap. 세월이 약이라고들 하는데, 엿같아.

Yeah, you're a little behind the times.
그래, 넌 조금 구식이야.

- I'm more old-fashioned than you think. 난 네가 생각하는 것보다 더 구식이야.
  I think I'm gonna let you two old-timers do your thing. I'm out.
  너희 둘 고참들이 일을 하도록 할까봐. 나 간다.
  You can talk to your daughter in your own time.
  시간 될 때 따님하고 얘기해봐.

One's time has come은 '…의 때가 다 되었다,' 즉 행운을 맞을 때가 되었다, 혹은 죽을 때가 되었다라는 의미로 각각 쓰인다.

Time is up은 '시간이 다 됐다,' '시간이 다 끝났다'라는 의미이고, Time (out)!하면 '잠깐만!'이라는 의미.

There wasn't time은 과거에 '시간이 부족해서 어쩔 수 없었다'는 변명내지는 해명을 하는 것으로 뒤에 to+동사를 붙여 쓰기도 한다.

be on time은 '정해진 시간에 맞추다,' '정시에 오다,' 그리고 be in time은 '제시간에 오다'라는 뜻이다.

by the time S+V, '…는 …할 때쯤에는 벌써 …하다,' 그리고 each[every] time~하면 '매번 …할 때마다 …하다'라는 의미.

Time will tell은 '시간이 지나면 밝혀질거야,' '시간이 지나면 알게 될거야,' Times are changing은 '세월은 변하거든,' 그리고 Time flies는 '세월이 유수 같다'라는 의미. 또한 Time is a great healer나 Time heals all wound는 모두다 세월이 지나면 모든 아픔, 불행이 잊혀진다는 말로 '세월이 약이다'라는 의미.

behind the times는 '시대에 뒤떨어진'이라는 말로 out of date, old-fashioned와 같은 말. 그리고 old-timer는 '고참.' 그리고 in one's own time은 '시간이 될 때,' '사정이 허락할 때,' '준비가 될 때'(when you are ready)라는 표현.

MORE EXPRESSION

a matter[question] of time
시간문제

have a good one
잘 보내다, '좋은 하루 보내다

You don't know the time of day.
넌 세상물정을 몰라.

She makes real good time.
그 애는 정말 빨라.

T

» tip

Thanks for the tip. 알려줘서 고마워.

Thanks for the tip.
알려줘서 고마워.

- I got a tip from a concerned citizen. 관심있는 시민으로부터 정보를 하나 얻었어.
  And who was the tipster? 그럼 누가 정보원이었어?

That should have tipped me off right there.
바로 그때 눈치챘어야 했는데.

- There's no way to tip off the authorities in advance.
  사전에 관계당국에 제보할 길이 없어.
  It's a big tip-off. 그건 비중있는 제보인데.

Rob tipped his hat to the fastest runner.
랍은 가장 빠른 사람에게 경의를 표했어.

- We tipped our hat to the chef at the restaurant.
  우리는 식당의 주방장에게 인사를 했어.
  I tip my cap to the scholarship winners. 난 장학생들에게 존경을 표했어.

And that's just the tip of the iceberg.
그리고 저건 빙산의 일각에 불과해.

- I'm just the tip of the iceberg, okay? 난 빙산의 일각에 불과해요, 알았어요?
  So now, everything is at your fingertips. 이제 모든 것이 네 손아귀에 들어왔어.

a tip도 역시 거의 우리말화 된 단어로 '조언이나 정보'를 뜻해, give sb a tip하면 '…에게 정보를 주다'라는 뜻이 된다. 또한 tipster는 '경찰의 정보원.'

tip sb off는 불법적인 일을 경찰 등 관계기관에 '제보하다,' '밀고하다'라는 뜻이고, tip-off하면 그런 '제보,' '밀고' 혹은 '힌트'를 말한다.

tip[take] one's hat[cap] (to sb)는 '모자를 살짝 들어올려 인사를 하다,' '존경을 표시하다,' '경의를 표하다'라는 의미.

the tip of the iceberg는 '수면위로 보이는 빙산의 일각'이란 뜻으로 보이는 것보다 문제가 더 크다라는 말을 하고 싶을 때 쓰면 된다. 또한 have~at one's fingertips는 …을 손끝에 쥐고 있다, 즉 '…에 정통하다,' '잘 알다,' 혹은 '…을 손아귀에 넣고 완전히 통제하다'란 뜻.

MORE EXPRESSION

tip the balance 형세를 바꾸다

» toast

He's the toast of New York! 걘 뉴욕에서 명사야!

I'd like to make a toast.
축배를 하겠습니다.

- You don't think she's gonna want to make a toast?
  걔가 건배를 하고 싶어할거라 생각되지 않아?
  A toast to all my good friends. 내 모든 좋은 친구들을 위해 건배.

He's the toast of New York!
걘 뉴욕에서 명사야!

- Stop! You're the toast of the town. 그만해! 넌 마을의 자랑이야.
  We turn our tape over to the US Attorney, you're toast.
  우리는 테입을 미연방검사에게 넘겼어, 넌 끝장난거야.
  You broke the TV! You're toast! 넌 텔레비전을 망가트렸어! 넌 큰일났다!

propose[make] a toast (to~)는 '(…을 위해) 건배하다,' '축배들다'라는 표현으로 call for the toast라고도 한다. 보통 결혼하례식같은 데서는 I'd like to propose[make] a toast to~라고 정중히 말을 시작하는게 보통이다.

be the toast of~는 '…에서 아주 잘나가는 사람,' '찬사를 받는 사람'이라는 의미. 또한 be toast는 '곤경에 처하다'(be in trouble), '큰일나다'라는 의미.

» tone

Don't take that tone with me. 그런 어조로 말하지마.

Don't you take that tone with me, mister!

나한테 그런 말투로 말하지마, 이 양반아!

- Don't take that tone with me. Who do you think you are?
  그런 어조로 말하지마. 네가 뭔데?

  Don't you take that tone with me, you gold digger.
  그런 어조로 말하지마, 이 꽃뱀아.

A good morning sets the tone for the day.

좋은 아침은 하루의 분위기를 만들어.

- You're setting the tone for your entire marriage?
  네가 결혼식 전체의 분위기를 만들고 있어?

  The music set the tone for the festival. 음악이 축제 분위기를 만들었어.

don't take that tone with sb는 'sb에게 그런 어조로 말하지 않다'라는 의미로 상대방의 무례한 언행에 발끈해서 한방 쏘아붙일 때 쓰면 된다.

set the tone은 '사람들 사이의 분위기를 만들다,' '조성하다'라는 의미.

MORE EXPRESSION

after the tone 삐소리가 난 후
at the tone 삐소리가 나면
ring tone 휴대폰 벨소리

» tongue

It was a slip of the tongue. 말이 헛나왔어.

I couldn't find my tongue.

아무 말도 못했어.

- You're going to need to find your tongue.
  넌 말문을 열고 말을 해야 돼.

  I couldn't find my tongue when speaking to the president.
  대통령에게 말할 때 아무 말도 하지 못했어.

It's on the tip of my tongue.

혀 끝에서 뱅뱅 돌아.

- The phrase was on the tip of Teresa's tongue.
  그 문구가 테레사의 혀끝에서 뱅뱅 돌았어.

  Oh, his name is on the tip of my tongue. 어, 걔 이름이 기억날 듯하면서 안나네.

A ghost got your tongue?

왜 말이 없어?

- What's wrong? Cat got your tongue? 뭐가 잘못됐어? 왜 말이 없어?

  Why so quiet? The cat got your tongue?
  왜 이리 조용해? 왜 말이 없는거야?

  Frank joked with his tongue in his cheek.
  프랭크는 빈정대는 투로 조크를 했어.

  I'm so sorry. I got tongue-tied. 미안 할 말을 잃었어.

find one's tongue은 '놀라서, 수줍어서, 겁이 나서 한동안 말을 못하다가 말문을 열고 뭔가 말을 하는 것'을 말한다.

be on the tip of one's tongue은 원래 알고 있고 기억했던 것인데 문득 생각이 나지 않는 경우, '지금 잊었지만 곧 기억날거야'라는 의미로 혀끝에서 뱅뱅 돌아라는 표현이다.

(The cat) Got your tongue?은 말이 없거나 대답을 머뭇거리는 사람에게 고양이가 혀를 물어갔냐, 즉 '왜 말이 없어?,' '왜 꿀먹은 벙어리야?'라고 물어보는 표현으로 Lost your tongue?이라고 해도 된다. 또한 with (one's) tongue in (one's) check, 혹은 be tongue-tied는 '할말을 잃다'라는 뜻.

Hold your tongue!
제발 그 입 좀 다물어!

- Hold your tongue! You'll get in trouble! 입 다물어! 곤경에 처할거야!
  Watch your tongue! You talk too much. 말 조심해! 넌 말이 너무 많아.

Hold your tongue!은 상대방이 무례하거나 더 이상 상대방의 말을 듣고 싶지 않을 때, '제발 그 입 좀 다물어!,' '입조심해라!,' '잠자코있어!' 라는 말. 또한 Watch one's tongues!는 함부로 혀를 놀리지마라라는 뜻으로 '말조심해라!' 라는 의미. tongue 대신에 mouth나 language를 써도 된다.

It was a slip of the tongue.
말이 헛나왔어.

- And a slip of the tongue won't go on the record.
  그리고 실언한 건 기록되지 않을 겁니다.
  Sorry, that was just a slip of the tongue. 미안, 말이 헛나온거야.

be a slip of the tongue은 혀가 미끄러졌다는 말로 '실언하다,' '실수로 잘못 말하다' 라는 의미.

MORE EXPRESSION

click one's tongue 혀를 끌끌 차다
speak with a forked tongue 거짓말하다
loosen sb's tongue 말문이 풀리다

» top

To top it all off, he stole a car. 설상가상으로, 걘 차를 훔쳤어.

Let's take it from the top.
처음부터 다시 하죠.

- Once more, take it from the top. 한번 더, 처음부터 다시 하자.
  Please start again and take it from the top. 제발 처음부터 다시 시작하자.

take it from the top은 노래나 연주, 연설 등을 '처음부터 다시하다,' '되풀이하다' 라는 뜻.

I felt like I was on top of my game.
난 내가 아주 특출난 것 같아.

- I'm ready to scrub in. I'm 100% on top of my game.
  수술준비됐고, 난 컨디션이 최고야.
  I'm better than okay. I'm on top of the world. 난 아주 좋아. 기분 넘 좋아.

be on top of one's game은 '정말 잘하다' (doing really well), '아주 특출나게 잘하다' 라는 의미(doing extraordinarily well)이다. 또한 be on top of the world는 세상의 정상에 있다는 말로 자기가 하는 일이 잘 돼서 '기분이 아주 좋다,' '너무 행복하다' 라는 표현.

I will give you 1 hour tops.
최대한 한 시간을 줄게.

- So it'll be one week, two weeks tops. 그래, 한주일, 최대한 2주일거야.
  He's like 5'9", 5'10", tops. 걘 5피트 9인치, 최대로 잡아도 5피트 10인치 같아.

tops는 특히 부사로 '최대한' 이라는 의미로 자주 쓰인다.

I'm on top of it.
내가 잘 관리하고 있어.

- He's stressed, but he's on top of it. 걘 스트레스를 받고 있지만 잘 통제하고 있어.
  He's on top of things. 걘 매사를 잘 관리하고 있어.

be on top of it[things]은 주어가 it이나 things의 위에 있다는 말로 '현재 일들을 잘 통제 관리하고 있다,' '잘 알고 있다' 라는 의미.

Stay on top of this. I'll speak to you soon.
이걸 잘 주시하고 있어. 곧 네게 말해줄게.

- Does he stay on top of what's going on? 현재 벌어지는 일을 걔가 잘 알고 있어?

stay on top of는 뭔가 잘 주시하고 일어나는 일들을 잘 통제하다(monitor sth and try to control what happens)라는 의미.

On top of that, she's fleshy.
게다가 걘 살이 쪘어.

- And on top of that, you're so normal. 게다가 넌 너무나도 평범해.
  And on top of that, you've got responsibilities of command.
  게다가 넌 지휘책임이 있어.

on top of that[it]은 추가 설명을 하면서 강조하는 표현법으로 '게다가'라는 의미.

To top it all off, he stole a car.
설상가상으로, 걘 차를 훔쳤어.

- To top it all off, we went to Las Vegas. 설상가상으로, 우리는 라스베이거스로 갔어.
  To top it all off, they bought some new clothes.
  설상가상으로 걔네들은 새로운 옷을 좀 샀어.

to top it all (off)은 '설상가상으로'란 말로 off는 써도 되고 빼도 되며, top 대신에 cap을 넣어도 된다.

No, can't top that, Jethro.
아뇨, 그거보다 더 좋지 않아요, 제스로.

- A: That was great. B: Okay, so top that. A: 대단했어. B: 좋아, 그럼 더 잘해봐.
  How are you ever going to top that? 어떻게 저거보다 더 잘할거야?

can't top that에서 top은 동사로 '…보다 낫다,' '능가하다'라는 말로 can't top that하면 그것보다 더 나을 수가 없다, 즉 '목적어어가 더 낫다'라는 말이다.

I got on top of her and it felt really good.
난 걔의 위에 올라탔는데 기분이 정말 좋았어.

- One minute he was on top of me, pulling my pants down, then he was gone.
  걔가 내 위에 올라타자마자 내 팬티를 내리고는 가버렸어.
  I got on top of him to cuff him. That's it.
  난 걔 위에 올라타 수갑을 채웠어. 그게 다야.

sb get on top of sb하게 되면 물리적으로 그냥 '…위에 올라타다'가 되지만 sth be on top of sb의 형태로 주어에 문제나 일 등이 올 경우에는 '감당하기 힘들다,' '…가 엄습하기 직전이다'라는 말이 된다.

Least I came out on top once today.
적어도 하루에 한번은 이겨.

- It will be difficult to come out on top in the election.
  선거에서 이기는 것은 어려울거야.
  Who came out on top at the last World Cup?
  지난 월드컵에서 누가 우승했어?
  John, you see who's at the top of the list?
  존, 누가 가장 맨위에 있는지 알겠어?

come out on top은 '오랫동안 싸우거나 다투어 어렵게 이기게 됐다'라는 의미. 또한 be (at the) top of the list[agenda]는 리스트나 목록의 맨위에 있다라는 뜻으로 비유적으로 '…을 최우선시하다,' '제일 중요하다'라는 뜻이 된다.

MORE EXPRESSION

top priority 최우선순위
one on top of the other 겹겹이, 차례로

놓치면 원통한 미드표현들

- **hit the trail[road]** 떠나다, 여행가다
  So feel free to hit the trail all you want.
  그러니 맘대로 가던지 말던지.
- **trailer** 예고편, 트레일러
  Maybe he's towing a trailer.
  아마도 걘 트레일러를 견인하고 있을거야.
  Who has access to Jessie's trailer?
  제시의 트레일러에 누가 접근할 수 있어?
- **tramp** 방탕한 여자, 잡년
  If that tramp touched my husband, I'm going to kill her.
  저 잡년이 내 남편을 손댔가는 죽여버릴거야.
- **trample** 짓밟다 trample on 감정이나 권리 등을 짓밟다
  So write a new law, but don't trample on the first amendment.
  그래 새로운 법을 써라, 하지만 미헌법 수정 제1조는 짓밟지 마라.

» toss

You're the one who tossed him out. 걜 내쫓은 건 바로 너야.

For me, it's a toss-up.

내게는 예측불허의 상황이야.

- At this point, it's a toss-up. Everyone wants me.
  지금 시점에서는 그건 반반야. 다들 나를 원해.

  We choose which team will take the pro or con side with the toss of a coin. 우리는 동전던지기로 어느 팀이 찬반편을 들건지 결정했어.

It's a toss-up에서 toss up은 동전던지기를 하다라는 동사의 명사형으로 toss-up은 가능성이 반반인 상황, 즉 '예측불허의 상황'을 말한다. win[lose] the toss하면 '동전 던지기에서 이기다[지다]'라는 뜻이 된다.

Someone tossed the place pretty good.

누군가 그곳을 샅샅이 뒤졌어.

- We tossed his room. Didn't come up with anything.
  우리는 걔의 방을 뒤졌는데 아무것도 나오지 않았어.

  He tossed it after he killed her. 걘 그녀를 살해후 던졌어.

  Her husband tossed me down the stairs. 걔 남편이 나를 계단밑으로 던졌어.

toss 다음에 장소명사가 오면 '…을 뒤지다,' 특히 수색영장을 갖고 온 경찰이나 마약을 찾으러온 갱단들이 뒤지듯 험악하게 뒤지는(search a place roughly with damage) 것을 뜻한다. 또한 toss는 '던지다'라는 말로 toss sb down the stairs하게 되면 'sb를 계단밑으로 던지다'가 된다.

You're the one who tossed him out.

걜 내쫓은 건 바로 너야.

- This is our life that you just tossed off! 이게 바로 네가 내던져버린 삶이야!

  You don't just toss people aside because of the color of their skin. 넌 피부색 때문에 사람들을 내던지지는 않아.

toss out은 '밖으로 내던지다' 혹은 '어떤 계획이나 아이디어를 내놓다'라는 뜻이며, toss off는 '크게 힘 안들이고 뭔가 빨리 해치우다'라는 의미. 그리고 toss aside는 '내던지다.'

Dad's lawyer says the case could get tossed.

아버지 변호사가 그러는데 소송이 끝날 수도 있대.

- It doesn't get tossed out on public policy grounds.
  그건 공공질서 차원에서 기각되지 않았어.

  60% of potential donor hearts get tossed in the trash.
  60프로의 잠재적인 기증심장이 쓰레기통에 버려졌어.

get tossed는 수동태형으로 '내던져지다,' '버려지다,' '기각되다'라는 의미로 쓰인다.

MORE EXPRESSION

toss and turn 잠을 설치다
toss and turn all night 밤새 뒤척이다
touch bottom 최악의 상태가 되다

» touch

I've been out of touch. 난 사람들과 접촉을 못했어.

Let's keep in touch.

계속 연락하며 지내.

- I will be in touch. 내가 연락할게.

  Could you put us in touch with someone who was close to her?
  걔하고 가까웠던 사람을 소개시켜줄래요?

  I've just never been so in touch with my body.
  난 내 몸을 그렇게 잘 이해했던 적이 없어.

keep[stay, be] in touch with sb는 '…와 연락하다,' '연락을 취하고 지내다,' 그리고 put sb in touch with는 '소개시켜주다'라는 뜻이 된다. 단 be[keep, stay] in touch with 다음에 sb가 아니라 sth이 오면 '최근 정보나 소식를 알고 있다,' '이해하다'라는 뜻이 된다.

I've been out of touch.

난 사람들과 접촉을 못했어.

- They had **lost touch with** her and they needed to find her.
  걔네들은 걔와 연락이 끊겨서 걜 찾아야 돼.
  I hate religious people who **are out of touch with** reality.
  난 현실과 동떨어진 종교적인 사람들을 싫어해.

be out of touch (with)는 '…와 연락이 끊기다'라는 말로 lose touch with라 해도 된다. 당연히 out of touch하면 '뒤떨어진,' '동떨어진'이라는 뜻.

I'd never touch the stuff.

나 그거 먹어본 적 없어.

- A: Let us buy you a coffee. B: I don't **touch the stuff**.
  A: 커피한잔 사줄게. B: 난 안마셔.
  Grandpa hates coffee. He never **touches the stuff**.
  할아버지는 커피를 싫어하셔서 절대로 마시지 않으셔.

not[never] touch the stuff는 술이나 음식 등을 손에 대지 않다, 즉 '마시거나 먹지 않는다'고 할 때 사용한다.

He's trying to get in touch with his roots.

걘 자기 뿌리를 이해하려고 했어.

- Can you tell us how we can **get in touch with** your husband?
  우리가 어떻게 네 남편과 연락할 수 있는지 알려줄래?
  Before you go, Novak ever **get in touch with** you?
  네가 가기전에 노박이 연락했어?

get in touch with sb는 동적인 표현으로 '…에게 연락하다,' 그리고 마찬가지로 ~with sth이 오면 '…을 이해하다'라는 뜻이 된다.

Don't touch her!!

걔한테서 손떼!

- He never **touched** you? 걘 전혀 너한테 손대지 않았지?
  Don't **touch** me! You have to go now. Please, go.
  날 만지지마! 가라고 제발 가.
  When no one was looking, I **touched myself** a little bit too.
  아무도 안볼 때, 나 살짝 자위했어.

not touch sb는 말 그대로 'sb를 만지다,' '손대다'라는 것으로 그냥 일반적인 touch일 수도 있으나 성적인 목적으로 '손으로 만지다,' '상처주다'라는 뜻으로도 많이 쓰인다. 단 touch oneself는 자위하다(masturbate)라는 말로 play with oneself와 같은 말.

He touched me for $ 50.

걘 나한테서 50달러를 긁어냈어.

- The bum **touched** the shoppers **for** extra money.
  그 부랑자는 쇼핑객들에게 돈을 더 달라고 했어.
  Tommy will try to **touch** you **for** some cash.
  타미는 너에게 현금 좀 달라고 할 수도 있어.

touch sb for sth 설득해서 뭔가 빌려달라고 특히 '돈을 빌려달라'고 할 때 쓰는데 hit sb up for sth의 형태가 더 많이 사용된다.

I'm touched by your effort.

너의 노력에 감동받았어.

- She **was so touched by** what you did.
  네 행동에 걘 무척 감동받았어.
  I **was also touched by** Stan's nephew.
  난 스탠의 사촌한테서 감동받았어.

be touched by는 '…에 의해 감동받다'로 be moved by와 같은 말.

Hey, don't get all tough with me! 야, 나에게 너무 엄하게 하지마!

He's a pretty tough cookie.
걘 아주 만만치 않은 사람이야.

- I need a head start. Vince says she's a tough cookie.
  난 출발을 빨리해야 돼. 빈스가 말하는데 걘 만만치 않대.

  He says you're one tough cookie. 걔가 말하는데 너 아주 강한 사람이라고 하더라.

be a tough cookie는 '자신감이 충만하다,' '강한사람, 만만치 않은 사람이다'라는 의미로 cookie 대신에 customer를 써도 된다.

That's toughie.
어려운 결정이네.

- Wow, that's a toughie. 와, 그거 내리기 어려운 결정이네.

  You can go to a club and flirt with some guy, hmm, that is a toughie. 클럽에 가서 사내놈들과 시시덕거릴 수 있지만, 그건 힘들걸.

toughie 역시 '강인한 사람' 혹은 '내리기 어려운 결정'(a tough decision to make)을 뜻한다.

I don't wanna make it tough.
일을 힘들게 만들긴 싫어.

- The soldiers made it tough to complete the course.
  군인들이 코스를 완성하는데 힘들게 했어.

  Don't make it tough on the young women. 젊은 여자 힘들게 하지마.

make it tough는 '일을 힘들게 하다'

Hey, don't get all tough with me!
야, 나에게 너무 엄하게 하지마!

- Sometimes you just have to be a little tough with her.
  종종 걔한테 좀 엄하게 다스려야 돼.

  You get tough with people you can get anything you want.
  네가 원하고 싶은 걸 얻으려면 사람들에게 엄하게 해야돼.

get tough with sb는 '…을 엄히 다스리다,' '엄한 조치를 취하다'라는 의미로 be very strict와 같다고 할 수 있다.

It's tough! I really love Pam.
이를 어쩌나! 난 정말 팸을 좋아해.

- Am I tough? You're damn right I'm tough!
  내가 너무한다고? 그래 이 빌어먹을 내가 지독하다!

  Come on, I am tough! Punch me right here!
  덤벼봐, 난 터프해! 내 여기에 펀치를 날려봐!

That's tough!는 '그것 참 안됐네!,' '그것 참 야단이네!,' '그것 참 힘드네!'라는 의미.

It's going to be a tough one to prove.
그건 증명하기 어려운 걸거야.

- A: It's early Alzheimer's. B: That's a tough one.
  A: 초기 치매래. B: 그것 참 어려운건데.

That's a tough one은 앞에 나온 것을 받아서 '그것 참 힘든 일인데,' '힘든 건데'라는 표현. ~be a tough one to+동사의 형태로도 쓰여 '…하기 어려운 것이다'라고 말할 수 있다.

Oh don't tough it out. Just say yes.
어, 넘 힘들어하지마, 그냥 예스라고 해.

- Just tough it out for a few more months. 몇 달만 참고 견뎌.

  I couldn't tough it out in New York. 난 뉴욕에서 참고 견딜 수가 없었어.

tough it out는 '곤경이나 어려움을 참고 견뎌내다,' '이겨내다'라는 의미.

MORE EXPRESSION

Tonight is tough. 오늘 밤은 어렵겠는데요.

When the going gets tough, the tough get going.
일이 힘들어질수록 강해져야지.

» town

Don't leave town. 시내를 벗어나지마.

You found it? Get outta town.

그걸 발견했어? 어서 시내를 빠져나가라.

- Cops are after me. I gotta get out of town.
  경찰들이 쫓아와. 시내를 빠져나가야겠어.

  A: This is a pancake breakfast for the dolls. B: Get out of town! A: 이건 인형들에게 아침으로 줄 팬케이크야. B: 꺼져!

■ get out of town은 '시내를 빠져나가다' 라는 단순한 의미. 하지만 물론 많이 쓰이지는 않지만 명령문 형태로 상대방에게 '말도 안되는 소리 말고 그만하고 꺼져,' 즉 Fuck off!라는 말로도 사용된다.

You can pay for a night on the town.

밤에 시내에 가서 즐겁게 놀 비용을 네가 내.

- You know what you need? A night out on the town.
  네가 필요한게 뭔지 알아? 시내가서 밤에 신나게 노는거야.

  But psyched to be out on the town, right?
  하지만 시내가서 신나게 논다니 넘 좋아, 그지?

■ (out) on the town은 저녁에 식당이나 극장에 가서, 즉 '시내에 가서 흥청망청 노는 것'을 뜻한다.

Don't leave town.

시내를 벗어나지마.

- Did anyone know they were leaving town?
  걔네들이 시내를 떠났다는 걸 누가 알고 있었어?

■ not leave town은 '시내를 벗어나지 않다' 라는 말로 주로 용의자들에게 시내를 떠나지 말라고 호반장이 자주 쓰는 말.

MORE EXPRESSION

go to town (on sth) 신나게 하다
a man of the town 바람둥이
a girl of the town 창녀

T

» track

Let's get back on track. 자 다시 본론으로 돌아가자.

It's proof he lost track of her.

걔가 그녀를 놓친 증거야.

- I seem to have lost track of it. 내가 잊어버린 것 같아.

  Hey. Did you lose track of time? 야, 시간가는 줄 몰랐어?

■ lose track of~는 '…을 잊다,' '놓치다,' '소식이 끊기다,' 반대로 keep track of~하면 '…을 파악하고 있다,' '…을 잊지 않고 있다,' '…을 기록하다' 라는 말. 또한 lose track of time은 시간을 놓치다라는 말로 '시간가는 줄 모르다' 라는 의미.

You're on the fast track.

넌 출세가도를 달리고 있어.

- My career has been on the fast track. 내 경력이 출세가도를 달리고 있어.

  We're on the fast track to getting out of town.
  우리는 시내를 벗어나기 위해 빠른길로 가고 있어.

  We can use the information he's got, Gives us the inside track.
  우린 걔가 갖고 있는 정보를 써도 돼서 우리가 아주 유리한 입장에 위치하게 돼.

  I can turn that around! I got the inside track!
  난 반전시킬 수 있어! 유리한 위치에 섰다고!

■ be on the fast track에서 fast track은 성공이나 출세 등으로 가는 빠른 길을 뜻하는 단어로 be on the fast track하면 '성공가도를 가고 있다' 는 말이 된다. 물론 일반적으로 '빠른 길'을 뜻하기도 한다. 또한 비슷한 의미로 inside track이 있는데 육상트랙의 안쪽 트랙이란 말로 '유리한 위치,' '입장' 혹은 비밀이나 특별한 정보를 가지고 있다는 말.

We have got to keep him on track.
우리는 걔가 제대로 성장할 수 있도록 해야 돼.

- We're engaged, we're on track here, her and me.
  우린 약혼했어, 우린 제대로 가고 있는거야, 걔와 내가.

  Two people are on track for a promotion. 두명이 승진을 목표로 하고 있어.

be on track은 원하는 목표나 결과를 향해서 제대로 가고 있다, 즉 '원하는 걸 달성할 것 같다'라는 의미. 그래서 keep sb[sth] on track은 'sb가 제대로 가도록, 목표달성할 수 있도록 하다'라는 의미가 된다. 단 be on the track of~하면 '…을 쫓고 있다'라는 뜻.

Let's get back on track.
자 다시 본론으로 돌아가자.

- However, we are quickly getting back on track.
  하지만, 우린 빨리 정상화되고 있어.

  We can get her back on track! 우린 걜 다시 정상으로 만들자!

get back on track은 원래의 트랙으로 돌아오다, 즉 '제자리로 돌아오다'라는 의미로 상황에 맞게 해석을 해야 한다. 또한 get sb[sth] on track하면 '…을 정상으로 돌려놓다,' be back on track하면 '정상화되다'라는 뜻.

OK, we're kinda gettin' off the track here.
그래, 우리는 여기서 좀 주제에서 벗어났네.

- The conversation got off track and we argued.
  대화가 벗어나서 다투었어.

  My career got off track when I quit my job.
  내 경력은 직장을 그만두면서 망가졌어.

get off track은 지금 논의중인 주제를 벗어나 '새로운 문제를 논의하기 시작하다' 혹은 탈선하다라는 뜻으로 원래 계획과 달리 '안좋은 다른 방향으로 가다'라는 뜻으로 쓰인다.

Sounds like you're on the right track.
네가 제 자리를 잡은 것 같아.

- Just for a little while, help get him on the right track.
  잠시나마, 걔가 자리를 제대로 잡을 수 있도록 도와줘.

  I think we are so on the right track! 우린 아주 올바른 방향으로 가는 것 같아.

be on the right[wrong] track은 '올바른[잘못된] 방향으로 가다,' get sb on the right [wrong] track하면 'sb를 올바른[잘못된] 방향으로 자리잡게 하다'라는 의미.

He has got a good track record.
걘 성적이 훌륭해.

- I know that I don't have a very good track record.
  난 좋은 경력이 없다는 걸 알고 있어.

  Jill has a good track record for finishing on time.
  질은 일을 제때에 끝내는 좋은 전력이 있어.

have a good track record는 뭔가 좋은 기록이나 히스토리가 있다는 이야기.

Now you cover your tracks by killing them.
이제 넌 걔네들을 죽여서 증거를 감췄네.

- When I went to cover my tracks, Major Maguire found out.
  내가 증거를 감추려고 갔을 때 맥과이어 소령이 알아차렸어.

  We couldn't find them, so you could hide your tracks.
  우린 그것들을 찾을 수가 없었어, 그래서 넌 증거들을 숨길 수가 있었어.

cover one's tracks는 자신의 흔적을 덮다, 자신의 불법행동이나 잘못된 사실들이 노출되지 않도록 조심하다, 한마디로 말해 '증거를 감추다,' '종적을 감추다'라는 말로 hide one's tracks라고 해도 된다.

We're trying to track down the ex.
우리는 전 남편을 추적하려고 하고 있어.

- I need you two to track down who was in the chat room.
  채팅방에 누가 있었는지 너희 둘이 추적해봐.

  Could take hours to track down a translator.
  통역자를 찾아내는데 시간이 좀 걸릴 수 있어.

track down은 '…을 추적하다,' '…을 추격하다' '…을 찾아내다'라는 의미. 역시 표현의 성격상 범죄를 다룬 미드에서 많이 나온다.

MORE EXPRESSION

Let's make tracks. 가자.

I know all the tricks of the trade. 난 필요한 지식과 기술을 모두 다 갖췄어.

Jeff is kind of a jack of all trades.
제프는 못하는 게 없을 정도야.

- I'm a jack of all trades and have many talents.
  난 팔방미인이고 많은 재능이 있어.
  Hire a jack of all trades to fix your fridge.
  아주 능한 사람을 불러서 냉장고를 고쳐.

Looking to see what you got. I'd like to make a trade.
네가 갖고 있는 걸 보니, 네꺼랑 바꾸고 싶어.

- We made a trade to acquire a different computer.
  다른 컴퓨터를 얻으려고 교환했어.
  Did you make a trade for this car? 넌 이 차를 바꾸었니?

The sellers ply their trade in the street market.
판매상은 거리에서 장사를 하고 있어.

- The mechanic has been plying his trade for years.
  그 기계공은 오랫동안 자기 일을 했어.
  Find another area to ply your trade. 네 일을 하려면 다른 장소를 찾아봐.

I know all the tricks of the trade.
난 필요한 지식과 기술을 모두 다 갖췄어.

- I was hoping to get a little bit more of tricks of the trade.
  난 좀 더 많은 성공의 요령을 갖기를 바랬었어.
  The old butcher knows all the tricks of the trade.
  나이든 푸줏간 주인은 필요한 지식을 다 갖추고 있어.

Eric traded in Donna for a hot blond!
에릭은 도나를 주고 섹시한 블론드 여자로 바꿨어.

- He traded his Dubai ticket for Greece.
  갠 두바이행 표에 돈을 얹어서 그리스행 표로 바꿨어.
  These guys traded in sex. 이 놈들은 성매매를 했어.

jack of all trades는 모든 사업, 장사에 능한 사람이라는 뜻으로 '못하는게 없는 팔방미인'이라는 뜻으로 역설적으로 어느 하나 특별히 잘하는게 없다는 뉘앙스를 갖는다. 원래는 jack of all trades and master of none(다 잘하지만 특출나게 잘하는 건 없다)이다.

make a trade는 자기가 갖고 있는 걸 다른 사람의 것과 '바꾸다,' '교환하다'라는 의미. 또한 주식에 관련되어 쓰이면 주식(stocks)을 사다라는 의미.

ply one's trade '열심히 일하다,' '장사하다' 자신이 배운 일을 하다(do the work a person is trained for)로 조금은 오래된 표현.

know (all) tricks of the trade에서 tricks of the trade는 장사의 비결, 요령이란 말로 '필요한 지식과 기술을 다 갖고 있다'라는 의미가 된다.

trade in ~ for~는 요즘 많이 하는 '보상판매를 하다'라는 뜻. 즉 쓰던 물건에 돈을 더해서 새 물건을 사다라는 의미. 또한 trade A for B는 'A를 B로 교환하다'라는 뜻. 하지만 그냥 trade in하면 '거래하다'라는 표현.

MORE EXPRESSION

sex trade 매춘
drug trade 마약거래
passing trade 지나가는 고객
do a roaring trade 빠른 시간 내에 많은 제품을 팔다

T

놓치면 원통한 미드표현들

- **have the trots** 설사하다 give sb the trots …가 설사하게 하다
  He has the trots. 걔 설사래.
  And also tea tends to give me the trots.
  그리고 또한 차를 먹어도 난 설사하게 돼.
- **trot sth out** 늘 하는 변명을 하다, 관련있는 얘기를 하다,
  I trotted out my dictionary to look up the word. 난 단어를 찾기 위해 내 관련사전을 보여줬어.
  Grandpa is always trotting out some old story. 할아버지는 늘상 같은 이야기를 하셔.

» **traffic**

Looks like he hit traffic. 갠 교통체증에 막혔나봐.

He used to traffic in young women.
갠 어린 여자들을 밀거래 하곤 했어.

- Fifteen thousand kids are trafficked here each year.
  매년 만 오천명의 아이들이 여기서 밀거래되고 있어.

  All 3 victims were found in heavily trafficked areas.
  피해자 3명 모두 밀거래가 왕성한 지역에서 발견됐어.

traffic in은 불법적인 거래, 즉 '밀거래하다'라는 뜻으로 마약이나 매춘녀들을 거래할 때 이 표현을 쓰면 된다. 여기서 traffic의 과거형은 trafficked, 분사형은 trafficking이라는 것에 주의한다.

You're awaiting trial on drug trafficking.
넌 마약거래혐의로 재판을 기다리고 있어.

- You're the one who got us busted for drug smuggling.
  마약밀매로 우리가 잡힌 건 바로 너 때문이야.

  I think you were trafficking cocaine into South Florida.
  넌 사우스 플로리다로 코카인을 들여오고 있었어.

drug trafficking은 '마약거래'를 뜻하며 drug smuggling하면 '마약밀매'를 의미한다. 그리고 trafficker는 '마약 밀매꾼'을 뜻한다.

Looks like he hit traffic.
갠 교통체증에 막혔나봐.

- You're going to hit traffic in Boston. 보스톤까지 가는데 막힐거야.

  Usually I hit traffic around five pm. 보통 5시경이면 차가 막혀.

hit traffic은 '교통체증에 막히다.'

» **trap**

I feel like you just trapped me. 네가 날 함정에 빠트린 것 같아.

I mean, man, you must've felt trapped.
내 말은, 네가 갇혀있는 기분이었겠어.

- She's trapped in a revolving door. 갠 회전문에 갇혔어.

  What if we got trapped here? Who'd we eat first?
  우리가 여기에 갇힌다면 누굴 먼저 먹을까?

be[feel] trapped in은 물리적으로 혹은 심리적으로 빠져나갈 수 없는 위험한 장소나 나쁜 상황에 '갇혀있다,' '…에 갇혀있는 기분이다'라는 의미.

Were you trapped by the salesman?
영업사원에 속았어?

- The soldiers were trapped by the enemy's army.
  군인들은 적군의 함정에 빠졌어.

trap은 사람을 함정에 빠트려 붙잡거나 혹은 함정에 빠져 …하게 되다라는 의미.

Don't fall into the trap of marrying too early.
빨리 결혼하는 오류를 범하지마.

- We fell into the trap of spending too much money.
  우리는 돈을 너무 많이 쓰는 함정에 빠졌어.

fall into the trap of ~ing는 '…의 함정에 빠지다, 덫에 걸리다, 오류를 범하다' 등의 안 좋은 의미.

This place is a death trap!

이곳은 죽음의 덫이구만!

- Didn't stop him from busting out of this death trap.
  걔가 이 죽음의 덫에서 도망치는 것을 막지마.

  And with all the sharp edges around here, this place is a death trap. 그리고 주변의 이 날카로운 것들 때문에 이곳은 죽음의 덫이야.

death trap은 '죽음의 함정,' '덫'이란 말로 위험한 차량이나 건물 등 뭐든지 죽음이나 피해를 가져올 수 있는 위험한 상태에 있는 것.

I told you to keep your trap shut.

아가리 닥치라고 했잖아.

- You just couldn't keep your trap shut. 넌 아가리를 닥칠 수가 없구나.

  Whatever. I'm doing it, so keep your trap shut.
  무엇이건간에, 난 할거니까 아무말마.

keep one's trap shut은 shut one's trap과 같은 말로 '입을 다물다'라는 뜻. 여기서 trap은 아가리를 말한다.

MORE EXPRESSION

avoid the trap of ~ing …하는 오류를 피하다
lay[set] a trap for 함정을 놓다

» trash

This crime scene is trashed. 여기 범죄현장은 완전히 망가졌어.

Your reputation is getting trashed.

네 명성이 산산조각났어.

- This crime scene is trashed. 여기 범죄현장은 완전히 망가졌어.

  She's trashed. Maybe she passed out. 걘 취해서 아마 졸도했을거야.

get[be] trashed는 '완전히 망가지다,' '술취하다'라는 의미.

I trashed the place. I teach that bitch.

난 그 집을 엉망으로 만들어놨어. 내가 저년 호되게 가르쳐줬어.

- He also trashed the store's computer. 걔도 가게의 컴퓨터들을 망가트려놨어.

  She sent him threatening emails, she trashed me in her blog.
  걘 걔한테 협박이멜을 보내고 자기 블로그에선 나를 신랄하게 비난했어.

trash the place처럼 trash 다음에 장소명사가 나오면 '부수다,' '엉망으로 만들다'라는 뜻이 된다. 그리고 trash 다음에 사람명사가 나오면 '매우 심하게 비난하다'라는 뜻이 된다.

I saw a cute guy takin' out the trash.

난 귀여운 남자가 쓰레기를 버리는 것을 봤어.

- You've got to get rid of the gun put it in the trash.
  넌 쓰레기통에 있는 총을 없애야 돼.

  I found it in the trash over here by this bench.
  난 이쪽 이 벤치 옆에 있는 쓰레기통에서 그것을 발견했어.

put sth in the trash는 '…을 쓰레기통에 넣다,' take out the trash는 '쓰레기를 갖다 버리다,' throw sth in the trash 역시 '쓰레기통에 버리다,' 그리고 find sth in the trash하면 '쓰레기통에서 …을 찾다.'

She starts in on the trash talk.

걘 도발적인 말들을 하기 시작했어.

- Seriously guys, the trash talk is embarrassing.
  정말이지 애들아, 도발적인 말은 정말 당황하게 만들어.

trash talk은 특히 스포츠 경기에 앞서 혹은 도중에 상대방의 기를 죽이려고 선수나 감독 혹은 팬들이 하는 '험담'을 말한다. 예를 들면 호날두가 "I'm so fast you couldn't see me with a telescope"을 했다면 이도 trash talk. 물론 동사로도 쓰인다.

MORE EXPRESSION

read that trash 그런 쓰레기를 읽다
white trash 빈곤한 백인

T

» treat

Don't worry about it. It's my treat. 걱정하지마. 이건 내가 낼게.

So Dad, how's the retired life treating you?
그럼 아빠, 퇴직생활이 어때?

- How's life treating you? 사는 건 어때?

  Hey, Chris, how's the world treating you? 크리스, 요즘 세상사는게 어때?

How's life treating you?는 세상이 널 어떻게 대하냐라는 말로, '요즘 어떻게 지내냐?,' '세상살이가 어떠냐?'고 근황을 물어보는 재미있는 인사말.

This is my treat.
내가 살게.

- This will be my treat. 이건 내가 낼게.

  Don't worry about it. It's my treat. 걱정하지마. 이건 내가 낼게.

be one's treat는 …의 대접이다라는 말로 '…가 낼게,' '…가 쏠게'라는 의미.

I'll treat you to a Tasty Delight.
내가 테이스티 딜라이트에서 한턱 쏠게.

- I'll treat you to a lunch at a restaurant. 식당에서 점심 내가 살게.

  I'll wait until next time we go shopping to treat myself.
  다음번에 가서 우리 큰 맘먹고 쇼핑하자.

I'll treat you는 '내가 한턱 쏠게'라는 말로 뒤에 to+장소나 to dinner처럼 쓰는 내용이 와도 된다. 이와 함께 유명한 표현으로는 treat oneself to~로 이는 스스로를 대접한다는 말로 맘먹고 그동안 하지 못했던 휴가나 만난 걸 먹다, 사다라는 뜻으로 우리말로는 지름신이 강림하사 '…을 과감히 지르다'라는 의미로 이해하면 된다.

Please don't give me the silent treatment.
제발 날 무시하지는마.

- But now I'm getting the silent treatment.
  지금은 잠자코 무시당하고 있어야지.

  But if you keep up the silent treatment, then there's nothing we can do. 네가 계속 침묵전술로 나오면 우리가 할 수 있는게 아무것도 없어.

give sb the silent treatment하면 '화가 나서 침묵으로 일관하다,' '말하지않다,' '무시하다,' '묵살하다,' 반대로 그렇게 당하는 건 get the silent treatment라고 한다.

MORE EXPRESSION

special treatment 특별대우
go down a treat 성공적이다

» trick

You know any good tricks? 뭐 좋은 비책 알고 있어?

Trust me, this will do the trick.
날 믿어, 잘 될거야.

- Hoping a hot bath will do the trick. 뜨겁게 목욕하면 효과가 있을거야.

  Yeah, a hundred hours of community service did the trick.
  그래, 백시간의 지역봉사활동이 효과가 있었어.

do the trick은 '효과가 있다,' '먹히다,' '문제가 해결되다'라는 속어로 That'll do the trick 하면 일이 잘될거라는 낙관적 전망을 할 때 쓰는 표현.

I know every trick in the book.
나는 모든 해결책을 알고 있어.

- Use every trick in the book. 온갖 방법과 수법을 다 사용해봐.

  Someone out there is using one of their old tricks.
  밖에 누군가가 자기네들의 낡은 수법을 쓰고 있어.

use every trick in the book은 '가능한 모든 해결책을 써보다,' '온갖 방법과 수법을 쓰다'라는 의미로 use 대신에 trick을 써도 된다.

Rico used his tricks to fool the women.
리코는 잔꾀를 부려 여자들을 농락하곤 해.

- Did you use your tricks to get a discount? 할인 받기 위해서 농간부렸어?
  She used her tricks to get out of jail. 걘 감방에서 나오기 위해 잔꾀를 부렸어.

use one's trick 또는 use tricks '잔꾀를 부려 남을 속이다 (do something to fool sb),' '농간부리다' 라는 의미.

You know any good tricks?
뭐 좋은 비책 알고 있어?

- He created some of my most famous tricks.
  걘 나의 가장 유명한 비결들을 만들어냈어.
  Do you believe an old dog can learn new tricks, Detective?
  사람들이 오래된 습관을 바꿀 수 있다고 생각해요, 형사양반?

know the tricks는 '요령이나 비결, 묘책을 알다,' learn new tricks는 '새로운 요령이나 재주를 배우다.'

I see you're up to your old tricks again.
네가 다시 예전의 그 못된 수법을 쓰는구만.

- She didn't seem to remember any of her old tricks.
  걘 자기가 썼던 수법을 하나도 기억못하는 것 같아.

sb is up to one's old tricks는 '예전에 써먹던 낡은 수법을 다시 쓰다' 라는 말로, be back to one's old tricks again 이라고 해도 된다.

Old cops never miss a trick.
나이든 경찰은 절대로 좋은 기회를 놓치지 않아.

- Don't lie. I never miss a trick. 거짓말마. 난 절대로 사람을 속이지 않아.
  Dad says that he never misses a trick. 아빤 절대 좋은 기회를 안놓친다고 하셔.

never miss a trick은 '좋은 기회를 절대 놓치지 않다,' '그럴 정도로 빈틈이 없다,' '돌아가는 사정을 잘 알고 있다' 라는 의미.

How's tricks?
잘 지내?, 어떻게 지내?

- Hey, Nora. How's tricks? 야, 노라야. 어떻게 지내?

How's tricks?는 친한 사이에 하는 속어 인사말로 '재미좋아?,' '어떻게 지내?,' '잘 지내?' 라는 의미.

You let your girlfriend turn tricks?
네 여친을 성매매시킬거야?

- You had her go and turn a trick. That's who you are.
  넌 걔가 가서 매춘하게 했어. 그게 바로 너라는 사람이야.
  Those are for women who have lost their money and have to turn tricks. 그것들은 돈을 다 잃고 성매매를 해야 하는 여성들을 위한거야.

turn a trick은 '매춘을 하다,' turn tricks하면 '돈을 주고 섹스를 하다' 라는 의미.

You tricked me?
네가 날 속였어?

- You think we can trick him? 우리가 걜 속일 수 있다고 생각해?
  The con man tricked the widow out of her money.
  그 사기꾼은 미망인을 속여서 돈을 갈취했어.

trick sb는 trick이 동사로 쓰인 경우로 '속이다' 라는 의미. trick sb into~ing는 'sb를 속여서 …하게 하다,' 그리고 trick sb out of~하게 되면 'sb를 속여서 …을 빼가다,' 혹은 문맥에 따라 '…하지 못하게 하다' 라는 의미.

You pulled your Jedi mind trick on me.
너 날 맘대로 조종하려는 거였어?

- Way to bust out the Jedi mind tricks, dude.
  우리 맘을 조종하려는 거에서 벗어나는 길이야, 친구야.
  The emotions you feel are only a trick of the mind.
  네가 느끼는 두려움은 단지 마음의 착오일 뿐이야.

Jedi mind trick은 영화 스타워즈에 나오는 전사 Jedi가 사람들을 설득하여 자기 원하는 대로 시키기 위해서 사람들 맘에 트릭을 쓰는데, 이런 연유에서 Jedi mind tricks하면 말로 설명할 수 없는 신비한 뭔가로 사람을 조종하는 것을 뜻한다. 또한 a trick of the mind는 마음이 혼란스러운 것 혹은 이해하기 힘든 뭔가를 말한다.

T

» trip

I'm just tripping. 내가 좀 이상한 것 같아.

You've obviously never had a bad trip.
넌 분명 마약으로 환각상태가 돼본 적이 없다는거지.

- We tripped out when the cops came. 우리는 경찰들이 왔을 때 환각상태였어.
  Larry went crazy during his bad trip. 래리는 환각상태에서 미쳐날뛰었어.

I'm just tripping.
내가 좀 이상한 것 같아.

- Jamal was tripping when he started the fight.
  자말은 싸움을 시작했을 때 뭔가 이상했어.
  You're tripping if you think you can finish first.
  네가 그걸 먼저 끝낼 수 있다고 생각한다면 미친거지.

a bad trip은 '마약에 취한 환각상태'를 말하며 동사로 trip (out)해도 '마약으로 환각에 빠진 상태이다'라는 뜻으로 쓰인다.

be tripping은 구어체로 '주어가 뭔가 잘못 생각하고 있다,' '정신나갔다(be crazy),' '아주 이상하게 행동하고 있다(behave in an unreasonable way)'라고 말하는 표현법.

MORE EXPRESSION

trip over 발을 헛디디다
trip on a stone 돌부리에 걸려 넘어지다
be such a trip 아주 재미있는 사람

» trouble

He got her into trouble. 걔가 그 여자를 임신시켰어.

You're heading for trouble.
네가 화를 자초하는 거야.

- That rude kid is heading for trouble. 저 버릇없는 아이는 화를 자초하고 있어.
  You open this up, you're asking for trouble. 이거 열면 화를 자초하는거야.

I need your help! I'm in big trouble!
네 도움이 필요해! 큰 어려움에 빠졌어!

- Can't you get in trouble for dating a student?
  학생하고 데이트해서 어려움에 빠지지 않았어?

He got her into trouble.
걔가 그 여자를 임신시켰어.

- I didn't mean to get you in trouble. 널 어려움에 처하게 할려는게 아니었어.
  It's his job to get me out of trouble. 날 곤경에서 구하는게 걔의 일이야.

Have you been keeping out of trouble?
별 문제 없었지?, 아무 일 없었지?

- You been keeping out of trouble. 넌 별 사고없이 잘 지냈어.
  She stays out of trouble. She's smart. 걘 말썽피지 않아. 영리하거든.

head for trouble은 trouble을 향해 간다는 말로 '스스로 화를 자초하다,' 더 자극적으로 말하자면 '불구덩이로 향하다'라는 뜻이 된다. ask for trouble 역시 비슷한 의미로 '사서 고생하다,' '괜한 짓을 하다'라는 뜻으로 look for trouble이라고 해도 된다.

be[get] in trouble은 기본표현으로 '곤경에 처하다,' '어려움에 처하다'라는 의미. 응용표현으로 will be in trouble if~라고 하면 '만일 …하면 …가 곤란해질거야'라는 충고성 표현.

get sb in(to) trouble은 'sb를 곤경에 처하게 하다'라는 의미로 문맥에 따라서는 '미혼인 여자를 임신시키다'라는 뜻으로도 쓰인다. 또한 get sb out of trouble하면 반대로 'sb를 곤경에서 벗어나게 하다'라는 뜻이 된다.

have trouble with~ 혹은 have trouble ~ing는 '…에, …하는데 어려움을 겪다,' '…하는게 힘들다.'

Save me the trouble.
수고 좀 덜어줘.

- That would save me the trouble of killing him.
  그러면 내가 걜 죽이는 수고를 덜어줄거야.

  I thought I'd save you the trouble. 난 내가 너의 수고를 덜어줄거라 생각했어.

save sb the trouble (of~ing)는 'sb가 (…하는) 수고를 덜어주다,' '수고를 덜어주다' 라는 뜻.

Aunt Bette took the trouble to stop by.
베티 숙모는 일부러 시간내서 들리셨어.

- Thank you very much for taking the trouble to talk to me.
  수고스럽게도 나와 얘기를 해줘서 매우 고마워요.

  I'm the only one who took the trouble of getting him a birthday cake. 내가 걔한테 생일케익을 사준 유일한 사람이네.

take the trouble to+동사는 수고를 들여서 …하다라는 말로 '수고스럽게도 …을 하다,' '수고를 아끼지 않고 …을 하다' 라는 의미.

Why go to all the trouble and then try to cover it up?
왜 그 모든 고생을 해서 그걸 은폐하려는거야?

- Who would go to the trouble of killing someone that way?
  누가 그렇게 고생을 해가면서 사람을 죽이려할까?

  Why would they go to this much trouble to hide it?
  왜 걔네들이 그걸 숨기려고 그정도의 수고를 했을까?

go to (all) the[that] trouble 역시 '애써서 …하다,' '고생해서 …하다' 라는 뜻이며 go through all the[that] trouble 또한 어렵고 시간이 많이 걸리는 일이지만 '모든 수고를 감내하다' 라는 의미.

You have trouble letting things go.
넌 일들을 잊는 걸 어려워 해.

- We might have trouble gaining his trust.
  우린 걔의 신뢰를 얻는데 어려움을 겪을 수도 있어.

  I have trouble with this sort of subject matter.
  이런 종류의 문제로 내가 힘들어.

  She will have no trouble believing it. 걔가 그걸 믿는데 어려움은 없을거야.

have no trouble ~ing는 반대로 '…하는데 어려움을 겪지 않다,' '…하는데 문제없다' 라는 의미. 또한 have trouble with~ 혹은 have trouble ~ing는 '…에, …하는데 어려움을 겪다,' '…하는게 힘들다.'

T

(It's) No trouble.
아무 문제없어.

- No trouble at all. 전혀 뭐 문제될거 없어.

  A: I apologize for the trouble. B: No trouble at all, sir.
  A: 소란피서 죄송해요. B: 전혀 괜찮아요, 선생님.

no trouble (at all)은 상대방의 제의나 요청에 '전혀 문제없다,' '아주 쉬운 일이다' 라고 대답하는 표현으로 no problem과 같은 맥락의 표현.

I don't wanna make any trouble.
소란 피우고 싶지는 않지만.

- She'd better not make any trouble. 걘 말썽을 피지 않는게 나을거야.

  Most of those people only cause trouble for each other.
  저 사람들 대부분은 서로 문제를 일으키고 있어.

  I don't want to buy trouble. 난 말썽 일으키긴 싫어.

make trouble은 '문제나 말썽, 소란을 피우다.' 그리고 cause (sb) trouble은 '(…에게) 문제나 말썽을 일으키다' 라는 말로 buy trouble이라고 해도 된다.

Don't trouble yourself. We'll be on our way in no time.
일부러 그러지마. 곧 우리가 갈거야.

- Don't trouble yourself to prepare any food. 일부러 음식 준비하려고 하지마.

  Jenny didn't trouble herself to respond to the text.
  제니는 문자메시지를 보내려고 하지 않았어.

Don't trouble oneself (to~)는 '일부러 (…을) 하지 않지 않다,' '괜히 …하지 않다' 라는 말로 도움을 주려는 상대방을 말리거나 충고해주는 예의 문장.

If it's not too much trouble, give her a call.
수고스럽지 않다면 걔한테 전화해.

- If it's too much trouble, maybe we should stay home.
  폐가 안된다면 집에 있을게.

  I'm sorry to trouble you, but can I borrow a pen?
  미안하지만 펜 좀 빌릴 수 있을까?

If it's not too much trouble은 '큰 폐가 안된다면'이라는 뜻. 또한 I'm sorry to trouble you, but~은 '폐를 끼쳐서 미안하지만이라는 말로 상대방에게 뭔가 부탁할 때 사용하는 표현. Sorry for the trouble 역시 폐를 끼쳐 미안하다고 사과하는 표현. Thank you for your trouble은 수고해줘서 고마워.

MORE EXPRESSION

I smell trouble. 수상한데.
troubled waters 거친파도, 역경

» trust

Trust me, he's not going anywhere. 날 믿어봐, 걔 아무데도 가지 않을거야.

I trust you're going well.
건강히 잘 지내시길 바래요.

- I trust you've had second thoughts about persecuting her.
  걜 기소하는 걸 재고했기를 바래요.

  I trust that there's not a problem with that? 그거에 문제가 없기를 바래요.

I trust (that) S+V는 '예의 바르게 that~이하가 사실이기를 바란다'는 희망을 나타내는 표현.

Trust me, he's not going anywhere.
날 믿어봐, 걔 아무데도 가지 않을거야.

- Trust me. I spent half the night up with her. 진짜야. 걔와 새벽까지 같이 지냈어.

  You can trust me. I'm not going to hurt you. 날 믿어도 돼. 널 해치지 않아.

Trust me는 요즘 세상에 누가 이 말을 믿을지 모르겠지만(?), '내 말을 믿어,' '날 믿어'라고 하는 말. You can trust me는 상대방에게 나는 믿어도 된다라고 하는 말.

They place their trust in God.
걔네들은 신을 믿고 있어.

- Putting way too much trust in this guy. 이놈은 너무 많이 믿지마.

  They put their trust in you because you're an M.D.
  걔네들은 네가 의학박사라서 신뢰하고 있어.

put one's trust in~은 …에 신뢰를 두다라는 말로 비유적으로 '…을 믿다,' '신뢰하다'라는 말로 put 대신에 place를 써도 된다.

trust sb to+동사는 'sb가 …하기를 신뢰하다,' '믿다.'

I would trust you to handle it.
난 네가 그걸 처리하리라 믿고 있어.

- I know I can trust you to take care of it. 네가 그걸 처리하리라 믿어도 된다는 걸 알아.

MORE EXPRESSION

tried and trusted 확실히 믿을 수 있는
take sth on trust 그냥 믿다
not trust sb an inch 조금도 믿지 않다

놓치면 원통한 미드표현들

- **have[want] no truck with~** 상대하지 않다, 고려하지 않다, 거래하지 않다
  Is there a plot afoot? I'll have no truck with plots. 음모가 진행중야? 난 어떤 음모와도 거래하지 않을거야.
- **tucker sb out** …을 무척 피곤하게 하다
  I'm tuckered out, so I might as well go home! 내가 넘 피곤해서 집에 가는게 나을거야!
- **tug** 세게 잡아당기다
  Your story is very convenient. It tugs at the heartstrings.
  네 이야기는 매우 간편하네. 심금을 울려.
- **tycoon** 실업계의 거물
  A real estate tycoon is killed.
  부동산 업계의 거물이 살해당했어.

Is there some truth to it? 그게 일리가 있는거야?

Is there some truth to it?
그게 일리가 있는거야?

- There's got to be some truth in them.
  그것들에 일리가 있을 수도 있어.

  You think there might have been some truth in what Ron said? 론이 말하는 거에 일부 일리가 있을 수도 있는 것같아?

There's some truth in[to]은 …에 일부 진실이 있다, 즉 '일리가 있다'라는 말이고, There's got to be some truth in~은 '…에 일리가 있을 수도 있다'라는 뜻이다.

The truth is I have no idea.
사실은 나도 몰라.

- But the truth is, we need you here. 하지만 사실은 우린 여기 네가 필요해.

  The truth is you are better off. 사실은 네가 더 형편이 나아.

The truth is~는 뭔가 사실내지는 진실을 말하기 시작할 때 꺼내는 표현법. 또한 It's true that~은 '…은 사실이다,' Is it true that~?는 '…가 사실이야, 정말이야?' 그리고 Isn't it true that~?하면 '…가 사실아냐?'라고 물어보는 표현.

All of us are forced to face the truth.
우리 모두는 진실을 받아들여야 한다.

- When are you going to face the truth? 넌 언제 진실을 받아들일거야?

  A: I want the truth! B: You can't handle the truth!
  A: 난 진실을 원해요! B: 넌 진실을 감당할 수가 없어!

face the truth는 '진실을 받아들이다,' handle the truth는 '진실을 감당하다'라는 말로 이표현은 영화 A Few Good Men에서 Jack Nicolson의 명대사로 유명하다.

Tell me the truth.
진실을 말해.

- Get Sam. She'll tell me the truth. 샘을 데려와. 걘 내게 진실을 말할거야.

  I'm telling the truth. 난 사실대로 말하고 있어.

tell sb the truth는 'sb에게 사실대로 말하다,' speak the truth는 '진실을 말하다,' '사실대로 말하다'라는 표현.

To tell you the truth.
솔직히 말하자면.

- I think it's going a little weird, to tell you the truth.
  솔직히 말해서 이건 좀 이상해지는 것 같아.

  To tell you the truth, I think she just needs to get laid.
  솔직히 말해서, 걘 단지 섹스가 필요한 것 같아.

to tell (you) the truth는 '솔직히 말하면,' 사실이라는 뜻으로 to be honest with you, to be frank with you와 같은 표현.

So how do we get the truth out of her?
그래 어떻게 우리가 걔로부터 진실을 알아내지?

- Her mom got the truth out of Sam. 걔 엄마는 샘에게서 실토를 받았어.

  Not gonna get the truth out of her either. 걔한테서도 사실을 받아내지 못할거야.

get the truth out of sb는 sb에게서 사실[진실]을 끄집어 낸다는 말로, 'sb를 사실대로 말하게 하다,' '실토하게 하다,' '…에게서 진실을 알게 되다'라는 뜻이 된다.

Truth be told, the woman looked a little vicious.
속내를 말하자면, 저 여자는 좀 못되게 보였어.

- Truth be told, no one was going to touch that guy.
  사실상, 아무도 걔를 건드리지 않으려고 했어.

if (the) truth be told 혹은 간단히 truth be told하면 '솔직히 말해서,' '속내를 말하자면'이라는 뜻.

Nothing could be further from the truth.

그건 전혀 사실 무근이야.

- **Nothing is further from the truth.** 전혀 사실이 아니야.
  A little further from the truth. We're talking paralysis.
  사실과 좀 달라. 우린 마비에 대해 얘기하고 있어.

■ **Nothing could be further from the truth**는 사실보다 더 멀리 있을 수 있는 것은 없다, 즉 '그건 전혀 사실무근이다' 라는 뜻.

No, no, this can't be true!

아냐, 아냐, 이게 사실일 리가 없어!

- You think **it can't be true** when you see it.
  네가 보는데도 사실이 아닐거라고 생각하는거야.
  You say it's true. **How true?** 이게 맞다며? 정말 그래?
  How true is the rumor about Kathy? 케이시에 대한 소문이 얼마나 맞는 말이야?

■ **(That) Can't be true!**는 '사실일 리가 없어!,' '사실이 아니야!' 라고 강하게 부정하는 표현. 그리고 How true?는 상대방이 인용한 속담이나 말에 동감한다는 말로 '정말 딱 들어맞는 말이야,' '정말 그렇다니까' 라는 의미. 다만 How true is~ 하게 되면 '…가 얼마나 맞는 말이야' 라는 뜻이 된다.

That's true. We did a good thing.

정말야, 우리 좋은 일을 했어.

- Oh no **that's true.** I added that. 아냐, 그게 맞아. 내가 추가한거야.
  If that's the truth, then help me. 그게 사실이라면, 날 도와줘.
  That's not true. I've never been to Iran. 사실아냐. 난 이란에 가본 적이 없어.

■ **That's true**는 '맞아,' '그래' 라는 뜻으로 That's the truth(그게 사실이야)라고 해도 된다. 반대로 That's not true는 '사실이 아니야,' '그렇지 않아' 라는 말로 That's not the truth!라고 해도 된다.

The gang is playing truth or dare.

사람들이 진실게임을 하고 있어.

- Clearly, losing **Truth or Dare** upset her. 분명, 진실게임에서 져서 걔 열받았어.
  We **played truth or dare** during the school trip.
  우리는 학교여행에서 진실게임을 했어.

■ **Truth or Dare**는 상대방 질문에 사실대로 말하거나(Truth) 아니면 상대방이 시키는대로 하는(Dare) 진실게임을 말한다.

MORE EXPRESSION

half-truth 일부러 반은 숨기고 나머지 반만 진실을 말하는 경우
be not a grain of truth 진실성이 조금도 없다
be an element of truth 일리가 있다
the moment of truth 결정적 순간
be true to life 실물하고 똑같다
true to one's word 약속대로

» try

Nice try, but, no. 시도는 좋았지만, 안돼.

Give it a try!

한번 해봐!

- Let's **give it a try.** 한번 해보자구.
  Why don't you **give it a try.** 한번 해봐, 이거 한번 먹어볼래?
  The girls do it. Thought we'd **give it a try.** 여자애들이하니까 우리도 한번 해보려고.

■ **give it a try**는 '한번 해보다,' '먹어보다,' 혹은 문맥에 따라 목표달성이 어렵게 보인다 하더라도 '한번 시도해보다' 라는 뜻으로 특히 상대방에게 뭔가 해보라고 할 때 많이 쓰인다. 같은 형제들로는 give it a shot, give it a go, give it a whirl 등이 있다.

Well, it's worth a try, right?

저기, 해볼만한 것 같아, 그지?

- Well, I guess it'**s worth a try.** 저기, 한번 해볼만한 것 같아.
  It'**s worth a try.** What do you think, huh? 시도해볼만해. 어떻게 생각해?

■ **be worth a try**는 '뭔가 시도해볼만한 가치가 있다' 라는 말로 본인이든 상대방이든 뭔가 한번 해보는게 낫겠다고 다짐하거나 권하는 표현.

Nice try, but, no.

시도는 좋았지만, 안돼.

- Nice try, but it'll be so much more mysterious.
  시도는 좋았지만, 훨씬 더 알 수 없게 될거야.
  Nice try, but you're a misanthrope, not a masochist.
  시도는 좋았어, 하지만 넌 마조키스트가 아니라 사람을 싫어하는 사람이잖아.

■ nice try와 good job(잘했어)의 차이는 good job은 결과까지 좋은데 반해, nice try는 상대방이 원하는 것을 얻지 못했지만 시도 자체는 꽤 괜찮을 경우에 쓰는 표현. 그래서 nice try 다음에는 주로 but~이 이어지곤 한다.

Okay, let me try that again.

좋아, 내가 다시 한번 해볼게.

- Let me try to shut down the program. 내가 저 프로그램을 꺼보도록 할게.
  We'll try again some other time. 다음에 다시 해보자.
  Let's try again when he's more stable. 걔가 좀더 안정적일 때 다시 한번 해봐.

■ Let me try~는 '내가 …을 해보겠다'고 조심스럽게 나서거나 상대방의 허가를 받는 경우. try 다음에는 명사나 to+동사를 이어 쓰면 된다. 또한 try again은 '다시 해보다,' '다시 시도해보다'라는 기본표현.

Have you tried calling him?

걔한테 전화해봤어?

- Have you tried breastfeeding? 모유먹어봤어?
  Have you tried to get in contact with your wife?
  네 아내랑 연락을 취해봤어?

■ Have you tried+명사[~ing]?는 상대방의 경험을 물어보는 것으로 '…하려고 해봤니?'라는 문장.

Just try your best to keep him engaged.

최선을 다해서 걔가 바쁘게 해봐.

- I'm trying my best. Isn't that enough for you?
  최선을 다하고 있는데, 충분치 않은가요?
  He was trying his best not to answer our questions.
  걘 우리 질문에 답을 하지 않으려고 최선을 다하고 있었어.

■ try one's best to~는 '최선을 다하다'라는 말로 do one's best와 같은 표현.

A: You wouldn't understand. B: Try me.

A: 넌 이해 못할거야. B: 말해봐.

- A: She was insane. She didn't even let me explain. B: Try me.
  A: 걘 미쳤어. 내가 설명을 하지도 못하게 했어. B: 내가 해볼게.
  A: You'll think I'm crazy. B: Try me. A: 내가 미쳤다고 할거야. B: 말해봐.

■ Try me는 나를 시도해보라는 말로 어떤 기회를 달라고 할 때 혹은 상대방이 이해못할거라고 단정지을 때 내게 기회를 한번 달라, 즉 '한번 얘기해봐'라고 하는 표현.

Well, not for lack of trying.

저기, 노력이 부족해서가 아냐.

- It's definitely not for lack of trying. 그건 명백히 노력이 부족해서가 아냐.
  In Leonard's defense, it wasn't for lack of trying.
  레너드를 변호할 때 노력을 게을리한 건 아냐.

■ It wasn't for lack[want] of trying은 '그건 노력이 부족해서가 아니었다'라는 말로 나름 최선의 시도는 해봤다는 의미가 깔려있다.

We tried for years to get pregnant.

우린 수년동안 임신할려고 노력했어.

- I tried for two months to get that waiver signed.
  난 포기각서에 사인을 받으려고 두달간 노력했어.
  We've been trying for months. 우리는 수개월간 시도해봤어.

■ try for years to~는 무척 노력을 했다는 것을 강조하는 표현으로 try 다음에 for+기간명사를 넣고 그리고 나서 to+동사를 이어 쓰면 된다.

T

If you tried it on with me, I will beat you up.
날 속이려들다가는 패버릴거야.

- Want to try it on with the dress? 그거 드레스하고 맞춰 입어보고 싶어?
  Try it on with the new shoes you bought. 네가 산 새 신발과 함께 그거 입어봐.

She was trying out for cheerleading.
걘 치어리딩팀에 지원했었어.

- Thanks for letting me try out your motorcycle. 오토바이 타게 해줘 고마워.
  She wants to try out for the team. 걘 그 팀에 지원하길 원해.

But this is my very first trial.
하지만 이건 나의 첫 번째 재판이야.

- She's about to go on trial for stealing a car. 걘 차량절도로 재판받아.
  I'm happy to get him into the clinical trial. 걜 임상실험할 수 있게 돼 기뻐.

try it on with sb는 영국식 영어로 버릇없이 굴다, 속여서 자기들 뜻대로 행동하게 하다라는 말. 일반적인 의미로는 …와 함께 입어보다라는 표현.

try out은 '시험적으로 테스트해보다,' 그리고 try out for는 audition for와 같은 의미로 '어떤 팀에 뽑히기 위해 지원하다,' '오디션을 보다'라는 뜻.

be on trial은 '재판중이다,' be tried for~는 '…으로 재판받다'라는 뜻. trial은 재판을 뜻할 뿐만 아니라 실험, 테스트를 뜻하기도 해 clinical trial하면 임상실험을 의미한다.

MORE EXPRESSION

try hardest to 최선을 다하다
try as he might 최대한 노력하다
You could if you tried. 노력하면 그럴 수 있어.
tried and tested 확실히 믿을 수 있는

» tuck

Will you tuck me in? 이불덮어줄래요?

Ready for bed, mom. Will you tuck me in?
잘 준비됐어요, 엄마. 이불덮어줄래요?

- I tucked her into bed and kissed her on her cheek.
  난 걜 침대에 눕히고 뺨에 뽀뽀했어.
  I just tucked her in. She's sleeping. 난 방금 걜 이불을 덮어줬어. 자고 있어.

Denny is tucking a napkin into his collar.
대니는 냅킨을 옷깃안으로 집어넣었어.

- Yeah, just tuck that part in your pants; you'll be fine.
  그 부분만 바지안으로 넣으면 괜찮을거야.

Go ahead and tuck into the meal.
가서 식사해.

- The travelers tucked into the airline food. 승객들은 기내식을 열심히 먹었어.
  We tucked into supper after working all day. 종일 일한 후 저녁을 많이 먹었어.

He's tucked away in her drawer.
걘 반바지 차림으로 숨어 있어.

- I knew about the 600 grand you had tucked away from the get go. 난 처음부터 네가 60만 달러를 몰래 숨겨놓은거에 대해 알고 있었어.

tuck sb in은 '…에게 이불을 꼭 덮어주다.' tuck sb into bed하면 애들을 침대에 눕히고 이불을 잘 덮어주는 것을 뜻해 be tucked into bed(잠자리에 눕다), be tucked in tight(푹자다)라는 뜻으로 많이 사용된다.

tuck (in)은 기본적으로 끝을 단정하게 '밀어넣다,' '집어넣다'라는 의미로 tuck one's napkin into one's collar는 '식사시 냅킨의 끝을 옷깃 속에 밀어넣다,' tuck one's shirt into one's pants하면 '셔츠를 바지안으로 집어넣다,' 그리고 tuck up sleeves하면 '소매를 걷다'라는 뜻이 된다.

tuck into sth은 뭔가 좋아하는 음식이나 혹은 배고파서 게걸스럽게 먹는다(to eat sth eagerly)는 표현으로 영국에서 많이 쓰이는 표현.

be tucked away 장소+be tucked away하면 '조용한 곳에 있다'는 말이고, 사람+be tucked away하면 '숨어있거나 찾기 힘들다'라는 뜻이다. 물론 그냥 tuck away하면 특히 '돈을 안전한 장소에 보관하다'라는 의미.

I'm not in tune with him. 난 걔랑 사이가 안좋아.

I'm not in tune with him.

난 걔랑 사이가 안좋아.

- He's sweet, he's kind, he's very in tune with my body.
  걘 착하고 친절하고 그리고 매우 내 몸과 잘 맞아.

Like you never tuned anyone up on the job?

넌 직장에서 아무도 버릇을 고쳐준 적이 없는 거 같아.

- We'd take them somewhere and we'd tune them up.
  우리는 걔네들을 어디로 데려가서 버릇을 좀 고쳐놓을게.
  The gangster tuned up the man who insulted him.
  깡패들이 자기네들을 모욕한 사람의 버릇을 고쳐놨어.

The house was bought to the tune of $700,000.

그 집은 거금 70만 달러를 들여서 산거야.

- The police fined me to the tune of $2,000.
  경찰은 거금 2천달러 벌금을 물렸어.
  Eventually she made him pay to the tune of half his savings.
  결국 그녀는 걔 예금의 반이나 그녀에게 지불하게 했어.

The sergeants call the tune in the army.

상사가 군대에서 명령을 해.

- Who calls the tune in this office? 이 사무실 책임자가 누구야?
  She's not going to call the tune in our marriage.
  걘 우리 결혼에서 주도권을 쥐지 않을거야.

But he changed his tune six months ago.

하지만 걘 6개월전에 태도를 바꿨어.

- Not unless your client changes his tune.
  네 의뢰인이 태도를 바꾸지 않는한 안돼.
  He changed his tune when the police showed up.
  걘 경찰이 나타나자 태도를 바꿨어.

My senses are much more finely tuned these days.

나의 감각은 요즘 더욱 더 아주 미세하게 조정됐어.

- You see, the human body is a finely tuned engine.
  거봐, 인간의 몸은 아주 정교하게 조정된 엔진이야.
  Peter Bishop is uniquely tuned to operate it.
  피터 비숍은 그걸 운영하는데 아주 특별한 재능이 있는 것 같아.
  You need to get your guitar tuned. 너 기타 튜닝 해야 되겠다.

be in tune with sb[sth]는 '…와 의견일치되다,' '조화되다,' '뜻이 일치하다,' '사이가 좋다' 등의 의미이고 반대로 be not in tune with하면 be out of tune with와 같은 의미로 '사이가 안좋다,' '서로 맞지 않다' 라는 뜻.

tune sb up 원래 tune up은 피아노나 차량을 미세하게 고쳐서 잘 돌아가게 하다라는 뜻으로 비유적으로 tune sb up하면 '기계를 고치듯 사람의 버릇을 고치다' 라는 뜻으로 사용된다.

to the tune of+돈은 돈이 많이 들었음을 강조할 때 사용하는 표현으로 '거금 …을 들여서' 라는 표현.

call the tune은 '결정권을 갖고서 지시, 명령한다' 는 말로 call the shot과 같은 의미. 피리 부는 사람에게 돈을 낸 사람이 곡을 선택한다(He who pays the piper may call the tune)라는 속담이 있다.

change one's tune은 '어떤 일이 있은 다음 어조나 태도 또는 입장을 바꾼다' 라는 의미.

be finely tuned하면 '아주 미세하게 조정되다,' '맞춰지다,' finely tuned+명사하면 '아주 미세하게 조정된 …' 라는 의미. 참고로 finetune은 '미세하게 조정하다' 란 단어로 fine은 '미세한' 이라는 뜻이다. 원래 tune sth은 피아노나 기타 등의 소리가 제대로 나도록 튜닝한다는 의미.

MORE EXPRESSION

can't carry a tune 음치야
sing a tune 한곡조 부르다

» turkey

Let's just talk turkey. 본론으로 들어가죠.

You are a real turkey!
넌 정말 멍청이야!

- Some people on the Internet are real turkeys.
  인터넷의 일부 사람들은 정말 머저리들이야.

be a real turkey는 '어리석은 사람이다,' '정말 멍청하다' 라는 뜻.

Let's just talk turkey.
본론으로 들어가죠 .

- Sit down. We need to talk turkey. 앉아. 우리 솔직히 얘기해야지.
  The couple talked turkey before the wedding.
  그 부부는 결혼 전에 솔직히 얘기했어.

talk turkey는 칠면조얘기를 하다라는 말. 유래는 백인과 인디언이 함께 칠면조 사냥후 백인이 칠면조는 다 가져가고 인디언 보고 같이 잡힌 까마귀만 주려하자 Let's talk turkey라고 말한데서 '솔직히 얘기하다,' '그만 뻥치고 본론으로 들어가자' 라는 말이 되었다.

Rebecca helped him go cold turkey.
레베카는 걔가 마약을 끊는 것을 도와주었어.

- I don't go anymore, Mom. I gave it up cold turkey.
  엄마 난 더 이상 못가. 난 중간에 포기했어.
  It's partly my fault, 'cause I made you quit cold turkey.
  내가 널 중단시켰기 때문에 부분적으로는 내 책임이야.

go cold turkey는 '갑자기 중단하다, 끊다' 라는 의미를 갖는다. 특히, 마약이나 담배와 같이 중독성이 있는 것을 중단한다는 의미로도 사용된다.

» turn

So why turn yourself in now? 그럼 이제와서 자수하는거야?

I did not know where to turn.
난 뭘 어떻게 해야할지 몰랐어.

- She was really freaked out, didn't know where to turn.
  걘 정말 당혹스러워서 뭘 어떻게 해야할 줄 몰랐어.
  You just tell us where to turn, okay? 어디서 돌아야되는지만 알려줘, 응?

not know where to turn은 '어려운 상황하에서 어떻게 해야할지 어디서 도움을 구해야 할지 모르는 상태'를 말한다. where 대신에 which way를 써도 되며 또한 그냥 tell me where to turn하게 되면 길을 알려줄 때 사용하는 표현이 된다.

I'll turn the other cheek.
난 용서해줄거야.

- Forgive and forget. Turn the other cheek, like Jesus.
  용서하고 잊어. 예수님처럼 다른 빰도 내밀고.
  Turning the other cheek's a good strategy in boxing.
  다른 쪽 빰도 대주는 건 복싱에서 좋은 전략이야.

turn the other cheek은 성경에서 나온 표현으로 한쪽 빰 맞은 상태에서 다른 쪽도 때려달라는 것으로 마조키스트가 아니라 문맥에 따라 '관대하게 용서하다,' '부당처우를 참다' 라는 뜻이 된다.

Ashley's taken a turn for the better.
애쉴리는 상황이 더 좋아졌어.

- Let me know as soon as she takes a turn for the worse.
  걔가 상황이 나빠지는대로 바로 알려줘.
  One of my patients has taken a bad turn. 내 환자중 한명이 상태가 악화되었어.

take a turn for the worse는 '상황이 더 악화되다' (become worse), take a turn for the better는 '상황이 더 좋아지다' (become better)라는 뜻이다. 또한 take a bad turn하면 '악화되다' 라는 의미.

You're sexy, you turn me on.
넌 섹시해, 넌 날 꼴리게 해.

- God, you really turn me on. 어휴, 넌 정말 섹시하다.
  I know this must be a turn-on for you. 이걸로 네가 흥분할거라는 걸 알고 있어.

■ turn ~ on은 '기계를 켜거나 틀다,' 그리고 비유적으로 맘속에 있는 관심이나 성적관심을 켜는 것을 뜻해 '…의 흥미를 끌다,' '…을 흥분시키다'라는 의미로 쓰인다. 명사형으로 turn-on하면 '흥분'이란 뜻. 또한 turn sb on to sth하면 'sb가 …에 관심을 갖거나 한번 해보게 하다'라는 뜻이 된다.

Whatever turns you on.
뭐든 좋을 대로.

- Whatever turns you on. It's your party. 뭐든 좋을 대로해. 네 결혼식이잖아.
  You like that ugly guy? Well, whatever turns you on.
  그 못생긴 놈을 좋아한다고? 음, 맘대로 해.

■ Whatever turns you on은 상대방이 좋으면 나도 좋다, 즉 '뭐든 좋을 대로'라는 의미, 그리고 또한 상대방의 이상한 태도를 비아냥거리며 '네가 뭘 어쩌든 그건 네맘이니까'라는 뜻으로도 쓰인다.

Let's turn this off. Turn it off, will you?
이거 끄자. 꺼라 좀.

- His body odor really turned her off. 걔의 암내가 흥분을 가시게 했어.
  That would be a turnoff. 그게 분위기를 망칠거야

■ turn ~ off는 turn on의 반대로 TV, 음악, 전등, 전화기 등의 '기계를 끄다,' 비유적으로 '흥미나 성적인 끌림을 없애버리다'라는 뜻으로 쓰인다. turn-off는 '흥미없는 것이나 사람'을 뜻한다.

I turned my back for 5 minutes.
난 5분간 등을 돌렸어.

- Don't turn your back on your enemies. 적을 등지지마라.
  They turned their backs on me when I was in prison.
  내가 감방에 있을 때 걔네들은 날 도와주지 않았어.
  I wish I could turn back the clock and make it yesterday.
  시간을 거꾸로 돌려서 어제로 만들 수 있다면 좋겠어.

■ turn one's back (on)은 등을 돌리다라는 말. '관심을 갖지 않다,' '외면하다,' '무시하다,' '도움을 주지않다'라는 뜻으로 쓰인다. 또한 turn back the clock은 시간을 되돌리다라는 말로 '과거로 돌아가다,' 비유적으로 '역행하다'라는 의미.

T

We turned the room inside out trying to find the keys.
우리는 열쇠를 찾으러 방을 뒤집어놨어.

- He takes off his shirt to turn it inside out. 걘 셔츠를 벗고서 안팍을 뒤집었어.
  Turn the place upside down until we find the gun!
  이 집을 다 뒤집어서 총을 찾아!

■ turn sth inside out은 '안에 있는 것을 까서 보이다,' turn sth upside down은 '완전히 거꾸로 뒤집다'라는 말로 둘다 뭘 찾기 위해 속을 …을 다 뒤집어놓다라는 의미가 된다. 물론 그냥 뭔가 찾는 목적이 아니라 그냥 안팍을 뒤집을 때도 쓴다.

I'd have to turn in my badge.
난 배지를 반납해야 될거야.

- I turned in my article on that Monday. 난 그 월요일까지 내 기사를 제출했어.
  You have to be up early for flight. I have to turn in now.
  비행으로 내일 일찍 일어나야 되니까 이제 잠자리에 들어야겠어.

■ turn sth in은 일반적으로 hand in처럼 '제출하다,' 혹은 '반납하다'(return)라는 의미로 많이 쓰이며 일상생활에서는 좀 의외일지도 모르지만 '잠자리에 들다'(go to bed)라는 뜻으로도 쓰인다.

So why turn yourself in now?
그럼 이제와서 왜 자수하는거야?

- Come to me and turn yourself in. 나한테 와서 자수해.
  Turn yourself in to the police and let justice run its course.
  경찰에 자수해서 정의가 집행되도록 해.

■ turn oneself in은 범죄미드에서 자주 나오는 표현으로 '자수하다,' 따라서 turn sb in하게 되면 '밀고하다'라는 뜻이 된다.

As it turned out, he had no choice.

나중에 밝혀진 것처럼 걘 선택할게 없었어.

- How did his penis turn out? 걔 물건은 좀 어떤 것 같았어?

  Turned out to be one of the best nights of my life.
  내 인생중 최고의 밤들중 하나가 되었어.

  Let's turn out all the lights and we'll just watch the porn!
  자 불 다 끄고 포르노 보자!

turn out은 '…로 판명나다'(prove)로 잘 알려진 표현. turn out as하면 '…로 판명나다,' 그리고 it turns out (that~)하면 '…로 밝혀지다'라는 의미가 된다. 또한 as it turned out하게 되면 '나중에 알고보니,' '뒤에 밝혀진 것처럼'이란 뜻이다. 물론 turn off처럼 'TV등을 끄다'라는 의미도 갖는다.

We didn't turn up any other bodies.

우리는 다른 시신들을 아직 찾지 못했어.

- Did the lifeguard turn up at the party? 구조대원이 파티에 왔어?

  This girl's gone missing and now turned up dead.
  이 소녀는 실종됐고 이제 죽은채로 발견됐어.

turn up은 기본적으로 turn down의 반대말로 '소리 등을 키우다,' '철저히 뒤져서 찾다,' 혹은 '우연히 발견되다,' 그리고 show up과 같은 뜻으로 '나타내다,' '오다'라는 뜻으로 다양하게 쓰인다.

Okay, I'll get them to turn up the heat.

좋아, 걔네들보고 난방온도를 올리라고 할게.

- The police will turn up the heat on the suspect.
  경찰은 용의자에게 압박을 가할거야.

  If you want a hotter sex life, you're gonna have to turn up the heat. 더 화끈한 섹스를 원하면 넌 열을 더 올려야 할거야.

turn up the heat은 '추워서 난방을 올리다'라는 단순한 의미외에 비유적으로 '압력을 가하다,' '협상 등에서 세게 밀고 나가다'라는 뜻으로도 사용된다.

Turn it down.

그거 거절해.

- You gonna turn down this business? 너 이 사업 거절할거야?

  I just asked them to turn down the music and I left.
  난 걔네들에게 음악소리 좀 줄여달라고 하고 떠났어.

  What time does the gal come by to turn down the bed?
  언제 걔가 와서 침대를 잘 수있도록 만들어?

turn down은 turn up의 반대로 '소리나 온도 등을 낮추다'를 기본적 의미로 갖고 비유적으로는 '거절하다'(blow off)라는 의미로 쓰인다.

Well, I have turned over a new leaf.

저기, 난 아주 딴 사람이 되었어.

- Mike promised to turn over a new leaf this year.
  마이크는 금년에 개과천선하겠다고 약속했어.

  They turn over and face each other. 걔네들은 몸을 뒤집고 서로를 쳐다봤어.

  We'll turn over files relating to all allegations of abuse.
  학대로 주장되는 것과 관련된 파일들을 넘길거야.

turn over a new leaf는 '개과천선하다,' '딴사람이 되다,' '새롭게 거듭나다'라는 좋은 의미의 표현. 또한 turn sth over to sb는 'sth을 sb에게 넘기다'라는 의미. 기본적 의미인 turn over는 '뒤집다'라는 의미.

I turned the corner, and he was gone.

내가 모퉁이를 돌았는데 걔는 가버렸어.

- The economy is bad but it will turn the corner.
  경제가 나쁘지만 고비를 넘길거야.

  Will she turn the corner or will she die? 걔가 고비를 넘길까 아니면 죽을까?

turn the corner는 '모퉁이를 돌다' 혹은 '고비를 넘기다'라는 뜻.

Your lawyers turned traitors on me twice!
네 변호사들은 날 두 번씩이나 배반했어!

- Benedict Arnold turned traitor during the war.
  베네딕트 아놀드는 전쟁 중에 배신했어.
  I can't believe my friend turned traitor. 내 친구가 배신자라니 믿을 수가 없어.

turn traitor는 '배반하다,' '배신하다,' turn traitor to sb하면 '…을 배신하다'가 된다.

I didn't turn a profit last quarter.
지난 분기에 이익을 못냈어.

- I just wanna turn a profit. 난 그냥 이익을 내고 싶을 뿐이야.
  The little store could never turn a profit. 작은 가게는 절대로 이익을 낼 수 없었어.

turn a profit는 '이익을 내다,' '흑자를 내다'라는 바람직한 표현.

The newspaper turns seventy this year.
그 신문은 올해로 70년이 됐어.

- My girlfriend turned twenty three on Thursday.
  여친이 목요일에 23세가 됐어.
  Our grandson will turn five in a week.
  우리 손자가 일주일 지나면 5살이 돼.

turn+나이는 '나이가 몇 살이 되다,' It's turned+시간은 '시간이 …이다'는 의미.

Well, now it's your turn.
자, 이제 네 차례야.

- Wait your turn. 네 차례를 기다려.
  Your turn now. 네 차례야.
  It's your turn to listen. 네가 들을 차례야.

be one's turn (to~)은 '(…할) 차례이다'라는 말. 여기서 turn은 명사로 '차례,' '순서'를 뜻한다.

Whose turn is it?
누구 차례야?

- Then they take turns looking at each other.
  그리고나서 개네들은 교대로 서로를 쳐다봤어.
  Sounds like they take turns surprising each other.
  걔네들은 교대로 서로를 놀래키는 것 같아.

take turns (in) ~ing는 '교대로 …을 하다' 교대로 하다 라는 뜻으로 take it in turns to+동사로 써도 된다. 또한 누구 차례인지 물어볼 때는 Whose turn is it?이라고 하면 된다.

MORE EXPRESSION

turn one's head 외면하다
Turn to your left. 왼편으로 돌아.
turn of phrase 표현방식
do sb a good turn …에게 도움이 되다

놓치면 원통한 미드표현들

- **be one's type** …의 타입이다
  He's really my type. 걘 내 타입이야.
  I can tell you're my type of girl.
  넌 내게 맞는 타입의 여자야.

- **typical** 그럼 그렇지, 전형적인
  Typical. It's your attitude.
  그럼 그렇지. 네 태도가 그렇잖아.
  Typical for battered women.
  매맞는 여자들에게 전형적으로 나타나는거야.

- **It is typical of sb (to~)** (…하는 건) 정말 …답다
  This is so typical of your grandmother.
  이건 정말 네 할머니답다.

U/V

» understand

Is that understood? 알아들었어?

The speaker couldn't make himself understood.
연사는 자기 말을 이해시킬 수 없었어.

- Look, you really must make yourself understood.
  이봐, 넌 정말 널 이해시켜야 돼.

  I made myself understood to the audience. 난 관객에게 내 의사를 이해시켰어.

Is that understood?
알아들었어?

- I want him back out there today, or the plea agreement is tossed. Is that understood?
  걔가 오늘 그곳으로 다시 돌아가지 않으면 유죄협상은 취소야. 알아들었어?

  It's over. Do you understand? 모르겠어? 알았어?

  Then get off the train. You understand? 그럼 열차에서 내려. 알겠어?

Okay, understood.
좋아, 이해했어.

- A: Understand? B: Understood. A: 알겠어? B: 알아들었어.

  Understood. How do I look? 알겠어. 내가 어떻게 보여?

make oneself understood는 oneself의 말이나 생각 등을 남에게 이해시키다라는 뜻으로 '자기 의사를 제대로 전달하다' 라는 의미의 표현.

Is that understood?는 역시 상대방에게 이해했는지 물어보는 말로 다소 강압적인 느낌을 주는 것으로 '알아들었나?' 정도에 해당되는 표현. 또한 Do you understand?는 상대방에게 자기가 말한 혹은 현재의 상황을 이해했는지 물어보는 표현. '알겠어?' 라는 뜻이다. 그냥 Understand? 라고 해도 된다.

Understood는 상대방의 말에 이해했다는 답변으로 '그렇게 하겠다' 라는 의미.

I don't understand that at all.
난 전혀 그게 이해가 안돼.

- I don't understand why we're going to dinner tomorrow night.
  낼 저녁 왜 우리가 저녁먹으러 가는지 알 수가 없어.
  Now I understand what you're saying. 이제야 네가 무슨 말 하는지 알겠어.
  I understand you're only trying to protect her.
  네가 단지 걜 보호하려는 걸 알아.

I don't understand (it)는 어떤 일이나 상황이 벌어진데 대해 혼란스러움을 느끼거나 당황했을 때, '왜 그런지 모르겠어,' '알 수가 없네'라는 표현으로 I don't understand why~의 형태로도 쓰인다. 또한 Now I understand(~)는 지금까지는 몰랐다가 '이제야 알겠되었다'라는 의미. 그냥 I understand S+V하면 '…을 이해하다'라는 말.

In time you'll have a better understanding of things.
시간이 되면 넌 상황을 더 잘 이해할거야.

- Do you have an understanding of the purpose of this contract?
  이 계약의 목적에 대해 이해하고 있어?
  I now have a much better understanding of friends with benefits.
  이제 성관계만 하는 친구라는 개념을 좀 더 이해했어.

have an understanding of[that S+V]는 '…을 이해하다,' have little understanding of~는 '…을 이해하지 못하다'라는 의미.

Now, do we have an understanding?
이제, 우리 약속된거지?

- I thought we had an understanding. 우린 약속된 걸로 알았어.
  They have an understanding. It's called 'friends with benefits.'
  걔네들은 합의했는데, 섹스만 하는 친구로 지내기로 했어.

have an understanding (with sb)은 문서까지는 아니고 구어적으로 '합의되다,' '약속되다'라는 표현.

It was just a big misunderstanding.
그건 정말 큰 오해였어.

- There's got to be some misunderstanding. 뭔가 오해 있는 게 분명해.
  You'd have no misunderstanding with me. 나하고는 전혀 오해받을 일이 없을거야.

misunderstand는 '오해하다,' misunderstanding은 '오해'라는 표현으로 there's some misunderstanding이라는 표현이 많이 쓰인다.

MORE EXPRESSION

be given to understand~ …을 이해하게 되다
on the understanding that ~ …라는 조건하에

» undo/ undid/ undone

You can't undo what's happened. 이미 일어난 일은 되돌릴 수가 없어.

You can't undo what's happened.
이미 일어난 일은 되돌릴 수가 없어.

- We're gonna have to undo this. 넌 이걸 원상태로 돌려놔야 돼.
  There is nothing that cannot be undone. 물릴 수 없는 것은 없어.

undo는 '이미 저질러진 일을 원상태로 돌리다'라는 의미.

He wants me to help undo all the damage I've caused.
걘 내가 초래한 모든 손해를 복구하는데 돕기를 바래.

- It took years to undo the damage of the tornado.
  토네이도의 피해를 복구하는데 몇년 걸렸어.
  We can't undo the damage of the fire. 우리는 화재피해를 복구할 수가 없어.

undo the damage of~는 '…의 손해를 보상하다,' '피해를 원상복구하다'라는 의미.

He couldn't even undo my bra!
걘 내 브라조차 끄르지도 못했어.

- Your pants are undone! 바지가 열렸어!

  I felt that he had an erection, and I reached over, and I undid his fly. 난 걔가 발기한 걸 느껴서 다가가 지퍼를 내렸어.

undo+옷은 '…의 묶인 것을 풀다,' '단추를 끄르다'라는 의미.

These images will be his undoing.
이 이미지들이 걔 실패의 원인이야.

- I liked Scott, but his lies were his undoing.
  스캇을 좋아하지만, 걔의 거짓말은 걔 실패의 원인이었어.

  I'm not undone. I'm right here. 난 아직 안 끝났어. 여기 있다고.

  The plot was undone by the detectives. 작전은 형사들이 아직 진행중이야.

be sb's undoing에서 undoing은 실패의 원인이란 단어로 be sb's undoing하면 '…의 실패의 원인이다'라는 말. 또한 be undone은 '아직 끝나지 않았다'(not finished) 혹은 '다 망가진'(destroyed)이라는 표현.

» up

What is up with that? 그게 무슨 일이야?

Did Morgan put you up to this?
모건이 이렇게 하자고 한거야?

- Did my brother put you up to this? 내 형이 이걸 하자고 널 꼬득인거야?

  He didn't put me up to this. He was trying to protect me.
  걔가 부추긴게 아니야. 걘 나를 보호하려고 했어.

put sb up to sth은 'sb를 부추겨서, 설득해서, 꼬셔서 뭔가 어리석은 짓을 하게 하다'라는 뜻으로 sth 자리에는 this나 it이 주로 온다. 또한 put sb up to+동사가 되면 역시 'sb를 부추겨 …를 하게 하다'라는 의미.

I know what you're up to.
네 속셈 다 알아.

- If you want me to help you, you've got to tell me what you're up to. 내가 널 돕길 바라면 무슨 꿍꿍인지 말해야지.

  What are you up to? Besides missing me. 지금 뭐해? 날 그리워하는 것 빼고.

  Hold on. He's up to something. 잠깐. 걘 뭔가 꾸미고 있어.

be up to sth은 '뭔가 해서는 안되는 나쁜 일을 꾸미다,' '그런 일로 바쁘다'라는 의미로 주로 sth이 의문문형태의 what으로 나오고 또한 의문문이 아니더라도 sth을 구체적으로 말하지 못하고 something이란 단어 등으로 나온다. 나쁜 일을 하다라는 의미인 be up to no good도 같은 의미. 또한 What're you up to?는 '무슨 꿍꿍이야?' 혹은 그냥 인사말로 '지금 뭐해?'라는 의미.

I'm not up to it.
난 그거 못해.

- Are you up to this? 그거 할 자신 있어?

  You really think you're up to this? 네가 정말로 이걸 감당할 수 있을 것 같아?

be up to sth은 주로 부정문과 의문문에서 쓰이며 의미는 '…를 감당할 수 있다,' '…할 수 있다'라는 능력의 여부를 물어볼 때 사용된다. feel up to sth도 같은 의미.

You up for it?
그거 하고 싶어?

- Yeah, I was up for that part. 그래, 난 그 역을 하고 싶었어.

  Anybody up for a burger? 누구 햄버거 먹고 싶은 사람있어?

be up for sth은 sth을 '하고 싶은 관심이나 의향이 있는지 물어보는 표현.'

It's up to you.

네가 결정할 일이야.

- It's not up to me. 난 어쩔 수 없어.
  Then it is up to you. It's your responsibility.
  그럼 네가 결정할 일이야. 네 책임이야.

■ be up to sb 이번에는 be up to 다음에 sb가 오면 그 유명한 It's up to you를 만드는 표현으로 '…가 결정할 일이다'라는 의미.

What have you been up to? Kids? married?

뭐하고 지냈어? 아이들은? 결혼은 했어?

- What have you been up to? I've gotta know everything.
  뭐하고 지냈어? 다 알아야되겠어.
  So, besides work, what have you been up to? 그럼 일외에 뭐하고 지냈어?

■ What (have) you been up to?는 '뭐하고 지냈어?' '별일있니?'라는 의미로 그냥 단순히 안부인사로 혹은 구체적인 답을 들을 때 쓰는 표현.

Up yours!

젠장할!

- A: Up yours, fairy boy. B: I'll kill you! A: 젠장 호모자식. B: 널 죽여버리겠어!
  Well, up yours too! 그래, 너도 엿먹어라!

■ Up yours!는 '염병할,' '젠장할'이라는 욕. Fuck you!에 해당되는 영국식 욕으로 역시 남녀 성행위시 남성성기가 여성꺼보다 위에 있다는 모습에서 나온 말이다.

What's up, my nigga?

잘 지냈어, 친구야?

- Hey, Blair, what's up? 야, 블레어, 잘 지냈어?
  Hey Dad? I'm kinda busy. What's up? 아빠? 나 좀 바쁜데. 무슨 일이야?

■ What's up?하면 꼭 무슨 일이 있었는지 말하고 싶은 충동이 이는데 이는 '잘지내?' '어때?'라는 단순한 인사말로 쓰일 때가 많다. 물론 문맥에 따라 무슨 일이냐고 물어볼 때도 쓴다.

What is up with that?

그게 무슨 일이야?

- Pam, what is up with you and Ted? 팸, 너하고 테드 무슨 문제야?
  Alright, this is what I'm talking about. What is up with you?
  좋아, 내가 하는 말은 바로 이거야. 너 무슨 문제있냐고?

■ What is up (with~)는 'with~에 무슨 문제가 있는지, 무슨 안 좋은 일이 있는지 물어볼 때' 사용한다.

Let's go, you're up.

가자, 네 차례야.

- You're up. How are you? 일어났네. 어때요?
  Okay, Scavo, you're up. Let's here this genius idea of yours.
  좋아, 스카보, 네 차례야. 너의 천재같은 생각을 이제 들어보자.

■ sb be up하면 간단 단순한 의미로 '자다가 일어나다,' '…의 차례다'라는 의미.

You seem well up on current events.

너는 현재의 사건들을 잘 알고 있는 것 같아.

- I'm not up on the results of the trial. 난 재판의 결과에 대해 잘 알고 있어.

■ be well up in[on] sth은 '…에 대해 아주 잘 알고 있다,' '많이 알고 있다'라는 말로 be up on sth이라고 해도 된다.

Well, the sick bastard is on the up and up.

글쎄, 저 빌어먹을 후레자식이 잘 나가고 있어.

- I just want to make sure it was on the up and up.
  난 단지 그게 잘 되고 있는지 확인하고 싶을뿐이야.
  The gambling here is not on the up and up. 여기서 도박은 불법이야.

■ be on the up and up은 '정직하다,' '합법적이다' 혹은 '잘나가다'라는 뜻으로 쓰인다.

I upped the volts on the charger.
난 충전기에 볼트를 올렸어.

- You've upped your offer by $3,000. 제안액을 3,000달러 올렸군.
  The doctor upped his dosage twice, and it's still not helping.
  의사는 복용량을 두배로 늘렸으나, 아직 효력이 없어.

up이 동사로 쓰일때는 '수치 등을 올리다' 라는 의미.

Peter had the upper hand in this divorce.
피터는 이 이혼에서 유리한 위치에 있어.

- So he has a gun, he gains the upper hand immediately.
  그럼 갠 총을 갖자 바로 우세한 위치에 섰어.

have[gain] the upper hand는 '우위를 점하다,' '우세하다,' '유리한 위치에 있다' 라는 의미.

Good thing he didn't have access to the upper floors.
걔가 윗층에 접근못했다니 다행이군.

- Whoever did this needed upper level security clearance.
  이짓을 한 사람은 누구든 고급비밀정보사용허가가 필요했을거야.

upper는 형용사로 '상류의,' '위쪽의,' 명사로는 '각성제'를 뜻한다.

MORE EXPRESSION

be up by 숫자 …점 앞서가고 있다
be up before~ 기소당하기 전에 법정출두하다

» upset

Don't be upset! 화내지 말고!

Don't be upset!
화내지 말고!

- My family might still be upset with you. 내 가족이 여전히 너한테 화나있을거야.
  Why are you crying? Are you upset about the party?
  왜 울어? 파티 때문에 속상해?

be upset with sb는 '…에 화나다,' upset by[about, at, that S+V]는 '실망스러운 일로 속상해하다' 라는 의미.

I'm, a bit of an upset stomach too.
나도 역시 배가 좀 안좋아.

- Katie suffered from stomach upset during the ride.
  케이티는 차멀미로 고생했어.

upset stomach는 '소화불량,' '배탈' 이라는 말로 뉘앙스가 조금은 다르지만 stomach upset과 거의 같은 의미로 봐도 된다.

놓치면 원통한 미드표현들

undocumented 불법이주한, 취업증명서가 없는
You're undocumented. 당신은 불법이주자입니다.

get ugly 상황이 안 좋아지다, 추해지다
Getting a lawyer means that things will get ugly. 변호사부른다는 이야기는 상황이 안좋아진다는 걸 의미해.

ugly duckling 미운오리새끼(나중에 백조가 되는)
She did the whole "ugly duckling to swan" thing. 걘 미운오리새끼에서 완전히 백조가 되기까지의 일들을 했어.

varsity 대학 등의 대표팀
I was captain of the varsity soccer team.
난 대학축구팀의 대표였어.

have good[bad] vibes 느낌이 좋다[나쁘다]
That girl has bad fucking vibes.
저 여자는 느낌이 정말 더럽네.

You have to get used to it. 넌 그거에 적응해야돼.

I have no use for this.
나 이거 필요없어.

- I have no use for onion. 양파는 빼줘요.

  I'm getting rid of anything I have no use for anymore.
  더 이상 필요없는 건 다 없앨거야.

■ have no use for~는 '…을 싫어하다,' '…을 필요로 하지 않다'라는 말로 for 다음에는 sb나 sth이 올 수 있다.

You have to get used to it.
넌 그거에 적응해야돼.

- I'm getting used to it. 난 적응하고 있어.

  You better get used to it. 익숙해지는 게 좋을걸.

■ get used to~는 '…에 적응하다'라는 말로 to 다음에는 명사나 ~ing를 쓰면 된다. 또한 get 대신에 be를 써도 된다.

I used to be just like that.
난 옛날에 저랬었어.

- I used to love it when I was a girl. 내가 어린 소녀였을 때 그것을 좋아하곤 했어.

  Be the way you used to be. 예전의 네모습으로 돌아가라.

  There used to be something here. 예전에 여기에 뭐가 있었는데.

■ I used to+동사는 주일마다 교회에 가는 것과 같이 '과거에 규칙적으로 한 행동을 언급할 때 쓰는 표현'으로, There used to be~ 하면 '전에 …가 있었는데'라는 뜻.

We can put him to good use.
우린 걜 유용하게 활용할 수 있어.

- At least you put the money to good use.
  적어도 넌 돈을 좋은 데에 썼잖아.

  I'll put the new computer to good use.
  난 새로운 컴퓨터를 잘 활용할거야.

■ put sth to good use는 '…을 잘 활용하다,' '…을 좋은 데에 쓰다,' '…을 유용하게 활용하다.'

Sure. it's of no use to me anyway.
물론. 어쨌든 내게는 불필요해.

- It's no use to deny the past. 과거를 부정해봤자 소용없어.

  Andrew, it's no use fighting. 앤드류, 싸워봤자 아무 소용없어.

  What's the use? She doesn't care.
  무슨 소용야? 걘 신경도 안써.

■ be of use는 '유용한'(useful), be (of) no use (to sb)는 '(…에게) 불필요하다,' 그리고 It's no use!는 '아무 소용이 없다!,' It's no use ~ing는 '…하는 건 아무 소용이 없다,' 그리고 What's the use (of~)는 '…해봤자 무슨 소용이 있냐'라는 의미.

It's still in use in some coffee growing countries.
그건 아직 개발도상국의 커피에 여전히 사용되고 있어.

- Keep your kits closed and locked when not in use.
  네 도구는 사용하지 않을 때는 도구함을 닫고 열쇠를 채워놔.

  Cassette tapes went out of use years ago.
  카세트 테입은 몇 년전부터 사용되지 않아.

■ be in use는 '사용되고 있다,' go[be] out of use는 '사용되고 있지 않다'라는 의미.

MORE EXPRESSION

- **use bad language** 안좋은 말을 사용하다
- **make use of** 이용하다
- **for the use of** …을 위하여
- **come into use** 쓰이게 되다

» usual

The usual. 늘상 그렇지 뭐.

The usual.
늘상 그렇지 뭐.

- The usual, please. 항상 먹던 걸로요.
  A: Like what? B: The usual. A: 예를 들면요? B: 항상 하던 거.

(just) the usual은 어떻게 지내냐 혹은 무슨일이냐는 인사에 '평상시대로,' '똑같아,' '그냥 그래' 라는 의미이고, 식당에서 주문 시 혹은 뭔가 예로 물어볼 때는 '항상 하던 거' 라는 뜻으로 쓰인다.

It was pretty much business as usual.
정말 평상시와 다름이 없었어.

- You know, my mother's a psycho, so business as usual.
  알잖아, 내 엄마는 사이코니 늘 그렇지 뭐.
  Nothing. You know, business as usual. 별일없어. 알잖아, 늘 그래

(It's) Business as usual은 한결같다는 뜻으로 '늘 그렇지 뭐,' '평상시와 다름없다,' '언제 나처럼 그래,' '일상적인 일이다' 라는 표현.

MORE EXPRESSION

as per usual 평소대로
Same as usual. 언제나처럼.

» verdict

So, what's the verdict? 그래 판결이 어떻게 나왔어?

Has the jury reached a verdict?
배심원 평결이 나왔습니까?

- Ladies and gentlemen of the jury, have you reached a verdict?
  배심원여러분, 판결이 나왔습니까?
  Madam Foreperson, the jury has reached a unanimous verdict?
  배심원장, 배심원 만장일치 판결이 나왔습니까?

reach a verdict는 '배심원이 판결, 평결을 내리다' 라는 뜻으로 verdict 앞에 unanimous를 붙여 종종 말한다. 또한 directed verdicts하면 '지시판결' 이란 말로 판사가 배심원을 대신하여 판결을 지시하는 예외적인 경우를 말한다.

So, what's the verdict?
그래 판결이 어떻게 나왔어?

- I got my verdict anyway. Thank you. 승소했어, 고마워.
  I just got a jury verdict for $600,000. 난 60만 달러 판결을 받았어.

What's the verdict?는 '판결이 어떻게 나왔는지 궁금해 물어보는 말' 이고 이에 어떤 판결을 받았다고 말하려면 I get a verdict for~라고 하면 된다.

You're there ready to render a verdict.
넌 거기서 판결을 내릴 준비가 되어 있었어.

- You must make justice for him, and return a verdict of not guilty.
  넌 걔에게 정의를 베풀고 무죄판결을 내려야 돼.

return a verdict는 '판결을 내리다' 라는 말로 return 대신에 render를 써도 된다.

Please state your verdict.
평결을 말씀하십시오.

- Do you have anything to say before I deliver my verdict?
  평결을 말하기 전에 뭐 할 말 있습니까?
  She barely reacted when the verdict was read.
  걘 판결이 읽혀질 때 미동도 하지 않았어.

deliver a verdict는 '평결을 발표하다,' state one's verdict는 '평결을 말하다,' 그리고 the verdict is read하면 '평결이 발표되다' 라는 말.

» visit

You're gonna come and visit me? 나 한테 놀러올거야?

You're gonna come and visit me?
나 한테 놀러올거야?

- You're all come visit? 너희들 모두 방문할거야?
  Does he ever come and visit Pam? 걔가 팸에게 놀러간 적이 있어?

come and visit는 '방문하다,' '놀러오다'라는 말로 and 없이 그냥 come visit라 쓰기도 한다. 물론 I'm just visiting one of my friend처럼 visit+사람이라고 바로 써도 된다.

Why do I get a visit from the B.A.U.?
왜 내가 BAU의 방문을 받아야 하죠?

- It's always nice to have a visit with you, Jack.
  잭, 너를 방문하는 건 언제나 즐거워.
  I know Kim paid you a visit this morning. 킴이 올아침에 널 방문한 걸 알고 있어.

have[get] a visit from~은 visit를 명사로 쓴 경우로 '…의 방문을 받다,' 그리고 have a visit with sb, pay a visit하면 '방문하다'라는 뜻.

Darling, we have a visitor.
자기야, 손님왔어.

- Ooh! Looks like we have a visitor. 오! 방문객이 있나봐.
  Hey, Sam, you have a visitor in reception. 야 샘, 안내데스크에 손님있어.

have a visitor는 '손님이 왔다,' '방문객이 있다'라는 뜻이며 특이한 뜻으로는 여성들의 생리가 찾아오는 것을 말해 갑자기 생리가 와서 섹스를 할 수 없어라고 말하려면 I have an unexpected visitor, so we can't have sex라 하면 된다.

» voice

Keep your voice down. 좀 조용히 해.

Please keep your voices down.
제발, 목소리 좀 낮춰.

- Keep your voice down. 좀 조용히 해
  People are starting to stare. Can you keep your voice down?
  사람들이 쳐다보기 시작했어. 목소리 좀 낮춰.

keep one's voices down은 '목소리를 낮추다'라는 뜻으로 상대방에게 조용히 하라고 할 때 사용한다.

I'd still have a voice behind the scenes.
난 아직 막후에서 영향력을 발휘해.

- I have a voice inside my head that says you're wrong.
  네가 틀렸다는 직감이 들어.

have a voice는 '의견이 있다' 혹은 직감이 들다라는 의미.

I just want to give voice to my rage.
난 단지 내 분노를 표출하고 싶어.

- I've never even heard him raise his voice to her.
  난 걔가 그녀한테 언성을 높이는 걸 들어본 적이 없어.

give voice to~는 '의견을 토로하다,' '표현하다,' 또한 raise one's voice to~는 '…에게 언성을 높이다'라는 의미.

MORE EXPRESSION

speak with one voice 한결같이 말하다

U V

W

» wacky/ whack

She's a total wack job. 갠 완전 또라이야.

This wacko's out of control.

이 미친 놈은 통제가 안돼.

- This woman is a complete wacko. 이 여자는 정말 완전히 미쳤어.
  What kind of wacko are you? 넌 어떤 종류의 미친놈이냐?

wacko는 '미친사람,' '어리석은 행동' 등을 말하는 속어로 형용사로도 사용된다.

We're lawyers. He's a wack job.

우린 변호사인데, 갠 위험인물이야.

- She's a total wack job. 갠 완전 또라이야.
  I can't take any more of this whack job.
  난 더 이상 이 미친놈을 조금도 더 못참겠어.

wack job은 whack job이라고도 표기하는데 의미는 '미친 사람,' '또라이,' '제정신이 아닌 사람,' '위험한 사람' 등을 뜻하는 단어로 미드에서 무척 많이 나오는 표현이다.

She whacked the guy on the head.

걔는 그 남자의 머리를 세게 쳤어.

- He whacked her and faked the rape.
  갠 그여자를 세게 때리고 강간으로 위장했어.
  What's whacked for 200, Hellen?
  200달러는 뭐죠, 헬렌?

whack은 동사로 '…을 세게 치다,' '때리다' 라는 의미로 많이 쓰이며 또한 '돈을 많이 청구하다' 라는 뜻으로도 쓰인다.

Your boyfriend is whacked out of his mind.
네 남친은 완전히 정신이 나갔어.

- His tox screen was negative. He's still whacked out.
  걔의 약물검사는 음성이야. 그래도 걘 아직도 약에 쩔어있어.
  I was in the hospital all whacked out on Demerol.
  난 병원에서 진통제에 취해 있었어.

be whacked out은 '지치다,' '술취하다,' '약에 쩔은 혹은 이상한 상황에 처하다'라는 뜻으로 쓰인다.

I want each of you to take a whack at our victim.
난 너희 각각 피해자한테서 정보를 캐내.

- You want a whack at him, be my guest.
  걔한테서 정보캐내고 싶으면 맘대로 해요.
  Did she give him a good whack to the head? 걔가 걔의 머리를 쳤어?

give ~ a whack은 '…을 때리다,' take a whack at~은 '…을 해보려고 하다'(try to do)라는 의미이다.

Their libidos are out of whack, you know.
걔네들의 리비도가 정상이 아니구만.

- The coffee maker is out of whack again. 커피메이커가 또 고장났어.
  I think his reasoning is out of whack. 걔의 논리는 정상이 아냐.

out of whack은 '제대로 동작되지 않는,' '좀 아픈,' '정상이 아닌'이라는 표현.

MORE EXPRESSION

wacky 이상한, 웃긴, 바보같은

» wagon

Oh God, you fell off the wagon. 오 이런, 너 또 술 입에 댔구나.

They've circled the wagons.
걔들은 단단한 방어태세를 구축했어.

- Because every time we've approached them, they've circled the wagons.
  우리가 접근할 때마다 걔들은 단단한 방호벽을 쳤기 때문이지.
  We circle the wagons, tell a select few about the threat.
  우린 방어태세를 구축하고서 일부 몇 명에게만 그 위협에 대해서 말했어.

circle the wagon은 '단단한 방어태세를 구축하다'라는 뜻으로 서부시대에 포장마차로 원을 만들어 인디언 공격을 막은 역사에서 나온 표현이다.

He fell off the wagon a while ago.
걘 얼마전에 술을 다시 마시기 시작했어.

- Oh God, you fell off the wagon. 오 이런, 너 또 술 입에 댔구나.
  But it doesn't take much for her to fall off the wagon.
  하지만 걔가 다시 술에 손대는 데에는 많은 시간이 걸리지 않았어.

be[go] on the wagon은 '금주중이다,' '술을 끊다'라는 말로 I quit drinking이라는 말. 반대로 술을 다시 먹기 시작하다는 be[fall] off the wagon이라고 하면 된다.

W

What are we waiting for? 뭘 기다릴게 있어?

Sorry to keep you waiting, Mr. Secretary.
기다리게 해서 죄송해요, 장관님.

- Hey, I'm so sorry to keep you waiting. 야, 기다리게 해서 미안해.
  Sorry I kept you waiting so long. 너무 오래 기다리게 해서 미안해.

▬ **keep sb waiting**은 sb를 기다리게 하다라는 의미로 주로 약속시간에 늦었을 때 '기다리게 해서 미안하다'고 할 때 사용하는 표현이다.

You just wait and see.
넌 그냥 두고봐.

- Wait and see what happens. 무슨 일이 벌어지는지 기다려봐봐.
  You wait and see. This is gonna fix everything.
  두고봐. 이게 다 바로잡아줄거야.

▬ **wait and see**는 '일이 앞으로 어떻게 될건지 참고 기다려 보다'라는 말. 가끔 문맥에 따라 앞으로 일어날 어떤 일이나 상황이 자신의 예견대로 될 것이라고 자신있게 장담할 때 '두고보라고' 하면서 쓰이기도 한다.

Don't wait up.
기다리지마.

- Wait up a minute! 잠깐 거기서 기다려줘!
  I would say don't wait up, but you'll be asleep by 11:00.
  자지말고 기다리라고 하려 했지만 넌 11시면 잠들잖아.
  I believe he is waiting for you to come crawling back to him and apologize. 걔는 네가 기어돌아와 사과하기를 기다리고 있을거야.

▬ **wait up**은 '자지않고 기다리다' 혹은 '같이 가게 기다려달라'는 의미로 쓰인다. 또한 be waiting for~는 '…을 기다리다,' be waiting for sb to~는 'sb가 …하는 것을 기다리다.'

No, I'm just waiting for the other shoe to drop.
아냐, 난 마음을 졸이며 기다릴 거야.

- I think you can't sit in this apartment waiting for the other shoe to drop. 네가 마음을 졸이며 이 아파트에 앉아 기다릴 수 없다고 생각해.
  It should be called waiting for the other shoe to drop.
  마음을 졸이며 기다리는 것이라고 말할 수 있지.

▬ **wait for the other shoe to drop**은 '마음 졸이며 기다리다'라는 표현이다.

I can't wait to do it.
빨리 하고 싶어.

- Can't wait to see what happens next. 다음에 무슨 일이 일어나는지 넘 기다려져.
  I can't wait to see those shows. 저 쇼들을 빨리 보고 싶어 죽겠어.
  I can't wait for you to come home. 네가 집에 오기를 몹시 기다리고 있어.

▬ **can't wait to[for]~**는 …을 기다릴 수가 없다는 말로 '몹시 …을 하고 싶다'라는 의미. be dying to[for]나 be eager to~와 같은 의미. '다른 사람이 …하기를 바란다'고 할 때는 can't wait for sb to[for]라 하면 된다. can hardly wait for~도 같은 의미.

This can wait.
이건 나중에 해도 돼.

- This can't wait. 미루지 말고 바로 해야 돼.
  Can't that wait? 이거 뒤로 미룰 수 없어?
  I hope this can wait. 천천히 해도 되는 거면 좋겠네.
  I'm sorry, but I don't think this can wait.
  미안해, 하지만 이건 나중에 해도 되는게 아냐.

▬ **This can wait**는 '그렇게 중요하지 않기 때문에 나중에 해도 된다'는 의미이고 반대로 This can't wait하면 '매우 중요하기 때문에 미루지 말고 급히 해야 한다'라는 뜻. this 대신 that을 써도 된다.

Oh, you're worth waiting for.
오, 넌 기다릴 만한 가치가 있어.

- The best things in life **are worth waiting for,** even if they take a long time.
  인생 최고의 것들은 비록 시간이 오래 걸린다 하더라도 기다릴 만한 가치가 있어.

What are we waiting for?
뭘 기다릴게 있어?

- Come on. **What are you waiting for?** 이것 봐, 빨리 하지 뭘 기다려?
  What are you waiting for? Call him and set up an interview.
  기다릴게 뭐 있어. 전화해서 인터뷰 잡아.

Near the restaurant where I wait tables.
내가 서빙하던 레스토랑 근처야.

- How does he **wait on tables** dressed like that?
  어떻게 저렇게 옷을 입고 서빙을 하지?
  We **were waiting on** you to check the trunk. 네가 트렁크 확인할 때까지 기다렸어.

sth be worth waiting for는 '주어자리에 있는 sth이 기다릴 만한 가치가 있다'고 말할 때.

What are we waiting for?는 우리가 무엇을 기다리는거야라는 말로 '다른 뭘 기다릴게 있나?,' 즉 뭔가 빨리 행동으로 옮기자는 권유의 표현. 또한 What are you waiting for?라 하면 상대방보고 빨리 서두르라고 독촉할 때 혹은 그냥 단순히 뭘 기다리는지 물어볼 때도 사용된다.

wait tables는 테이블 옆에서 시중드는 하녀나 종업원을 연상하면 된다. 식당 등에서 '서빙하다'라는 표현. wait on 또한 '시중들다'라는 표현으로 유명한데 하지만 문맥에 따라서는 그냥 wait for처럼 '기다리다'라는 의미로 쓰이기도 한다.

MORE EXPRESSION

call waiting 다른 통화대기중
wait one's turn 자기 순서나 차례를 기다리다
get one's turn …의 차례가 오다
waiting list 대기자 명단
Oh, just you wait. 기다려보자구.
Yes, I'll wait. 기다릴게.

» wake

We are at a wake. 우린 장례식 후 모임에 있어.

I'll be gone before you wake up.
네가 일어나기 전에 난 갈거야.

- You'll **wake up** after you read this news. 넌 이 소식읽으면 정신차리게 될거야.
  Wake up and smell the restraining order. 정신차리고 접근금지명령 좀 봐봐.
  Wake up and smell the coffee! 정신차리고 돌아가는 상황좀 봐!

She'll wake up to a nice, fun, surprise baby shower.
걘 낼 멋지고 재미있는 깜짝 베이비 샤워를 알게 될거야.

- I look forward to **waking up to** a clean house tomorrow.
  난 내일 깨끗한 집을 보게 되길 기대해.
  There are many things a housewife likes to **wake up to.**
  가정주부들이 깨달아야 될 것이 많아.

The wake seems to be going well.
장례식 후의 모임은 잘 되는 것 같아 보여.

- We **are at a wake.** 우린 장례식후 모임에 있어.
  It was nice to see many people **attended John's wake.**
  존의 장례식장에 참가한 많은 사람들을 보니 좋았어.

wake up은 기본적으로 '잠에서 일어나다' 이차적으로는 '그런식으로 정신차리고 관심을 기울이다'라는 의미로 쓰인다. 한편 wake sb up하게 되면 '깨우다,' '정신차리게 하다.' 또한 wake up and smell은 어떤 상황을 제대로 인식하라고 하는 말로 '정신차리고 …좀 봐봐'라는 뜻으로 미드에서 많이 나오는 편에 속한다.

wake up to~는 어떤 생각이나 위험을 이해하고 '깨닫다,' '잘 알다'라는 의미.

wake는 명사로 '장례식 후 갖는 모임'을 뜻한다. 미드에서 보면 장례식을 치른후 집에 모여 다과를 하면서 고인을 애도하는 모임을 볼 수 있는데 이걸 바로 wake라 한다.

MORE EXPRESSION

wake-up call 모닝콜, 정신차리게 하거나 주의를 촉구하는 사건이나 말
in the wake of sth …에 뒤이어
in one's[sth's] wake …의 뒤로

W

He's walking all over me. 걘 날 함부로 대해.

That's right. Come. Walk with me.
맞아. 이리와. 함께 걷자.

- Walk with me, talk with me! 무슨 일 있어? 얘기 좀 해봐
  Walk with me and tell me more about yourself.
  함께 걸으면서 너 자신에 대해 더 많은 걸 이야기해봐.

walk with me는 단순한 표현으로 함께 걷자는 말.

He's walking all over me.
걘 날 함부로 대해.

- Carrie doesn't walk all over people. 캐리는 사람들을 함부로 대하지 않아.
  They come in handy when you're walking all over people.
  네가 사람들을 무시할 때 걔네들이 도움이 되었어.

walk all over sb는 '남을 고려하지 않고 함부로 대하다,' '무시하다' 라는 표현.

I need you to walk me down the aisle.
결혼식 입장시 옆에서 같이 걸어줘.

- I just wish Daddy were alive to walk me down the aisle.
  난 그냥 아버지가 살아계셔서 함께 결혼식장에 입장했으면 했어.
  As she walks down the aisle and the guests stand up.
  걔가 통로로 걸어들오자 하객들은 일어섰어.

walk sb down the aisle은 '결혼식 입장시 함께 걸어가주다' 라는 의미. sb 빼고 walk down the aisle하면 '그냥 복도를 걸어가다' 혹은 '결혼하다'(tie the knot)라는 의미가 된다.

I'll walk you through it.
난 네게 그거 자세히 설명해줄게.

- You look confused. Shall I walk you through it? 복잡하죠 자세히 설명해줄까요?
  I will walk him through this 걔한테 이거 자세히 설명해줄거야.

walk sb through sth은 '어떤 일의 과정이나 방법을 상세히 sb에게 알려주다' 라는 의미. through 다음에는 알려주고픈 일을 적으면 되나 문맥상 it이나 that[this]이 오는 경우가 많다.

Why are you walking on eggshells?
너는 왜 그렇게 조심스럽게 행동하는거야?

- You walk on eggshells, you and the children.
  넌 너와 아이들 다 눈치 좀 보고 살아.
  I am done walking on eggshells! 이젠 더 이상 눈치보고 살지 않을거야!

walk on eggshells는 달걀껍질 위를 걷는다라는 말로 그렇게 '조심스럽게 상대방이 화나지 않도록하다' 라는 표현.

I'm gonna walk you out.
내가 바래다 줄게.

- Okay. we'll find time. Walk you to the subway?
  그래, 나중에 시간잡고, 역까지 같이 걸어갈까?
  No, it's all right. Walk me down. 아니 괜찮아. 같이 내려가자.

walk sb하면 순간 당황할 수가 있다. walk가 목적어로 사람을 받았기 때문이다. 이는 '…까지 함께 걸어가다' 라는 표현으로 특히 어디까지 바래다 줄 때 많이 쓴다. walk sb to+장소형태로 쓰이며, walk sb out은 '바래다주다,' walk sb down은 '같이 내려가자,' 그리고 walk the dog은 '개를 산책시키다' 라는 말.

I was pissed. I tried to walk it off.
난 열받았어. 빨리 풀어야겠어.

- Walk it off. Now! 화풀어, 당장!
  A: Do you want to walk it? B: Why not? A: 걸어갈래? B: 그래.

walk it off는 '상처를 빨리 극복하여 화를 풀다,' 그리고 walk it는 '교통수단을 이용하지 않고 걸어가다' 라는 의미.

You want me to let a rapist walk free.
강간범을 처벌도 없이 내보내라는 말이야?

- We're talking about letting a pedophile walk free.
  소아성애자를 처벌도 않고 풀어주자는 얘기를 하고 있어.

  You walk the beat for a while. 넌 한동안 순찰을 돌았지.

■ walk free는 '법정에서 처벌없이 감옥도 가지않고 나오다,' 그리고 walk the beat은 '경찰이 순찰하다' 라는 의미.

Somebody walked away with 600 thousands.
누가 60만 달러를 차지했어.

- You won't walk away with a good deal here.
  넌 여기서 좋은 거래를 쉽게 얻지는 못할거야.

  Fiona walked away with the best jewelry I had.
  피오나가 내가 갖고 있는 가장 좋은 보석을 갖고 도망쳤어.

■ walk away with~는 '상이나 상금을 쉽게 차지하다,' 혹은 '뭔가 도둑질하다' 라는 의미.

Did you walk out on your family?
넌 네 가족을 버린거야?

- You just don't walk out on a person. That's rude.
  그냥 사람을 떠나면 안돼. 무례한거지.

■ walk out on~은 '책임을 지지 않고 버리다,' '떠나다' 라는 불량표현.

MORE EXPRESSION

within walking distance of
…에서 걸어서 갈 수 있을 정도의 거리내에

walk the streets
거리를 산보하다, 매춘부가 되다

walk sb's legs off
많이 걷게 해서 피곤하게 하다

» wall

Wow. If these walls could talk. 와. 정말 많은 일들이 있었겠어.

All I remember was hitting the wall.
내가 기억하는거라고는 녹초가 되어 아무것도 못하는 상태였던거야.

- If we hit a wall, I'll call her. 우리가 벽에 부딪히면 걔한테 전화할게.

  I guess even a mad scientist has to hit a wall at some point.
  미치광이 과학자도 어느 시점에는 난관에 부딪힐거야.

■ hit the wall은 심신이 녹초가 되어 뭔가 더 이상 할 수 없는 상태를 비유적으로 말한다. 우리말로도 뭔가 난관이나 어려운 문제에 부딪혀 더 이상 나아가지 못할 때 '벽에 부딪히다' 라고 말하는 것과 같다. 벽에 부딪힌 내용은 hit the[a] wall with~라 하면 된다.

Keep your emotions walled off while working here.
여기서 일하는 동안 감정은 드러내지마.

- I was walled off from my friends while in the army.
  군복무시 친구들과 떨어져 있었어.

  There's this whole part of your life that you keep completely walled off. 네 인생의 이 부분을 완전히 비밀로 하게 될거야.

■ be walled off는 벽으로 차단되어 떨어져 있거나 혹은 맘속에서 떼어내 없었던 걸로 하다, 즉 비밀로 하다라는 의미.

Wow. If these walls could talk.
와. 정말 많은 일들이 있었겠어.

- So this is where it all happens, huh? Damn, if these walls could talk. 그래 이곳이 그 모든게 일어난 곳이야? 빌어먹을, 많은 일이 있었겠구만.

  If these walls could talk, y'know what they'd say?
  이 벽들이 말할 수 있다면 뭐라고 할까?

■ if these walls could talk은 영화 더월의 원제로 많은 일이 일어났었다(many things have happened in this place) 라는 말. 영화에서 벽은 일반적인 벽 혹은 자궁벽을 뜻한다.

MORE EXPRESSION

Wall have ears. 낮말을 새가 듣고 밤말을 쥐가 듣는다.

go to the wall 자금부족으로 실패하다

be a little off the wall 매우 이상한

You might want to do that. 넌 그렇게 하는게 나을거야.

I just wanted to say it in person, that's all.
난 그냥 개인적으로 말하고 싶었을 뿐이야, 그게 다야.

- I just wanted to say good-bye to my best friend.
  난 그저 내 가장 친한 친구에게 작별을 하고 싶었을 뿐이야.
  I just want to know in case he shows up. 걔가 나타날 경우에 알고 싶어.

I just wanted to say [know]~는 '단지 …라는 말을 하고 싶었어,' '단지 …라는 것을 알고 싶었어'라는 말. 현재형으로 I just want to say[know]~하면 '단지 …라고 말하고[알고] 싶어'라는 뜻.

That's what I wanted to hear.
그게 바로 내가 듣고 싶었던거야.

- For your information this is exactly what I wanted.
  참고로, 이게 바로 정확히 내가 원했던거야.
  That's what I want to talk to you about. 그게 바로 네게 해주고 싶은거야.

That's what I (always) wanted (to~)는 '바로 그게 내가 항상 원했던거야,' '그게 바로 내가 항상 …하고 싶어했던거야'라고 상대방의 말에 맞장구치는 표현.

I don't know what I want to do yet.
내가 아직 뭘하고 싶은지 모르겠어.

- I'm quitting. That's what I want to do. 나 관둬. 바로 그게 내가 하고 싶은거야.
  It's not what I want to do, it's what I have to do.
  그건 내가 하고 싶은게 아니라 내가 해야 되는거야.

what I want to do는 '그냥 내가 원하는 것,' '내가 하고 싶은 것'이라는 표현으로 동사의 목적어로 혹은 주어로 다양하게 사용할 수 있는 요긴한 표현이다.

So tell me what I want to know.
내가 알고 싶은 것을 말해줘.

- What I want to know is, why? 내가 알고 싶은 건, 왜 그런거야?
  You're going to tell me what I want to know.
  넌 내가 알고 싶은 것을 말하게 될거야.

what I want to know는 do 대신에 know를 쓴 표현으로 의미는 '내가 알고 싶은 것'이라는 것으로 역시 다양한 위치에서 사용된다.

What I want is to be happy.
내가 원하는 건 행복해지는거야.

- What I want is for you to lighten up. 내가 원하는 건 네가 기운을 차리는거야.
  What I want is to find my mother's killer.
  내가 원하는 건 내 엄마의 살해범이야.

What I want is~는 내가 뭘 원하는지 상대방에게 말하거나 혹은 내가 원하는게 어떤 성격인지 말할 때 쓰는 표현법. What I want is (for you) to+동사형태로 쓰면 된다.

Here's what I want you to say.
이게 네가 말하기를 바라는거야.

- It's not about what I want you to say. 그건 네가 말하기를 바라던 것이 아냐.
  What I want you to remember is that they fought like heroes for you. 네가 기억해줬으면 하는 것은 걔네들이 널 위해 영웅처럼 싸웠다는거야.

~what I want you to~는 내가 원하는게 아니라 상대방이 to 이하를 해주기를 원하는게 뭔지 말하고 싶을 때 사용하는 표현.

All I want to do is hear her voice.
내가 하고 싶은 건 걔 목소리를 듣는 것뿐이야.

- All I want to do is cry, and scream. 난 울고 비명을 지르고 싶을 뿐이야.
  You know, all I want to do is go back. 저기말야, 난 그저 돌아가고 싶을 뿐야.

All I wanna do is+동사는 '내가 하고 싶은 건 …뿐이야'라고 내가 하고 싶은 걸 강조하는 표현법. ~is 다음에는 구어체에서는 보통 to를 생략한다. 오자로 보면 안된다.

I want you to find out. Talk to him.

네가 알아내. 걔하고 얘기하고.

- I want you to look at the men in the picture.
  사진 속 남자들을 쳐다봐봐.

  I don't want you to worry about it.
  그거 걱정하지마.

  You want me to send my husband to prison?
  내가 내 남편을 감옥에 보내기를 바래?

I want you to+동사는 내가 하고 싶다는게 아니라 'you가 …를 해주기를 바란다,' 즉 상대방에게 부탁[지시]을 하는 표현. 반대로 I don't want you to~하면 '…하지마라'는 뜻으로 주로 충고[경고]할 때 사용한다. 또한 (Do) You want me to+동사?는 반대로 상대방의 의중을 확인하거나 혹은 내가 상대방에게 해주고 싶은 걸 제안할 때 쓸 수 있는 표현. '…하라고?,' '내가 …해줄까?'라는 의미.

You don't want it.

그거 하지마라.

- You don't want to know.
  넌 모르는게 나을거야.

  You don't want to lie to us anymore.
  더 이상 우리에게 거짓말 않는게 좋아.

You don't want sth[to+동사]는 넌 …하는 것을 원하지 않는다라는 말로 상대방에게 충고나 금지할 때 사용하는 것으로 '…하지 마라,' '…하지 않는게 낫다'라는 의미가 된다. 물론 문맥상 상대방의 의지를 단순히 확인할 때도 있다.

You might want to do that.

넌 그렇게 하는게 나을거야.

- They might want to read them someday.
  걔네들이 언젠가 그것들을 읽는게 나을 수도 있어.

  You could try, but you might not want to.
  해봐도 되지만 하지 않는게 나을거야.

might[may] want to~는 상대방에게 '…하는게 나을 수도 있다,' '…하면 좋을 수도 있다'라는 의미이고, 반대로 may[might] not want to~하게 되면 you don't want to~와 같은 의미로 '…하지 않는게 낫다'라는 의미가 된다.

Don't talk. I wouldn't want to hurt you.

말하지마. 난 널 해치고 싶지 않을거야.

- We wouldn't want to spoil ourselves? 우린 스스로를 망치고 싶지 않잖아.

  Sure. Wouldn't want to hold you up. 물론. 널 잡아두지 않을게.

wouldn't want to~는 to 이하를 하게 되는 건 별로 좋은 생각이 아니라는 것을 말하는 표현.

That's everything I wanted to do before I was forty.

그게 내가 40전에 해보고 싶었던 거 다야.

- She's got everything I want, and she doesn't have my mother.
  걘 내가 원하는 걸 다 지니고 있어, 그러면서도 내가 싫어하는 우리 엄마는 없고 말야.

  You're giving me everything I want? Just like that?
  넌 내가 원하는 모든 걸 줄거야? 그냥 그렇게?

be[have] everything sb wants~는 'sb가 원하는 걸 다 지니고 있다,' '내게는 완벽하다'라는 의미. 물론 everything sb wants는 단독으로 '…가 원하는 모든 것'이라는 의미로 많이 쓰인다.

W

놓치면 원통한 미드표현들

- **make a wager** 내기하다
  Things got a little slow, so we made some wagers. 일이 좀 더뎌서 내기를 좀 했어.
- **wager (on)** 내기하다
  You may still wager if you hurry. 너 서두르고 싶으면 돈을 걸어도 돼.
- **waive reading** 기소사유낭독거부
  Steve Aaron, for the defendant, Your Honor, we'll waive reading. 피고측 변호인 스티브 애론입니다, 재판장님. 기소사유낭독을 거부합니다.

He's everything I've ever wanted in a man, sensitive and kind.
갠 내가 남자한테 원했던 거, 자상하고 친절한 면들을 다 갖고 있어.

- Kathie's boyfriend has everything she wants in a partner.
  케이시의 남친은 걔한테는 완벽한 사람이야.

  Find a wife who has everything you want in a woman.
  네가 여자로서 바라는 것을 다 갖고 있는 아내를 찾아봐.

be[have] everything sb wants~가 남녀관계에서 긍정적으로 쓰이면 자기에게 완벽한 남자나 여자라는 말.

We've got our rivals just where we want them.
우리는 라이벌을 장악했어.

- You got him right where you want him. Trust me.
  너희는 걜 마음대로 해도 돼. 날 믿어.

  Gang up on me! I got you all right where I want you.
  떼로 덤벼봐! 내가 맘대로 주물러줄테니.

have sb just where you want them은 '…을 장악하다,' '맘대로 하다' 라는 의미.

This is exactly where I want to be.
이게 바로 내가 바라던 상황이야.

- Are you sure this is where you want to be? 이게 네가 원하던 상황맞아?

  If this is where you want me to apologize for my husband, I'm not gonna do it.
  이게 내가 남편문제로 너에게 사과를 바라는 상황이라면 난 하지 않을거야.

That's where I[you] want to be는 나에게 혹은 너에게 좋은 상황이다라는 의미.

Do you want some more?
좀 더 들래?

- Do you want some more beer? 맥주 좀 더 먹을래?

  Have some more. 좀 더 들어.

want some more는 조금 더 원하다라는 말로 '상대방에게 음식을 더 권할 때' 사용한다. Have some more라고 해도 되며 want a bite of~는 한입먹어보다라는 말로 grab a bite of~와 같은 말이다.

I want this back.
나 이거 돌려줘.

- I let her borrow it, but now I want it back. 빌려줬는데 이제 돌려받고 싶어.

  We know that they want him dead. 우리는 걔네들이 그가 죽기바란다는 걸 알고 있어.

want sth back은 'sth를 돌려달라고 할 때,' 그리고 want sb dead는 'sb가 죽기를 바란다' 라는 의미.

I want nothing more than to be a part of all of your lives again.
난 단지 다시 네 삶의 일부가 되고 싶을 뿐이야.

- The police want nothing more than to catch the killer.
  경찰은 오로지 살인범을 잡고 싶을 뿐이야.

  We want nothing more than to earn some money.
  우리는 오로지 돈을 좀 더 벌고 싶을 뿐이야.

want nothing more than to~는 '…이상 원하지 않다,' '단지 …만을 원할 뿐이야' 라는 말.

The heart wants what it wants.
마음이 원하는대로 한 거라고.

- What can I say? The heart wants what it wants. 뭐라할까? 맘가는데로 간 것을.

  Well, the heart wants what it wants. I'll see you later.
  글쎄, 끌리는 대로 해야지. 나중에 봐.

the hearts wants what it wants는 맘이 원하는 것을 갖다, 하고 싶은대로 하다라는 뜻으로 감정 등을 통제할 수 없다는 뉘앙스가 들어있다.

You make me want to kill myself.
넌 내가 자살하도록 만들고 있어.

- After all these years, what made you want to end it now?
  이 모든 시간이 지난 후에, 뭐 때문에 그걸 끝내고 싶어하는거야?

That's it. What do you want?
그게 다야. 뭘 원하는데?

- What do you want? I didn't say come in!
  원하는게 뭐야? 난 들어오라고 안했어!
  What do you want from her, anyway? 그나저나 걔한테 원하는게 뭐야?

Okay, what do you want to say?
그래, 무슨 말을 하고 싶은데?

- Whatever. What do you want to eat? 어쨌거나. 뭘 먹고 싶은데?
  What do you want me to do? I have a baby.
  내가 어떻게 했으면 좋겠어? 나 애가졌어.
  I mean, what do you want me to say?
  내 말은 내가 무슨 말을 하길 바라는거야?

What do you want with that old desk?
그 오래된 책상으로 뭐 할려고?

- I served my time. What do you want with me now?
  수감생활 다 했는데 지금 나한테 무슨 볼 일이 있어?
  What do you want with Tom? 넌 탐을 어떻게 할거야?
  What does he want with her?
  걔가 그녀를 어떻게 할려고 하는거야?

Who wants to know?
누가 알고 싶어?

- Who wants to sleep with me! 누가 나랑 자고 싶어해?
  Who wants to be with a chick that's been with a hundred guys? 수많은 놈들과 뒹군 여자와 누가 함께 있고 싶겠어?

You want in?
들어올래?

- You want out? 너 빠질래?
  I just wanted out. 난 그냥 빠지고 싶었어.

I don't care. Do what you want.
상관없어. 네가 원하는대로 해.

- Do what you want. I'm gonna go get him. 원하는대로 해. 난 걜 가서 잡을테니.
  You can call him if you want. 원하면 걔한테 전화해.
  If you want to wait, wait. Let's go. 기다리고 싶으면 기다려. 가자.

---

make sb want to~는 'sb가 to 이하를 하고 싶어하게 만들다'라는 표현으로 사역동사 make와 want to가 합쳐진 표현.

What do you want?는 약간 무례하고 예의없는 표현으로 '상대방이 원하는게 뭐냐?'고 퉁명스럽게 물어보는 표현. 또한 What do you want from sb?는 sb로부터 무엇을 원하냐, 좀 더 직설적으로 말하자면 'sb에게 원하는게 뭐냐?,' 'sb보고 어쩌라는 거냐?'라는 말로 다소 짜증스럽게 말하면 된다.

What do you want to+동사?는 '상대방에게 뭘 하고 싶은지 물어보는 표현'이고, What do you want me to+동사?는 반대로 '내가 뭘 했으면 좋겠냐?'고 상대방의 의사를 타진할 때 사용한다. 한편 What do you want me to say?는 앞의 문형에서 to 다음에 say가 나온 경우로 이때는 상대방 비난에 달리 할 말이 없다는 의미로 나보고 무슨 말을 하라고, 즉 '나보고 어쩌라고?,' '할 말이 없어'라는 의미가 된다.

What does sb want with sth?은 sb가 sth[sb]을 왜 원하는지 이해할 수 없다는 말로 '그걸로 뭘하려는거야?'라는 표현. sth 대신 sb가 와서 What do you want with me?하게 되면 '내게 볼일 있냐?,' '날 어떻게 할려고 하냐?'라는 의미가 된다.

Who wants~는 '누가 원하는지 물어보는 표현'으로 who wants+명사, 혹은 who wants to+동사형태로 쓰인다.

want in은 어떤 행동이나 모임 등에 '가입하다,' '동참하다,' '같이하다'라는 의미이고 반대로 쓰려면 want out하면 된다.

Do what you want은 상대방에게 허락하는 표현으로 '원하는 것을 하다,' 또한 whatever you want는 '네가 원하는 것이 무엇이든'이라는 의미. 물론 do whatever you want하면 한층 강조된 표현. 또한 if you want (to)~는 '상대방이 원한다면'이라는 의미로 그냥 if you want 혹은 if you want to+동사로 사용한다.

MORE EXPRESSION

wanted men 현상수배범

W

» warm

I was just getting warmed up, man! 난 점점 활기를 띠기 시작하고 있었어.

Am I getting warm?

내가 정답에 가까워진거야?

- You're getting warm. 정답에 가까워.

I was just getting warmed up, man!

난 점점 활기를 띠기 시작하고 있었어!

- All right, we're gonna get you warmed up.
  좋아, 우리는 널 기운나게 해줄거야.
  I'm just getting warmed up here. 난 여기서 점점 몸이 풀리고 있어.

She's never really warmed up to you.

걘 정말이지 절대로 널 좋아한 적이 없어.

- And after all these years, he still hasn't warmed up to me.
  이렇게 세월이 흐른 후에도 걘 여전히 나를 좋아하지 않아.
  Vicki warmed up to the young man. 비키는 젊은 남자를 좋아하기 시작했어.

▬ **be getting warm**은 점점 따뜻해진다는 말이지만 보통 비유적으로 '어떤 퀴즈나 정답에 근접하고,' 즉 정답을 맞춰가고 있을 때 사용하는 표현이다.

▬ **get warmed up**은 준비운동을 해서(warm up) 몸이 풀린 상태로 '활기를 띄다,' 그리고 get sb warmed up하면 'sb를 활기 띠게 하다'라는 의미가 된다. 참고로 warm-ups하면 '땀복'(sweat suit).

▬ **warm up to sb[sth]**는 '좋아하기 시작하다.'

MORE EXPRESSION

It's not over till the fat lady sings. 끝날 때까지 끝난게 아니다, 끝까지 가봐야 한다.
house warming party 집들이

» warrant

I have a warrant for your arrest. 당신 체포영장이 있어

I'll give you a blank warrant.

뭐든지 수색할 수 있는 영장을 발부해줄게.

- They're getting an emergency warrant to go in.
  걔네들은 들어가 수색할 수 있는 긴급영장을 갖고 있어.
  We are executing the search warrant on the dorm.
  우리는 기숙사에 대한 수색영장을 집행하고 있어.
  Maybe a judge will issue a warrant if there's a public health risk.
  대중의 건강에 위험이 된다면 판사가 영장을 발부할지 몰라.

Police! Search warrant!

경찰이다! 수색영장야!

- We'll just come back with a search warrant. 영장 갖고 다시 돌아오지요.
  Here's our search warrant. 여기 수색영장요.
  I have a warrant for your arrest. 당신 체포영장이 있어.
  We have a warrant to search the premises. 이 구역을 수색할 영장이 있어요.
  You got the warrant, right? 영장있지, 맞지?
  Do you have a search warrant? 당신네들 수색영장 있어요?

▬ **issue a warrant**는 '영장을 발부하다,' execute the search warrant하면 '수색영장을 집행하다,' 그리고 판사에게 전화해서 영장발부해달라고 하는 건 phone sb for a warrant라 한다.

▬ **have[get] warrant for~**는 '…에 대한 영장이 있다'라는 말로 반대로 없으면 have no warrant for~라 하면 된다. 또한 search warrant는 각종 범죄수사 미드에 단골로 나오는 친숙한 표현으로 '수색영장, death warrant는 '사형집행영장,' emergency warrant는 '긴급영장' 그리고 blank warrant는 백지수표처럼 수색에 제한이 없는 백지영장을 말한다.

I was all washed out. 난 완전히 지쳐버렸어.

Where can I wash up?
화장실이 어디죠?

- I'm just going to go **wash up.** 가서 손 좀 씻으러 갈게.
  Well everybody should go **wash up.** 저기, 다들 가서 손씻어.

▬ **wash up**은 '손이나 얼굴을 씻다' 라는 의미로 freshen up과 같은 의미.

I was all washed out.
난 완전히 지쳐버렸어.

- Wait. I'm not the one who **washed out.** 잠깐. 내가 씻겨 내버린 사람이 아냐.
  Everything **is getting washed out** to sea! 모든게 다 바다로 씻겨내려갔어!

▬ **be washed out**은 씻겨서 없어지다, 즉 '씻겨버려지다' 라는 의미이고 비유적으로 '녹초가 되다,' '지치다' 라는 뜻으로 쓰인다.

I'm a failure. I'm all washed up.
난 실패했어. 난 완전히 끝장났어.

- The plans **were all washed up!** 그 계획들은 다 수포로 돌아갔어.
  Body **was washed up** near Windmill Cove?
  시신이 윈드밀 코브 근처로 떠내려왔어?

▬ **be washed up**은 '가망이 없을 정도로 끝장났다' 는 의미로 강조하려면 be all washed up이라고 하면 된다. 또한 범죄미드에서는 시신이 바다에 떠밀려오는 장면이 많이 나오는데 이처럼 '물살에 어느 장소에 밀려오다' 라는 뜻으로도 be washed up은 쓰인다.

Gunpowder doesn't wash off right away.
화약은 바로 씻겨지지 않아.

- The ink from the black markers **won't wash off** our hands.
  검은색 마커펜의 잉크는 손에서 잘 씻겨지지 않아.

▬ **not wash off[away]**는 '씻겨 없어지지 않다,' 즉 그대로 배어있다라는 의미.

His bad behavior won't wash with the principal.
걔의 못된 행동은 교장에게 먹혀들지 않을거야.

- No, those excuses **don't wash with** me. 아냐, 그 변명들은 내게 먹히지 않아.
  This **won't wash with** the house's landlord. 이건 집주인에게 먹혀들지 않을거야.

▬ **sth doesn't[won't] wash with sb**는 'sb에게 주어인 sth이 먹혀들지 않다' 라는 말로 sth 자리에는 주로 변명이나 해명 등이 오게 된다.

I'll wash your mouth out with soap!
내가 네 입을 비누로 깨끗이 씻어주마!

- If you repeat it, I'm gonna **wash your mouth out** with toilet cleanser. 반복하면, 화장실 세척제로 네 입을 깨끗이 해주마.

▬ **wash one's mouth out**은 입을 깨끗하게하다라는 말로 예전에 아이들이 못된 말을 할 때는 비누로 입을 닦아준다는 데서 유래된 표현.

MORE EXPRESSION

wash one's hands of 더 이상 책임지지 않으려 하다
come out in the wash 곧 알게 되다

W

놓치면 원통한 미드표현들

- **weak at the knees** 병이나 감정상 무릎에 힘빠지는
  Oh, stop. I'm getting **weak at the knees.**
  어, 그만. 무릎에 힘이 다빠졌어.
- **have a weakness for** …을 좋아하다
  I **have a weakness for** younger women. 난 젊은 여자가 좋아.

Couldn't let it go to waste. 그걸 허사가 되게 가만히 둘 수는 없었어.

Don't waste your time.

시간낭비하지마.

- Don't even waste your time. That's cougar.
  쓸데없이 시간낭비하지마. 걘 젊은 사내놈들 따먹는 늙은 여자야.
  You're just wasting my time. 넌 내 시간만 축내고 있어.
  I don't like wasting my time. 시간 허비하고 싶지 않아.

waste your time은 상대방이 원하는 것을 얻기 힘든 경우에 헛수고말라고 충고하는 표현으로 '시간낭비하지마,' '시간낭비야' 라는 뜻. 또한 waste my time은 나의 시간을 낭비하다라는 것으로 상대방이 말하고자 하는 것에 관심없을 때 하는 말로 아무 소용없으니 '내 시간 축내지마라' 라는 의미.

Now, that'd be a waste of time.

이제, 그건 시간낭비가 될거야.

- You thought my acting lessons were a waste of money.
  넌 내 연기수업이 돈낭비라고 생각했어.
  Jessica's a waste of space. 제시카는 쓸모없는 인간이야.

be a waste of time [money, effort]는 waste가 명사로 쓰인 경우로 '시간낭비,' '돈낭비,' '노력낭비' 라는 말. 또한 a waste of space하면 '아무짝에도 쓸모없는 사람' 을 뜻한다.

Couldn't let it go to waste.

그걸 허사가 되게 가만히 둘 수는 없었어.

- Too bad it's all going to go to waste. 그게 다 수포로 돌아가서 안됐어.
  It'd be a shame to let it go to waste. 그걸 그냥 버린다면 안타까운 일이겠지.

go to waste는 쓰레기가 되다라는 의미로 '쓸모없이 되다,' '수포로 돌아가다,' '허사가 되다' 라는 뜻으로 쓰인다.

Then you should waste no time getting back here.

그럼 시간낭비하지 말고 이리 돌아와.

- Pam wasted no time in getting drunk. 팸은 술취하는데 주저하지 않았어.
  Don't waste any time in starting your work.
  네 일을 하는데 시간을 조금이라도 낭비하지마라.

waste no time (in) ~ing는 …하는데 시간을 낭비하지 않다, 즉 '지체없이 …하다' 라는 뜻. in은 써도 되고 안써도 된다. 생략과 편리함을 추구하는 언어의 본질상 안쓰는 추세가 맞다.

Norman wasted the guy when he was drunk.

노만은 취해서 그 녀석을 죽였어.

- Come on, you don't need to waste this punk.
  이봐, 넌 이 쓸모없는 놈을 죽일 필요가 없어.
  The soldiers wasted some of the prisoners. 군인들은 일부 죄수들을 죽였어.

waste sb는 속어로 '사람을 죽이다' (kill), '쉽게 물리치다' (defeat)라는 의미.

She was wasted.

걔 아주 취했었어.

- I think you're wasted. 너 아주 취했구나
  I mean, who gets wasted on Thanksgiving?
  내 말은 누가 추수감사절에 취하고 싶냐고?
  Books are wasted on people who are dumb.
  바보같은 놈들에게 책은 아깝지.
  The money was wasted on the greedy woman.
  탐욕스런 여자가 돈을 탕진했어.

be[get] wasted는 '술에 취하다,' '만취하다' 라는 의미. 또한 sth be wasted on sb는 'sb가 sth의 가치를 몰라줘서 sb가 누리기에 아깝다' 라는 의미.

MORE EXPRESSION

waste not, want not 낭비하지 않으면 아쉬울게 없다
Haste makes waste. 서두르면 일을 그르친다.

You got to watch my back. 넌 내 뒤를 봐줘야 돼.

Watch out!
조심해!

- Drive carefully. Watch out for ice. 운전 살살해. 얼음 조심하고.
  But he may want to watch it. 하지만 걘 조심하는게 나을걸.
  Watch it. Watch your back. 조심해. 뒤를 조심하라고.

watch out은 '조심하다,' 그리고 watch out for sb[sth]은 '주의깊게 지켜보다'(watch for), '…을 조심하다' 그리고 watch out for sb하면 '…에게 나쁜일이 일어나지 않도록 하다'라는 의미. 또한 watch it은 두가지로 쓰이는데 '상대방에게 조심하라고 쓸 때' 혹은 '상대방에게 협박할 때' 쓰는 표현.

Just watch yourself, sonny boy.
몸 조심해라, 아가야.

- Don't joke. It's real. So watch yourself. 농담마. 진짜니까 조심하라고.
  He's very protective of me so you'd better watch yourself.
  걘 날 무척 보호하기 때문에 조심하는게 나을거야.

watch oneself는 '자기가 다른 사람에게 피해를 주지 않도록 조심하다,' 혹은 '상대방에게 다치지 않도록 조심하라고 할 때' 사용하면 된다.

You got to watch my back.
넌 내 뒤를 봐줘야 돼.

- Heads up. Watch your back. 조심하고, 뒤를 잘 봐.
  If I'm not there, my lawyer will watch my back.
  내가 안가면, 변호사가 내 뒤를 봐줄거야.

watch one's back은 '누가 해코지 못하도록 뒤를 조심하다'라는 말. 조종사들 용어에서 나온 check six와 같은 의미.

Watch what you're fucking doing!
젠장헐 조심해서 해야지!

- Watch what you say. You never know who's listening.
  말할 때 조심해. 누가 들을지 모르니까.
  All I know is you guys better watch what you say around here.
  내가 아는건 여기서 얘기할 때는 너희들이 신경써야 한다는거야.

watch what you're doing[saying]은 '조심해서 행동해라,' 조심해서 말을 하라고 상대방에게 충고할 때 쓴다.

I watched him like a hawk.
난 걜 엄히 감시했어.

- Watch Simon like a hawk or he'll steal something.
  사이몬을 잘 감시해 그렇지 않으면 뭔가 훔칠거야.
  Her father's always with her, watching her like a hawk.
  걔 아버지는 항상 걔와 있었어, 매처럼 감시하면서.

watch sb like a hawk는 '매처럼 두눈 부릅뜨고 sb가 나쁜 짓을 하지 않도록 쳐다보다,' '감시하다'라는 의미.

You just watch it, lady!
두고봐요, 부인!

- I'm gonna be strong like a hero, you watch. 난 영웅처럼 강해질거야, 지켜봐.
  Just watch; she's going to start a fight. 두고봐, 걘 싸움을 시작할거야.

(You) just watch는 '두고 봐라,' '지켜봐'라는 의미로 앞으로 일어날 일에 자신이 있을 경우.

I'm going to have to keep watching this.
난 이걸 계속 감시해야 할거야.

- I keep watching that tape, looking for where it all went wrong.
  난 저 테입을 계속 보면서 어디가 그렇게 잘못되었는지 찾아볼게.

keep watch는 '안자고 간병하다,' '당직서다,' '감시하다' 등 다양한 의미로 쓰인다.

MORE EXPRESSION

watch TV TV를 보다, 시청하다
watch the clock 시계만보다
watch this space 계속 지켜보다
watch one's weight 과식해서 살찌지 않도록 하다

» water

That's water under the bridge. 그건 다 지나가서 어쩔 수 없는 일이야.

That'll never hold water.
그런 건 통하지 않을거야.

- The things you told me don't **hold water.** 네 말은 타당치 않아.
  The police say the story doesn't **hold water.** 경찰은 그 얘기가 말안된다고 해.

Dude, it's water under the bridge.
친구야, 이건 다 지나간 일이야.

- That's **water under the bridge.** 그건 다 지나가서 어쩔 수 없는 일이야.
  Water under the bridge. I'm here in an entirely unrelated matter.
  다 지나간 일이야. 정말 전혀 관련없는 일로 여기 왔네.

He is going to be in hot water.
걘 곤경에 빠질거야.

- I'm going to **be in hot water** if I don't get this stuff back to him.
  이걸 걔한테 돌려주지 못하면 난 난처한 입장에 빠질거야.

We should put cold water on this.
우리는 이걸 방해하는게 좋을거야.

- I'm just going to **splash some cold water on** my face, and then I'll be going. 얼굴에 찬물을 끼얹고나서 가려고.
  My mouth is watering thinking about Christmas dinner.
  성탄절 저녁식사만 생각하면 침이 돈다.

hold water는 보통 부정형태로 '이치에 맞지 않다,' '비논리적이다,' '타당치 않다'라는 의미로 쓰인다.

be (all) water under the bridge는 다리 밑의 물이다라는 말. 다리 밑의 물은 언젠가 지나가 버리고 새물이 내려오듯이 '다 지나간 일이다'라는 의미로 쓰인다.

be in hot water는 '곤경에 처하다,' '큰일나다'라는 뜻으로 get into hot water라고 해도 된다.

put[throw] cold water on sth은 '다른 사람의 계획이나 열정적으로 하는 일을 훼방놓는 것'을 뜻한다. 또한 splash some cold water on~은 '찬물을 끼얹다'라는 의미. 또한 My mouth is watering은 '맛있는 음식을 봤을 때 침이 흐르듯 군침이 돈다'라는 말로, 음식이 make my mouth water라고 해도 된다.

MORE EXPRESSION

take the waters 헤엄치다
water boy 하찮은 직업
sb's waters break 양수가 터지다
pass water 소변보다

» wave

Don't make waves. 평지풍파 일으키지마.

Don't make waves.
평지풍파 일으키지마.

- She doesn't want to **make waves.** 걘 소동을 일으키고 싶어하지 않아.
  You don't **make waves** without making a few enemies.
  넌 말썽을 일으키면 몇몇 적을 만들게 된다.

The magician waved a magic wand for the trick.
마술사는 마술을 부리려고 마술지팡이를 흔들었어.

- You can't **wave a magic wand** and make her disappear.
  넌 마술지팡이를 흔들어 걜 사라지게 할 수 없어.

make waves는 파도를 일으키다라는 말로 비유적으로 '말썽이나 소동을 일으키다,' '평지풍파를 일으키다'라는 의미.

wave a magic wand는 마술지팡이로 요술을 부리듯 '어렵고 힘든 문제를 쉽게 해결하다'라는 의미.

MORE EXPRESSION

wave sth goodbye 작별의 손짓을 하다(wave goodbye to sth)

I will have my way. 내 방식대로 할거야.

Make way!
길 비켜라!

- Make way! Virgin Mother coming through! 길비켜! 성모마리아님이 지나가신다!
  You are making way to a big deal out of this, all right?
  너무 과민반응하는거 아냐, 그지?

■ **make way for~**는 길을 만들다라는 말로 '…에게 길을 비켜주다,' '자리를 내주다,' '길을 열어주다'라는 뜻으로 쓰인다. make way to a big deal하면 과민반응하다라는 의미.

Come on, make your way to the Winnebago!
자, 캠핑카까지 길을 찾아가봐!

- I fought my way through his defenses. 난 싸우면서 걔의 변호를 헤쳐나아갔어.
  Pam made her way through the crowd. 팸은 군중들 사이로 길을 헤쳐나갔어.

■ **make[find] one's way to~**는 …로 가는 길을 만들다[찾다], 즉 '애써 …로 가다'라는 의미이고, elbow one's way through~는 '…을 밀어헤치고 나아가다,' 그리고 push one's way는 '밀치고 나아가다,' 비유적으로 '출세하다'라는 의미. 또한 force one's way through 역시 '억지로 힘들여 길을 뚫고 나가다,' fight one's way through는 '싸워가며 나아가다'라는 뜻.

I faked my way through grad school, remember?
난 가짜로 대학원 나온척 했지, 기억나?

- I just fake-smiled my way through the whole thing.
  이 모든 일을 하면서 거짓 웃음을 지었어.

■ **fake one's way**는 가짜로 …을 하다라는 의미.

Have it your way.
네 맘대로 해.

- You have it your way. 너 좋을 대로 해.
  Fine, have it your own way. 그래, 네 멋대로 해라.

■ **Have it one's (own) way**는 '너 좋을대로 해라,' '맘대로 해라'라는 말로 상대방의 일에 관심없다는 의미. 좀 짜증섞인 무관심에 가깝다.

I will have my way.
내 방식대로 할거야.

- My wife always has to get her own way. 내 아내는 언제나 자기 방식대로 해.
  You can have your own way working for us. 우리랑 일할때 네 방식대로 해.

■ **have[get] one's (own) way**는 다른 사람과 원하는 것이 다르다고 고집스럽게 '자기가 원하는 방식대로 하다'라는 의미.

The romantic man had his way with many women.
그 낭만적인 남자는 많은 여성들과 성관계를 맺었어.

- After they had dinner, Brad has his way with his date.
  걔네들은 저녁을 먹은 후에, 브래드는 데이트 상대와 섹스를 했어.
  It's my wedding night. I was supposed to have my way with you.
  내 결혼식 날이야. 난 너와 섹스하도록 되어 있었어.

■ **have one's way with sb**는 'sb에게 작업걸다' 혹은 '…와 성관계를 갖다'라는 의미. with 앞에 evil, wicked를 덧붙여도 된다.

Sandy, I'm doing this my own way.
샌디, 난 이걸 내 방식대로 할거야.

- Why can't you guys just let me do things my own way?
  왜 너희들은 내가 내 방식대로 하게 하지 않는거야?
  Well, fine, we'll do it your way. 저기, 좋아, 우리는 네 방식대로 할게.

■ **do sth one's own way**는 '제멋대로 하다,' '자기 방식대로 하다'라는 자주적(?)인 표현. 그리고 do sth one's way하면 '…의 방식대로 하다'라는 뜻.

I'm going on my way.
내 갈 길을 간다.

- We'll go on our way when the dinner finishes.
  저녁이 끝나면 우린 출발할거야.
  Just go on your way and don't come back. 그냥 네 갈 길 가고 돌아오지마.

■ go on one's way는 '자기 길을 가다,' '출발하다'라는 의미이다.

I feel like everything's going my way this time.
이번에는 모든게 내 뜻대로 되지 않는 것같아.

- In life, you just have to accept the fact that not everything is gonna go your way.
  인생에서 모든게 너 원하는대로 되지 않는다는 사실을 받아들여야 돼.
  Are you going my way? 혹시 같은 방향으로 가니?

■ sth go one's way는 '…가 원하는 대로 되다,' '…의 뜻대로 되다,' 그리고 주어자리에 sb가 와서 sb go one's way하게 되면 '물리적으로 같은 방향으로 가다'라는 뜻이 된다. sb go one's way와 sb go one's own way는 종종 다른 의미지만 상당히 유사한 의미.

If it means that much to you, pay your own way.
그게 그렇게 중요하다면 스스로 빚지지 않고 살아.

- I'll pay my own way during the trip. 여행중 내 비용은 내가 낼게.
  Let's each pay our own way on this date. 데이트하면서 각자 비용을 내자.

■ pay one's own way는 자기 사는 비용은 자기가 낸다, 즉 '빚지지 않고 살아가다'(support oneself)라는 의미.

I don't want to get in the way.
난 방해가 되고 싶지 않아.

- You're in my way. 방해하지 말고 비켜.
  I'm not gonna stand in the way of that. 난 그걸 방해하지 않을거야.
  Yeah. Don't get in your own way. 그래, 많은 문제를 스스로 자초하지 마라.

■ get in one's way는 '…의 방해가 되다'라는 의미로 get 대신에 be나 stand, 그리고 one's 대신에 the를 써서 get[be, stand] in one's[the] way라고 써도 된다. 단 get in one's own way하면 스스로 문제를 일으켜 곤란에 빠지다라는 뜻.

You're on your way.
네 갈 길을 가고 있구나.

- James is on his way up to Boston. 제임스는 보스턴으로 가는 길이야.
  Carrie was on her way after she got promoted.
  캐리는 승진 후 잘 나가고 있었어.

■ be on one's way는 여행을 떠났거나 혹은 승진이나 성공하는 길에 있다라는 뜻이 된다.

놓치면 원통한 미드표현들

- **give sb a wedgie** 똥침을 놓다 *wedgie 엉덩이 사이에 옷을 끼이게 하는거
  Isn't it a little immature of seniors to be giving wedgies?
  똥침하는게 어른들이 하기에는 좀 덜 성숙해보이지 않아?
- **smoke a little weed** 마리화나를 피다
  Want to come in, smoke a little weed, watch some MTV. 와서 마리화나 좀 피고 MTV볼래?
- **wiener** 소시지, 피너스, 멍충이
  Hey, Chris, I heard you got a great weiner, the best in town. 야, 크리스, 네 거기가 동네에서 가장 크다며.

I'm on my way.
지금 가고 있어.

- 10-4. I'm on my way. I've got to go. 오바. 지금 갈게. 나 가야돼.
  Hey, Rick, I'm on my way. 릭, 지금 가고 있어.
  I'm on my way to court now. 난 지금 법원으로 가는 중이야.

■ I'm on my way는 CSI 매니아라면 특히 액션미드를 지향하는 CSI Miami의 호반장이 즐겨쓰는 표현. 또한 be on one's way (to~) 혹은 be on the way (to~)는 '…로 가는 길에 있다,' '…로 가는 도중이다'라는 말. 응용해서 be on the[one's] way out~하면 '…로 나가는 중이다,' be on one's way back~하면 '…로 돌아가는 중이다'라는 표현이 된다.

This stuff is sharp. I want to get it out of the way.
이거 날카로우니 치워버리고 싶어.

- Let's get the dirty work out of the way first. 이 더러운 일 먼저 해치우자.
  I think we should just get it out of the way now.
  이제 우리 빨리 해결해버리는게 나을 것 같아.

■ get it out of the way는 it을 길밖으로 내놓자라는 말로 '해결하자,' '해치우다'라는 말로 어떤 어려운 일이나 문제를 해결해 버리자는 이야기.

Get out of my way.
비켜라, 방해하지 마라.

- If you do not get out of my way, I will open it. 계속 방해하면 공개할거야.
  Keep out of my way. 비키세요, 방해하면 안돼!
  Stay out of my way. I'll make this school a living hell for you.
  비키라고. 난 이 학교를 네게 살아있는 지옥으로 만들거야.

■ get out of one's way는 자기가 가는 길에서 비키라는 말로 '비키다,' 그리고 비유적으로 자신의 일을 방해해서 곤란한 상태에 빠지게 하면 안된다는 의미로 '방해하지 않다'라는 뜻으로 쓰인다. keep out of one's way는 get out of one's way와 같은 의미로 내가 가는 길을 비워두라는 말로 '비켜,' '방해하지마'라는 뜻이고, keep 대신에 stay를 써도 된다.

He goes out of my way to help me.
걘 날 돕기 위해 애를 많이 썼어.

- We go out of our way to make you feel welcome in this building.
  우린 이 건물에서 네가 편안하게 느낄 수 있도록 애를 쓰고 있어.
  I went out of my way to give a patient exactly what he wants.
  난 환자에게 환자가 원하는 것을 주기 위해 무척 노력을 했어.

■ go out of one's way to+동사는 자발적으로 보통 이상의 노력을 기울여 '애를 쓰다'라는 의미.

We might as well just go our separate ways.
우리 서로 각자의 길을 가는게 나아.

- You're just gonna let fate decide whether we go our separate ways? 넌 우리가 각자의 길로 갈지 여부를 운명에 맡길거야?
  Last few years, we went our separate ways, and it sucked.
  지난 몇해간, 우리는 각자의 길을 갔는데 정말 안좋았어.

■ go one's separate ways는 '제 갈길을 가다,' '헤어지다,' '각자 길을 가다'라는 의미.

They went all the way the other night.
걔들은 요전날밤 갈데까지 갔어.

- Going all the way is like really big decisions. 갈데까지 간건 정말 큰 결심야.
  Bullet went all the way through. 총알은 쭉 관통해버렸어.

■ go all the way는 '이성간에 갈 데까지 가다'라는 표현. 다 그런 것은 아니고 go all the way to+장소명사가 되면 '…까지 (먼거리를) 가다'라는 뜻이 된다. 기본적으로 all the way는 내내, 쭉이라는 뜻으로 장거리 이동 혹은 뭔가 공을 많이 들인다라는 의미로 쓰인다. 물론 술을 말할 때는 '마실만큼 마시다'라는 의미.

It's coming your way.
그게 네게 가고 있어.

- I think you got an uncomfortable e-mail coming your way.
  네게 불편한 이멜이 들어오고 있는 것 같아.
  A: Garcia, do you have any pictures? B: Coming your way.
  A: 가르시아, 사진 좀 있어? B: 지금 보내고 있어요.

■ come one's way는 …의 길로 오고 있다는 말로 '어떤 일이 닥치다,' '어떤 일이 일어나다,' '…을 이용가능하다' 등의 의미로 쓰인다. 단순히 '…의 쪽으로 오다, 가다'라는 뜻도 갖는다.

W

You've come a long way.
넌 많은 진전을 했어.

- We've come a long way, baby. 우린 크게 이루어냈어, 자기야.

  You know, cancer treatment's come a long way in twelve years. 있잖아, 암치료는 12년 만에 큰 발전을 이룩했어.

come a long way는 '진전을 이루다,' '크게 발전하다,' '성공하다'라는 의미.

I came all this way. I want my fur coat.
난 이렇게 멀리 왔어. 내 모피코트 줘.

- I did not come all this way for you, sir. I came for him. 선생님 당신 때문에 이렇게 먼길을 온게 아녜요. 걔 때문에 왔어요.

come all this way는 '이렇게 먼 길을 오다'라는 말.

You can't buy your way out of a murder charge.
넌 돈으로 살인죄 기소를 빠져나갈 수 없어.

- People tried to borrow their way out of economic problems. 사람들은 경제적 위기를 벗어나려고 돈을 빌리려고 해.

  Ben lied his way out of the court case. 벤은 거짓말을 해서 소송을 피했어.

buy one's way out of~는 돈으로 문제를 해결해서 벌을 받지 않다, borrow one's way out of~는 일시적으로 재정문제를 해결하기 위해 돈을 빌리다라는 의미. 또한 lie one's way out of~는 벌을 피하기 위해 거짓말을 하다라는 표현이다.

Kid's got a way of twisting words.
아이들은 말을 비꼬기 마련이야.

- We have a way of disappointing each other. 우린 서로를 실망시키기 마련야.

  You have a way of asking questions that beg more questions. 넌 더 많은 질문을 하게 되는 질문들을 해.

have[get] a way of ~ing는 뜻대로 안되서 짜증나지만 흔히 '…하게 마련이다'라는 뜻.

You have a way to get me out of this, right?
날 여기서 구해줄 수 있지, 맞아?

- We don't have a way to cross over, but you do. 우리는 건너갈 방법이 없지만 넌 있잖아.

have a way to+동사는 단순한 의미로 '…할 방법이 있다.'

Sounds like he had a way with women.
걘 여성들을 잘 다루는 것 같아.

- Robinson had a way with folks. 로빈슨은 사람들을 아주 잘 다루어.

  You sure have a way with words. It's mighty impressive. 넌 정말 말솜씨가 좋아. 정말 인상적이야.

have[get] a way with sb[sth]는 '…을 다루는 데 일가견이 있다,' '…을 잘 다루다'라는 의미.

It was really the only way to go.
그건 정말 가장 좋은 방법이었어.

- Is this the only way to go after this thing? 이 일 후에 이게 최선이야?

  There is no other way than that, this is only way. 그거 말고 다른 길이 없어, 이게 유일한 길이야.

be only way to go는 …가 유일한 길이다, 즉 '최선책이다,' '가장 좋은 방법이다'라는 뜻.

It shouldn't be this way.
이래선 안되는데.

- Please come this way. 이쪽으로 따라 오세요.

  You teach everyone this way? 넌 이런 방식으로 모든 사람들을 가르치니?

this way는 길 안내시 '이쪽이예요'라는 말로 come this way가 유명한 표현이다. 물론 비유적으로 '이 방식으로'라는 의미로도 쓰인다.

You can't have it both ways.

둘 중 하나는 포기해야지.

- Can't have it both ways. 둘 다 할 수는 없어.

  You know you don't want me to help. You can't have it both ways! 내 도움이 필요없다며. 넌 양쪽 모두를 가질 수 없어.

■ have it both ways는 쉽게 말해 '양다리를 걸치다,' 두 마리 토끼를 다 잡겠다는 욕심많은 사람의 신조.

We're a long way from a conviction.

유죄판결을 받으려면 아직 멀었어

- LA was a long way from his home. LA는 걔 고향에서 먼 곳이었어.

  But that's a long way from your home to your office, isn't it? 네 집에서 사무실까지 먼거리지, 그지 않아?

■ be a long way from~은 …로부터 먼길에 있다라는 말로 '…하려면 아직 멀었다'라는 의미. 물론 '지리적으로 먼거리'를 뜻하기도 한다.

The way I see it, I'm halfway to pity sex.

내가 보기에, 내가 동정심에서 섹스를 할 맘이 반은 있는 것 같아.

- But the way I see it, we're a team. 하지만 내가 보기에, 우리는 한 팀이야.

  The way I look at it is, I get all the good stuff. 내가 보기에 내가 갖고 있는게 괜찮은 것들야.

  The way I figure it, Bill is guilty. 내가 생각하기에, 빌은 유죄야.

  To my way of thinking, Scott should be punished. 내 생각에 스캇은 혼나야돼.

■ the way I see it은 분명한 사실이라기보다는 자신의 생각이라는 점을 강조해서 말할 때 '내가 보기엔,' '내 생각으로는'이란 뜻이고 또한 the way I look at it is~는 '내가 보기엔 …이다'라는 말. 또한 they way I figure it도 역시 비슷한 의미로 '내가 생각하기에는,' '내 생각에는,' 그리고 to my way of thinking은 '내 생각에는,' '내 견해로는'이라는 의미로 자신의 의견을 피력할 때.

I kind of liked it your way

난 네 방식이 좀 좋았어.

- I like you just the way you are. 난 네 모습 그대로가 좋아.

  I don't know. I like it. I like it the way it is. 모르겠지만. 난 맘에 들어. 난 그 상태 그대로가 좋아.

■ like it one's way는 ..의 방법을 좋아하다, like sb the way you are는 '네 모습 그대로가 좋다,' like it the way it is는 '그 상태 그대로가 좋다'

No way around it.

달리 방법이 없어.

- There's no way around it, Tom. 탐, 달리 방법이 없어.

  There's no way around it, you have to pay her. 달리 방도가 없어, 넌 걔한테 지불해야 돼.

■ be no way around it은 그거 외에는 다른 방법이 없다라는 말로 '달리 방도가 없다'라는 의미.

No way! We can't go out there now.

말도 안돼! 지금 우리는 나가면 안돼.

- No way! You never lie to your friends. 절대 안돼! 넌 친구들에게 절대 거짓말않잖아.

  No way. She's not through with you. 말도 안돼. 걘 너랑 아직 끝나지 않았어.

■ No way!는 상대방의 말을 강하게 부정할 때에 쓰는 표현으로 '절대 안돼!,' '말도 안돼!' '싫어'라는 의미. 이는 There's no way(그건 절대 안돼)에서 there's가 생략된 표현.

There's no way to know which one it is.

어떤게 그것인지 알 길이 없네.

- There's no way we can get to the ridge. 우리가 산마루까지 갈 수 있는 방법이 없어.

  There's no way I can give up a baby. 내가 애기를 포기할 일은 전혀 없어.

■ There's no way that [to~]은 '…할 방법이 없다,' '…일 수는 없다'라는 의미.

W

That ain't the way I heard it.
내가 들은 이야기랑 다르네.

- That's not the way I heard it. 그건 내가 들은 이야기랑 달라.
  Little different from the way I heard it. 내가 들은 거와 다르지 않아.

■ the way I heard it은 내가 들은 이야기와 다를 때 사용하는 표현. '내가 듣기로는 다른던데' 라는 뜻이다.

That's the way it is.
원래 다 그런 거야.

- That's just the way it goes. 사는 게 다 그렇지.
  That's the way these things go. 일이란게 다 그런 식이야.

■ That's the way it is는 '원래 그런거야,' '다 그런 식이야,' '인생이란 다 그런거야,' '사는게 다 그렇지' 라는 말로 상대방을 위로할 때 쓰면 좋은 표현. That's the way the cookie crumbles, That's the way it goes, That's the way the mop flops라고 해도 된다.

You said you're happy with the way things are.
일 돌아가는 것이 맘에 든다고 했어.

- I'm disappointed with the way things have been recently.
  최근 돌아가는 상황에 실망했어.
  I am perfectly happy with the way things are between us.
  우리 사이의 돌아가는 형편에 완전히 만족해.

■ (It's) the way things are는 '세상일이란 그런거야,' '일이란게 원래 그런거야' 라는 말로, be happy[disappointed] with the way things are라는 형태로 자주 쓰인다.

I'm not sure that's the way to go.
그게 잘하는 것인지 모르겠어.

- Oh, you know, that's the way it works. 저말야, 바로 그렇게해서 돌아가는거야.
  That's the way things work here. 여기 일들은 바로 그렇게 돌아가.

■ That's the way!는 '바로 그거야' 라는 말로 상대방 행동에 칭찬하는 말로 (That's the) Way to go!와 같은 말. 하지만 That's the way S+V하게 되면 바로 '그게 …하는 방식이다' 라는 뜻.

Is there any way to identify who these kids are?
이 애들이 누군지 확인할 방법이 있을까?

- Is there any way to do this without Ryan?
  라이언 없이 이걸 할 수 있는 유일한 방법이야?
  That's the only way they can solve their problems.
  그게 걔네들이 그 문제들을 풀 수 있는 유일한 방법이야.

■ Is there any way to+동사?는 '…할 방법이 있을까?,' Is this the only way to+동사?는 '이게 …하는 유일한 방법일까?' 그리고 It's[That's] the only way to+동사는 '…하는게 유일한 방법이다' 라는 의미.

What? Is there another way to say it?
뭐라고? 그걸 달리 말할 수 있는 방법이 있다고?

- There's another way to survive this competition.
  이 경쟁에서 살아남는 방법이 한 가지 더 있다.
  There has to be another way to do this. 이걸 달리 할 수 있는 방법이 있을거야.
  This is another way to go to your dentist. 이건 네 의사에게 가는 다른 길이야.

■ There is another way+동사하면 '…할 다른 방법이 있다,' There is no another way to+동사는 '…할 방법이 달리 없다,' Is there another way to~?하면 '달리 …할 방법이 있을까?' 라는 의미. 참고로 There has to be another way to+동사하면 매우 긍정적인 마인드를 담은 표현으로 '…할 방법이 꼭 있을거다' 라는 표현. 또한 This is another way to go to~는 …로 가는 다른 길이나 방법이다, 그리고 This is the only way to go하면 '이 방법이 유일한 방법이다' 라는 의미.

We're going to have to find another way.
우린 다른 방법을 찾아야 할거야.

- I don't see another way to make this work.
  이걸 가능하게 하는 다른 방법을 모르겠어.
  Let me show you another way to look at this.
  이걸 보는 다른 방법을 알려줄게요.

■ find another way to+동사는 '…할 또 다른 방도를 찾아보다,' see another way to~는 '…할 다른 방법을 알다,' show sb another way to~는 '…하는 다른 방식을 알려주다' 라는 의미.

Is the best way to put a stop to this?
이게 이걸 멈추게 하는 가장 좋은 방법이야?

- I think the best way to do that is just to be honest.
  그걸 하는 가장 좋은 방법은 정직하는거라고 생각해.

Anne knew her way around this town.
앤은 이 마을지리를 꽤 잘 알아.

- I know my way around New York City. 난 뉴욕시를 잘 알고 있어.
  Do you know your way around the campus? 너 캠퍼스 지리를 잘 알아?

I'm afraid it's the other way around.
그거 반대인 것 같은데.

- One way or another, you got to pay what you owe.
  어떻게 해서든 빚진 건 갚아야 돼.
  I figured she'd find a way home, one way or another.
  어떻게 해서든 걘 집에 찾아갔을거야.

There are no two ways about it.
그거엔 이견의 의지가 없어.

- There are no two ways about it, she lied to me.
  이견의 의지가 없어, 걘 내게 거짓말했어.
  There's no two ways about it. We're just trying to be thorough.
  이견의 의지가 없어. 철저해지도록 해야 돼.

I'll be over your way tonight, we should meet up.
오늘 밤 네 동네에 갈거야, 우리 만나야돼.

- We'll come down your way in January. 우리는 1월에 네가 사는 곳으로 갈거야.
  Come up my way when you've got free time. 시간나면 나 사는 곳으로 와봐.

Tom was in a bad way for weeks after the accident.
탐은 사건후 수주간 몸이 안좋았어.

- I'm not in a good way. 난 기분이 별로 좋지 않아.
  Honey is a wonderful food, in its way. 꿀은 나름대로 멋진 식품이야.
  I meant tramp in a good way. 난 부랑자를 좋은 의미로 말한거였어.
  You're not saying that in a bad way, right? 나쁜 의미로 말한 거 아니지, 응 ?

Patty got into the way of studying at the library.
패티는 도서관에서 공부하는 습관을 길렀어.

- I never got into the way of thinking like them. 절대 걔네들처럼 생각 않했어.
  You need to get into the way of working hard. 열공하는 습관을 길러야돼.

the best way to+동사+is~는 '…하는 데 가장 좋은 방법은 …이다,' 그리고 The best way to+동사+is to+동사~는 '…하려면 …하는 게 제일 좋은 방법이야' 라는 표현.

know your way around (something)는 '뭔가 잘 알고 있다는 말'로 주로 장소나 어떤 주제나 행동 등에 특히 익숙한 경우를 말한다.

the other way around는 '역으로,' '거꾸로,' one way or another는 '어떻게 해서든'이라는 의미.

(There are) No two ways about it은 그것에 대한 두가지 방법이 없다는 말로 달리 말하자면 '틀림없다,' '이견의 의지가 없다,' '확실하다' 라는 의미.

down[up, over] sb's way는 'sb가 살거나 근무하는 곳이나 지역'을 말한다.

be in a bad way는 '건강이나 경기 등의 상황이 안 좋음'을, 반대로 be in a great[good] way하면 '매우 좋은 상태'를 그리고 in it's way하면 '그나름대로' 라는 의미. 또한 mean sth in a good[bad] way는 '좋은[나쁜] 뜻으로 말하다' 라는 의미.

get into the way of ~ing는 '정기적으로 …을 하기 시작하다,' '뭔가 하는 방법을 세우다, 정립하다(establish a method of doing something)라는 말이다.

W

MORE EXPRESSION

be way behind 엄청 뒤져있다
by the way 참, 그런데말야, 덧붙여 말하면
(That's the) Way to go! 좋았어!, 힘내!, 잘한다!, 그렇지!
Not that way! 그런식으론 안돼!
Outta[out of] the way. 길 좀 비켜.
way-out 이상한
way back 오래전에

» wear

It really wore me out! 아주 넌덜머리가 나!

He wears several hats.
걘 여러가지 일을 맡고 있어.

- My boss wears several hats around the office.
사장은 사무실에서 동시에 여러가지 일을 해.
Every teacher wears several hats. 모든 교사는 여러 업무를 봐.

▬ **wear several hats**는 한꺼번에 여러 모자를 쓰고 있다는 말로 '동시에 여러 가지 일을 맡아하고 있다,' '혼자서 여러 가지 일을 하다'라는 의미.

It really wore me out!
아주 넌덜머리가 나!

- It takes 12 hours for the battery to wear out.
밧데리가 닳아없어지는데 12시간 걸려.
Esther's behavior wears us all out. 에스터의 행동은 우리 모두를 지치게 만들었어.
She really wears on me. 걔 때문에 진짜 짜증나.

▬ **wear out**는 기본적으로 사용해서 닳아빠지게 하다, wear sb out는 'sb를 무척 피곤하게 혹은 짜증나게 하다', 그리고 wear oneself out은 '지치다,' '뻗다'라는 의미가 된다. 또한 wear on은 기본적으로 '옷을 입다,' 주어로 시간이 오면 '시간이 흘러가다'(pass), 그리고 wear on sb하면 '짜증나게 하거나 피곤하게 하는 것'을 뜻한다.

The poor man, he was all worn out.
그 불쌍한 사람은 완전히 뻗어버렸어.

- That's why you feel so tired and worn out.
그래서 네가 그렇게 피곤해하고 지쳐있는거야.
She'll just wear you down until she gets what she wants.
걘 자기가 원하는 걸 얻을 때까지 널 기진맥진하게 만들거야.

▬ **be (all) worn out**은 수동태로 다 닳아졌다는 의미로 비유적으로 '지친,' '녹초가 된'이라는 의미. wear sb down 역시 닳아없어지게 하다 그래서 비유적으로 'sb를 계속 공격하거나 압박하여 지치게 하다,' '약화시키다,' '기력을 상실케하다'라는 의미가 된다.

The anesthesia should wear off within the hour.
마취는 한 시간내로 없어질거야.

- If I get a confession from him, the drug will wear off.
내가 걔로부터 자백을 받으면 약효가 점점 줄어들거야.

▬ **wear off**는 '고통이나 아픔 등의 감정 등이 점점 서서히 감소하거나 줄어든다'는 의미.

» weather

I'm under the weather. 몸이 찌뿌둥해.

I'm under the weather.
몸이 찌뿌둥해.

- I'm afraid she's feeling a little under the weather. 걔몸이 좀 안 좋은 것 같아.
I'm a bit under the weather today. 나 오늘 몸이 좀 안좋아.

▬ **be under the weather**는 날씨가 찌부둥하면 몸이 좀 안 좋듯, '몸이 좀 아프거나, 기분이 개운치 않다'라는 뜻으로 쓰인다.

Well, this is old and weathered.
저기 이건 낡고 풍화된 것 같아.

- I can't wait to be all run-down and weathered and wrinkly.
난 어서 빨리 지치고, 늙고 주름살이 많았으면 해.
She doesn't look like she's weathered her last three days in here too well. 걘 여기서 지난 3일간 잘 견디어낸 것 같지 않아.

▬ **weather**가 특이하게 동사로도 쓰이는데 '햇빛 등이 변색되다' 혹은 '오랜 세월을 견디다'라는 뜻으로 쓰인다.

» wedge

We drive a wedge between them. 우린 걔네들 사이를 갈라놓고 있어

We drive a wedge between them.
우린 걔네들 사이를 갈라놓고 있어.

- There is something driving a wedge between Nick and Pam.
  닉과 팸사이를 이간질하는게 뭔가 있어.

drive a wedge between sb에서 wedge는 갈라진 틈에 쐐기를 뜻해서 …사이에 쐐기를 박다라는 말은 '…사이를 이간질하다,' '둘사이를 갈라놓다'라는 의미의 표현이 된다.

This guy's got you totally wedged in.
이 친구가 널 완전히 꼼짝도 못하게 하고 있구나.

- No seriously. I'm really wedged in here. 장난아냐. 난 정말 꼼짝도 못하게 꼈어.
  Damn ! My hip is wedged. 젠장할! 내 엉덩이가 끼었어.

be wedged in은 어디에 끼인 것처럼 막혀서 움직이지도 못하고 꼼짝 못하다라는 의미.

When I helped her once, that was the thin edge of the wedge.
걜 한번 도와줬을 때, 그건 나쁜 영향을 끼쳤어.

- Use the thin end of the wedge to split the wood.
  나무를 자르기 위해서는 얇은 쐐기를 써봐.

the thin edge of the wedge는 그 자체로는 중요하지 않지만 '나중에 나쁜 영향을 미치는 조그마한 발단'을 뜻한다.

MORE EXPRESSION

wedge one's way 헤치고 나아가다, 비집고 들어가다
wedge through 헤치고 나아가다

» wee

I'm sorry, I'm a wee bit confused. 미안, 좀 혼란스러운데.

I'm sorry, I'm a wee bit confused.
미안, 좀 혼란스러운데.

- You're being a wee bit intense about this band thing.
  넌 이 밴드 일에 좀 약간 과도해.
  I'm not gonna lie, we were a wee bit wasted.
  난 거짓말안해, 우린 좀 취했거든.

a wee bit은 '아주 조금'이라는 뜻으로 a little bit과 같은 말.

I was at a party until the wee hours.
우리는 날 샐 때까지 파티를 했어.

- I think she plans on entertaining into the wee hours.
  난 걔가 한밤 중까지 놀 계획을 세운 것 같아.
  Our group talked until the wee hours. 우리 그룹은 날샐무렵까지 이야기했어.

the wee hours는 '한밤중'이라는 말로 until the wee hours하면 '날이 샐 무렵까지,' into the wee hours하면 '한밤중까지'라는 의미.

What do you do in the potty, wee-wee?
요강에서 뭐해, 쉬해?

- None of this "pee-pee" and "wee-wee" crap.
  이런 '쉬' 한다는 말은 안돼.
  They're beautiful in their peewee league uniforms.
  걔네들은 꼬맹이 야구 유니폼을 입으니 귀엽네요.

wee는 동사, 명사로 '쉬(하다)'라는 뜻으로 do[have] a wee, 혹은 wee-wee로 써서 아이들이 쉬하는 것을 뜻한다. wee-wee는 pee-pee와 같은 말. 또한 pee-wee는 하찮은, 시시한이라는 말로도 쓰인다.

MORE EXPRESSION

We can give that a wee. 한번 시험해 봐야겠다.

My words carry no weight. 내 말은 전혀 먹혀 들어가지 않아.

I've always weighed the same.
난 항상 몸무게가 같아.

- Oh, please, you **weigh** 90 pounds. 제발 그러지마, 너 몸무게가 90파운드잖아.
  It's most probable when you **weigh** all the other evidence.
  네가 다른 모든 증거들을 따져볼 때 가장 근접하는거야.

I'm going to weigh in on your argument.
난 너와의 논쟁에 내 의견을 내놓을게.

- The policeman **weighed in** with the evidence.
  경찰관이 증거를 제출했어.
  But I mean, they **weighed in** too, right?
  하지만, 내 말은 걔들도 의견을 제출했지, 맞지?

You're weighing me down.
너 땜에 내가 힘들어 죽겠어.

- I've got a couple of accounts that **are weighing me down**.
  나를 아주 힘들게 하는 몇몇 고객들이 있어.
  Don't let this situation **weigh on** you. 이 상황이 너를 힘들게 하지 않도록 해.

My words carry no weight.
내 말은 전혀 먹혀 들어가지 않아.

- It **carries no weight**. 그건 중요하지 않아.
  You fired me because I screwed up. I just proved I can **pull my weight**. 내가 일 망쳐서 날 해고했어. 난 단지 내 역할을 다할 수있다는 걸 증명했을 뿐인데.

I gained weight.
나 살이쪘어.

- You don't need pills to **lose weight**. There are healthier ways, legal ways. 살빼기위해 약을 먹을 필요없어. 더 건강하고 합법적인 방법이 있어.

weigh (up) sth은 기본적으로 '무게가 …이다'라는 뜻을 갖고 비유적으로 '뭔가 결정하기 전에 신중히 고려하다'라는 의미로 쓰인다.

weigh in (with)은 '논쟁, 싸움 등에 끼어들다,' 혹은 '제안, 의견 등을 당당히 내놓다'라는 의미.

weigh on은 '다른 사람의 맘을 속상하게 하거나 걱정스럽게 만들다'라는 의미이고 그래서 weigh on one's mind하게 되면 '마음에 걸리다'라는 뜻이 된다. weigh down 역시 뭔가를 무겁게 누르다라는 뜻으로 '…을 힘들게 하다,' '짓누르다'라는 뜻이 된다.

carry no weight는 무게가 안실린다라는 말로 '말발이 안 먹히다,' 혹은 '중요하지 않다,' 그리고 give weight to sth은 '…을 중요시하다'라는 말. 또한 pull one's weight는 '자기 역할을 다하다'라는 뜻이 된다.

gain weight는 '살이찌다,' put on weight 역시 '살이찌다,' 반대로 lose weight는 '살이 빠지다,' 또한 overweight하면 '과체중인,' '비만인'이라는 뜻이 된다.

MORE EXPRESSION

take the weight off one's feet 앉으라고 말하다
take a weight off one's mind 한시름 놓다
weigh one's words 말을 신중하게 하다

놓치면 원통한 미드표현들

- **whine about** 징징대다, 푸념하다
  You want me to **whine about** my mother?
  나보고 내 엄마에 대해 푸념하라고?
- **give it a whirl** 한번 해보다, 시도하다
  I like a good brainteaser. **Give it a whirl.**
  난 어려운 문제를 좋아해. 한번 시도해봐.
- **bells and whistles** 부가기능
  For a cheap phone, it's got a lot of **bells and whistles**. 싼 전화기치고는 부가기능이 많아.
- **whistle blower** 내부 고발자
  Whistle blowers at the company will be fired. 회사의 내부고발자는 해고될거야.

» weird

It weirds me out. 그거 좀 이상해.

That's so weird.

거 정말 이상하네.

- That's weird. Why would she do that? 이상하네. 걔가 왜 그랬을까?

  They're into some really weird sex stuff. Trust me.
  걔네들은 정말 괴이한 섹스에 빠졌어. 정말야.

▬ **That's weird**는 '거참 이상하네' 라는 말로 이상하다고 할 때 strange보다 더 많이 쓰이는 단어.

It weirds me out.

그거 좀 이상해.

- None of this weirds me out anymore.
  이것들 중 어느 것도 더 이상 이상하지 않아.

  I don't want to talk to you about my love life anymore. It weirds me out. 내 연애사 더 이상 얘기하기 싫어. 좀 이상해.

▬ **weird out**은 weird가 동사로 쓰인 경우로 정신나가게 하다 라는 의미. 주로 It weirds me out의 형태로 '그거 좀 이상하다,' '망측하다' 라는 뜻이 된다.

He struck me as a real weirdo.

걘 내겐 정말 이상한 놈으로 생각됐어.

- We're not like weirdos who share everything.
  우리는 모든 걸 공유하는 이상한 놈들이 아냐.

  So, either one of you weirdos want to buy my underwear?
  그래, 너희들 중 한명이 내 속옷을 사고 싶다는거지?

▬ **weirdo**는 '이상한 사람, 놈' 이라는 명사로 weird person이라고 생각하면 된다.

» welcome

I don't want to wear out my welcome. 너무 폐를 끼치는게 아닌지 모르겠어요.

Welcome home.

어서 와.

- Welcome home from the hospital. 병원 퇴원을 환영해.

  Welcome to the neighborhood. 이웃이 된 걸 환영해요.

  Welcome to Jill's. May I take your coat? 질 집에 잘 왔어요. 코트줄래요?

  Welcome back to class! 수업시간에 다시 돌아와 반가워요!

▬ **welcome home~**은 '집에 온 걸 환영해,' welcome to~는 '…에 온 걸 환영해' 라는 말로 상대방을 반갑게 맞이할 때 사용한다. 또한 welcome back to~는 '다시 돌아왔을 때 혹은 중단되었다가 다시 시작할 때' 사용하는 표현.

Welcome to my world.

나와 같은 처지가 되어 환영해.

- Welcome to the real world. 진짜 현실세계에 온 걸 환영해.

  Welcome back to the world! 세상에 다시 돌아온 걸 환영해!

  Hi, welcome to an adult conversation. 안녕, 성인들 대화에 낀 걸 환영해.

▬ **Welcome to my world**는 추상적으로 내가 겪는 세상에 온 걸 환영해, 즉 '나와 같은 처지가 된 걸 축하해' 라고 약간 장난스럽게 표현할 수도 있는 표현. 비슷한 표현으로 Welcome to my life가 있는데 이 또한 '내가 살고 있는 인생에 온 걸 환영해' 라는 뜻이다.

W

You're (very) welcome.
천만에

- A: Well, thanks for your help, Jimmy. B: Welcome.
  A: 지미야, 네 도움 고마워. B: 뭘.
  A: Thank you for not leaving me. B: You're welcome, Peter.
  A: 날 떠나지 않아서 고마워. B: 무슨 소리, 피터.

You're welcome to do that.
넌 기꺼이 그렇게 해도 돼.

- You're more than welcome to come with us, right?
  넌 기꺼이 우리와 함께 가도 돼, 알았지?
  You're still welcome to stay till you find a place.
  넌 머무를 곳 찾을 때까지 여기 있어도 돼.

I welcomed her into our home.
난 걔를 우리집으로 반갑게 맞이했어.

- Last night, I tried to welcome you into my family.
  지난밤에, 난 널 우리집으로 초대하려고 했어.
  But you welcomed us into your home with open arms.
  하지만 넌 두팔벌려 우리를 너희 집으로 맞아들여잖아.

I don't want to wear out my welcome.
너무 폐를 끼치는게 아닌지 모르겠어요.

- Randy wore out his welcome in Vancouver.
  랜디는 밴쿠버에서 너무 오래 있었어.
  I don't want to wear out my welcome with you.
  너무 오래 있어 너한테 폐를 끼치고 싶지 않아.

I don't wanna overstay my welcome.
너무 오래 머물고 싶지 않아.

- You know what? I've overstayed my welcome.
  저 말야, 너무 오래 있었던 것 같아.
  We threw Jake out when he overstayed his welcome.
  우린 제이크가 너무 오래 머무르자 내쫓았어.

Let's give 'em a warm welcome.
걔네들을 따뜻하게 환영하자.

- I want him to feel welcomed.
  걔를 진심으로 환영해주길 바래.
  I want you to make her feel welcome, okay? Give her a hug and be really nice.
  난 네가 걔가 따뜻하게 환영받고 있다고 느끼게 해주길 바래. 안아주고 잘해줘.

You're welcome은 상대방의 감사인사에 빠지지 않고 등장하는 표현으로 줄여서 그냥 welcome이라고 한다. Not at all, Not to mention 등이 유사표현으로 나오지만 쓰임새의 빈도가 훨씬 다르다.

You're welcome to+동사는 환영할 정도로 '…해도 좋다,' '…하고 싶으면 해라'라고 기꺼운 맘으로 허락하는 표현.

welcome A into B는 'A를 B로 즐겁게 맞이하다,' '환영하다'라는 의미.

wear out one's welcome은 직역하면 주인의 환대를 다 닳아지게 하다라는 말로 손님이 자신의 방문으로 인해 주인에게 부담을 주기에 이르다라는 말. 즉 너무 오래 있어 그만 일어나려고 할 때 쓰는 표현. '너무 자주 찾아오는 건 아닌지 모르겠어요,' 혹은 '너무 오래 폐를 끼치고 있다'라는 의미.

outstay one's welcome은 '방문한 곳에 너무 오래 머물다'라는 뜻으로 wear out one's welcome과 같은 맥락의 표현. outstay 대신에 overstay를 써도 된다.

give sb a warm welcome은 '…을 환대하다,' 그리고 상대방이 그런 환대를 느끼다'라고 할 때는 feel welcome이라고 하면 된다.

That's all well and good. 그건 좋기는 하지만.

I respect my parents, I do well in school.
난 부모님을 존경하고, 학교에서 잘하고 있어.

- He knew he wasn't going to do well in prison.
  걘 자기가 감옥에서 잘하지 못할 거라는 걸 알고 있었어.

  I hope you understand that. Be well, my friend.
  이해하길 바래. 잘지내, 친구야.

Can't very well do that by yourself.
혼자서 그걸 할 수는 없어.

- You can't very well take the gift back. 선물을 되돌려줄 수는 없지.

  I can't very well be in two places at once. 내가 동시에 두 장소에 있을 수 없지.

Very well. I will see you in court.
좋아. 법정에서 보자.

- Yeah, but not very well. 그래, 하지만 별로 잘 못해.

  Oh, okay, well then, calm down. 어, 좋아, 그러면, 침착하라고.

  Oh, well, we have to celebrate. 어, 저기, 우리 축하해야겠어.

It's just as well one of your students is missing school?
네 학생중 하나가 학교를 빼먹어서 다행이라고?

- It's just as well. Doesn't work anyway. 오히려 다행야. 어쨌든 작동되지 않아.

  She's at the hospital with her mother, which, honestly, is just as well. 걘 엄마와 병원에 있는데 솔직히 말해서 더 잘된거야.

That's all well and good.
그건 좋기는 하지만.

- Charm is all well and good, but in the real world, knowledge is power. 매력이 괜찮기는 하지만 실제 세계에서는 아는게 힘이야.

  So anyway, no need to worry. All's well that ends well.
  그러니 걱정할 필요없어. 끝이 좋아야 좋은거니까.

He may well be able to travel through time.
걘 시간여행을 할 수 있을 수도 있어.

- Then we may well have apprehended this man already.
  그럼 우리는 이미 이 놈을 잡았을 수도 있겠어.

  Well, then, I might as well offer to stay.
  그러면 머물러 있겠다고 제의하는게 낫겠어.

  You might as well fill me in. 넌 내게 보고하는게 나아.

do well은 '글자 그대로 잘 하다'라는 말. 참고로 do well by sb하면 '대접을 잘하다,' '친절하게 대하다'라는 뜻이 된다. 또한 Be well은 명령문 형태로 헤어질 때 하는 인사말로 언뜻 보기에는 좋은 표현이지만 네가 죽건 살건 별로 상관하지 않는다는 뉘앙스가 담겨진 표현.

can't very well+동사는 '…할 수는 없다,' '…하는 것은 옳지 않다'라는 의미.

Not very well은 '별로 안 좋아,' '잘 못해,' 그리고 Very well은 상대방의 부탁에 대해 알겠다, 좋아라고 하는 대답. 또한 Well then은 '그러면,' Well,은 문맥에 따라 좋아, 그래, 글쎄, 저, 자, 음이라는 의미이고, 물어보는 형태로 Well?하게 되면 상대방의 말을 재촉하는 것으로 응?이라는 표현.

It is just as well (that)~은 '…여서 참 다행이다'라는 문장이고 단독으로 (It's) Just as well하면 '오히려 다행이다'라는 의미.

be all well and good은 마지못해 동의하는 표현으로 '좋기는 하지만…,' '괜찮기는 하지만'이라는 의미로 완벽하게 만족스럽지 못할 때 하는 표현이다. 또한 유명한 표현으로 끝이 좋으면 다 좋다는 All's well that ends well이라고 한다.

may[might] well은 '그럴 수도 있다' 혹은 '…하는 것도 당연한 일이다'라는 의미. 또한 may[might] (just) as well은 '…하는 편이 낫다,' '…하는게 좋겠다'라는 말로 꼭 내키지는 않지만 현 상황상 하는게 그래도 낫다고 생각한다는 뉘앙스가 담겨져있는 표현.

MORE EXPRESSION

be well in with sb 중요한 사람과 잘 지내다

well-to-do 형편이 넉넉한

W

» **wet**

You're all wet 넌 전혀 잘못 생각했어.

Don't be such a wet blanket.
넌 분위기 좀 깨지마라.

- I don't mean to **be a wet blanket.** 산통을 깨려고 한 것은 아니야.
  Steve was **a wet blanket** at the graduation party.
  스티브는 졸업식 파티에서 훼방꾼이었어.

be a wet blanket 젖은 담요라는 말로 '분위기 깨다,' '산통깨다'라는 표현.

You're all wet
넌 전혀 잘못 생각했어.

- No way, your ideas **are all wet.** 말도 안돼, 네 생각들은 다 틀렸어.
  You had a nightmare. You'**re all wet.** 넌 악몽을 꿨어. 흠뻑 젖었어.

be all wet은 글자 그대로 '물이나 땀에 흠뻑 젖다'라는 뜻으로 쓰이지만 비유적으로 '완전히 틀리다,' '잘못 생각하다'라는 뜻으로도 쓰인다.

You're still wet behind the ears.
넌 이마에 피도 안마른 애송이야.

- This case is a foot fetishist's **wet dream.** 이 사건은 발도착자의 몽정이야.
  I used to **wet my bed.** 난 침대에 지리곤 했어.

wet behind the ears는 귀뒤가 아직 젖어있다는 갓태어난 애라는 말로 우리말로는 '피도 안 마른 애송이'라는 의미. 또한 wet dream은 '몽정으로 남자들이 잘 때 사정하는 것'을 말한다. 또한 wet one's pants는 '바지에 오줌싸다,' wet one's bed는 '침대에 지리다,' 그리고 wet oneself 역시 '오줌을 지리다'라는 뜻이다.

» **what**

What is it with you? 너 도대체 왜 그래?

What about you? What are you gonna do?
넌 어때? 어떻게 할거야?

- **What about you?** Have you had any threats?
  넌 어때? 협박받아본 적 있어?
  What about you? You want to go to the movies?
  넌 어때? 영화관에 가고 싶어?

What about you?는 '넌 어때?'라는 말로 상대방의 의견을 물어보는 표현. How about you?라고 해도 된다.

What for? It's not going to rain.
뭐 때문에? 비가 올 것 같지 않아.

- **For what?** Leaving or coming back? 뭐 때문에? 떠날거야 돌아올거야?
  Her purse? **What for?** 걔 지갑? 왜?

What for?는 '왜요?'라는 말로 이유를 알고 싶을 때 물어보는 문장으로 For what?이라고 해도 된다. 달리 말하자면 Why?나 How come?과 같은 말.

Depends. What's in it for me?
상황에 따라 다르지. 내가 얻는게 뭔대?

- That's good for you. But **what's in it for me?**
  너한테는 좋은 일이지만 나한테는 무슨 이득이 되는데?

What's in it for sb?는 'sb에게 무슨 이득이 되는데?,' 'sb가 얻는게 뭔데?'라는 말. 아주 비슷하지만 엉뚱한 뜻인 have it in for sb(원한을 품다)와 구분해야 한다.

What of it?
그게 어쨌다는거야?

- What of the other man? 다른 남자는 어떻게 됐어?
  What of those lucky women who have no secrets left to keep. 지킬 비밀이 없는 운좋은 여자들은 어떻게 된거야?

■ What of~는 '…가 어떻게 되었나?' 라는 문장으로 특히 많이 쓰이는 What of it?은 '그게 어쨌단 말야' 라는 말로 짜증내는 말투.

What if he doesn't do dairy?
걔가 낙농업을 하지 않으면 어떻게 하지?

- So what if that's true? 그럼 그게 사실이면 어쩌지?
  What if there's another reason? 또 다른 이유가 있으면 어떻게 하지?

■ What if~는 친숙한 표현으로 '…하면 어떻게 하지? ' 혹은 '…하면 어때?' 라는 의미로 What would happen if~의 줄임말로 보면 된다.

What do I need a gun for?
내가 왜 총이 필요한건대?

- Hi. What's that for? 야, 그건 뭐 때문이야?
  And what's all this for? 그리고 이 모든 게 다 뭐 때문이야?

■ What~ for?는 간단히 What's it[that] for?(무슨 이유에서) 혹은 What do ~ for?(뭐 때문에 …한거야?)의 형태로 어떤 이유를 물어볼 때 사용한다.

It doesn't take Freud to see what's what.
그 진상을 파악하는데는 어렵지 않아.

- I'm gonna tell my dad what's what. 아버지에게 뭐가 뭔지 말할거야.
  A: What is it? B: What's what? A: 그게 뭐야? B: 뭐 말이야?

■ what's what은 동사의 목적어로 쓰일 경우 '뭐가 뭔지, 어떤 진상' 을 뜻하는 명사로 쓰이며 의문문으로 What's what?하게 되면 '뭐라는게 뭔데?' 라는 의미.

He showed up, that's what.
걔가 나타나서 그래서 그렇게 된거야.

- I said I'm finished, that's what. 내가 끝냈다고 말했고, 그래서 그렇게 된거야.
  Well, they're running out of food in the city, that's what. 저기, 걔네들은 시내에서 음식이 부족해서, 그렇게 된거야.

■ ~ that's what '그래서 그런거다' 라는 의미로 어떤 사건의 이유를 설명할 때 말하는 표현으로 유사하게 생긴 ~that's that(그걸로 끝이야)라는 표현과 구분해야 한다.

Are you coming or what?
너 오는거야 뭐야?

- You wanna know my real name or what? 내 본명알고 싶은 거야, 뭐야?
  All right, so, Tim, are you doing this or what? 좋아, 그래, 팀, 이거 할거야 말거야?

■ ~or what?은 문장 끝에서 자기가 한 말을 강조하는 것으로 상황에 따라 '그게 아니면 뭐야?,' '그렇지 않아?,' '그런 거 아냐?' 라는 의미.

What's with you?
뭐 땜에 그래?

- What's with your hair? 머리가 왜 그래?
  What's with these damn lights in here? 여기 이 빌어먹을 전등은 왜 그러는거야?

■ What is with~?는 어떤 사람이나 사물이 처해있는 특정 상태에 대해 물을 때 쓰는 표현으로 '…가 무슨 일이야?' 혹은 '…에게 무슨 일이야?' 라는 뜻.

What is it with you?
너 도대체 왜 그래?

- What is it with you people! 너희 사람들 도대체 왜 그러는거야?
  What is it with weekends? 주말이 뭐 어쨌다는거야?

■ What is it with~? 역시 What is with~?와 같은 맥락의 표현. '도대체 with 이하에 왜 그러냐?' 라는 물음으로 with 이하에는 사람 및 사물명사가 온다. 또한 What is it with~는 what's it with~처럼 축약해서 쓰지 않는다.

W

What's yours?

즐겨마시는 술이 뭐야?

- My name's Danny. What's yours? 내 이름은 대니야. 네 이름은?
  That's my story. What's yours? 그게 내 이야기야. 너는?

> What's yours?는 '상대방에게 즐겨마시는 술이 뭔지 아니면 무슨 술로 할건지(What would you like to drink?) 물어볼 때' 사용하는 표현. 물론 문맥에 따라 술이 아닌 경우에도 많이 쓰인다.

A: I quit my job. B: You what?

A: 나 직장 그만 뒀어. B: 뭐라고?

- A: Oh, I invited her. B: You what? A: 어, 난 걔 초대했어. B: 뭐라고?
  I'm sorry, you did what? 미안, 뭘 했다고?

> You what?은 상대방의 말에 놀라서 '네가 뭐어쨌다구?,' '뭐라고?,' You're what?은 '뭐하고 있다고?,' '뭐라고?' 그리고 You did what?은 과거의 행동에 놀라 '뭘했다고?'라는 의미. 참고로 Who did what?은 '누가 뭘했다고?'라는 뜻.

What do we do now? What now?

우리 이제 어떻게 하지? 이젠 어쩌지?

- Another person is complaining? Now what?
  다른 사람이 불평하고 있다고? 그래서 이제 어쩔건대?

> What now? 혹은 Now what?하면 '다음엔 어떻게 할 건데?' 혹은 '이번엔 또 무슨일이야?,' '이제 어쩔거야?'라는 말로 상황에 따라 짜증섞인 표현이 될 수도 있다.

What's a little snow?

눈이 좀 내렸다고 무슨 대수야?

- What's a little secret between the two of us?
  우리 둘 사이에 무슨 비밀이 대단하다고?

> What's a little sth between~?은 '…사이에 뭐가 그리 대단하다고?,' '별거 아니야'라는 표현.

MORE EXPRESSION

what's his[her] name 뭐라고 하던 사람

» whatever

I'll do whatever it takes. 어떻게 해서라도 할게.

I'll do whatever it takes.

어떻게 해서라도 할게.

- We'll do whatever it takes to protect our way of life.
  우리 삶을 보호하기 위해서는 우리는 뭐든지 할거야.

> do whatever it takes는 '뭐든지 하다'라는 의미가 된다. 또한 do whatever it takes to+동사하면 '어떻게 해서라도 …을 하다'라는 강한 의지의 표현.

Whatever you do, don't go up there.

무슨 일이 있어도, 그곳에 올라가지마.

- Whatever you think, I'm gonna walk outta here.
  너 좋을대로 해, 난 여기서 갈거야.

> whatever you do는 '무슨 일이 있어도 …하지마라'는 의미. 반면 whatever you think는 whatever you say, whatever you want처럼 실제로는 내키지 않고 동의하지 않으나 네가 원하면 그렇게 하라는 뉘앙스로 '너 좋을대로'라는 의미.

No, whatever! Anything!

아니, 뭐든간에! 아무거나!

- Whatever! I'm blond now; I can do whatever I want.
  어찌됐건! 난 이제 금발야. 내가 원하는 거 뭐든지 할 수 있어.
  There's been no communication whatsoever.
  지금껏 의사소통이 전혀없었어.

> Whatever!는 '뭐든지 간에!,' '하여튼!'이라는 말로 상대방의 말에 동의하지 않고 좀 낙담하거나 만족하지 못한 경우에 쓰는 표현. whatsoever는 whatever의 강조형.

MORE EXPRESSION

~or[and] whatever (else) 뭐 혹은 (다른) 비슷한 뭐든

Sorry I'm late. So, where are we? 늦어서 미안. 그래 어떻게 되어가는거야?

That is when the bouncer kicked us out.
클럽기도가 우릴 쫓아낸 건 바로 그때였어.

- That's when you started yelling. 바로 그때 네가 소리치기 시작한거야.
  This is when I could make it. 내가 해낼 수 있는 건 바로 지금이야.

■ **That[This] is when S+V**는 과거의 어떤 행동이 일어났던 시점을 말하는 표현법으로 '바로 그때 …한 것이다,' '…한 게 바로 그때야'라는 말.

Since when do you break protocol?
너 언제부터 규정을 깨트리는거야?

- Since when do you guys know each other?
  너희들 언제부터 서로 알고지낸거야?
  You want it by when? In June? 언제까지 그게 필요해? 6월?

■ **since when**은 '언제부터,' by when은 '언제까지'라는 의미.

Steve, get off of me! Where am I?
스티브, 내게서 떨어져! 여기가 어디야?

- Where am I? What the hell are you doing to me?
  여기가 어디야? 대체 내게 무슨 짓을 하고 있는거야?
  Where are we? Are we still in Boston?
  여기가 어디야? 우리 아직 보스톤에 있는거야?

■ **Where am I?**는 '여기가 어디야?' 그리고 Where are we? 역시 '여기가 어디지?'라는 표현. 참고로 Where is it?은 '그게 어디 있냐?'고 물어보는 표현이다.

Where are we? Where is this relationship going?
우린 어떤 관계야? 이 관계가 어떻게 되어가는거야?

- A: Where are we now? B: Where are we? A: 우리 뭐야? B: 무슨 관계라니?
  Sorry I'm late. So, where are we? 늦어서 미안. 그래 어떻게 되어가는거야?
  I've totally lost count. Where are we? 수를 세다가 완전히 잊었어. 어디까지 셌지?

■ **Where are we?**는 '물리적인 장소가 어디인지' 물어볼 때도 쓰이지만 추상적인 공간, 즉 '어떤 사람과의 관계에서 어디까지 왔는지,' 혹은 '어떤 과정에서 어느 지점까지 와 있는지' 물어볼 때 사용할 수도 있다.

Oh. Anyway, where was I?
어. 그나저나, 내가 무슨 얘기했지?

- Thank you. Where was I? 고마워, 내가 어디까지 말했지?
  I'm not going to eat it. Where was I?
  난 그거 먹지 않을래. 내가 어디까지 말했지?
  I'm back! Where were we? 나 왔어. 어디까지 얘기하고 있었지?

■ **Where was I?**처럼 과거형으로 쓰면 뭔가 하다가 전화를 받고나서 자기가 무슨 말을 했는지 잊어버렸을 때 혹은 지난 주 수업을 어디까지 했는지 등을 물을 때 사용하는 표현으로 '내가 무슨 얘길 했더라?,' '내가 어디까지 이야기했더라?,' Where were we?(어디까지 얘기하고 있었지?)라고 해도 된다.

MORE EXPRESSION

Where to? 어디로 가십니까?

놓치면 원통한 미드표현들

- **wig out** 길길이 날뛰다, 흥분하다
  You don't have to wig out. 길길이 날뛸 필요없어.
  I didn't help. I was all wigged out when I got home. 난 도움이 안됐어. 집에 도착했을 때 방방뛰었어.
- **be at one's wits' end** 속수무책이다, 어쩔 줄 모르다
  I'm at one's wit's end. 어떻게 해야 할지 모르겠어.
  I know, Scott. I'm at my wits' end.
  알고 있어, 스캇. 어찌할 바를 모르겠어.

» which

I don't know which is which. 난 뭐가 뭔지 모르겠어.

Which is why we called you guys in.
이것이 바로 우리가 너희들을 불러들인 이유야.

- Which is why I don't have time for theories.
  이것이 바로 내가 탁상공론할 시간이 없는 이유야.

Which is why~는 '이것이 바로 …한 이유이다'라고 어떤 행동이나 상황의 이유를 말하는 표현법.

However, I don't know which is which.
하지만, 난 뭐가 뭔지 모르겠어.

- Until we know which is which, let's not let her out of our sight.
  사태파악을 하기까지는, 걔를 잘 감시하자고.
  How do you know which is which? 뭐가 뭔지 네가 어떻게 알아?
  The cars look the same. Which is which? 차들이 다 같아 보여. 뭐가 뭐야?

which is which는 what's what처럼 동사의 목적어로 '뭐가 뭐인지, 어느것이 어느것인지'라는 명사구로 쓰이는데 특히 동사 tell과 know와 잘 어울린다. Which is which?하면 '뭐가 뭐라고?'라는 의미가 된다.

» while

I'll make it worth your while. 네 노력이 헛되지 않게 할게.

I'll make it worth your while.
네 노력이 헛되지 않게 할게.

- I promise I'll make it worth your while. 정말이지 네 수고가 헛되지 않게 할게.
  Get it for me, hmm? Make it worth your while.
  내게 그걸 갖고와 어? 노력을 헛되게 하지마.

make it worth your while은 직역하면 그것을 네 시간을 쓴 만큼 값지게 해주다라는 말로 '너의 노력이 헛되지 않게 하다,' '노력한 만큼 보답하겠다'라는 의미.

Wow. It's been a while for me.
와, 내게 정말 오랜만이야.

- It's been a while since we've seen him. 오랜만에 걔를 보네.
  It's been a while since I took someone on a date.
  나 데이트안 한 지 꽤 됐어.

It's been a while은 '오랜만이다'라는 인사말. It's been a while since S+V의 형태로 써도 된다.

Get a hold of the girl while you're at it.
너 하는김에 여자 한명 잡아.

- While you're at it, could you get her a card?
  하는 김에 걔한테 카드하나 줄 수 있어?
  I'll get some snacks while I'm at it. 내가 그거 하는 김에 과자좀 사올게.

while you are at it은 '네가 …하는 동안에'라는 말로 주로 하는 김에, 내친김에 다른 것도 해달라고 부탁할 때 자주 사용한다. 물론 while I'm at it이라고도 쓴다.

All the while having adulterous sex?
계속해서 불륜을 저질렀단 말야?

- It also means that we're going to be here for a while.
  그건 우리가 여기에 잠시 머물거라는 말이기도 하지.
  I hadn't talked to her in a while. 한동안 난 걔와 이야기를 나눈 적이 없어.

all the while은 '…하는 동안 쭉,' '계속,' '처음부터 끝까지'라는 표현이고, in a while은 '잠시[얼마]후에,' for a while은 '한동안,' '얼마동안'이라는 부사구이다. 그리고 once in a while은 '종종'이라는 의미.

» whip

Daddy gonna crack the whip. 아버지한테 들볶일거야.

I can still whip you.
넌 여전히 내 상대가 못돼

- Yes, Sam's so pushy and yes, he's whipped.
  그래 샘은 넘 강압적이어서 갠 꽉 쥐어살아.

  They ever beat you or whip you, or throw you on the ground and kick you? 걔네들이 때리거나 채찍질하거나 바닥에 던지거나 때린적이 있어?

▬ **whip sb**는 오리지널 의미로 '채찍질하다'라는 뜻도 되지만 비유적으로 '상대방을 완전히 제압하다,' 그래서 be whipped가 '꼼짝 못하고 잡혀살다'라는 의미로 쓰인다.

I used to pistol whip people for jaywalking.
난 무단횡단하는 사람들을 권총으로 때리곤 했어.

- I thought you were going to pistol whip me for real.
  난 네가 정말로 권총으로 날 때리려는 줄 알았어.

  And he whipped his pants. 그리고 갠 바지를 후다닥 벗었어.

  She whipped out her checkbook. 갠 갑자기 수표책을 꺼냈어.

▬ **pistol whip**은 '권총으로 때리다'라는 의미. 또한 whip은 '뭔가 잽싸게 벗어치우는 것'을 뜻하기도 한다. 또한 whip out는 '아주 빨리 급하게 뭔가를 꺼내는 것'을 표현한다.

Jane's doing a running whip stitch on a heart.
제인은 맘으로 가까워지려고 하고 있어.

- And all I really want to do is a running whip stitch.
  그리고 내가 정말 하고 싶은 것은 감치기야.

▬ **do a running whip stitch**는 테두리 부분을 돌려서 바느질해서 두 개를 연결시켜주다라는 의미이고 비유적으로 바느질로 연결하듯이 가깝게 해주는 것을 뜻하기도 한다.

Can you whip me up something in a hurry?
빨리 뭐 좀 준비해줄 수 있어?

- Wanna stick around and I'll whip you up some dinner?
  여기 있을래 내가 빨리 저녁만들어줄게.

  Tom, do you have whipped cream? 탐, 거품크림있어?

▬ **whip up** 역시 요리용어로 '음식이나 식사를 빠른 시간내에 급조해서 내놓는 것'을 뜻한다. 또한 whip은 또한 요리용어로도 쓰여 '계란, 크림 등 거품을 내게 하거나 감자를 으깨는 것'을 뜻한다.

Our trainer is whipping us into shape.
트레이너가 우리를 운동시키고 있어.

- He whipped us into shape, and we all grew to love him.
  갠 우리를 운동시켜 건강하게 만들고 우리 모두는 걔를 좋아하게 됐어.

  The army will whip you into shape quickly.
  군대에 가면 빨리 건강해질 수 있어.

▬ **whip sb into shape**는 제 형태로 만든다라는 뜻에서 '운동을 하게 해서 건강하게 만들다'라는 뜻.

Daddy gonna crack the whip.
아버지한테 들볶일거야.

- He makes a sound like a whip cracking. 갠 채찍질 나는 소리를 내.

  She's got a whipping boy with her for some rough sex.
  갠 거친섹스를 할 희생양을 갖고 있어..

  A: Yep, hard-working, smart as a whip. Total package.
  B: Really? What's his name?
  A: 그래, 일도 열심히 하고, 아주 명석하고, 몸매도 완벽해. B: 정말? 이름이 뭔데?

▬ **crack the whip**은 '채찍을 휘두르다,' 비유적으로는 '사람을 더 일하도록 들볶다,' '엄히 다스리다,' '강하게 다루다'라는 의미. 또한 smart as a whip은 '아주 명석한,' '뛰어난'이라는 속어이며 그리고 whip the bad habit은 '악습을 고치다,' whipping body는 '희생양'을 말한다.

Who are you to judge? 네가 뭔데 비판을 하는거야?

Who are you to judge?
네가 뭔데 비판을 하는거야?

- Who are you to decide that? 네가 뭔데 그걸 결정하는거야?
  Who are you to say something like that? 네가 뭔데 감히 그런 말을 하는거야?

Who are you to+동사?는 '네가 감히 뭔대 그런 말을 하는거야?' 라고 강하게 어필하는 표현으로 you 대신 Who is she to+동사처럼 다른 인칭을 넣어도 된다.

Who is it? Who's there?
누구세요? 거기 누구세요?

- Tell me who it is. Who is it? 그게 누구인지 말해줘. 누구야?
  Who is it? Oh hello, Chris, it's open, come in.
  누구세요? 오 안녕, 크리스, 열렸어, 들어와.

Who is it?은 누가 노크할 때 '누구세요?,' 혹은 전화왔다고 다른 사람이 말할 때 '누군데?' 그리고 그냥 대화중 말하다가 궁금해서 '그게 누구인데?' 라고 물어볼 때 사용하는 표현. 반면 Who's there?은 '계세요?' 혹은 벨소리에 '누구냐?' 고 물어볼 때도 쓰인다.

Hold on, hold on, who is this?
잠깐만, 잠깐만, 누구시죠?

- A: Do you miss me yet? B: Who is this? A: 벌써 날 잊은거야? B: 누구시죠?
  Your dresser? Who is this? 네 의상담당자야? 누군데?

Who is this?는 전화를 받으면서 전화건 사람이 누군인지 물어보는 것으로 '누구시죠?' 또한 직접 대면한 상태에서 옆에 있는 사람이 누구인지 모를 때 '이 사람 누구야?' 라고 물을 때 사용된다.

Well, then, who was it?
그럼, 누구였어?

- Was it you? Or you? Who was it? 너였어? 아님 너? 누가 그랬어?
  You met someone! Who was it? 너 누구 만나는구나! 누구야?
  Who was it you thought you saw? 네가 봤다고 생각하는 사람이 누구였어?

Who was it?은 전화한 사람이나 방문한 사람이 누구였는지 물을 때 '누구였는데?,' '누구였어?' 라는 의미. 물론 어떤 행동의 주범을 찾을 때도 사용된다. 그 행동까지 적어주려면 Who was it that+동사, Who was it that S+V라 하면 된다.

What do you say, Sean? Who's your daddy?
션, 어때? 나 대단하지 않아?

- I made us a lot of money! Who's your daddy?
  난 돈 많이 벌었어! 대단하지?
  I scored higher on the exam. Who's your daddy now?
  시험잘봤어. 대단하지?

Who's your daddy?는 진짜로 직계 가족을 상봉하기 위한 확인작업이 아니고 자기 잘났다(I'm great)라고 으쓱대는 표현.

Why don't you have a seat?
자리에 앉아.

- Why don't you tell your partner to relax? 파트너에게 쉬라고 말해.
  Why don't we go smoke the cigars? 나가서 시가 피우자.

Why don't you~?는 실제로는 '상대방에게 뭔가 제안하는 표현.' 함께 기억해둘 표현으로 Why don't I~?는 Let me~, 그리고 Why don't we~?는 Let's~와 같은 의미이다.

Hey, why not? She's young.
야, 안될게 뭐있어? 걘 어린데.

- A: Well you can't be her boyfriend B: Why not?
  A: 넌 걔의 남친이 되면 안돼. B: 왜 안되는거야?
  Why not? It's romantic. 왜 어때서? 낭만적이잖아.

Why not?은 상대방의 거절 등 부정적인 답변에 '왜 안해?,' '왜 안되는거야?' 라는 의미. 또한 상대방 제안에 안될 이유가 없다고 보고 긍정적인 답변을 할 때 '그러지 뭐, 안될게 뭐있어?' 라는 의미로 이때는 I don't see why not과 같은 뜻.

Why not her?

걔는 왜 안돼?

- Why not report it stolen? 그거 분실신고 내?
  If it was justified, why not just say so? 그게 합당했다면 그렇게 말하지 그래?

Why not+명사?가 오면 '왜 …는 안되는거야?,' 그리고 Why not+동사?가 오면 '…하는 게 어때?,' '…하지 그래?'라고 상대방에게 제안하는 표현이다.

Why me?

왜 하필 나야?

- What? Why me? 뭐라고? 왜 나야?
  Why me? Anyone can do it. Why pick me?
  왜 나야? 아무나 할 수 있는데 누가 날 뽑았어?

Why me?는 영화제목으로 유명한데 억울한 감정하에 '하필 왜 나야?,' '왜 나만 그래?'라는 의미. 또한 Why ask why?는 '이유는 왜 묻는 거야?'라는 표현.

» wimp

Don't be such a wimp. 그렇게 겁쟁이가 되지마.

Don't be such a wimp.

그렇게 겁쟁이가 되지마.

- I didn't want to seem like a wimp. 난 겁쟁이로 보이기 싫었어.
  My wife thinks that I am a wimp. 아내는 날 겁쟁이로 생각하는 것 같아.

wimp는 '겁많고, 비겁하고 약한 겁쟁이,' '약골'을 뜻한다.

We wimped out on our entire community.

우린 우리 지역사회 일에서 손을 떼야 될 것 같아.

- Maybe I'll just wimp out on the whole thing.
  아마 이 모든 일을 무서워서 그만 둬야 될 것 같아.
  Do not wimp out on me here. We gotta do what's best for the business.
  여기서 내게 겁먹지마. 우리는 사업에 최상인 것을 해야 돼.

wimp out은 겁나거나 자신이 없어서 하려고 하던 일을 '포기하다,' '무서워 손을 떼다'라는 말로 cop out이라고도 한다.

W

놓치면 원통한 미드표현들

- **have[keep] one's wits about one** 빈틈이 없다, 냉정함을 유지하다
  Keep your wits about you, guys.
  너희들 빈틈없이 철저히 행동해.
  He seems to have his wits about him.
  걘 냉정함을 유지하는 것 같아.
- **have the wit to~** …할 분별력은 있다
  I had the wit to recognize something valuable when I saw it.
  난 봤을 때 값어치 있는 것을 알아보는 능력은 있어.
- **half-wit** 바보같은 사람
  All the half-wits are here.
  모든 바보는 여기 다 있네.
  He's a half-wit, Tony. If I can handle you, I can handle him. 걘 바보같은 놈야, 토니. 내가 널 다룰 수 있으면 걜 다룰 수도 있어.

» win

It's fine. You win. 좋아. 네가 이겼어.

Win a few, lose a few.

얻는게 있으면 잃는 것도 있는 법야.

- You win some and you lose some. 딸 때도 있고 잃을 때도 있는거야.
  You can't win them all. 질 수도 있지.
  We're having a little celebration at the diner afterwards, win or lose. 승패에 상관없이 식당에서 조촐하게 축하파티를 할거야.

win and lose는 세상진리로 '이길 때가 있으면 질 때도 있고 잘나갈 때가 있으면 헤맬 때도 있다'는 말. 또한 win or lose는 이기건 지건이라는 말로 '승패에 상관없이'라는 표현이다.

It's fine. You win.

좋아. 네가 이겼어.

- I came to tell you in person. You win. 직접 말해주러 왔어. 내가 졌어.
  You win. I'm too sick to fight. 내가 졌어. 난 너무 아파서 싸울 수가 없어.

You win은 '네가 이겼다'라는 말로 달리 말하면 내가 졌다라는 말. 주로 '상대방의 말이나 주장에 따르겠다'고 할 때 사용하는 표현.

Will, you can't win all the time.

윌, 항상 이길 수는 없는거잖아.

- If you can't walk, you can't win. 네가 걸을 수 없으면 이길 수가 없지.
  Why? You can't win now anyway. 왜? 이제 어찌됐건 넌 이길 수가 없어.

You can't win은 '이길 수 없다,' '어쩔 수가 없다'라는 말. 특히 you can't win them all이란 표현이 유명한데 이는 '모든 것을 가질 수가 없다'라는 명언.

You got a real winner with the new manager.

너 정말 새로운 매니저 잘 만났어.

- Sheila got a real winner with her new husband.
  쉴라는 새로운 남편을 운좋게 만났어.

get a real winner with sb는 운좋게도 어떤 특정한 인물을 찾았다라는 의미지만 비꼴 때도 자주 쓰인다.

MORE EXPRESSION

a winning streak 연승

» wind

He and the girl are in the wind. 걔와 소녀는 바로 나갔어.

I got wind of it.

나 그거 소문으로 들었어.

- I just got wind of some internal problems.
  우리는 일부 내부문제가 있다는 소문을 들었어.

get[have] wind of~는 '…을 풍문으로 듣다'라는 말로 hear through the grapevine, A little bird told me 등과 같은 맥락의 표현.

You kind of took the wind out of my sails there.

넌 거기서 내 허를 좀 찔렀어.

- I understand. I just knocked the wind out of your sails.
  알았어. 하지만 난 방금 널 숨막히게 했어.
  The news took the wind out of Carol's sales.
  그 소식은 캐롤의 판매를 하락하게 했어.

take[knock] the wind out of sb's sails는 항해하는데 바람을 빼앗아간다는 말로 '…의 허를 찌르다,' '…의 숨이 막히게 하다'라는 뜻이다.

Tom had had the wind knocked out of him.
탐은 자기몸에서 기운이 다 빠져나갔었어.

- Suddenly I **felt the wind knocked out of** me. 갑자기 난 기운이 축 쳐졌어.

  I'm fine, Karen. I just **got the wind knocked out of** me.
  난 괜찮아, 카렌. 그냥 몸에서 기력이 다 빠져나가버린 것 같아.

■ **have the wind knocked out of sb**하면 'sb에게서 기력이나 정신이 빠져나가다'라는 표현.

He and the girl are in the wind.
걔와 소녀는 바로 나갔어.

- The next I'm in here, and she'**s in the wind.** 담 내가 여기 오면 걘 나갈거야.

  And now they'**re both in the wind.** 그리고 지금 걔네들은 다 가버렸어.

■ **sb be in the wind**는 sb가 빨리 떠나다, 가다(leave quickly)라는 의미이고, sth be in the wind는 뭔가 일이 바로 일어날거다(be going to happen)라는 뜻.

But mostly, you wind up broke or alone in a bar.
하지만 대개 넌 바에서 땡전한푼없이 혹은 혼자있게 되잖아.

- You don't **wind up** an old maid. 넌 나이든 하녀를 화나게 하지마.

  If we leave him here, the two of you will **wind up** in court.
  우리가 걜 여기다 두고 가면 너희들은 결국 법정에 서게 될거야.

  You'll probably **wind up** taking this case. 결국 네가 이 사건을 맡게 될 것 같아.

■ **wind up**에서 wind는 동사로 야구에서 투수가 던지기 직전의 동작을 와인드업이라고 한다는 걸 생각하면 쉽게 이해될 수 있다. 모임이나 사업 등을 '그만두다,' '마무리하다' 혹은 '결국 …상태로 되다'라는 의미로 쓰인다. wind sb up하면 '약올리다,' '화나게하다'라는 뜻도 갖는다.

Why should you care how she unwinds?
걔 쉬는 방식이 뭐 어때서 그래?

- Tim goes out to the bars to **unwind** and rag on the old lady.
  팀은 긴장을 풀고 나이든 여자에게 농짓거리하러 바에 갔어.

■ **unwind**는 말았던 것을 푼다는 의미로 '긴장을 풀다'라는 뜻이 된다.

MORE EXPRESSION

like the wind 바람처럼 아주 빨리
He was gone with the wind.
걘 바람같이 사라져버렸어.
break wind 방귀뀌다, 트림하다

» wing

You're gonna be waiting in the wings. 넌 철저히 준비하고 기다려야돼.

I've taken her under my wing.
난 걔를 보호해왔어.

- I rue the day I **took you under my wing.**
  난 너를 보살펴주기 시작한 날을 후회해.

  Offered you the job, **took you under my wing**. It's part of the deal. 난 네게 직장을 제의했고 넌 내 수하에 들어왔어. 그게 거래의 일부야.

■ **take sb under one's wing**은 날개 밑에 sb를 데리고 있다는 건 'sb를 보호하다,' '지켜주다,' '보살펴주다,' '맡다' 등의 뜻으로 상황에 따라 맞게 우리말을 고르면 된다.

You're gonna be waiting in the wings.
넌 철저히 준비하고 기다려야돼.

- I'll **be waiting in the wings.** 난 대기하고 있을게.

  Another guy **was waiting in the wings** for her.
  다른 친구가 준비를 단단히하고 걜 기다리고 있었어.

■ **be waiting in the wings**는 무대의 커텐 윙(끝쪽)에서 무대에 오르려고 준비하고 있는 모습에서 어떤 일이나 지위 등을 '계승하려고 대기하고 있다,' '만반의 준비를 하고 곁에서 기다리다'라는 의미로 쓰인다.

I'm going to flap my wings and fly off this island.
난 준비를 하고 이 섬을 떠날거야.

- That life is over for me. I mean, they clipped my wings.
  내 인생은 끝났어. 내 말은 그들이 날개를 다 잘라버렸어.

  We're ready to flap our wings and go. 우리는 갈 준비가 다 됐어.

clip sb's wings는 '…의 날개를 자르다,' '꺾다,' 즉 속박하다, 자유를 제한하다라는 뜻이며, flap sb's wings는 날개를 퍼덕이고 나를 준비를 하듯 '갈 준비하다' 라는 의미.

Or we could just wing it.
아니면 우리가 그냥 대충 할 수 있어.

- Sometimes you just gotta wing it. Right? 때때로 넌 즉석에서 해야 돼. 알았어?

  Well, we sort of decided to wing it. 저기, 우리 좀 그냥 바로 하기로 결정했어.

  I suggest you wing it. 지금 말해주면 좋겠어.

wing it은 구어체로 뭔가 준비나 계획없이 '즉흥적으로 하다,' '즉석에서 하다,' '대충하다' 라는 의미.

James is my wingman now.
제임스는 지금은 날 도와주고 있어.

- I'm not here to be your wingman. 널 도우러 여기 온 거아냐.

wingman은 비행편대에서 옆에서 호위하는 조종사를 말하는 것으로 '지원군' 혹은 '바람잡이'를 뜻한다.

» wipe

He wiped the floor with her. 걘 그 여자를 완전히 깔아뭉갰어.

He wiped the floor with her.
걘 그 여자를 완전히 깔아뭉갰어.

- You and me on the same team, we'll wipe the floor with the others. 너와 내가 같은 팀이면 우리는 다른 팀들을 압도할 수 있어.

  Great job. We pretty much wiped the floor with them.
  잘했어. 우린 걔네들을 완전히 압도했어.

I'm wiped out.
난 완전히 녹초가 됐어.

- I'm pretty wiped out, I'm gonna go soak in a hot bath.
  너무 지쳐서 뜨거운 목욕을 할거야.

  That damn tornado wiped out half the place.
  저 망할놈의 토네이도가 우리 집의 반을 쓸어갔어.

wipe the floor with sb는 'sb를 완전히 참패시키다,' '깔아뭉개다,' '압도하다' 라는 의미.

wipe~out은 '완전히 쓸어버리다,' '완전히 파괴하다' 라는 뜻으로 주로 수동태인 be wiped out의 형태로 '완전히 녹초가 되다,' '완전히 뻗다' 라는 뜻이 된다.

MORE EXPRESSION

wipe sth from one's mind [memory] 기억에서 지워버리다
wipe the smile 웃음을 그치다
wipe the grin off sb's face 웃음을 그치다

놓치면 원통한 미드표현들

- **woo** …에게 구애하다
  No one uses the phrase woo a lady anymore.
  아무도 더이상 여자를 유혹하려고 그 표현을 쓰는 사람없어.

- **be out of the woods** 어려운 고비를 넘기다
  I'm out of the woods. 난 어려운 위기는 넘겼어.

» wire

He is extremely wired. 걔는 지독히 빠져있어.

I must've got my wires crossed. I'll see you.
내 선이 혼선인가봐. 담에 봐.

- Peter and Dick got their wires crossed and never finished.
  피터와 딕은 일치를 못봐서 절대 마무리를 못했어.
  That money that Ben received was wired through six banks.
  벤이 받은 돈은 6개 은행을 통해 송금된거야.

get one's wires crossed는 선이 혼선되다라는 뜻으로 '혼동되어 오해하다,' '일치를 못보다'라는 표현. 또한 wire는 일반화된 것으로 전자 시스템을 이용해 '돈을 송금하다'라는 뜻으로 특히 범죄미드에서 많이 나온다.

He is extremely wired.
걔는 지독히 빠져있어.

- My dad is wired into the local government.
  아버지는 지방자치정부일에 열중하셔.
  She's wired into some of the casinos, including the Botticelli.
  걘 보티첼리를 포함한 일부 카지노에 빠져있어.

be wired into~는 …에 연결되어 있다라는 말로 '…에 열중하다,' '…에 빠져있다'라는 의미.

be[get] wired는 매우 에너지, 활기가 넘치다라는 말로 커피나 술 혹은 마약을 먹어서 기운이 차고 넘치는 것을 말한다.

Not especially. I'm a little wired today.
별로 특별한 거 없어. 난 조금 오늘 기운이 나.

- You getting wired for a long drive? 장시간 운전하는데 커피마실래?
  I guess I'm just wired bad. 난 그냥 좀 무기력한 것 같아.

MORE EXPRESSION

장소+be wired for sth …로 이용되다
be way too wired (커피나 술, 마약) 넘많이 먹어 에너지가 넘치다
go[come, be] down to the wire 아무도 결과가 나올 때까지 모르다

» wise

He got wise to it. 걔가 그 사실을 알게 됐어.

He got wise to it.
걔가 그 사실을 알게 됐어.

- Is it wise to allow such a thing? 그런 일을 허락하는게 좋을까?
  It would not be wise to make sexual advances.
  성적희롱을 하지 않는게 좋을거야.

get[be] wise to sb[sth]는 '뭔가 부정직한 것을 알아차리다'라는 의미. get wise to him하면 '걔의 속셈을 알아차리다,' get wise to what you're doing하면 '네가 하는 일을 알게 되다'라는 표현.

She's five years older but none the wiser.
걘 5살 더 많지만 이해를 못하는 것 같아.

- Jane sits up here at night, in the dark, without her dad being any the wiser. 제인은 밤 어둠속에서 아버지가 전혀 눈치채지 못한 상태에서 일어났어.

be none the wiser는 '설명을 해도 이해를 못하거나 남이 못된 짓을 해도 모르다'라는 뜻으로 not be any the wiser라고 해도 된다.

She's a little behind maturity-wise.
걘 조금 성숙미가 모자라.

- The woman seemed a little PMS mood-wise.
  그 여자는 조금 생리증후군 무드인 것 같았어.

-wise말 in the sense of 라는 말로 …의 면에서라는 의미로 쓰인다.

MORE EXPRESSION

wise up to …에게 알리다

W

Be careful what you wish for. 신중하게 소원을 말해야지.

Be careful what you wish for.
신중하게 소원을 말해야지.

- Be careful what you wish for, it might cause problems.
  소원빌 때 조심해, 문제를 일으킬 수 있어.

be careful what you wish for는 '소원을 빌 때 조심해라'는 말로 함부로 빌었다가는 더 불행해질 수도 있으니 신중하라는 충고.

Your wish is my command.
말씀만 하면 분부대로 합죠.

- He e-mailed her. "to JJ, your wish is my command."
  갠 그녀에게 이멜을 보냈어. "제이제이에게, 분부대로 합죠."
  You want a diamond? Your wish is my command.
  다이아몬드가 필요하다고? 네 분부대로 하겠습니당.

Your wish is my command는 직역하면 당신의 소망이 나의 사명이라는 말로 의역하면 '시키는대로 다 하겠다,' '분부대로 할게요,' '말씀하시면 바로 하겠습니다'라는 말로 요즘에는 장난섞인 문장으로 사용한다.

I wish you told me earlier.
네가 내게 더 빨리 말한다면 좋을텐데.

- I wish we were ninjas. 우리가 닌자면 좋겠는데.
  I wish I could say no. 내가 거절할 수 있으면 좋을텐데.
  I wish I had never started. 시작을 안했더라면 좋았을텐데.

I wish 주어+과거동사는 '내가 …라면 좋을텐데'라는 말로 현재와 반대되는 사실을 아쉬워할 때 사용하는 표현. 주로 I wish I was[had, could]~ 등의 형태가 자주 사용된다. 또한 I wish I had+pp는 과거의 후회를 가득 담은 표현으로 '…였다면 좋았을 텐데'라는 말로 과거와 반대되는 사실을 말한다.

I wish I was dead.
차라리 죽는게 낫겠어.

- He just dumped me. I wish I was dead! 갠 날 찼어. 죽어버리고 싶어.
  I wish I was dead. I can't do anything right.
  죽어버리고 싶어. 아무 것도 제대로 할 수가 없어.

I wish I was dead는 우리말에 아이고 나 죽었다라고 하듯 뭔가 잘못을 저지르고 큰일나서 혼나게 될 때, '차라리 죽는게 낫겠어'라는 의미의 표현.

I wish I could, but I can't
그러고 싶지만 안돼.

- I wish I could, but I have plans with Dan on Sunday.
  그러고 싶지만 일요일날 댄과 약속이 있어.
  I wish I could, but I'm a nurse. 나도 그러고 싶지만 난 간호사거든.

I wish I could, but~은 상대방의 요청이나 부탁에 거절하는 표현으로 '그러고 싶지만 그럴 수 없는 상황을 말할 때' 사용한다.

I wish! I've never even met him.
그렇기만하다면! 난 걜 만난 적도 없어.

- You're dating a model? You wish! 모델하고 데이트한다고? 행여나!
  You're not a millionaire. You wish! 넌 백만장자가 아냐. 꿈깨!
  A: I'm not opening that door. B: As you wish. A: 저 문 안열거야. B: 좋을대로.

I wish!는 '그렇기만하면 얼마나 좋아!,' You wish!는 상대방이 실현불가능한 일을 바랄 때 핀잔주는 표현으로 '행여나! 꿈깨!'라는 의미로 in your dreams와 같은 표현. 또한 as you wish는 글자그대로, '너 원할대로,' '너 하고 싶은대로,' '너 좋을대로'라는 말로 네가 원하는대로 하겠다, 너의 결정에 따르겠다라는 의미. as you like, as you want와 같은 맥락의 표현.

Oh, God, I wouldn't wish that on anyone.
오 맙소사, 그게 누구한테도 일어나지 않기를 바래.

- I wouldn't wish it on either of you. 난 그게 너희 둘 모두에게 일어나지 않기를 바래.

wouldn't wish sth on [upon] sb는 'sth이 sb에게 일어나지 않기를 바라다'라는 의미.

MORE EXPRESSION

I wish you all the best.
행운을 빌어.

» withdraw

Withdrawn. No further questions. 철회합니다. 더 이상 질문 없습니다.

It was like going through withdrawal.
금단현상을 경험하는 것 같았어.

- You're going through withdrawal. This is why you're so depressed. 넌 금단현상을 겪고 있어. 그래서 네가 우울한거야.
  You're a hardcore drug addict facing withdrawal.
  넌 중증 중독자로 금단현상을 겪어야돼.

■ withdrawal은 withdraw의 명사형으로 일반적인 의미는 '철수,' '은행인출'이라는 단어이지만 별별 세상이 다 나오는 미드에서는 '마약 등에 의지했다 끊었을 경우에 나타나는 금단현상'을 뜻한다.

No. She made cash withdrawals.
아니. 걘 현금으로 인출했어.

- Ron made an ATM withdrawal at Grand Central station.
  론은 그랜드 센트럴역에 있는 ATM에서 인출을 했어.
  No large withdrawals from her bank. 걔 은행에서 대량 인출되지 않았어.

■ withdrawals는 '은행인출'로 make cash withdrawals는 '현금인출,' make an ATM withdrawals는 'ATM 인출'을 말한다.

Withdrawn. No further questions.
철회합니다. 더 이상 질문 없습니다.

- Motion withdrawn. 동의를 철회합니다.
  He was becoming more belligerent, withdrawn, even dangerous. 걘 점점 적대적이고, 내성적이며 심지어 위험하기조차 해.

■ withdrawn은 법정용어로 '철회합니다.' 또한 사람 성격을 말할 때는 '내성적인'이라는 뜻.

» witness

He's a complaining witness. 걘 고소인측 증인이야

I also have a couple of witnesses.
난 증인도 몇 명있어.

- Do you have any witnesses? 증인이 있어요?
  Okay, so we pull our witness in and do a lineup.
  좋아, 그럼 목격자들을 불러들여 줄을 세워봐.

■ have (got) a witness는 '증인이 있다'라는 의미. 또한 lead the witness는 증인을 자기 쪽으로 유리하게끔 '유도심문하다,' fit the witness는 증인으로 적합하다라는 말. witness는 '증인,' '목격자'라는 말로 범죄미드에 꼭 나오는 표현.

Doesn't matter. He's a complaining witness.
상관없어. 걘 고소인측 증인이야.

- A DNA match makes him a material witness.
  DNA가 일치해 걔는 중요한 증인이 됐어.
  That makes you a material witness. 그래서 넌 중요 참고인이 된거야.
  Michael was a murder witness. 마이클은 살인사건 증인였어.

■ complaining witness는 '고소를 제기한 증인,' material witness는 '중요증인[참고인],' 그리고 murder witness는 '살인사건 목격자'를 뜻한다. 또한 prosecution witness는 '검찰측 증인,' defense witness는 '변호인측 증인'을 뜻한다.

MORE EXPRESSION

the witness stand 증언석
call a witness 증인을 소환하다

» whiz

Excuse me while I go take a whiz. 잠깐 오줌누러 갈게.

I may not be a whiz at the computer.
내가 컴퓨터에 능숙하지 않을 수도 있어.

- It's your lucky day. I'm a whiz at changing tires. Hop in.
너 운좋은 날야. 나 타이어 잘 갈아. 어서 타.
Maybe Agent Hotchner and the whiz kid are wrong.
아마도 하치너 요원과 그 뛰어난 부하들이 틀린 것 같아.

be a whiz at~에서 whiz는 달인, 명수라는 말로 '…에 능통하다,' '…을 잘하다,' '…에 전문가이다'라는 표현. 또한 whiz kid는 '신동,' '귀재,' '수재'를 뜻한다.

He got arrested for taking a whiz on a cop car.
걘 경찰차에 방뇨하여 체포됐어.

- Excuse me while I go take a whiz. 잠깐 오줌누러 갈게.
After a few decades whiz by I'm sure I'll find a way to forgive him. 몇십년이 지나면 걜 용서할 길을 찾아볼거라 확신해.

take a whiz는 '오줌누다' 또한 whiz는 총알이나 시간 등이 휙 지나간다는 의미도 있다.

» wonder

Will wonders never cease? 놀랄 일이 연속될까?

Will wonders never cease?
놀랄 일이 연속될까?

- Wonders never cease. We made a huge profit.
놀랄 일이 끝이 없네. 수익이 많이 났어.

wonders never cease는 뭔가 좋은 일이 계속되는 상황에서 '놀라운 일의 연속이구나,' '놀랄 일이 끝이 없다'라는 의미이다. wonders will never cease라고 해도 된다.

I wonder what they're gonna do to him.
걔네들이 걔한테 어떻게 할지 궁금해.

- I wonder what that feels like. 난 그게 어떤 느낌인지 궁금해.
I was just wondering what your plans were. 네 계획이 뭔지 좀 궁금했어.
I was just wondering, you really like jazz? 그냥 물어본건대, 너 정말 째즈 좋아해?
I was wondering if you wanted to come with. 네가 같이 가 줄래?

I wonder~는 I wonder what[if~] 형태로 별다른 뜻이 없이 그냥 잘 몰라서 궁금하다'라는 표현. I was wondering wh~라고도 하며 I was just wondering.은 단순한 호기심에서 물은 질문이었다고 말할 때 사용한다. 또한 I was wondering if you could~는 상대방에게 '…해줄래요?'라고 정중하게 물어보는 표현이다.

It's no wonder you're perverted.
네가 변태라는 게 전혀 놀랍지 않아.

- It's a wonder anyone discovered him at all.
아무도 걔를 발견하지 못한건 정말 놀라워.

It's a wonder that~은 '…가 놀랍다,' 반대로 It's no wonder that~하면 '전혀 놀랍지 않다,' 즉 당연하다, …할 만도 하다라는 뜻이 된다.

This will do wonders for tourism.
이건 관광산업에 좋은 효과를 낳을거야.

- A little Botox would do wonders on those frown lines.
보톡스 조금만 맞아도 저 주름살에 좋은 효과가 있을거야.

do[work] wonders (for)는 '기적을 낳다,' '기적을 이루다,' 즉 '좋은 효과를 낳다'라는 의미.

MORE EXPRESSION

wonder drug 특효약
boy wonder 성공한 젊은이

I'm waiting to get word. 말을 전해주려고 기다리고 있어.

I put in a good word for you.
난 널 위해 좋게 말해줬어.

- Just give up your partner and we'll put in a good word for you.
  파트너 포기해, 그러면 널 추천할거야.

put in a good word for~는 '…을 도와주기 위해 좋게 말하다' '…을 변호하다,' '…를 칭찬하다' 라는 긍정적인 표현.

You're putting words in my mouth.
넌 내가 하지도 않은 말을 했다고 하는거야.

- Objection. She's putting words in his mouth.
  이의있습니다. 걔는 그가 하지도 않은 말을 했다고 합니다.
  Don't put words in my mouth. 내가 하지도 않은 말을 했다고 하지마.

put words into sb's mouth는 말을 다른 사람의 입에 집어넣는다라는 것으로 'sb가 하지도 않은 말을 했다고 말하다.'

Took the words right out of my mouth.
내말이 그말이라니까.

- Mm-hm. You took the words right out of my mouth.
  음, 내가 하려는 말을 네가 해버렸네.
  You stole my words. 내가 할 말을 네가 해버렸어.

take the words right out of one's mouth는 상대방의 말이 바로 내가 하려는 말이라고 상대방의 의견에 동의하면서 하는 말로 '내말이 바로 그거야,' 그 말을 하려던 참이야' 라는 표현. steal one's words라고도 한다.

I give you my word.
내 약속해.

- Get my word. 내 말을 믿어.
  Do I have your word? 내가 믿어도 돼지?
  I will appoint you, I promise. You have my word on that.
  널 임명할거야. 약속해. 그 점 믿어도 돼.

give you my word는 '너에게 약속을 하다,' You get my word나 You have my word도 역시 내 말을 가져도 된다라는 말로 '내 말을 믿어라,' '내 약속하마' 라는 표현이 된다. keep one's word 역시 '약속을 지키다.'

Take my word for it.
내말 진짜니 믿어.

- I'm gonna take your word on that. 난 그 점에 대해 네 말을 믿을거야.
  You just have to take my word for it. Do not trust her.
  너 그거 내말을 믿어야 돼. 걜 믿지말고.

take my word는 상대방에게 자신의 말을 믿으라며 '내 말 믿어,' 그리고 take your word하면 '네 말을 믿다' 라는 뜻이 된다.

He went back on his word about marrying me.
걘 나랑 결혼하자는 약속을 지키지 않았어.

- The boss went back on his word about our raises.
  사장은 급여인상에 대해 말을 바꿨어.

go back on one's word는 '약속을 지키지 않다' 라는 의미.

I'm waiting to get word.
말을 전해주려고 기다리고 있어.

- I'll get word to the team. 난 팀에 이야기를 전달해줄거야.
  His assistant's trying to get word to him. 비서는 걔한테 말을 전달해주려고 했어.

get word to는 '…에게 말을 전해주다.'

W

Dr. Shepherd? Can I get a word?
쉐퍼드 박사님? 얘기 좀 할까요?

- I couldn't get a word in during the argument.
  난 논쟁에서 내 의견을 말할 수 없었어.

  Allow Yvonne to get a word in, please. 이본느가 자기 의견을 말하도록 해.

get a word는 '얘기를 하다,' get a word in은 '자기 의견을 말하다' 그리고 get a word in edgewise는 '입한번 뻥끗못하다' 라는 표현이 된다.

We just had to put the word out.
우리는 방금 소식을 알려야만 했어.

- Well, have we tried getting the word out online?
  어, 온라인으로 소식을 퍼트리려고 했어?

  No one got the word that school was cancelled.
  아무도 휴교라는 사실을 통보받지 못했어.

get the word out은 '말을 퍼트리다,' '알리다,' '전파하다' 라는 의미로 put the word out이라고 해도 된다. 단 get the word는 'formal하게 어떤 설명이나 취지를 듣다' 라는 의미.

I'm not good with words.
난 말주변이 없어

- I'm not real good with words. 난 정말이지 말 주변이 없어.

  The president was not good with words. 대통령은 말주변이 없어.

be not good with words는 '말주변이 없다,' 반대로 be good with words하면 '말주변이 있다' 라는 의미.

The words just wouldn't come out of my mouth.
말들이 입에서 안 나오려고 했어.

- No sooner had the words come out of my mouth than I wondered if they were true. 그 말이 입에서 나오자마자 그게 사실일까 궁금해했어.

come out of one's mouth는 '입에서 …가 나오다' 라는 말.

Can I have a word with you?
잠깐 얘기 좀 할까?

- Can I have a quick word with you? 너하고 잠깐 이야기해도 될까?

  Las vegas police. We want a word with you. LV 경찰입니다. 잠깐 얘기하죠.

  The drunken man had words with the cop. 만취한 사람이 경찰과 말다툼했어.

have a word with는 '…와 이야기를 하다' (want a word with), have words with하면 문맥에 따라 '이야기 좀 하자,' 혹은 '말다툼하다' 라는 뜻이 된다. 한편 have angry words with하면 '…와 말다툼하다,' give angry words하면 '꽥꽥소리지르다' 가 된다.

Did you not hear a word I said?
내가 말한 거 못 들었어?

- I don't want to hear a word. 한마디도 듣기 싫어.

  Don't believe a word he says. 걔가 하는 말 한마디도 듣지마.

not hear a word는 '한마디도 못듣다,' not understand a word는 '한마디도 이해못하다,' 그리고 not believe a word하면 '한마디도 믿지 않다' 라는 표현.

Eat your words.
네가 한 말 취소해, 네가 틀렸다는 걸 시인해

- You'll eat your words someday in the future.
  앞으로 언젠가 네가 한 말을 취소해야 할거야.

  Ricky, it's time to swallow your words. 리키, 이제 네 말 취소해야지.

eat one's words는 말을 먹다라는 말로 '앞서 한 말을 취소하다' (take it back)라는 의미. swallow one's words 또한 '말을 취소하다,' '실언하다' 라는 의미이다.

You've twisted my words.
넌 내 말을 왜곡했어.

- I said no such thing. She's obviously twisted my words.
  난 그런말 하지 않았어. 걘 내 말을 명백히 왜곡했어.

twist one's word는 '…의 말을 꼬다,' '왜곡하다' 라는 표현.

Mum's the word.
입 꼭 다물고 있어, 절대 비밀이야.

- I have never spoken about it, so again, mum's the word, OK?
  그거 전혀 말한 적 없어, 그러니 이거 꼭 비밀지켜야 돼, 알았지?
  A: Please keep my secret. B: Mum's the word!
  A: 내 비밀 지켜줘. B: 아무한테도 말하지 않을게.

Mum's the word는 '입 다물고 있다,' '비밀이니 누구에게도 발설하지 않다' 라는 의미.

Just say the word. I'll fire her.
말만해. 걜 해고할게.

- If you don't want me here, just say the word, and I'll leave.
  내가 가길 바라면, 말만해, 갈게.
  Hey, you just say the word. I'll be gone. 야, 말만해. 나 갈게.

just say the word는 '뭐든지 들어줄 준비가 되어있으니 말만해' 라고 상대방에게 말하는 아주 호연지기가 있는 표현.

I warned you from the word go.
난 가능한 빨리 네게 경고했어.

- Thelma caused problems from the word go.
  텔마가 맨처음부터 문제를 일으켰어.
  I already liked you from the word go. 난 이미 첨부터 널 좋아했어.

(right) from the word go는 '맨처음부터' 혹은 '가능한 빨리' 라는 부사.

What's the good word?
잘 지내지?

- What's the good word? Tell me things. 잘 지내지? 돌아가는 얘기 해봐.
  Hello Ben. What's the good word? 안녕, 벤. 잘 지내고 있지?

What's the good word?는 친한 사이에 가볍게 안부를 묻는 것으로 특별히 대답을 기대하지 않는다. '잘지내지?' 라는 의미.

They're almost literally word for word.
그것들은 거의 글자그대로 정확히 옮긴거야.

- Some of that really happened, word for word.
  그 일부가 정말 일어났어, 말 그대로.
  Tell me what happened word for word.
  무슨 일이 있었는지 다 정확히 말해봐.

word for word는 '정확히 말한 그대로' 라는 뜻으로 특히 번역에서 축어적으로 번역한다고 할 때 사용되는 표현이다.

A picture is worth a thousand words.
백문이 불여일견이야.

- You know, a picture really is worth a thousand words.
  저기, 정말 백문이 불여일견이야.
  They say a picture's worth a thousand words.
  백문이 불여일견이라고들 해.

a picture is worth a thousand words는 사진 한장이 천마디 말의 가치가 있다는 말로 익숙한 표현으로 하자면 '백문이 불여일견' 이라는 말씀.

W

Word travels fast.
발없는 말이 천리간다.

- A: Sam called. B: Wow! Word travels fast.
  A: 샘이 전화했어. B: 와! 말 정말 빨리 퍼지네.
  Bad news travels fast. 안좋은 소식은 금방퍼져.

Word[News] travels fast 말이 여행가는 것이 아니라 여기서는 이동한다는 말로 '말이나 소식은 정말 빨리 퍼지는 것' 을 나타내는 표현이다.

Words get around

소문 따위가 널리 퍼진다

- Get the word out. 소문 좀 내줘

  The key to any successful business, huh? Word of mouth.
  성공적인 사업의 열쇠? 입소문야.

  He gets great word of mouth. 걘 명성이 자자해.

Word is that~ '소문에 의하면,' Word has it that~ 또한 '소문에 의하면.' 그리고 spread the word는 '입소문을 내다,' word on the street는 '들리는 소문에 의하면' 그리고 word of mouth는 사람들 입으로 전해지는 구전, 즉 '입소문'을 뜻한다.

Don't. Not a word.

안돼. 한마디도 하지마.

- She spoke not a word, but went straight to her work.
  걘 한마디도 하지 않고 바로 자기 일을 했다.

  Not another word of this. 이거에 대해서는 더 이상 말하지마.

  She kisses him without a word. 걘 한마디 말도 없이 걔한테 키스하고 있어.

Not a word는 '한마디도 하지마' Not another word!는 '더 이상 한마디도 하지마' without (saying) word는 '한마디 말도 없이'라는 의미.

That's the word.

바로 그 말이야.

- That's the word on the street. 그게 시중에 나도는 이야기야.

  My dog got hit by car. Accident, that's the word.
  내 개가 차에 치였어. 사고야, 바로 그거야.

That's the word는 상대방의 말에 공감하며 '맞아, 그 말이야'라는 표현이고, That's my word하면 '내가 한 얘기야'라는 것으로 자기 말을 강조하는 의미로 '정말이야'라는 표현이다.

Word. This is not his first crime party.

알았어. 걔가 범죄에 처음 가담한 게 아니야.

- Word. You know that's right. 맞아. 그게 맞는거 알지.

  This is the best food around. Word. 이게 가장 좋은 음식야. 맞아.

Word.가 단독으로 쓰여서 상대방이 한 말을 '이해하다,' '동의하다'라는 말로 쓰인다. 우리말로는 '알았어,' '맞아'에 해당되는 것으로 8-90년대 흑인들이 많이 썼던 표현.

I need a four letter word for disappointment.

난 낙담할 때 쓸 욕지거리가 필요해.

- You're branded now with the L word. 넌 이제 레즈비언으로 낙인찍힌거야?

  Your daughter uses a lot of four letter words.
  네 딸 쌍욕 아주 많이 쓰던대.

four letter word는 fuck, suck, shit, damn 등 상스런 욕(swear word)이 4자로 된 경우가 많아 four letter word는 '욕지거리'를, L Word라는 미드제목으로 잘 알려진 L word는 '레즈비언'을 말하거나 아니면 단순히 사랑이란 단어인 'love'를 말하기도 한다.

Words simply fail me.

말로 표현이 잘 안되네.

- Words seem to have escaped me. 말이 잘 안 나오네.

  Words can be meager things. 말로 표현을 다하지 못할 때가 있는거야.

  Words I've heard often from my wife.
  내가 종종 아내에게서 듣던 말이야.

  I'm absolutely out of my words.
  기가막혀 말이 안나오네.

words는 말이란 단어로 in other words는 '달리 말하면,' in one's words는 '…의 말에 따르면,' too silly for words는 '말로 하기엔 너무 어리석은,' 그리고 be out of one's words하면 '말을 잃다'라는 뜻이 된다.

MORE EXPRESSION

That's my final word. 내 얘기 끝.

go back on one's word 한입 가지고 두말하다

Does it work for you? 네 생각은 어때?, 너도 좋아?

There are ways to make this work.
이걸 제대로 돌아가게 하는 방법이 있어.

- I just wanna make things work again. 난 단지 일이 다시 제대로 돌아가길 원해.
  You can still make it work, right? 넌 아직 잘돌아가게 할 수 있지, 맞지?

■ make things work는 '일을 제대로 돌아가게 하다,' 그리고 make it[this] work의 형태로 '작동하게하다,' '잘 돌아가게 하다'라는 의미.

It's just the way things work.
그게 바로 일이 돌아가는 방식이야.

- That's the way things work around here. 여기에서는 일이 그렇게 돌아가.
  I know the way things work, the better my job, the better my son gets treated. 상황이 어떻게 돌아가는지 알아, 내 직업이 나을수록 내 아들이 더 대접받지.

■ the way things work는 일[상황]이 돌아가는 방식이라는 의미로 '일들이 그렇게 돌아간다'고 말할 때 사용한다.

I'm behind in my work.
난 내 일이 밀렸어.

- God, I'm weeks behind in my work! 맙소사, 일이 몇주치나 밀려있네!
  Are you behind in your work again? 너 또 일이 밀렸니?

■ be behind in one's work는 '…의 일 뒤에 있다'는 말로 일이 밀려있을 경우에 사용한다.

Keep up the good work buddy.
친구가 계속 그렇게 해.

- Hard work's paying off. Keep up the good work.
  열심히 일하면 보답이 오지. 지금처럼 계속 열심히 해.
  So, all right, keep up the good work. 그래, 좋아, 하던대로 열심히 해.

■ keep up the good work는 keep it up과 같은 의미로 '지금까지 하던대로 계속 열심히 해라'는 의미.

Does it work for you?
네 생각은 어때?, 너도 좋아?

- Does this afternoon work for you? 오늘 오후 괜찮아?
  Would four o'clock work for you? I have a lot of stuff going on at the office. 4시면 괜찮겠니? 사무실에서 할 일이 많이 있어서.

■ Does it[that] work for you?는 '네 생각은 어때?,' '너도 좋아?'라고 물어보는 표현으로 자기의 제안이나 의견이 상대방에게 괜찮은지 여부를 물을 때 사용한다. 특히 약속시간을 잡을 때 많이 사용한다.

It works for me.
난 괜찮아, 찬성이야

- Denial works for him, Jim. 부정하는게 걔에게는 통해, 짐.
  I hope that works for ya. 그게 너한테 효과가 있기를 바래.
  Do strategies ever work for you? 전략들이 효과를 본 적 있어?

■ sth work for sb는 '어떤 계획 등에 찬성하다,' '좋아하다' 혹은 '…에 효과적이다,' '…에게 먹히다,' '통하다'라는 의미로 쓰인다.

I work for Mr. Smith.
스미스 씨 회사에서 일해.

- Who do you work for? 너 어디서 일해?
  I would never work for you. 너랑은 절대 같이 일 안할거야.

■ work for+사람[회사]이 오게되면 '…를 위해 일을 하다,' 즉 '…에서 일하다'는 뜻. 특히 어디에서 일한다고 할 때 work for+사람을 쓴다는 점이 특이하다. 물론 work at[in]+회사형태로도 쓰이며, Who do you work for?하면 어디서 일하냐고 직장을 물어보는 말.

W

How's that working out for you?

그 상황이 어떻게 돼가?

- Everything will work out all right. 모든 일이 다 잘 해결될거야.
  It will work out in the end. 결국엔 잘 될거야.
  This thing worked out just like you said. 이번 일은 네 말대로 잘 됐어.
  Dating friends never works out. 친구와 데이트는 절대로 안돼.

(Things, It) work out (for sb)은 '어떤 문제나 곤란한 상황이 점점 나아지거나(get better) 해결되는 것'을 뜻한다. 또한 어떤 사람이 그러는지를 말하려면 뒤에 for sb를 붙이면 된다.

You know, actually this'll work out well.

저 말이야, 실은 이 일은 잘 처리됐어.

- Actually, this is gonna work out well. 실제로 이 일은 잘 처리될거야.
  Didn't work out well. 잘 안됐어.
  How're things working out with her? 걔하고는 일이 어떻게 돼가고 있어?

(Things, It, This) work out well[badly]는 work out 다음에 well이나 badly 같은 부사가 붙는 경우로 이때의 의미는 happen, turn out이다. 즉 '상황이 …게 되다'라는 뜻이다.

She had it all worked out.

걔는 신중하게 계획을 짰어.

- Tony and I worked out a deal. 토니와 내가 거래안을 신중하게 세웠어.
  Then I need you to work out how to block it.
  그럼 네가 그걸 막을 계획을 세워봐.

work out의 또 다른 의미는 무엇을 할지 신중하게 생각하여 '계획을 세우다'라는 것으로 목적어로 proposal, deal 혹은 work out+의문사절의 형태가 뒤따른다.

We can work it out.

우린 해결할 방법이 있어.

- Let's work it out. 자 제대로 풀어보자.
  She hopes you two will work it out. 걘 너희둘이 잘 해결하기를 바래.
  I'm just trying to work things out. 난 상황을 잘 해결하려고 하고 있어.

work out의 또 하나 비중있는 의미는 '어떤 문제를 해결하다,' '만족스럽게 문제를 다루다,' '화해하다'라는 뜻이다. work things out도 같은 의미로 '어떤 상황을 잘 해결하다'라는 뜻.

All the other husbands worked out regularly.

다른 남편들은 모두 다 규칙적으로 운동했어.

- So we're looking for a hooker who works out?
  그럼 우리는 운동하는 매춘부를 찾는거네?
  The guy works out. He takes care of himself.
  걘 운동을 해. 자기 스스로를 관리하고 있어.

work out의 의미 중 또 빼놓을 수 없는게 '운동하다'(exercise)라는 뜻으로, workout이라 하면 운동이란 뜻이 된다.

Everything will work out for the best.

결국에는 다 잘될거야.

- Things will work out for the best. 일들이 나중에는 잘될거야.
  I don't know, maybe it'll all work out for the best.
  모르겠지만, 아마 결국엔 다 잘될거야.

work out for the best는 '결국에는 잘되다'라는 의미로 주어로는 things, it, this 등이 오게 된다.

He worked out of Harvard.

걘 하버드에서 일을 했어.

- He worked out of a basement lab in Yale. 걘 예일대의 지하연구소에서 일했어.
  I mean, you got 20 hookers working out of that hotel.
  내 말은, 넌 그 호텔에서 일하는 매춘부 20명을 데리고 있다는거야.

work out of+장소명사가 오면 '…에서 일하다'라는 의미가 된다.

Don't work too hard.

넘 무리하지마.

- You're making me work too hard tonight. 너 오늘밤 날 과로하게 하고 있어.
  We work too hard not to enjoy ourselves, right?
  우린 일을 너무 많이 해서 즐길 수가 없어, 그지?

Don't work too hard는 매일 야근하는 사람에게 너무 무리하지마라라고 얘기할 때 혹은 헤어지면서 반 농담조로 '넘 무리하지마,' '적당히 쉬어가면서 해' 라는 인사말로도 쓰인다. 물론 work too hard하면 '과로하다' 라는 의미.

She got all worked up.

걔 열 무척 받았어.

- I only got worked up because Tim's gone. 팀이 가버려 화났을 뿐야.
  You're getting yourself all worked up. 너 너무 흥분되어 있는 것 같아.

get worked up은 '열받다,' '들뜨다' 라는 말로 get oneself worked up이라고 해도 된다. 강조하려면 worked 앞에 all을 넣으면 된다. work oneself up 또한 '화내다,' '흥분하다' 라는 의미.

How's work with you? Do you like it?

일은 어때? 맘에 들어?

- Long time, no see. How's by you? 오랜만이야. 잘 지내?
  Keeping busy? How's work with you? 계속 바빴어? 일은 어때?

How's work with you?는 '일은 어때?' 그리고 How's by you?는 '잘 지내?' 라는 뜻으로 모두 상대방이 어떻게 잘 지내는지 물어보는 표현들.

I am working on it.

난 지금 하고 있어.

- What time did you get in to work on Monday?
  월요일 몇시에 일을 시작한거야?
  You're not working on any cold cases right now. What is it?
  넌 지금 미해결사건을 맡고 있지 않잖아. 그건 뭐야?

work on+사물[~ing]은 일을 하든 커피를 마시든 뭔가 하고 있는 것을 말하며 work on sb하게 되면 'sb에게 영향을 끼치려하다' 라는 뜻이 된다.

It works!

제대로 되네!, 효과가 있네!

- It doesn's work. 제대로 안돼, 그렇겐 안돼.
  I'm sorry it didn't work out. 일이 잘 안풀려서 안됐어.
  It never would have worked out. 처음부터 가망이 없었어.
  Oh, here he comes. It works! 오, 걔가 저기 온다. 효과가 있네!

work는 '단독으로 작동되다,' '어떤 효과를 가져오다' 라는 의미로 쓰이며 반대로 not work하면 '효과가 없고 제대로 일이 돌아가지 않은 것' 을 뜻한다.

놓치면 원통한 미드표현들

- **worm one's way in** 교묘하게 빌붙다
  I can't believe she wormed her way into in. How did you let her do that? 걔가 교묘하게 빌붙다니 놀랍군. 어떻게 걔가 그렇게 하도록 둔거야?
- **worm one's way into sb's~** 교묘하게 환심을 사다 worm one's way out of~ 교묘하게 빠져나오다
  He has wormed his way into my daughter's heart. 걔는 교묘하게 내 딸의 환심을 샀어.

I'm working 24-7.

난 온종일 일만해.

- Well, I'm working 24-7 for Joslynn Raines.
  어, 난 조슬린 레인즈를 위해 죽어라 일해.

  We are working around the clock to find your daughter.
  우리는 댁의 따님을 찾기 위해 쉬지않고 일하고 있어요.

■ be working 24-7은 24시간 7일간 일한다는 말로 '한시간도 쉬지 않고 일만하다'라는 의미. work around the clock과 같은 맥락의 표현.

Let's get to work.

자 일하자.

- I really have to get to work. 나 정말 일하러가야 돼.

  My dad put me to work right after my grandpa died.
  아버지는 할아버지 사망후 바로 내게 일을 시키셨어.

■ get to work는 '일하러가다,' get back to work는 '다시 일하러 가다,' 그리고 put sb to work하게 되면 'sb를 일시키다'라는 뜻이 된다.

That's not how it works.

그렇게 하는게 아니야.

- Show me how it works. 그거 어떻게 하는건지 보여줘.

  They don't want us to know how it works.
  걔네들은 우리가 그게 돌아가는 방식을 알길 원하지 않아.

■ how it works는 '어떤 일을 하는 방법'이란 의미로 be not how it works, show[know] how it works의 형태로 자주 쓰인다.

My brother worked his way to becoming the boss.

형은 열심히 해서 사장이 됐어.

- It's possible to work your way to the top.
  일을 열심히 해서 최고가 되는 것은 가능해.

  It took five years to work my way through school.
  고학하며 대학졸업하는데 5년 걸렸어.

■ work one's way to [through]는 '어려움 속에서도 애써 앞으로 나아가다,' '노력하여 성취하다'라는 뜻이고, work one's way through school [college]하게 되면 '고학하여 대학을 나오다'라는 뜻이 된다.

I will work my ass off for you, I promise.

널 위해 뼈빠지게 일할거야, 약속해.

- I work my butt off for her old man. 난 걔의 노친네를 위해 열심히 일하고 있어.

  Why should I go work my ass off at some fast food place.
  내가 왜 패스트푸드점에서 죽어라 일해야 하는데?

  He is working like a slave. 걘 아주 열심히 일해.

■ work one's butt[ass] off는 '뼈빠지게 죽어라 일하다'라는 말로 work one's head off, work one's socks off, work one's fingers to the bone, work like a slave라고도 한다. 결국 얌전히 쓰면 work very hard라는 말.

Look, you work the door.

이봐, 네가 표받아.

- At least I'm on the list and not working the door.
  오, 글쎄 적어도 난 출입 할 수나 있지

  Who is the big guy working the door? 표받는 덩치 큰 녀석 누구야?

■ work the door는 좀 생소한 표현으로 극장 등의 출입구에서 '표를 받다'라는 의미.

Go, work it.

가서 일을 잘 처리해.

- Well, that doesn't mean we can't work it.
  저기, 그게 우리가 일을 잘 처리 못한다는게 아닌데요.

  If you work it, so work it. 일을 하게 되면 잘 처리해.

■ work it[things]은 '손을 쓰다,' '영리하게 일을 처리하다'라는 의미.

Snide comments, rumor spreading, the works.
비방논평, 소문퍼트리기 및 모든 필요한 것들.

- I'm going to need you to go to the hospital and process the victim-- sexual assault kit, hairs, fibers, the works.
  병원에 가서 피해자에게 성폭행검사세트, 머리, 섬유, 그리고 필요한 모든 것들을 진행시켜.

I'm out of work.
난 실업자야.

- I've been out of work since last fall. 지난 가을부터 백수생활해.
  I've been out of work for six months. 난 6개월동안 쉬고 있어.

I've got work to do.
나 할 일이 너무 많아.

- Jill, either kiss him or leave. We got work to do.
  질, 걔한테 키스하던지 가줘. 우린 할 일이 너무 많아.
  I've got like three or four hours more work left.
  난 한 3시간 내지 4시간 더 할 일이 남아있어.

Huh. But it's in the works.
응. 하지만 그건 준비 중이야.

- All right, I've got six book proposals in the works.
  좋아, 난 책 6권을 제안을 준비하고 있어.
  Oh, yeah, I see a prequel in the works.
  어, 그래, 난 준비 중인 앞내용을 다룬 전편을 봤어.

Taylor! Good work. Good work!
테일러! 잘했어. 아주 잘했어!

- Oh! When did you unhook my bra? Nice work!
  오! 언제 내 브라 풀렀어? 잘했어!
  Engaged again? That was quick work. Does she know you killed your wife? 또 약혼했어? 빠르다. 걔가 네가 아내살해한 걸 알고 있어?

They are canvassing the working girls.
걔네들은 매춘부들을 조사하고 있어.

- "No kissing" seems to be, you know, some working girls' rule of thumb.
  '키스금지'는 매춘부들의 경험에서 나온 규칙같다.
  I'm just a regular old working girl.
  난 그냥 평범하고 나이든 커리어우먼예요.

~ the (whole) works. 뭔가 나열 후에 '그 외 필요한 모든 것'이라는 의미.

be out of work는 '백수'라는 말로 점잖게 말하면 between jobs라는 말이 된다. 또한 put sb out of work는 '…을 해고하다'라는 의미.

I've got work to do는 '할 일이 무척 많다'라는 말로 다른 사람과 있다가 그만 일어설 때 혹은 지금 일하고 있으니 방해하지 말라고 할 때 혹은 상대방 제안을 거절할 때 사용한다. 또한 have a lot of work left는 '할 일이 많이 남아있다'라는 표현이다.

in the works는 '어떤 일이 논의 중인,' '준비되고 있는'이라는 표현.

Good work!는 상대방에게 일을 잘했다고 칭찬할 때 쓰는 표현으로 '잘했어!'라는 뜻. nice work라고 해도 되며 또한 일을 빨리하는 것은 quick work라 하면 된다.

working girl은 우리말에도 직업여성하면 '매춘부'를 뜻하듯 이를 나타내는 완곡한 표현으로 성종사자들이 선호한다. 하지만 일반적인 의미로 '일반사무직업여성'을 뜻하기도 한다.

MORE EXPRESSION

I can't do this pro bono work anymore. 이 자원봉사일은 더는 못해.
That's all in the day's work. 그리 대수롭지 않은 일이야
make short[light] work of~ 빨리 이기다[해치우다]
make heavy[hard] work of~ 어렵게 이기다[해치우다]
work permit 취업허가증
work up to …한 상태로 발전되다

W

I wouldn't miss it for the world. 반드시 참석할게.

How wonderful to not have a care in the world.
아무런 근심 걱정이 없다는 게 얼마나 멋진 일일까.

- Guys like you walking the street without a care in the world?
  너 같은 애들은 천하태평하게 거리를 거닐지.

not have a care in the world는 '전혀 걱정을 하지 않다,' without a care in the world는 '아무런 걱정없이.'

You're carrying the world on your shoulders.
넌 중대한 책임을 떠맡고 있어.

- I could tell that you were carrying the weight of the world on your shoulders. 네가 정말 중대한 책임을 떠맡고 있다는 걸 알 수 있었어.
  Why does the weight of the world always fall on my shoulders?
  왜 중대한 책임은 항상 내가 떠맡아야 하는거야?

carry the (weight of the) world on one's shoulders는 '중대한,' '많은 책임을 떠맡다' 라는 뜻.

Ron loved you more than anything in the world.
론은 세상 무엇보다도 널 사랑해.

- Because she loved that child more than anything in the world.
  갠 그 어떤 것보다도 그 애를 사랑했기 때문이야.
  There's nothing in the world that would ever change that.
  그걸 변화시킬 것은 세상에 아무것도 없어.

nothing in the world에서 in the world는 강조로 '조금도 없다,' 한편 more than anything in the world는 '세상의 그 무엇보다도,' '그 어떤 것보다도' 라는 뜻이 된다.

This entire lunch is just out of this world.
이 점심 전체는 정말 최고야.

- You started by asking if I was from Mars because my ass was out of this world. 내 엉덩이가 환상적이어서 넌 내가 화성에서 왔냐고 묻기 시작했어.
  I'm going out of this world the same way I came into it.
  난 세상에 왔던 이유와 마찬가지로 세상을 떠날거야.

out of this world는 이세상 것이 아닌이라는 뜻에서 문맥에 따라 '매우 좋은,' '최상의,' '기괴한' 등의 의미를 갖는다. 참고로 go out of this world하면 '죽다' 라는 의미.

I wouldn't miss it for the world.
반드시 참석할게.

- I wouldn't want to be her for the world. 절대로 걔가 되지 않을거야.
  I wouldn't trade places with her for the world.
  난 절대로 걔와 자리를 바꾸지 않을거야.

not ~ for the world 역시 강조용법으로 '결코 …하지 않다,' '절대로 …하지 않다' 라는 의미.

Slow down. You can't take on the world.
천천히 해. 넌 세상에 맞짱 뜰 수 없어.

- A smile that says I beat cancer, I can take on the world.
  난 암을 이길 수 있다는 미소를 지었어. 난 세상에 맞설 수 있어.

take on the world는 '맞서다' 라는 의미의 take on과 the world가 합쳐진 표현으로 '(세상의) 도전을 받아들이다,' '자신만만하다' 라는 말.

I'd give the world to go out with Vickey.
무슨 일이 있어도 난 비키와 데이트할거야.

- She'd do anything in the world to make you well again.
  갠 무슨 짓을 하더라도 네가 다시 건강해지도록 할거야.

would give the world to~는 …하기 위해서는 세상을 줄거라는 것으로 '뭔가 기필코 하겠다' 는 강한 의지의 표현이다. the world 대신 the right arm을 쓰기도 한다. 한편 do anything in the world to~ 역시 '…을 하기 위해서는 무슨 짓이든 하겠다' 라는 역시 강한 의지의 표현.

Well, what a small world!
세상 참 좁네!

- It's a small world, isn't it? 세상 참 좁지, 그렇지 않아?

  Yeah, turns out our kids go to the same school. Small world, huh? 그래, 우리 애들이 같은 학교 다니네. 세상좁아, 그지?

■ (It's a) Small world는 우리말과 비슷하다. '세상 참 좁다'라는 의미.

The world is your oyster.
넌 뭐든지 할 수 있어.

- The rest of you young white people, the world is your oyster.
  나머지 너희 젊은 백인들이여, 세상은 너희들 것이야.

  What happened to the world being your oyster?
  뭐든지 할 수 있다는 세상은 어떻게 된거야?

■ The world is your oyster는 상대방에게 격려할 때 사용하는 것으로 '세상에 못할 것이 없다,' '넌 뭐든지 할 수 있다'라는 의미.

MORE EXPRESSION

be a man[woman] of the world 세상물정에 밝은 사람

set the world on fire 큰 성공을 하다

What is the world coming to? 세상이 어떻게 되려고 이러는 거야?

» worry

That's what worries me. 그게 바로 내가 걱정하는거야.

Don't worry. It's totally safe.
걱정마. 아주 안전해.

- Don't worry. I won't tell your mom. 걱정마. 네 엄마에게 말하지 않을게.

  Don't worry. I am never doing that again. It was a one-time thing. 걱정마. 다시는 그짓 안해. 일회성 일이었어.

■ Don't worry는 상대방의 걱정과 근심을 안심시킬 때 하는 말로 '걱정마,' '미안해할 것 없어'라는 말. 유명한 노래 Don't worry, be happy를 읊조려보자.

Don't worry about it.
그거 걱정마.

- Don't worry about your mom. I'll take care of it.
  네 엄마 걱정마. 내가 돌볼게.

  We're gonna figure it out. Don't worry about a thing.
  우리가 알아낼거야. 조금도 걱정마.

■ Don't worry about~은 걱정하지 말라는 내용을 함께 이어서 말하는 것으로 '…은 걱정하지마.' 또한 Don't worry about a thing 역시 걱정스러운 일이나 문제에 대해서 잘 해결될거라며 상대방을 안심시킬 때 쓰는 강조 표현으로 '조금도 걱정마,' '잘될거야'라고 생각하면 된다.

Not to worry. I'll take care of it.
걱정마. 내가 처리할게.

- Not to worry. Let's go. 걱정마. 가자.

  No, not to worry. I got the feeling she was sort of enjoying herself. 아니, 걱정마. 걔 좀 즐기고 있는 것 같아.

■ Not to worry는 상대방이 걱정하고 있는 문제가 그리 심각하거나 중대하지 않다는 의미로 '걱정 안해도 돼'라는 의미. 생소하게 생긴 것 치고는 많이 쓰이는 편이다.

You had me worried.
잠시 걱정했잖아.

- You had me worried there for a second. 잠시동안 걱정했었어.

  And here you are. You had me worried sick. 이제 왔구나. 걱정했잖아.

■ have sb worried는 주어가 상대방의 말을 잠시 이해하지 못해 '걱정했다,' '놀랬다'고 말할 때 사용하는 표현법.

W

I'm worried about that little girl.

저 작은 소녀가 걱정돼.

- I'm worried about losing my job. 직장을 잃을까봐 걱정돼.

  I'm worried it will increase his stress. 걔한테 스트레스가 더 될까봐 걱정돼.

I'm worried about~ [that S+V]은 '…이 걱정된다'라는 말로 다음에 나오는 I worry about[that~], I worried about[that~]과 같은 의미.

I worry about you a little. Is that so bad?

네 걱정을 좀 하고 있는데, 그게 그렇게 나쁜거야?

- I worry about Cindy being in love. 난 신디가 사랑에 빠졌을까 걱정야.

  I worried that he'd never be happy. 걘 절대로 행복할 수 없다는 게 걱정됐어.

  Why would I worry them? 내가 왜 걔네들을 걱정해야 돼?

I worry[worried] about~ [that S+V] 또한 '…을 걱정하다[걱정했다]'라는 말이고, 이렇게 worry처럼 능동형으로 쓰일 때는 worry sb처럼 바로 목적어가 올 수도 있다.

That's what worries me.

그게 바로 내가 걱정하는거야.

- The lungs aren't fully developed yet, but that's not what worries me. 폐가 완전히 아직 성장하지 않았지만 내가 걱정하는 건 그게 아냐.

What worries me is~나 That worries me is~는 what이나 that처럼 사물주어가 오는 표현법으로 '내가 걱정하는 것은…이다'라는 의미.

» **worse**

What's the worst that could happen? 무슨 나쁜 일이야 생기겠어?

Could be worse.

괜찮게 지내고 있어.

- Well, chin up, dear. It could be worse. 기운내, 자기야. 더 나빴을 수도 있잖아.

  Come on, Jack, things could be worse.
  이봐, 잭, 상황이 더 나빴을 수도 있잖아.

  It could have been worse. It could have fallen in your lap.
  더 최악일 수도 있었어. 네 무릎에 떨어질 수도 있었단 말이야.

(Things) Could be worse는 더 나빠질 수도 있다, 다시 말해 그렇게 나쁘지 않다라는 의미. 그래서 우리말로는 '그럭저럭 잘 지내지,' '괜찮아'라는 긍정적인 답변. could have been worse하게 되면 '그만하길 다행이다,' 그리고 앞서 나온 could be better가 부정적인 답변이라는 점도 다시 상기해두자.

It just kept getting worse and worse.

그냥 상황이 더 악화되고 있어.

- Well, it's about to get worse. 저기, 상황이 나빠질려고해.

  They already think you're ducking them. It's only gonna get worse.
  걔네들은 이미 네가 자기들을 피하고 있다고 생각해. 그건 상황을 악화시킬뿐이야.

get worse는 '상황이 더 악화되다,' '나빠지다,' 진행형으로도 많이 쓰이는데 be getting worse하면 '점점 더 악화되고 있다'라는 말.

Otherwise they are none the worse for wear.

그렇게 안했더라면 여전했을거야.

- The old car is none the worse for wear. 낡은 차가 더 마모되지 않았어.

  I'm none the worse for eating fast food. 패스트 푸드를 더 먹지는 않아.

be none the worse for sth은 sth에도 (불구하고) 더 나빠지지 않았다라는 말로 'for 이하에도 달라진게 없다,' '더 악화되지 않았다'라는 표현이다. 특히 none the worse for wear는 굳어진 표현으로 사용했음에도 불구하고 '조금도 변하지 않은,' '여전한'이라는 뜻.

There's nothing worse than a complainer.

불평분자보다 더 나쁜 것은 없어.

- You know **there's nothing worse than** watching your kids suffer. 자식이 고통받는 것을 보는 것보다 최악인 건 없다는 것을 알잖아.

There's nothing worse than~은 '…보다 더 나쁜 것은 없다'라는 말로 뭔가 안좋은 일을 강조해서 표현하는 문장.

You could do worse than taking this job.

너는 이 직장을 잡는게 좋은 결정일거야.

- We **could do worse than** going downtown.
우리는 시내에 가는 것이 좋을거야.
Businessmen **could do worse than** buying stocks.
비즈니스맨들은 주식을 사는게 좋을거야.

could do worse than sth은 'sth 하는 것은 좋은 생각, 결정이다,' 그리고 could do worse than do sth하게 되면 '…하는 것이 좋을거다'라는 의미가 된다.

What's the worst that could happen?

무슨 나쁜 일이야 생기겠어?

- **What's the worst that could happen?** We won't be speaking anymore? 무슨 나쁜일이야 생기겠어? 우린 더 이상 말하지 않을거잖아.
What's the worst that could happen? We make a new friend?
뭐 나쁜일이 있겠어? 우리가 새로운 친구를 만드는거?

What's the worst that could happen?은 아주 낙천적인 표현으로 만사가 다 잘 될거다라는 생각하에 '무슨 나쁜 일이야 생기겠어?'라는 의미이다. 직역하면 발생할 수 있는 최악의 상황이 뭔대?가 된다.

MORE EXPRESSION

if worse[worst] comes to worst 아무리 어려워도
none the worse 역시, 그럼에도 불구하고
be worse off 상황이 더욱 나쁘다

» wrap

It was worth a shot. 그건 해볼만한 가치가 있었어.

It's not worth the effort.

그렇게까지 노력할 필요가 없어.

- It'**s not worth the trouble.** 굳이 그렇게 할 필요는 없어.
She's beautiful enough to **be worth the trouble.**
걘 노력을 할 가치가 충분히 있을 정도로 예뻐.

be not worth the effort는 '노력할 가치가 없다,' '굳이 그렇게 까지 할 필요가 없다'라는 표현이고 반대로 be worth the effort는 '그렇게 노력할 가치가 있다'라는 뜻이 된다. effort 대신에 trouble을 써서 be worth the trouble하면 마찬가지로 '노력을 들일만 하다'라는 의미가 된다.

She is worth his salt.

걘 제 몫은 해.

- Let's see if Kenny **is worth his salt.** 케니가 자기 몫을 하는지 보자고.
You **were worth the wait**, and I don't just mean tonight.
넌 기다릴 가치가 있었어 그리고 단지 오늘 밤만을 이야기하는 것은 아냐.

be worth one's salt salt는 로마시대에 월급대신 소금을 준다는 것에서 나온 표현으로 '밥값을 하다,' '제몫을 하다'라는 표현이 된다. 또한 be worth the wait는 '기다릴 가치가 있다'라는 표현.

It was worth a shot.

그건 해볼만한 가치가 있었어.

- He's right. It'**s worth a shot.** 걔가 맞았어. 해볼 가치가 있어.
I don't know, but it'**s worth a shot.** 모르겠지만 해볼 가치가 있어.

be worth a shot에서 shot은 try라는 뜻으로 '뭔가 해볼 가치는 있다'라는 뜻이 된다.

W

Is it worth it?
그럴 가치가 있어?

Well, please tell me it **was worth it.** 그럴 가치가 있었다고 제발 말해줘요.

This building really **was worth** saving. 이 빌딩은 정말 살려둘 가치가 있었어.

be worth it은 '그것을 할 말한 가치가 있다,' 반대로 be not worth it하면 '할만한 가치가 없다'라는 말. 하지만 be worth 다음에는 ~ing도 올 수 있다는 점도 기억해둔다.

For what it's worth, I agree with you.
어쨌든 너와 동의해.

- **For what it's worth,** I plan to prove him wrong.
  모르긴해도, 난 걔가 틀렸다는 것을 증명할 계획이야.

  Well, **for what it's worth,** I think they go peacefully.
  어, 그건 그렇다치고, 난 걔네들이 평화적으로 할거라 생각해.

for what it's worth는 자신의 말이 가치가 없거나 유용하지 않을 수도 있다는 전제를 까는 것으로 '그건 그렇다치고,' '모르긴 해도,' '어쨌든'이라는 의미.

MORE EXPRESSION

What's it worth (to you)?
(너한테) 무슨 가치가 있어?

do for all you are worth
최선을 다하다

» wrap

It's time to wrap up, folks. 이제 끝낼 시간이야, 여러분.

Let's keep it under wraps.
그건 우리 비밀로 하자.

- I reiterate how important it is to **keep** the crime scene details **under wraps.**
  난 범죄현장의 세부적인 것들을 비밀로 해야하는게 얼마나 중요한지 반복해서 말했어.

keep ~ under wraps는 '…을 비밀로 하다,' '숨기다'라는 의미.

It's time to wrap up, folks.
이제 끝낼 시간이야, 여러분.

- **Wrap it up.** 이만 마무리하자.

  Okay, people. Building's clean. **Wrap it up** and get out.
  됐어, 건물은 안전하니까. 마무리하고 나가자.

wrap up은 선물을 포장해 마무리하듯 비유적으로 '뭔가 마무리하다,' '결론내다'라는 의미로 많이 쓰인다. wrap-up은 명사로 '요약,' '결론'을 뜻한다.

I was so wrapped up in my own personal?
내가 너무 나만의 일에만 몰두해 있었나?

- Bette**'s pretty wrapped up** in herself. 베티는 자기 자신에게만 몰두해 있었어.

  I guess I**'ve been so wrapped up** in my own stuff.
  내가 나만의 일에만 너무 열중했던 것 같아.

be wrapped up in~은 '…에 포장되어 있듯 몰두하거나 열중하는 것'을 말하며 in 다음에는 사람이나 사물이 올 수 있다.

놓치면 원통한 미드표현들

- **wuss** 병신, 쪼다

  I didn't want to be **a wuss.**
  난 병신이 되고 싶지 않아.

  What **a wuss.** You think exes can be friends?
  한심한 놈. 전 애인들이 친구가 될 수 있을거라 생각해?

» wreck

I wrecked your life? 내가 네 인생을 망쳤니?

This is a train wreck.
이건 정말 완전히 망했어.

- As far as a pimp, I was **a total train wreck.** 포주로서 난 완전히 개박살났었어.
  We have **a train wreck**, Ryan. 기차사고가 났어, 라이언.

■ a train wreck은 열차사고를 말하지만 비유적으로 뭔가 '완전 실패'(total disaster)를 말한다.

I'm flawed. I'm a wreck.
난 결점 투성이야. 끝장난 사람야.

- I'm **a wreck** right now, okay? Don't you understand that?
  난 끝장난 사람야, 알겠어?
  The guy had made me such **a nervous wreck.**
  걘 날 아주 신경쇠약자로 만들어버렸어.

■ I'm a wreck처럼 wreck이 사람을 말할 때는 '심신이 다 망가진, 만신창이가 된 사람'을 말한다. 또한 a nervous wreck은 '신경이 예민한 사람,' '불안 초조한 사람,' '극도로 긴장한 사람,' 그리고 emotional wreck은 '심리적으로 무너진 사람'을 말한다.

I wrecked your life?
내가 네 인생을 망쳤니?

- Because I **wrecked** the whole thing. I know you're mad.
  내가 모든 일을 엉망으로 만들어서 네가 화난거 알아.
  She **wrecked** my project. 걔가 내 프로젝트를 망가트렸어.
  My family **is wrecked.** 내 가정은 다 망가졌어.

■ wreck sth[sb]은 동사로 '뭔가를 파괴하다,' '엉망으로 만들다'라는 의미. wreck 다음에 사물이나 사람이 올 수 있다. be wrecked는 '차량 등이 망가진' 혹은 사람이라면 '술에 엄청 취한'이라는 뜻. 참고로 shipwrecked는 '난파된,' '파괴된'이라는 뜻.

MORE EXPRESSION

make a wreck of a person's life 일생을 망치다

» write

He saw the writing on the wall. 걘 앞으로 불길한 일이 생길거라는 걸 봤어.

That guy had "loser" written all over him.
저 놈은 '멍청이'라는게 잘 드러나 있었어.

- It's got ritual killing **written all over it.** 거기에는 살인의식이 잘 나타나 있어.
  It **is written all over your face.** 그건 네 얼굴에 다 드러나 있어.

■ have sth written all over it[sb]은 '…에 온통 씌여있다'라는 말로 '…의 모습이나 특징이 아주 잘 드러나 있다'라는 의미. 또한 be written all over one's face하면 '…의 얼굴에 분명히 드러나 있다'라는 뜻이 된다.

I wrote the book on this guy.
난 이 친구에 관한 책을 썼어.

- I **wrote the book on** distracted, self-centered mothers.
  산만하고 자기 중심적인 엄마들에 관한 책을 썼어.

■ sb wrote the book on sth은 …에 관한 책을 쓸 정도이니 …에 대해서는 전문가라는 말씀.

He saw the writing on the wall.
걘 앞으로 불길한 일이 생길거라는 걸 봤어.

- Because I **see the writing on the wall** and it scares the hell out of me. 난 앞으로 닥쳐올 재앙을 봐서 엄청 두려워.

■ see[read] the writing on the wall에서 writing on the wall은 '닥쳐올 재난이나 불행'을 뜻하는 성서에서 유래한 표현.

MORE EXPRESSION

be nothing to write home about 특별한 것은 없다
That's all[what] she wrote. 더 이상은 없다, 더 이상 할 일이 없다.

» wrong

I know where I went wrong. 난 내가 어디서 틀렸는지 알아.

That's where you're wrong.
바로 그점이 네가 틀린거야.

- Where did we go wrong? 우리가 어디서 잘못한거지?

  See, now that's where you're wrong. Men are like dogs.
  봐봐, 바로 그점이 네가 틀린거야. 남자들은 다 개같아.

■ where sb be wrong에서 where를 장소로만 생각하면 안되는 경우. where은 추상적인 지점이 될 수있다는 것을 알아야 한다. 여기서는 'sb가 어디서 틀렸는지' 라는 말. 특히 첫 예문인 That's where you're wrong이란 문장이 많이 쓰인다.

Don't get me wrong.
날 오해하지마.

- Don't get me wrong, I like it. 오해하지마, 난 그거 좋아.

  Oh, don't get me wrong. I'm good. 어, 오해하지마. 난 좋아.

  I mean, don't get me wrong, I love your new stuff.
  내 말은 오해말라는거야. 난 너희 새로운 것들이 맘에 들어.

■ Don't get me wrong은 오해방지용 표현으로 '상대방에게 오해하지 말라' 고 하는 문장. Don't get me wrong, but~(오해하지는 마, 하지만~)이라는 응용표현도 알아둔다.

Apparently, you're wrong.
명백히 네가 틀렸어.

- What if we're wrong. 우리가 틀리면 어떻하지?

  I guessed wrong. 내 짐작이 틀렸어.

  Maybe we're wrong about the defendant.
  아마도 우리가 피고에 대해 잘못 알고 있나봐.

■ be wrong은 '뭔가 잘못되거나 틀렸다'는 말로 단독으로 쓰이거나 be wrong with sb, be wrong about sb[sth] 형태로 쓰며, 강조하려면 You're dead wrong(넌 완전히 틀렸어)처럼 dead를 첨가하면 된다.

I think it's wrong to pursue this.
이걸 밀고 나가는게 아닌데.

- I was wrong to think I could negotiate with terrorists.
  내가 테러범들과 협상할 수 있다고 생각한게 잘못였어.

  I think it's wrong to sleep with a man just to fulfill a certain fantasy. 어떤 상상을 실현하기 위해 남자와 자는 것은 잘못인 것 같아.

■ be wrong 다음에는 좀 낯설지만 to+동사가 올 수도 있다. '…하는 것은 잘못된 것이다,' '틀린 것이다' 라는 말.

What was wrong with him?
걔 뭐가 잘못된거야?

- Why? What's wrong with her? 왜? 걔한테 뭐 잘못된거야?

  What's wrong with him? Why isn't he talking?
  걔 왜그래? 왜 말을 하지 않는데?

  What the fuck is wrong with you? 도대체 왜 이러는 거야?

■ What's wrong (with you)?는 be wrong의 대표적인 표현으로 '무슨 일이야?' '뭐 잘못됐어?' 라는 말로 뭔가 일이 잘 못 돌아간다거나 상황이 좋지 못하다고 느낄 때 무슨 일이 생긴건지 물을 때 사용한다.

Apparently, something went wrong.
명백히, 뭔가 잘못됐어.

- A lot can go wrong in 30 minutes. 30분 후에 많은 것들이 잘못될 수 있어.

  And yes, a lot of things did go wrong. 그래 맞아, 많은 일들이 잘못됐어.

  I can't afford to have anything go wrong.
  하나라도 잘못되는 일이 있으면 안돼.

■ go wrong은 '실수하다,' '잘못하다' 라는 표현으로 꼭 알아두어야 할 문장은 What went wrong?(뭐가 잘못된거야?), Something went wrong(뭔가 잘못됐어) 그리고 Nothing went wrong(아무것도 잘못된게 없어)이다.

How about chicken? You can't go wrong with chicken.
치킨은 어때? 치킨도 괜찮은거지.

- You can't go wrong with a gift of flowers.
  꽃 선물도 괜찮을거야.

  You can't go wrong with a vacation to Hawaii.
  하와이 휴가도 문제 없을거야.

You can't go wrong with sth은 sth이 잘못되지는 않는다, 즉 '…에 전혀 문제가 없을 것이다,' '…도 괜찮다' 라는 의미.

If things go wrong, she just gives you up.
상황이 나빠지면 걔 그냥 포기할거야.

- If things went wrong and he killed the boy, would he take the body out in daylight?
  상황이 잘못돼서 걔가 그 소년을 죽였다면 훤한 대낮에 시체를 버릴까?

when[if] things go wrong은 '상황이 나빠지면,' '사태가 잘못되면' 이라는 표현.

I know where I went wrong.
난 내가 어디서 틀렸는지 알아.

- You see where you went wrong, don't you?
  너 어디서 틀렸는지 알지, 그렇지 않아?

  Hard to imagine where it all went wrong.
  그게 어디 다 틀렸는지 도대체 모르겠어.

where sb go wrong은 앞의 where sb be wrong과 같은 의미로 be 대신에 go가 들어갔다는 점이다.

You've got it all wrong.
네가 완전히 잘못 알고 있는거야.

- You've got it all wrong. He wasn't attacking me.
  네가 오해하고 있는거야. 걘 날 공격하지 않았어.

  How'd it all go wrong? 어떻게 그렇게 완전히 틀린거야?

  Where does it all go wrong? 어디가 그렇게 완전히 잘못된거야?

get it all wrong은 '완전히 틀리다,' '잘못 알고 있다,' '오해하고 있다' 라는 표현. 특히 where나 how와 결합하여 문장을 만들기도 한다.

I'm doing wrong.
내가 못되게 굴고 있어.

- What did I do wrong? 내가 뭘 잘못한거지?

  I spent so many nights just thinking how you did me wrong!
  네가 나한테 얼마나 못되게 굴었는지 생각하면서 많은 날을 보냈어.

do wrong (to sb)은 '나쁜 짓을 하다,' '잘못하다,' '못되게 굴다,' do sb wrong은 'sb를 힘들게 하다,' '억울하게 하다' 라는 의미.

Did I do something wrong?
내가 뭐 잘못한게 있는거야?

- Let me guess. I've done something wrong.
  내가 맞춰볼게. 내가 뭐 잘못한거지.

  We don't do anything wrong, we got nothing to worry about.
  틀린 일을 하지 않았어, 걱정할게 없어.

do something wrong은 '뭔가 잘못된 일을 하다,' not do anything wrong은 '절대 잘못되거나 틀린 일은 하지 않다' 라는 빈출표현.

I did it wrong.
내가 일을 그르쳤어.

- Oh god, don't tell me, I did it wrong. 오 맙소사, 말마. 내가 그르친거지.

  I think I did it wrong. 내가 잘못한 것 같아.

do it wrong은 '잘못하다,' '그르치다' 라는 말로 do it wrong way라고도 한다.

Don't take this the wrong way.
잘못 오해하지마.

- Look, don't take this wrong, but I need you to clear out.
  이봐, 오해는 하지말고, 난 네가 명백히 해주길 바래.

  Don't take this wrong, I just don't see you as a father.
  오해마요, 난 당신이 아버지처럼 보이지 않아요.

Don't take this wrong은 잘못 받아들이지마라, 즉 '오해하지 말라'는 표현으로 Don't take this the wrong way라고 써도 된다.

You're on the wrong track.
너 지금 잘못하고 있어.

- You think we're on the wrong track? 우리가 헛짚고 있다고 생각해?

  Glenn is on the wrong track with that girl. 글렌은 저 여자에 대해 헛짚었어.

be on the wrong track은 잘못된 트랙에 있다는 것으로 '뭔가 잘못되다,' '빗나가다,' '헛짚다' 등의 표현. 반대로 쓰려면 be on the right track이라고 하면 된다.

Caught in the wrong place at the wrong time.
잘못된 장소 잘못된 시간에 잡힌거지.

- So then those two teenagers were just in the wrong place at the wrong time.
  그럼 저 두 십대는 잘못된 장소에서 잘못된 시간에 있었던거네.

  It's possible that she was just in the wrong place at the wrong time.
  걔가 잘못된 장소, 잘못된 시간에 있었을 가능성도 있어.

be in the wrong place at the wrong time은 좀 길지만 범죄미드에서 단골로 나오는 표현으로 한마디로 '재수없다,' '운수사납다'라는 말로 범죄자들이 무죄임을 주장할 때 즐겨 쓴다.

The secret documents fell into the wrong hands.
비밀 서류가 나쁜 놈 수중에 들어갔어.

- You know what would happen if this fell into the wrong hands? 이게 엉뚱한 사람 손아귀에 들어가면 어떻게 되는지 알아?

  Erase the computer files. They could fall into the wrong hands. 컴퓨터 파일을 지워. 나쁜 놈들 수중에 들어갈 수도 있으니.

fall[get] into the wrong hands는 '잘못된 사람의 손아귀에 들어가다'라는 의미.

Is something wrong with this phone?
이 전화 뭐 잘못됐어?

- I think there's something wrong with me.
  나한테 뭔가 잘못된 것 같아.

  You mean there's something wrong with her?
  걔한테 뭔가 잘못된게 있다는 말야?

  Is something wrong with your steak?
  스테이크가 뭐 잘못됐나요?

be something wrong (with~)은 '…에 뭔가 잘못됐다'라는 표현으로 There is something wrong (with~) 혹은 Is something wrong with~?의 형태로 쓰인다.

It's not like she was totally in the wrong.
걔가 완전히 잘못한 것 같지 않아.

- Sorry, but you are in the wrong on this.
  미안하지만 이건 네가 잘못했어.

  I admit it, I am in the wrong about the rules.
  내가 인정할게, 내가 규칙을 어겼어.

sb be in the wrong은 잘못한 사람, 벌을 받아야 할 사람이 누구인지 말할 때 사용하는 것으로 그놈은 주어자리에 갖다 놓으면 된다.

My mom always said that two wrongs don't make a right.

엄마는 늘상 악을 악으로 갚지 말라고 하셨어.

- Don't hit him! Two wrongs don't make a right.
  걔 때리지마! 복수한다고 좋아지지 않아.

  Even kids know that two wrongs don't make a right.
  아이들조차 복수는 좋지않다는 걸 알아.

Two wrongs don't make a right는 악을 악으로 갚지 말라는 이야기. '복수한다고 좋아질게 없다'라는 속담이다.

Did you get up on the wrong side of the bed?

오늘 일진이 안 좋았어?

- Mike is grouchy. He got up on the wrong side of the bed.
  마이크는 투덜거려. 오늘 기분이 안좋은가봐.

  It sucks to get up on the wrong side of the bed.
  아침에 왼쪽으로 일어나면 기분 드러워.

get up on the wrong side of the bed는 침대의 잘못된 쪽(왼쪽)에서 일어나면 안좋다는 거에서 유래하여 '오늘 기분이 안좋다,' '꿈자리가 안좋다,' '아침에 기분나쁘게 일어나다,' '일진이 안좋다'라는 뜻으로 쓰인다. 또한 get up 대신 get off, get out of를 써도 된다.

Freddy got on the wrong side of the law and is in jail.

프레디는 법을 어겨서 투옥됐어.

- Make trouble and you'll get on the wrong side of our boss.
  사고치면 넌 사장의 노여움을 살거야.

  I was careful not to get on the wrong side of Ms. Patrick.
  난 패트릭 씨의 눈밖에 나지 않으려고 조심했어.

get on the wrong side of sb는 'sb의 노여움을 사다,' '눈밖에 나다,' '미움을 사다,' 반대로 get on the right side of sb하면 '…의 눈에 들다'라는 뜻이 된다.

MORE EXPRESSION

be the wrong way round
순서가 틀리다

get something wrong with
…에 문제가 있다

W

Y/Z

» yank

He yanks his shirt off and kisses her. 걘 셔츠를 벗어던지고 걔한테 키스를 했어.

I am not yanking the pictures off the wall.
난 벽에서 그림들을 확 잡아떼지 않을거야.

- I yanked Monna out of the tub. I was so pissed.
  난 모나를 욕조에서 재빨리 꺼냈어. 난 몹시 화났거든.

  You're not helping by yanking her out of the country.
  넌 걔를 국외로 빼내가는데 도움을 주지 않는구나.

yank는 동사로 '…을 확 빨리 잡아당기다,' 그리고 yank ~ out of하면 '…에서 …을 빨리 빼가다,' '채가다'라는 뜻이 된다.

He yanks his shirt off and kisses her.
걘 셔츠를 벗어던지고 걔한테 키스를 했어.

- Sex with a woman you could pin down, push up her skirt, yank off her panties. and force yourself onto?
  네가 제압할 수 있는 여자와 섹스하고 스커트를 올리고 팬티를 벗겨버리고 삽입했다고?

  You gonna tell me why the police pulled over my bus and yanked me off?
  왜 경찰이 내가 탄 버스를 세우고 날 끌어내렸는지 말해줄테야?

  There is no way that I can get that ad yanked off the air.
  저 광고를 방송중단시킬 방법이 없어.

yank off는 '확 잡아서 옷을 벗다,' '잡아채다' 따라서 '…을 중단시키다'라는 뜻을 갖는다. 속어로는 '물로 자위하다'라는 표현으로 이때는 yank off 대신에 jack off, jerk off, whack off, beat off를 써도 된다.

I have no choice. They could yank my license.
난 선택의 여지가 없어. 걔네들은 내 면허증을 압수할 수 있었어.

- If he's telling the truth, you've gotta yank the deal.
  걔가 진실을 말하면 넌 그 거래를 채가야 돼.

  The board yanked Dr. Conrad's medical license.
  위원회는 콘래드 박사의 의료면허증을 회수했어.

■ **yank sth**은 확 잡아채듯이 강제적으로 '뭔가 압수하다' 라는 뜻으로도 쓰인다.

You're yanking my chain, right?
너 나 놀리고 있는거지, 맞지?

- You think I'm yanking your chain, but I'm not.
  내가 널 놀리는 줄 알고 있는데 하지만 아냐.

  A: Come on, quit yankin' me. B: I'm not yanking you.
  A: 이봐, 그만 날 놀려. B: 너 놀리는 거 아냐.

■ **yank one's chain**은 '…을 놀리다,' '조롱하다'로 make fool of, kid sb와 같은 의미. yank one's crank도 조롱하다 라는 말이지만 yank one's chain보다는 덜 쓰인다. 또한 yank는 단독으로도 놀리다라는 의미로 쓰인다.

Dad yanked out his wallet to pay for the meal.
아버지는 식사비를 내기 위해 지갑을 꺼내셨어.

- Please yank out the keys and hand them to me. 열쇠를 꺼내서 내게 줘.

■ **yank out**은 잡아당기다라는 말로 pull out과 같은 의미.

MORE EXPRESSION

yank 자위하다(jerk)

» year

Never in a thousand years! 그런 건 절대로 안돼!

Never in a thousand years!
그런 건 절대로 안돼!

- You guys are not going to believe this, not in a million years.
  너희들은 절대로 이거 믿지 않을거야.

  I'll never marry her, not in a million years. 죽어도 걔하고 결혼하지 않을거야.

■ **Not in a million [thousand] years**는 강조용법으로 '절대 안 돼' 라는 의미.

Our school is open all year round.
우리 학교는 일년내내 개방해.

- The weather here is so nice all year round. 날씨는 일년내내 너무 좋아.

■ **all (the) year round**는 일년내내라는 표현.

MORE EXPRESSION

be getting on in years
더 이상 젊지 않다(no longer young)

놓치면 원통한 미드표현들

- **yap** 시끄럽고 짜증나 소리지르다
  Don't yap. 그만 소리질러.
  Don't yap. Just get out.
  소리지르지 말고 그냥 나가버려.
  Then quit yapping about your boyfriend.
  그럼 네 남친에 대해 그만 앵앵거려.

- **yikes** 어머나, 아악, 이런
  Yikes. What's so funny? 이런. 뭐가 그렇게 재미있어?
  That's exactly what I say during orgasms.
  Yikes. 그게 바로 내가 오르가즘을 느낄 때 내는 소리야, 아악.
  Yikes, that's the first thing I'd talk about.
  어머나, 내가 제일 먼저 얘기할 게 바로 그거야.

Y Z

» yes

Is that a yes or a no? 예스야, 노야?

Is that a yes or a no?

예스야, 노야?

- Is that a yes or a no on the freezer? 냉장고 말야 예스야 노야?
  Well I won't give you a yes or a no. 저기 네게 예스나 노를 하지 않을거야.

a yes or a no는 '예스야 노야'라는 말로 상대방에게 의사 결정을 물어보거나 재촉할 때 사용한다.

A: What? Are you serious? B: Yes and no.

A: 뭐? 진심야? B: 잘 모르겠어.

- A: So we're looking at a serial? B: Well, yes and no.
  A: 연쇄살인범을 보고 있는거야? B: 어, 꼭 그런 것은 아니고.
  Yes and no. You just don't want to admit that I'm right.
  잘 모르겠어. 넌 단지 내가 옳다고 생각하면 안돼.

yes and no는 확실하지가 않아 이러지도 저러지도 못할 때 하는 말로 그렇기도 하고 아닌 것 같기도 하고라는 말. '꼭 그런 건 아니야,' '잘모르겠어'라고 생각하면 된다.

MORE EXPRESSION

yes, yes 그래, 그래
Oh, yes 오, 그렇고 말고
Yes, but~ 응, 그렇지만

» you

You and your macho pride! 너의 그 마초기질 또 시작이구나!

You and your macho pride!

너의 그 마초기질 또 시작이구나!

- You and your dogs! Just get them out of here!
  너와 너의 개들! 그냥 데리고 여기서 나가!
  You want to buy a store? You and your crazy ideas!
  가게를 사고 싶다고? 또 미친 생각 시작했구나!

You and your~!는 상대방이 납득하기 어려운 이야기를 또 꺼낼 때 하는 말로 '너의 …라니!' '또 시작했구나!'라는 말.

Of course, you idiot!

당근이지, 이 멍청아!

- No, I am not all right, you idiot. 아니, 나 괜찮지 않아, 이 바보야.
  Get away, you stupid bitch. 꺼지라고, 이 멍청한 년아.

you+명사는 주로 you 다음에 나쁜 단어로 써서 '이 …같은 놈'이라고 하는 표현으로, You idiot, You stupid 등이 잘 쓰인다.

놓치면 원통한 미드표현들

- **be not getting any younger** 더 젊어지지 않다
  You're not getting any younger.
  그런다고 해서 더 젊어지지는 않아.
- **yellow** 비겁한(not brave)
  Don't be yellow, go ask her to dance.
  겁먹지마, 걔한테가서 춤추자고 해.
- **yellow people[skin]** 아시아 사람을 비하하는 말
  Early explorers described Asians with yellow skin.
  초기 탐험가들은 아시안들을 황색인종이라고 묘사했어.

» zero

It says I'm zeroed out. 난 돈이 하나도 없대.

It says I'm zeroed out.

난 돈이 하나도 없대.

- Just zero out all of the extra expenses. 추가 경비를 모두다 줄여.

  I plan to zero out the details of the report. 난 보고서의 상세한 부분을 줄일려고.

■ **zero out**은 '삭감하다,' '줄이다,' '없애다' 라는 의미.

We're trying to zero in on the unsub.

우리는 미확인용의자에게 모든 집중을 하려고 해.

- We might be starting to zero in on your problem.
  우리는 네 문제에 초점을 맞추기 시작할까봐.

  The task force zeroed in on drug dealers. TF 팀은 마약상들에게 초점을 맞췄어.

■ **zero in on**은 '…에 초점을 맞추다,' '…에 모든 신경을 집중시키다' 라는 의미.

MORE EXPRESSION

Chances are zero. 가능성이 전혀 없다.

» zip

Zip your lip! 입다물고 조용히 하라구!

Zip your lip!

입다물고 조용히 하라구!

- Nobody's going to ask about last night as long as you just zip your lip. 네가 입을 다물고 있는한 아무도 지난밤일을 묻지 않을거야.

■ **zip it up**은 '입다물다,' '침묵하다' 라는 말로 zip (up) one's lip, belt up이라고도 한다.

You couldn't keep your pants zipped!

넌 바지지퍼를 채울 수도 없었어!

- Keep your mouth zipped when we talk to the cops.
  경찰과 말할 때는 입을 다물어.

  So he got off me, he zipped up his pants. 걘 사정하고 바지의 지퍼를 채웠어.

■ **keep ~ zipped**는 닫은채로 있게하다라는 말로 don't open과 같은 말이다. 그리고 zip up은 '지퍼로 잠그다' 라는 말로 주로 가방이나 바지의 지퍼를 말한다.

» zone

I felt in the zone. Was I? 나 기분이 아주 좋았어, 그렇지 않았어?

I just get so in the zone, you know.

난 말야, 아주 컨디션이 좋아.

- I felt in the zone. Was I? 나 기분이 아주 좋았어, 그렇지 않았어?

  I can't believe I zoned out for the entire class.
  내가 수업시간 내내 멍하니 있었다니 믿기지 않아.

■ **be[get, feel] in the zone**은 원래 스포츠 경기에서 잘 하고 있다는 말로 뭔가 '컨디션 최상이다,' '…을 잘하다' 라는 의미. 또한 zoned (out)은 '약을 먹었거나 혹은 피곤하고 지쳐서 집중을 할 수 없는 상태' 를 말한다.

Supplements

M-Z

>> **make.major**

You should make it with me 나하고 섹스를 해야지

I just wanna make things work again.
난 일이 다시 제대로 돌아가길 바래.

- I couldn't make things work with my ex.
  난 전처와 일을 제대로 풀 수가 없었어.

  He'll try hard to make things work.
  걔는 일이 제대로 돌아가도록 열심히 할거야.

make things work는 '일이 잘 돌아가게 하다'라는 뜻으로 미드에 무척 많이 나오는 표현이다.

You should make it with me.
넌 나하고 섹스를 해야 돼

- Did you make it with a girl from the office? 사무실의 여자하고 섹스해봤어?

  I really want to make it with Jill. 난 정말이지 질하고 섹스하고 싶어.

  I wasn't able to make it with her because I was drunk.
  난 취해서 그녀와 섹스를 할 수가 없었어.

make it with sb는 속어로 '…와 섹스를 하다'(have sex with sb)라는 의미.

I majored in linguistics.
난 언어학을 전공했어.

- You must be majoring in chemistry. 넌 화학전공이지.

  How did you know what Marty majored in?
  마티가 뭐 전공했는지 어떻게 알았어?

major in은 '전공하다,' double major는 '복수전공하다'라는 뜻.

It was a major surgery.
그건 엄청 큰 수술였어.

- But after the first year, I get a major pay raise.
  하지만 첫해 이후 난 월급이 많이 올랐어.

  A: Orgasm, major thing in a relationship? B: But not the only thing. A: 오르가즘, 관계에서 중요한거라고? B: 하지만 그것만은 아니지.

major는 형용사로 '중요한,' '많은,' '큰' 등의 의미로 많이 쓰인다. 예를 들어 major case는 '강력사건,' major crush는 '아주 홀딱 반함,' major problem은 '중요한 문제'라는 뜻이 된다.

>> **map.mess.message.miffed**

I didn't want to mess with her head 난 걔를 화나게 하고 싶지 않았어

The group and Jack map out their plan.
잭과 사람들이 계획을 세웠어.

- It took a full month to map out their plan.
  걔네들은 계획을 준비하는데 한달내내 걸렸어.

  I'll map out my plan with you tomorrow.
  난 내일 너와 계획을 세심히 짤거야.

  You won't have time to map out your plan.
  넌 계획을 준비할 시간이 없을거야.

map sth out은 '준비하다,' '세심히 계획하다'라는 표현.

I didn't want to mess with her head.

난 걔를 화나게 하고 싶지 않았어.

- This kind of guilt can really mess with your head.
  이 죄의식이 너를 정말 혼란스럽게 할 수도 있어.

  I didn't want to mess with his head. When he found the pictures, I told him that it was his twin sister who died, you know. 난 걔를 화나게 하고 싶지 않았어. 걔가 사진들을 발견했을 때, 난 걔한데 죽은 사람은 걔의 쌍둥이 자매라고 말했어.

mess with sb's head는 '…을 많이 화나게 하거나 혼란스럽게 하다'라는 의미.

Could I leave a message?

메모 좀 전해주세요.

- This is Steven Dashiell. Leave a message.
  스티븐 대쉴입니다. 메모 남겨주세요.

  Hey, you've reached Jeanne. Leave a message.
  안녕, 진예요. 메모 남겨주세요.

  Hi, this is Dana's cell. Please leave me a message.
  안녕, 데이나의 핸드폰입니다. 메시지 남겨주세요.

leave (me) a message는 전화영어로 찾는 사람이 없을 경우 '메모를 남기다'라는 뜻. 특히 자동응답기에서 많이 들을 수 있다.

Could I take a message?

메시지를 전해드릴까요?

- My dad's not home. Can I take a message?
  아버지 집에 안계시는데 메시지 남기실래요?

  She's not. Can I take a message? 지금 없어요. 메시지 남기실래요?

take a message는 leave a message와는 다르게 '메시지를 받아 놓는' 것을 말한다.

Get the message?

알아들었어?

- He'll get the message when he wakes up. 일어나면 메시지를 받을거예요.

  Didn't you get the message I left on your machine an hour ago? 내가 한 시간 전에 네 전화기에 남긴 메시지 못받았어?

get the message는 단순히 남긴 '메시지를 받다'라는 의미로도 쓰이나 비유적으로 '이해하다,' '눈치채다'라는 뜻으로도 쓰인다.

Why are you still miffed at me?

왜 아직도 내게 화나 있어?

- She's miffed at me for missing her party.
  걘 내가 걔 파티에 오지 않았다고 화가 나 있어.

  Excuse me, are you miffed at Tom? 저기, 너 탐에게 화났어?

  I am miffed at her for damaging my car.
  걔가 내 차를 훼손해서 난 화났어.

be miffed at sb[about sth]는 '…에 화를 내다'라는 표현.

>> **mind.mistake.model.mooch.motive.mourn**

I had a lot on my mind 내 머리 속이 복잡해

I had a lot on my mind.

내 머리 속이 복잡해.

- You must have a lot on your mind. 너 머리 속이 복잡한 것 같구만.

have[get] a lot on one's mind는 걱정거리나 스트레스 등으로 '머리 속이 복잡하다,' '생각이 복잡하다'라는 의미로 쓰인다.

I'm not bored. I'm sorry, grandpa. I just have a lot on my mind.
지루하지 않아요. 할아버지, 미안해요. 머리 속이 복잡해서요.

Got a lot on my mind. I think I'm pregnant.
머리 속이 복잡해. 임신한 것 같아.

I hope you don't mind me stopping by.
내가 잠깐 들러도 괜찮겠지.

- I hope you don't mind that we continued on without you?
  너없이 계속해도 괜찮겠지?

  I hope you don't mind if Kalinda sits in. 칼린다가 참석해도 괜찮겠지?

  I hope you don't mind if I kill your girlfriend. 네 여친을 죽여도 괜찮겠지?

I hope you don't mind sb ~ing는 '…가 …하는데 괜찮기를 바래'라는 뜻으로 상대방의 허락을 구할 때 사용하면 된다. I hope you don't mind that[if] S+V의 형태로 절을 붙여 쓸 수도 있다.

I'm bored out of my mind.
나 지겨워 죽겠어.

- I'm already so bored out of my mind. 난 정말이지 지겨워 죽겠어.
- I'm starved and bored out of my mind. 난 굶주리고 지루해 죽겠어.

be bored out of one's mind는 '지겨워[지루해] 죽겠다'라는 것으로 be bored의 강조표현으로 생각하면 된다. mind 대신에 skull을 써도 된다.

You were mistaken.
네가 틀렸어.

- Oh, I think you're mistaken. 오, 네 생각이 틀린 것 같은데.

  I tried to tell her she was mistaken.
  난 걔 생각이 틀렸다고 걔한테 말해주려고 했어.

  Sorry, Heather must be mistaken. 미안, 헤더가 잘못 생각하고 있는 것 같아.

You were mistaken은 '네가 틀렸어,' You're mistaken은 '네가 잘못 생각하고 있는거야'라는 의미.

So, you going back to modeling?
그래, 너 다시 모델일 하려고?

- What kinda writers would you say you model yourself after?
  어떤 작가들을 귀감으로 삼았나요?

  I've been thinking about great actors to model myself after and I choose Travolta. 내가 본보기로 삼을 배우들을 생각해봤는데 존 트라볼타를 선택했어.

  I guess you're kind of a role model to me.
  넌 내게 롤모델 같은 존재인 것 같아.

  You were on a date with a modelizer and you didn't even know it? 모델사냥꾼하고 데이트하면서 그것도 몰랐단말야?

model oneself after sb에서 model은 제품모델이나 예쁜 모델만 생각하는데 model에는 남이 따라할 만한 본보기 또는 좋은 사례, 모범이라는 뜻도 있다. 그래서 model oneself after하면 '…을 본받다,' '귀감이 되다'라는 뜻이 되고, role model하면 '모범이 되는 사람'을 뜻한다. model은 동사로 '모델을 하다,' modeling은 '모델직종,' 그리고 modelizer는 '모델에만 집착하는 사람'을 말한다.

Julie is working on a scale model of a town.
줄리는 마을의 축소모형을 만들고 있어.

- I was selected to build a scale model of the Empire State building. 난 엠파이어 스테이트 빌딩의 축소모형을 만드는데 선택됐어.

  Say hello to an exact scale model of me. 내 축소모형에게 인사해.

scale model은 '축적도,' '축소모형'을 말한다.

He's gonna mooch off us.
걘 우리에게 빌붙어살거야.

- I don't want to mooch off my parents.
  난 내 부모님께 빌붙어 살고 싶지 않아.

  All he does is mooch off his friends. 걔는 친구들에게 빌붙어 살고만 있어.

mooch off는 '돈도 안주고 빌붙어살다,' '빈대붙다'라는 의미.

Some people mooch off of others.
다른 사람들에게 빌붙어 살고 있는 사람들도 있어.

Sounds like a motive to me.
살해동기 같은데.

- She had a life insurance policy. Sounds like a motive for murder to me. 걔는 생명보험에 가입되어 있어. 내게는 살해동기로 들리네.

  Larry was very jealous of his wife. Sounds like a motive to me.
  래리는 자기 아내를 무척이나 질투했었어. 살해동기 같아.

  She was desperate for money. Sounds like a motive to me.
  걔는 돈이 아주 절박했어. 살해동기 같아.

motive는 '(살해)동기'라는 뜻으로 주로 수사물 미드에서 용의자를 심문하면서 많이 듣게 되는 문장이다. Sounds like a motive for murder to me라고도 한다.

I was going through my mourning period.
난 추모기간을 겪고 있어.

- She's in her room, mourning the death of her career.
  걘 자기 경력의 파멸을 슬퍼하며 방에 있어.

  What's the respectful period of mourning before I could remarry? 내가 얼마나 있다 재혼해야 예의를 갖추는게 될까?

mourn은 '애도하다,' '슬퍼하다,' mourner는 '문상객,' chief mourner는 '상주,' mourning은 '애도,' 그리고 mourning period는 '애도기간'을 뜻한다.

>> **nickel.no.noise**

If I had a nickel for every time she did that 걘 지겨울 정도로 그랬어

If I had a nickel for every time she did that.
걘 지겨울 정도로 그랬어.

- If I had a nickel for every time he lied to me.
  걔는 지겨울 정도로 수없이 내게 거짓말을 했어.

  If I had a nickel for every time students made up excuses.
  학생들은 정말 수없이 변명거리를 만들어냈어.

  If I had a nickel for every time Sara was late to meetings.
  새라는 회의에 지겨울 정도로 수없이 늦었어.

If I have a nickel for every time S+V는 …을 할 때마다 5센트를 모았다면 엄청 부자가 되었을거야라는 의미로 비유적으로 '정말 수없이 …했다,' '지겨울 정도로 수도 없이 …했다'라는 뜻이 된다.

It's no picnic.
쉬운 일이 아냐.

- This was supposed to be easy, but it's no picnic.
  이거 쉬웠어야 했는데 장난이 아니네.

  It's no picnic, but we need to finish this job.
  쉬운 일이 아니지만 우리는 이 일을 끝내야 돼.

  Being a soldier is hard work. It's no picnic.
  군인이 된다는 건 어려운 일야. 쉬운 일이 아냐.

be no picnic은 피크닉이 아니다, 즉 비유적으로 '쉬운 일이 아니다'라는 뜻이다.

He keeps making moaning noises.
걘 계속 신음소리를 내.

- Just thinking about the noises people make during sex.
  사람들이 섹스하면서 내는 소리를 생각해봐.

make noises (about)는 '소란피다,' '불평하다,' make a big noise는 '소란을 피우다,' 그리고 hear the noises하면 '소음을 듣다'가 된다.

I heard the noises coming from the next room.
옆방에서 나는 소음을 들었어.

There's noise on my line. 전화에 잡음이 들리는데.

>> **obvious.occur.old**

Isn't that obvious? 뻔하지 않아?

Isn't that obvious?
뻔하지 않아?

- Well, you examined her. Isn't it obvious if she just gave birth?
  너 걔 검사했잖아. 출산한 적이 있다면 뻔하지 않아?

  Isn't it obvious? All the evidence points to him.
  뻔하지 않아? 모든 증거가 걔를 가리키고 있어.

  Isn't it obvious? Actually, I came to visit my son.
  뻔하지 않아? 실은 내 아들을 보러 왔어.

Isn't it[that] obvious?는 '뻔하지 않아?'라는 의미로 뭔가 이해하기가 무척 쉽다라는 뜻으로 쓰인다.

Has that ever occurred to you?
그런 생각 든 적 없어?

- You could be wrong. Has that ever occurred to you?
  네가 틀릴 수도 있어. 그런 생각 든 적 없어?

  You need to get a job. Has that ever occurred to you?
  넌 직장에 다녀야 돼. 그런 생각 든 적 없어?

  You'll lose all of your money. Has that ever occurred to you?
  넌 네 모든 돈을 잃을거야. 그런 생각 든 적 없어?

Has that ever occurred to you?는 '그런 생각 든 적 없어?,' '이해하겠어?,' 그리고 Has that ever occurred to you that S+V?하면 '…라는 생각이 든 적 없어?'라는 표현이 된다.

He's old-school.
걘 구식이야.

- He's old-school. He's a drunk. 걘 구식이야. 술주정뱅이이고.

  He was maybe 60, proper looking, wearing an old-school tuxedo. 그 사람은 60 정도로 예의바르게 보이고 구식의 턱시도를 입고 있었어.

  His phone's active, but it's old-school. 걔 전화는 통화는 되지만 구닥다리야.

old-school은 '구식의,' '구닥다리인'이라는 의미의 형용사.

She is like the old days.
걘 예전과 같아졌어.

- I may have told a few stories about the old days.
  과거에 대한 이야기 몇 개 했을지도 몰라.

  I know it's not my place, but Miss Serena is like the old days.
  주제 넘을지 모르지만, 세레나가 예전과 같아졌어요.

  We just want you to know those were the old days.
  그건 옛날 일이란 걸 네가 알아줬으면 해.

  So you miss the action of the good old days, huh?
  그래 좋았던 옛 시절의 일들이 그립지, 그지?

the old days는 '지나간 과거'라는 의미로 the good old days하면 '좋았던 옛날,' the bad old days하면 '안 좋았던 옛날'이라는 표현이 된다.

You crazy old bastard!

너 이 미친 늙은 망나니야!

- You crazy old bastard! You stole my life!!
  너 이 미친 늙은 망나니야! 네가 내 삶을 훔쳐갔어.
  You, senile old fool, you were trying to kill me.
  이 노땅아, 넌 날 죽일려고 했어.
  The old bastard would have cracked with jealously.
  저 망할 놈은 질투로 망가졌을거야.

▬ **old fool[bastard]**은 보통 '나이 든 사람'을 칭하기도 하지만 '나이에 상관없이 아주 싫어하는 사람'을 나타내는 속어로 많이 쓰인다.

>> **opinion.opportunity.opt.over**

Opportunity never knocks twice 기회는 결코 두번 찾아오지 않아

Who asked your opinion?

누가 너더러 물어봤어?

- What's your opinion? 네 의견은 뭐야?
  In my opinion, he wasn't a threat. 내 생각에 걘 위험인물이 아녔어.

▬ **ask one's opinion**은 '…의 의견을 묻다,' in my opinion은 '내 생각에'라는 의미.

I'm flattered you have that opinion of me.

나에 대해 그런 의견을 갖고 있다니 기분좋아.

- When he grows up, he's gonna have a low opinion of women.
  걘 성장 후 여성들에 대한 안좋은 생각을 갖게 될거야.
  Keep your opinions to yourself! 그건 네 생각이지!, 너나 그렇게 해!

▬ **have a high[low, good, bad] opinion of~**는 '…에 대한 …의 의견을 갖다,' keep your opinions to yourself는 '네 생각이나 그렇다'라는 뜻.

I have the opportunity to save his life.

난 걔의 목숨을 살릴 수 있는 기회를 갖고 있어.

- You have the opportunity to treat people with the mercy.
  넌 사람들을 자비롭게 대할 기회를 갖고 있어.
  We had the perfect opportunity to educate people. 우린 사람들을 교육시킬 완벽한 기회가 있었어.
  This is a huge opportunity. 이건 엄청난 기회야.

▬ **have the opportunity to~**는 '…할 기회를 갖다'라는 뜻으로 기회를 강조하려면 opportunity 앞에 huge, big, great, perfect를 붙이면 된다. 또한 be a huge opportunity하면 '…가 큰 기회이다'라는 의미가 된다.

Her lawyer jumped at the opportunity.

걔 변호사는 기회를 냉큼 물었다.

- I jumped at the opportunity to finally do something.
  마침내 뭔가 할 수 있는 기회를 물었어.
  Chris takes the opportunity to look at her tits.
  크리스는 그 여자의 유두를 볼 수 있는 기회를 잡았어.
  I'd like to take this opportunity to reach out to the public.
  난 이번 기회를 통해 대중들과 소통하고 싶어.

▬ **take the opportunity to~**는 '…하는 기회를 갖다,' '이 기회에 …하다'라는 의미. 특히 I'd like to take this opportunity~는 모임이나 편지 등에서 '이번 기회에 …하고 싶다'라는 의미로 많이 쓰이는 표현이다. 또한 jump at the opportunity~하면 '기회를 얼른 잡다'라는 말이 된다.

Don't pass up the opportunity to become a lawyer.
변호사가 될 수 있는 기회를 놓치지마라.

- I just couldn't pass up the opportunity to work with you.
  너와 함께 일할 수 있는 기회를 놓칠 수가 없었어.
  I never miss the opportunity to eat ice cream.
  난 절대 아이스크림을 먹는 기회를 놓치지 않아.

miss the opportunity는 '오는 기회를 놓치다'라는 의미로 miss 대신에 pass up을 써도 된다.

Opportunity never knocks twice.
기회는 결코 두번 찾아오지 않아.

- Okay, but when opportunity knocks. 좋아. 하지만 기회가 왔을 때만.
  Just wait a while and opportunity will knock.
  조금만 기다리면 기회가 올거야.

opportunity knocks는 기회가 노크하다, 즉 '기회가 오다'라는 뜻으로 when opportunity knocks(기회가 왔을 때)의 형태로 많이 쓰인다.

I'm opting out.
난 빠질래.

- Where do I sign to opt out of that? 거기에서 빠지려면 어디에 사인해야 돼?
  I'm keeping my options open. 난 선택의 여지를 남겨두고 있어.
  She gave me the option of resigning, and I took it.
  걘 내게 사임선택권을 줬고, 난 받아들였어.
  We always have the option of going back to being friends.
  우리는 언제나 친구로 돌아갈 선택권이 있어.

opt out은 '빠지다,' opt to[for]는 '…을 선택하다,' keep [leave] one's options open은 '선택의 여지를 남겨두다,' have the option of~는 '…의 선택권이 있다,' 그리고 give sb the option은 '…에게 선택권을 주다'라는 의미이다.

It's gonna be all over the news
뉴스마다 계속 그 얘기야

- His face is all over the news. We've got him cornered.
  걔 얼굴이 뉴스마다 나오고 있어. 우린 걔를 코너에 몬거야.
  I just put his face all over the news. 난 걔의 얼굴을 뉴스마다 나오게 했어.

be all over the news는 '뉴스마다 계속 나오다'라는 의미.

>> **pact.pardon**

Pardon my French 욕해서 미안해

The couple made a pact to stay together.
그 커플은 함께 지내기로 동의했어.

- Sean had a pact with his best friends. 션은 친한 친구들과 약속을 했어.
  You'll be punished if you break our pact. 네가 합의를 깨면 벌받을거야.
  Your nation must take pacts very seriously.
  네 나라는 협약을 지키려고 노력해야 돼.

make a pact하면 뭔가 하기 위해 혹은 비밀리에 하기 위해 '의견일치를 보다'라는 말로 have a pact라고도 한다. 반대로 break one's pact하면 '이런 약속을 깨다,' 또한 take pacts very seriously하게 되면 '합의된 사항을 지키려하다'라는 뜻이 된다.

If you'll pardon the expression.
이런 말 써도 될지 모르겠지만.

- They were a couple of kids screwing around, if you'll pardon the expression. 이런 말 써서 죄송하지만 걔네들은 난잡하게 노는 애들이었어요.

  He's an asshole, if you'll pardon the expression.
  이런 말 써도 될지 모르겠지만, 걔 머저리야.

▬ pardon the expression은 상대방에게 좀 무례한 표현을 쓰기에 앞서 미리 양해를 구하는 표현으로 '이런 말을 써도 될지 모르겠지만'이라는 뜻. Pardon my language도 같은 말.

Pardon my French.
욕해서 미안해.

- Pardon my French, but what's French for 'kiss my ass?'
  비어를 써서 미안하지만 '엿먹어라'를 프랑스어로 뭐라고 해?

  You'll just poo-poo it. Pardon my French.
  그건 중요한거 아냐. 천한 말 써서 미안해요.

▬ pardon my French는 프랑스와 많은 전쟁을 치룬 영국의 프랑스에 대한 적대감이 남아 있는 표현 중 하나. French kiss는 딥키스를, pardon[excuse] my French하면 '상스러운 말이나 욕을 한 후 혹은 하기 전에 사과를 하는 표현'이다.

Excuse me... pardon me.
잠시 실례할게요.

- Pardon me, but don't you mean despicable?
  미안하지만 야비하다고 말한 거 아니었어요?

  Pardon my mistake. 실수해서 미안해요.

  In any event, pardon my misunderstanding. 어쨌든, 오해해서 미안해요.

▬ pardon me는 excuse me와 같은 의미로 상대방에게 '실례해요'라고 할 때 혹은 상대방의 말을 못알아 들었을 때 '뭐라고 하셨죠?'라는 말로 Pardon? 혹은 Pardon me?라고 한다. 또한 사과하는 단어를 바로 이어서 용서해달라고 할 수도 있다.

Oh, pardon me for interrupting.
어, 방해해서 미안해요.

- So pardon me for not trusting you. 널 못 믿어서 미안해요.

  Would you pardon me for a moment, please? 잠시만 실례해도 될까요?

  Pardon me for living! 정말 죄송해요!

▬ **pardon me for interrupting [asking, saying]**은 '상대방에게 적극적으로 사과하는 것'으로 for 다음에 ~ing 형태로 잘못한 내용을 말하면 된다. 재미난 표현으로 화난 상대방의 비난에 대꾸하면서 혹은 조크로 안부 인사에 대한 답으로 pardon me for breathing[living]하면 살아서 미안하다라는 말로 '면목이 없네요'라는 의미.

>> **parole.part.pass.paternity**

He's on parole 걘 가석방됐어

He's on parole.
걘 가석방됐어.

- He was convicted of forcible sodomy. Did time in Elmira, he's out on parole. 걔 항문강간으로 기소됐어. 엘마이라에서 복역했고 가석방됐어.

  He's on parole. You need to tell us where he is.
  걘 가석방중야. 걔가 어디 있는지 말하라고.

  They released him two months ago on parole, only after he agreed to wear an anklet with a tracking device.
  걔는 2달 전에 추적장치가 달린 발찌를 차겠다고 동의한 후에야 가석방됐어

▬ **on parole**은 '가석방되어,' parole board는 '가석방 위원회,' 그리고 parole hearing하면 '가석방 청문회'라는 뜻이 된다.

I want no part of it.
난 그거에 관여하고 싶지 않아.

- It's all bullshit and I want no part of it.
  그건 말도 안돼, 난 관여하고 싶지 않아.
  I want no part of it. You can do it on your own.
  난 관여하고 싶지 않아. 너 혼자 할 수 있잖아.
  This seems dishonest. I want no part of it.
  이건 정직한 일이 아닌 것 같아. 난 관여하고 싶지 않아.

want no part of~는 '…에 관여하고 싶지 않아'라는 의미.

I like this part.
난 이 부분이 좋아.

- Listen to this song. I like this part. 이 노래를 들어봐. 난 이 부분이 좋더라.
  I like this part of the movie. 난 영화의 이 부분이 좋아.
  Pay attention to this. I like this part. 여기에 집중해봐. 난 이 부분이 좋아.

like this part는 '이 부분을 좋아하다'라는 의미로 특히 특정한 부분을 좋아할 때 표현하면 된다.

I'll pass that along.
내가 그거 건네줄게.

- That's interesting information. I'll pass that along.
  그건 재밌는 정보네. 내가 전해줄게.
  I'll pass that along. The boss will want to know.
  내가 그거 전해줄게. 사장님이 알고 싶어할거야.
  I'll pass that along. Sharon will be happy to hear it.
  내가 그거 전해줄게. 새론은 듣고 기뻐할거야.

pass sth along (to sb)은 물건이나 정보 등을 '…에게 넘겨주다,' '건네주다'라는 의미이다.

We'll do a paternity test.
우린 친자확인 검사를 할거야.

- I'm sure Brook told you we ran a paternity test on Brian.
  우리가 브라이언의 친자확인 검사를 했다고 브룩이 네게 분명 말했을거야.
  We can't do a paternity test until the baby's born.
  아이가 태어날 때까지는 친자확인 검사를 할 수 없어.
  So you'd have no objections then, to taking a paternity test, huh? 그럼 너 반대안하는거지, 친자확인 검사하는거, 어?

take[do] a paternity test는 '친자확인 검사를 하다,' 그리고 참고로 위탁가정은 foster home이라 한다.

>> **perk.permit.pick**

This perks her up 갠 이걸로 기운이 날거야

This perks her up.
갠 이걸로 기운이 날거야.

- Coffee perks me up in the morning. 커피를 마시면 아침에 기운이 나.
  Linda took a shower to perk herself up.
  린다는 기운을 차리기 위해 샤워를 했어.
  Jerry said that working out perks him up.
  제리는 운동하면 기운이 난다고 말했어.

perk sb up은 '기운나게 하다,' '활기차게 하다,' 그리고 sb[sth] perk up하게 되면 '기운나다,' '기운을 차리다'가 된다.

You got a permit for that?
너 그거 허가증 있어?

- I had permit for the protest. 난 시위허가증이 있었어.

  You have a permit to carry a .45. 넌 45구경 총기 허가증을 갖고 있어.

have[get] a permit에서 permit은 '공식적인 허가서,' '허가증'을 말한다.

All she has is a learner's permit.
걔가 갖고 있는 건 임시면허증뿐이야.

- Her learner's permit says she's from Long Island.
  걔 임시면허증보니까 롱아일랜드 출신이야.

  OK. Give me work permits for the contractor.
  좋아. 하청업자에게 줄 취업허가증을 내게 줘.

learner's permit은 '임시운전면허증,' work permit은 '취업허가증,' parking permit은 '주차증,' 그리고 travel permit은 '여행허가증'이 된다.

We'll pick up where we left off?
중단한 곳부터 다시 시작할까?

- Shall we pick up where we left off last time?
  지난번에 중단한 곳부터 다시 시작할까?

  Let's pick up where we left off last time.
  지난번에 그만 둔 곳부터 다시 시작하자.

  Why don't we pick up where we left off?
  중단한 곳부터 다시 시작하자.

pick up where we left off하면 '그만둔 데서부터 다시 시작하다'라는 뜻이 된다.

When did you pick up on that?
언제 알아차렸어?

- I don't usually pick up on those things. Good for me.
  난 보통 이런 것들 알아차리지 못해. 나한테는 잘 된거지.
- We try to pick up on the behavior of the killer.
  우리는 살인범의 행동을 알아차리려고 하고 있어.

pick up on sth하게 되면 빨리 뭔가를 '알아차리다,' '이해하다'라는 뜻이 된다.

>> **place.plump.point.pop.possess**

Who's running the place? 누가 책임자야?

Who's running the place?
누가 책임자야?

- I run the place, so don't piss me off. 내가 책임자야. 그러니 나 열받게 하지마.

  Who will run the place when he's gone?
  그가 가버리면 누가 운영을 할거야?

  We need a new manager to run the place.
  우리는 운영을 할 새로운 매니저가 필요해.

run the place는 '운영하다,' '책임지다'라는 의미.

Do you think I'm plump?
내가 뚱뚱하다고 생각해?

- She looked plump when she got back from her vacation.
  걔는 휴가에서 돌아왔을 때 통통해졌어.

  I prefer not to look so plump. 난 통통하게 보여지지 않기를 바래.

plump는 형용사로 fat보다 완곡한 표현. '포동포동한,' '통통한' 등으로 생각하면 된다.

My brother got plump while working as a programmer.
내 형은 프로그래머로 일하면서 통통해졌어.

There comes a point when you wanna do bad things.
나쁜 짓을 하고 싶을 때도 있는거야.

- There comes a point in time that you got to take control of your own life. 네 인생을 스스로 통제해야 하는 때도 있는거야.
  There comes a point where you have to suck it up and stop whining and start living. 참고 불평을 자제하고 삶을 살아야 할 때도 있는거야.

There comes a time[point] when[where]~은 '…한 때도 있다'라는 의미.

She popped a few vicodin.
갠 바이코딘을 몇 알 먹었어.

- Just pop a few aspirin and you'll feel better.
  아스피린 몇 알 먹으면 기분이 나아질거야.
  I popped some sleeping pills even though I was tired.
  난 피곤했지만 수면제를 조금 먹었어.
  You're sneezing a lot. Why don't you pop an allergy pill?
  너 콧물이 많이 흐르네. 앨러지 약을 먹어봐.

pop 다음에 'a+약물'이 오게 되면 '…약을 먹다'라는 표현이 된다.

What possesses you?
뭐 때문에 그런 넋나간 행동을 하는거야?

- Can you tell me what possessed you to do that?
  무슨 일로 네가 그렇게 행동했는지 말해줄래?
  What possessed you to buy that sports car?
  무슨 생각으로 저 스포츠카를 사게 된거야?
  What possessed you to leave your wife?
  뭐 때문에 네 아내를 떠난거야?

what possessed sb (to do)?는 무슨 일로[생각으로] …한거야?

You are under arrest for possession of narcotics.
마약소지죄로 당신을 체포합니다.

- We might be able to get him for possession of stolen property.
  장물 소지죄로 걔를 잡을 수도 있어.
  We found the cocaine. You are under arrest for possession of narcotics. 코카인을 발견했어. 마약소지죄로 당신을 체포합니다.

be charged with possession of~는 '…소지죄로 기소되다.' be under arrest for the possession of~는 '…을 소지해 체포되다'가 된다.

>> **program.prove.push.put**

Get with the program 정신차리라고

Get with the program.
정신차리라고.

- Get with the program, man. 이 친구야 정신차리라고.

get with the program에서 program은 사람들이 하는 방식으로 이해하고 하다라는 말로 단도직입적으로 '다른 사람들처럼하다'라는 뜻이 된다. 나아가 뒤처지지 말고 '정신차려서 제대로 하라'는 의미로도 쓰인다.

Now you get with the program, and fast.
이제 다른 사람들처럼 하고, 그리고 빨리.

Get with the program, folks! This guy is as guilty as sin!
여러분 정신차려요! 이 친구는 확실한 유죄라고요!.

You're biologically programmed to have feelings for him.
넌 생물학적으로 친부에게 감정이 끌리겠끔 되어 있어.

- Coffee maker's programmed to go on Monday through Friday.
  커피메이커는 월요일부터 금요일까지 계속 돌아가도록 되어져 있다.

  Heather's programmed to follow orders blindly and without question. 헤더는 맹목적으로 그리고 이의없이 명령을 따르도록 프로그램되어 있어.

  They were programmed to turn off when the countdown ended. 그것들은 카운트다운이 끝나면 꺼지도록 프로그램되어 있어.

be programmed to~는 '…하도록 프로그램되어 있다,' '…하도록 되어져 있다'라는 의미.

That doesn't prove anything.
그건 아무런 증거가 되지 않아.

- So I own a gun. That doesn't prove anything.
  그래 난 총을 소유하고 있는데 그건 아무런 증거도 되지 않아.

  That doesn't prove anything. You can't arrest me.
  그건 아무런 증거가 되지 않아. 날 체포할 수 없어.

That doesn't prove~는 '그건 …한 증거가 되지 않아.' You can't prove that~은 '넌 …을 증명할 수 없어,' 그리고 You can't prove any of this는 '넌 이 어떤 것도 증명할 수 없을거야'라는 의미로 주로 법정수사물에서 많이 들린다.

You're pushing 40.
넌 나이가 40이 다 돼가.

- My grandma is pushing ninety. 내 할머니는 90세가 다 돼가.

  I can't run a marathon. I'm pushing fifty.
  난 마라톤을 뛸 수가 없어. 50이 다 돼가.

  She looks good for a woman who is pushing forty.
  걔는 40이 돼가는 여자치고는 괜찮아 보여.

be pushing+age는 '나이가 …가 다 되어가다'라는 표현이 된다.

I've been putting on a brave face for one week.
난 일주일 동안 태연한 척했어.

- The funeral was sad but she put on a brave face.
  장례식은 슬펐지만 걔는 태연한 척했어.

  You need to put on a brave face when you meet them.
  넌 걔네들을 만날 때 태연한 척해야 돼.

  I put on a brave face even though I was afraid.
  난 두려웠지만 태연한 척했어.

put on a brave face는 '태연한 척하다,' '아무 일도 없는 것처럼 행동하다'라는 의미.

Don't put yourself down.
자신을 낮추지마.

- Don't put yourself down. You're a very attractive woman.
  자신을 낮추지 말라고. 넌 정말 매력적인 여자야.

  Maybe she'll do us all a favor and put herself down.
  아마 걔는 우리 모두에게 호의를 베풀어 자살을 할 수도 있어.

put sb down은 '…을 비난하다,' 따라서 put oneself down하게 되면 '자기를 낮추다'라는 뜻이 된다.

>> **radar.rain**

You work rain or shine 어떤 일이 있어도 일을 해

You wanna stay under the radar.
넌 은밀히 머물고 싶지.

- It would explain why he went to so much trouble to stay under the radar. 걔가 왜 애를 써가며 사람들 모르게 지내려고 하는지가 설명이 되네.

  Don't worry. We're flying under the radar. 걱정마. 눈에 안띄게 하고 있어.

under the radar는 레이더에 걸리지 않게 낮게라는 말로 '은밀히,' '비밀리에,' '사람들 모르게'라는 의미.

And she disappears off the radar.
그리고 걔는 사람들과 연락을 끊고 사라졌어.

- I've been completely off the radar the past few days.
  지난 며칠동안 완전히 연락을 끊었어.

  No, not for a few years. He kind of dropped off the radar.
  아니, 몇 년간은 못 봤어. 걘 연락을 끊었던 셈이야.

off the radar는 레이더 밖으로 사라졌다는 말로 '사람들의 관심을 끌지 못하는,' '사람들과의 연락이 끊긴'이라는 뜻으로 쓰인다.

You work rain or shine.
어떤 일이 있어도 일을 해.

- You work rain or shine. You never miss a day.
  넌 어떤 일이 있어도 일을 하라고, 하루도 빠짐없이.

  I admire you. You work rain or shine.
  네가 존경스러워. 어떤 일이 있어도 일을 하잖아.

rain or shine은 '비가 오나 눈이 오나,' '어떤 일이 있어도,' '날씨가 좋든 나쁘든'이라는 의미로 뭔가 열심히 하고 있는 것을 말할 때 사용한다.

Come in out of the rain!
정신차려!

- Come in out of the rain so you can get dry.
  비에 젖지 않도록 비를 피해 안으로 들어와.

  Come in out of the rain and I'll get you a hot drink.
  비피해 안으로 들어와, 따뜻한 음료를 줄게.

  Come in out of the rain! Don't you see that the manager is taking advantage of you. 정신차려! 매니저가 널 이용하려는거 모르겠어?

come in out of the rain은 '정신 똑바로 차려(wake up to reality),' '분별있게 행동하다' 혹은 단순히 비가 오니 안맞기 위해 안으로 들어오다라는 말이다.

>> **receive.red**

Who was on the receiving end of it? 그걸 당하는 쪽은 누구였어?

Well, we get bad reception at CSI.
CSI에서는 신호가 잘 잡히지 않아.

- She said her cell phone isn't getting good reception.
  걘 자기 핸드폰이 수신상태가 좋지 않다고 했어.

  This phone doesn't get good reception in the country.
  이 핸드폰은 시골에서는 잘 수신이 안돼.

not get good reception은 핸드폰 등의 '수신상태가 안좋다'라는 의미이다.

Who was on the receiving end of it?
그걸 당하는 쪽은 누구였어?

- He was on the receiving end of a tantrum. 걔는 짜증을 받는 입장였어.
  I don't want to be on the receiving end of his wrath.
  난 걔의 분노를 받는 사람이 되고 싶지 않아.
  If you fail, you'll be on the receiving end of a lot of blame.
  실패하면 넌 엄청 많은 비난을 받게 될거야.

be on[at] the receiving end (of~)는 '…를 받는 입장[쪽]이 되다'라는 뜻으로 선물을 받을 때도 쓰지만 주로 불쾌한 것, 즉 비난 등을 받는다고 할 때 사용한다.

They give me the red carpet treatment.
걔네들은 내게 극진한 대접을 해줬어.

- I got the red carpet treatment. 난 융숭한 대접을 받았어.
  The hotel rolled out the red carpet for the stars.
  호텔은 스타들에게 융숭한 대접을 해주었어.

red carpet은 귀빈들이 걸어가는 레드카펫으로 비유적으로 '융숭한 대접'이란 뜻으로 쓰인다. 그래서 roll out the red carpet하면 '융숭한 대접을 하다,' give sb the red carpet treatment하면 '…을 융숭하게 대접하다'라는 뜻이 된다.

I'm in the red.
난 적자야.

- Many people are in the red because of economic problems.
  많은 사람들이 경제문제로 적자야.
  We are in the black for the first time in years.
  우리는 오래간만에 처음으로 흑자야.

be in the red는 예전 대차대조표에서 마이너스가 나면 빨간 색으로 적었던 거에서 유래하여 '적자이다'라는 뜻이 되고 반대로 '흑자이다'라고 하려면 be in the black이라 한다.

I can cut through the red tape.
난 형식적인 절차를 생략할 수 있어.

- A: What was that? B: Bureaucratic red tape.
  A: 그게 뭐였어? B: 관료주의적인 절차들.
  You're not family, but I can cut through the red tape.
  가족은 아니지만 형식적 절차들은 생략해줄게.

red tape은 '상징적으로 관료적인 불필요한 행위,' '번거로운 행정절차'를 뜻하는 것으로 cut (through) the red tape하면 '형식적인 절차는 생략하다'라는 뜻이 된다.

>> **relate.relevant.reserve**

How is that relevant? 그게 무슨 관련이 있어?

Are you related?
인척인가요?

- Thank you for not being related to me. 나랑 친척이 아니어서 너무 고맙네요.
  I'm looking for Crab Simmons. Are you related?
  크랩 시몬즈를 찾는데 인척인가요?
  None of these people were related to each other.
  이 사람들 중 아무도 서로 연관되지 않았어.

be related to~는 '…와 관련이 있다,' '연관이 있다' 혹은 '친척이다'라는 의미.

How is that work-related?
그게 어떻게 일과 관련된거니?

- I assume your investigation is drug-related.
  너의 조사는 약물과 관련된 걸거라 생각돼.

N-related는 'N과 관련된'이라는 의미.

You were shopping. How is that work-related?
넌 쇼핑하고 있었어. 그게 어떻게 일과 관련되니?

There're over 300,000 deaths caused by obesity-related illnesses. 비만관련병으로 죽는 사람이 30만명이 넘어.

I did not have sexual relations with that woman.
난 저 여자와 성적관계를 안 가졌어.

- So, you admit to having sexual relations with her.
그럼, 넌 걔와 성적관계를 맺었다는 걸 인정하는거네.

  She might be getting ready to have relations with that boy.
  갠 저 소년과 관계를 맺을 준비가 되어있을지 몰라.

have relations with sb는 '…와 관계를 맺고 있다.' 특히 '여자와 성적인 관계를 맺고 있다'는 말로 좀 더 구체적으로 말하려면 have sexual relations with라 하면 된다.

How is that relevant?
그게 무슨 관련이 있어?

- A: Were you sleeping with her? B: How is that relevant?
A: 너 걔랑 잤어? B: 그게 무슨 관련이 있어?

  How is this relevant to anything, detective?
  형사님, 이게 어떻게 관련이 있는거죠?

  I don't see how this is relevant. 이게 무슨 관련인지 모르겠어.

be relevant는 '적절하다,' '관련 있다'라는 말. How is that relevant?는 주로 반어적으로 '그게 무슨 상관이냐?,' '그게 뭐 중요한거냐?'라는 뉘앙스를 갖고 있다.

I made a reservation for a party of three.
3인석으로 예약했어.

- I'm going, Randy. I already made a reservation.
나 갈게, 랜디. 예약이 되어 있어서.

  We reserved this room for you. 이방은 선생님 앞으로 예약했습니다.

  Welcome to Domenici's, gentlemen. Do you have a reservation? 도메니치에 오신 걸 환영합니다. 신사여러분. 예약하셨나요?

make a reservation for~는 '예약하다,' reserve sth for sb하면 '…앞으로 …을 예약하다'라는 뜻.

I reserve the right to change my mind.
난 마음을 바꿀 권리가 있어.

- I do however reserve the right to change my mind.
하지만 마음을 바꿀 권리는 있어.

  We reserve the right to refuse service to anyone.
  우리는 누구에게든 서비스를 거부할 권리가 있어.

  We reserve the right to grant deals to any witness we deem fit.
  우리는 우리가 적정하다고 생각하는 증인에게 거래를 할 권리가 있어.

reserve the right to~는 '…할 권리가 있다'라는 의미. 권리를 예약하는 것으로 생각하지 말 것.

We kept a few beers in reserve.
우리는 맥주 몇 병을 예비로 갖고 있었어.

- I told her I'll keep it in reserve. 내가 그걸 예비로 가지고 있겠다고 걔한테 말했어.

  Keep some money in reserve for the future.
  미래를 위해 돈을 일부 비축해놔.

keep[hold] ~ in reserve는 '…을 비축해두다,' '예비로 지니고 있다'라는 의미.

We're in a rut 너무 지루해

Shelly wore a revealing dress to the party.
쉘리는 파티에 가슴골이 파인 옷을 입었어.

- Those briefs were pretty revealing. 저런 반바지들은 꽤 노출이 심했어.

  He swiftly rips open the front of Phoebe's dress revealing her bra. 걔가 갑자기 피비의 드레스 앞면을 열어제치니 걔의 브라자가 보였어.

  Denny is staring at her chest. There is a lot of cleavage to see.
  데니는 걔의 가슴을 응시하고 있고 정말 볼게 많은 가슴골이 있었어.

revealing은 좀 의외로 생각될 수도 있지만 일상어에서는 '옷의 노출이 심한'이란 뜻으로 쓰인다. 물론 두 번째 예문처럼 그냥 동사로 '…을 드러내주는'이란 뜻으로도 쓰인다. 특히 드레스가 착해서 가슴골이 보이는 경우가 참 많은데 이렇게 보이는 '가슴골'은 cleavage라 한다.

I won't reveal my sources.
내 정보원을 밝히지 않을거야.

- You can't force us to reveal our trial strategy.
  우리의 재판전략을 밝히라고 강요할 수 없어.

  I will not reveal my source even if you torture me.
  네가 고문을 해도 내 정보원을 밝히지 않을거야.

  A magician never reveals his secrets.
  마술가라면 절대로 자신의 비밀을 밝히지 않을거야.

reveal sth은 reveal이 본래 의미로 쓰인 경우로 비밀로 했던 것을 '폭로하다,' '밝히다'라는 의미.

It doesn't feel right.
뭔가 이상해.

- Um, I don't know. I mean, I don't really... Feel right.
  잘 모르겠어. 영, 내키지 않네.

  It doesn't feel right without him here. 여기 걔가 없으니 뭔가 좀 이상해.

  I'm not sure. It doesn't feel right. 잘 모르겠지만 뭔가 이상해.

It doesn't feel right은 평소와 '뭔가 좀 다르다'라는 의미.

I just haven't met the right one for me.
난 평생의 짝을 만나지 못했어.

- Barry said Susan is the right one. 배리는 수잔이 평생의 짝이라고 말했어.

  The right one will come along if you are patient.
  인내심을 갖고 기다리면 평생의 짝이 오게 되어 있어.

right one는 Mr. Right처럼 '평생의 짝'을 뜻한다.

Right there with ya.
동감이야.

- I guess I was just confused. Yeah, I'm right there with you.
  내가 잠시 착각을 했나봐. 그래, 난 너와 동감이야.

  Oh, hey, copy that. I'm right there with you. 어, 알았어. 난 너와 동감이야.

Right there with ya는 상대방과 같은 생각이다, 즉 '동감이야'라는 뜻이다.

We're in a rut.
너무 지루해.

- We're in a rut, and we always argue about the same stuff.
  우리는 지루해, 그리고 늘상 같은 문제로 다투고 있어.

  She has this idea that we're stuck in a rut.
  걔는 우리가 틀에 박혀 있다고 생각하고 있어.

be in a rut은 틀에 박혀 있어 '아주 지루하다'라는 의미이다. be stuck in a rut이라고도 한다.

That's probably what they'll say 다들 그렇게 말하겠지

That's probably what they'll say.
다들 그렇게 말하겠지.

- He's just crazy. That's probably what they'll say.
  걔는 그냥 미쳤어. 다들 그렇게 말해.

  That's probably what they'll say when they discuss it.
  그것을 논의할 때는 다들 그렇게 말할거야.

  They weren't involved. That's probably what they'll say.
  걔네들은 관련되지 않았어. 그렇게들 말할거야.

▬ **That's what they'll say**는 '다들 그렇게 말하지'라는 뜻으로 they 대신에 we나 you를 써서 That's what we all say, That's what you all say라고 해도 된다.

You don't mean to say that.
진심으로 하는 말은 아니겠지.

- That's very insulting. You don't mean to say that.
  정말 모욕적이네. 너 진심으로 하는 말은 아니겠지.

  You don't mean to say that to me, do you?
  그말 진심으로 하는 말은 아니겠지, 그지?

  You don't mean to say that. Just apologize.
  진심으로 하는 말은 아니겠지. 사과해.

▬ **You don't mean to say that**은 상대방이 화가 나 본심과는 다른 이야기를 할 때 던지는 표현이다. 진심이 아닌 말을 한 문장에다 말하려면 You don't mean to say that S+V라고 하면 된다.

What else could I say?
그렇게 말할 수밖에 없지.

- I was wrong. What else could I say?
  내가 틀렸어. 내가 달리 뭐라고 하겠어?

  What else could I say? I had to talk to her.
  내가 달리 뭐라고 하겠어? 난 걔한테 말해야 했어.

  I confessed my love to him. What else could I say?
  난 걔한테 사랑을 고백했어. 그렇게 말할 수밖에 없었어.

  And what else can I say? I love a big kiss-ass!
  내가 뭐라고 할 수 있겠어? 난 찐한 아부를 좋아하는걸!

▬ **What else could I say?**는 자신의 말을 상대방이 비난할 때 사용하는 표현으로 '달리 무슨 말을 할 수 있겠어?,' '그렇게 말할 수밖에 없지'라고 자기 입장을 옹호하는 말이다. can을 써서 What else can I say?라고 해도 된다.

What have you got to say for yourself?
뭐라고 변명할거야?

- Hey! What do you have to say for yourself, huh?
  야! 넌 뭐라고 변명할거야, 어?

  You got my girlfriend to lie to me, too, and you have nothing to say for yourself?!
  넌 내 여친이 내게 거짓말하도록 해놓고 변명할 거리가 전혀 없단 말야?!

  Do you have anything to say for yourself? 뭐 변명할 거리가 있어?

▬ **say for oneself**는 '변명하다'라는 뜻이다.

Who said anything about talking?
누가 얘기를 한대?

- Who said anything about harassing your client?
  누가 고객을 괴롭히는 이야기를 한대?

  Who said anything about last night? 누가 지난밤 얘기를 한대?

▬ **Who said anything about+N[~ing]?**은 '누가 …을 한대?'라는 의미로 '난 …을 하지 안할건대'라는 뜻을 내포하고 있다.

Who said anything about rape? 누가 강간에 대해서 얘기를 한대?
Who said anything about Serena? 내가 언제 세리나 얘기했어?

>> **scoot.see.self**

You were like your old self there 넌 예전의 너로 돌아온 것 같았어

Would you scoot a little?
조금만 옆으로 갈래?

- Would you scoot a little? I need to sit down.
  조금만 옆으로 갈래요? 앉아야 해서요.
  Dad, here. Sit here. Rufus, scoot over, please.
  아버지, 여기요. 여기 앉아요. 루퍼스, 조금만 옆으로 가주세요.

scoot over는 자리에 앉을 수 있도록 상대방에게 '옆으로 자리를 살짝 비켜주다'라는 뜻.

I'm going to see it through.
시작한 일을 끝까지 마무리할거야.

- I know it's tough, but I'm going to see it through.
  그게 어려운 줄 알지만 난 끝까지 마무리할거야.
  I started this work and I'm going to see it through.
  난 이 일을 시작했고 끝까지 마무리할거야.
  I'm going to see it through, even if it gets hard.
  그게 어렵다하더라도 난 끝까지 해낼거야.

see it through는 시작한 일을 끝까지 '실행하다,' '마무리하다'라는 의미.

You were like your old self there.
넌 예전의 너로 돌아온 것 같았어.

- A: How're you feeling? B: Like my old self again.
  A: 기분이 어때? B: 예전의 나로 돌아온 것 같아.
  If we're right, you should be back to your old self in no time.
  우리가 맞다면, 넌 바로 네 예전의 모습으로 돌아와야 돼.
  I actually think he's a bit better today. He seems more like his old self. 실은 걔가 오늘 좀 좋아진 것 같아. 예전의 모습으로 돌아온 것 같아.

be one's old self는 예전 모습이다라는 말로 '상태가 좋다,' '회복되다'라는 표현. be 대신에 feel, look을 써도 된다. 또한 be back to one's old self도 같은 맥락의 표현으로 별로 달갑지 않은 맘으로 '또 저짓이군'이라는 표현이 된다.

No, he's his usual self.
아니, 걔 평소 모습 그대로야.

- He can't hide his true self. 걘 자기 본 모습을 숨길 수가 없어.
  I'm back to my I-can-buy-anything-I-want former self.
  내가 원하는 건 뭐든지 다 살 수 있다라는 예전의 내 모습으로 돌아왔어.

usual[normal] self는 '평상시의 모습,' true[real] self는 '본모습,' 그리고 former self하면 '예전의 모습'이라는 표현이다.

Why would you mess with my sense of self?
왜 내 자아의식을 혼란스럽게 하는거야?

- Why would you mess with my sense of self?
  왜 내 자아의식을 혼란스럽게 하는거야?
  I begin to lose my identity because my sense of self was tied to you. 내 자아의식이 너한테 엮여서 내 정체성을 잃기 시작하고 있어.

sb's sense of self는 '자아의식'

My father is a self-made man.
우리 아버지는 자수성가하셨어.

- So you're going to be self-employed. 그래서 넌 독립할거구나.
  That's emotional self-abuse, don't you think?
  그건 감정적인 자기학대야, 그렇지 않아?

self-made는 '자수성가한'이라는 뜻. self-에 이어 다양한 단어를 넣어 '스스로 …하는'이라는 표현들을 만들어낸다.

>> **send.set.sex**

Let's get set up 어서 준비하자

We weren't able to send out a call for help.
우리는 구조요청전화를 할 수가 없었어.

- We were about to send out a search party. Where you been?
  구조대를 보낼려고 했어. 어디 있었어?
  Tomorrow morning, she's going to send out the package.
  내일 아침 걘 소포를 보낼거야.

send out은 '발송하다,' '사람을 보내다,' 그리고 send out for하면 '주문배달하다'라는 뜻이 된다. 이럴 때 자주 쓰이는 유명한 표현으로는 send away for가 있는데 이 역시 '우편이나 이멜로 주문하다'라는 의미.

This music really sends me to the moon.
이 음악을 듣고 있으면 정말 황홀해져.

- I could say that your love sends me to the moon.
  네 사랑은 날 황홀하게 해주는 것 같아.
  I told him that it was Peter who was sending him to hell.
  난 걔한테 걔를 골탕먹이는 건 바로 피터라고 말했어.

send sb to the moon은 'sb를 황홀하게 해주다,' '기분좋게 해주다,' 그리고 send sb to hell하면 '지옥으로 보내다'라는 것으로 '골탕먹이다,' '힘들게 하다'라는 뜻이 된다.

Let's get set up.
어서 준비하자.

- Time is passing quickly, so let's get set up.
  시간이 정말 빨리 지나가네, 그러니 어서 준비하자.
  Let's get set up so we're ready. 우리가 준비되도록 서두르자.
  Let's get set up for the job festival. 취업설명회를 준비하자.

get set up은 뭔가 시작하기 위한 '준비를 하다'라는 의미.

Did you have a lot of angry sex?
넌 화풀이 섹스를 많이 해봤어?

- Did you have a lot of angry sex? That's kinda hot.
  화풀이 섹스 많이 해봤어? 그건 정말 화끈해.
  Now let's have angry sex on the kitchen counter.
  부엌 조리대에서 화풀이 섹스를 하자.
  Well, don't get the wrong idea. The way I see it, I'm halfway to pity sex. 오해하지마. 내가 보기에 난 동정섹스를 할까 말까 생각 중이야.

pity sex는 상대방이 안돼 보여 해주는 섹스로 sympathy sex, mercy sex라고도 한다. 참고로 break up sex는 헤어진 후에 마지막으로 한번 하는 섹스를 말하며, 한편 싸우고 나서 화해할 때 하는 섹스는 make up sex라고 한다. 만약 화가 다 안 풀렸을 때 섹스로 나머지를 풀려고 하는 거친 섹스는 angry sex, 복수를 하면서 하는 섹스는 revenge sex라고 한다.

Keep your shirt on 진정하라고

Shape up or ship out.

제대로 하지 않으려면 나가.

- Stop screwing around. Shape up or ship out.
  농짓거리 그만해. 제대로 하지 않으려면 나가라.

  Your dad says you better shape up or ship out.
  네 아버지는 제대로 하지 않으려면 나가라고 말씀하셔.

  The trainee has made many mistakes. He needs to shape up or ship out. 그 피교육자는 많은 실수를 했어. 걘 제대로 하든가 나가든가 해야 돼.

Shape up or ship out은 사장이나 보스가 하는 말로 제대로 일하지 않은 직원에게 일을 더 열심히 하던지 아니면 짐싸서 나가라라는 의미의 문장이다. 조금은 오래된 표현.

I intend to get my fair share.

난 내 당연한 몫을 받으려고 해.

- I've seen my fair share of kids in trouble. 난 고통받는 아이들을 많이 봤어.

  I just want to make sure you do your fair share around here.
  난 네가 여기서 네 합당한 몫을 확실히 받도록 하게 할거야.

  When a couple splits up the woman deserves her fair share of the life she helped build.
  이혼을 할 때, 여자는 함께 이룬 삶의 당연한 몫을 받을 가치가 있어.

get a fair share는 '당연히 받아야 할 것을 받다'라는 뜻으로 여기서 one's fair share는 '…의 공평한 몫'이란 의미.

I lost my shirt

알거지가 됐어.

- Did you lose your shirt in Vegas? 베거스에서 쪽박찼어?

  Many people lost their shirt on Wall Street.
  많은 사람들이 월가에서 알거지가 됐어.

lose one's shirt는 '무일푼이 되다,' '알거지가 되다,' '쪽박차다'라는 의미.

Keep your shirt on.

진정해.

- I'm right here! Keep your shirt on. 나 여기 있어! 진정하라고.

  Put your shirt on. 진정해.

  Keep your shirt on. We're leaving! 옷 입어. 우리 간다!

  Tell your friend to keep his shirt on. 네 친구보고 진정 좀 하라고 해.

keep[put] one's shirt on은 '셔츠를 벗지 말고 입으라'는 말. 열받아서 싸울 때 보면 꼭 옷을 벗는 경우가 있는데 이 모습을 연상하면 된다.

He shot his wad.

걘 모든 힘을 쏟아부었어.

- He was exhausted because he'd already shot his wad.
  걘 이미 모든 힘을 쏟아부어서 진이 빠졌어.

  Bill shot his wad by investing all of his money in the project.
  빌은 그 프로젝트에 모든 돈을 투자하면서 올인했어.

  He shot his wad early and left her unsatisfied.
  걔는 일찍 사정하는 바람에 그녀는 만족하지 못했어.

shoot one's wad는 남자가 섹스의 절정에서 하는 사정하다(blow one's wad)라는 의미로 비유적으로 '돈이나 힘, 에너지를 다 쓰다'라는 뜻으로도 쓰인다.

I'm looking over my shoulder every day.
난 매일 조심하고 있어.

- I've spent the last ten years looking over my shoulder every day. 난 지난 10년간 매일 조심하면서 살았어.

  I can't be looking over my shoulder making sure you're okay.
  내가 항상 너를 지켜보며 괜찮은지 봐줄 수는 없어.

look over one's shoulder는 어깨너머로 보다, 뒤를 돌아보다, 즉 '걱정하다,' '조심하다,' '감시하다'라는 뜻으로 쓰인다.

I stand shoulder to shoulder with you.
난 너와 뜻이 같아.

- It's a party! People are standing shoulder to shoulder.
  파티야! 사람들이 서로들 어깨를 맞대고 있어.

  I wish someone would rub lotion on my shoulders.
  누가 내 어깨에 로션을 발라줬으면 좋겠어.

  I just wanna put him up on my shoulders and buy him a balloon. 난 단지 걜 목마태우고 풍선을 사주고 싶어.

shoulder to shoulder with sb는 sb와 어깨를 나란히 한다는 말로 '의견을 같이하다,' '지지하다'라는 의미. 또한 on one's shoulders하면 '어깨 위에,' 혹은 비유적으로 '책임지고'라는 뜻이 된다.

>> **shove.slip.sloppy.sock.solve**

It's gonna knock your socks off 넌 깜짝 놀랄거야

Shove it.
집어치워, 말도 안되는 소리하지마.

- She looked at the diamond ring and told me to shove it.
  걘 다이아몬드 반지를 보더니 내게 집어치우라고 말했어.

  I don't like you. Take your offer and shove it.
  난 네가 싫어. 네 제안은 집어치우라고.

Shove it은 무례한 표현으로 상대방에게서 도움 등이 필요없다고 말을 끝내는 문장이다. '집어치워,' '그만둬'에 해당하며 Shove it up your ass나 Stick it이라고 해도 된다.

He let it slip through his fingers.
걘 기회를 놓쳐버렸어.

- He had the chance to make a fortune but let it slip through his fingers. 걘 큰 돈을 벌 기회가 있었으나 놓쳐버렸어.

  He let it slip through his fingers and wasted the opportunity.
  걘 기회를 놓치고 날려버렸어.

  I gave him a chance. He let it slip through his fingers.
  난 걔에게 기회를 줬는데 걘 그걸 날려버렸어.

slip through one's fingers는 손가락 사이로 빠져나가다라는 의미에서 나아가 주로 부주의로 '놓치다.' 그래서 let sth slip through one's fingers하게 되면 '기회 등을 놓치다'라는 의미가 된다.

You're gettin' sloppy, you know.
넌 점점 게을러지네.

- What if she was sloppy about washing her hands after pooping? 걔가 똥을 싸고 나서 손을 씻지 않으면 어떡하지?

  You people are training sloppy interns.
  너희들은 미숙한 인턴들을 훈련하고 있어.

  She was sloppy with her appearance. 걔는 얼굴, 대충하고 다녔어.

sloppy는 '엉성한,' '대충의,' '허접한,' '물기가 많은'이라는 형용사이다. sloppy seconds는 슬랭으로 한 사람과 섹스를 하고 나서 그 사람의 정액을 오일 삼아 다른 사람과 섹스하는 것을 말한다.

It's gonna knock your socks off.
넌 깜짝 놀랄거야.

- If the explosion had knocked his socks off, that would be impressive, wouldn't it?
  그 폭발로 걔가 놀랐었다면, 그게 참 인상적일 텐데, 그렇지 않아?
  I didn't exactly knock his socks off, did I? 난 걜 놀래키지 못했어, 그랬지?

knock sb's socks off는 '너무 놀라다,' '기쁘다,' '감동받다'라는 의미로 쓰인다.

Problem solved.
문제는 해결됐어.

- I fixed your software virus. Problem solved.
  난 소프트웨어 바이러스를 고쳤어. 문제가 해결됐어.
  The neighbor you hated just moved. Problem solved.
  네가 싫어하던 이웃이 이사갔어. 문제 해결됐어.
  I'm bringing all the food for your party, so problem solved.
  네 파티에 모든 음식을 내가 가지고 갈게, 그러니 문제 해결된거야.

Problem solved는 '문제는 해결됐어'라는 명사구형태의 표현. 비슷한 표현으로는 End of discussion(토론 끝, 더이상 왈가왈부하지마), End of story(이야기 끝, 더 이상 할 말없음) 등이 있다.

>> **something.spat.spill.spite.spy**

He's having a lover's spat with Jill 걘 질과 사랑싸움을 하고 있어

I'm going to make something of myself.
난 성공할거야.

- Andrea went to school to make something of herself.
  앤드리아는 성공하기 위해서 학교에 갔어.
  You won't make something of yourself if you don't work harder.
  넌 열심히 일하지 못하면 성공하지 못할거야.
  Attending Yale allowed me to make something of myself.
  예일대에 다녀서 내가 성공을 하게 된거야.

make something of oneself는 '스스로 노력하여 성공하다'라는 의미.

He's having a lover's spat with Jill.
걘 질과 사랑싸움을 하고 있어.

- Roger had a lover's spat with his ex-girlfriend.
  로저는 전 여친과 사랑싸움을 했어.
  We called the cops because they were having a lover's spat with each other. 우린 걔네들이 서로 옥신각신해서 경찰에 신고했어.
  Madge had a lover's spat with her new husband.
  매지는 새로운 남편과 사랑싸움을 했어.

have a lover's spat with sb는 '…와 사랑싸움하다'라는 표현으로 여기서 spat은 '옥신각신'(a short unimportant quarrel)를 뜻한다.

Come on, spill it.
자 어서 말해봐.

- You know a secret. Come on, spill it. 넌 비밀을 알고 있어. 자 어서 말해봐.
  I want to hear the gossip. Come on, spill it.
  나도 소문을 듣고 싶어. 어서 말해봐.
  What did Simon say to you? Come on, spill it.
  사이먼이 네게 뭐라고 했어? 어서 말해봐.

spill it은 '말하다,' '털어놓다,'이며 비슷한 표현으로는 spill the beans(비밀을 누설하다)가 있다.

I did it out of spite.
분풀이로 그랬어.

- I did it out of spite. The owner had insulted me.
  분풀이로 그랬어. 주인이 날 모욕했다니까.

  She had me arrested out of spite. 갠 분풀이로 내가 체포되도록 했어.

  I refused to shake his hand out of spite.
  난 화나게 하려고 걔하고 악수를 일부러 거절했어.

  Carl doesn't answer my e-mails out of spite.
  칼은 일부러 내 이메일에 답장을 하지 않고 있어.

out of spite는 '악의로,' '분풀이로,' '일부러 화나게 하려고'라는 의미.

Don't spy on me.
날 훔쳐보지마.

- The papers could have been mailed, Mom just sent you here to spy on me, didn't she?
  논문들은 우편으로 발송할 수도 있었을거야. 엄마가 날 감시하도록 널 보냈지, 그렇지 않았어?

  We think this is what he's using to spy on his victims.
  우리는 걔가 이걸 이용해서 피해자를 감시했다고 생각해.

  Technology's made it easier than ever to spy on anyone.
  기술 덕에 그 어느 때보다 사람을 감시하는게 쉬워졌어.

spy on sb는 '감시하다,' '몰래보다'라는 뜻이다.

>> **stack.stuck**

It's stacking the deck 그건 속임수야

It's stacking the deck.
그건 속임수야.

- That's not fair. It's stacking the deck. 그건 불공평해. 그건 속임수야.

  It's stacking the deck. No one will allow it.
  그건 속임수야. 아무도 그걸 허락하지 않을거야.

stack the deck은 '속임수를 쓰다'라는 의미.

She's being super stuck up.
걘 정말 거만해.

- She's being super stuck up. She's a real bitch.
  걘 정말 거만해. 정말 나쁜 계집야.

  Kiki was unpopular because she was super stuck up.
  키키는 너무 거만해서 인기가 없어.

  We laughed at him since he is super stuck up.
  우리는 걔가 너무 거만해서 비웃었어.

be super stuck up은 '정말 거만하다'(be arrogant), '잘난 척하다'라는 뜻이며 비슷한 형태의 be[get] stuck up~은 '…에 갇히다,' '끼이다'라는 의미가 된다.

You're stuck with me.
싫어도 넌 나와 함께 있어야 돼.

- I'm sorry if you're unhappy, but you're stuck with me.
  미안하지만 네가 맘에 안들어도 넌 나와 함께 있어야 돼.

  You're stuck with the new manager. Tough luck.
  넌 신임 매니저와 함께 있구만. 운도 없네.

be[get] stuck with sb[sth]는 '억지로 사귀거나,' '싫은 일을 하다,' '원치 않지만 함께 붙어 있다'라는 표현이다.

We got stuck with a guy who is a real asshole.
우리는 정말 한심한 녀석과 함께 있어야 돼.

>> **sucker.suppose.swap**

You're a sucker for a hot dancer 넌 섹시한 댄서에 사족을 못써

I suckered her into taking the kids for a while.
걔한테 사기쳐서 잠시 애들을 돌보게 했어.

- I was suckered into donating all of my money.
  난 속아서 내 돈 모두를 기부했어.

  Don't get suckered into helping Aaron move.
  속아서 애론이 이사하는 걸 도와주지마.

  Everyone was suckered into believing the lies she told.
  다들 걔가 말하는 거짓말에 속아서 믿었어.

▬ **sucker~into~**는 '사기쳐서 …가 하기 싫은 일을 하도록 하다'라는 뜻이며 이를 수동형으로 be[get] suckered into~라고 쓰면 '속아서 …을 하다,' '말려들다'라는 뜻이 된다.

You're a sucker for a hot dancer.
넌 섹시한 댄서에 사족을 못써.

- He's always been a sucker for beautiful women.
  걘 예쁜 여자들에게는 사족을 못써.

  Most people are suckers for flattery. 대부분 사람들은 아부에 사족을 못써.

  Don't be a sucker for her charms. 그녀의 매력에 약해지지마.

▬ **be a sucker for~**는 '…에 사족을 못쓰다,' '…이 없이는 못살아,' '…에 약해'라는 의미.

I don't suppose you know her phone number, do you?
너 걔 전번 모르겠지, 그지?

- I don't suppose you are going to help us.
  네가 우리를 도와줄거는 아니겠지.

  I don't suppose she is planning to come tonight.
  오늘밤에 걔가 올 계획은 아니겠지.

  I don't suppose you got a call from Mr. Evans.
  네가 에반스 씨로부터 전화를 받은 건 아니겠지.

▬ **I don't suppose you~**는 상대방에게 '…은 아니겠지?'라는 의미의 표현이다.

They're gonna swap me for your Olivia.
걔네들은 나와 너의 올리비아와 교환할거야.

- I swapped Cuban cigars for American cigarettes.
  난 쿠바시가를 미국담배로 교환했어.

  OK, time to swap. Let's see what we got.
  교환할 시간이네. 뭐가 있나 보자.

▬ **swap A (for B)**은 '교환하다,' '바꾸다'라는 의미.

Let's just share memories, swap stories.
추억을 공유하고 이야기를 주고받자.

- I thought we were just swapping stories.
  우린 그냥 이야기를 주고받는 것으로 생각했어.

  That's a great idea, maybe we can swap stories on the road.
  좋은 생각이야, 가면서 이야기를 주고 받자고.

▬ **swap stories**는 '이야기를 나누다,' '이야기를 함께 공유하다'라는 의미.

You need to swap out the engine in this car.
넌 이 차의 엔진을 새 거로 교환해야 돼.

- The company decided to swap out its old software.
  회사는 오래된 소프트웨어를 새 거로 바꾸기로 결정했어.

  She can't just swap out those clothes. 걘 단지 저 옷들을 교환할 수 없어.

swap out 역시 '다른 것으로 교환하다'라는 의미.

I had plans to go to the big swap meet.
대형교환모임에 갈 생각이었어.

- From all over the place. Salvage yards, swap meets, e-bay.
  아무데나. 폐차장, 교환모임, 이베이 등.

  I have put up with a lot of weird things in this neighborhood: wife-swapping. 난 이 동네에서 아내교환 등 이상한 것들을 참아왔어.

wife swapping은 '아내교환하기'(swing)를 말하며, swap meet은 '주말에 자기가 소장한 것들을 교환하는 모임' 등을 말한다. 또한 do a swap은 '이렇게 교환하는 것'을 말한다.

>> **tail**

Get off my tail 나 좀 귀찮게 굴지마

Get off my tail.
나 좀 귀찮게 굴지마.

- Get off my tail! You've been bothering me all day!
  귀찮게 굴지마! 온종일 날 괴롭히잖아!

  I don't need this stress. Get off my tail.
  난 이 스트레스가 필요없어. 귀찮게 좀 굴지마.

  Get off my tail. You are starting to piss me off.
  귀찮게 좀 굴지마. 날 짜증나게 하기 시작하네.

  I've had it with you, so get off my tail. 너 정말 지겨우니 그만 괴롭혀라.

get off one's tail은 '…의 뒤를 쫓는 것을 그만두다,' '…을 괴롭히는 것을 그만두다'라는 의미.

I got a tail.
미행이 붙었어.

- We have a tail on Kane at his home and office.
  우리는 케인의 집과 사무실에 미행을 붙였어.

  Put a tail on him so he can't hurt anyone else.
  걔가 다른 사람을 해치지 못하도록 미행을 붙여.

have[get] a tail은 '미행이 붙다,' put a tail on은 '미행을 붙이다'라는 뜻이 된다.

You just turned tail and ran!
넌 꽁무니를 빼고 도망쳤어!

- I expected you to be brave. You just turned tail and ran!
  난 네가 용감할거라 생각했는데 넌 꽁무니를 빼고 도망쳤어!

  You just turned tail and ran when Cathy showed up!
  넌 캐시가 나타나자 꽁무니를 빼고 도망쳤어!

  At the first sign of danger, you just turned tail and ran!
  위험을 느끼자마자 넌 꽁무니를 빼고 도망쳤어!

turn tail은 무서워 돌아서 꽁무니를 빼는 모습을 나타낸 표현이다.

>> take

Let's just take it one day at a time 그때그때 해결하자

Let's just take it one day at a time.
그때 그때 해결하자.

- So, let's just take it one day at a time? 그럼, 그때 그때 해결하자고?
  You're going to take it one day at a time. 넌 그때 그때 하나씩 해결하도록 해.
  If I can offer some advice from personal experience: One day at a time. 내가 개인적 경험에서 충고 하나 하자면, 하나씩 해결해나가.

▬ take it one day at a time은 서두르지 말고 '그때 그때 해결하다,' '천천히 하나씩 해결하다'라는 의미가 된다.

We'll just take it as it comes.
우리는 있는 그대로 받아들일거야.

- No need to be stressed. Take it as it comes.
  스트레스를 받을 필요가 없어. 있는 그대로 받아들여.
  Take it as it comes. You can't control anything.
  있는 그대로 받아들여. 그 어떤 것도 통제하지마.
  My dad told me to take it as it comes.
  아버지는 있는 그대로 받아들이라고 말했어.

▬ take sth as it comes는 '있는 그대로 받아들이다'라는 뜻.

I take that as a no.
반대한 것으로 알겠어.

- I'll take that as a compliment. 난 그걸 칭찬으로 받아들일거야.
  I'll take that as a yes. And I want you to know that I will deal with my issues with Max myself.
  난 승낙한 걸로 알겠어. 그리고 나 스스로 맥스와 문제를 해결할테니 그리 알아둬.
  Can we take that as a yes? 그거 승낙한 걸로 받아들여도 돼?

▬ I'll take that as~는 '…로[한 것으로] 알겠어'라는 표현으로 I'll take that as a "yes"하면 '승낙한 것으로 알다,' 그리고 I'll take that as a compliment하게 되면 '칭찬으로 받아들이다'라는 뜻이 된다.

She took her own life.
걘 자살했어.

- Why didn't Hill take his own life when we had him surrounded?
  힐은 우리가 포위했을 때 왜 자살을 하지 않았을까?
  One of the victims took her own life when she realized the rapist got her pregnant.
  피해자 중 한 명은 자신이 강간범의 아기를 임신한 걸 알고 자살했어.
  Do you have any idea why your husband wanted to take his own life? 남편께서 왜 자살을 원했는지 혹 아시는게 있나요?

▬ take one's own life는 '자살하다'라는 의미.

>> taste

You have good taste 넌 안목이 뛰어나

It's in bad taste.
그건 아주 불쾌했어.

- Honey, that would be in bad taste. 자기야, 그건 멋이 없을거야.

▬ sth be in bad[poor] taste는 '상스럽다,' '볼가치가 없다,' '멋이 없다'라는 의미.

They thought it was in poor taste. 걔네들은 그게 천박하다고 생각했어.

You have good taste.
넌 안목이 뛰어나.

- I have good taste. 난 안목이 있어.
  Well, that's a great movie. You've got good taste.
  멋진 영화야. 영화볼 줄 아네.

▬ **have (got) good taste**는 '뭔가 볼 줄 아는 안목과 감각이 있다'라는 의미.

I have a taste for danger.
난 모험을 좋아해.

- One of my exes had a taste for fine jewelry.
  내 전 애인 중 한 명이 보석류를 보는 눈이 있어.
  The guests had a taste of a different culture.
  손님들은 문화적 기호가 다양했어.

▬ **have a taste for~**는 '…을 좋아하다,' '…을 보는 눈이 있다.' 하지만 have a taste of~하면 '음식 등을 조금 맛보다'라는 뜻이 된다.

It isn't to my taste.
내 취향이 아냐.

- The Greek food was not to Dana's taste.
  그리스 음식은 데이나 입맛에 맞지 않았어.
  Red wine is not to my taste. 레드 와인은 내 취향이 아니야.

▬ **be not to one's taste**는 '…의 취향이 아니다,' '…의 기호에 맞지 않다'라는 의미.

>> tell.temper.test

What does that tell you? 이게 무슨 말이겠어?

What does that tell you?
이게 무슨 말이겠어?

- What does that tell you? Do you think he's lying?
  이게 무슨 말이겠어? 걔가 거짓말하고 있다고 생각하는거야?
  There is blood on the door. What does that tell us?
  문에 피가 있는데 이게 무슨 말이겠어?

▬ **What does that tell you?**는 어떤 상황에 처했거나 혹은 어떤 정보를 확보한 후에 이것들이 의미하는게 무언지 물어보는 문장으로 '그게 무슨 의미이겠어?'라는 뜻이 된다.

So he has a temper.
그래 걘 성깔이 더러워.

- My mom says I have a bad temper. 울 엄마가 그러는데 내 성질이 더럽대.
  We're looking for a cop with a nasty temper.
  우리는 지저분한 성격의 경찰을 찾고 있어.
  He had a terrible temper. 걘 성깔이 정말 끔찍해.

▬ **temper**는 자체가 '성깔'을 말하는 것으로 have a temper라고만 해도 '성깔있다,' '걸핏하면 화내다'라는 뜻을 갖는다. 또한 have a quick[bad] temper는 '성질이 급하다[더럽다]'라는 의미.

I lost my temper.
내가 참지 못하고 화를 냈어.

- Do you lose your temper easily? 쉽게 화를 내는 편이야?
  I lost my temper. I take full responsibility.
  내가 참지 못하고 화를 냈어. 내가 다 책임질게.

▬ **lose one's temper**는 '화를 내다,' keep one's temper는 '화를 참다'라는 말. 또한 –tempered하면 '…한 성격의'라는 표현들을 만들어낸다.

Your girlfriend's a little short-tempered.. 네 여친은 성미가 급해.

Said I had to pass a test.

난 시험에 합격해야 한다고 말했어.

- I failed the test, didn't I? 나 시험에 떨어졌지, 그지 않았어?
  Make-up test in social studies. 사회과목 재시험.

▬ **pass a test**는 '시험에 합격하다,' fail a test는 '시험에 떨어지다' 그리고 make-up test는 '재시험'을 말한다.

Why do I need to take a test?

내가 왜 시험을 쳐야 돼?

- I really don't feel like taking a test right now.
  난 지금 테스트하고 싶지 않아.
  I had to take a test with a bunch of losers.
  난 일단의 머저리들과 테스트를 해야 됐어.

▬ **take a test**는 '시험을 치르다,' '테스트하다'라는 의미.

I had Sanders run a test on the shirt.

샌더즈보고 셔츠 테스트해보라고 했어.

- They did a test run just like this. 걔네들은 이렇게 테스트를 했어.
  We'll do a test run on Saturday. 우리는 토요일에 테스트를 해볼거야.
  Are you planning to do a test run? 테스트를 해볼 생각이야?

▬ **run a test**는 '테스트해보다,' do a test run은 '테스트를 돌려보다'라는 뜻.

We used a computer to test out the theory.

컴퓨터를 이용해 그 이론을 테스트해봤어.

- I just have to test out this theory I've been working on.
  내가 연구중인 이론을 테스트해봐야겠어.
  I'm not gonna turn her into a victim to test out your theory.
  난 네 이론을 테스트해보기 위해 걜 피해자로 만들지 않을거야.
  I haven't had the chance to test out the theory.
  난 그 이론을 테스트할 기회가 없었어.

▬ **test out**은 '이론 등을 테스트해보다'라는 뜻이 된다.

>> **text.then**

I'll text you his info 네게 걔 정보를 문자로 보낼게

I'll send it to you in a text message.

그걸 문자 메시지로 보내줄게.

- She's been sending me text messages all night.
  걘 밤새 내게 문자를 보냈어.
  We saw Carrie's text message on your cell phone.
  네 핸드폰에서 캐리의 문자메시지를 봤어.

▬ **text message**는 '문자메시지,' send sb a text message하면 '문자메시지를 보내다.'

Is that Tom who keeps texting you?

너한테 계속 문자 보낸 사람이 탐이야?

- My daughter text messages her friends 20 times a day.
  내 딸은 친구들에게 하루에 20번 문자메시지를 보내.

▬ **text**는 문자메시지의 유행으로 뜬 단어로 아예 동사로 '문자메시지를 보내다,' 그리고 text message 또한 동사로 쓰이기도 한다.

Too many teenage girls are texting or posting nude pictures of themselves. 너무나 많은 여자애들이 문자메시지를 보내고 자신의 누드사진을 올려.

He'll be gone by then.
그때까지는 걘 가고 없을거야.

- You think you can make a case by then?
  그때까지는 사건의 정당성을 입증할 수 있을 것 같아?

  From then on, they moved around a lot.
  그때부터 쭉 걔네들은 많이 이사다녔어.

  From then on, any time he was in town, he was with me.
  그때부터 계속 걘 마을에 오면 나와 함께 있었어.

▬ **by then**은 '그때까지는,' from then on은 '그때부터 쭉'이라는 의미이다.

But then she got really upset.
하지만 걘 정말 화가 났어.

- But then he realized Lucy was missing.
  하지만 걘 루시가 실종된 것을 깨달았어.

  Just a quick stop in Utah and then we're off to Mexico.
  유타에서 잠시 머물다 그런 다음 우린 멕시코로 출발할거야.

▬ **but then**은 '하지만,' '그래도,' and then은 '그런 다음,' now then은 '자,' '그럼' 등이란 의미들이다.

I could've taken him out right then and there.
난 그때 그곳에서 걜 빼낼 수도 있었어.

- Right then and there, we realized how stupid we were being.
  바로 우리는 우리가 얼마나 어리석었는지 깨달았어.

  Then again you totally tried to steal the diamonds.
  다시 생각해보니 넌 정말 다이아몬드를 훔치려고 했었어.

▬ **then and there**는 '즉시,' '그때 그곳에서,' 그리고 then again은 '다시 생각해보니,' '반면에'라는 뜻.

>> **think.tit.tongue**

What was I thinking? 내가 왜 그랬을까?

What was I thinking?
내가 왜 그랬을까?

- Oh, right, of course, what was I thinking?
  그래 맞아. 물론, 내가 왜 그랬을까?

  What was I thinking? What the hell am I doing here?
  내가 무슨 생각으로 그랬을까? 내가 여기서 뭘 하고 있는거지?

  What was I thinking? And you're right. 내가 왜 그랬을까? 그래 네 말이 맞아.

▬ **What was I thinking?**은 의문문 형태이지만 자신의 과거행동에 대한 후회와 한탄을 담은 문장으로 "내가 왜 그랬을까?," "내가 무슨 생각으로 그랬을까?"라는 뜻이 된다.

I got to thinking about things I need to do.
내가 해야 되는 일들에 대해 생각해보기 시작했어.

- I got to thinking about life when I was younger.
  난 젊었을 때 인생에 대해 생각해보기 시작했어.

  I got to thinking about the time I spent in Toronto.
  난 토론토에서 보낸 시간에 대해 생각해보기 시작했어.

  I got to thinking about my ex-wife. 난 전처에 대해 생각해보기 시작했어.

▬ **I got to thinking about~**은 '생각하기 시작하다,' '…을 고려[궁리]하기 시작하다'라는 의미로, I got to thinking that S+V의 형태로 쓸 수도 있다.

I'll get some thoughts to you.
내 생각을 말해줄게.

- Leave the report on my desk. I'll get some thoughts to you on it. 보고서 내 책상에 놔둬. 그에 대해 내 생각을 말해줄게.
  I'll get some thoughts to you about your proposal.
  그 제안에 대해 내 생각을 말해줄게.

■ get some thoughts (to, on)~는 '자기 생각을 …에게 전하다[말해주다]'라는 의미가 된다.

I thought you had great tits.
네가 아주 멋진 젖꼭지를 갖고 있다고 생각했어.

- Hey, you fuckers! Who wants to see my tits?
  야, 이 빌어먹을 놈들아! 내 젖꼭지 보고 싶은 사람?
  Kissing your beautiful tits feels unbelievably sexy.
  너의 아름다운 젖꼭지에 키스하는 건 이루 말할 수 없을 정도로 섹시한 느낌이야.
  A boy has never seen my tits before. 내 젖꼭지를 본 남자는 한 명도 없어.

■ tits는 '여성의 유방,' '젖꼭지'를 말하는 것으로 그 의미로 쓰일 때는 항상 복수로 쓰인다. 그 이치는 balls도 복수로 쓰이는 것과 같다.

Now we're doing tit for tat?
우리가 지금 복수하는거야?

- You're kidding me. Now we're doing tit for tat?
  농담이지. 우리가 지금 복수하는거야?
  She wanted to play fair, so she gave him a little tit for tat.
  걘 공정한 게임을 하고 싶어 걔한테 복수를 약간 했어.

■ tit-for-tat은 주고받기라는 말로 '치고받기,' '보복,' '앙갚음'으로 give sb a tit-for-tat하면 '보복하다'가 된다.

Don't stick your tongue out at the teacher.
선생님에게 혀를 내밀지 마라.

- I was punished for sticking out my tongue. 혀를 내밀었다가 혼났어.
  The girl stuck her tongue out at her brother.
  그 소녀는 오빠에게 혀를 내밀었어.

■ stick out one's tongue은 '혀를 내밀다'라는 말로 병원에서 혹은 친구들끼리 놀릴 때, 그리고 비유적으로는 '말을 꺼내다'라는 말로 쓰인다.

>> **trap.trial.trick.tucker**

That's where it gets a little tricky 그 부분이 좀 문제야

You should set a trap.
넌 함정을 놓아야 돼.

- The police set a trap for the burglar.
  경찰은 그 절도범을 잡으려고 함정을 놓았어.
  You should set a trap for the hacker.
  넌 해커를 잡기 위해 함정을 파놓아야 돼.
  I was caught when they set a trap for me.
  걔네들이 함정을 파놔서 난 잡혔어.

■ set a trap은 누군가를 잡기 위해 '함정을 놓다,' fall into the trap of~하면 '…의 함정에 빠지다'가 된다.

He's not competent to stand trial.
걘 소송무능력자야.

- The suspect will stand trial next month.
  그 용의자는 다음 달에 재판을 받게 될거야.

■ stand trial은 '재판을 받다,' be on trial은 '재판 중이다,' put sb on trial하게 되면 '…을 재판에 회부하다'라는 뜻이 된다.

He's guilty but he'll never stand trial.
걔는 유죄지만 절대로 재판을 받지 않을거야.

I stood trial for a variety of crimes. 난 다양한 범죄로 재판을 받았어.

That's where it gets a little tricky.
그 부분이 좀 문제야.

- Your divorce was illegal. That's where it gets a little tricky.
  네 이혼은 불법이야. 그게 좀 문제야.

  We don't have permission. That's where it gets a little tricky.
  우리는 허가를 받지 못했어. 그 부분이 문제야.

That's where it gets a little tricky는 '그 부분이 좀 까다롭다,' '힘들다'라는 의미로 앞으로 다룰 부분이 어려울테니 대비하라고 할 때 사용하는 문장.

You're tricking me.
넌 날 속이고 있어.

- You're tricking me. I can't really trust you.
  넌 날 속이고 있어. 정말이지 널 믿을 수가 없어.

  Everyone says that you're tricking me. 다들 네가 날 속이고 있다고들 해.

  You're tricking me, and I'm starting to get upset.
  넌 날 속이고 있고 난 화나기 시작해.

You're tricking me는 상대방이 날 속이고 있을 때 하는 말. 속이는게 아니라고 강변할 때는 I'm not tricking you(널 속이는게 아냐)라고 하면 된다.

That's tricky.
그게 까다로와.

- You want to move to Paris, but that's tricky.
  넌 파리로 이사가길 원하지만 그게 어려워.

  That's tricky. It's not going to be easy. 그게 까다로와. 쉽지 않을거야.

  You want to graduate early? That's tricky.
  조기 졸업을 원한다고? 그게 까다로와.

That's tricky는 보기보다 예상보다 어렵거나 까다로울 때 하는 말.

I'm kind of tuckered out.
난 좀 지쳤어.

- Sorry I've been quiet. I'm kind of tuckered out.
  말이 없어서 미안해. 나 좀 지쳤어.

  I'm kind of tuckered out after working all day.
  종일 일하고 나서 나 좀 지쳤어.

  I'd like to stay home. I'm kind of tuckered out.
  집에 남아 있을래. 좀 지쳤어.

tucker sb out은 'sb를 피곤하게 하다,' '지치게 하다'라는 의미로 여기서는 수동형으로 쓰여 be tuckered out하게 되면 '완전히 녹초가 되다'라는 뜻이 된다.

>> **warn**

I'm gonna let you off with a warning 경고만 하고 보내줄게요

I warn you, it'll be totally boring.
미리 말해두는데, 정말 지겨울거야.

- I warn you...don't drink too much. 미리 말해두는데, 과음하지마.

  I just showed up without any warning. 난 아무 경고도 없이 불쑥 나타났어.

  Suddenly, without warning, you flew out of the room.
  갑자기, 아무 말없이, 넌 방을 뛰쳐나갔어.

I warn you는 '경고하는데,' I'm warning you는 '경고하는데,' 그리고 without (any) warning은 '아무런 경고없이'라는 의미.

I'm gonna let you off with a warning.
경고만 하고 넘어갈게요.

- I'm gonna let you off with a warning, but stop driving so fast.
  이번만은 경고만으로 끝낼테니 과속하지 마세요.
  I like you, so I'm gonna let you off with a warning.
  난 네가 좋아. 그래서 이번만은 경고만 하고 넘어갈게.
  I'm gonna let you off with a warning. You'd better be careful.
  이번은 경고만 하고 넘어갈테니 조심하세요.

let sb off with a warning은 다른 조치는 하지 않고 '경고만 하고 놔주다'라는 뜻이다.

We're going to have to issue a warning.
우리는 경고장을 발부할거야.

- But fair warning, detective. 하지만 합당한 경고네, 형사.
  Change in behavior is one of the warning signs.
  행동변화는 경고신호의 하나야.

issue a warning은 '경고장을 발부하다,' give a warning은 '경고하다,' fair warning은 '합당한 경고,' 그리고 warning sign은 '경고사인'을 뜻한다.

>> **way.weak.wide**

You're not that way 넌 그런 사람 아니잖아

You're not that way.
넌 그런 사람 아니잖아.

- Why did you act like a jerk? You're not that way.
  왜 그렇게 멍충이처럼 행동했어? 너 그런 사람아니잖아.
  Don't let her call you a womanizer. You're not that way.
  걔가 너보고 바람둥이라고 부르지 못하게 해. 넌 그런 사람이 아니잖아.
  You're not that way. No one believes it.
  넌 그런 사람이 아니잖아. 아무도 믿지 않아.

You're not that way는 상대방의 이상한 행동을 보고 놀라서 하는 말. '너 원래 그런 사람 아니잖아'라는 뜻.

She wormed her way into my family.
걘 교묘하게 우리 가족의 환심을 샀어.

- Stop trying to worm your way into our group.
  그 그룹에 교묘하게 들어가려고 시도하지마.
  Henry wormed his way into law school. 헨리는 교묘하게 법대에 들어갔어.

worm one's way into~는 '교묘하게 빌붙다,' '교묘하게 환심을 사다'라는 의미이다.

Work your way up here!
열심히 일해서 여기까지 올라오라고!

- Start with an office job and work your way up here.
  사무직부터 시작해서 열심히 해서 여기까지 올라와봐.
  I started on the first floor and worked my way up.
  난 바닥부터 시작해서 올라왔어.
  You see how the tumor has worked its way up the spine?
  어떻게 종양이 척추까지 전이가 되었는지 알겠어?

work one's way up은 '열심히 일해서 승진하다,' '올라가다'라는 의미로 쓰인다.

I have a weakness for showgirls.
난 쇼걸이라면 사족을 못써.

- I have a weakness for strong coffee. 난 진한 커피에 사족을 못써.
  I have a weakness for romantic movies. 난 애정영화를 좋아해.
  I have a weakness for historic novels. 역사 소설을 좋아해.

have a weakness for~하면 '…에 약하다'라는 말로 '…을 좋아하다,' '사족을 못쓰다'라고 생각하면 된다.

We gave Tom a wide berth.
우리는 탐을 멀리했어.

- Tim is very upset, so give him a wide berth.
  팀은 무척 화나있으니까 멀리하라고.
  Give Susan a wide berth when she shows up. 수잔이 오면 멀리 해.
  If you see gang members, give them a wide berth.
  조폭들을 보면 충분한 거리를 두도록 해.

give a wide berth에서 berth는 항구의 정박지라는 말로 wide berth하면 '충분한 거리'라는 의미로 쓰인다. 그래서 give a wide berth to~ 혹은 give~a wide berth하면 '충분한 거리를 두다'라는 의미로 keep a wide berth of~라고 해도 된다.

Jill is our very best friend in the whole wide world.
질은 세상에서 가장 절친이야.

- He's one of my best friends in the whole wide world.
  걘 이 세상에서 가장 친한 친구 중 하나야.
  She's the worst dresser in the whole wide world.
  걘 세상전체에서 가장 옷을 못 입는 사람이야.
  It's the biggest diamond in the whole wide world.
  그건 전세계에서 가장 큰 다이아몬드야.

the whole wide world는 '세상의 모든 곳'이라는 말로 강조하는 표현이다.

I have sex with my eyes wide open.
난 두 눈을 크게 뜨고 섹스를 해.

- Lights on, driver's side door wide open.
  불이 들어왔어, 운전석 문이 활짝 열렸어.
  I'm gonna blow this story wide open! 난 이 이야기를 널리 퍼트릴거야!

wide open은 '활짝 열린'이라는 뜻으로 with one's eyes wide open하면 '두 눈을 크게 뜨고,' 그리고 with one's mouth wide open하면 '입을 떡 벌리고'라는 뜻이 된다. 또한 wide open은 비유적으로 '널리,' '충분히'라는 의미로도 쓰인다.

>> **wild.world.worry.worth**

Welcome to my world 나와 같은 처지이네

That must be wild.
재밌겠는데.

- Wow! That's wild! 와! 멋지다!
  No, it's gonna be wild! 아니, 아주 멋질거야!
  You work in a sex shop. That must be wild.
  섹스샵에서 일하는구나. 재미있겠는데.

be wild는 '근사하다,' '멋지다'라는 의미.

A little 'Girls gone wild?'

여자들이 좀 흥분했다는거지?

- Why are you showing your breasts? A little 'Girls gone wild?'
  왜 네 가슴을 보여주는거야? 좀 광분했다는거야?

  What are you looking for on vacation? A little 'Girls gone wild?'
  휴가 때 뭐 할거야? 좀 신나게 놀거야?

go wild는 '열광하다,' '미쳐날뛰다' 등 좋아서이든 싫어서이든 강하게 반응하는 모습을 상상하면 된다. 특히 Girls Gone Wild는 술먹고 신나서 옷을 벗어던지는 'Girls Gone Wild'라는 비디오 타이틀에서 유래한 표현이다.

Didn't seem really wild about you.

널 그렇게 좋아하는 것 같지 않았어.

- Didn't seem really wild about you, either.
  너한테도 그렇게 좋아하는 것 같지 않았어.

  I'm afraid she didn't seem really wild about you.
  걔는 너를 그렇게 좋아하지 않았던 것 같은데.

be wild about은 '…에 대해 무척 들뜨다,' '막 흥분되다,' '좋아하다'라는 의미.

Welcome to my world.

나와 같은 처지이네.

- Welcome to my world. I do it all the time.
  나와 같은 처지이네. 난 매일 그래.

  I know it sucks. Welcome to my world.
  거지같다는거 알아. 나와 같은 처지이네.

  You'll have a lot of work and no sleep. Welcome to my world.
  일은 많이 하고 잠을 못잘거야. 나와 같은 처지이네.

Welcome to my world는 상대방이 나와 같이 별로 좋지 않은 상황에 처했을 때 하는 말로 '같은 처지이네,' '나도 그래'라는 의미로 Join the club과 같은 맥락의 표현이다.

I was worried sick.

무척 걱정했었어.

- You must be worried sick. 넌 무척 걱정되나 보다.

  Where have you been? We've been worried sick about you!
  어디 있었어? 무척 걱정했잖아!

  Where is Eric? It's two in the morning. I'm worried sick.
  에릭 어디 있어? 새벽 2시인데 무척 걱정되잖아.

be worried sick (about)~은 '무척 걱정하다'(be sick with worry)라는 뜻으로 be out of one's mind with worry라고 해도 된다.

What's it worth to you?

그게 너한테 무슨 가치가 있어?

- I have your gold necklace. What's it worth to you?
  나한테 네 목걸이가 있어. 너한테 무슨 가치가 있어?

  The information is right here. What's it worth to you?
  정보는 바로 여기에 있어. 그게 너한테 무슨 가치가 있어?

  What's it worth to you if I don't tell the cops?
  내가 경찰에 말하지 않으면 그게 무슨 가치가 있어?

What's it worth (to you)?는 '그거의 값어치가 뭐냐?,' '무슨 소용이 있는거니?'라는 의미.

멘토스 미드영어표현사전

M-Z

미드 속 미드영어표현사전

영어학습에 도움이 되는 그리고 기억에 남는 미드장면들을 다시
떠올리면서 앞 본문에서 학습했던 미드표현들이 어떻게 쓰였는지
재확인해보는 시간을 갖는다.

001

>> Big Little Lies 2-7

She is mistaken

그녀가 잘못 안거죠

시즌 2의 마지막회. 양육권 다툼을 벌이고 있는 셀레스트가 직접 시어머니 라이트 부인을 증인신청하며 심문을 하고 있다.

Celeste: And is Jane Chapman a liar? Is this woman sitting here lying when she says that your son raped her?

Wright: She's mistaken.

Celeste: She is mistaken? Is that something a woman is likely to get wrong? Whether or not she's being raped?

Wright: Well, he perhaps got too vi... physical with her as a result of thinking that women sometimes like that, the way you enjoyed it.

셀레스트: 그럼 제인 채프먼도 거짓말을 한 건가요? 여기 앉아 있는 이 여성이 자기가 당신 아들에게 강간을 당했다고 거짓말을 하고 있다는 건가요?

라이트 부인: 그녀가 잘못 안거죠.

셀레스트: 잘못 알고 있다고요? 그게 여자가 오해할 수 있는 그런 건가요? 자신이 강간을 당하는지 아닌지를요.

라이트 부인: 아마도 걔가 너무 폭력적… 당신이 즐겼던 방식처럼 여성들이 때로는 거친 것을 좋아한다는 생각때문에 좀 거칠게 한 것일 수도 있죠.

002

>> Criminal Minds 4-16

Did you walk out on your family?

당신도 가정을 버렸나요?

자신의 아버지처럼 가정을 버린 기업의 CEO들을 살해하는 여성 연쇄살해범 메건과 애런 하치 와의 대화장면이다.

Megan: I watched the presentation you gave on school shootings. I found it posted on YouTube. And for a moment, I actually thought there were still good people in the world.

Hotch: But I've disappointed you, haven't I? Just like all the other men in your life, who've walked out on their families, who deserve to be punished.

Megan: Did you walk out on your family?

Hotch: No. My wife left me.

메건: 학교총기난사사건에 대해 발표한 성명서를 봤어요. 유투브에 올려진거. 잠시동안 세상에 아직 좋은 사람들이 있다는 것을 진짜 믿었어요

하치: 하지만 내가 당신을 실망시켰군요. 그렇지 않나요? 자신의 가정을 버리고 당연히 벌받아야 하는 당신이 아는 다른 남자들처럼요.

메건: 당신도 가족을 버렸나요?

하치: 내 아내가 나를 떠났어요.

003

>> Shameless 1-10

We'll see about that

두고 보면 알거야

가출했던 피오나의 엄마가 레즈비언 남편 Bob과 함께 집에 돌아온다. 막내아이 리암을 데려가기 위함인데 필립은 Bob에게 거절한다.

Phillip: I don't care what the fucking DNA test says. You're not taking Liam.

Bob: We'll see about that.

Phillip: Yeah, we will.

Bob: We having a problem, Phillip?!

Phillip: I dunno Bob! Let's see. You're camped out in my house, you're fucking my mother, and you're talking about stealing my baby brother. Why would we have a problem?

필립: 빌어먹을 DNA테스트가 뭐라고 하든 상관없어요. 리암은 데리고 못가요.

밥: 두고 보면 알거야.

필립: 그래요, 그러겠죠.

밥: 필립, 우리 무슨 문제가 있는거야?

필립: 몰라요 밥. 어디 봐요. 당신이 우리 집에서 자리잡고, 우리 엄마와 섹스를 하고 그리고는 내 동생을 데려간다고 그러는데, 왜 무슨 문제가 있겠어요?

004

>> Game of Thrones 7-7

Words stop meaning anything

사람들의 말은 아무런 의미가 없어지게 된다

휴전협상이 깨지자 티리온은 가끔 거짓말도 못하냐고 핀잔을 준다. 이에 존 스노우는 지킬 수 없는 약속을 하지 않을 거라며 자신의 신조를 역설한다.

Jon Snow: I'm not going to swear an oath I can't uphold. Talk about my father if you want, tell me that's the attitude that got him killed. But when enough people make false promises, words stop meaning anything. Then there are no more answers, only better and better lies. And lies won't help us in this fight.

존 스노우: 지킬 수 없는 약속은 하지 않을 겁니다. 원한다면 아버지 얘기를 하고, 그런 태도 때문에 아버지가 참수당했다고 말하시오. 하지만 많은 사람들이 거짓 약속을 하게 되면 말은 아무런 의미가 없어지게 됩니다. 그러면 말에 대한 책임도 없고 더한 거짓말들만 남게 됩니다. 거짓말은 이싸움에서 우리에게 도움이 되지 않습니다.

005

>> Friends 5-9

That makes sense!

거 말이 되네!

섹스중독자로 몰린 조이의 반격이 시작된다. 역으로 자기와 한 번 잔 다음에 계속 모니카가 자기를 유혹한다고 하면서 섹스 중독자는 바로 모니카라고 유도한다.

Joey: No! If anyone's a sex addict here, it's Monica! Yeah. Yeah. She has been trying to get me back in the sack ever since London!

Phoebe: So that's why she gave you a naked picture of herself.

Joey: That makes sense!

Rachel: And the video camera?

Joey: Uhh, Monica?

Monica: I guess I set up the video camera to try and entice Joey.

Joey: But sadly I could not be enticed.

조이: 아니! 섹스중독자가 여기 있다면 그건 모니카야! 그래, 그래. 런던 그 일 이후에 계속 나와 자려고 했어!

피비: 그래서 모니카가 너에게 나체 사진을 준거구나.

조이: 말이 되네!

레이첼: 그럼 비디오 카메라는?

조이: 어, 모니카?

모니카: 비디오 카메라를 설치해서 조이를 유혹하려고 한 것 같아.

조이: 하지만 아쉽게도 난 유혹에 넘어가지 않았지.

006

>> Desperate Housewives 2-11

I'm not worked up

난 화나지 않았어

천덕꾸러기 이디는 가브리엘이 르넷의 남편 톰에게 장난으로 키스를 했다고 말을 늘어 놓자, 브리가 중재하고 나선다.

Bree: Yeah, but to be fair to Lynette, you are an ex-model. And surely it must have dawned on you that some women might prefer it if you didn't kiss their husbands.

Lynette: That's all I'm saying.

Susan: Oh, you guys, we're all friends. This isn't something to get worked up over.

Gabrielle: I'm not worked up.

브리: 그래 하지만 르넷의 입장에서 보면 넌 전직 모델이잖아. 네가 자기 남편에게 키스하지 않기를 바라는 아내들이 있다는 것을 알아둘 필요가 있겠어.

르넷: 내가 하고 싶은 말이 그거야.

수잔: 야, 우리 다 친구잖아. 이런 일로 흥분할 필요는 없잖아.

가브리엘: 난 화나지 않았어.

It's not unheard of~

…는 드문 일이 아니다

레너드의 부탁으로 페니는 버나뎃을 느끼남 하워드에게 소개시켜준다. 그들의 세 번째 데이트 후 버나뎃 집 앞에서 둘이 대화를 나누기 시작한다.

Bernadette: Can I ask you a question?

Howard: Sure.

Bernadette: Where do you think this is going?

Howard: To be honest, I was hoping at least second base.

Bernadette: You're so funny. You're like a stand-up comedian.

Howard: A Jewish stand-up comedian, that'd be new.

Bernadette: Actually, I think a lot of them are Jewish.

Howard: No, I was just… never mind.

Bernadette: Look, Howard, this is our third date and we both know what that means.

Howard: We do?

Bernadette: Sex.

Howard: You're kidding.

Bernadette: But I need to know whether you're looking for a relationship or a one-night stand.

Howard: Okay, just to be clear, there's only one correct answer, right? It's not like chicken or fish on an airplane?

Bernadette: Maybe you need to think about it a little.

Howard: You know, it's not unheard of for a one-night stand to turn into a relationship.

Bernadette: Call me when you figure it out.

버나뎃: 한 가지 물어봐도 돼?

하워드: 물론.

버나뎃: 우리 관계가 어떻게 될 것 같아?

하워드: 솔직히 적어도 2루(여성의 가슴)까지는 바랬었어.

버나뎃: 넌 참 재미있어. 개그맨 같아.

하워드: 유대인 개그맨이라… 새롭겠네.

버나뎃: 실은 개그맨 중에 많은 사람들이 유대인이야.

하워드: 난, 그냥… 아냐 됐어.

버나뎃: 하워드, 이번이 세번째 데이트이고 이게 뭘 의미하는지 둘 다 알고 있어.

하워드: 우리가 알고 있다고?

버나뎃: 섹스.

하워드: 농담이지?

버나뎃: 네가 연인관계를 바라는 건지 아니면 하룻밤 사랑을 원하는 건지 알고 싶어.

하워드: 분명히 해둘게 있는데, 정답은 하나만 있는거지, 맞지? 비행기에서 치킨, 생선을 고르는 거랑은 다른거지?

버나뎃: 네가 좀 더 생각을 해봐.

하워드: 저 말이야, 하룻밤 사랑이 연인관계로 발전하는게 드문 일도 아냐.

버나뎃: 알게 되면 전화해.

008

>> Sex and the City 1-11

Says who?

누가 그래?

캐리는 완벽한 남친 빅과 한 침대에 있을 때 방귀를 뀌게 된다. 그 이후로 3번의 데이트에서 빅과 섹스를 하지 못했는데 그게 자기가 방귀를 뀐 탓이라고 말한다.

Carrie: I farted. I farted in front of my boyfriend. And we're no longer having sex. And he thinks of me as one of the boys. And I'm gonna have to move to another city where the shame of this won't follow me.

Miranda: You farted. You're human.

Carrie: I don't want him to know that. I mean he's this perfect guy. You know, he walks around in his perfect apartment with his perfect suit. And he's just perfect, perfect, perfect, and I'm the girl who farts. No wonder we're not having sex.

Miranda: You're insane! It's been 3 times. It's perfectly normal.

Carrie: Says who? I mean, say it's not the... then what else is going on? I mean, is it normal to be in the same bed and not do it?

캐리: 방귀를 뀌었어. 남친 앞에서 방귀를 뀌었어. 그리고 우리는 더 이상 섹스를 하지 않아. 빅은 나를 남자취급하는 것 같아. 너무 창피해서 다른 도시로 이사가야 할까 봐.

미란다: 넌 방귀를 뀐거야. 넌 인간이야.

캐리: 빅이 모르기를 원해. 내 말은 그는 그 정도로 완벽한 남자야. 완벽한 아파트에서 완벽한 복장을 한 채로 걸어다니는데 난 방귀를 뀌는 여자야. 섹스를 하지 않는 것도 당연하지.

미란다: 미쳤구만! 겨우 3번 걸러놓고. 그건 극히 정상이야.

캐리: 누가 그래? 내 말은 그게 아니라면 그럼 무슨 일인거야? 내 말은 같은 침대에 있으면서도 섹스를 하지 않는게 정상이라는거야?

009

>> Sex and the City 1-9

It's just a phase

그냥 일시적인거야

키고 작고 대머리인 볼품없는 게이인 스탠포드는 자신이 게이세계에서 인기가 없다는 한탄을 친구인 캐리에게 주절주절하고 있다.

Stanford: It's so brutal out there. Even guys like me don't want guys like me. I just don't have that gay look.

Carrie: I don't know. You look pretty gay to me. Come on, maybe it's just a phase.

Stanford: Puberty is a phase. Fifteen years of rejection is a lifestyle. I mean, sometimes I think, I should just marry a woman and get all the money.

스탠포드: 정말 잔인한 세계야. 나처럼 대머리인 게이들도 나 같은 남자를 싫어한다니까. 난 게이처럼 보이지 않나 봐.

캐리: 몰라. 내 눈에 분명 게이인데. 그러지마, 일시적인거겠지.

스탠포드: 사춘기가 지나가는 과정이지. 15년간 거절당한 것은 생활방식이지. 내 말은, 가끔은 생각을 하는데, 그냥 여자와 결혼해서 돈은 많이 (유산) 받을까봐.

010.

Don't take too long

너무 시간 끌지마요

발렌타인 데이에 필과 클레어는 호텔에서 롤플레잉을 하기로 한다. 필은 클라이브로, 클레어는 줄리아나라는 이름으로 처음 만나서 one night stand를 해보기로 하는데….

Claire: Why do I get the feeling you're not really a salesman?

Phil: Ohh... Pretty and smart. Or should I say "pretty smart?" I might do some high-risk work for Uncle Sam that takes me clear around the country.

Claire: Mm, so you could say you're a... national man of mystery.

Phil: Never did catch what you do.

Claire: Didn't you?

Phil: Surprising, I know. I'm usually pretty good at catching things from women in bars.

Claire: Well... Clive, I am just a bored housewife with a dark side and an hour to kill.

Phil: Is that what I think it is?

Claire: It's not a gift card. Or maybe it is. I'll be upstairs, Clive. Don't take too long.

Phil: I never do.

클레어: 왜 당신이 진짜 세일즈맨이 아니라는 생각이 들죠?

필: 어.. 예쁜데 똑똑하기까지 하고, 아니면 꽤 똑똑하다고 해야 되나요? 국가를 위해서 아주 위험한 일을 할지도 모르죠. 그 때문에 전국을 쭉 돌아다니죠.

클레어: 그럼 당신은 미스테리한 국가적인 인물이라는 말이군요.

필: 당신의 직업은 캐치 못했어요.

클레어: 그랬어요?

필: 놀랍게도, 난 알아요. 보통 바에서 만난 여자들의 속셈을 캐치하는데 능하거든요.

클레어: 클라이브, 난 단지 지루한 전업주부예요. 어두운 이면이 있고 한시간 재미볼 시간이 있어요.

필: 그게 내가 생각하는 그건가요?

클레어: 기프트 카드가 아녜요. 혹은 그거일 수도 있죠. 올라가 있을게요, 클라이브. 바로 올라와요.

011

>> Shameless 3-2

That's not the point

핵심은 그게 아냐

아버지 대신 집안의 가장 노릇을 하는 피오나의 돈버는 방식에 불만을 품은 남동생 필립은 냉정하게 누나를 몰아붙인다.

Phillip: You risked everything, and you didn't even break even.

Fiona: It was my first time doing this.

Phillip: That's not the point. You made a decision without consulting the rest of us.

Fiona: I'm in charge of this family.

Phillip: Really? No, I'm sorry, that's-- that's news to me. You see, Fiona, if we're gonna be every man for himself, this family is going under fast.

필립: 누나는 모든 것을 위태롭게 했어 그리고 수지타산도 못 맞추잖아.

피오나: 이런 일 하는거 처음이잖아.

필립: 그게 핵심이 아냐. 누나는 나머지 가족들과 상의없이 결정을 했어.

피오나: 내가 이 가족을 책임지고 있잖아.

필립: 정말? 아니, 미안하지만 내게는 낯설은데. 누나, 우리가 각자 알아서 하게 되면 이 가족은 빠르게 파산할거야.

012

>> Westworld 1-1

Don't mind me

신경쓰지 말아요

웨스트월드의 초반부. Dolores가 장보고 가는데 Teddy가 다가오며, Dolores가 떨어트린 깡통을 들어주면서 하는 말이다.

Teddy: Don't mind me. Just trying to look chivalrous.

Dolores: You came back.

Teddy: I told you I would. Can I see you home?

Dolores: Well, that all depends. Can you keep up?

Teddy: Well, I have to fetch my horse.

Dolores: Better fetch him fast.

테디: 신경쓰지 말아요. 그냥 신사답게 행동하려는거예요.

돌로레스: 돌아왔군요.

테디: 그런다고 했잖아요. 집에서 볼 수 있어요?

돌로레스: 그건 상황에 달렸죠. 날 따라올 수 있어요?

테디: 말을 가져와야 하는데.

돌로레스: 빨리 말을 가져와요.

013

>> Game of Thrones 1-7

And what of my wrath, Lord Stark?

나의 분노는 어떻게 하나요, 스타크 경?

세르세이와 제이미와의 근친상간을 알아낸 네드 스타크가 왕비 세르세이를 불러내서 로버트의 분노가 미치지 못하는 곳으로 도망가라고 한다.

Ned: Go as far away as you can, with as many men as you can. Because wherever you go, Robert's wrath will follow you.

Cercei: And what of my wrath, Lord Stark? You should have taken the realm for yourself. Jaime told me about the day King's Landing fell. He was sitting in the Iron Throne and you made him give it up. All you needed to do was climb the steps yourself. Such a sad mistake.

Ned: I've made many mistakes in my life, but that wasn't one of them.

Cercei: Oh, but it was. When you play the Game of Thrones, you win or you die. There is no middle ground.

네드: 가능한 멀리 가능한 많은 사람들과 함께 가세요. 당신이 어디를 가든지 왕의 분노가 따라갈 것이기 때문입니다.

세르세이: 나의 분노는 어떻게 하나요? 당신이 왕국을 직접 차지해야 했어요. 제이미가 킹스랜딩을 함락한 날에 대해 얘기해줬어요. 제이미가 왕좌에 앉아 있었는데, 당신이 그를 포기하게 했다죠. 당신은 단지 계단을 오르기만 하면 됐었어요. 정말 아주 슬픈 실수였죠.

네드: 살면서 많은 실수를 했지만, 하지만 그건 나의 실수가 아니었습니다.

세르세이: 그건 실수 맞아요. 왕좌의 게임을 할 때는 승리하거나 아니면 죽음뿐이예요. 그 중간은 없어요.

014

>> Big Bang Theory 5-9

Sex is off the table, right?

섹스는 고려 대상이 아니지, 맞아?

애인으로 지낼 때 많은 문제가 발생하니 이제는 친구처럼 지내자는데 합의한 레너드와 페니. 친구처럼 함께 영화를 보게 되는데 결국 또 싸우게 되고 레너드는 사과하게 된다.

Leonard: I know, I, I, I crossed a line. And I'm sorry. No, no, no, hang on. I really mean it. And it's not like when we were going out, I'd just apologize for everything so we could end up in bed. This is a 100% sex-is-off-the-table I'm sorry.

Penny: All right. Thank you. I'm sorry, too.

Leonard: Just to be clear, sex is off the table, right?

레너드: 알아, 내가 심했어. 미안해. 잠깐. 진심이야. 데이트할 때 섹스하기 위해서 무조건 사과하는 것과는 달라. 이건 100% 섹스를 배제한 사과야.

페니: 좋아. 고마워. 나도 미안해.

레너드: 분명히 해두기 위한건데, 섹스는 고려 대상이 아니지, 맞아?

015

>> Desperate Housewives 2-3

I will see what I can do

내가 어떻게든 해볼게

어린 파커가 커서 이제는 학교에 가는 첫날이다. 출근하는 엄마 르넷에게 철없이 학교까지 데려다달라고 떼를 쓰는 데….

Parker: But I thought mommy was taking me.

Lynette: Yeah, well, honey, I have to work. Mommy's boss is a mean, mean lady and if I miss work, I'll lose my job and then we won't have any money to buy food. Honey, you gotta believe me, if I could be there, you know that I would. All right. I didn't know it was that important to you. I will talk to my boss and I will see what I can do.

파커: 하지만 난 엄마가 데려다주는 줄 알았어요.

르넷: 얘야, 난 출근해야 돼. 엄마의 상사가 아주 비열한 여자여서 내가 결근하면 내가 직장을 잃게 될거야. 그럼 우리는 음식을 살 돈이 없을거야. 얘야, 내 말을 믿어야 돼. 내가 갈 수만 있다면 내가 갈거라는 걸. 좋아. 이게 네게 그렇게 중요한지 몰랐어. 상사에게 얘기해서 내가 어떻게든 해볼게.

016

>> Sex and the City 6-19

I wouldn't say that

그렇지 않은 걸요

캐리가 파리로 떠나가 버린 후 자기에게 진정 필요한 사람은 캐리라는 것을 깨달은 빅은 캐리의 친구들을 찾아와 조언을 구한다.

Big: Well, I know I haven't been your favorite over the few years.

Charlotte: I wouldn't say that.

Samantha: I would.

Big: Well, god knows I've made a lot of mistakes with Carrie. I fucked it up. Many times. I know that. Look, I need your advice. You three know her better than anyone. You're the loves of her life. And a guy's just lucky to come in fourth. But I do love her. And if you think I have the slightest chance, I'll be on the next plane to Paris, I'll roam the streets until I find her. I'll do anything. But if you think that she really is happy, well, I wouldn't want to wreck that for her. And I'll be history.

Miranda: Go get our girl.

빅: 지난 몇 년간 날 좋게 보지 않은 걸 알고 있어요.

샬롯: 그렇지 않은 걸요.

사만다: 난 그렇게 생각해요.

빅: 정말이지 캐리에게 많은 실수를 했어요. 내가 망쳐버렸죠. 여러 번요. 알고 있어요. 저기, 여러분의 조언이 필요해요. 여러분 세명은 어느 누구보다도 캐리를 잘 알고 있잖아요. 여러분들은 걔의 가장 소중한 친구들 이잖아요. 캐리를 사랑하는 남자는 여러분 세명 다음에 네번째로 와도 정말 행운아이겠지만 난 캐리를 정말 사랑해요. 가능성이 조금이라도 있다면 다음 비행기로 파리에 갈거예요. 찾을 때까지 거리를 돌아다닐거예요. 뭐든지 할거예요. 하지만 그녀가 정말 행복하다면 괜히 방해하지 않을게요. 그리고 잊혀질게요.

미란다: 가서 캐리를 잡아요.

017

>> Handmaid's Tale 1-1

It all has to look the same

모든게 다 그대로여야 해

시즌 1의 마지막 장면. 오프레드는 자기를 감시하는 사람이 붙어 있음을 알고서는 원래 자신의 가족을 되찾기 위해서는 달라진게 하나도 없이 잘 따르는 것처럼 해야 한다고 다짐한다.

Offred: Someone is watching. Here, someone is always watching. Nothing can change. It all has to look the same. Because I intend to survive for her. Her name is Hannah. My husband was Luke. My name is June.

오프레드: 누군가 감시하고 있다. 여기서, 항상 누군가 감시하고 있다. 아무 것도 바뀌면 안된다. 모든게 전과 똑같아야 한다. 난 딸을 위해 살려고 하니 말이다. 딸의 이름은 한나, 나의 남편이름은 루크, 그리고 나의 이름은 준이다.

018

>> Big Bang Theory 2-10

Here's the thing

문제는 이거야

애정표현에 있어 적극적인 스테파니와 어떨 결에 동거하게 되는 레너드는 페니에게 그녀와의 동거를 취소할 수 있는 방법을 물어본다.

Leonard: Okay, here's the thing, I'm afraid that if I ask her to move out, she'll just dump me.

Penny: Well, it's a chance you have to take. I mean, look, if it's meant to be, it'll be.

Leonard: Very comforting. Okay, so what do I say to her?

Penny: I don't know. I mean, what have women said to you when they wanted to slow a relationship down?

Leonard: I really like you, but I want to see how things go with Mark?

Penny: Yeah, that'll slow it down.

레너드: 그래, 문제는 이거야. 집에서 나가라고 한다면 걔가 날 차버릴 것 같아.

페니: 그 정도 위험은 감수해야지. 어차피 그렇게 될거라면 언제가는 그렇게 될 일이야.

레너드: 참 위로가 된다. 그래, 그럼 내가 그녀에게 뭐라고 해야 돼?

페니: 몰라. 내 말은 여자들이 너와 관계를 천천히 하자고 할 때 뭐라고 네게 말했어?

레너드: 정말 네가 좋지만, 마크와도 잘 맞을지 알고 싶어?

페니: 그러면 되겠네.

019

Get it out of your system

기존 생각에서 벗어나라고

휴가온 소설가 노아는 웨이트리스 앨리슨과 한 번 관계를 맺고 난 후 죄책감에 앨리슨에게 가족에게 충실해야 하기 때문에 다시는 하지 말자고 서로 합의하지만 노아의 머리 속에서는 온통 앨리슨 생각뿐이다.

Noah: I can't stop thinking about you.

Allison: That's sweet.

Noah: It's not sweet. It's it's a fucking problem.

Allison: Okay.

Noah: I can't sleep. If I do, when I wake up, I'm thinking about you. I'm talking to my kids, I'm thinking about you. I'm fucking my wife, I'm thinking about you.

Allison: If it makes you feel any better, I think about you all the time too.

Noah: It doesn't make me feel any better, no. Oh, my God. What am I gonna do?

Allison: You could just fuck me. Get it out of your system.

노아: 당신 생각을 멈출 수가 없어.

앨리슨: 고마워.

노아: 고마울 문제가 아냐. 정말 엿같은 문제라고. 잠을 잘 수가 없고, 잠을 잔다고 해도 일어나면 난 당신 생각만 하고 있어. 애들하고 얘기할 때도 당신 생각을 하고 있어. 그리고 심지어는 아내랑 섹스할 때도 당신 생각을 하고 있어.

앨리슨: 당신 기분이 좋아질지 모르겠지만, 나 역시 당신 생각을 쭉하고 있었어.

노아: 기분 좋아지지 않아. 아니야. 맙소사. 나 어떻게 하지?

앨리슨: 그냥 나랑 섹스하면 돼. 기존의 생각에서 벗어나라고.

020

How is that possible?

그게 어떻게 가능해요?

모니카는 아버지의 친구인 리차드와 열애중이다. 모니카는 리차드의 여성편력에 대해 물어보게 된다. 평생 단 두 명과 섹스를 했다는 말에 모니카는 할 말을 잊는다.

Monica: Alright, before I tell you, uh, why don't you tell me how many women you've been with.

Richard: Two.

Monica: Two? TWO? How is that possible? I mean, have you seen you?

Richard: Well, I mean what can I say? I, I was married to Barbara for 30 years. She was my high school sweetheart, now you, that's two.

모니카: 좋아요. 내가 말하기 전에, 몇명의 여자와 사귀었는지 말해봐요.

리차드: 두명

모니카: 두명, 두명요? 어떻게요? 내 말은 당신같은 멋진 사람이?

리차드: 내 말은 낸들 어쩌겠어? 난 고등학교 때 바바라와 만나서 30년간 바바라와 결혼했고, 이제는 너. 그래서 둘이야.

>> Game of Thrones 6-1

People would try to tear us apart

사람들은 우리를 갈라놓으려고 할거야

마르셀라를 잃은 충격에 세르세이는 어쩔 수 없는 운명에 무력해지고, 제이미는 이런 세르세이를 위로하며 힘을 복돋아 주려고 하고 있다.

Cersei: You told me yourself when Father died. You said we had to stay together. You said people would try to tear us apart, take what's ours. That was a prophecy, too. I didn't listen to you and everything you said came true.

Jaime: Fuck prophecy. Fuck fate. Fuck everyone who isn't us. We're the only ones who matter, the only ones in this world. And everything they've taken from us, we're going to take back and more. We're going to take everything there is.

세르세이: 아버지가 돌아가셨을 때 네가 내게 말해줬지. 우리는 함께 있어야 된다고. 사람들은 우리를 갈라놓으려고 하고 우리의 것을 빼앗아가려고 한다고 말했어. 그것 역시 예언이었어. 네 말을 듣지 않았는데 모든 게 현실이 됐어.

제이미: 무슨 빌어먹을 예언이고 운명이야. 우리가 아닌 사람은 신경도 쓰지마. 중요한 것은 이 세상에 오로지 우리들 뿐이야. 그리고 우리가 뺏긴 모든 것, 우린 그 이상으로 되찾을거야. 우리는 세상의 모든 것을 빼앗을거야.

022

>> Breaking Bad 5-10

I screwed up

내가 망쳤어

월터는 아내 스카일러에게 자신이 자수할테니 자신이 마약으로 번 돈을 버리지 말라고, 자신의 희생이 헛되이 되지 않게 해달라고 애걸한다.

Walter: Skyler, I'll make this easy. I'll give myself up. If you promise me one thing. You keep the money. Never speak of it. Never give it up. You pass it on to our children. Give them everything. Will you do that? Please? Please don't let me have done all this for nothing.

Skyler: How did Hank find out? Did, did somebody talk?

Walter: No, no one talked. It was me. I screwed up.

월터: 스카일러, 내가 일을 쉽게 해줄게. 내가 자수할게. 내게 한가지 약속해주면. 돈을 가져. 절대 알려서도 안되고 절대 포기해서도 안돼. 우리 아이들에게 넘겨줘. 다 넘겨줘. 그래줄래? 제발? 지금까지 한 일을 의미없게 만들지 말아줘.

스카일러: 행크는 어떻게 알아낸거야? 누가 얘기한거야?

월터: 아니, 아무도 말하지 않았어. 그건 나였어. 내가 다 망쳤어.

023

>> Big Bang Theory 5-1

That was all she wrote

그걸로 끝이었어

페니와 라지는 술마시고 취해 같이 침대에서 자게 된다. 다음날 일어난 페니는 기억이 안나고 둘이 섹스를 한 걸로 생각하고 있다. 그런 페니에게 라지가 찾아와서 그날의 진실을 실토한다.

Raj: Well, uh, as your friend, you might like to know that, um, we didn't have sex in the conventional sense.

Penny: Oh, God. Did you pull some weird Indian crap on me?

Raj: No, no. After we got undressed and jumped in bed, you, you asked if I had protection.

Penny: Oh, you did, didn't you?

Raj: Of course. I'm always packing. Anyway, um, I had trouble putting it on and you tried to help and, that was all she wrote.

Penny: So, we didn't actually…

Raj: I did. It was beautiful.

라지: 친구로서 말을 하는데, 우리는 전통적인 방식으로 섹스를 하지 않았다는 걸 알고 싶어할 것 같아서.

페니: 오 맙소사. 인도의 기이한 체위로 섹스를 했냐?

라지: 아니. 우리가 옷을 벗고 침대로 뛰어든 후에, 네가 콘돔을 갖고 있냐고 물었어.

페니: 콘돔을 갖고 있었지, 그랬지?

라지: 물론, 난 항상 갖고 다니지. 어쨌든, 콘돔을 끼우는데 애를 먹고 있었고, 네가 도와주려고 했는데…. 그걸로 끝이었어.

페니: 그럼 우리는 실제로는 하지 않은…

라지: 난 한거지. 아름다웠어.

024

>> House 6-22

I keep wanting to move on

난 계속해서 잊어버리고 싶었어

여러 시즌내내 밀당을 주고 받았던 하우스와 원장 커디. 드디어 커디가 더 이상 참을 수 없는 지경에 이르러 하우스에게 고백을 하게 된다.

House: Probably means you just got back for some quickie wedding in Vegas, or you're already pregnant.

Cuddy: I ended it.

House: What?

Cuddy: I'm stuck, House. I keep wanting to move forward, I keep wanting to move on, and I can't. I'm in my new house with my new fiancé, and all I can think about is you. I just need to know if you and I can work.

House: You think I can fix myself?

하우스: 아마도 라스베가스에서 급하게 결혼하고 돌아왔다거나 아니면 벌써 임신을 한거겠지.

커디: 내가 (남친 루카스와의 관계를) 끝냈어.

하우스: 뭐라고?

커디: 하우스, 난 벗어날 수가 없어. 앞으로 나아가길 계속 원했고, 잊으려고 계속 원했지만 그럴 수가 없어. 새로운 집도 있고 새로운 약혼자도 있지만, 내가 생각할 수 있는 사람은 오직 당신 뿐이야. 다만 내가 당신하고 가능할지 알아야 돼.

하우스: 당신은 내가 고쳐질 수 있다고 생각해?

025

>> Friends 5-14

You're what!

너가 뭐라고!

챈들러와 모니카의 연애사실을 알고 있는 피비는 챈들러를 유혹해보는 장난을 친다. 서로 쇼인줄 알면서 버티지만 키스하는 단계에 이르자 챈들러가 포기하고 모니카를 사랑한다고 한다.

Chandler: Well, I guess there's nothing left for us to do but-but kiss.

Phoebe: Here it comes. Our first kiss.

Chandler: Okay! Okay! Okay! You win! You win!! I can't have sex with ya!

Phoebe: And why not?!

Chandler: Because I'm in love with Monica!!

Phoebe: You're-you're what?!

챈들러: 우리에게 남은 할 일은 키스밖에 없는 것 같은데.
피비: 자 시작이다. 우리의 첫 키스.
챈들러: 그래! 그래! 그래! 네가 이겼어! 네가 이겼다고! 난 너와 섹스를 할 수가 없어!
피비: 왜 안되는데?!
챈들러: 난 모니카를 사랑하기 때문야!!
피비: 너가 뭐라고?

026

>> Big Bang Theory 2-16

What am I supposed to do?

내가 어쩌겠어?

네 명의 괴짜 과학자와 페니가 식사를 하고 있고, 하워드에게 전화가 걸려온다. 하워드는 걸려온 전화를 보고서 자기가 오늘 섹스를 할 것 같다고 말한다.

Howard: (after his phone rings) Ooh, looks like I'm gonna have sex tonight. Hey, baby...

Penny: His right hand is calling him?

Leonard: No, it's Leslie Winkle. It's a long story.

Howard: I'll pick you up in ten minutes. Gentlemen, adieu.

Leonard: I thought we were going to play Halo tonight.

Howard: What am I supposed to do, Leonard? There's a woman out there anxious to have sex with me.

하워드: (전화가 울리자) 어, 나 오늘 밤에 섹스할 것 같으네. 어, 자기야…
페니: 쟤 오른 손이 전화하는거야?
레너드: 아니, 레슬리 윙클이야. 얘기하자면 길어.
하워드: 10분 후에 데리러 갈게. 친구들 안녕.
레너드: 오늘밤에 할로 게임을 하기로 했잖아.
하워드: 레너드, 내가 어찌하겠어? 나와 섹스하고 싶어 안달이 난 여자가 밖에 있는데.

027

>> Sex and the City 2-16

I got to thinking about~

…에 대해 생각을 하게 되었어

샬롯의 섹스상대가 섹스 도중에 잠이 드는 것으로 시작하는 대화로 사만다의 성에 대한 급진적인 사고를 엿볼 수가 있다.

Samantha: It won't matter if you're sleeping with men or women. It'll be about sleeping with individuals.

Carrie: Or in your case, twos or threes.

Samantha: Soon everyone will be pansexual. It won't matter if you're gay or straight.

Carrie: Just if you're good or bad in bed.

Samantha: Exactly.

Carrie: That night I got to thinking about bed. Are we secretly being graded every time we invite someone to join us in it? A plus, B, D, incomplete. Is making love really nothing more than a pop quiz? If sex is a test, how do we know if we're passing or failing? How do you know if you're good in bed?

사만다: 네가 남자와 자든 여자와 자든 문제되지 않을거야. 그건 개인들과의 잠자리가 될거야.

캐리: 네 경우에는, 두명이나 세명이고.

사만다: 곧 모든 사람은 범성애자가 될거야. 게이든 게이가 아니든 문제가 되지 않을거야.

캐리: 잠자리에서 잘하느냐 못하느냐가 문제가 될거라고.

사만다: 그렇지.

캐리: 그날 저녁, 난 잠자리에 대해 생각을 해봤다. 우리는 함께 관계를 하자고 초대한 사람들로부터 은밀하게 등급이 매겨지는걸까? A플러스, B, D, 낙제. 사랑을 나누는 것이 쪽지시험에 불과한 것일까? 섹스가 만약 테스트라면, 우리가 합격했는지 여부를 어떻게 알까? 잠자리에서 잘하는지 못하는지 우리는 어떻게 아는걸까?

028

>> Big Bang Theory 4-11

Who would have thought it was you?

그게 너일 줄 누가 생각이나 했겠어?

전형적인 nerd인 키작은 레너드와 페니의 새로운 남친 거구 잭과 나누는 대화이다. 레너드는 의문의 한 방을 거하게 먹는다.

Leonard: If it makes you feel any better, when I was dating Penny, she used to flip out on me all the time.

Zack: Whoa. You dated Penny?

Leonard: She didn't tell you?

Zack: She told me she dated a guy named Leonard. Who would have thought it was you?

레너드: 이게 네 기분을 좋게 만들지 모르겠지만, 내가 페니와 데이트할 때는 걘 항상 내게 자주 화냈었어.

잭: 와, 네가 페니와 데이트를 했어?

레너드: 페니가 말하지 않았어?

잭: 레너드라는 남자와 데이트했다고 했는데 그게 너일 줄 누가 생각이나 했겠어?

029

>> Handmaid's Tale 1-1

That sucks

빌어먹을

한 강간범을 사형시키기 위해 모이는 중인 시녀들. 그 사이에 오프레드와 알마가 몰래 사적인 대화를 나누는 장면이다.

Offred: Where are you posted?

Alma: Commander Ellis. He can barely get it up. Where are you?

Offred: Waterford.

Alma: Fancy pants. Nice house, I bet.

Offred: Have you heard about anyone? I saw Gabby a few months ago. She had a miscarriage.

Alma: That sucks.

오프레드: 어디에 배치됐어?

알마: 엘리스 사령관. 잘 서지도 않아. 너는 어디에 있어?

오프레드: 워터포드 사령관.

알마: 멋쟁이지. 집은 멋지고 말야.

오프레드: 다른 얘 소식들은거 있어? 몇달 전에 개비를 봤는데 유산했더라고.

알마: 빌어먹을.

030

>> Breaking Bad 1-6

Just think outside the box here

이 부분에서 좀 창의적으로 생각을 해보라고

위험을 감수하고 양질의 마약을 제조하는 월터는 판매책인 핑크맨의 판매방식이 마음에 안든다며, 좀 더 다른 창의적인 생각을 해보라고 한다.

Walter: I am breaking the law here. This return is too little for the risk. I thought you'd be ready for another pound today.

Pinkman: You may know a lot about chemistry, but you don't know jack about slinging dope.

Walter: Well, I'll tell you, I know a lack of motivation when I see it. You've got to be more imaginative, you know? Just think outside the box here. We have to move our product in bulk, wholesale, now.

월터: 불법을 저지르는데 대가가 위험에 비해 너무 적어. 난 네가 오늘 1파운드 양의 마약을 팔 수 있을거라고 생각했어.

핑크맨: 선생님은 화학에 대해서는 잘 알겠지만 마약판매에 대해서는 아무것도 모르잖아요.

월터: 내가 보기에는 넌 의욕이 부족해보여. 머리를 굴려봐야해. 창의적으로 생각을 해보라고. 이제 우린 대량으로 생산을 해서 도매로 팔아야 해.

031

>> Game of Thrones 5-7

Have you lost your mind?

정신나갔어?

란셀 라니스터가 스패로우가 될 때 고백하면서 드러난 세르세이의 죄악 때문에 하이스패로우에게 감금된다. 자승자박 된 세르세이는 자신을 가두는 사람에게 저주를 퍼붓는다.

Cersei: I am the queen! I am the queen! Have you lost your mind? Let me go! Get your filthy hands off me! Have you lost your mind? I am the queen! Let me go! Look at me. Look at my face. It's the last thing you'll see before you die.

세르세이: 난 여왕이야, 여왕이라고! 정신나갔어? 날 보내줘! 그 더러운 손 치우라고! 정신 나간거야? 내가 여왕이라고? 날 보내줘! 날 봐. 내 얼굴을 봐. 이게 네가 죽기 전에 보게 될 마지막 얼굴이니까.

032

>> Revenge 2-16

Be careful what you wish for

바랄 걸 바라야지

대니 그레이슨에게 한 남자가 시비를 걸어오고 서로 싸움이 붙는다. 그러자 매티스가 대니를 말리는 장면이다.

Mathis: I heard what he's saying. He's the one that's trying to make money the easy way.

Danny: What the hell is it with you anyway? First you come after my job, then my fiancee. Now you want to be my guardian angel?

Mathis: I was protecting your best interests.

Danny: Yeah, well, maybe you should start protecting your own. You think you want my life? Be careful what you wish for.

매티스: 저 친구가 말하는 것을 들었어. 돈을 쉬운 방법으로 벌려고 하는 사람이야.

대니: 그게 당신하고 무슨 상관야? 처음에는 내 일을 뒤따르고 그 다음엔 내 약혼녀. 이제는 나의 수호천사라도 되려는거야?

매티스: 너에게 최선이 되도록 도와준거야.

대니: 그럼 당신 앞가림이나 잘 하시지. 내 삶은 원하는건가? 신중하게 소원을 빌어야지.

033

>> Breaking Bad 4-6

What was I thinking?

내가 무슨 생각이었지?

남편 월터가 마약을 제조하다 이제는 목숨까지 위험에 처해 있다는 것을 알게 된 부인 스카일러. 그녀는 경찰에 가서 자수하고 선처를 바라자고 말한다.

Skyler: A schoolteacher, cancer, desperate for money?

Walter: Okay, we're done here.

Skyler: Roped into working for-- Unable to even quit? You told me that yourself, Walt. Jesus, what was I thinking? Walt, please. Let's both of us stop trying to justify this whole thing and admit you're in danger.

Walter: Who are you talking to right now? Who is it you think you see? Do you know how much I make a year? I mean, even if I told you, you wouldn't believe it. Do you know what would happen if I suddenly decided to stop going in to work? A business big enough that it could be listed on the NASDAQ goes belly-up, disappears. It ceases to exist without me. No. You clearly don't know who you're talking to, so let me clue you in. I am not in danger, Skyler. I am the danger.

스카일러: 학교 교사가 암에 걸려서 돈이 절박해져서 그런거라고?

월터: 좋아. 얘기 그만하자고.

스카일러: 꾀임에 속아 일을 시작했는데 그만 둘 수 없었다? 그렇게 내게 말했잖아. 월트. 맙소사. 내가 무슨 생각이었지? 월트, 제발. 우리 둘 다 이 모든 일을 합리화하지 말고 네가 위험에 처해있다는 것을 인정하자.

월터: 지금 누구랑 얘기하는 줄이나 알아? 네가 보는 사람이 누구라고 생각해? 내가 일년에 얼마를 버는 줄 알아? 말해도 믿지 못할거야. 내가 일을 관두면 어떤 일이 생길 줄 알아? 나스닥에 상장될 정도의 큰 기업체가 망해서 없어질거야. 나 없이는 존재하지도 않아. 안되지. 당신이 지금 누구하고 얘기하는 줄 모르니 힌트를 줄게. 난 위험에 빠진게 아냐. 내 자신이 바로 위험이라고.

034

>> Friends 8-17

Put yourself out there

자신있게 나서봐

우정으로 그래서는 안된다는 것을 알면서도 로스의 레이첼을 좋아하게 된 조이. 고민하는 그에게 챈들러와 모니카는 한번 시도는 해보라고 한다.

Monica: Honey, you gotta talk to her.

Joey: I can't! Y'know? You guys don't know what it's like to put yourself out there like that and just get shot down.

Chandler: I don't know what that's like?! Up until I was 25 I thought the only response to, "I love you," was, "Oh crap!"

모니카: 자기야. 레이첼에게 얘기해봐.

조이: 난 못해! 저 말이야? 너희들은 그렇게 자신있게 나섰다가 거절당하는게 어떤건지 몰라서 그래.

챈들러: 내가 그게 어떤 건지 모른다고? 25살까지 "널 사랑해"에 대한 답은 "오, 젠장!"이라는 것뿐였어.

035

>> Sex and the City 1-7

Never miss it

절대 놓치지 않아

빅과 파티에 간 캐리는 빅의 여행친구인 멜리사와 인사를 나누게 된다. 캐리는 그 대화를 통해 빅의 여성편력에 대해 알 수 있게 된다.

Big: Melissa. This is Carrie Bradshaw.

Melissa: Hi, love your column, never miss it.

Carrie: Oh, wow, thanks.

Melissa: I've been trying to call you. You still have my passport.

Big: She's a friend I once traveled with.

빅: 멜리사. 여기는 캐리 브래드쇼야.

멜리사: 안녕하세요. 당신이 쓴 칼럼 좋아해요. 절대 놓치지 않죠.

캐리: 와우, 고마워요.

멜리사: 안그래도 전화하려고 했어. 아직 내 여권을 갖고 있잖아.

빅: 예전에 한번 함께 여행을 한 친구야.

036

>> Desperate Housewives 3-17

You nailed me

내가 한 방 먹었지

독특한 캐릭터인 이디는 카를로스와 잠자리를 하려고 들이댔지만 거절당하고 만다. 그후에 둘이 대화나누는 장면이다. 여기서 나오는 nail sb는 중의적으로 '한 방 먹이다' 혹은 '섹스하다'라는 의미로 쓰인다.

Carlos: Look, Edie, um...what I said about you the other day was...

Edie: Dead-on. You nailed me, Carlos. Maybe not the way that I wanted you to, but still...

Carlos: But I had no right to judge you. Besides, the guys, the clothes, the partying. That's you. I mean, that's the Edie that we love.

Edie: Well, I'm glad you love her, because I'm getting pretty tired of her.

카를로스: 저기, 이디. 음, 요전날 내가 말한 것은…

이디: 아주 정확했어요. 내가 한 방 먹었지요, 카를로스. 내가 당신한테 바라던대로는 아닐지 몰라도 하지만 그래도….

카를로스: 하지만 난 당신을 비난할 권리가 없었어요. 게다가, 남자들, 의상들, 그리고 파티들. 바로 그게 당신예요. 내 말은 우리가 사랑하는 건 바로 그런 이디라고요.

이디: 당신이 그런 이디를 좋아한다니 기쁘네요. 난 그런 자신에 짜증나기 때문이죠.

037

>> The Good Wife 5-16

We had a situation

문제가 발생했어

재판법정에서 살해당한 윌의 사망소식을 다이앤이 회사 직원들에게 전할 때 제일 먼저 서두에 꺼내는 말은 바로 "We had a situation"이다.

Diane: We had a situation. At the courthouse.

Man: What, what, what'd I miss?

Diane: Will was shot.

David: What? He he was what?

Diane: I've just come from the hospital.

다이앤: 문제가 발생했어요. 법정에서요.

남자: 뭐라구요, 무슨 일인데요?

다이앤: 윌이 총격당했어요.

데이빗: 뭐라고요? 그가 어떻게 됐다고요?

다이앤: 방금 병원에서 오는 길입니다.

038

>> Game of Thrones 1-4

So be it

그렇게 되라고 하죠

세르세이는 왕의 핸드 역을 맡고 있는 네드 스타크를 찾아와, 로버트 왕의 현재 상태, 그리고 이런 상황에서 핸드가 할 일들 등 현실을 말해주지만 고지식한 네드는….

Stark: The King called on me to serve him and the realm, and that's what I'll do until he tells me otherwise.

Cersei: You can't change him. You can't help him. He'll do what he wants, which is all he's ever done. You'll try your best to pick up the pieces.

Stark: If that's my job, then so be it.

스타크: 왕이 제가 왕과 왕국을 위해 일하라고 하셨습니다. 다른 말씀이 있기 전까지는 그 일을 할 겁니다.

세르세이: 왕을 변화시킬 수는 없어요. 왕을 도울 수도 없어요. 왕은 지금까지 그래왔던 것처럼 자기 맘대로 할 거예요. 당신은 최선의 노력을 다해서 사태를 수습하는게 다일거예요.

스타크: 그게 저의 일이라면 그렇게 하지요.

039

>> Big Bang Theory 1-5

What can I say?

어쩌겠어?

레슬리 윙클은 레너드의 집에서 현악 4중주 연습을 끝내고 자기가 왜 더 남아서 연습을 하겠다고 했는지 그 이유를 아냐고 물으며 노골적으로 레너드를 유혹한다.

Lesley: Just so we're clear, you understand that me hanging back to practice with you is a pretext for letting you know that I'm sexually available.

Leonard: Really?

Lesley: Yeah, I'm good to go.

Leonard: I thought you weren't interested in me.

Lesley: That was before I saw you handling that beautiful piece of wood between your legs.

Leonard: You mean my cello?

Lesley: No, I mean the obvious crude double entendre. I'm seducing you.

Leonard: No kidding?

Lesley: What can I say, I'm a passionate and impulsive woman. So how about it?

레슬리: 확실히 하고자 하는데 내가 남아서 연습을 하고자 한 것은 네가 나와 섹스를 할 수 있다는 것을 알려주기 위한 구실인거 알고 있지.

레너드: 정말?

레슬리: 그럼, 난 준비됐어.

레너드: 넌 나한테 관심없는 줄 알았는데.

레슬리: 너의 두 다리사이에 아름다운 목재품을 다루는 것을 보기 전이었지.

레너드: 내 첼로를 말하는거야?

레슬리: 아니, 내말은 누가 봐도 뻔한 중의법을 쓴 것이야. 지금 널 유혹하는 중이야.

레너드: 정말?

레슬리: 어쩌겠어. 난 열정적이고 충동적인 여자인걸. 그럼 하는게 어때?

040

>> Gossip Girl 1-17

Couldn't have said it better myself

바로 그거지

여친 세레나와 싸운 댄에게 아버지 루퍼스가 충고를 해준다.

Rufus: Yeah, but did you really mean it? Most times, when people don't offer the truth, it's because they're afraid of what someone might think. And I don't know if you know this, but you can be a pretty judgmental guy.

Dan: So you're saying that I should learn to be someone else around her so she can be herself around me?

Rufus: Couldn't have said it better myself.

Dan: Thank you, Dad. I'm gonna go find her right now.

루퍼스: 진심을 담아서 물어봤어? 대개 사람들은 상대방이 자신을 어떻게 생각할지 걱정돼서 거짓말하는 경우도 많아. 그리고 네가 아는지 모르겠지만 넌 꽤 비판적이거든.

댄: 그럼 세레나는 내 주위에서 평소대로 행동하게 나보고는 다른 사람이 되는 것을 배우라는거야?

루퍼스: 바로 그거지.

댄: 고마워, 아빠. 지금 만나러 가볼게.

041

>> Desperate Housewives 2-9

I will take you down

널 가만두지 않겠어

카톨릭 단체의 도움으로 석방된 카를로스. 그는 이전과 달리 신심이 생겨나 수녀와 함께 종교활동을 하려고 하는데 이를 보다 못한 가브리엘은 수녀에게 도움을 청하지만 단칼에 거절당한다.

Gabrielle: What the hell kind of nun are you? Look, if you try to come between me and my husband, I will take you down.

Sister Mary: I grew up on the south side of Chicago. If you wanna threaten me, you're gonna have to do a lot better than that.

Gabrielle: You listen to me, you little bitch. You do not want to start a war with me.

Sister Mary: Well, I have God on my side. Bring it on.

가브리엘: 무슨 수녀가 이래요? 이 봐요. 나와 내 남편 사이에 끼려고 하면 가만두지 않을거예요.

메리수녀: 난 시카고 남부에서 자랐어요. 날 협박하려면 그거 갖고는 부족하죠.

가브리엘: 내 말들어. 이 못된 년아. 나와 싸움을 시작하지 않는게 좋을거야.

메리수녀: 하나님이 내 편인 걸요. 어디 한번 해봐요.

042

>> Homeland 1-7

Did you spy on me?

날 염탐했어요?

캐리는 계속 브로디를 의심하며 우연히 접근하고 함께 카섹스도 하며 가까워진다. 별장에서의 하룻밤을 자고난 이후 브로디가 묻는다.

Brody: Were you watching me?

Carrie: I don't know what you mean.

Brody: I mean did you spy on me? You are a spy, right?

Carrie: Brody.

Brody: That's why we ran into each other at the support group, isn't it? Why you slipped me your number in case I ever need to ask anything?

Carrie: No, you're wrong, Brody.

Brody: Don't fucking lie to me, Carrie!

브로디: 날 감시하고 있었어요?

캐리: 무슨 말 하는거예요?

브로디: 날 염탐하고 있었냐는 말예요? 당신 스파이 맞잖아요?

캐리: 브로디.

브로디: 바로 그래서 상담모임에서 우연히 마주친거고, 내게 전화번호를 남긴 것도 내가 뭘 물어볼 것을 대비한거였어요?

캐리: 아니예요, 브로디.

브로디: 빌어먹을 거짓말 마요, 캐리!

043

Is that what you think?

그래서 이러는거야?

마약을 제조하면서 어쩔 수 없이 행동이 수상쩍게 된 월터에게 스카일러는 불만이 쌓인다. 스카일러는 월터와의 거리를 멀리하게 되고 이에 짜증난 월터는 스카일러에게 왜 이러는지를 추궁하게 된다.

Walter: God, how long are you going to do this?

Skyler: Do what?

Walter: This. Not talking to me. Going out all day and refusing to tell me where. You are obviously angry with me about something, so let's talk about it. God. I feel like you're upset with me because you think that I'm up to something.

Skyler: Like what?

Walter: I have no idea, Skyler. What, that I'm having an affair? Is that it? Is that what you think?

월터: 맙소사, 도대체 얼마나 더 이럴거야?

스카일러: 뭐를?

월터: 이거 말야. 내게 말하지 않는거. 하루종일 나가 돌아다니고 어디갔는지 말도 안하고. 당신은 분명 뭔가 나에게 화가 난거야. 그러니 얘기하자고. 내가 뭔가 꾸미고 있다고 생각하기 때문에 화가 나있다고 생각해.

스카일러: 예를 들어 어떤거?

월터: 난 몰라, 스카일러. 뭐야. 내가 바람을 피운다고 생각하는거야? 바로 그거야? 그래서 그러는거야?

MEMO

MEMO